社會心理學

作者

Robert A. Baron

Donn Byrne

Nyla R. Branscombe

譯者

梁家瑜

Mastering Social

Psychology

Robert A. Baron
Rensselaer Polytechnic Institute
Donn Byrne
The University at Albany, State University of New York
Nyla R. Branscombe
University of Kansas

Authorized translation from the English language edition, entitled MASTERING SOCIAL PSYCHOLOGY, 1st Edition, ISBN: 0205495893 by BARON, ROBERT A.; BYRNE, DONN; BRANSCOMBE, NYLA R., published by Pearson Education, Inc., publishing as Allyn & Bacon, Copyright © 2007 Pearson Education, Inc.

CHINESE TRADITIONAL language edition published by PSYCHOLOGICAL PUBLISHING COMPANY LTD., Copyright © 2009.

作者簡介

Robert A. Baron 是心理學教授，也是倫斯勒理工學院（Rensselaer Polytechnic Institute）的 Wellington 教授。1968 年，他在愛荷華大學取得博士學位。Baron 教授曾任教於普渡大學、明尼蘇達大學、德克薩斯大學、南卡羅萊納大學以及普林斯頓大學。1982 年於牛津大學作訪問學人。於 1979 年到 1981 年間，任國家科學基金（華盛頓特區）的計畫主管。他是美國心理學會（American Psychological Association）的成員。在 2001 年，他被法國政府任命為資深受邀研究員，任職於法國土魯茲社會科學大學（Université des Sciences Sociales at Toulouse, France）。

　　Baron 教授在專業期刊上發表了上百篇的論文，並有三十五篇文章被選入學術文集。他也是四十二本書的作者或共同作者，包括了 *Behavior in Organizations*（八版）、*Psychology: From Science to Practice* 以及 *Entrepreneurship: A Process Perspective*。Baron 教授擁有三項以其研究成果所獲得的專利，並於 1992 年到 2000 年間在自己的公司（Innovative Environmental Products, Inc.）擔任董事長的職務。Baron 教授最近主要的研究焦點是影響企業成功的社會與認知要素，以及職場中各種形式的侵略行為。

Donn Byrne 在紐約州立大學 Albany 分校（University at Albany）被評為優秀心理學教授。他於 1958 年於史丹佛大學取得博士學位，並在舊金山的加州大學、德克薩斯大學以及普渡大學任教，並曾是夏威夷大學以及史丹佛大學的客座教授。他被選為中西部心理學會（Midwestern Psychological Association）以及性科學研究會（Society for the Scientific Study of Sexuality）的主席。他在德克薩斯州主持人格計畫（personality program），在普渡和 Albany 主持社會人格計畫，並在 Albany 的心理系任教授職位。Byrne 教授是美國心理學會的成員，亦是其創始成員之一。

　　在其職業生涯中，Byrne 教授在專業期刊上發表了一百五十篇以上的論文，其中有二十九篇在讀本中重新付梓。他也是三十六篇文章的作者或共同作者，散見於

許多學術論文文選之中，另外有十四本著作或共同著作，包括 *Psychology: An Intro-duction to a Behavioral Science*（四版，並有西班牙文、葡萄牙文與中文譯本）、 *An Introduction to Personality*（三版）、*The Attraction Paradigm* 以及 *Exploring Human Sexuality*。

他曾出任十四個專業期刊的編輯委員，並指導過五十二個博士生的博士研究。他也曾於 1981 年受邀在洛杉磯的美國心理學會年會上發表 G. Stanley 講座，並於同年在紐約市的性科學研究會年會做了一次科學報告。於 1986 年，他受邀在 Houston 的梅斯檢察總長猥褻與情色出版品委員會（Attorney General Meese's Commission on Obscenity and Pornography）作證，同年他亦參與了在維吉尼亞州 Arlington 市庫柏衛生局長的性出版品與健康工作坊（Surgeon General Koop's Workshop on Pornography and Health）。1987 年，他在紐約州立大學 Albany 分校接受了傑出研究獎，並在 1989 年接受了性科學研究會的優秀科學成果獎。2002 年，他在康乃狄克大學參與出版由他（以前和目前）在德克薩斯、普渡和 Albany 的研究生們組織發表的一個紀念論文集，表彰他的科學貢獻。於 2004 年，他在堪薩斯州立大學格里菲茲紀念講座（William Griffitt Memorial Lecture）上發表演說。Byrne 教授最近的研究焦點在於人際吸引的決定因素、成年人感情連帶類型以及性方面的強迫行為。

Nyla R. Branscombe 是堪薩斯大學的心理學教授。她於 1980 年在約克大學多倫多分校取得學士學位，於 1982 年在 Western Ontario 大學取得碩士學位，於 1986 年在普渡大學取得博士學位。Branscombe 教授於 1987 年在伊利諾大學爾巴那香檳校區（Urbana-Champaign）做博士後研究。1993 年，她在阿姆斯特丹自由大學（Free University of Amsterdam）作訪問學人。她在 *Personality and Social Psychology Bulletin* 做了三年的聯合編輯，目前則是 *Group Processes and Intergroup Relations* 的聯合編輯。

Branscombe 教授在專業期刊與論文集裡發表了八十篇以上的論文與專章。1999 年，她接受了由社會議題心理學研究會（Society for the Psychological Study of Social Issues）頒發的 Otto Klienberg 獎，是跨文化與跨國關係研究的受獎者。2004 年，她與人合編了文集 *Collective Guilt: International Perspectives*。Branscombe 教授最近關注的研究焦點主要在兩個議題上：特權群體的心理學，尤其是他們在什麼時候會為了什麼理由對自己的優勢位置產生罪惡的感覺；以及劣勢群體的心理學，特別是他們如何處理偏見與歧視的問題。

作者序言

▉ 歡迎詞

在我們看來，社會心理學轉變與發展的腳步已然加速；因此，保持和當今時事的連結，對任何試圖描繪這個領域的教科書而言，變得前所未有地重要，做不到這點，便會被社會心理學家當作是一本嚴重過時的書，並因為它已失去了這個領域的刺激感，給學生帶來的也只會是連聲呵欠，而非學習熱忱。

秉持著這個原則，我們撰寫了《社會心理學》（*Mastering Social Psychology*），是我們最重要而且最暢銷的作品的綱要版。有鑑於社會心理學令人目眩的進展速度，我們在描繪此領域新興論題的任務上，投注了特別的心力。其中包括了：

- 在社會認知與社會行為之間的交界（與交互影響）。
- 社會神經科學（social neuroscience）。
- 在社會思考與社會行動中，內隱的〔非意識的（nonconscious）〕過程扮演的角色。
- 對社會多樣性及其中牽涉的複雜議題的持續增長的關注。

除了內容涵蓋前述議題之外，《社會心理學》維持了前十一版（編按：此指原文書版次）成功的特點：出色的教學、強調應用，並以生動且具吸引力的語調，激發學生將社會心理學帶出教室、引入生活。

▉ 致學子們

一本難以閱讀、了解的教科書，有如一柄鈍器，無法良好地發揮其原本設計的功效。因著對此的認識，我們盡力讓本書易於閱讀，並在其中放入許多有趣的單元，好讓本書對你而言更為有趣且實用。以下是我們為了讓閱讀本書成為愉快且富教育性的經驗所採用的方法。

首先，每章開頭都有一段題綱，結尾都有章節摘要。在正文裡，關鍵詞都以**黑體字**標明，並接著賦予定義，而在本書書末的「名詞解釋」裡匯整出這些定義。所有的圖表都很簡單明瞭，並且大部分都有為了幫助你了解而設計的特別標記與註釋。最後，每章結尾都有**重點摘要與回顧**；複習這個部分能對你的學習有重要的幫助。

再者，本書有一根本論點：社會心理學遠不只是一堆有趣發現的集合，讓人當下消遣、考前複習、然後快快忘記。相反地，我們相信社會心理學提供了一個看待這個社會世界的新方法，在這個課程結束之後許久，大家都還用得上。為了強調這一論點，在每章裡都會出現我們加入的一個專欄。**社會心理學的技藝：理解常識**這個部分，就是設計來強調社會心理學採用的科學方法如何能有助於解答（或至少澄清）經常包含在一般常識中的矛盾。究竟我們的愛情會因分離而加深，亦或終究是人遠情亦遠？發洩（表達憤怒與攻擊性的衝動）是否有助於緩解這些感覺？當一個法官對陪審團說「請勿理會這些訊息」時，陪審員真能做到嗎？我們會檢視上述及其他許多例子，社會心理學在其中有助於解答這些長年未解的問題。

另一個有助於你認識社會心理學的用處與價值的特別欄目，出現在每章的結尾：**觀念帶著走～活用**專欄的設計，是為了強調那些在課程結束許久之後，你還應該記住並活用的重要觀念。就我們的觀點而言，你應該會在未來多年的生命中發現，它們十分有用。

最後，為了幫助你了解社會心理學裡每個領域的研究如何與其他領域互相關聯，我們在每章結尾加上了特別的**連結表**。這些表提供了某種總體的回顧，提醒你在本書其他地方討論的相關論題。另外，這些表強調了，社會行為與思考的許多方面是緊密地連結的：它們並非孤立偶發的。

我們認為，這些圖表將能幫助你盡可能地從本書以及和社會心理學的初次接觸中獲益。祝你好運！並願你初識社會心理學的經驗，證明它是豐富、具教育性、富有價值的，並且（我們希望）是有趣的！

目錄

1 chapter

社會心理學的領域：
我們如何思考他人並與之互動

當我（Robert Baron）還是個中學新生的時候，我曾試著參加徑賽校隊，而且我做到了。我一點也不感到意外，因為我在鄰里間，一向都是跑得最快的。加入徑賽校隊，表示我能夠在夾克上別上一個特別的徽章，並且有機會在我們隊參加比賽時贏得獎牌和榮譽！但這也意味著大量的艱苦訓練。我們每週都有好幾次訓練，而我們的教練又非常嚴格：在接受他的訓練時，我甚至發現了我有一些自己都不知道的肌肉。我堅持不懈，在高中最後一年，我為了接一個工作而退出校隊，但在這之前，我已贏過幾場比賽。

你也許正納悶：這跟社會心理學有啥關係？事實上，大有關係。乍看之下，參加一個高中徑賽校隊，似乎與生活的社會層面沒什麼關聯，但關聯確實是有的。試想：我為何試著加入這個校隊？答案肯定包含了別人的影響——對我說：「Baron，你跑得挺快……你應該去校隊試試」的朋友。與此相似，我的自我知覺（self-perceptions）也包含在內。我知道我的朋友是對的：我那時是跑得快。這是〔建立在和他人的比較，亦即社會心理學中所謂的社會比較（social comparison）之上的〕自我概念（self-concept）的一部分，而我對此深信不疑，一如我堅信我長得太矮，無法參加籃球校隊。我們的自我概念是怎麼來的呢？你在第五章將發現，它主要來自別人所提供的訊息；沒人能光看鏡子就知道自己是否聰明、有吸引力、待人和善或具有任何其他特質。相反地，我們主要得透過與他人的接觸來獲得這些認識，他們一次又一次地跟我們說，我們是什麼樣子。所以我參加校隊的決定，乃形成於重要的社會因素，好比說

他人的影響力，以及從社會衍生出的自我知覺。

但事情並不這麼簡單。我那時明白，在校隊裡出鋒頭，能讓我成為一個精英團體（group）的成員；在我的學校裡，各式各樣的運動員都是小小英雄或英雌。此外，我還喜歡競爭，以及（如果我夠幸運的話）獲勝的想法。這類的群體過程（group processes）是社會心理學的另一個關鍵焦點，也是社會生活的基本事實。

最後，我相信參加校隊會讓我對同校女生更具吸引力（attractive），尤其是對一個叫做 Linda Fisher 的女孩，她是那時我瘋狂迷戀的對象。每天我練習的時候，我都會想像她就在觀眾席裡，看著我在賽跑中獲勝，然後，也許還會讓我沉浸在她的讚賞中。因此，社會思考（social thought）的觀點，即我們怎麼思考別人，以及這對我們的行為所產生的影響，肯定在我嘗試參加校隊的決定中扮演了某種角色。一如你在整本書中將注意到的，社會思考是現代社會心理學的主要論題。

我突然進軍高中運動員的世界，說明了一個生活的基本要素，以及本書的基本論題：一切我們所行、所感、所思，幾乎都以某種方式和生活的社會面互相關聯。事實上，我們與他人的關係在我們的生命中占據了如此核心的位置，以致沒有他人的生活簡直無法想像。船難或空難後，經歷長時間的孤獨的倖存者經常提到，最難以忍受的折磨，就是缺少與他人的關係，這比沒有食物或是居所更難以承受。簡言之，生活的社會面，就許多方面而言，都是我們存在的核心。就是這個根本的事實，使得社會心理學這個研究所有社會行為與社會思考的心理學分支，如此吸引人而且至關緊要。

在開始之前，從我們這一領域的範圍、本質與方法等有關的背景資訊起頭，是十分重要的。這些資訊為何有用？因為認知心理學（cognitive psychology）的研究發現指出，如果先給人們一個可用來組織資訊的架構（framework），人們就可以更好地理解、記憶並運用新的資訊。有鑑於此，這個導論性的章節打算為你提供一個架構，好詮釋與理解社會心理學，以及所有包含在本書中與之有關的所有東西。具體而言，這是一個說明我們將要做的事情的題綱（順帶一提，我們在每章開頭都提供這樣一個題綱）。

首先，我們要提出一個更正式的對社會心理學的定義：何謂社會心理學、它企圖達到什麼。再來，我們將簡述某些主要的、當前的社會心理學的走向。它們反映在整本書中，因此在此開頭認識它們，有助於你認出它們，並了解它們的重要性。第三，我們將檢視一些方法，社會心理學家用它們來回答關於生活的社會面的問題。對這些基本方法的操作性知識，將有助於你理解社會心理學家如何補充我們關於社會思考與社會行為的知識，並會對你在課堂外的情境中有所助益。

第一節　社會心理學：操作性定義

不論是為哪一個領域提供一個正式的定義，都是複雜的任務。就社會心理學而言，其困難又因兩項因素而倍增：該領域範圍之廣及其改變之速。正如在每章你都會注意到，社會心理學家的興趣廣泛。儘管如此，大部分社會心理學家仍將焦點先放在理解個人在社會情境（也就是包含了實際的或想像的他人的存在情境）下如何行動、思考並感受，以及其原因。與這個事實相符，我們定義**社會心理學**（social psychology）為一個試圖了解在社會情境中，個人行動與思考之本質與原因的科學領域。現在，我們要仔細檢視它的幾個方面，好闡述這個定義。

壹、社會心理學本質上是科學的

何謂科學？許多人似乎相信，這個字眼所指的僅僅是像化學、物理學和生物學等等的領域。如果你也抱持著這種看法，那你可能會對我們所謂社會心理學是一門科學的說法感到困惑。一個研究愛的本質、攻擊行為的原因以及介於兩者之間的一切的學科，怎麼能和物理學、生物化學或計算機科學等學門一樣都是科學？答案卻是再簡單不過了。

事實上，科學一詞並不指涉一組特定的高度發展領域。確切地說，它指涉兩樣東西：(1)一組價值觀；以及(2)用以研究一個廣泛範圍之主題的各種方法。

因此，在判斷一個既定學門是否屬於科學時，關鍵的問題是：「它是否採納這些價值觀和方法？」只要它採納，它本質上就是科學的；它要是不採納，它就在科學的領域之外。我們會在後面的章節仔細檢視社會心理學家所使用的研究手法，但現在我們先把焦點放在所有本質上被視為科學的領域都得採納的核心價值。最重要的核心價值有四：

1. 準確性（accuracy）：願意盡可能地以一種仔細、精確、無誤的方法蒐集並評估關於（包含了社會行為與思考的）世界的訊息。
2. 客觀性（objectivity）：願意盡力以一種無偏見的方法獲得並評估上述資訊。
3. 懷疑主義（skepticism）：只願意接受已被重複證實的發現是正確的。
4. 開放的心態（open-mindedness）：願意改變自己的觀點，就算是根深蒂固的觀念，只要現有證據顯示這些觀點可能不正確。

社會心理學作為一門學科，深願實現上述價值觀，並將其應用在了解社會行為與社會思考的本質的努力中。為此，在其取向上，將社會心理學描述為科學是合理的。相反地，非科學的學科則對世界與人做出判斷，但這些判斷卻未曾被仔細地檢測與分析，如上述價值觀所要求的。這些學科（例如占星學與芳香療法）認為，要找到結論，直覺、信念以及無法觀察的力量就已經足夠了。

「但為何要採用科學的研究途徑？社會心理學不就只是常識嗎？」

我們每個人都用了一生的時間與他人互動並思考他們，因此，在某種意義上，我們都是業餘的社會心理學家。那為何不能依賴我們自己的經驗和直覺作為理解生活的社會面的基礎呢？答案簡單明瞭：因為這樣的資源所提供的，是前後矛盾又不可靠的指引。

舉例而言，思考一下這個陳述，常識暗示：「分離會讓愛情加深。」你同意嗎？當人們與所愛的人分開，他們真的彼此思念、乃至這樣的經驗增加了對彼此的渴望？很多人會同意。他們會回答：「是的，沒錯。讓我告訴你那次我離開誰誰誰的時候……」但現在請再想想這個陳述：「人遠情亦遠。」這又是真的嗎？當人們離開所愛的人，他們會不會很快地找到另一個浪漫愛情的對象？兩個觀點都是常識所提及，卻彼此對立。許多對人類行為的通俗觀察亦是如此：

它們貌似真實，卻經常暗示著矛盾的結論。常識經常提供一個混淆而前後矛盾的描繪。這是社會心理學家之所以信任科學方法的原因之一：它能產生更多更具決定性的證據。事實上，科學方法乃是設計來幫助我們做判斷，不單是判斷前述所列的成對相反的預言何者為真，還在於兩者中哪個適用於什麼情況及其原因。這個原則對我們而言如此重要，因此我們為了吸引讀者的注意，在本書中放入了「社會心理學的技藝：理解常識」專欄，其目的在展示社會心理學家的嚴謹研究如何有助於精煉常識所提供的結論，甚至在某些情況下推翻它。

另一個對常識抱持懷疑的理由和一項事實有關，那就是人類並非完美的資訊處理機器。相反地，一如我們注意到的（好比說，在第二、三、四、六章裡面），我們的思想臣服於某些錯誤的形式，導致我們遠離正軌。這兒有個例子：回想一下那些你過去曾經努力過的主要計畫（寫期末報告、做一道繁複的菜、粉刷房間）。現在，試著回想兩件事情：(1)你一開始估計要花多少時間完成這個工作；以及(2)事實上花了多少時間。這兩者之間有落差嗎？基本上應該有，因為我們大多數人都屈服於計畫謬誤（planning fallacy），這是一種傾向，強烈地相信完成計畫所需要的時間比實際上來得少，或是我們在既定期間內，能夠完成比實際上我們所能完成的更多的事。此外，我們在思想中會懷疑這個傾向，儘管不斷重複的經驗告訴我們，任何事情所需要花的時間，都會比我們預想的更多。

為何我們會臣服於這類錯誤？社會心理學家的研究指出，部分的答案包含了我們評估一件工作所需時間時，只去思考未來的傾向。這讓我們無法記起在過去相似的任務花了多少時間，因此反過來引導我們去低估完成眼前任務所需的時間（e.g., Buehler, Griffin, & Ross,1994）。這只是我們思考他人（與自己）時所能犯、並經常犯的許多錯誤之一；我們在第三章會談到他人。因為我們對社會世界的日常思考很可能會犯錯，所以我們不能依賴它（或是常識）來解決社會行為的謎團。反之，我們需要科學證據；而這本質上就是社會心理學。

貳、社會心理學的焦點是個體的行為

說到求愛與婚姻，不同社會依據其觀點區分兩者；但墜入愛河的，畢竟是

每個個人。相同地，不同社會的總體暴力程度也不一樣，但執行或是克制自己的攻擊行動的，也是每個個人。同樣的道理適用於社會行為的所有其他方面，從歧視到助人行為。由於這個根本事實，社會心理學強烈地關注個人。當然，社會心理學家明白，我們並非孤立於社會與文化影響之外的存在——遠非如此。一如你在整本書中將看到的，許多社會行為是在各種群體背景之下發生，而這會對我們產生強而有力的影響。但這領域主要關注的，還是理解形塑個人在社會背景下的行動與思考的因素。

參、社會心理學試圖理解社會行為與社會思考的緣由

　　社會心理學家主要的興趣，在於理解形塑個人之社會行為與社會思考的各種要素與條件，好比說他們的行動、感受、信念、回憶以及對他人的推斷。顯然，有許許多多的變項都在其中扮演了某種角色。然而，大部分的變項都在以下五個小標題之內。

一、他人的行動與特性

　　想像一下下述的事件：

　　　　你參加劇院中的演唱會，鄰座的人接聽手機，並開始大聲地討論私事。
　　　　你在趕時間，發現駕車時速早已遠遠超過速限。突然間，你看到前方遠處有警車的閃光燈，他們已經叫一輛車停到路邊開罰單了。

　　別人的這些行動對你的行為與思考是否有任何影響？絕對有。你可能感到被那個講手機的人惹惱，可能還會訓他個兩句。在第二個例子裡，你看到警車的閃光燈，你通常會放慢速度。這些例子指出，別人的行為經常給我們帶來強而有力的影響。

　　此外，我們也經常受他人的外貌影響。誠實點吧：當一位殘障人士在場時你是否曾感到不快？你是否對待較有吸引力的人不同於較不具吸引力的人？對

待年長者不同於年輕人？對和你在種族與族群上不同的人給予差別待遇？你對這裡面某些問題的回答可能是「是」，因為我們經常對別人外在可見的特徵做出反應，好比說他們的外表（e.g., McCall, 1997; Twenge & Manis, 1998）。事實上，根據 Hassin 和 Trope（2000）所報告的研究發現指出，就算我們有意識地去做，我們還是沒辦法忽視別人的外表。因此，就算有切勿「以貌取人」的告誡，我們還是經常受別人外在形象的強烈影響。即使我們對這影響毫無所覺，並否認它們的存在。

二、認知歷程

假設你安排要去見一個朋友，而他遲到了。事實上，三十分鐘後，你開始懷疑你的朋友根本不會來了。終於，對方真的姍姍來遲並說：「抱歉……我完全忘了這次會面，直到幾分鐘前才想起來。」你的反應會是如何？也許會帶著極大的惱怒吧。想像另一種情況，你的朋友說：「真抱歉遲到了這麼久。路上發生了一起嚴重的車禍，幾公里內的交通全都癱瘓了。」現在你的反應又會是怎樣？也許你的怒氣會小一點吧？不過也未必如此。如果你的朋友經常遲到，以前就用過這個藉口，你大概會懷疑他。相反地，如果這是你朋友第一次遲到，或如果你的朋友從未用過這個藉口的話，你可能會接受。換句話說，你的反應極大地依賴你對朋友過去行為的回憶，以及你對他的解釋是否屬實的推論（inferences）。這類情況教我們注意一個事實，那就是在社會行為與社會思考中，認知歷程（cognitive processes）扮演著關鍵的角色。我們總是試圖從社會世界汲取意義，而這個努力引導我們從事許多的社會認知，諸如對他人進行漫長辛苦的思考：他們是怎樣的人、他們為何做什麼事、他們對我們的行為會如何反應等等（e.g., Shah, 2003）。社會認知是這個學科中最重要的研究領域之一（e.g., Killeya & Johnson, 1998; Swann & Gill, 1997）。

三、環境變項：物理世界的衝擊

天氣濕熱時，我們是否比天氣涼爽舒適的時候，變得更為易怒並更具攻擊性（Anderson, Bushman, & Groom, 1997; Rotton & Cohn, 2000）？暴露於宜人的香氣中是否讓人更樂於助人（Baron, 1997）？研究指出，物理環境對我們的感

受、思考與行為確實有所影響，因此環境變項也屬於現代社會心理學的領域。

四、文化脈絡

你是否看過老電視影集「天才小麻煩」（Leave It to Beaver）？或是「我愛露西」（I Love Lucy）？你要是看過的話，就知道它們描繪的是一個非常歡樂的世界，父母都和藹可親、善體人意，孩子們對他們又愛又敬，而且根本就不存在離婚這回事。這些節目誇大現實了：1950 和 1960 年代的生活並不全是陽光與玫瑰。沒錯，那時的離婚率是比現在低。為什麼？這是個複雜的問題，但在回答中很重要的一部分，牽涉到變動中的文化信念（cultural beliefs）與價值（value）。在前述的兩個年代當中，離婚被視為是一項激烈的行動，是在極端情況下（例如配偶施暴或是不斷出軌）才會做的事。進一步地說，離婚被看成是件負面的事；文化信念暗示，沉默地受苦，勝過對家和家庭的破壞。

縱然離婚仍被視為令人不快的事件，文化信念卻已經改變了。個人的不快樂已被視為是結束婚姻的適當基礎，而離婚者也不再被視為異常或是有缺陷的人。

這些關乎離婚的信念的改變只是一個例子，說明一個重要而基本的事實：社會行為並不孤立於文化之外發生。相反地，社會行為經常受文化規範（cultural norms，關於人們在特定強況下該如何舉措的社會規矩；見第九章）、各式各樣的團體成員身分，以及不斷改變的社會價值所強烈影響。文化規範對人生的重要決定意見多多，例如人們何時該和誰結婚、該生幾個孩子等等。很清楚地，社會行為與社會思考會受文化因素強烈的影響，而且這經常發生〔文化一詞指涉特定群體中人們共享的意義、觀感與信念的體系（Smith & Bond, 1993）〕。一如你很快就會發現，社會心理學作為一個試圖將許多國家中日漸增長的文化多樣性納入考慮的學門，它對文化因素的關注是重要的趨勢。

五、生物性因素

生物性過程與基因因素對社會行為是否有所影響？在過去，大部分的社會心理學家都會回答「不」，至少對這問題裡基因的那部分答案是如此。然而，現在許多社會心理學家開始相信我們的偏好、行為、情緒乃至態度，在一定程

度上，都受我們的生物遺傳影響（Buss, 1999; Buss & Schmitt, 1993; Schmitt, 2004; Nisbett, 1990）。

生物性因素（biological factors）在社會行為中扮演重要角色的觀點，來自於**演化心理學**（evolutionary psychology）的領域（e.g., Buss, 1999; Buss & Sha-ckelford, 1997）。這個心理學的新分支主張，所有物種在歷史中都臣服於生物演化的過程，而作為這個過程的結果，當前的我們都保有大量的演化的心理機制（evolved psychological mechanisms），幫助（或曾經幫助）我們處理重要的生存問題。這些機制如何成為我們的生物性遺傳的一部分呢？透過演化過程，其中依序包含了三個基本的構成要素：變異（variation）、遺傳（inheritance）與天擇（selection）。變異指的是一個特定物種的有機體，以不同方式多樣化呈現的事實。人類，如你所知，有各式各樣的大小與體型，而他們的尺寸變異幾乎無以計數。遺傳所指的事實是，這些變異可以從上一代傳到下一代，其所透過的複雜機制，我們現在才剛開始要完整地理解。天擇所指的事實是，某些變異會讓擁有它的個體在繁殖上具有優勢：他們更有可能求得生存、找到配偶，並將這些變異傳給後代子孫。結果是，隨著時間，該物種中有更多成員保有這些變異。一個物種隨著時間（通常是極長的一段時間）而來的特性上的改變，就是演化的具體結果（見圖 1.1）。

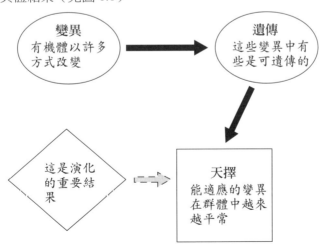

圖 1.1 演化：概述

● ● ● ● ● ● ● ● ● ● ● ●

如上所示，演化牽涉了三個主要的要素：變異、遺傳與天擇。

　　採納演化觀點的社會心理學家主張，這個過程至少適用於社會行為的某些方面。例如，我們為何覺得某些人具有吸引力？根據演化觀點，他們顯示的特性與繁殖能力有所關聯，如對稱的臉部特徵；好的音質、勻稱的身體（例如對女性而言，相對較大的腰臀比；Schmitt & Buss, 2001; Tesser & Martin, 1996）；潔淨的肌膚；有光澤的頭髮等等。因此，我們的祖先對其配偶在這些特徵上的偏好，增加了他們能成功繁衍的機會；這反過來又對我們在這些相貌方面的偏好做出貢獻。

　　與此相關的另一個問題，和演化心理學家所謂的短期交配策略（short-term mating strategies）有關，此即人們傾向在沒有承諾的狀態下擁有多少個性伴侶。一般看法認為，這在性別間可能有所差異，男人偏向擁有多個性伴侶，而女人偏愛較少數量的性伴侶。有種演化觀點主張，這種差異若真存在，那應該是演化進程的結果。好比說，男性能夠當無數小孩的父親，並藉此將基因傳給許多後嗣，而女性能擁有的子女數量卻是有限的，不論她們有多少性伴侶（e.g., Barash & Lipton, 2001; Buss & Schmitt, 1993）。

　　請看Schmitt（2004）最近的研究，對象包含了一萬六千名幾乎來自世界各主要地區的人（北美洲、南美洲、西歐、東歐、非洲、中東、大洋洲、南亞、東亞）。參與者被問及在不同的時段中（從一個月到一輩子）他們想要有幾個性伴侶，以及他們認識對方多久後，才想和對方發生性關係。不論所用的評量方法為何，在所有被研究區域裡，男性都顯示出較女性偏好更多的性伴侶（見圖1.2），並據報告，男性只需要較短的時間，就可以與認識的對象有性行為。在不同的文化中，都對所期望的性伴侶數量有所差異的事實，指出這個男女間的差異可能有其基因上的構成要素。

　　演化心理學還研究了許多其他的主題〔例如助人行為，以及對非單身但具吸引力的人的各種方面的偏愛，亦即交配侵略（mate poaching）（e.g., Schmitt, 2004; Schmitt & Shackelford, 2003）〕，我們將在第十章和第十一章討論這類研究。然而，我們在此要強調的事實是：演化觀點提議的並不是我們遺傳了特定的社會行為模式。它爭論的是，我們繼承了特定的傾向或素質，能不能在現實中實現，端看我們所生活的環境。相同地，這個觀點並不表示我們受基因「強迫」或驅使，必須以特定的方式行動。它僅僅是提出，因為基因的遺傳，我們

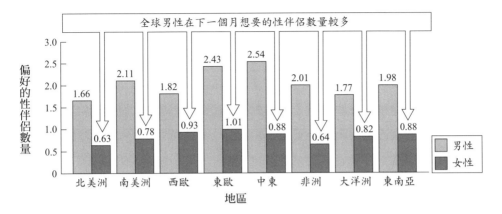

圖 1.2　短期交配策略的性別差異

正如在此所見，男性在下一個月想要的性伴侶數量較女性為多。這個在世界上許多文化中都發現的事實，指出基因要素可能在這樣的現象中扮演重要的角色，一如演化觀點所主張的（資料來源：Based on data from Schmitt, 2003b）。

會傾向於以特定的方式行動，以便（至少在過去）增加我們祖先的生存，並且將基因傳給我們的機會。然而，這些傾向會受認知因素或經驗的影響（例如學習）而減低或被推翻。好比說，近年的研究（Pettijohn & Jungeberg, 2004）指出，男性對女性特定面貌或是身材特徵的偏好，可能會因變動的經濟條件而改變。當經濟條件不好的時候，男性的偏好會偏向外貌看來較成熟的女性（例如，較小的眼睛、較大的下巴、較圓的臉型），相對於經濟狀況較好的時候。這些發現暗示了，縱然我們有基於生物因素的傾向，讓我們覺得有特定特徵的人具有吸引力，這些傾向也很容易會被其他因素推翻。因此，演化觀點並不接受生物性宿命的看法——遠非如此。

第二節　社會心理學：前沿

我們覺得任何教科書都應準確並與時俱進地反映它所涵蓋的學科。本書其他的部分乃致力於描述社會心理學的某些重要的研究成果。這是很棒的訊息，因此，我們十分確定你會覺得有用。然而，我們同樣確定，你會覺得其中某些

資訊令人詫異，並挑戰你對人們及社會關係的許多想法。

壹、認知與行為：一體兩面

在過去，社會心理學家可分為兩派：一派主要興趣在於社會行為（人們在社會情境中如何行動），另一派主要興趣在於社會思考（人們如何試圖在社會世界中尋求意義，以及對自己與他人的了解）。這個區隔大致上已經消失了。在現代的社會心理學，該領域裡有個幾乎是被普遍接受的共識，就是如果不考慮人們的思想、記憶、意圖、態度與信念，我們無法冀望能了解他們為何在社會情境中以特定方式行動。相同地，幾乎所有心理學家都同意，如果不考慮這些社會認知如何影響人們的行為，以及他們與他人的關係，我們不能期待去了解人們如何思考社會世界。或許一個具體的例子對了解我們所說的會有幫助。

考慮一下下述的問題：有一個和你有許多相同點的人，以及另一個和你很不一樣的人，你會比較喜歡哪一個？數十年的研究所指出的結論是，通常而言，他人和我們越相似，我們越傾向去喜歡他們。但總是如此嗎？我們都有個關於目前的自己的心理圖像，即我們的**真實我**（actual self），以及另一個我們想變成的人的心理圖像，即我們的**理想我**（ideal self）。假設某人不只是和你眼中的自己相似，更像你將來想成為的樣子。換句話說，他或她更近似於你的理想我甚於真正的你，你會喜歡這個人嗎？或許，但你也可能發覺這個情況有點威脅性，畢竟他或她已經在你將來想走到的地方。

Herbst、Gaertner 和 Insko（2003）最近的研究證實了這種效應。他們要求研究參加者從三十個特性中評價自己（例如，健談─內斂；慷慨─吝嗇），包含現在的自己（他們的真實我）以及他們將來想變成的樣子（他們的理想我）。一週後，在第二部分裡，研究參加者被告知，在他們先前評價的基礎上，一個電腦程式已經推導出他們的主要特性。他們也被告知，稍後他們可能會遇見一個陌生人。這個陌生人和研究參加者的理想我的相似程度各有不同。有三次，他或她在研究參加者的主要特性上，會越來越近似但略遜於其理想我。但另一次，這個陌生人會真的優於研究參加者；換言之，這個陌生人的真實我比研究參加者的理想我更優越。得知這些訊息後，此研究的研究參加者評量他們對這

陌生人的喜歡程度。研究者預測，和研究參加者的理想我相似程度越高，會導致對這個陌生人的喜歡程度增加，直到這個人超越了研究參加者的理想我，屆時喜歡程度又會降低，而事實確實如此。

這個研究發現說明了我們想提出的重點：在社會思考（人們如何思考自己與他人）和社會行為（人們在社會情境中如何行動）之間有持續而複雜的相互影響。例如，他們是否喜歡或討厭初次認識的人？這個觀點對現代社會心理學而言，已是個既定的事實，也是本書的主要論題之一。

貳、社會神經科學：社會心理學與神經科學的交會點

讀這些詞彙的時候，你了解嗎？如果是的話，這種能力是你大腦活動的結果。你現在高興嗎？傷心嗎？興奮嗎？平靜嗎？同樣的，不論你的感覺是什麼，這都是你大腦活動與其他生理事件所導致的。你能記得你的心理學教授長什麼樣子嗎？或是你初吻的感覺？再一次，這能力也是你大腦裡幾個區域活動的結果。近年來，歸功於諸如磁振造影（magnetic resonance imaging, MRI）與正子放射型電腦斷層攝影（PET scans）等作用強大的工具，心理學家與其他科學家能夠一窺在人們從事各項活動時（例如，解決問題，或是看到激動情緒的照片或影片等等）的人類大腦。因此，我們現在對神經性的事件（neural events）和心理的事件（感受、思想與過度反應）之間的複雜關係有更多的認識。

近年來，社會心理學家業已開始研究神經在社會思想與社會行為上所發揮的功能。事實上，研究這個主題的專著已大量增加（e.g., Harmon-Jones & Devine, 2003）。在處理這類研究時，社會心理學家所用的基本工具和其他科學家一樣：他們研究大腦內發生的事件（透過使用MRI及其他大腦掃描方式）以及其他神經活動，甚至是免疫系統的變化（e.g., Taylor et al., 2003），好判斷這些事件如何與重要的社會過程發生關聯。

讓我們參考一下 Ito 和 Urland（2003）關於社會分類（social categorization），即我們如何決定個人是否屬於這個或那個社會類別（例如，黑人或白人、男人或女人、開放或保守等）的研究。研究者探究這個過程的神經基礎，透過記錄腦內特定的某種電能活動，被稱為事件相關電位（event-related potentials）。這類事件有的會在人們見到一個刺激（例如另一個人）後很快發生，並對這個刺激立刻反射出反應動作，而有的則較慢發生，並反射出較為複雜的認知事件（cognitive events），例如記憶過程的運作。在他們其他的研究中，Ito 和 Urland 要求（幾乎全是白人的）大學生指出照片中是黑人還是白人，以及是男性還是女性。每張照片只出現一秒鐘，而參與研究的研究參加者透過按下標示「黑人」、「白人」、「女性」、「男性」的按鍵表明他們的判斷為何。當他們執行這項任務時，被記錄下的則是數種大腦內的事件相關電位。結果指出，首先，注意力被更多地導向黑人目標物甚於白人（意即，黑人的照片引發較大的電位，也就表示較大的注意力）。再來，但也是在社會分類過程中相對早期發生的，注意力轉向性別，女性目標物引發的反應大過於男性。在更後來才有與社會背景相關的複雜因素開始發生作用，譬如黑人是和其他黑人或是其他白人一起出現，以及女性是與其他女性或是其他男性出現在照片中。整體而言，研究指出，社會分類之發生極其迅速（在看到他人的十分之一秒內），而且人們的注意力轉向性別之前，似乎會先關注種族身分。換言之，社會分類不僅快速，而且還依據清楚的順序，在其中我們會先注意某些訊息，然後是另一類訊息，依此而下。

　　社會神經科學（social neuroscience）這個日漸增長的學科已經探討了許多主題，從酒精和其他藥物（drugs）如何影響我們對別人的看法（Bartholow et al., 2003）到社會思考影響我們健康的方式（例如，能較正面看待自己的人，比那些沒有這樣自我提升的人，對壓力較有抗拒的傾向）（Taylor et al., 2003）。然而，一如某些專家注意到的（e.g., Cacioppo et al., 2003），社會神經科學無法回答我們每個關於社會思考與行為的問題。誠如 Willingham 和 Dunn（2003）提到的，有許多社會思考的面向〔例如刻板印象、態度、歸因和互惠（reciprocity）等面向〕無法輕易地連結於腦內特定區域的活動。原則上，社會思考的這些構成要素反映了腦內的活動，但這不必然表示試圖以這種方式去做研究是最好的。社會心理學不需要試圖完全透過腦內活動或神經系統來理解它全部的主要論題；其他研究取徑（述於後章）仍有其用處，並提供重要的洞見。因此，縱貫全書，我們描述涵蓋範圍廣泛的研究方法，從腦內掃描到直接的社會行為觀察——反映社會心理學即時的、兼容並蓄本質的方法。

參、內隱（非意識）過程的角色

你可曾在第一次遇見某人時便立刻喜歡或討厭他？之後你可能會自問：
「我為何喜歡（討厭）這個人？」你也許不用思考太久，因為我們都很能找到
好理由來解釋我們自己的行動或感覺。但是，這個解釋絕不是說我們**真**的了解
我們為何以特定方式行為或思考。事實上，社會心理學裡近來逐漸增長的研究
是：在許多情況下，我們真的不知道在社會情境中我們思考或行動的原因。相
反地，我們的思考與行動乃是受我們頂多只能模糊地意識到的因素與過程所形
塑，而且這通常是自動發生的，不包含在這方面我們任何有意識的思考或是意
圖。這是社會心理學家之所以不願信賴常識作為有關社會行為與社會思考的可
靠資訊的基礎的另一個原因：我們對許多影響我們如何思考與行動的因素是渾
然不覺的，因此不能準確地記述它們。

在一篇名為〈為何 Susie 在海邊賣貝殼……〉（Why Susie Sells Seashells by
the Seashore...）的論文中，Pelham、Mirenberg 和 Jones（2002）提供了一個富
戲劇性（並引人注目）的對此基本原則的闡述。在這份研究中，作者主張，作
為內隱的自我中心（implicit egotism，一種非意識的高舉自我的傾向）的結果，
我們對任何事情的感受，幾乎都是受它們和我們的自我概念的關係所影響。某
人或某物和我們的自我概念越相近，我們便會更傾向於喜歡他或它。因此，人
們傾向於住在和自己的名字同名的地方（城市或州。例如，名叫 Louis 的人較
有可能住在 St. Louis 市）的比例，比預期的還高。相同地，他們傾向於住在名
字開頭有他們生日日期數字的城市（例如，Three Corners；Seven Springs），並
傾向於選擇名稱與自己名字相似的職業〔例如，叫做 Dennis 或 Denise 的人在
牙醫（dentists）當中比例過高，而叫做 Lawrence 或是 Laura 的人當律師（law-
yers）的比例過高〕，其比例也高過預期。在十份不同的研究中，Pelham、Mir-
enberg 和 Jones 找到了這項預測的證據。儘管這些發現的效度（validity）仍受
質疑（Gallucci, 2003），這些其他的證據還是為原本的結論提供了支持：我們
對生活的地方與選擇的職業的偏好，可能會受我們自己不知道的反應或感覺影
響（Pelham et al., 2003）。

關於內隱（非意識）過程在社會行為與思考中所扮演的角色的研究，已經探究了許多主題，例如，我們的情緒對我們傾向於記得別人或複雜議題有何影響（e.g., Ruder & Bless, 2003）；儘管我們否認，但對非我族類的社會群體成員的負面態度，會如何持續影響我們對他們的反應（e.g., Fazio & Hilden, 2001）；我們如何自動評價可能屬於許多種社會群體中的人，一旦我們斷定他們屬於某個群體（Castelli, Zogmaister, & Smith, 2004）；以及我們假設其他人的行為反映的是他們隱藏的特性，而非他們對眼前情況的反應，這種傾向如何干擾我們分辨他們何時說謊的能力（O'Sullivan, 2003）。簡言之，社會心理學家對這個主題探究得越深入，非意識要素在我們社會行為與思考中的影響似乎就越廣泛而普遍。我們在後面幾章會探討這些影響，因為它們很明顯地是處於這個學科的發展前沿。

肆、將社會多元性全盤地納入考量

無庸置疑地，美國正在經歷一個主要的社會與文化轉型。2000 年的人口普查指出，67%的人口認為自己是白人（歐裔），而另有 33%的人認為自己屬於一些其他族群（13%的非裔美國人，4.5%的美洲印地安人，13%的西班牙裔，4.5%的亞裔／太平洋諸島人，以及 7%的其他族群）。這表示了自 1960 年代以來的巨大轉變，那時大約 90%的人口是歐裔。確實，在某些州（例如加州、新墨西哥州、德州、亞利桑那州），歐裔人口已經不是明顯的多數。作為對這項巨大變動的反應，心理學家發現，在一切他們所做的事上（教學、研究、諮商及心理治療），將文化因素與差異性納入考量的重要性。社會心理學家越來越敏感於一個事實，亦即個體所繼承的文化、種族（ethnic）及人種（racial），經常在他們的自我認同上扮演重要的角色，而這會在他們的行為上產生極重要的影響。這和過去流行的認為文化、種族與性別差異是相對不重要的觀點相反。一般而言，心理學與社會心理學現在採納**多元文化觀點**（multicultural perspective），意即仔細並清楚地辨識性別、年齡、種族、性傾向、身心障礙、社經地位、宗教傾向，以及其他許多社會與文化特性所可能具有的重要性。

此一觀點導致了社會心理學研究焦點的重要轉變。社會心理學家近來所進

行的研究關注範圍廣泛的社會過程中的族群與文化差異，包含對自己人種的人的面部辨識相對於其他人種的人（e.g., Twenge & Crocker, 2002）、在飲酒方面的文化差異（Luczak, 2001）、樂觀與悲觀的族群差異（Chang & Asakawa, 2003）、對性騷擾的反應的文化與種族差異（Cortina, 2004），甚至在吸引力與愛情上的文化差異（e.g., Langlois et al., 2000）。對多元性日益增加的辨識是現代社會心理學的標記，而我們在書中許多地方會討論強調這類要素的重要性的研究。

第三節　回答關於社會行為與社會思考的問題：社會心理學的研究方法

　　現在既然我們已經描繪了社會心理學的現況，我們可以轉向在本章一開始提到的第三項主要任務：解釋社會心理學家如何試圖回答關於社會行為與社會思考的問題，亦即他們如何進行研究。首先，我們會描述幾個社會心理學的研究方法。接著，我們思考理論（theory）在這類研究中的角色。最後，我們會提到某些與社會心理學研究有關的複雜的倫理議題。然而，在開始之前，我們必須先思考另一個你可能早已納悶許久的問題：你為何要這麼麻煩去學社會心理學家使用的研究方法？

壹、理解研究法：與你何益

　　你想要成為心理學家嗎？或是社會心理學家？如果是的話，你需要了解一些基本的研究方法，這再清楚不過。但縱使你不打算要以社會心理學為職業，還是有些理由說明認識這些方法是非常有益的。

　　首先，了解研究實際上是如何進行的，會幫助你理解這本書中的許多討論。我們經常會描繪特定的研究及它們在所思考的主題上告訴了我們什麼。在做這件事的時候，我們會假設，你已經擁有社會心理學家用於研究的基本方法的操作性知識。因此，很清楚地，這些資訊在這方面對你會有所幫助。

再者，也許更重要的是，理解研究的本質會幫助你成為更觸類旁通的知識消費者。每次你翻開報紙或雜誌，你大概都會找到處理生活的某些社會面的文章。人們為何墜入愛河？他們為何參與狂熱的崇拜活動？他們會受到暴力電影和電視遊樂器的影響嗎？他們對總統、新的時尚潮流，或任何其他事物的態度如何？你該如何詮釋被發表的研究成果？你可以做的事情之一，是問：「這資訊是怎麼獲得的？」我們對某些方法提供的答案較其他的更有信心，而理解研究的本質（及其基本規則）會幫助你判斷什麼該相信，什麼該排拒。

最後，關於研究法的操作性知識會幫助你避掉讓許多人掉落其中的誘人的邏輯陷阱。例如，許多人似乎並不清楚相關（correlations）與因果關係（causation）之間的差別；他們假設如果兩個變項看似相關，其中一個必然是另一個的原因。你將發現，這個假設是錯的，而研究法的操作性知識會幫助你避開人們易犯的這個（以及其他的）普遍錯誤。所以，總的來說，認識社會心理學家所用的研究法，就算在書本與課堂之外，都是十分有用的。

貳、系統性觀察：描繪我們周遭的世界

研究社會行為的一個基本方法需要**系統性觀察**（systematic observation），意即在行為發生時仔細地觀察它。這樣的觀察可不是我們從小就開始的那種日常觀察。更確切地說，在像社會心理學這樣的科學領域裡，這觀察乃伴隨著仔細、嚴謹的測量。例如，假設一個社會心理學家想要搞清楚人們在不同的環境下接觸別人的頻率有多高（見第三章）。研究者可以透過到大賣場、機場、大學校園等地方，觀察在什麼環境下誰接觸誰、怎麼接觸、接觸的頻率為何的方式，來研究這個主題。這類研究使用的研究法被稱為**自然觀察法**（naturalistic observation）：觀察在一般環境中的行為（Linden, 1992）。要注意的是，在這類觀察裡，研究者只是記錄在各種環境背景下發生的事件；她或他並不試圖改變被觀察的主體的行為。

另一個常被歸於系統性觀察之下的技巧，稱為**問卷調查法**（survey method）。研究者請許多人回答關於他們的態度或行為的問題。使用問卷調查有許多目的：測量對特定議題的態度、搞清楚選民對政治上的許多不同候選人的感

受，乃至評估學生對教授的反應。社會心理學家有時候使用這個研究法測量關於社會議題〔例如，國家健康照護，或平權行動計畫（affirmative action programs）〕的態度。

問卷調查有幾個好處。它讓蒐集成千乃至上萬的研究參加者的訊息變得相對容易。事實上，問卷調查現經常在網路上進行。好比說，作者之一（Robert Baron）已經進行了一項這樣的研究，以發現那些和微軟及其他大公司合作、好幫助這些公司發展出更好的新產品的消費者們，對這樣的經驗感覺如何，以及他們是否願意再次從事這樣的行為〔這種行為被稱為合作創新（co-innovation），因為是消費者與公司合作俾便發展新東西；見表 1.1〕。

然而，要成為一項有用的研究工具，問卷調查必須滿足幾項要求。首先，參與研究的研究參加者在研究結論所針對的較大人口中，必須具有代表性（representative）——此即抽樣（sampling）的問題。如果不滿足這項條件，會導致嚴重的錯誤。另一個在問卷調查方面必須小心處理的問題是：問題項目的遣詞用字對所得到的結果可以產生強烈的影響。例如，假設一份問卷問到：「你覺得犯下多起殺人案的人應該被處決嗎？」許多人可能會回答「是」；畢竟，被判決的罪犯殺了好幾個人。但如果問卷問到：「你比較贊同死刑嗎？」卻只有較小比例的人會回答「是」。因此，提問的方式對結果會造成重大的影響。

參、相關：對關係的尋求

你或許已經注意到，有些事件似乎彼此相關：當其中一個改變的時候，另一個也跟著改變。例如，也許你注意過，開名貴新車的人傾向於比開老舊、便宜車的人來得年長，或者是，當利率調漲的時候，股市經常下跌。當兩個事件以這樣的方式發生關聯時，便被稱為是有相關的（correlated），或者在它們之間存在某種相關性。相關（correlation）一詞指的是，一個事件改變時，另一個事件會跟著改變的傾向。社會心理學家將這些自然世界中可改變的方面稱為變項（variables），因為它們的值會變動。

從科學的觀點來看，兩個變項之間所存在的相關是非常有用的。當相關存在的時候，便可能可以從一個或甚至更多個變項的訊息預測某個變項。做這類

表 1.1　網路問卷：範例

● ● ● ● ● ● ● ● ● ● ● ●

此處的網頁來自網路上進行的問卷調查。這份問卷將目標訂在那些在網路產品社群裡的人，來處理個體對合作創新（幫助大公司開發新產品）的反應。

說明：請根據您和一個網路產品社群（例如微軟 Windows XP 新聞群組）互動的經驗，回答問卷內的問題。在問卷問題中，「產品」一詞指的是網路社群以之為基礎的產品（例如 Windows XP）。「產品供應商」一詞指的是產品的生產者（例如微軟、惠普）。再次感謝您回答這份問卷！

1. 您和網路社群互動的性質

以下的陳述和網路產品社群與您互動的本質有關。在每一項陳述中，請標示最符合您的互動的描述。

1.1　在我和網路社群的互動中，包含了大量的關於產品設計、外型與用途的資訊。	☐ ☐ ☐ ☐ ☐ 不同意　　　同意
1.2　在我和網路社群的互動中，包含了大量關於新產品與產品版本的資訊。	☐ ☐ ☐ ☐ ☐ 不同意　　　同意
1.3　在我和網路社群的互動中，包含了大量關於競爭或相似產品的資訊。	☐ ☐ ☐ ☐ ☐ 不同意　　　同意
1.4　在我和網路社群的互動中，包含了大量關於產品供應商的資訊。	☐ ☐ ☐ ☐ ☐ 不同意　　　同意
1.5　在我和網路社群的互動中，包含了大量關於和我的專業／工作相關的資訊。	☐ ☐ ☐ ☐ ☐ 不同意　　　同意
1.6　在我和網路社群的互動中，包含了大量關於其他社群內成員個人／社會方面的資訊。	☐ ☐ ☐ ☐ ☐ 不同意　　　同意
1.7　在我和網路社群的互動中，包含了大量關於嗜好、運動、政治，以及其他一般興趣主題的資訊。	☐ ☐ ☐ ☐ ☐ 不同意　　　同意

預測（predictions）對所有科學的分支學科而言都是一個重要的目標，包括社會心理學。好比說，想像一下，我們觀察到在個體方面的某種態度（一個變項）與他之後進入職場對同事或老闆做出暴力舉動的可能性（另一個變項）之間的相關性。對於辨認出可能的危險人物、讓公司能夠避免雇用這些人而言，這項相關是十分有用的。

　　我們能做出多準確的預測？問題中的變項之間的相關越高，預測便能越準

確。相關的範圍能從 0 到-1.00 或 +1.00 之間；距 0 越遠，相關越強。數值為正表示某一變項數值上升時，另一個跟著上升。數值為負表示某一變項數值上升時，另一個下降。例如，在男人的年紀與腦袋上頭髮的數目之間有負相關：他們越老，頭髮越少。

這些基本事實構成社會心理學家有時會使用的一種重要研究方法的基礎：**相關研究法**（correlational method）。在這研究方法裡，社會心理學家試圖判斷不同變項是否彼此相關，及其相關程度如何。這項方法需要仔細觀察各個變項，然後執行適當的統計測驗，好決定變項之間是否彼此相關，及其相關程度。

以下是個具體的例子：一個社會心理學家想要知道，正如常識似乎會如此建議的，心情好的人比心情不好的人更有可能樂於助人。關於這項**假說**（hypothesis，意即尚未被證實的預測）的研究該如何進行？研究者可能會要求人們填一份問卷，以便測量他們一天中的情緒特徵。該研究的研究參加者也可能被要求要回報每天他們有幾次樂於助人的時候。如果在這兩個變項之間（意即情緒與助人之間）能取得相關性，就有可能提供證據給這個假說，意即心情好確實與助人行為有關。

如果研究獲得的結果是，在情緒與助人行為之間有高於+0.51 的相關，我們的結論會是什麼？心情好會讓人去幫助別人嗎？縱然直接跳到這個結論很誘人，但這卻可能是錯的。原因如下：兩個變項彼此相關的事實，完全不保證其中一個的改變會導致另一個跟著改變。相反地，它們之間的關聯可能只是機緣巧合、隨機出現，或是兩個變項的改變都與第三個變項的改變有關（見圖 1.3）。好比說，有可能好心情並不真的讓人變得樂於助人；反之，可能僅只是經常有好心情的人比那些並不經常有好心情的人來得友善，而是這個因素，導致他們在結果中表現出較高等級的助人傾向。為什麼呢？因為他們的友善鼓勵別人向他們請求協助或其他種類的幫助。說到底，你比較可能去請一個面帶笑容的人幫忙，還是向一個雙眉緊蹙的人求助？因此，心情好的人比心情不好的人更多地參與助人行為的事實，可能是源自於這個因素，而非來自心情與助人之間的任何直接連結。

還有另一個複雜因素：也有可能是助人讓*我們*有好心情。換言之，並不是心情好導致較高的助人意願，而是助人行為在我們的情緒中產生愉悅感。相關

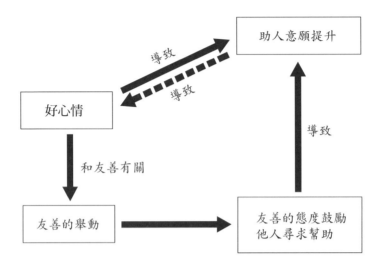

圖 1.3　為何相關不一定代表因果關係

. . . .

假定我們發現在心情與助人行為之間有相關：人們心情好，就會有越多助人的例子。這是否表示心情好會導致更多高助人意願（上方箭頭）？未必。一如此處所示，經常有好心情的人也比較會友善對待他人。然後這會鼓勵他人前來請求協助。因此，他們較為樂於助人不是因為他們心情好，而是因為這個因素（他們更友善，下方箭頭）。另外，幫助他人可能會為我們帶來愉悅感，而不是愉悅感讓我們樂於助人（虛線箭頭）。

告訴我們的只是兩個變項有關聯，它們並不指出這些效果作用的路向。至於兩個變項間強烈相關的更多說明，請見本章結尾「觀念帶著走～活用」專欄。

　　雖然有這些缺點，相關研究法對社會心理學家有時仍是十分有用的。它能被使用在自然背景下，並且它通常是極有效率的：能夠在相對較短的時段裡取得大量的訊息。然而，一般而言，它無法提供決定性的因果關係，這個事實是個嚴重的缺點，這使得社會心理學家偏好另一個研究法。我們接下來就會轉向這個研究取徑。

肆、實驗法：由系統性地干預所獲得的知識

　　一如我們剛剛看到的，相關研究法是有用的，就科學的一個重要目標來看，意即做出準確的預測。然而，對達到另一個重要目標，即解釋而言，相關法是無用的。這有時被稱做是「為什麼」的問題，因為科學家不僅僅是想要描

繪這個世界及其中介變項之間的關係：他們也希望能夠解釋（explain）這些關係。例如，繼續剛才情緒與助人行為的例子，如果在好心情與助人的傾向之間確實存在某種聯繫，社會心理學家會想知道為何如此。是否心情好自動啟動善心，無須任何有意識的思考？是否這讓我們更無法對別人說不？或者是否這讓我們對自己感覺良好？

要達到解釋的目的，社會心理學家使用被稱為**實驗**（experimentation）或是**實驗法**（experimental method）的研究方法。一如此節內小標所指出的，實驗需要以下策略：一個變項系統性地變動，而這變動對一個或多個其他變項所造成的影響則需被仔細測量。如果一個變項系統性的變動產生其他變項的改變（如果我們以下所述的另外兩個條件也符合的話），就有可能帶著合理的確定性做出總結，在變項間存在著因果關係：一方的改變確實導致另一方的改變。

一、實驗：本質

就其基本形式而言，實驗法必須要有兩個關鍵步驟：(1)某個被認為對社會行為或思考方面具有影響力的變項，其存在或強度被系統性地改變；以及(2)這種改變（如果存在的話）的效果必須被仔細地測量。研究者做系統性地變動的因素被稱為**獨變項**（independent variable），而所研究行為的一方面被稱為**依變項**（dependent variable）。在一個簡單的實驗中，不同群體的研究參加者被置於程度截然不同（例如低、中、高）的獨變項之前。研究者仔細測量他們的行為，好判斷這是否會隨著獨變項的改變而變動。如果是的話，並且另外兩個條件也符合的話，研究者就可以做出暫時性的結論，亦即獨變項導致被研究行為方面的改變。

為了闡述社會心理學實驗的本質，讓我們再回頭看情緒與助人行為的例子。一個社會心理學家要怎麼透過實驗研究這個主題呢？這個研究者可以安排研究參加者到實驗室或是其他環境中，讓兩件事情發生：(1)讓他們面對被設計來改變他們情緒的經驗（好讓他們有好的、正常的或是壞的情緒）；以及(2)接下來讓他們有一次或多次機會去以助人的方式行動。例如，就改變他們的情緒而言，研究參加者也許會被要求去執行某些任務，而後接受到對其表現的回應，要嘛是強烈的讚美（這會誘發正面情緒）、要嘛是中性的回應（這不會怎麼改

變他們的情緒）、要嘛是嚴厲的否定回應（這會誘發負面情緒）。注意上一句話裡的要嘛（either）這個詞，這很重要，因為這表示研究參加者的情緒會要嘛變好、要嘛變普通、要嘛變壞。在情緒改變程序之後，很快地，他們會被要求去捐錢給慈善組織、或志願參與更多的研究、或以各種方式幫助別人（例如其他的研究參加者）。

　　如果此研究的結果看起來和圖 1.4 的結果類似，研究者可以做出暫時性的結論，即心情好確實產生更多的助人行為。為什麼呢？因為如果該研究進行無誤的話，被分派到心情好、一般情緒以及心情不好的條件下的研究參加者，他們經驗裡唯一的差異是，他們接受到截然不同的設計來改變他們心情的回應。因此，他們行為的任何差異（例如他們的助人行為）必然導因於這項要素。在實驗中，注意到這點是很重要的，即這樣的訊息的取得乃是來自直接的干預：一個研究參加者的情緒（獨變項）是被研究者有系統地改變的。相反地，在相關研究法中，各個變項並非如此改變；反之，它們所發生的自然的變動僅只是被觀察並記錄下來而已。

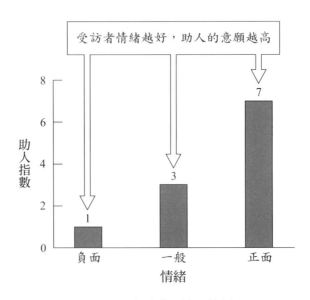

圖 1.4　實驗法：簡單範例

● ● ● ● ● ● ● ● ● ● ●
在這個研究中，研究參加者面對設計來讓他們產生正面、一般或負面情緒的回應。然後給他們一個機會來採取助人的行動。結果指出，他們的情緒越好，助人的意願越高。

二、實驗：兩項成功的必要條件

先前，我們提到研究者在做出一獨變項的變動會導致一依變項的變動的結論之前，必須先滿足兩個條件。第一個需要**隨機分派研究參加者到實驗條件中**（random assignment of participants to experimental conditions），意即所有實驗中的研究參加者都得要有相等的機會被置於各個層次的獨變項之前。之所以有這個規則的理由很簡單：如果研究參加者**不是**被隨機分派到各個條件下，接著可能就無法判定究竟他們行為上的差異是源自他們參與實驗時自身就具有的差異，還是獨變項的影響，或是兩者都有。例如，想像在剛剛描述的研究中，助理決定要一天蒐集所有正面情緒條件下的資料，第二天蒐集所有負面情緒條件下的資料。第一天，也許有某件令人悲傷的事件發生——某個太空梭爆炸了，而且上面的太空人似乎都死了；接著第二天，奇蹟發生了，所有太空梭成員都平安歸來。實驗結果指出，在正面情緒條件下的研究參加者事實上比在負面情緒條件下的還要沒有助人意願。你明白這是怎麼一回事嗎？第一天所有的研究參加者情緒都如此之差，連正面回應都無法讓他們高興起來，而第二天的研究參加者情緒都如此高昂，甚至負面的回應似乎都無關緊要，也不會讓他們情緒低落。因此，我們無法分辨為何產生這樣的實驗結果，因為研究參加者對實驗條件的隨機分派的原則已經受到擾亂了。

第二個成功實驗不可或缺的條件如下：要是可能的話，除了獨變項之外，所有還有可能影響研究參加者行為的因素，都應該要維持恆定。想想看，在心情與助人行為的研究裡，如果研究者在一個溫差很大的房間裡進行實驗，會發生什麼事。這房間有時很舒適，有時卻又悶又熱。結果會是，心情對助人行為毫無影響。這是怎麼造成的？確實有可能是因為心情對助人意願沒有影響。但這也有可能是溫度的改變所帶來的影響。令人不舒服的溫度會讓人心情不好，而因為這個因素並不是研究者系統性地改變的，因此就無法判定如果它對結果有任何影響的話，那影響會是什麼。在這樣的情況下，我們說獨變項和另一個變項——也就是研究中並沒有系統性地調查的那個變項——混淆了。當這樣的混淆發生的時候，實驗的結果幾乎就是沒有意義的（見圖 1.5）。

總結來說，實驗法在幾個方面而言，是社會心理學研究法中的至寶，但它

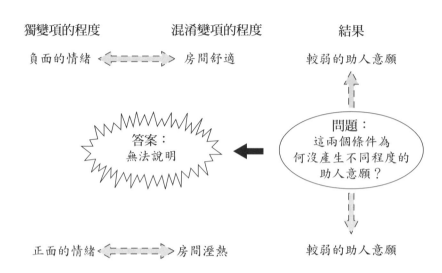

圖 1.5　變項混淆：實驗中的致命錯誤
● ● ● ● ● ● ● ● ● ● ● ● ●

在一個設計來探討心情對助人行為的效果的假設性實驗中，心情（獨變項）和另一個變項：進行實驗的房間的溫度混淆了。該房間有時悶熱不已，有時卻又涼爽宜人。實驗結果指出心情對助人行為沒有影響。為什麼？這根本無法說明，因為獨變項（心情）和另一個研究者沒有系統性地改變或控制的變項（溫度）混淆了。

肯定不是十全十美的。例如，因為實驗經常是在實驗室的環境中進行的，和實際發生社會行為的場合很不一樣，於是就出現了**外在效度**（external validity）的問題，亦即實驗結果在多大程度上能夠概化（generalized）到現實生活的社會情境中，乃至和實驗研究參加者不同的個人身上？然而，如果實驗是有技巧而審慎地進行的話，那它就能產生有助於我們回答關於社會行為與思考的複雜問題的結果。如果是這樣的話，為什麼社會心理學家不一直使用這個方法呢？理由是，在某些情境下，為了現實或倫理的考量，不能使用實驗法：有些時候無法系統性地改變獨變項，或是這樣做的時候會破壞倫理原則。例如，想像某個研究者很有理由相信，接觸某些類型的電視節目，會鼓勵青少年在沒有防護的情況下發生性行為。這個研究者，在倫理上來講，能夠進行這個主題的研究，讓某些青少年大量地觀看這些節目，然後讓其他的青少年完全看不到這些節目，然後比較他們不採用防護措施發生性行為的比率嗎？這樣的研究是可能的，但持守研究倫理的社會心理學家不會這樣做，因為那可能會帶來傷害。

伍、詮釋研究結果：統計學的使用，以及社會心理學家作為不懈的懷疑論者

　　研究計畫一旦完成，社會心理學家就必得將他們的注意力轉向另一個重要任務：詮釋結果。關鍵問題是：我們對這研究發現能有多大的信心？這些變項間的相關、或是實驗條件之間所觀察到的差異，能夠被當作是準確的結果而接受嗎？要回答這個問題，社會心理學家一般而言採用**推論統計**（inferential statistics），此乃一種特殊的數學方法，用以評估一組實驗結果隨機發生的可能性。為了判斷一個研究的發現是真實的（即不太可能只是孤立偶發事件），社會心理學家會對資料進行合適的統計分析。如果這樣的分析建議，所獲得或觀察到的發現的隨機性很低（通常是指一百次出現不到五次）的話，那我們就稱這結果具有**顯著性**（significant）。只有在這樣的時候，這些結果才會被詮釋為對幫助我們理解社會行為或思考的某些方面是有價值的。本書中所提出的研究發現都已通過了這個基本測試，因此對它們是否指涉真實結果（意即具顯著性），你大可放心。

　　然而，必須明白的是，一組實驗結果是隨機事件的可能性永遠不會是零，這是很重要的。因此，在它被複製出來之前，意即由在另一個實驗室中的另一個研究者再度回報相同的結果之前，一個特定的實驗發現總是在本質上被看作是暫時性的。實驗發現只有在通過了另外這個測試之後，社會心理學家才會有信心地看待它。但在此出現了一個重要的問題：很少有社會心理學的研究會產生完全相同的結果。更普遍的模式是，某些研究對一個給定的假設給予支持，但其他的研究卻無法提供這樣的支持。這樣的差異是怎麼出現的？這部分是因為不同的研究者使用不同的研究法，以及不同的度量社會行為與思考的方法。例如，繼續看這個情緒與助人行為的例子，有些人可能會用對某項任務的回饋來改變研究參加者的情緒，也有的人可能會給研究參加者看快樂或悲傷的影片。兩種技巧都是設計來改變情緒的，但兩者也都有可能產生其他不同的效應。例如，影片除了快樂或悲傷之外的內容，也可能會影響研究參加者的思考乃至心情。而研究所採用的相應測量工具也可能會改變。一個研究者可能以施捨的意

願來衡量助人行為，另一個研究者則以志願參與另一個實驗來衡量，再下一個研究者則可能以研究參加者是否願意幫助實驗者撿起掉在地上的紙張來衡量。不論對照實驗結果的判斷為何，社會心理學家一定得決定要接受哪個是最有效力的結果。

詮釋不同的研究結果：後設分析的角色

社會心理學家在面對這種問題的時候都怎麼做？答案之一是使用一種叫做**後設分析**（meta-analysis）的技巧（e.g., Bond & Smith, 1996）。這個程序可以結合許多不同研究的結果，來同時評估獨變項之效應的方向與強度。後設分析程序本質上是一種數學方法，因此，如果研究者想要以一種更日常的方式檢驗好幾個研究的發現，它會消除可能出現的錯誤來源。總而言之，後設分析是一種詮釋社會心理學研究的重要工具，我們在後面的章節會再提到它。

陸、理論在社會心理學中的角色

我們還應該考慮社會心理學研究的另一個面向。一如先前提到的，社會心理學家試圖要做的不只是描繪世界：他們還想要能解釋它。舉例而言，社會心理學家不僅只是想說在美國種族偏見很普遍，他們還想要能解釋為何某些人持有這些負面看法。在社會心理學中，和許多科學的其他分支一樣，解釋需要**理論**（theories）的建構，此即解釋各種事件或過程的架構。建構理論的步驟如下：

1. 在現存證據的基礎上，理論反映了這些被提出的證據。
2. 這個理論，由基本概念及這些概念如何彼此相關的說明所構成，有助於組織現有訊息，並對可觀察的事件做出預測。
3. 這些被稱為*假說*的預測，接著會被實際研究檢證。
4. 如果研究結果和理論一致，對其正確性的信心就會升高。如果不是的話，該理論就會被修正，被交付進一步進行的檢測。
5. 最後，該理論會被接受為正確的，或是被拒絕並被視為是不正確的。然而，隨著更完善的研究方法的發展，以及與這個理論的預測相關的其他

證據的獲得，就算這個理論被接受為正確的，該理論對未來的修正仍保持開放。

這個步驟看起來可能有點抽象，因此讓我們來討論一個具體的例子。假設一個社會心理學家想出了以下這個理論：當人們相信他們所抱持的是少數人的觀點的時候，他們會比較慢才說出來〔這被稱為*弱勢者緩慢效應*（minority slowness effect）〕。這並不是源自於他們的觀點的力度，而是因為不願意公開陳述弱勢觀點（因為其他人會聽到，並且可能表示反對）。這個理論可能引出特定的預測；好比說，如果人們可以私下表達他們的意見的話，弱勢者緩慢效應會被減弱（e.g., Bassili, 2003）。如果研究發現與這個預測及其他從這個理論導出的預測一致，對這個理論的信心就會提高。如果研究發現與這個理論不一致，該理論就會被修正，或甚至被拒絕，像前面所說的一樣（關於種族歧視的成因，以及檢測這個特定理論的研究，請見第六章；Crandall et al., 2001）。

這個提出理論、檢測、修正理論、再檢測的過程，就是科學方法的核心，因此它是社會心理學研究的一個重要方面（見圖1.6）。因此，在本書中，我們會提出和社會行為與社會思考的重要面向相關的不同理論。

最後還得提出兩個重點：首先，理論從不會在任何決定性的、終結的意義上被證實。相反地，它們總是對檢測開放，並依可獲得的證據的分量，被以或多或少的信心來接受。再者，實驗的進行不是為了證明或證實一個理論；其操作是為了蒐集與該理論相關的證據。打算要「證明」她或他自鳴得意的理論的研究者，卻會嚴重地破壞第一章第一節「壹」所說的科學的懷疑主義、客觀性，以及開放的心態的原則。

柒、追尋知識與個人權利：尋求合適的平衡

在使用實驗法、相關法以及系統性觀察這方面，社會心理學家和其他科學家沒有什麼不同。但社會心理學家確實有個獨門技巧：**欺瞞**（deception）。這個技巧要求研究者對研究參加者保留或是隱瞞關於研究目的之訊息。欺瞞的理由很簡單：許多社會心理學家相信，如果研究參加者知道了某個研究的真實目的的話，他們的行為會被改變，而研究就無法產生關於社會行為或社會思考的

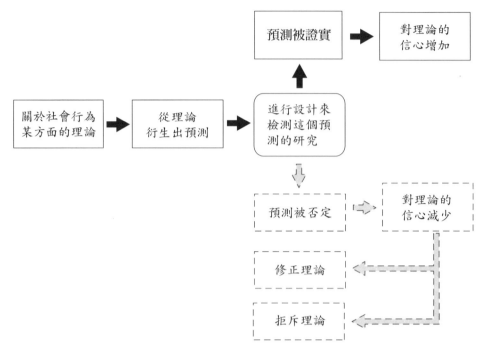

圖 1.6　理論在社會心理學研究中的角色

● ● ● ● ● ● ● ● ● ● ● ●
理論同時組織現有知識，並對許多事件或過程會如何發生做出預測。一旦形成一個理論，假說就得透過仔細的研究來檢測。如果結果和預測相符的話，對這個理論的信心就會提升。如果結果不符，該理論就可能被修正，或是最後被當作錯誤的而遭到拒絕。

有效訊息。

　　某些種類的研究似乎需要暫時地使用欺瞞的技巧。譬如，讓我們想想先前提過的弱勢者緩慢效應。如果研究參加者知道一個研究探討的是這個效應的話，他們難道不可能會過度退縮以避免表現出這個效應嗎？在這個例子和許多其他的例子裡，社會心理學家覺得不得不在他們的研究中使用暫時的欺瞞（Suls & Rosnow, 1988）。然而，使用欺瞞卻也引出不可忽略的研究倫理議題。

　　首先，不論可能性有多小，欺瞞總有可能對研究參加者導致某種類型的傷害。他們可能會對所使用的研究過程，或是對他們自己的反應感到不悅，這引出了研究者可以做到什麼程度的複雜倫理問題。例如，研究參加者可能接收到幫忙某個陌生人的要求，而那人其實是研究者的同謀，或者他們可能被告知其他學生們有某種特定的觀點，而事實上他們並沒有。就算是在這些欺瞞程度溫

和的例子裡，研究參加者有某種傷害效應的可能性還是存在，而這也是個可能
的嚴重不利條件。

再者，研究參加者可能會感到在研究中被愚弄而忿忿不平，結果他們會對
社會心理學乃至一般的心理學研究養成一種負面態度。例如，他們可能會變得
對研究者所呈現的訊息心存猜疑（Kelman, 1967）。到了這種反應發生的時候
──近來的研究指出，至少在某個程度上它們確實會發生（Epley & Huff,
1998）──它們對社會心理學的未來有令人不安的涵義。

因為這種可能性，欺瞞的使用給社會心理學家造成了兩難。一方面，欺瞞
對他們的研究似乎是不可或缺的。另一方面，使用它卻造成嚴重的問題。這樣
的問題該怎麼解決呢？縱然目前還是眾說紛紜，大部分社會心理學家對以下幾
點還是有所共識。第一，欺瞞絕對不該被用於說服人們參與在一個研究中；隱
瞞關於在一個實驗中會發生什麼事，或提供誤導的訊息好勸誘人們參與在其中，
都是不可接受的（Sigall, 1997）。第二，暫時性的欺瞞可能有時是可接受的，
假如兩個基本的防護措施也被採用的話。第一個是**知情同意**（informed con-
sent），亦即在人們決定參與實驗之前，已經盡可能將實驗要進行的步驟提供
給他們。第二個防護措施是**事後說明**（debriefing），亦即在研究參加者參與之
後，對他們完整地描述研究之目的為何。這類的訊息應當包含欺瞞之處，以及
為何需要欺瞞的理由。

有越來越多的證據指出，知情同意和完整的事後說明大體上能減少欺瞞可
能具有的危險（Smith & Richardson, 1985）。總的來說，現有證據似乎暗示，
只要欺瞞的目的和必要性是清楚的，大部分的研究參加者並不會對暫時性的欺
瞞有負面反應。然而，這些發現並不表示欺瞞的安全性與適當性就理所當然是
沒問題的（Rubin, 1985）。相反地，在研究規劃上使用這個步驟的指導原則應
當如下：(1)只在欺瞞是絕對不可或缺的時候才使用，即沒有其他的方法可以進
行這個研究時；(2)永遠得小心進行；和(3)要確定採用了所有可能的預防措施，
來保護研究參加者的權利、安全與福祉。

重點摘要與回顧

■ 社會心理學：操作性定義

- 社會心理學是個尋求理解個人在社會情境中的行為與思考的本質與成因的科學領域。
- 社會心理學本質上是科學的，因為它採用其他科學領域所使用的價值與方法。
- 社會心理學家採用科學方法，因為常識對社會行為所提供的指引並不可靠，也因為我們的思考受許多可能的偏見來源所影響。
- 社會心理學的焦點放在個體的行為，並試圖理解社會行為與社會思考的成因，這可能包含他人的行為與外表、社會認知、環境因素、文化價值，甚至生物學與基因要素。

■ 社會心理學：前沿

- 社會心理學家目前認為社會思考與社會行為是一體兩面，並且在兩者之間存在著一種持續而複雜的交互作用。
- 另一個主要的研究領域牽涉到對社會神經科學日益增加的興趣，也就是試圖將社會思考與行為的關鍵面向和大腦與其他生物性事件連結起來。
- 我們的行為與思考經常受我們沒有意識到的因素所形塑。越來越受到關注的這種內隱（非意識）過程，是現代社會心理學的另一個主要論題。
- 當前的社會心理學採納多元文化觀點，即承認文化因素在社會行為與思考中的重要性。

■ 回答關於社會行為與社會思考的問題：社會心理學的研究方法

- 在系統性觀察裡，行為被仔細地觀察並記錄。在自然觀察法中，這樣的觀察是在行為自然地發生的環境中所做的。
- 在問卷調查法中，我們問數量龐大的人關於他們的態度或行為的問題。
- 在相關研究法中，我們測量兩個或更多的變項，好判斷它們之間是否彼此相關。
- 兩個變項間存在相關，並不指出它們之間具有因果關係。
- 實驗法必須系統性地改變變項（獨變項），以判斷這些變項的改變是否影響行為的某些方面（依變項）。

- 要成功地使用實驗法，需要對實驗條件的研究參加者做隨機分派，並使所有其他可能影響行為的因素保持恆定，以避免變項的混淆。
- 實驗法並非十全十美。經常會出現關於它的外在效度的問題。進一步來說，為了實際或實驗倫理的原因，在某些情境下無法使用實驗法。
- 要判斷研究計畫的結果是真實的或是來自運氣，社會心理學家使用推論統計。
- 如果研究結果的出現是隨機的，該可能性很小的話（一百次出現不到五次），我們就認為該結果具顯著性。
- 要在各個研究之間評估獨變項的方向與強度，社會心理學家使用一種稱為後設分析的統計技巧。
- 理論是解釋各種事件或過程的架構。它們在社會心理學的研究中扮演了關鍵的角色。
- 欺瞞意指社會心理學家保留或隱瞞關於實驗目的之訊息的努力。
- 社會心理學家只有在使用了重要的保護措施的情況下才視欺瞞為可接受的：此即知情同意和事後說明。

觀念帶著走～活用：為何相關不等於因果關係

當兩個變項彼此相關，甚至是高度相關，卻未必表示其中一個的改變會導致另一個也跟著改變。這是因為兩個變項的改變可能都和第三個變項有關，或是導因於此。以下是一個例子。

■ 觀察：人們看的電視或電影越暴力，人們越有可能進行具攻擊性的危險行為（這兩個變項有正相關）。

可能的詮釋：

1. 接觸媒體上的暴力是增加侵犯行為的因素之一。

   接觸媒體上的暴力 ——導致——→ 侵略行為增加

2. 偏愛高度刺激的人對他們的衝動較沒有控制力；因此，他們會選擇去看高度展現暴力的影像，也比他人更經常選擇攻擊性的行動。兩個變項都和對某種刺激的需求有關。

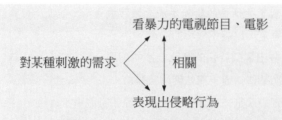

3. 高度攻擊傾向 ——→ 對暴力電視節目與電影的偏好

■ 重要結論：縱然兩個變項具高度相關，也不必然表示其中一個
的改變會導致另一個的改變。

關鍵詞

相關研究法（correlational method）

事後說明（debriefing）

欺瞞（deception）

依變項（dependent variable）

演化心理學（evolutionary psychology）

實驗／實驗法（experimentation ／ experimental method）

外在效度（external validity）

假說（hypothesis）

獨變項（independent variable）

推論統計（inferential statistics）

知情同意（informed consent）

後設分析（meta-analysis）

多元文化觀點（multicultural perspective）

隨機分派研究參加者到實驗條件中（random assignment of participants to ex-
perimental conditions）

社會神經科學（social neuroscience）

社會心理學（social psychology）

問卷調查法（survey method）

系統性觀察（systematic observation）

理論（theories）

2 chapter

社會認知：
思考社會世界

　　有句格言似乎是這樣說的：「我們能選擇朋友，但不能選擇親戚。」這個觀點肯定適用於我以前的一個親戚，現在（謝天謝地），他已經脫離了我們家族。他是我所認識最頑固的人。更糟的是，他的許多意見簡直是堅硬如石。我記得和他有過一段關於安全帶的對話。「我從不繫那玩意兒，」他沾沾自喜地咧嘴而笑，說：「如果我遇上車禍，我希望能迅速地衝出車子，而安全帶會減慢我逃出來的速度。」我試著指出，在車禍中，大部分受傷的人是因為被甩出車外才受傷的，不是因為他們待在車內，而且成千上萬的人能活到今天，正是因為繫了安全帶的緣故。但這對他一點用也沒有。他心意已決，連考慮安全帶有所助益的可能性都不願意。

　　又有一次，他試著說服我，拒絕雇用女性作為消防員並不是對她們的歧視，相反地，這是件大大的好事，因為這保護她們免於遭受不必要的危險。當我試著指出如果女性有能力執行這項工作，拒絕她們就是不對的，他的回應是聲明：女性永遠不會有能力當消防員，然後轉身走開。討論結束！

　　我能繼續舉出其他的例子，但你已經知道我的意思了。我覺得這個親戚特別討厭，不是因為他不同意我的意見或是因為他喜歡爭論，而是因為他的想法似乎冥頑不靈：不論是事實、證據還是任何事物，沒有什麼能影響他的想法。真的，他不是我會選擇要接近的那種人。

　　縱然我並不享受和我前親戚的互動，他對此處的討論卻是有貢獻的：他的

行為闡述了幾個關於**社會認知**（social cognition）的重點，亦即我們詮釋、分析、記憶與應用關於社會世界的資訊的方式；換句話說，就是我們如何思考他人、我們與他人的關係，以及我們生活於其中的社會環境。

首先，我親戚的行為展現了社會思考並不總是合理的。相反地，它臣服於許許多多會將我們導向嚴重錯誤的各種傾向與「偏向」（tilts），包含了對我們已經形成的觀點與信念，就算面對指出其錯誤的證據，仍然堅持不移的傾向。我們為什麼這樣做？許多因素都軋了一角，但其中最重要的因素則闡釋了另一個關於社會認知的關鍵事實：思考這個社會經常要投入許多心力，因此我們避免去做這件事，或至少極力減少所付出的心力。一旦我們的意見與信念被塑造出來之後，要改變它們就要花上許多力氣，因此我們不幹，縱然從純粹合理性的觀點來看，這沒什麼道理，甚至完全沒有道理。

再者，我親戚的行為的另一方面闡明了，我們經常以一種似乎是**自動化**（automatic）的方式處理社會訊息。想想他的觀點：永遠沒有女人能符合當消防員的資格。他怎麼會抱持著這麼一個充滿偏見而毫無根據的看法？這一部分是因為他對女性抱著非常強烈的刻板印象，認為她們太瘦小軟弱，無法成為有力的消防員。這個刻板印象讓他幾乎是自動地做出結論，即女性應該被排除在這個工作之外，因為這是她們無力執行的（e.g., Bargh et al., 1996; Greenwald et al., 1998）。他不需要仔細地或有系統地檢視這個觀點；他就這麼認定了！如果你是女人，他就相信你不能當消防員，因為你有月經！

最後，我經常注意到，如果某人真的改變了我親戚的觀點，他對他們會變得充滿情緒，而這會讓他變得更不講理。這個觀察闡明了，在認知與情感（我們如何思考與感受）之間，有某種重要的連結。換言之，我們的思考經常模塑我們的感覺，而我們的感覺，反過來，也會對我們的思考造成有力的影響。在認知與情感之間的這種交互作用是複雜的，遠比僅僅是強化我們已有的觀點還要複雜（e.g., Forgas, 1995a），而這種交互作用，也是社會思考的重要面向。

在這一章裡，我們要檢視社會認知的幾個重要面向。一如在第一章已提過的，認知觀點是現代社會心理學的核心，而我們在全書中都會探討這點。因此，在轉向社會心理學的其他面向之前，檢視一下社會思考的某些基本原則是非常合理的。

首先，我們會檢視社會思考的一個基本要素——基模（schemas）。這是種心智架構，讓我們能以有效的方式組織大量的訊息。這些框架一旦建立起來之後，就會在社會思考上行使強有力的影響，這些影響卻並不一定有助於（社會思考的）精確性。再來，我們會考慮捷思法（heuristics），即我們經常用最少的力氣迅速地做決定或做出推論的實用方法。換句話說，捷思法是另一種減少耗在認知（亦即我們為了理解社會世界所做的精神工作）上的力氣的方法（e. g., Kunda, 1999）。在討論過捷思法之後，我們會回到一個重要的觀點，即社會思考經常透過快速而相對省力的方式出現，而非透過仔細的、具系統性而更費力的方式。接著，我們將檢視社會思考的幾個特別的傾向或「偏向」，這些偏向會將我們引至對他人做出錯誤結論，或讓我們在理解社會世界的努力上出現不必要的錯誤。最後，我們將焦點放在情感（affect，即我們當下的感受或情緒）與社會認知的許多方面之間互雜的交互作用（e.g., Forgas, 1995a）。要注意的是，我們在第三章還會檢視社會思考的重要面向，那裡要談的是人際知覺（person perception，即我們如何感知他人，並試著去理解他人）的一些面向，而在第五章會談到我們的社會自我（self）的重要面向。

第一節　基模：用以組織與運用 社會訊息的心智架構

你去看醫生的時候，會發生什麼事呢？也許是這樣的：你進了診所，掛號，然後坐下候診。幸運的話，你不用等太久，護士就會帶你進入診療室。到那，你得再等一下。終於，醫生走進來問診，也許還幫你做個檢查。最後，你走出診間，也許在出門時還付了部分醫藥費。這跟你的醫師是誰或是你住在哪都沒有關係，這一連串像前述的事件總會發生。這裡面沒有任何事會讓你感到驚訝；事實上，你可以預期這些事的發生。為什麼呢？因為從過去的經驗，你已經建立起關於看醫生的心智結構或架構。同樣地，你對上館子、參加考試、到雜貨店買東西等，也有其他的心智結構。

你也不只是對各種情境有這類的結構；對人、職業、社會角色、特定的社

會群體，以及社會世界的許多其他方面，你也擁有這些結構。在每個例子裡，是你的經驗讓你能建立起心智架構，好讓你能組織你對每個所關切的主題或題材的知識或假設。社會心理學家將這種架構稱為**基模**（schemas），並將其定義為幫助我們組織社會訊息的心智結構。基模一旦建立起來，就會對社會認知的幾個方面發揮有力的影響。我們檢視這些，是因為它們是社會認知以及我們理解四周的社會世界的努力的一個重要面向。

壹、基模對社會認知的作用：注意、編碼、提取

基模如何影響社會思考？研究指出，它們影響了三個基本過程：注意、編碼與提取。注意（attention）指的是我們所注意到的訊息。編碼（encoding）指的是我們將所注意到的訊息存入記憶的過程。最後，提取（retrieval）指的是我們從記憶中提取資訊並以某些方式應用的過程。

人們已經發現基模對這些社會認知的面向都有影響（Wyer & Srull, 1994）。對注意力而言，基模經常充當其過濾器：與之符合的訊息較可能被注意到，進而進入我們的意識。與之不相符的訊息則經常被忽略（Fiske, 1993），除非它十分極端，以致我們無法不注意到它。

編碼的作用在於將我們注意力焦點所在的訊息存入長期記憶裡。一般來說，和我們基模相符合的訊息會被編碼。但是，和我們的基模明顯不符合的訊息，亦即不符合我們對一既定情境的期待的訊息，會被存到一個不同的記憶區（memory location），並被標上一個獨特的「標籤」。總之，這樣的訊息是如此出人意料之外，以致它確實抓住了我們的注意力，並幾乎是強迫我們為它加上心智簽註（mental note）（Stangor & McMillan, 1992）。這裡有個例子：你對「教授」的角色已有一個完整發展的基模。你預期教授會到課堂上、講課、回答問題、給大家考試並批改卷子等。假想一位教授到課堂上唸詩或表演魔術，你肯定會記得這些經驗，因為它們完全不符合你的教授基模。

這將我們引領到第三個過程：從記憶中提取。什麼是最容易回想起來的訊息？是和我們的基模相符的訊息，還是不相符的訊息？這是在許多研究中都被探討過的複雜問題（e.g., Stangor & McMillan, 1992）。總的來說，這類研究指

出，回報比起與基模不相符合的訊息，人們傾向於在較大程度上想起並應用與基模相符的訊息。然而，這個結果可能是來自於實際記憶的差異，或是簡單反應傾向（simply response tendencies）。也就是說，與基模不符的訊息可能和與基模相符的訊息一樣牢固地、甚至更牢固地存在於記憶中，但人們卻只傾向於回報（描述）與他們的基模相符的訊息。實際上，事實似乎正是如此。一旦對這個反應傾向的回憶基準被更正時，或是當個體被要求要確實地回憶起那些訊息，而不只是使用或指出他們是否認得這訊息時，回憶起與基模不符的訊息的強烈傾向就出現了。因此，對於「和我們的基模或期待相符還是不符的訊息，哪一個我們會記得比較清楚」的問題，沒有簡單的答案。反之，答案端看所要求回憶的基準。

很重要的是，要注意到基模對社會認知的影響（例如，我們會注意到並記得什麼，以及我們如何使用這些訊息來做決定或判斷），受其他幾個因素的強烈影響。例如，在基模強大而且發展完整的時候，這樣的效應會比較強（e.g., Stangor & McMillan, 1992; Tice, Bratslavsky & Baumeister, 2000），而在認知負荷（cognitive load，亦即我們所耗用的心智力氣）高的時候，效應也比低的時候來得強（e.g., Kunda, 1999）。換句話說，當我們試圖同時操縱許多社會訊息時，我們仰賴基模，因為它們能讓我們以較少的力氣處理這些訊息。

我們一定得注意一個事實，就是縱然基模是建立在我們過去經驗的基礎上，並且經常對我們有所助益，它們也有很大的缺點。藉由影響我們注意到什麼、進入記憶並在之後回憶，基模可能會在我們對社會世界的理解中製造扭曲。例如，一如我們在第六章中將發現的，基模在偏見中扮演了很重要的角色，它是形塑對特定社會群體的刻板印象的一個基本要素。並且，遺憾的是，基模一旦被形塑出來，經常會非常抗拒改變。它們會表現出強烈的**固著效應**（perseverance effect），就算面對與之相對立的訊息也維持不變（e.g., Kunda & Oleson, 1995）。例如，當我們遇見了與我們的基模不符的資訊，好比說一個廚藝極好的工程師時，我們並不改變我們對「工程師」的基模。相反地，我們可能將這個人放到一個由不能證明基模或刻板印象的人構成的特別種類，或是**次類別**（subtype）裡面（e.g., Richards & Hewstone, 2001）。也許更糟的是，有時候基模會自我應驗（self-fulfilling）：基模會以與自身符合的方式影響社會世界。讓

我們更仔細地看看這個在社會心理學中被稱為自我應驗預言（self-fulfilling prophecy），或是基模的自我確認本質（self-confirming nature）的過程。

貳、基模的自我確認本質：信念何時及為什麼會形塑現實

在 1930 年代的大蕭條期間，許多銀行都面臨財務狀況不佳的傳言。因此，許多存款人大排長龍提領存款，最後銀行真的倒了。它們手頭沒有足夠的現金可以應付這些需求。

有趣的是，基模也能產生這樣的效果，這有時候被稱為**自我應驗預言**（self-fulfilling prophecies），意即在某種意義上能實現自身的預言。Robert Rosenthal 和 Lenore Jacobson（1968）在風起雲湧的 1960 年代，為這個效應提供了經典的論據。在那個時期，人們擔心某種可能，即教師對少數族群學生的信念，也就是教師們的基模，會讓他們用不同於對待優勢族群的學生的方式對待他們（即較不喜歡他們），並導致少數族群學生表現更加落後。

要蒐集這類效應可能發生的證據，Rosenthal 和 Jacobson 進行了一項精巧的研究，這對後續的社會心理學研究發揮了有力的影響。他們到舊金山的一間小學去，對所有學生進行了一次智力測驗。他們告訴老師們，某些學生得到了很高的分數，在學科上很快會「開花結果」。事實上，這並不是真的：他們只是隨機挑選學生的名字罷了。但 Rosenthal 和 Jacobson 預測，這個訊息可能會改變教師對這些學生的期望（和基模），乃至對待他們的方式。關於其他學生，老師們則沒被告知這個訊息，因為其他學生屬於控制組。

Rosenthal 和 Jacobson 八個月後回到了那所學校，看看他們的預測是否自我應驗。他們又給學生們做了一次測驗。結果清楚而富戲劇性：相較於控制組的學生，那些被稱為「奇葩」的學生在智力測驗中突飛猛進。教師們對學生的信念以自我應驗的方式運作：老師相信在學習上會成果豐碩的學生真的做到了。

這樣的效應是怎麼發生的？這一部分是透過基模對教師行為的影響。更進一步的研究（Rosenthal, 1994）指出，教師對於他們期待會有好成績的學生，給予了更多的注意、更多具挑戰性的任務、更多與更好的回應，以及更多在班上回答的機會。簡言之，老師以有助於他們期待會有好成績的學生的方式行動，

而他們就真的表現傑出。

這個早期的研究，啟發了社會心理學家去尋找其他基模在許多環境中的自我應驗效應，教育、治療與商場是幾個例子。他們很快就發現證據，證明了基模經常以導向證實自身的方式模塑行為。研究進一步指出，基模的自我應驗效應，並非來自人們刻意去證實這些心智結構的努力（Chen & Bargh, 1997）。相反地，這些自我應驗效應甚至發生在人們試圖避免讓自身期待模塑他們對待他人的行為的時候。因此，基模實在是把雙面刃：它們幫助我們理解社會世界，迅速且最省力地處理訊息，但它們也會將我們捆住，以可能並不準確的方式理解這個世界。我們在第六章討論偏見時會再探討這些效應。

第二節　捷思法與自動化歷程：我們如何減少花在社會認知上的心力

美國好幾個州已經通過或正在研討一項法律，即禁止開車的時候打手機。為什麼呢？因為人們已經發現，如果駕駛人分心，就更有可能造成事故，而拿手機講話是非常讓人分心的。這闡明了我們認知能力的一個基本原則：它們肯定是有限的。在任何時刻，我們都只能夠掌控固定數量的訊息；超過這個水準的訊息輸入會讓我們處於**訊息超載**（information overload）的狀態。意即對我們認知系統的要求大過其負荷量。另外，我們的處理能力可能會被高度壓力或其他要求給耗盡（e.g.,Chajut & Algom, 2003）。為了處理這樣的情況，我們會採取各式各樣的策略，其設計乃是為了「延伸」我們的認知資源，讓它能以更少的心力做更多事，而不陷入另一種狀況。為了成就此事，這樣的策略一定得符合兩項要求：(1)它們一定要提供能快速簡單地處理大量訊息的方法，以及(2)它們必須是有效的。有許多減少心智力氣的捷徑存在，但其中最有用的可能是**捷思法**（heuristics），意即以快速而有效率的方法做出複雜決定與導出推論的簡單規則。

另一個處理社會世界如此複雜、而我們的訊息處理能力卻極其有限之事實的方法，是將許多活動，包括社會思考與社會行為的某些方面，歸到**自動化**〔或

是自動化歷程（automatic processing），e.g., Ohman et al., 2001〕。在討論過幾個捷思法之後，我們會探討這種自動化歷程及其對社會思考的意義。

壹、代表性：透過相似性來判斷

假想你第一次見到你的鄰居。在聊天時，你注意到她衣著保守、個人習慣整潔、家中藏書豐富，並且看來溫婉而略帶羞澀。之後你發現，她沒提到她靠什麼維生。她是個業務經理、醫生、作家、侍者、律師、舞者、還是圖書館員？一個快速知道答案的方法是拿她和這些行業中的人做比較。她和你認識的這些行業的人或是這些行業裡特定的誰，相似度有多高？你可能很快就會做出她是圖書館員的結論；她的特質看來比較像和這個職業有關的人，而不是和醫生、舞者或高級主管等職業有關的特質。如果你是這樣判斷她的職業，你用的就是**代表性捷思法**（representativeness heuristic）。換句話說，你做的判斷是基於一個相對簡單的規則：*個人和特定群體的典型成員越相似，他們就越有可能屬於這個群體。*

這樣的判斷準確嗎？通常是的，因為從屬於某個特定群體，會影響其中的人的行為和風格。但有時候，基於代表性所做的判斷會是錯誤的，主要是因為下述原因：基於這個規則所做的判斷或論斷，會傾向於忽略**基本率**（base rates），意即特定事件或典型（例如職業）在整個總體中出現的次數（Tversky & Kahneman, 1973; Koehler, 1993）。事實上，業務經理的人數遠比圖書館員多。因此，即使你的鄰居看起來像圖書館員而不是經理，但她是經理的機率事實上更高。然而，因為我們極度傾向使用代表性捷思法，就很可能會忽視這種基本率的資訊，而將我們的判斷建立在她和一個群體或類別的典型成員的相似性上。透過這種方式和其他相關的方式，代表性捷思法會將我們對他人的想法引至錯誤的方向。

貳、可得性：「只要我能想得到，那肯定很重要。」

以字母 k 開頭的字，還是第三個字母是 k 的字，哪個比較常見？在英文中，第三個字母是 k 的字，比以 k 開頭的字多了兩倍以上。儘管事實如此，但大部

分人被問到這個問題的時候，都猜錯了（Tversky & Kahneman, 1982）。為什麼呢？這部分是因為另一個捷思法的作用，即**可得性捷思法**（availability heuristic），意指越容易想起來的訊息，越會影響其後的判斷或決定。這個捷思法也有其道理。說到底，我們能夠很輕易地想起的訊息，表示那肯定很重要，也就理當影響我們的判斷和決定。然而，靠著可得性來做社會判斷，也可能會導致錯誤的出現。例如，它可能會讓我們高估戲劇化但少見的事件的可能性，因為它們比較容易被想起來。符合於這個原則，許多人害怕搭飛機甚於乘車，儘管死於車禍的機會要大得多。

有趣的是，研究提出，可得性捷思法不僅僅和主體方便想起哪些相關訊息有關。此外，它似乎也和我們所想起的訊息的**數量**有關（e.g., Schwarz et al., 1991）。我們所能想到的訊息越多，對我們判斷的影響也就越大。這兩個因素哪個比較重要？答案似乎得看我們要做的是哪一類的判斷。如果和情緒或感受有關，我們傾向於依賴「方便」原則，但如果和事實或資訊有關，我們會傾向於依賴「數量」原則（e.g., Rothman & Hardin, 1997; Ruder & Bless, 2003）。

促發：一些可得性提高的效應

可得性捷思法在社會思考的許多方面都扮演了重要的角色，例如刻板印象（見第六章）。此外，可得性捷思法和另一個過程有關：**促發**（priming），意即因為與特定刺激或事件的接觸，某些訊息的可得性被提高了。

這裡有個簡單的例子：在醫學院一年級時，許多人都會經歷「醫學生症候群」。他們會開始懷疑自己或其他人罹患嚴重的疾病。普通的頭痛會讓他們懷疑長了腦瘤，輕微的喉嚨痛也會讓他們對少見但致命的感染感到焦慮。這個效應是怎麼來的？社會心理學家偏好的解釋是，這些學生在課堂上和指定閱讀中，日復一日地接觸關於疾病的描述。結果，這些可得性大為提高的訊息，引導他們去設想最糟糕的情況。

促發效應在許多背景下都會發生。例如，看完恐怖片後，電影裡誇張的嚇人經驗會讓人看到影子都以為會出現怪物，甚至聞風色變。因此，促發效應是社會思考的一個重要面向（e.g., Higgins & King, 1981; Higgins, Rohles, & Jones, 1977）。事實上，研究指出，甚至在個人對促發刺激物毫無意識時，促發效應

也可能會發生，這種效應稱為**自動促發**（automatic priming）（e.g., Bargh & Pie-tromonaco, 1982）。換句話說，某類資訊的可得性會因促發而提高，即使我們沒意識到和它的接觸。假想一下，在等待電影開演的時候，你正在想某件重要的事。結果，你沒注意到在螢幕上出現了一個慫恿你「去吃爆米花」的訊息。幾分鐘後，你卻有去買爆米花的強烈衝動。怎麼回事呢？也許是因為你餓了，而且你喜歡爆米花；但也有可能你想去買爆米花的衝動，部分是來自於這個訊息激發你做這件事的欲望，而你並未有意識地注意到它。

整體而言，激發似乎是社會思考的一個基本事實。外在事件與條件，或甚至是我們的思考，都能增加某些特定類型的訊息的可得性。而可得性的提高影響我們與這些訊息有關的判斷。我們似乎會這麼推論：「只要我能想得到，那肯定很重要。」

參、定錨與調整：你從哪開始算，大不同

假設你在車市裡找一輛二手車。你查驗了所有的文件，找到一輛看起來不錯的車。廣告上寫的是：「最低價」，因而沒標出價錢。當你見到車主時，她提的價錢比你預想的高很多。你會怎麼做？你會堅持你想要的價錢，還是會出一個稍微高一點的價錢，在她要求的和你原本所想的價錢之間？除非你很有講價的技巧，不然你很可能會提一個比你原本計畫的更高的價錢。為什麼呢？因為我們經常使用一個價格或數目作為一個起始點（一個錨），我們會從這裡開始做調整。在這個情境中的錨，是對方要求的價錢，然後你從這裡開始進行調整，給出一個較低、但仍高過你原先所想的價錢。為什麼？因為你對錨所做的調整不夠。邏輯上來講，應該做更大的調整，但事實卻非如此（e.g., Epley & Gilovich, 2004）。我們以這種方式做決定的傾向，來自另一個捷思法，稱為**定錨與調整捷思法**（anchoring and adjustment heuristic）。這個捷思法指的是以一個價格或數字作為起始點，然後加以調整的傾向。

定錨與調整在許多情境中都看得到，不只是在和金錢或其他與數值有關的狀況下。例如，我們經常讓我們的經驗作為我們觀點的錨，雖然我們都知道我們的經驗是獨特的，甚至就某些方面來講是不尋常的（e.g., Gilovich, Medvec, &

Savitsky, 2000）。以下是一個例子：想像你第一次遊巴黎，而你發現街上滿是垃圾、地鐵（公共交通工具）停駛、路上塞車。你的結論是：巴黎並不如傳說中的美麗與浪漫，而且你再也不想來了。接下來你就要感到驚奇了：就算你後來知道你到巴黎的時候正好遇到多年以來最大的罷工，幾乎所有公共雇員都不工作，你卻可能還會繼續堅持之前的看法。一般的時候，巴黎的街道是乾淨的，地鐵也通行無阻。但縱使你得到這訊息，也知道你的經驗並不尋常，你只會調整你原本的經驗，讓它稍微正面一點。你並不會回復原本對巴黎是個美麗城市的期待。

我們為什麼會讓捷思法影響我們的思考？因為它們幫我們省下心力，而這似乎正好是社會認知的指導原則，一如在生活中的其他方面一樣。

肆、社會思考中的自動化歷程：省心——但有代價

一如前文提到的，在社會認知上，我們所面臨的兩難是：我們處理訊息（包括社會訊息）的能力有限，然而日常生活中有大量的訊息淹沒我們，並要求我們有效率地做出有效的處理。捷思法提供了一個解決這個問題的工具。然而，事實上，捷思法所代表的，是更一般傾向的一個面向，此即進行**自動化歷程**（automatic processing），或是自動思考模式（automatic modes of thought）。這指的是對社會訊息的處理是非意識的（請回想第一章的討論）、無意圖的、不由自主的，而且是相對省心的。在我們對某個任務或某種資訊有了大量的經驗，到了一個階段，我們能執行這個任務或處理這個訊息而不需要有意識地思考，有時候甚至不需要有這麼做的想法時，比較會發展出自動化歷程。你還記得學騎腳踏車的時候嗎？首先，你必須投注很多的注意力在這個任務上，要不然你會摔倒。但當你掌握了訣竅之後，騎車需要的注意力就減少很多了，直到你可以邊騎邊想其他的事情，或是進行其他的任務，譬如和朋友聊天。在這些情境中，我們想要發生的，就是這種從控制化歷程（controlled processing，這是費神而有意識的）到自動化歷程的轉變。

在某個程度上，這對社會思考和學習新技能來說都是如此。例如，一旦我們對某個社會群體（例如醫生）有了一個發展完整的基模，我們可以用迅捷的

方式思考這個群體的成員。好比說，我們會假設所有的醫師都很忙，因此得和他們直截了當地說話，他們很聰明，但不一定體貼等。但，時常發生的是，這麼做所得到的效率或方便，經常因為可能缺乏精確性而被抵銷。例如，證據指出，有一類基模，也就是刻板印象（stereotypes），會受和某個被定型了的群體有關的外貌特徵所自動、非意識地觸發（e.g., Pratto & Bargh, 1991）。因此，黑皮膚可能自動觸發對非裔美國人的負面刻板印象，縱然這個人完全無意以這種刻板印象思考。相同地，態度（對社會世界的某些方面的信念與評價）也會被該態度焦點所在的東西自動觸發（e.g., Wegner & Bargh, 1998）。這種對社會訊息的自動化歷程會引出嚴重的錯誤。

也許更令人驚訝的是，研究結果指出，基模一旦被啟動，它對行為也會產生類似的自動效應。Bargh、Chen 和 Burrows（1996）的研究，對這個效應提供了清楚的說明。他們首先讓研究參加者解讀顛倒錯亂的句子，促發粗魯或有禮兩種特質的基模之一。這些句子裡的詞彙有的和粗魯有關（例如粗魯、無理、唐突），有的和禮貌有關（誠摯、耐心、謙恭）。在過去的研究中，接觸到這些和基模有關的詞彙，會激發或是活化這些心理架構。第三組（控制組）的人解讀的則是和兩種特質都無關的詞彙（例如忙碌、完美、偶爾、一般）組成的句子。完成後，他們要求研究參加者向實驗者回報，以便給他們下一步的指示。當他們走向實驗者時，他或她正在和另一個人（實驗者的同謀）進行一段對話。實驗者繼續這段對話，不理睬研究參加者。這裡主要的依賴判準是研究參加者是否打斷談話。Bargh 和他的同事（1996）預測，比起被有禮特質所促發的研究參加者，被粗魯特質所促發的研究參加者較有可能打斷對話。而事實正是如此。更具啟發性的事實是，儘管在三個實驗條件中的人對實驗者的禮貌的評價並沒有差別，這種效應還是會發生。換句話說，他們行為的差異，即他們有多大的意願去打斷對話，似乎是以一種非意識的、自動化的方式發生的。

上述發現及其他研究的結果（e.g., Fazio & Hilden, 2001; O'Sullivan, 2003）指出，社會認知經常不是如我們所期望的理性、合理、有條理的過程。相反地，我們在經驗中所學得的基模和其他心智架構，會以我們不完全認識的方式，甚至在有些情況下，以我們想要改掉的方式，強烈地影響我們的行為。一如我們在第六章會詳細討論的，刻板印象一旦被啟動，個人就可能會以負面的方式去

思考這些刻板印象的目標群體，甚至以帶著敵意或拒絕的方式對待這些群體，就算他們無意如此，而且要是明白自己這麼做，會感到生氣。在這裡，以及許多其他情境中，自動化歷程都是社會思考的重要面向——在我們試圖了解我們如何思考他人及試圖理解社會世界的努力中，一個值得考慮的面向。

伍、評價社會世界的控制化 vs.自動化歷程：社會神經科學的證據

我們對社會世界的回應中，一個非常基本的面向是評價（evaluation），意即一個事件、人物或情境到什麼程度時會被我們視為好的或是不好的。有大量的證據顯示，我們經常以自動化的方式做這種評價，不經有意識的思考或覺察。Fazio 和他的同事（1986）發現，如果一個詞彙前面有另一個意思相近的詞彙，人們能比較快地分辨出這個詞彙帶著好的或不好的意涵。如果一個帶著好的意涵的詞彙（例如美麗）前面有另一個也帶著好的意涵的詞彙（例如勝利），比起前面有另一個帶著不好的意涵的詞彙（例如謀殺），研究的研究參加者在第一種情況能更快地做出回應。其他的研究（e.g., Bargh et al., 1992）指出，就算在研究參加者不需要決定這個詞彙是否具有好的或不好的意涵，只需要唸出這個詞彙的時候，這類效應也會出現。比起前面有另一個壞字眼的好字眼，前面有另一個好字眼的好字眼會比較快被唸出來，反之亦然。這些發現指出，評價經常是自動地發生的。相對地，對字、人或世界的任何其他方面的評價，也能以受控制的或思考過的方式出現，這時我們認為所做的是小心而有意識的判斷（e.g., Greenwald & Banaji, 1995）。這在我們處理較為複雜的訊息、或社會世界中讓我們有矛盾反應（亦即有好有壞）時，特別可能發生。

這些發現暗示了，我們有兩個評價社會世界各方面的系統：一個是以自動化的方式運作，另一個則是以系統性的、控制的方式運作。這兩個系統牽涉大腦的不同部位嗎？如果是的話，就該有證據支持這些部位的存在及其區別。事實上，由社會神經科學（見第一章）的觀點進行的研究指出，這些區別確實存在。大腦的特定部位，尤其是杏仁核（amygdala），可能和自動評價反應有關，即以快速而非意識的方式發生的對於好壞的簡單判斷（Phelp et al., 2001）。

相對的，前額葉皮質（尤其是內側前額葉皮質和腹側前額葉皮質）在較為受控制的評價反應，即我們認為是仔細而有意識地做的評價反應中，可能扮演了重要的角色。

Cunningham 和他的同事（2003）所做的研究，為這些結論提供了清楚的證據。他們給研究參加者看名人的名字（例如希特勒、比爾寇斯比），然後要求他們判斷這些是好人還是壞人（一個評價性的判斷），或是那些名字指的是過去的還是現在的人（一個非評價性的判斷）。在研究參加者做這些事的時候，再用功能性磁振造影（functional magnetic resonance imaging, fMRI）記錄他們大腦的活動。研究者推論，既然這些名字在兩個任務中都是一樣的，那評價時的自動因素在兩個任務中都會出現。亦即，名字會自動引發評價反應，不管研究參加者是被要求要評價他們的好壞，或是屬於歷史人物還是當今人物。在做好壞評價時，其餘的大腦活動就該屬於控制化的評價歷程，也就是只在研究參加者的意識目標是在評價這些名字時發生的處理歷程。

結果指出，這類控制化歷程主要在前額葉皮質（大腦的一個區域，長久以來已知和我們較高層的心智過程有關）的幾個區域發生。換言之，相較於以非評價性的方式判斷這些名字，當研究參加者執行評價任務的時候，這幾個區域內的活性化增加了。相對地，自動化歷程似乎主要發生在杏仁核。也許更有趣的是，在好壞判斷（評價性）的任務時，在前額葉皮質活動的增加，發生在當那名字指的人讓研究參加者有矛盾（亦好亦壞）反應（例如柯林頓、阿拉法特）時，而不是那些他們沒有矛盾反應的名字（例如希特勒、甘地）。讓人感到矛盾的名字產生的反應控制化歷程的活動，比不矛盾的名字來得更為大量，而這些增加的活動主要發生在前額葉皮質。

總的來說，該研究和其他研究的結果，支持我們有不同的評價社會刺激的系統：其中一個反應迅速、自動、而不需要有意識的意圖或心力，另一個則在我們進行更受控制的、系統性的處理時發揮作用。

■■ 第三節　社會認知中可能的錯誤來源：為何 全然合理的行為比你想像的還稀有

　　人類絕不是電腦。縱然我們可以想像自己以邏輯的方式來推論，我們仍然知道自己達不到這個標準。這對社會思考的許多方面而言都是如此。在我們理解他人與理解世界的努力中，我們會屈服於範圍廣大的許多癖性，它們合起來會將我們引到嚴重的錯誤中。在這一節裡，我們探討社會認知中的某些「偏向」。然而，在開始之前，我們必須強調一點：即使這些社會思考的面向有時會造成錯誤，它們仍然是合用的。它們幫助我們把焦點放在最有情報性的訊息上，而且它們減少了理解社會世界所需要的心力。因此，社會思考中的這些傾向是某種大雜燴，為我們供給了明確的益處，但也付出極為重大的代價。

壹、負向偏差：對負面訊息給予超量關注的傾向

　　想像現在你的朋友在描述某個人，他提到了這個人的許多優點：他或她是個和藹可親、聰明、好看、友善的人。然後，你的朋友提到一個負面的訊息：這個人也有點自負。你可能會記得哪些？研究指出，負面訊息大概會在你的記憶中特別突出（e.g., Kunda, 1999）。為此，負面訊息對於你和這個人見面的欲望的影響，會大過任何對等的正面訊息。這顯示了我們會表現出強烈的**負向偏差**（negativity bias），意即對負面訊息比正面訊息更敏感。這個偏差適用於社會訊息和世界其他方面的訊息。

　　我們為何會有這種傾向？從演化的觀點來看，它其實很有道理。負面訊息反映的是外在世界中可能威脅我們幸福之處。為此，對這些刺激保持敏感以便快速反應，對我們特別重要。想想我們辨識他人臉部表情的能力。研究結果指出，我們在察覺負面臉部表情（例如人們表現出憤怒或敵意）上，比察覺正面表情（例如人們表現出友善）來的更快、更準確。

　　Ohman、Lundqvist 和 Esteves（2001）的研究，為此提供了清楚的闡釋。

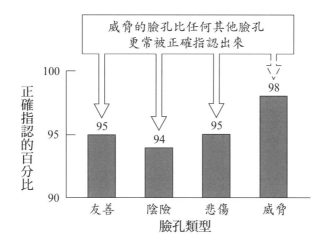

圖 2.1　負向偏差的證據：你最先注意到哪個臉孔？

在無表情臉孔的背景中出現的威脅臉孔，比友善、陰險和悲傷的臉孔更快且更準確地被指認出來。這些發現為負向偏差（即對負面刺激或訊息的敏感性增強）提供了證據（資料來源：Based on data from Ohman, Lundqvist, and Esteves, 2001）。

研究者們要求研究參加者在許多不同的臉孔中找出無表情的、友善的和威脅的臉孔（例如，友善的臉孔被放在一堆無表情的或是威脅的臉孔當中；威脅的臉孔被放在友善的或無表情的臉孔當中，諸如此類）。結果指出，不論背景是什麼，研究參加者在指認出威脅的臉孔時總是較快而且準確。在另一個研究中，研究參加者被要求在一堆沒有表情的臉中找出幾種不同的臉孔：威脅、友善、陰險和悲傷的臉孔。再次，威脅的臉孔比任何其他臉孔被更快且更準確地指認出來（見圖 2.1）。

　　對負面訊息顯示出升高了的敏感度，似乎是社會思考的一個基本面向，而且可能被建立在我們大腦的結構與功能裡面（Ito et al., 1998; Cacioppo et al., 2003）。從這點看來，它是我們的社會認知的一個重要「偏向」，而且是很值得注意的一個。

貳、樂觀偏差：我們透過玫瑰色眼鏡看世界的傾向

　　雖然注意負面訊息的傾向很強烈，但也不用絕望。儘管存在著負向偏差，我們似乎也有樂觀的傾向，這被稱為**樂觀偏差**（optimistic bias）。這指的是一

種期待事情最後都會圓滿收場的傾向。事實上，研究指出，大部分的人相信他們比其他人更有可能遇到正面的事件，而較不會遇到負面的事件（e.g., Shepperd、Ouellette & Fernandez, 1996）。同樣地，我們經常對我們的信念或判斷，抱著比情理還大的信心，這種效應被稱為**過度自信障礙**（overconfidence barrier）（Vallone, Ross, & Lepper, 1985）。我們傾向於樂觀主義，這在其他背景中也看得出來：大部分的人相信他們比其他人更有可能得到一份好工作、擁有快樂的婚姻、活到古稀之年，但比較不會碰上負面的結果，例如被辭退、身染重病或離婚（e.g., Schwarzer, 1994）。

還有另一個說明，就是**計畫謬誤**（planning fallacy），也就是我們相信在一個時段裡能做到的事，比我們實際上能做到的更多的傾向。就是因為樂觀偏差的面向，政府經常在公共建設上（例如新機場、新橋樑）宣布過分樂觀的日程表，而個人則在他們的工作上採用不切實際的時間表。如果你曾評估某個計畫要花多久的時間，但後來發現花的時間更長，你應該就很熟悉計畫謬誤。

我們為何會成為這種樂觀主義的犧牲品呢？根據 Buehler、Griffin 和 Ross（1994），有幾個因素在其中發揮作用。一個是當個人預測完成某特定任務需要花多少時間的時候，他們進入了思考的規劃或敘事模式，在這模式下，他們會將焦點首先放在未來，以及如何執行這個計畫上。這阻止他們去回想過去相似的任務花了多少時間。結果，一個可能可以幫助他們避免過度樂觀的「現實查核」（reality check）就被撤銷了。當個人想到在過去經驗中花了比預期更久的時間的任務時，他們傾向於把這種結果歸因到他們控制之外的因素。結果就是，他們在預測一個任務需時多久時，會傾向於忽視可能的障礙，而成了計畫謬誤的犧牲品。許多研究都證實了這個預測（e.g., Buehler et al., 1994），因此，這些研究似乎為完成任務時的樂觀傾向的根源，提供了重要的洞見。

然而，事情沒這麼簡單。研究顯示，另一個因素在計畫謬誤上也可能扮演了重要的角色：完成任務的動機（motivation）。在預測未來會發生什麼事的時候，人們常猜測會發生他們期待的事（e.g., Johnson & Sherman, 1990）。因此，在他們動機強烈的情況下，他們對於何時可達到目標會做出過度樂觀的預測。研究為這個推論提供了支持（e.g., Buehler, Griffin, & MacDonald, 1997），因此我們對何時能完成一項任務的預估，似乎受我們的欲望所影響：我們想要提早

或準時完成，因此我們會如此預測。結果呢？沒有根基的樂觀主義再度擊敗我們！

一、艱險的過去 vs. 金色的未來：樂觀主義的工作

回想你的過去。是不是有起有落（有時事情都進行得極好，有時卻很糟糕）？現在試著想像你的未來。你覺得它會怎麼展現？如果你和大部分人一樣，你可能會注意到，這兩種描述之間有些差異。縱然我們大部分人都承認我們的過去有順境也有逆境，我們還是傾向於預測一個玫瑰色的未來，我們會快快樂樂的，不會遭遇什麼負面的事情。事實上，Newby-Clark 和 Ross（2003）的研究指出，這種傾向如此強烈，就算人們只想起過去的負面事件時也會發生。這說明了什麼差別？一個可能是，當我們想到過去的時候，我們想起的是失敗、不愉快的事件，以及其他令人失望的事。當我們想到未來的時候，我們傾向於注意想要的目標、個人的快樂，以及做那些我們一直想做的事。結果呢？因為我們被正面的思考所支配，我們就對未來做出樂觀的預測，並傾向於感覺它真的是一片金黃，至少是有前景或潛力的。簡言之，會發生樂觀偏差的似乎不只是特定的任務或情境，還包含了對未來的規劃。

二、為失落做準備：樂觀定律的例外

縱然樂觀主義似乎對大多數人而言是個普遍的習慣，這個模式卻有個重要的例外。當個人預期會接收到將產生重要後果的負面回饋或訊息時，他們似乎會*為失落做準備*（brace for loss，或是為最糟的情況打算），並展現出樂觀模式的逆轉。他們會傾向悲觀，並展現出更強的預期*負面後果*的傾向（e.g., Taylor & Shepperd, 1998）。

這為什麼會發生？Shepperd 和他的同事（Shepperd et al., 2000）主張，這是因為想為最糟的情況預先做好安排（做好準備）的欲望。在相關的研究中，Shepperd 等人（2000）要求學生預估他們會從註冊主任那拿到學費單（一個負面結果）還是獎學金（一個正面結果）（據稱，該註冊主任已經犯過很多次錯誤，導致 25%的學生拿到錯誤的學費單或雜費單）。Shepperd 和他的同事預測，比起手頭寬鬆的學生，手頭比較緊的，也就是學費單會給他們帶來壓力的

學生，會展現出較強的為失落做準備的效應。結果證實了這個預測。在數個研究中，財務有困難的學生當中，預估自己會拿到學費單的可能性在40%到67%之間，遠高過25%的機率，並明顯高於財務沒有問題的學生。甚者，有財務壓力的學生顯示的悲觀態度只是針對自己，而不針對朋友，不管他們是否被促發去回想過去的財務損失。

這些發現合在一起，暗示了人們在預測可能出現對他們有強烈負面影響的事情時，會為最糟的情況做準備，並且變得悲觀。研究（e.g., Shepperd & McNulty, 2002）指出，這種傾向對長期的人際關係也會有重要的影響。例如，它會幫助社交技巧不高明的新婚夫婦迴避可能發生的令人難受的失落，如果他們對婚姻中的愉悅抱著不切實際的高度期望的話（McNulty & Karney, 2004）。但我們應該再次強調，這是一般的樂觀定律的例外。在大部分情境下，我們傾向於對我們的生活和社會結果過度樂觀，但在能保護我們免於意想不到的壞消息的時候，我們會轉向悲觀。

參、反事實思考：考慮「本來可以怎樣」的效應

假想你參加一個重要的考試；發成績單時，你拿到個C-，比你期望的低得多。你的腦中會出現什麼想法？如果你和大部分人一樣，你可能很快會去想像「本來可以怎樣」（一個較高的分數），同時想像你原本如何可能得到這個分數。「要是我先前多唸點書，或是更常來上課，」你可能會這樣想。然後你可能會開始訂定下次考試如何考得更好的計畫。

這種關於「本來可以怎樣」的想法，社會心理學中稱之為**反事實思考**（counterfactual thinking），這在許多情境下都會發生，而不只發生在令人失望的經驗中。假設你讀了一篇文章，說的是某個在正常時間下班的人，在一場車禍中受傷，因為對方的駕駛闖紅燈。你可能會同情這個人，並提議要給他賠償金。現在想像同一個故事，但其中有點小小的不同。同一個人在同樣的車禍中受傷，但他是提早下班。因為是同樣的車禍，你照理應該有一樣程度的同情。然而，事實上你並不會這樣，因為既然他提早下班，那就很容易想像他可以不在那場車禍中。換句話說，本來可能發生（或不發生）什麼的反事實思考影響

了你的同情心，甚至是你的賠償提議。

　　為什麼會出現這樣的效應？因為反事實思考似乎會自動發生；我們不禁會想事情可能會有什麼不同的結果。要勝過這個自動的傾向，我們得試著矯正它的影響，而這需要一種積極的處理，讓我們能抑制反事實思考，或是在它出現的時候忽視它。如果這個推測正確的話，任何減低我們的訊息處理能力的東西，就都可能會增強反事實思考對我們的判斷或行為的影響力（Bargh & Chartrand, 1999）。有越來越多的證據顯示這是對的。Goldinger 和他的同事（2003）首先測量了研究參加者的工作記憶能力，這是一種訊息處理能力的指數。接著他們要求研究參加者讀一些故事，故事的設計是為了引發他們的反事實思考，或是不引發這樣的思考。故事中提到一個人有張籃球季賽入場券。某天晚上，他坐在平時的座位上，照明設備掉了下來，使他嚴重受傷。這是控制組的版本——不預期會引發反事實思考。在另一個版本裡，這個人也受傷了，但他坐在那晚剛好空著的另一個座位上。這個版本預期會引發反事實思考。Goldinger 等人還要求研究參加者執行另一項任務（記住並回想起諸如 flozick 和 nucade 等沒有意義的字眼）。他們在讀故事之前或之後，執行了好幾次這個記憶負荷任務。

　　在讀過故事之後，研究參加者指出他們覺得這個受害者該得到多少賠償金。結果指出，如果要求他們執行大量占用他們記憶（即減低他們的訊息處理能力）的任務，就會加強反事實思考的影響，尤其是那些一開始能力就不高的人（意即工作記憶能力低的人）。因為他們會很容易想像受害者沒有受傷的情況（意即他坐在平時的座位上），因此他們會建議給予較少的賠償。這些研究發現暗示，反事實思考可能會在許多情境中自動發生，而抵抗其效力得付出辛苦的認知工作。

　　這不是反事實思考的唯一效應。一如 Roese（1997）注意到的，進行這樣的思考會產生非常多樣的影響，對做這件事的人而言，有的很有幫助，有的則會讓我們付出很高的代價。如果個人想像向上的反事實思考（upward counterfactuals），意即將他們目前的結果和比他們經驗到的更令人喜歡的相比較，結果就可能會是強烈的不滿足感或嫉妒，特別是如果他們覺得在未來無法獲得更好的結果（Sanna, 1997）。想要得到金牌卻只得到銀牌的奧運選手就會經驗到這種反應（e.g., Medvec, Madey, & Gilovich, 1995）。相對的，如果人們拿他們

目前的結果和比較不讓人喜歡的結果相比，或是如果他們仔細考慮可能可以避免令人失望的結果並獲得正面結果的各種方法，他們可能會經驗到正面的感受，如滿足或有盼望的感覺。在得銅牌的奧運選手身上可以發現這樣的反應，他們會因此想像這跟沒拿到任何獎牌一樣。

此外，我們似乎經常使用反事實思考來減輕失望的感覺。在悲劇事件，例如所愛的人過世後，人們經常在下述想法中找到慰藉：「我們無法再多做什麼，死亡是不可避免的。」他們調整對死亡的不可避免性的看法，使之更為確定並因而無可迴避。相對地，如果他們有另一種反事實思考，「如果這個病早點被診斷出來」或是「如果我們早點把他送到醫院」，他們的痛苦可能會增加。因此，我們傾向於藉由假定負面事件或失望是無可避免的，來使這些事件變得較能忍受（Tykocinski, 2001）。對這個效應，我們在後面一節裡還有更多的討論。

肆、對思考的壓制：為何努力避免去想某些事情有時會產生反效果

在我們對反事實思考的討論中，我們提到了這樣的思考在許多情境中會自動地發生，而要防止這樣的思考影響我們的判斷，我們就得試著壓制它們。也許你在其他背景下也試著這麼做過。例如，如果你曾節食，你也許試著避免想到甜點或其他被禁止的食物。而如果你曾對上台演說感到緊張，你也許試著避免去想你可能會怎樣搞砸這個任務。

我們如何做到這樣的**思考抑制**（thought suppression），而這個處理過程又有什麼樣的影響？根據 Daniel Wegner（1992b）的研究，試圖將某些思考摒除在意識之外的努力，包含兩個構成要素。首先，有個監督作用（monitoring process），它會尋找那些我們不想要的想法即將入侵的跡象。當這類想法被第一個作用察覺後，第二個較為費神而較不自動（意即更受控制）的作用就會開始運作。這個控制作用（operating process）包含了一種耗神、有意識的嘗試，透過找到另一件可想的事情，來轉移一個人心思。就某種意義而言，監督作用是種事先預警系統，告訴一個人，他不想要的想法出現了，而第二個作用是個積

極防範系統，透過轉移他的注意力從意識中排除這類想法。

正常來說，這兩個作用能很好地壓抑不想要的想法。然而，當發生訊息超載或個人疲累的時候，監督作用會繼續指認出不想要的想法，但控制作用卻無法再阻止它們進入一個人的意識。其結果是明顯的反彈效應（rebound effect），意即不想要的想法出現的比例，會比開始試圖進行抑制之前更高。一如我們很快會發現的，反彈效應會對這個人造成嚴重的後果。

Wegner（1992a, 1994）所描述的這兩個作用，已經被許多研究所證實（e. g., Wegner & Zanakos, 1994），而這包含了怪異或異常的影像（例如白色大象）到關於過去情人的想法（Wegner & Gold, 1995）。因此，思考抑制模型似乎是正確的。

現在來談剛剛提出的第二個問題：進行思考抑制會有什麼影響？萬一失敗了呢？一般而言，人們進行思考抑制是要影響他們的感受和行為。例如，如果你想避免感到憤怒，最好不要去想那些會對他人感到憤恨的事件。相同地，如果你想避免感到沮喪，就避免去想讓你感到悲傷的事件，這是很有用的方法。但有時候，人們進行思考抑制是因為別人告訴他們要這樣做，例如，試圖幫助他們處理個人問題的心理治療師。心理治療師可能會告訴一個有酗酒問題的女性，不要去想酒精帶來的快感（意即喝酒讓她感覺多好）。如果她成功地抑制這種想法，她會克服酗酒問題。但想想，如果她的努力失敗了。她可能會想：「我真是個失敗者，我甚至無法控制我的想法！」結果，她繼續努力的意願，或甚至繼續療程的動機，都可能會減低（e.g., Kelly & Kahn, 1994）。

遺憾的是，有些人因為具有某些特定的個人特質，他們似乎特別有可能經歷這種失敗。具高度抗阻（reactance）的個人，意即對所察覺到的對他們個人自由的威脅會以極度負面方式反應的人，特別可能擔負這種風險。這類人經常拒絕他人的建議，因為他們想「做自己的事」，因此他們可能會覺得很難聽從要抑制特定想法的指示。個人特質在思考抑制中能發揮特定的作用，而其高度抗阻的人對一些形式上包含抑制不想要的想法作為部分程序的治療而言，可能不是好的對象。

伍、限制我們推論社會世界的能力：幻化思想與對調節變項的忽視

請誠實地回答下述問題：

　　如果你在教室裡，而且不想被教授叫到名字，你是否會試著避免去想到被叫到的情況？

　　想像某個人給了你一塊蟑螂形狀的巧克力，你敢吃嗎？

　　在全然理性的考慮的基礎上，你知道你的答案依序會是「不」和「會」，但你事實上會這樣回答嗎？如果你和大部分的人一樣，那你可能就不會。研究發現指出，我們對所謂的幻化思想（magical thinking）很敏感（Rozin & Nemeroff, 1990）。這樣的思考會製造某種假設，雖然過不了理性的檢測，卻很令人注目。幻化思想的一個原則是，假設一個人的思想，可以透過某種不受物理法則宰制的方式影響物理世界；例如，如果你想著被你的教授叫到名字，你就會被叫到！另外一個是相似律（law of similarity），它暗示彼此相似的東西會有相似的屬性。所以，人們不會吃形狀像蟑螂的巧克力，就算他們理性上知道形狀和味道毫無關係。

無法考慮到調節變項

　　假想你讀到一篇報導，提到在你的大學裡，平均而言，女性教授的收入比男性教授低了 25%。這令你氣憤，因為你覺得性別不應對人們的收入有任何影響。你往下讀，發現平均而言，男性教授卻也比女性教授多了八年的年資。這暗示兩者薪資的差異反映的可能是在這個工作上做了多少年，而不是歧視。你不知道這個推論是否正確，但至少有其可能性。

　　這種推論將一個事實納入考量，即一個似乎來自某個因素的效應，事實上可能來自另一個因素；在許多社會情境中，我們都會被要求去做這類的推論，因此你可能預期你做得還不錯。然而，Fiedler 和他的同事（2003）的研究發

現，我們對這種思考並不是很在行。在該研究中，Fiedler 等人給研究參加者關於三十二個女性和三十二個男性的資訊，他們申請進入兩所大學。總體上，十九個男性被接受入學，十三個被拒絕。女性這邊，事實卻正好相反：十三個被接受，而十九個被拒絕。然而，另有訊息顯示，這項差異是由於大部分女性都申請那間回絕機率比較高（大約 60%）的大學，而大部分男性申請的那所大學回絕率較低（大約 40%）。關鍵問題是：「研究參加者是否會察覺到這個調節變項（moderating variable）的效應？」這個研究和其他數個研究的結果指出，研究參加者對此毫無所覺。他們傾向於假設，女性處於劣勢，只因為她們是女性，而不是因為她們選擇申請一所入學標準較高的大學。就算進行某些步驟幫助研究參加者認清這第三個變項（對大學的選擇）的影響力，例如要他們注意第三個變項，或是給研究參加者更多的時間去檢視相關的訊息，這個傾向還是極為明顯。

因此，總而言之，下述的結論似乎很合理：雖然我們對社會世界的思考可以很理性，而且我們可以有效地對它做出推論，我們節省心力的欲望、各種心智捷徑的存在，以及我們有限的處理能力，都和絕對理性作對。簡單地說，我們具有比我們經常表現出的更為準確和理性的社會認知能力。

陸、社會認知：一些樂觀的說法

發現了負向偏差、樂觀偏差、反事實思考、幻化思想、思考抑制這些社會思考的錯誤來源，你可能差不多要失去希望了：我們還有可能搞對什麼事嗎？事實上，答案是絕對可以。沒錯，我們不是完美的訊息處理器。我們的認知能力有限，而且我們不能透過買插入式記憶卡來提升認知能力。同時，我們在社會思考上多少有點懶惰：一般而言，在任何情境下，我們都會盡可能用最少的認知心力。儘管我們被實在是難以計數的社會訊息淹沒，我們還是設法做到分類、儲存、記憶，並以聰明而極有效率的方式使用大部分的訊息輸入。我們的思考屈服於許多潛在的偏差來源，而我們確實會犯錯。但是，在大多數情況下，我們在處理社會訊息，以及理解我們身邊的社會世界都做得還不錯。

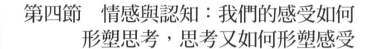

第四節　情感與認知：我們的感受如何形塑思考，思考又如何形塑感受

在討論樂觀偏差的時候，我們用「透過玫瑰色眼鏡看世界」這句話，來表現我們會在許多情境中期待正面結果的傾向。但這句話還可以用另一個方式應用到社會認知上：它們也闡述了好心情對我們的思考與知覺所產生的作用。想一想你生命中一個心情很好的時刻。那時世界不是看起來是個愉快得多的地方嗎？而你是不是看每件事和每個與你相遇的人更順眼？這類的經驗說明了，在情感（我們當下的情緒）和認知（我們處理、儲存、回憶和使用社會訊息的方式）之間經常有某種相互作用（Forgas, 1995a; Isen & Baron, 1991）。我們使用相互作用（interplay）這個用語，因為在這個論題上的研究指出，兩者的關係在很大程度上是個雙向過程：我們的感受和情緒強烈地影響認知的許多方面，而認知對我們的感受和情緒也發揮了強烈的作用（e.g., McDonald & Hirt, 1997; Seta, Hayes, & Seta, 1994）。這些效應是什麼樣子呢？讓我們看研究發現告訴了我們什麼。

壹、情感對認知的影響

我們提過，情緒對於我們對周圍世界的感知具有影響力。這種效應對人、對物都適用。例如，想像你剛聽到一個好消息：在一個重要的考試上，你考得比你預期的好得多。這讓你心情很好。現在，你遇見一個朋友，而她向你引介了某個你不認識的人。你和這個人聊了一下，然後離開去上另一堂課。你對這個陌生人的第一印象，會不會受你心情很好這個事實的影響？有幾個研究的發現，強烈地暗示這是有可能的（Bower, 1991; Mayer & Hanson, 1995; Clore, Schwarz, & Conway, 1993）。換言之，我們當下的情緒會強烈地影響我們對新刺激的反應，不論是人、食物、甚至是地理區域，並讓我們覺得它們會比當我們心情沒那麼好的時候更可愛。確實，最近的證據指出，比起平常的情緒，我

們處於正面情緒時，比較會判斷某個陳述是真的（Garcia-Marques et al., 2004）。

這樣的效應有重要的實踐意涵。想想情緒對面試的影響，主試者和許多應徵者在這時候做第一次接觸。證據指出，就算是經驗豐富的主試者，也無法避免受他們當下情緒影響：比起心情不好的時候，他們心情好的時候，會給應徵者更高的評價（e.g., Baron, 1993a; Robbins & DeNisi, 1994）。

另一個情感影響認知的方式，牽涉到對記憶的影響。在此，有兩種不同但彼此相關的效應會發生。一個被稱為**情緒依賴記憶**（mood-dependent memory），這是指在一個特定的情緒中，我們能想起的東西，部分決定於先前在同樣情緒下，我們學到的是什麼。例如，如果你在心情好的時候將某些訊息儲存到長期記憶裡，你後來在相似情緒中比較有可能會回想起這些訊息。你當下的情緒，是你過去在相似情緒中儲存的記憶的某種提取線索（retrieval cue）。另一種效應被稱為**符合情緒效應**（mood congruence effects），這是指我們傾向於注意或記得和我們的情緒一致的訊息（Blaney,1986）。因此，如果我們心情好，我們就比較會去注意和記得和這個心情相符合的訊息，而如果我們心情不好，我們則會傾向於注意並記得和這個心情相符合的訊息。思考情緒依賴記憶和符合心情效應之間的區別，有個簡單的方法：在情緒依賴記憶中，訊息的性質無關緊要，只和你得到訊息時的心情和你試圖回想它時的心情有關。在符合心情效應裡，訊息的情緒感受性質（不論是正面或負面）是關鍵。當我們處在正面情緒時，我們傾向於記得正面的訊息，當我們處於負面情緒時，我們傾向於記得負面訊息（見圖 2.2）。

我們當下的情緒還會影響認知的另一項要素，即創造力。有幾個研究的結果暗示了，在快樂的情緒中會提升創造力，這也許是因為快樂的情緒比負面的情緒激發更大範圍的聯想，也因為創造力在某種程度上是由把這些聯想結合成新模式所構成（e.g., Estrada, Isen, & Young, 1995）。

其他的發現指出，會激起情感反應的訊息可能會以和其他類型訊息不同的方式處理。具體而言，因為情緒反應在本質上經常會擴散，和情緒有關的訊息就可能會激發捷思法或自動化歷程，而非系統化的處理或思考。結果，和情緒有關的訊息一旦被引入一個情境，幾乎就不可能被忽略或漠視（e.g., Edwards,

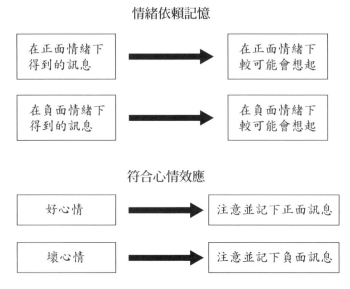

情緒依賴記憶

| 在正面情緒下
得到的訊息 | ➡ | 在正面情緒下
較可能會想起 |

| 在負面情緒下
得到的訊息 | ➡ | 在負面情緒下
較可能會想起 |

符合心情效應

| 好心情 | ➡ | 注意並記下正面訊息 |

| 壞心情 | ➡ | 注意並記下負面訊息 |

圖 2.2　情緒對記憶的影響

我們的情緒透過兩種機制影響我們能記得的東西：「情緒依賴記憶」指的是在一個特定情緒下我們會記起什麼，在一定程度上，是由我們先前在這個情緒下得到什麼訊息所決定；以及「符合心情效應」，指的是我們較有可能會儲存或記得和我們當下的情緒相符的正面或負面訊息。

Heindel, & Louis-Dreyfus, 1996; Wegner & Gold, 1995）。這個發現對法律體系具有重要涵義。律師經常會在給陪審團的證詞中使用充滿情緒的訊息。他們可能會提到被告先前犯過的罪行或其他負面訊息。另一方會迅速地表示抗議，而法官可能會指示陪審員忽視這項訊息。陪審團真的能做到嗎？因為訊息的情緒性內涵，要忽視它們幾乎是不可能的。有幾個研究發現（e.g., Edwards & Bryan, 1997）指出，試圖忽視或抑制這樣的訊息，可能會導致反彈效應，陪審員這時事實上比先前更會去想這個訊息（回想一下我們先前關於思考抑制的討論）。很清楚地，我們處理情緒性訊息的方式和其他訊息不同，而這會產生重大的效果（常識主張：感覺快樂是件好事。這事實上是真的嗎？關於這個有趣問題的討論，請見「理解常識」專欄）。

社會心理學的技藝　理解常識

■ 心情好總是件好事嗎？感覺「High」的潛在壞處

　　每個人都想要感到快樂，而毫無疑問地，對大部分人而言，心情好讓人比較愉悅。因此，常識強烈地主張我們應該盡其所能地提升我們的情緒。和這個信念相符的是，研究指出，比起人們心情不好的時候，當人們心情好的時候，他們會比較有創造力，也比較樂於助人（e.g., Baron, 1997; Isen, 1984; Isen & Levin, 1972）。但心情好總是件好事嗎？它總是會產生正面的效果嗎？事實上，越來越多的證據顯示，常識在這方面可能給我們造成了錯覺。心情好可能有些值得考慮的缺點。

　　首先，毫無疑問的是，心情好會增加我們助人的意願；許多研究都已證明了這個傾向（e.g., Isen, 1984）。然而，另一方面是，我們心情好的時候，也更容易受他人的要求影響，去做他們想要我們做的事。我們在第九章會討論這種社會影響，但在此我們該注意的是，想改變我們的行為或態度的人，心裡並不總是會為我們的好處著想。廣告商、推銷員以及政治人物都想要影響我們，因為這能為他們帶來利益。因此，從這方面來說，心情好可能存在某些風險：這會加強我們對他人的要求或其他形式的影響說「是」的傾向，而這有時候可能完全是危險的！

　　心情好還有一個缺點，和這種正面、快樂的感覺在社會認知上的影響有關。證據顯示，心情好的效應之一是，這可能會鼓勵捷思法的思考，即對節省心力的心理捷徑的依賴。為什麼呢？首先，好心情可能會減低我們處理訊息的能力，因此增加我們對捷思法的依賴（Mackie & Worth, 1989）。再者，好心情可能會降低我們細心處理訊息的積極性；也就是說，我們心情太好了，以致不願花這種心力（e.g., Wegner & Petty, 1994）。第三，好心情可能會增強我們對一般知識和捷思法的依賴，卻不減少我們處理訊息的能力或動力，只是在感覺快樂和用捷思法思考之間可能有更直接的連結。不論確切而言是哪個機制，似乎都懷疑好心情導致捷思法的思考（e.g., Martin & Clore,

2001）。而這接著會產生重大的影響。它可能會增加我們以刻板印象而非個人特質來思考他人的傾向（e.g., Park & Banaji, 2000）。

　　一個高度相關的效應是，好心情造成對可得性捷思法的某個方面的依賴，亦即使用方便捷思法（ease-of-use heuristic）。這個心智捷徑建議，一個訊息越易於使用，它就注定越有影響力或重要性（e.g., Bless, 2001）。研究發現指出，當人們心情好的時候，他們就比心情一般的時候更有可能會依賴這個捷思法，當他們心情不好的時候，他們就比較會注意到這個訊息的內容，而不僅僅是他們能多容易想起這個訊息。

　　Ruder 和 Bless（2003）為這種主張提供了證據。他們首先透過要求研究參加者分別回想生命中一件快樂或悲傷的事件，讓他們處於好或不好的情緒裡。而對控制組的受訪者，研究者則不做影響他們當下情緒的嘗試。然後要求三組受訪者對德國教育體系的改革提出兩個到六個論點。在先前的研究中，對受訪者而言，他們覺得想出兩個論點是相對比較簡單的；想出六個論點是相對困難的。因此，研究者預測，稍後要求他們表達對這項改革的態度時，心情好的受訪者會在想起兩個論點後對這項改革比較有好感，而不是想出六個論點之後。為什麼呢？因為心情好會導致他們將注意力放在能想起這些論點的方便性，而不是論點的實質內容。因此，較少的論點對他們具有較大的影響力，甚於較多的論點。相對地，情緒悲傷的受訪者在想起六個論點後對改革的好感，會比想起兩個論點的時候大，因為情緒悲傷的時候，他們比較會受論點的內容所影響。一如你在圖 2.3 所看到的，這正是他們在研究中發現的。

　　這表示了什麼？這表示當我們心情好的時候，我們會在捷思法的基礎上做判斷或決定，好比我們想起某些資訊的方便程度，而當我們心情不好的時候，我們會對訊息的內容有更多的注意。因為對內容的仔細關注經常導出較好的決定，因此心情好有可能會將我們導向錯誤。

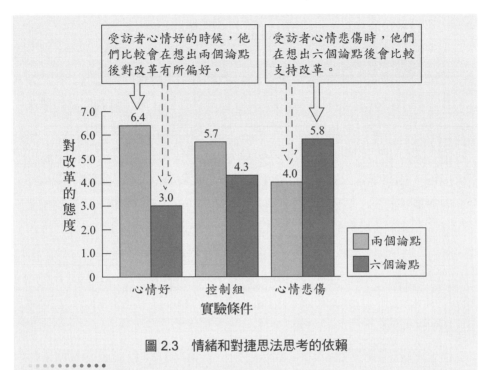

圖2.3　情緒和對捷思法思考的依賴

. . . .

當受訪者處於快樂情緒的時候，他們在想出兩個論點後比想出六個論點時，對在德國所提議的教育改革有更大的好感。這暗示了他們依賴使用方便捷思法。相對地，當他們處於悲傷情緒的時候，他們在想出六個論點後對這項改革會有更大的好感。這指出他們進行了更仔細、系統性的思考（資料來源：Based on data from Ruder & Bless, 2003）。

貳、認知對情感的影響

　　大部分對情緒感受與認知之間關係的研究，都把焦點放在感受如何影響思考。然而，也有強力的證據支持相反的傾向，亦即認知對情感的影響力。這個關係的其中一個方面被稱為情緒二因論（two-factor theory）（Schachter,1964）。這個理論認為，我們不常直接知道我們自己的感受或態度。相反地，因為這些內在反應經常是含糊不清的，我們會由外在世界、從我們經驗到這些反應的情境，來推想它們的性質。例如，如果我們覺得越來越受現場　個有吸引力的人激發某種情緒時，我們可能會做出自己愛上對方的結論。相對的，如果我們因為塞車堵在路上被激發某種情緒，我們可能會做出自己很生氣的結論。

　　第二個認知影響情緒的方式，是啟動那些包含強烈情感要素的基模。例如，如果我們給某人貼上屬於某個群體的標籤，關於這個社會類別的基模可能

會提示他或她可能具有什麼特質。另外，基模還可能會跟我們說我們對這樣的人感覺如何。因此，活化一個強大的種族、族群或宗教的基模或刻板印象，會對我們當下的情緒造成強而有力的影響（我們在第六章會回到這個主題上）。

第三個我們的思考可以影響我們情緒狀態的方法，牽涉到我們調節情緒或感受的努力。這點具有重要的現實涵義，所以我們會詳細地檢視。

學習調節我們的情緒是個重要的任務；負面的事件或結果是生命中無可避免的部分，因此學習去處理由此產生的負面情緒對有效的個人調適，以及對良好的社會關係而言，都至關重要。例如，情緒失控的人經常覺得他人難以相處，而其他人也可能會躲開他。我們用來調控我們的心情和情緒最重要的那些技巧，都包含了認知機制在其中。我們使用我們的思考來調節我們的感受。有許多技巧可達到這個目標，但在此我們考慮兩個特別有趣的方法：其中一個方法可以叫做「我本來就沒有機會效應」（I never had a chance effect），另一個則牽涉到對誘惑的屈服。

人們經常透過假設負面事件或悲劇事件是不可避免的，試圖去緩和這些事件的衝擊。換句話說，他們使用反事實思考，調整他們對於負面事件發生的可能性的想法，使得負面事件看來似乎不可避免，因此無須如此痛苦。Tykocinski（2001）的報告已經為此效應提出直接的證據。他要求研究參加者讀一段他們衝去店裡買一項減價商品的情節。其中一個條件下的研究參加者得知他們達到目的——他們準時到達店裡。其他研究參加者讀到的則是他們失敗了——商店已經打烊了。另外還有其他研究參加者讀的情節是他們還在路上，而且不知道商店是否已經關門。他們想買的Swatch手錶減價幅度有大有小，因此研究參加者準時到達商店的動力也不同。在讀過其中一個可能的情況後，在成功（準時到達）和失敗（太晚到達）條件下的研究參加者以回溯的方式，評估他們準時到達店裡的可能性；而在不明結果的條件下的研究參加者，則評估他們會準時到達的可能性。Tykocinski（2001）預測，無法準時到達店裡的研究參加者會向下調整他們準時到達的可能性，特別是在減價幅度大的條件下；他們會這麼做來緩和失望的衝擊。相對的，那些在成功條件和不明結果條件下的研究參加者，則不會顯現出這種模式。而結果顯示正是如此。這些發現指出，我們有時會使用反事實思考來緩和失望的痛苦：藉由在心態上減低成功的機率，亦即說服自

己「我們本來就沒有機會」，我們減輕了自己的失望，並調節了我們的情感狀態。

　　另一個我們用來調節感情狀態（特別是在減少或消除負面感受上）的認知機制，牽涉到對誘惑的臣服。當我們感到「沮喪」或憂傷的時候，我們經常會做我們知道對我們有壞處但卻讓我們感覺良好的事情，至少暫時會這樣（例如大吃會導致發胖的零食、浪費時間看電視）。這些行動讓我們感覺好點，但我們完全知道其中的壞處。那麼我們為什麼會決定要這樣做？過去的假設是，我們進行這些行動，是因為我們感受到的難過情緒，要不減少了我們控制自己不去做讓我們覺得享受、但對我們可能有壞處的事情的能力，要不就降低了這樣做的動機。然而，Tice、Bratslavsky 和 Baumeister（2000）卻認為認知因素也扮演了某種角色。他們指出，我們在感受到負面情緒的時候，是有意識地屈服於誘惑。換言之，這並不是種「自動」的行為或是軟弱的象徵；相反地，這是一種策略性的選擇。減輕負面感受成了首要的目標，因此我們會不計代價來達成。

　　為了檢測這個預測，Tice 等人（2000）進行了一個研究，研究參加者先處於好的或不好的情緒裡（透過讀一些故事，故事中他們有的救了某個小孩一命，有的闖紅燈造成一個小孩死亡）。然後，研究參加者被告知他們的情緒會隨著時間流逝而改變，或者（因為芳香療法對實驗者的啟發）他們的情緒會「凝結」而不會有太大的改變。然後研究參加者被告知他們將要做一個智力測驗，並會拿到測驗結果。但是，在測驗之前，他們有十五分鐘的練習時間好做準備。實驗者將他們留在一個房間，裡面有練習的材料和令他們分心的東西（其他他們可以做的任務）。給其中一半的研究參加者的是很有吸引力和誘惑力的東西（例如難度很高的拼圖、電動玩具、流行雜誌）。而給另一半研究參加者的則是較不具吸引力的東西（學齡前程度的塑膠拼圖、過時的科技雜誌）。主要的問題是：比起心情好的人而言，心情不好的人會花比較多的練習時間在這些令人分心的東西上（拖延）嗎？這是否只發生在研究參加者相信他們能改變自己的情緒的條件下？說到底，如果研究參加者相信他們的情緒會被凝結而無法被改變的話，那花時間在這些令人分心的東西上就毫無用處。Tice 等人（2000）預測的是：心情不好的人比較會拖延，但只有在他們相信這樣做會振奮他們的心情

的時候。

　　實驗結果對這個預測提供了清楚的支持。這些發現指出，向誘惑屈服及從事不該碰的娛樂，是我們減輕難過感受所用的一種技巧。這種行動代表的似乎是一種策略性而有意識的選擇，而不僅只是我們失之於約束自身衝動的能力或動力而已。然而，重要的是，要注意到即使這樣的技巧可能會成功，它卻可能也帶來昂貴的代價。我們用以對抗負面感受的這些行動可能會傷害我們的福祉。很明顯的，這是一個我們得小心使用的技巧。

重點摘要與回顧

■ 基模：用以組織與運用社會訊息的心智架構

- 因為我們的認知能力有限，我們經常試圖去減少花在社會認知（亦即我們如何思考他人）的力氣。這可能會提高效率，但會減少我們的準確性。
- 社會認知的基本構成要素之一是基模，亦即對特定主題的一種認知架構，它會幫助我們組織社會訊息。
- 基模一旦形成後，就會對我們注意到什麼（注意）、將什麼放入記憶（編碼）、事後回想起什麼（提取）產生重大的影響。人們會指稱回憶起較多與基模相符的訊息，多過與基模不符的訊息，但這些不符合基模的訊息在記憶中也扮演了重要的角色。
- 基模幫助我們處理訊息，但它們經常固執不變，就算面對證明基模錯誤的訊息時也是一樣，並因此會扭曲我們對社會世界的了解。
- 基模也會產生自我確認效應，導致我們以證實它們的方式行動。

■ 捷思法與自動化歷程：我們如何減少花在社會認知上的心力

- 因為我們處理訊息的能力有限，我們經常會體驗到訊息超載。為了避免這種情況發生，我們使用捷思法，亦即以快速而相對省力的方式做決定的規則。
- 這種捷思法之一是代表性，它主張一個人和某特定群體的典型成員越相似，她或他就越有可能屬於那個群體。
- 另一個捷思法規則是可得性，它主張越容易想起來的訊息，對越會影響其後的決定或判斷。在某些情況下，可得性也和我們想起的訊息的數量有關。

- 第三個捷思法規則是**定錨與調整**，它引導我們用一個價格或數字作為起點，從這點開始做調整。這些調整未必能反映真正的社會現實。

- **促發**指的是由接觸到特定刺激或事件所導致的訊息可得性的增加。

- 就某種意義來說，捷思法只是某個更一般的傾向的一個方面，也就是進行**自動化歷程**或是**自動思考**的傾向。這指的是非意識、無意圖而相對省力地處理社會訊息。這種處理是社會認知的一個基本事實，而這對我們的思考和我們外在的行為都會產生影響。

- 證據指出，在自動化歷程與控制化歷程之間的區別是根本性的。事實上，大腦的不同區域似乎與這兩種類型的處理有關，特別是在對社會世界的評價上。

■ 社會認知中可能的錯誤來源：為何全然合理的行為比你想像的還稀有

- 我們會顯示出強烈的**負向偏差**，亦即對負面刺激或訊息極度敏感的傾向。這個基本的傾向可能是建立在我們大腦的功能當中。因此，它可能是演化因素產生的結果。

- 我們也會顯現出強烈的**樂觀偏差**，在許多背景下會期待正面的事件或結果。此外，我們對於完成一件任務需要多少時間，也可能會做出過度樂觀的預測，這個效應被稱為**計畫謬誤**。

- 樂觀偏差也表現在我們假設自己比其他人更有可能得到正面結果，但比其他人不容易得到負面結果的傾向。

- 樂觀偏差在我們比較我們的過去與未來時也很明顯。縱使我們所知的過去綜合了高低起伏，但我們還是傾向以高度樂觀的方式看待未來。

- 然而，當我們預期會得到壞消息的時候，樂觀偏差會反過來變成悲觀主義；在這類情況下，我們會為最糟的情況做準備，並表現出更高的預測負面結果的傾向。

- 在許多情境中，當個人想像「本來可以怎樣」的時候，他們就在進行**反事實思考**。這種思考會影響我們對經歷負面事件的人的同情心，也會讓我們對錯失的機會感到十分後悔。

- 反事實思考似乎是自動發生的，而只有艱苦地抑制或是忽略認知工作，才能減輕它們的效應。

- 個人透過假設令人失望或悲劇性的事件是無可避免的，讓這些事情變得比較可以承受。這是反事實思考的一種適應功能。

- 人們經常進行思考抑制，試圖讓自己不要去想特定的主題（例如甜點、酒精、香菸）。
- 這種努力經常會成功，但有時它們會導致反彈效應，也就是增加了想到這些東西的頻率升高。高抗阻的人更有可能出現這種效應。
- 我們理性地思考社會世界的能力有重大的限制。一個限制牽涉到幻化思想，亦即不建立在符合理性檢測的假設之上的思考。
- 另一個限制指的是我們在許多情形下，無法將調節變項納入考量。
- 雖然社會認知會服從許多錯誤的來源，一般而言，我們在了解社會世界上還是做得不錯的。

■ 情感與認知：我們的感受如何形塑思考，思考又如何形塑感受

- 情感會以幾種方式影響認知。我們當下的情緒會導致我們對刺激（包括他人）做出正面的或負面的反應，影響我們有系統地思考或是用捷思法思考的程度，還會透過情緒依賴記憶與符合心情效應來影響我們的記憶。
- 情感也會影響創造力。研究指出，情緒激發的訊息會強烈地影響判斷和決定，就算我們試圖去忽視它也是一樣。
- 當我們處於正面情緒的時候，比處在負面情緒的時候更傾向於用捷思法思考。特別是，我們對刻板印象或其他心智捷徑會表現出更大的依賴。
- 認知透過詮釋情緒激起的事件和啟動含有強烈情緒要素的基模來影響情緒。
- 我們使用某些認知技巧來調節我們的情緒或感受；藉由反事實思考，我們可以讓負面的結果看起來似乎無可避免，因而較不令人難受；而在悲痛的時候，我們能有意識地選擇去做那些雖然長期看來會帶來傷害、但短期內會讓我們感覺好一點的活動。

連結：整合社會心理學

在這章，你讀到了……	在別章，你會讀到這些相關討論……
基模	基模對社會行為其他方面的影響，例如態度（第四章）和偏見（第六章）
社會認知的潛在錯誤來源	這些錯誤在第一印象（第三章）、說服（第四章）和長期關係（第八章）中所扮演的角色
情感與認知之間的交互作用	這種關係在許多形式的社會行為中扮演的角色，包含偏見（第六章）、吸引力（第七章）、助人行為（第十章）和侵略行為（第十一章）

■ 思考這些連結

1. 基模幫助我們理解並詮釋許多社會情境。你認為它在長期關係（見第八章）中也扮演了一定的角色嗎？例如，你覺得我們對關係是否應該以各種方式發展、甚至這些改變何時會發生，擁有某些相對清楚的基模嗎？

2. 你是否曾經試圖壓抑某些特定的想法，以便對你的行為做出有益的改變，例如減肥或改變一個壞習慣？你成功了嗎？在讀過本章的訊息之後，你認為你能做得更好嗎？好比說，你能好好地想過後再發脾氣（見第十一章），或是避免對各種弱勢群體的成員產生負面感受（見第六章）嗎？

3. 你是否曾經做出導致難過的負面事件是不可避免的結論，試圖減輕難過的感受？這個策略有效嗎？你做出你經驗到的失望或是負面結果是不可避免的結論之後，感覺有比較好嗎？

觀念帶著走～活用：抵抗社會認知中的錯誤

社會認知，亦即我們詮釋、分析、回想與使用關於社會世界的訊息的努力，會屈服於許多錯誤的來源。以下是一些重要的例子，你應該要知道並在未來試圖去抵抗它們。

■ 基模的自我確認效應

基模，亦即我們組織與詮釋社會訊息的心智架構，它一旦形成，就有自我確認的傾向。這會引導我們只去注意和它們相符的訊息，並讓我們與能確認它們效力的方式去行動。

■ 負向偏差

我們對負面訊息會有高度敏感的傾向，對它們投注較大的注意力，並賦予它們更大的重要性。

■ 樂觀偏差

一般而言，我們期待事情會有美好的結果，儘管有時候這些期待有些不切實際。然而，如果我們預期的回饋可能會是負面的，並且對我們會產生重大的後果，我們可能會為最糟的情況做準備，並且我們平常的樂觀主義會出現反轉。

■ 反事實思考：想像本來可以怎樣

當我們想像結果與實際上發生的不一樣的時候，我們就是在進行反事實思考。如果我們想像結果比實際上發生的更糟，這樣的思考會增強我們的滿足感，但如果我們想像結果比實際發生的更好，就會導致我們有後悔的感覺。

■ 思考抑制：試圖將特定的思想摒除在意識之外

在許多情境中，我們會試圖去壓抑我們相信會給我們帶來麻煩的想法。節食的人試圖壓抑關於美食的想法，而試圖戒菸的人會嘗試去避免想到菸。遺憾的是，試圖去壓抑這些想法經常導致我們更常去想它們。

■ 情感狀態的角色

當我們心情好的時候，我們幾乎對所有事情都會有比心情不好的時候更正面的評價。反之，當我們心情不好的時候就容易有負面的評價。遺憾的是，這種效應可能會將我們判斷他人的努力導入歧途。

關鍵詞

情感（affect）

定錨與調整捷思法（anchoring and adjustment heuristic）

自動化歷程（automatic processing）

可得性捷思法（availability heuristic）

反事實思考（counterfactual thinking）

捷思法（heuristics）

訊息超載（information overload）

幻化思想（magical thinking）

符合情緒效應（mood congruence effects）

情緒依賴記憶（mood-dependent memory）

負向偏差（negativity bias）

樂觀偏差（optimistic bias）

過度自信障礙（overconfidence barrier）

固著效應（perseverance effect）

計畫謬誤（planning fallacy）

促發（priming）

代表性捷思法（representativeness heuristic）

基模（schemas）

自我應驗預言（self-fulfilling prophecies）

社會認知（social cognition）

思考抑制（thought suppression）

3 chapter

社會知覺：
察覺並理解他人

　　假想在一場連環車禍之後，有個人得了失憶症。這個患者能正常說話，也能認出朋友和家庭成員，但幾乎失去了所有的日常知識，即關於世界、重要歷史性日期還有名人的名字等事物。現在，想像我們找這個人來進行以下的實驗。我們給她看三個可怕統治者的照片：希特勒、史達林和海珊。照片裡所呈現的這幾個暴君，都以友善的方式對他人展現出正面的情緒和喜愛。現在，你請她描述這幾個野蠻獨裁者的人格與特質。她可能會說什麼？因為她對這些人是誰毫無記憶，她可能會說出像這樣的評語：「他的微笑很溫暖體貼」、「我想他可能是個和藹可親的人」，以及「你看他那樣給小孩花朵，他一定是個大好人」。

　　你看她錯得多麼離譜！這些僭主虐待、監禁和謀殺自己國家內的男男女女。這個患者怎麼會認為他們是善良、和藹與友善的人呢？答案很簡單：既然她得到的訊息這麼少，只有這些人在照片中的樣子，她就做了合理的結論。畢竟在照片裡，這些人確實看起來是友善、快樂而和藹的。這故事的啟示是什麼？**社會知覺**（social perception）──亦即知覺到他人並理解他們為何如此──是個複雜的任務，遠比你可能想像的還要複雜與不穩定。

　　縱然社會知覺是個複雜的任務，但它卻是一件我們無法不做的事：他人在我們生命中扮演的角色是如此重要，因此我們無法不花許多心力去試著了解他們。有時候這些努力會成功，但一如我們在後面段落裡將看到的，事實並非總

是如此，而且我們在付出這樣的心力時經常犯錯。為什麼準確地理解他人這麼困難？因為，在執行這項任務的時候，我們必須像個偵探。我們能觀察到的只有他人的外在行動與外在形象；我們必須以這些訊息為基礎，用它們來猜想別人的感覺是什麼、他們是怎樣的人（他們擁有什麼樣的持續性特質）、他們為何以各式各樣的方式行動（他們的動機與目的），以及他們將來會如何行動（他們的計畫與意圖）。很明顯地，這是個複雜的任務，並且，即使我們一般而言做得還不錯，我們仍然有可能會犯許多類型的錯誤。

社會知覺長久以來已經被社會心理學家視為社會思想的核心層面，以及社會行為的一個重要功能，因此，對這個主題的悉心研究已經進行了數十年。為了使你熟悉這些研究的重要發現，我們將焦點放在幾個主要論題上。首先，我們會檢視非口語溝通（nonverbal communication）的過程，亦即人與人之間透過臉部表情、眼神接觸、肢體動作及姿態等無聲語言所做的溝通（e.g., Zebrowitz, 1997）。

再來，我們會檢視歸因（attribution），這是一個複雜的過程，在其中我們試圖理解他人行為背後的原因。第三，我們會檢視印象形成（impression formation）的本質，亦即我們對他人的印象是如何形成的，以及印象整飾〔impression management，或是自我呈現（self-presentation）〕，亦即我們如何確保這個印象是討人喜歡的。在這個討論中，我們會探討一種隱含信念，即什麼樣的特質與特性會典型地共存，這被社會心理學家稱為內隱人格理論。這些隱含的信念對我們關於他人的印象，以及社會知覺的其他方面會造成有力的影響。

第一節　非口語溝通：表情、凝視與姿勢的語言

改變心情、情緒的轉變、疲勞、生病和藥物都會影響我們思考與行為的方式。因為這些暫時性的因素對社會行為與思考會造成重要的影響，我們經常對它們懷有興趣：我們會試著去了解其他人現在感覺怎樣。那我們都怎麼做呢？有時候我們會直接問對方。遺憾的是，這個策略經常失敗，因為其他人可能不

願意展露他們的內在感覺。或者，他們可能試圖主動掩蓋這些訊息，甚至謊稱他們當下的感覺（e.g., DePaulo et al., 2003; Forrest & Feldman, 2000）。例如，談判專家時常隱藏他們的反應，推銷員也經常對潛在客戶展現比他們的真實感受還要多的喜歡與友善。

在這類情境中，我們經常會退回到另一個較不直接的方法，以便獲得關於他人反應的訊息：我們花更多注意力在非口語線索（nonverbal cues）上，這會表現在他們的臉部表情的改變、眼神接觸、姿勢、肢體動作，以及其他表達行動上。DePaulo 等人（2003）注意到，這類行為相對無法壓抑，也就是不好控制，所以就算別人試圖隱瞞他們的內在感覺，卻經常會在非口語線索中「露餡」。這些線索所傳達的訊息，以及我們詮釋所得到的訊息的努力，經常以**非口語溝通**（nonverbal communication）這個詞彙來表達。在這一節，我們首先要檢視非口語溝通發生的基本途徑。然後我們會轉向幾個有趣的研究發現，關於我們如何使用非口語溝通來揭穿騙局（deception），也就是他人試圖在其真實情緒或信念上誤導我們的努力（e.g., DePaulo, 1994）。然而，在開始之前，我們一定要強調一點：他人釋放出來的非口語線索可能會影響我們的感受，就算我們並非有意識地注意這些線索或試圖理解他們的感受。例如，Neumann 和Strack（2000）就發現，當人們聽別人唸一篇講稿的時候，這個人的語調（快樂、普通或悲傷）會影響聽眾的情緒，無論他們多專注在演講的內容上。Neumann 和 Strack 指稱這種效應為**情緒感染**（emotional contagion），即一種讓感受以近乎自動的方式從一個人轉移到另一個人的機制。

壹、非口語溝通：基本管道

想一想：你覺得快樂的時候，是否和你感到悲傷的時候，行為舉止有所不同？你很有可能會這樣。人們在體驗到不同的情緒狀態時，會傾向於表現不同的行為。但確切地說，你情緒、感受與心情的不同會怎麼表現在你的行為中？這個問題和這種溝通發生的**基本管道**有關。研究指出，有臉部表情、眼神接觸、肢體語言、姿勢和觸碰這五種管道。

一、脫掉臉上的面具：作為他人情緒線索的臉部表情

從很小的時候開始，人類臉上似乎就會清楚地表現六種基本情緒：憤怒、害怕、快樂、悲傷、驚訝與噁心（Izard, 1991; Rozin, Lowery, & Ebert, 1994）。其他的研究發現暗示，鄙視也可能是另一種基本表達（e.g., Ekman & Heider, 1988）。然而，學界對哪個特定的臉部表情代表鄙視，卻沒有像前六個情緒一樣，有一致共識。

但很重要的是，要了解到，這些研究發現並不意味著人類只能做出少數的臉部表情。相反地，情緒會以多樣組合（好比說既驚訝又恐懼）出現，而這些反應的每個強度都會改變。因此，雖然基本的臉部表情可能為數不多，但在這方面，它們的變化卻是無窮的。

臉部表情是放諸四海皆準的嗎？換句話說，如果你跑到世界遙遠的另一邊，然後遇到一群從未見過的人，他們會和你有相似的臉部表情嗎？他們會以微笑回應令他們快樂的事件、而遇到令他們憤怒的情況會皺起眉頭嗎？更進一步，你能很快地辨識出這些清楚的表情，就和看到在你自己文化裡的人做這些表情的時候一樣嗎？早期對這個問題的研究似乎暗示了，臉部表情在這兩方面都是普世共享的（e.g., Ekman & Friesen, 1975）。然而，已有一些研究成果對這個結論表示懷疑（Russell, 1994）。更晚近的研究結果（e.g., Russell, 1994; Carroll & Russell, 1996）指出，雖然臉部表情揭露了許多他人的情緒，但我們對它的判斷也會受臉部表情發生的環境，以及其他許多情境線索的影響。例如，如果人們看到一張照片，上面的臉龐顯示出通常會被判斷為害怕的表情，但同時讀一篇故事，暗示這個人所表現的事實上是憤怒，許多人都會形容這是張憤怒的臉，而非害怕（Carroll & Russell, 1996）。這些結果顯示，臉部表情在提供關於潛在情緒的信號上，並不如先前所假定的一樣是普世皆同的。然而，其他證據（e.g., Rosenberg & Ekman, 1995）支持以下的觀點，也就是當情境線索與臉部表情如果不是互相矛盾的話，他人的臉部表情確實為他們潛在的情緒提供精確的指引。

二、凝視與瞪人：眼神接觸作為一種非口語線索

你曾經和戴著深黑色太陽眼鏡的人交談嗎？如果有的話，你就明白這不會是個太舒服的情況。因為你看不到另一個人的眼睛，你無法確定對方的反應是什麼。注意別人眼神提供的重要線索，古時候的詩人常把眼睛形容為「靈魂之窗」。我們經常透過別人的眼睛得知他們的感受。例如，我們會將他人的凝視詮釋成高度的喜歡或友好的信號（Kleinke, 1986）。相反地，如果別人迴避眼神接觸的話，我們可能會做出他們並不友善、不喜歡我們，或可能僅僅是害羞等的結論（Zimbardo, 1977）。

雖然大量的眼神接觸被詮釋成喜歡或正面感受的信號，但還是有例外。如果某人持續地看著我們，而且不管我們在做什麼他都繼續這種（視覺）接觸，對方就可以說是在瞪人（staring）。瞪眼經常被詮釋成憤怒或敵意的信號，就像冷冷地瞪著（cold stare）的意思一樣，而大部分人都會覺得這種非口語線索非常討厭（Ellsworth & Carlsmith, 1973）。事實上，我們可能會很快地結束和瞪著我們的人的互動，甚至離去（Greenbaum & Rosenfield, 1978）。

三、肢體語言：手勢、姿勢和動作

試著演練一下這個簡單的例子。首先，回憶一個令你生氣的事件，越生氣越好。持續一分鐘想著這件事。現在，試著回憶另一個事件，一個讓你悲傷的事件，同樣是越悲傷越好。比較一下你在兩個背景下的行為。當你的思緒從第一個事件轉到第二個事件時，你是否改變了你的姿勢，或是移動了你的手掌、手臂或雙腿？你很可能會這樣做，因為我們當下的心情或情緒經常會反映在我們的姿勢、姿態以及我們身體的動作上。這所有的非口語動作被稱作**肢體語言**（body language），而它們也會提供我們關於他人的有用訊息。

首先，肢體語言經常透露他人的情緒狀態。大部分的動作，尤其是身體某部分對其他部分所做的動作（觸碰、摩挲、抓撓），都暗示情緒起了波動。這種行為的頻率越高，波動或是緊張的程度就越高。

更大的動作模式，涵蓋了整個身體，也可能釋放許多訊息。像是「她採取了一個威脅的姿勢」和「他張開雙臂歡迎她」之類的陳述，都表示了不同的身

體動向或姿勢，點出了不同的情緒狀態。事實上，Aronoff、Woike 和 Hyman
（1992）所進行的研究證實了這種可能性。這些研究者首先在古典芭蕾裡，辨
識出兩組角色：一組演出的是危險或具威脅性的角色〔例如馬克白、死亡天使、
Lizzie Borden（譯註：一起命案的嫌疑犯）〕，另一組演出的是溫暖而富同情
心的角色（例如茱麗葉、羅密歐）。然後他們檢視了在實際芭蕾演出中這些角
色的舞蹈，要看他們是否採用了不同的姿態。Aronoff 和他的同事們預測，危
險、具威脅性的角色會展現出較傾斜或尖銳的姿勢，而溫暖又富同情心的角色
會展現出較呈圓形的姿勢。他們的結果很有力地證實了這個假說。這些研究及
其他相關研究結果指出，程度較大的肢體動作或姿勢，有時能提供關於他人情
緒乃至他們外顯特質的重要訊息。

關於他人感受更具體的訊息則經常由手勢洩露。這分為幾個類別，但也許
最重要的是**象徵手勢**（emblems），也就是在某文化中帶著特定意義的肢體動
作。在美國及其他幾個國家，某些動作有清楚與確切的涵義。然而，在其他國
家，它們可能毫無意義，或甚至有不同涵義。因此，到與你的文化不同的地方
旅行時，小心使用手勢是明智的，不然你可能在不經意間冒犯身邊的人！

有趣的是，研究（e.g., Schubert, 2004）指出，特定手勢可能對男性和女性
有不同的意涵。好比說，對男性而言，與體力有關的手勢，例如緊握的拳頭，
傳遞的信號似乎是更大的權力（或是要獲得權力的努力）；但對女性而言，這
樣的肢體動作傳遞的訊息，似乎是**失去**權力或是更沒有獲取權力的希望。這可
能反映了一個事實，即男性在身體上比女性強壯，因而經常試圖透過力量來獲
得權力，而對女性而言，力量更常是防衛性的，並較少有成功的機會。

四、觸碰：強有力的握手真的有幫助嗎？

假想在和別人對話時，對方短暫地觸碰了你一下。你的反應會是什麼？這
個行為可能傳遞什麼訊息？兩個問題的答案都是要**看情況**。要看與你觸碰的人
（朋友、陌生人、和你屬於相同或是不同性別群體的人），這個肢體接觸的性
質（短暫或長久、溫柔或粗魯、觸碰的身體部位為何），以及觸碰發生的背景
（公務或社交場合、醫生的診間）等有關的因素。知道這些因素後，觸碰可能
代表感情、「性」趣、支配、關心，甚至是侵犯。但儘管其複雜性，現有證據

指出，當觸碰被認為是合宜的時候，通常都能讓被觸碰的人產生正面的回應（e. g., Alagna, Whitcher, & Fisher, 1979; Smith, Gier, & Willis, 1982）。

握手這種觸碰陌生人的方式，已被不同文化的人所接受。大眾心理學乃至教導禮儀的書（e.g., Vanderbilt, 1957）聲稱，握手透露了許多關於他人的事，例如他們的性格，而強有力的握手是製造令人讚賞的第一印象的好方法。這樣的觀察是對的嗎？這種非口語溝通的形式真的透露了些什麼嗎？研究發現（e. g., Chaplin et al., 2000）主張，事實如此。他人的握手越是有力、持久而強健，我們就更傾向從外向及對經驗開放的方面來評價他們。進一步說，握手越有力持久，我們的第一印象就越討人喜歡。

貳、辨識欺騙：非口語線索的角色

人們為什麼說謊？理由很多：為了不傷害別人的感情、為了隱瞞自己的真實感受或反應，或是逃避犯錯的懲罰。簡言之，撒謊是社會生活中再普遍不過的一環。這引發了兩個重要的問題：(1)我們辨識他人說謊的能力有多好？以及(2)我們怎樣能在辨識謊言上做得更好？第一個問題的答案有點讓人洩氣。一般而言，在判斷他人說的是謊話還是實話的時候，我們的能力並不比碰運氣好上多少（e.g., Malone & DePaulo, 2003; Ekman, 2001）。這其中有很多原因，包括我們傾向認為他人是誠實的，因而不去尋找謊言的線索（Ekman, 2001）；我們表現禮貌的渴望，這讓我們不願發覺或指出他人的謊言；還有我們對可能揭露謊言的非口語線索缺乏注意（e.g., Etcoff et al., 2000）。近來，另一個引人注目的解釋也被加到這個清單上：我們傾向於假設，人們如果在一個情境或背景下是誠實的話，那他們在其他情境下也會是誠實的，而這阻礙了我們理解人們可能會在某些場合下說謊（e.g., O'Sullivan, 2003）。我們在後文關於歸因的討論中，會更仔細地回頭看這個可能性。我們應該要補充的是，試圖「解讀」他人的非口語線索時，我們的心力並不總是繞著要判斷他人是否說實話上打轉。近期的研究發現（e.g., Pickett, Gardner, & Knowles, 2004）指出，對非口語線索進行解碼的精確性，也和我們想被他人喜歡或接受的欲望有關，越有歸屬需求的人，越會去解讀非口語線索，因為他們會仔細地注意對方，並且想要理解他們。

　　既然每個人都至少會偶爾撒個謊，在謊言出現時，我們怎樣能更好地辨識出來，這個問題就十分重要。答案似乎要求同時對於能夠揭露他人是否試圖欺騙我們的非口語和口語線索，給予細心的關注。

　　在非口語線索方面，以下的資訊會很有幫助（e.g., DePaulo et al., 2003）：

1. **瞬間即逝的表情**（microexpressions）：這是指那些一閃而過的臉部表情，大約持續十分之幾秒而已。這類反應會在某個刺激情緒的事件發生之後出現在臉上，而且是壓抑不住的，因此會揭示他人真實感受或情緒。例如，如果你問其他人是否喜歡某件事物（例如你表達的看法、你剛買的某個東西），在他們回應時，仔細地看他的臉。一個表情（例如微笑）很快地接在另一個表情（例如皺眉）之後出現，這可能就是很有用的信號，說明他們正在說謊。

2. **表達管道的矛盾**（interchannel discrepancies）：指的是從不同的基本管道來的非口語線索間有所矛盾，這是因為說謊的人經常很難一次控制所有的管道（管道一詞指的是非口語線索的類型；例如，臉部表情是一個管道，而肢體動作是另一個）。例如，他們也許能掌控他們的臉部表情，卻很難同時看著你的眼睛。

3. **眼神接觸**（eye contact）：眼神接觸的某些方面經常能揭露欺騙。說謊者通常更頻繁地眨眼，而且瞳孔會放大。他們也可能會展現出極少的眼神接觸，或是，出人意外的，過多的眼神接觸，在他們們試圖藉由直視對方眼睛以假裝誠實的時候。

4. **誇張的臉部表情**（exaggerated facial expressions）：說謊的人有時會展現出誇張的臉部表情。他們可能會比平時笑得更多，或是更露骨，又或者展現出比一般情況還要深層的悲傷。一個粗淺的例子是：有人對你的要求說「不」，然後又表現出言過其實的悔意。這顯示了，這個人說「不」的理由可能不是真的。

　　除了這些非口語線索之外，其他欺騙的信號有時也出現在人們所說或所選的詞彙的非語言層面，意即他們的**語言風格**（linguistic style）可能會揭示騙局。人們說謊的時候，他們的聲調經常會提高，尤其是他們強烈地想說謊時。同樣地，他們通常得花比較長的時間來回答一個問題或描述一個事件。他們也可能

會表現出很高的傾向去開始一句話、停頓、再重來。

也許更有趣的是，人們在說謊時傾向使用不同的詞彙（e.g., Vriz et al., 2001）。為什麼呢？首先，說謊的人可能會想迴避直接的注意，所以他們可能會比說實話的人更少使用我這個字。再來，他們可能會有罪惡感，於是使用更多的反應負面情緒的字眼。第三，因為他們捏造事實，他們可能會更頻繁地使用與簡單動作有關的字眼，例如走和去，而較少使用能使故事變得具體的字眼，例如除了、但是及卻沒有等等。這種差別真的存在謊言與實話之間嗎？Newman等人（2003）的研究證實了它們的存在。這些研究者讓大量的研究參加者對他們就某個重要議題（墮胎）的看法做出真實的或虛假的陳述（用口述、打字或手寫）。他們被要求在某些情況下說謊，而在其他情況下說實話。然後，他們所用的詞彙被交由分析語言風格的電腦程式計算，包含不同類型的用詞，以及使用的頻率。在幾個研究中都發現，說謊的群體和誠實的群體相比，較少使用第一人稱（我、我們），並包含較多的負面情緒字眼、較少明確的用語，以及較多的動作動詞。換句話說，和實話比起來，謊言較不複雜、和自我比較沒有關聯，且本質上較為負面。

偵測謊言離成功還遠得很。但如果你注意上述的線索，你能讓說謊者更難對你施障眼法，而你可能可以成為 Paul Ekman 所說的那種人：頂尖的臉部表情專家，可靠地分辨謊言與真實的機率有 80%以上（Coniff, 2004）。這是個有用的技術嗎？當然啦！想像一下，如果你能聘用或訓練這種人在機場或其他地方工作，負責找出恐怖份子，會有多大的效益。很清楚地，了解我們如何能辨識謊言，不只對個人，而是對整個社會都具有重大的意義（而女性與男性是否在使用與詮釋非口語線索的能力上有所不同呢？關於這個主題的討論，請見「理解常識」專欄）。

社會心理學的技藝　理解常識

■「女人的直覺」真的存在嗎？如果是的話，那是建立在使用與詮釋非口語線索的能力之上嗎？

你聽過「女人的直覺」這句話嗎？它暗示女性有特殊的第六感，能讓她們理解對男人而言神秘難解的社會處境與行動。過去，男性經常使用「女人的直覺」來表達對女人能力的讚歎，能夠搞懂究竟發生了什麼事，並準確地預測他人的行動，而且遠比男人精準得多。簡言之，常識似乎主張，在理解他人及預測其行動的任務上，女人比男人有更好的社會知覺。這是真的嗎？一如許多關於社會知覺的性別差異的系統研究所揭示的，答案似乎是：那得看所說的是哪方面的社會知覺。整體而言，並沒有明顯的證據證明女人在社會知覺的所有方面都比男人更強，這些方面我們在本章後面的部分會討論。但女性似乎真的在非口語線索方面具有重要的優勢。事實上，她們在發送與詮釋這些線索上的能力都更好（e.g., Mayo & Henley, 1981; Rosenthal & DePaulo, 1979）。

首先，女人能更適切地透過臉部表情、肢體語言及其他非口語線索，傳遞關於她們感受的清楚信號。再者，她們能更稱心地對非口語訊息進行「解碼」。這些優勢技能合起來，給了她們很重要的優勢：因為她們較有辦法讓訊息送出去並解讀非口語訊息，女人在許多社會情境下得到很重要的優勢。她們比較能預測他人會怎麼行動。

什麼能說明女性在處理非口語線索上的普遍優勢技能？大部分社會心理學家相信，答案在於對立的**性別角色**。在許多社會中，傳統的男性特質與女性特質的刻板印象暗示，男性是武斷、邏輯且好支配的，而女性則善於表達、富支持性而易感的。因為性別角色與刻板印象經常是自我確認的，結果之一就是女性對他人的反應給予較多的關注，並習得對他人較為敏感。一如我們在第五章所提出的，相對立的性別角色經常導致一種情況，就是女性會占據權力與地位較低的位置。而因為處在地位與權力相對較低的人必得對地位與權力較高的人的行動與反應更為敏感，女性便比男性在更大程度上傾向於發展這些技能（e.g., Eagly, 1987; Eagly & Karau, 2002）。

但似乎有個重要的例外：女人在他人說謊時似乎會失去她們的優勢。她們比男性更傾向於把欺騙的訊息當做正確的而接受，並在區分虛假與真實的溝通上較不成功（Rosenthal & DePaulo, 1979），然而，同樣的，事情未必總是這樣，並且可能得看謊言出現的特定背景（e.g., Ekman, O'Sullivan, &

Frank, 1999）。

因為性別刻板印象主張女性應該較為敏感且有禮，她們比較不願去注意，或至少花點心力關注他人正在說謊的事實（e.g., Buck, 1977）。

因此，透過社會心理學理論與研究的透視鏡來看，女性的直覺就不再那麼神秘。它存在於某個程度上，這似乎首先衍生自女性較為優越的發送與接收非口語線索的技巧。而這些技巧主要反映了性別刻板印象與女性在社會中所扮演的角色（見第五章）。因此，社會心理學家的系統研究再度幫助我們理解常識，理解它何時及為何是對的，而它何時會如何誤導我們。

第二節　歸因：理解他人行為的原因

關於他人當下情緒或感受的確切認識是很有用的。然而，對社會知覺而言，這種認識經常只是第一個步驟。在這之外，我們通常會想要知道更多，以便理解他人持續性的特質，並知道他們行為背後的原因所在。社會心理學家相信，我們對這些問題的興趣，來自我們想了解社會世界中的因果關係的基本欲望（Pittman, 1993; Van Overwalle, 1998）。換言之，我們不只是想知道人們如何行動；我們還想了解他們為什麼做這件事，因為這種認識能幫助我們預測他們在未來會如何行動。我們尋找這種訊息的步驟被稱為**歸因**（attribution）。更正規地說，歸因指的是為了理解他人的行為背後，以及有時候是我們的行為背後的原因，所做的嘗試。社會心理學家研究歸因已經有數十年了，而他們的研究也產出許多有趣的見解（e.g., Graham & Folkes, 1990; Heider, 1958; Read & Miller, 1998）。

壹、歸因理論：我們如何試圖了解社會世界的理解框架

因為歸因很複雜，為了解釋歸因的運作，有許多理論被提出。在此，我們把焦點放在兩個特別有影響力的經典觀點。

一、從行為到氣質：用他人的行為作為了解他們持續性特質的指引

第一個理論，也就是 Jones 和 Davis（1965）的**對等推論**（correspondent inference）理論，該理論問的是我們如何用關於他人行為的訊息作為基礎，來推論他們可能擁有哪些特質。乍看之下，這可能很簡單。他人的行為提供我們豐富的資訊來源以茲運用，因此，如果我們仔細觀察他人的行為，我們應該能知道他們的很多事情。在某個程度上，這是真的。然而，這項任務卻十分複雜，因為人們經常以某些方式行動，這不是因為這麼做反映了他們的喜好或特質，而是因為**外在因素**（external factors）讓他們沒有太多其他選擇。例如，假設你觀察到一個客戶對業務員做出粗魯的舉動。這表示該客戶是個惡劣的人，經常粗暴地對待別人嗎？未必。她可能只是對該業務員一直在服務另一個客戶，而忽視她是隊伍中的第一個人的事實做出回應而已。因此，她那時的舉動可能是例外，而不是習慣。像這樣的情形十分普遍，在這種情形下使用他人的行為作為他們特質或動機的指引可能會出錯。

我們如何處理這種複雜性？根據 Jones 和 Davis 的理論（Jones & Davis, 1965; Jones & McGillis, 1976），我們得把焦點放在某些特定類型的行動上，意即那些最能提供訊息的行動。首先，我們只考慮那些似乎是自由選擇的行為，而大致上忽視那些似乎是被迫的行為。第二，我們該把注意力放在表現出 Jones 和 Davis 所謂的**非共同效應**（noncommon effects）的行動上，這是種會由某個特定因素造成，卻不會由其他因素造成〔注意不要混淆非共同（noncommon）和不尋常（uncommon），後者意思僅僅是「較少發生」（infrequent）〕的效應。為什麼產生非共同效應的行動比較能提供訊息？因為這讓我們能夠對他人行為的原因做歸零校正。例如，想像一個你的朋友剛訂婚。他的未婚妻非常有吸引力、人品又好、瘋狂地愛上你的朋友，並且十分富有。你能對於朋友為何決定和這個女子結婚的理由知道多少？不太多。他有太多好理由做這個決定，你無法從中做選擇。相反地，想像朋友的未婚妻很有吸引力，但卻對你朋友冷漠以待，並且是出了名的乏味無趣，還有，她負債嚴重，並且揮霍無度。在這種條件下，你朋友將要和這個女子結婚的事實，是否向你透露了一些關於他的事情？肯定是。你也許能做出他比較在乎外在美甚於人格或財富的結論。因此，一如

你從這個例子所見到的，我們能從他人產生非共同效應的行動得知比較多他們的事，甚於那些不產生這種效應的行動。

最後，Jones 和 Davis 提出，我們對他人的社會期許（social desirability）較低的行為，會給予比較大的關注，甚於社會期許高的行為。換句話說，我們從他人所做的在某方面不平常的行動得知比較多他們的特質，甚於和大多數人相似的行動。

總的來說，根據 Jones 和 Davis 提出的理論，當他人的行為是：(1)自由選擇的；(2)產生明顯的、非共同的效應；以及(3)社會期許低的時候，我們最能夠做出他們的行為反映其穩定特質的結論（例：我們較有可能獲得關於他們的對應推論）。

二、Kelley 的因果歸因理論：我們如何回答「為什麼」的問題

思考下列事件：

你安排好和某人共進午餐，但他沒出現。
你給某個朋友留了幾個留言，但她沒回電。
你期盼著升職，卻沒獲得升遷。

在這些情境中，你可能都會想知道為什麼會發生這些事：為什麼你的午餐對象沒有出現？為什麼你的朋友沒有回你的留言？為什麼你沒有得到晉升？我們想知道為什麼他人做出那樣的行動，或是為什麼事情最後出現某些特定的結果。這類知識很重要，因為只要我們了解他人行動或事件等背後的原因，我們就有希望能了解社會世界。很明顯地，他人行為背後有很多特定原因。因此，為了要讓這個任務變得更好處理，我們經常從一個初步的問題開始：他人的行為主要是來自於內在（internal）原因（他們自身的特質、動機、意圖），或是主要來自外在（external）原因（社會或物理世界的某些面向），還是兩者兼而有之？例如，你可能會感到納悶，你沒得到升遷是因為你真的工作不力（內在原因）、因為你的老闆不公平且對你存有偏見（外在原因），也或許這兩個因素都是。

Kelley（Kelley, 1972; Kelley & Michela, 1980）提出的一個理論為這個程序提供了重要的洞見。根據 Kelley 的研究，在試圖回答關於他人行為的為什麼的問題時，我們把焦點放在三種主要的訊息上。第一，我們考慮**共識性**（consensus），意即他人對特定刺激或事件反應的方式，和這個人相同的程度。以相同方式反應的人的比例越高，共識性就越高。第二，我們考慮**一致性**（consistency），意即這個人對刺激或事件反應的方式，和在其他場合下相同的程度。第三，我們檢視**獨特性**（distinctiveness），意即這個人對其他的刺激或事件以相同的方式反應的程度。

根據 Kelley 的理論，在共識性和獨特性低、但一致性高的情況下，我們最有可能將另一個人的行為歸因為**內在**原因。相對的，在共識性、一致性和獨特性都高的時候，我們最有可能將另一個人的行為歸因為**外在**原因。最後，當共識性低，但一致性和獨特性高的時候，我們經常將另一個人的行為歸因為內在與外在因素的結合，也許一個具體的例子能有助於解釋這些概念。

想像你在一間餐廳裡，看到一個服務生和一個顧客調情。這個行為引出一個有趣的問題：這個服務生為什麼這麼做？是因為內在原因還是外在原因？是她本來就喜歡調情嗎（內在原因）？還是那個顧客實在太有吸引力（外在原因）？根據 Kelley 的理論，你（作為一個旁觀者）的判斷，會依賴和先前提到的三個因素有關的訊息。第一，假設下述三個普遍條件：(1)你觀察到其他服務生也和這個顧客調情（共識性高）；(2)你見過這個服務生在其他場合和這個顧客調情（一致性高）；以及(3)你沒看過這個服務生和其他顧客調情（獨特性高）。在這些條件下：共識性、一致性、獨特性都高，你也許就會將這個服務生的行為歸因為外在原因：這個顧客很有吸引力，因此這個服務生和他調情。

現在，反過來，假設以下條件：(1)沒有其他服務生和該顧客調情（共識性低）；(2)你看過這個服務生在其他場合和同一個客戶調情（一致性高）；以及(3)你也曾看過這個服務生和許多其他顧客調情（獨特性低）。在這種情況下，Kelley 的理論建議，你可能會將該服務生的行為歸因為內在原因：這個服務生就是喜歡調情（見圖 3.1）。

Kelley 理論的這個基本假設在一定範圍內的社會情境下已被證實，因此它似乎對因果歸因的本質提供了重要的洞見。然而，對這個理論的研究也暗示了

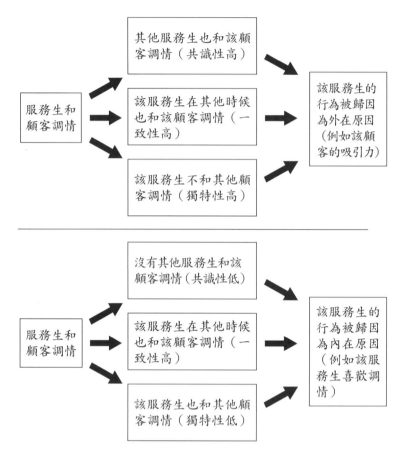

圖 3.1 Kelley 的因果歸因理論：範例

● ● ● ● ● ● ● ● ● ● ● ● ● ●
在上方所示的條件下，我們會將該服務生的行為歸因為外在原因。然而，在下方所顯示的條件下，我們會將服務生的行為歸因為內在原因。

某些修正或補充的需求，描述如下。

三、其他因果歸因

縱然我們經常對他人的行為是否主要來自於內在或外在原因感興趣，但事情並不是這麼簡單。我們還關心另外兩個問題：(1)這些影響他們行為的因果要素是否有可能隨著時間保持穩定，還是會改變；還有(2)這些要素是否可控制，亦即個人能否改變或影響它們，如果她或他想要這麼做的話（Weiner, 1993, 1995）。這些乃是獨立於內在／外在向度之外，而我們可以考慮的向度。例

如，行為的某些內在原因傾向保持穩定，例如人格特質與氣質（e.g., Miles & Carey, 1997）。相對地，其他內在原因會、並且經常會劇烈地改變，好比說動機、健康、疲勞。相同地，有些內在原因是**可控制的**，人們可以學習如何控制他們的情緒；其他的內在原因，例如慢性病或功能障礙，則是不可控制的。某些行為的外在原因在時間中會保持穩定（例如指出我們在許多情境下該如何舉措的法律或社會規範），而其他的則不會（例如霉運）。大量的證據指出，在試圖了解他人行為的原因時，我們會注意所有這些面向：內在／外在、穩定／不穩定、可控制／不可控制（Weiner, 1985, 1995）。進一步來說，我們這方面的思考會強烈地影響我們對重要事物的推論，例如他人對他們自己的行為是否該負個人責任（personally responsible）（e.g., Graham, Weiner, & Zucker, 1997）。

四、加添與折扣：我們如何掌握多重的潛在原因

假想你的老闆在你的辦公桌前停了下來，然後讚賞你的工作表現，跟你說你做得很好，她很高興能與你共事。她當著其他員工的面這樣做，在她離開後，其他人都向你道賀。接下來整個上午，你都覺得飄飄然。然後，午餐過後，老闆把你叫到辦公室，問你是否願意接下一件額外的艱鉅任務。現在你開始疑惑：她先前為何稱讚你的工作表現？是因為她真的想表示感謝，**或是**她本來就要請你接下額外的工作？她的行為背後有兩個可能的原因，正因為如此，你可能會進行社會心理學家所謂的**折扣**（discounting）——你看第一個可能的原因（她想給你一個正面的回饋）不再那麼可能或合適了，因為這個舉動的另一個可能的原因（即她想要設計你去做額外的工作）也存在。研究指出，折扣的發生很普遍，並且對我們在許多情境下的歸因會產生重大的影響（e.g., Gilbert & Malone, 1995; Morris & Larrick, 1995; Trope & Liberman, 1996）。然而，折扣並非放諸四海皆準。例如，假設你有個很節儉的朋友，他簡直錙銖必較。他也是幾個環保團體的成員。你在冬天造訪他家，發現他把冷暖氣機的溫度設得極低。在這個情況下，你無法用你對他的一個歸因（即他很節儉）來消除另一個（他強烈支持環保）（McClure, 1998）。

現在，想像先前的情況，但有一點不同：你的老闆有個強硬的政策，反對在其他員工面前給予某個員工回饋。現在你會如何斷定她的行為？也許那個回

饋確實是由她真的想跟你說你的工作讓她很滿意的欲望所激發。畢竟，儘管有
另一個預期會防止她這麼做的因素（她自己反對公開回饋的政策）存在，她還
是這麼做了。這闡述了社會心理學家所謂的**加添**（augmenting），也就是當某
個行為發生，同時存在一個可能促生該行為的因素和另一個可能抑制這個行為
的因素時，賦予第一個因素更重的分量或更大的重要性（有關歸因的加添和折
扣，請見圖 3.2）在這種情況下，你會推論你的老闆事實上喜歡你的行為。

　　歸因加添與折扣的證據被發現於許多研究中（e.g., Baron, Markman, & Hirsa,
2001），因此，似乎明顯地是，這些原則有助於解釋我們如何處理他人行為可
能衍生自幾種不同原因的情境。

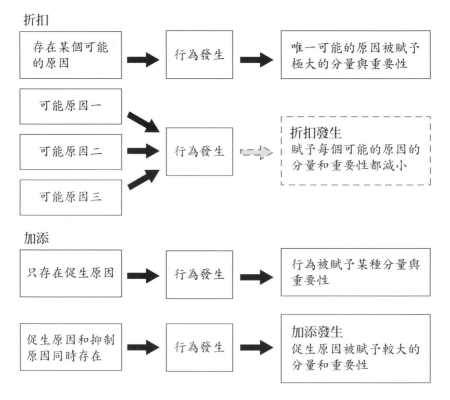

圖 3.2　因果歸因中的加添和折扣

• • • • • • • • • • •

根據折扣原則（上方圖示），當某行為有其他可能原因存在時，我們賦予該行為的另一個原因
較少的分量或重要性。根據加添原則（下方圖示），如果某個行為儘管有傾向抑制它發生
的因素存在，卻還是發生的時候，我們傾向賦予另一個因素較大的分量或重要性。

貳、歸因：一些基本的謬誤來源

我們在本書中發展的一個基本主題是，縱然我們通常在思考社會世界上都還做得不錯，但在這方面我們離完美還有一大段距離。事實上，我們理解他人（與自己）的努力，會屈服於幾種類型的謬誤，在關於他人為何如此做，以及他們未來會如何行動的問題上，這些謬誤會將我們引到錯誤的結論上。現在讓我們看看幾個這類型的謬誤。

一、對等偏誤：高估個人性格的角色

想像你親眼看到下述事件。一個人開會遲到了一個小時。進入會議室的時候，他的筆記掉了。當他要撿起筆記的時候，眼鏡又掉到地上，結果摔碎了。之後，他又將咖啡灑在領帶上。你會怎麼解釋這些事？你很可能會做出這樣的結論：「這個人笨拙又沒條理」。這樣的歸因是正確的嗎？可能是；但也有可能是其他原因：這個人遲到是因為在機場無可避免的延誤，筆記掉了是因為影印紙很滑，而咖啡灑出來是因為杯子太燙。你比較不會去考慮他的行為可能的外在原因的事實，闡明了 Jones（1979）所稱的**對等偏誤**（correspondence bias），就是即使存在著清楚的情境原因，卻仍然用性格來解釋另一個人的行為（與之相對應）的傾向（e.g., Gilbert & Malone, 1995）。這個偏誤如此常見，因此它被社會心理學家指稱為**基本歸因謬誤**。簡言之，我們傾向以他人的行為來理解他們，因為他們「就是那樣的人」，而不是因為那些可能影響他們行為的許多外在因素。這個傾向在許多情況下都會出現，但研究（e.g., Van Overwalle, 1997）指出，一如 Kelley 的理論所預測的，在共識性與獨特性低的情況下，以及在我們試圖預測他人在長遠的（而非立即到來的）未來將會採取的行為時，這個傾向最為強烈（Nussbaum, Trope, & Liberman, 2003）。為什麼呢？因為當我們想著遙遠的未來時，我們傾向以抽象的方式思考，而這會導致我們透過（藉由忽視他人行為可能的外在因素產生的）總體特質來思考他人。

社會心理學家已經進行了許多實驗，打算查清楚這個偏誤是怎麼發生的（e.g., Robins, Spranca, & Mendelsohn, 1996），但答案還未確定。一個可能是，當

我們觀察他人的行為時，我們傾向把焦點放在他或她的行動上；因此個人行為的潛在情境原因經常會退居幕後。結果，比起情境原因，性格原因（內在原因）就較容易被注意到（它們比較突顯）。在我們的觀點中，我們所觀察的這個人的知覺突顯性（perceptual salience）明顯，是我們注意力的焦點，而可能影響這個人行為的情境因素比較不顯著，似乎較不重要。另一個解釋是，我們注意到了這類情境原因，但在歸因中卻沒有賦予它足夠的分量。還有一個解釋是，當我們把焦點放在他人的行為上時，我們傾向開始假設他們的行動會反映他們潛在的特性。然後，我們會開始修正任何可能的外在世界的影響，以便將它們納入考量（這牽涉到一種心智捷徑，稱為定錨與調整，在第二章討論過）。然而，這種調整經常是不充分的：在我們做出結論之前，我們並未給予外在因素的影響力足夠的確認，例如賦予機場可能發生的延宕或地板太滑等因素足夠的分量（Gilbert & Malone, 1995）。

這兩階段程序，亦即先有一個快速的自動反應，接著是一個較緩慢而更受控制的修正，已經在許多研究中獲得證據支持（e.g., Gilbert, 2002; Chaiken & Trope, 1999），因此這似乎為對等偏誤（亦即基本歸因謬誤）提供了一個可信服的解釋。事實上，大部分人似乎覺察到這個程序，或至少覺察到他們開始於假設他人這麼做是因為內在原因（亦即他們的人格、他們的真實信念），但接著至少在某個程度上透過將情境限制納入考量來修正這個假設的事實。

也許更有意思的是，我們傾向假設我們比別人更常將情境限制納入考量。換句話說，我們認為自己比別人更不會成為對等偏誤的俘虜。這個傾向在 Van Boven 等人（2003）的研究中有所闡述。在一項調查中，他們要求研究參加者對一個可怕的事件（科倫拜高中的一個學生屠殺了十二個同學和一位老師）做出評比，看這是導因於做出這件殘暴行為的學生的邪惡本性（內在原因），或是諸如同學的騷擾、或他家中的問題等外在因素。他們還要求研究參加者估計他們學校的其他學生會如何評比這些原因。圖 3.3 指出，這些研究參加者覺得他們會表現出比同校學生小得多的對等偏誤。換句話說，他們覺得自己會比其他人更有可能將這起罪行歸因於情境（外在）原因，而較少歸因於性格（內在）原因。我們不只是傾向高估形成他人行為的內在原因的重要性，我們還相信我們對這項錯誤的修正做得比別人多。

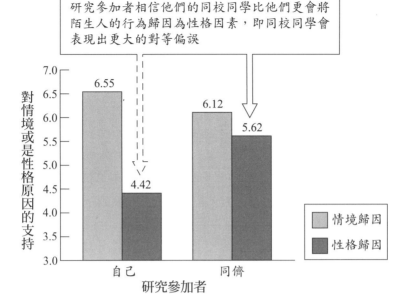

研究參加者相信他們的同校同學比他們更會將陌生人的行為歸因為性格因素，即同校同學會表現出更大的對等偏誤

圖 3.3 「你犯了對等偏誤，而我沒有犯（或幾乎很少犯）這個偏誤」

研究參加者假設他們會比其他人顯示出較小程度的對等偏誤。尤其是，他們相信同校的學生比他們更會將陌生人的行為歸因為性格原因（資料來源：Based on data from Van Boven et al., 2003）。

二、基本歸因謬誤中的文化因素

這個強調性格原因的傾向是普遍的嗎？還是受文化因素影響？研究指出，雖然這個傾向多少是普遍的，文化卻也確實扮演了某種角色。尤其是，基本歸因謬誤似乎更常出現在強調個人自由的文化中，例如西歐、美國和加拿大等個人主義的文化的社會，甚於強調群體成員身分、順從與相互依賴的集體主義的文化中（e.g., Triandis, 1990）。這個差別似乎反映了在個人主義的文化中，有種內在規範，亦即人們該接受自己行為的結果的責任。相對地，在集體主義的文化中，這種規範比較微弱乃至付之闕如（Jellison & Green, 1981）。我們在第五章會回來談這個主題。

Van Boven 等人（2003）的一個研究對文化因素在基本歸因謬誤中扮演的角色提供了支持。在他們的一個實驗中，他們要求在美國與日本的學生想像他

們正在讀一篇文章，或是聽到一個陌生人的演講，對許多爭議性議題（例如墮胎、死刑）的某一特定觀點表示支持。在告知研究參加者該陌生人是被要求以特定的方式寫那篇文章之後，他們要求研究參加者評估他們對該陌生人的態度一開始的印象會做出多大的修正，而其他人又會對他們的印象做出多大的修正。研究者預測，在美國的學生會假設他們會做出比其他學生更大的對等修正。然而，日本的學生不會表現出這個效應，事實上，他們會表現出較小程度的對等偏誤。換句話說，他們會首先將該陌生人的行為歸因為外在原因（即他是被要求去寫文章支持某特定觀點的事實）。結果證實了這個預測，因此暗示了文化差異在對等偏誤上確實有所影響。其他研究的發現也反映了對等偏誤更常發生在西方、個人主義的國家中，甚於亞洲或其他更集體主義的國家（e.g.,Choi & Nisbett, 1998）。

三、在對群體的歸因中的對等偏誤

我們不只對個人的行為做歸因，我們有時也對群體的行為做歸因。例如，我們試圖理解為何某個群體似乎不喜歡另一個群體，好比說，為何圖西族與胡圖族（Tutsis and Hutus，在盧安達的兩個群體）彼此仇視到爆發滅族屠殺的程度？為什麼在二次大戰前，有那麼多德國人仇視猶太人？我們對許多群體為何做這些事的歸因，也會屈服於對等偏誤嗎？Doosje 和 Branscombe（2003）所進行的研究暗示這個可能是對的。這兩位研究者要求在阿姆斯特丹參觀安妮法蘭克故居的遊客，對德國在二次大戰時對猶太人的暴行做出評比，是因為德國人的侵略本性（內在原因）還是事件發生的歷史背景（外在原因）使然。研究參加者都是猶太人或德國人。研究者預測，比起德國人，猶太人會顯示出較明顯的將德國人的暴行歸因到內在原因的傾向，而實際上，研究發現，正是如此（見圖3.4）。雖然兩個群體都沒表現出強烈的以內在原因解釋該事件的傾向，猶太人，也就是受傷害的族群，在這個傾向上比德國人明顯，因此說明了歸因會強烈地受族群身分的影響，我們在第六章和第十二章會再思考這個效應。但似乎很明顯的是，對個人的認識的歸因過程和謬誤，也會對社會群體甚至整個國家發生作用。

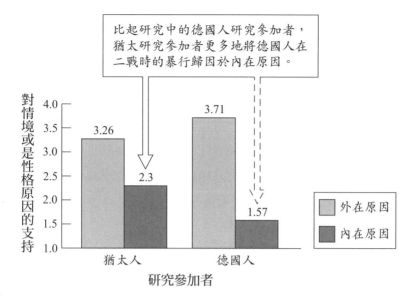

圖 3.4 對群體的歸因：重溫對等偏誤

比起研究中的德國人研究參加者，猶太研究參加者更多地將德國人在二次大戰時的暴行歸因
內在原因（德國人的侵略性）。相對地，德國人則傾向以外在原因（例如歷史事件與背景）
解釋這些暴行（資料來源：Based on data from Doosje & Branscombe, 2003）。

四、演員—觀眾效應：「你跌倒了；有人推我。」

基本歸因謬誤雖然如此有力，但它卻主要適用於我們對他人的歸因，我們
不太會將自己的行動「過度歸因」到外在原因。這有助於解釋另一個極為相關
的歸因謬誤類型，稱為**演員—觀眾效應**（actor-observer effect）（Jones & Nisbett,
1971），這意指我們將自己的行為歸因為情境（外在）原因、將其他人的行為
歸因到性格（內在）原因的傾向。因此，當我們看到另一個人跌倒時，我們傾
向歸因於他的笨拙。然而，如果跌倒的是我們，我們比較可能會將這個事件歸
因於情境原因，好比說人行道上結冰。

這種演員—觀眾效應為什麼會出現？這部分是因為我們對影響我們自己行
動的外在因素比較有意識，但當我們將注意力轉到別人的行動上，我們就比較
不會意識到這些因素。因此，我們傾向認為我們的行為大多是由情境原因所產
生，但其他人的行為主要則衍生自他們的特質或性格。

五、自利偏誤：「我厲害；你幸運。」

假設你寫了份期末報告，老師發回來的時候，你在第一頁發現了評語：「一份非常出色的報告，我這些年來看到最好的報告之一，A+。」你會將這個成功歸因於什麼原因？也許你會以內在原因來解釋：你天資聰穎、你投注很多心力在報告上等。現在想像你拿回報告，上面寫著這些評語：「差勁透頂的報告，是我這些年來見過最糟的報告之一，D-。」你會怎麼詮釋這個結果？很有可能，你會很想要把焦點放在外在（情境）原因上：題目太難、評分標準太苛、你沒有足夠的時間去寫一份好報告等。

這種將我們的正面結果歸因於內在原因，而將負面結果歸因到外在原因上的傾向，被稱為**自利偏誤**（self-serving bias），不但很常見，同時還有很強大的效應（Brown & Rogers, 1991; Miller & Ross, 1975）。

為什麼我們的歸因會發生這些偏向？有不少可能性被提出來，但都不出這兩類：認知或動機的解釋。認知模式建議，自利偏誤主要來自於我們處理社會訊息中的特定傾向（見第二章；Ross, 1977）。特別是，該模式暗示，我們將正面結果歸因於內在原因，而將負面結果歸因於外在原因，是因為我們期望成功，並且有將所期待的成功歸因到內在原因多過外在原因的傾向。相對地，動機模式暗示，自利偏誤乃是來自於我們保護並增強我們的自尊，或（與此相關的）讓自己在別人眼中看來順眼的需求（Greenber, Pyszczynski, & Solomon, 1982）。雖然認知和動機因素可能都在這種歸因謬誤中扮演了某種角色，研究證據卻似乎給予動機觀點較大的支持（e.g., Brown & Rogers, 1991）。

不論自利偏誤的根源為何，它都會造成人與人之間的摩擦。它經常讓團隊合作的人覺得**自己**做了最重要的貢獻，而不是夥伴。在我每個學期的班上，在期末報告中要求學生評比他們自己和其他小組成員的貢獻時，都會看到這種效應。結果呢？當報告成績不錯時，學生都給自己很高的評價，但成績不好時，卻傾向責怪夥伴（並給他們低分）。

有趣的是，有幾個研究指出，自利偏誤的強度在不同文化中會有所改變（e.g., Oettingen, 1995; Oettingen & Seligman, 1990）。特別是，比起強調個人成就並認為贏家因為勝利而洋洋得意（至少面露喜色）並無不宜的西方文化，自利

偏誤在較為強調群體結果與和諧的亞洲文化中比較弱。例如，Lee 和 Seligman（1997）發現，比起華裔美國人或中國人而言，歐裔美國人表現出較大的自利偏誤。因此，我們再次看到文化因素經常扮演了重要的角色，就算在社會行為與思考非常基本的方面上也是一樣。

在做結論之前，我們該注意到，儘管有這些在此描述的各種謬誤，越來越多的證據顯示，社會覺察還是可以很準確，在許多情況下，我們確實能透過觀察他人的行為，準確地推論他們的特質與動機。我們在關於印象形成的討論中，會部分地檢視指出這個結論的證據（至於如何避免各種歸因謬誤的一些竅門，請見本章結尾「觀念帶著走～活用」專欄）。

參、歸因理論的應用：洞察與介入

現代社會心理學的創始人之一 Kurt Lewin（見第一章）經常提到：「沒有比一個好的理論更實用的東西了。」他的意思是，一旦我們對社會行為或社會思考的某些面向獲得了科學的理解，我們就可能可以應用這些知識。對歸因理論而言，這絕對是正確的。隨著歸因理論的基本知識不斷地增加，可應用這些資訊的實務問題的範圍也隨之擴大（Miller & Rempel, 2004; Graham & Folkes, 1990）。我們在這裡要檢視兩個重要而適時的應用歸因理論的例子。

一、歸因與憂鬱

憂鬱是最普遍的心理異常。根據評量顯示，幾乎有半數的人在一生中的某個時候都會經歷到這個問題（e.g., Blazer et al., 1994）。雖然有許多因素影響憂鬱的發生，但其中越來越受到關注的，是一個被稱為自我挫敗（self-defeating）的歸因。與大多數人、亦即前述那些表現出自利偏誤的人們相反，憂鬱的個體會傾向於採納另一個對立的模式。他們將負面的結果歸因於永久性的、內在的因素，例如他們不好的特質或是能力的不足，而將正面的結果歸因於暫時性的、外在的因素，例如運氣或他人的幫助（見圖 3.5）。結果，這樣的人便覺得對發生在自己身上的事情不太能掌控，他們只是在不可預期的命運之風中飄零的塵埃。難怪他們變得憂鬱，並且對生活傾向放棄。而一旦他們開始憂鬱，他們參

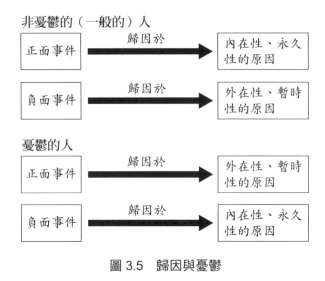

圖 3.5　歸因與憂鬱

● ● ● ● ● ● ● ● ● ● ●
大部分人傾向將正面的事件歸因於內在的、永久性的原因，並將負面的事件歸因於外在的、暫時性的原因，但憂鬱的人卻表現出相反的模式。

與自我挫敗模式的傾向又會被加強，這經常會啟動一個嚴重的可怕循環。幸運的是，已經有幾個致力改變這種歸因的療法被發展出來，並且看來是成功的（e. g., Bruder et al., 1997; Robinson, Berman, & Neimeyer, 1990）。這些治療的形式將焦點放在讓憂鬱的人把成功的結果歸因於個人，並停止為負面的結果自責（尤其是那些無法避免的事），並將某些失敗視為他們無法控制的外在因素的結果。

二、職場的歸因形式：理解對性騷擾的反應

　　無可置疑的，**性騷擾**（sexual harassment），亦即以性為本質的令人討厭的接觸或溝通，在工作場合中確實是過於普遍（e.g., O'Donohue, 1997）。事實上，調查指出，幾乎有三分之一的職場女性指稱她們有過這樣的經歷（Green-berg & Baron, 2002）。與性騷擾相關的一個重要議題是，不同的社會群體對它的理解不同。好比說，男性比女性較不會將許多不同的舉動定義為性騷擾（e. g., Runtz & O'Donnell, 2003）。在某種程度上，這樣的差異似乎也與被理解的行動背後的動機與意圖有關。例如，男性可能不會將一個對女性外表的稱讚看成是唐突的，而女性卻可能視之為騷擾。這個差別暗示了，歸因在人們如何察覺與判斷性騷擾上，扮演了關鍵性的角色。已有許多研究提出證據，表示歸因

理論對處理這個問題很有幫助（e.g., Wayne, Riordan, & Thomas, 2001）。在其中，近期由 Smirles（2004）所進行的研究，提供了特別具啟發性的研究發現。

在這個研究中，男女學生們得讀一段簡短的描述，內容是一個老闆威脅一個員工，要是員工不同意和老闆發展關係的話，將影響其職業生涯。老闆與員工兩方的性別都被系統性地改變，好讓不同群體的研究參加者面對所有可能的組合（男性騷擾男性、男性騷擾女性、女性騷擾女性、女性騷擾男性）。在讀過這些資訊之後，研究參加者評量老闆與員工對所發生的事應負的責任分別到達什麼程度。這個部分的研究結果指出，男性研究參加者比女性研究參加者更認為員工應負較多的責任，而老闆應負較少的責任，無論受害者與加害者的性別為何。為什麼會這樣？歸因理論中的一個面向提供了有趣的可能性，此即**防衛歸因**（defensive attribution）。

防衛歸因發生於當我們注意到自己與經驗到負面結果的人（例如性騷擾的受害者）相似的時候。這引發我們的悲苦感覺，因為我們會推論到，既然我們是相似的，我們也有可能會經歷到這些結果。為了減輕這些負面反應，我們將罪咎歸因於外在的原因，亦即加害者，而盡量減少對受害者的歸咎。而因為女性比男性更常成為性騷擾的受害者，在預期中女性會覺察與（不論是哪個性別的）受害者更大的相似性，並較不會把負面事件歸咎於受害者。

在這個研究的第二部分，研究參加者得閱讀一段描述受害者回應的敘事：默許（屈從於老闆的要求）或反抗（威脅要向監督者報告老闆的行徑）；另一個控制組則沒接收到任何關於受害者反應的資訊。歸因理論預測，屈從於老闆要求的受害者會被認為比反抗的受害者對騷擾行為要負更大的責任，因為很明顯的是受害者可以反抗；要是他們不這麼做的話，就會被歸因於諸如軟弱之類的內在因素，至少在研究的這個部分是如此。相同地，這個預測也得到了證實：女性和男性研究參加者都給屈從的受害者比反抗的受害者更強烈的責任歸咎。

總的來說，這些發現，以及其他相關研究的發現，都暗示了歸因理論對性騷擾的成因可以提供重要洞見，甚至也許還能提供預防之道。例如，提高男性與這種處遇的受害者的相似性的意識，能導致他們更容易歸咎性騷擾者而較少歸咎受害者。因為大部分的性騷擾是由男性進行的，這也可能導致這類行為的減少。不論就哪方面而言，關於歸因的知識都是極有價值的。

**第三節　印象形成與印象整飾：
　　　　我們如何整合社會資訊**

　　你是否在乎要給人良好的第一印象呢？研究指出，你是該在意，因為這樣的印象似乎對別人怎麼認識我們產生強大而持久的影響；並且，一如我們在這章裡所看到的，其他人怎麼看我們，會大大地影響他們對待我們的行為（e.g., Fiske, Lin, & Neuberg, 1999; Swann & Gill, 1997）。

　　但究竟什麼是第一印象？它是怎麼形成的？而我們要進行哪些步驟，才能給別人良好的第一印象？讓我們思考一下這個問題。首先，我們會檢視一些經典的研究，再來，我們會轉向更當代的關於第一印象本質的研究發現。

壹、社會心理學的經典之作：Asch 的核心與周邊特質研究

　　一如我們已經看到的，社會知覺的某些方面，如歸因，需要大量辛苦的心智運作：要從他人的行動中推論出他們的動機和特質並不總是那麼容易。相反地，形塑第一印象似乎是相對輕鬆的事情。一如實驗社會心理學家的建立者之一的 Solomon Asch（1946）所說的，「我們看到一個人，就立刻會在我們內在自動形成關於他的特質的特定印象。看一眼、說幾句話，就足以告訴我們一個內涵相當複雜的故事……」（1946, p. 258）。我們如何掌控這項技能呢？簡而言之，我們如何以快速而省力的方式形成對他人的整體印象，就如我們經常做的呢？這是讓 Asch 開始研究的問題。

　　在 Asch 進行他的研究的時候，社會心理學家受完形（Gestalt）心理學家的影響甚鉅，他們是知覺領域的專家。完形心理學的一個基本原則是：「整體經常大於部分的總和」，意思是說，我們所知覺到的，經常比個人感覺（sensa-tions）的總和還多。Asch 將這些概念應用於理解印象的形成，提出我們在形塑印象的時候，並不是簡單地將我們在他人身上所觀察到的所有特質加在一起而已。相對的，我們是在這些特質彼此間的相互關係中知覺到它們的，因此這些

特質不再是孤立的存在，而是變成一個整合的、動態的整體的一部分。要怎樣檢證這些概念呢？Asch 先給每個人一張據稱是某個陌生人所擁有的特質的清單，然後要求他們（在一張更長的清單上）以勾選的方式，指出他們覺得符合對這個陌生人的整體印象的特質。例如，在其中一個研究中，研究參加者讀到以下兩張清單中的一張：

聰明的—有技巧的—勤勞的—溫暖的—果決的—務實的—謹慎的
聰明的—有技巧的—勤勞的—冷漠的—果決的—務實的—謹慎的

如你所見，兩張清單只在兩個字上有所不同：溫暖與冷漠。因此，如果人們的印象形成只是將所有個別特質加總的話，那看到這兩張清單的人所形塑的印象應該不會差太多。但事情卻非如此。讀到那張包含了溫暖這個詞彙的清單的人，比讀到包含冷漠這個詞彙的清單的人，更有可能將這個陌生人看成一個慷慨、愉快、心地善良、好相處、受歡迎並樂於助人的人。Asch的結論是，溫暖與冷漠兩個詞彙所描繪的是**核心特質**（central traits），亦即會強烈形塑我們對陌生人的整體印象的特質，它們會使清單中其他形容詞產生扭曲。Asch藉由將溫暖與冷漠二詞用禮貌和粗魯替代，獲得更強力的支持證據。當他這樣做的時候，兩張清單產生的對陌生人的印象則高度相似。由此看來，禮貌與粗魯並不是會扭曲對陌生人的整體印象的核心特質。

在更多研究的基礎上，Asch總結到，印象形成需要的不只是個別特質的結合。正如他所說的：「存在著一種要形成對整個人的印象的企圖。……一旦有兩個或更多的特質被認為是屬於某個人的，它們就不再是孤立的特質，而會立刻……產生互動……。主體知覺不到這個和那個性質，而是在某種特定關係中的兩個特質……」（1946, p. 284）。縱然從 Asch 早先的作品到現在，關於印象形成的研究已經變得更加精緻複雜，但許多他的關於印象形成的基本概念，仍然歷久不衰。

貳、內隱人格理論：形塑第一印象的基模

假想你的朋友跟你描述某個人是樂於助人而和善的。你會同時假設這個人是誠懇的嗎？也許。如果你的朋友跟你描述這個陌生人是務實而聰明的呢？你會不會同時假設她或他是野心勃勃的呢？你也很可能會這麼做。但為什麼在沒有這些特定特質的訊息的時候，你還會假設這個人擁有這些特質呢？這部分是因為我們都有社會心理學家所描述的**內隱人格理論**（implicit personality theories），亦即關於哪些特質或特性比較有可能共存的信念（e.g., Sedikides & Anderson, 1994）。這些（可被視作一種特別類型的基模）推論暗示，當個體擁有某些特質時，他們可能也擁有某些其他的特質。這些推論或預期乃強烈地受文化所模塑。例如，在許多社會中，美麗都被假設為好的，亦即有吸引力的人也擁有其他正面的特質，一如良好的社交技巧及對生命中的美好事物有興趣（e.g., Wheeler & Kim, 1997）。

這些假設某些特質或特性會共存的傾向十分普遍，在許多情境下都可以觀察到。例如，你可能會對出生排行抱著某種隱含的信念。研究結果指出，我們預期老大是高度成功者，會積極進取、充滿野心、具支配性且獨立，而預期排行中間的子女有愛心、待人親切、外向而細心。相對地，獨生子女則被預期為獨立、自我中心、自私而嬌寵成性（e.g., Nyman, 1995）。

Herrera 等人（2003）的研究，闡述了這些關於出生排行之影響的隱含信念的效力與普遍性。研究者們要求研究參加者對老大、獨生子女、排行中間的、老么與他們自己，從多面向的特質給予評價，例如，好相處—不好相處、勇敢—膽小、有創造力—無創造力、情緒化—不情緒化、外向—內向、負責任—不負責任，以及其他數個面向。結果指出，對每個群體被假定會呈現出的特質的期待，有清楚的差異。老大被認為是比較聰明、負責任、服從、穩定而不情緒化的；獨生子女被認為是最不好相處的；排行中間的子女則被預期是善妒、最不勇敢的；老么則被認為是最具創造力、情緒化、不服從、不負責任的。因此，在出生排行與重要特質之間有所連結的隱含信念，很明顯是存在的。

進一步來說，這些研究者要求其他研究參加者評量老大與老么在各種行業

中，他們工作的差異程度。一如圖 3.6 所示，出生排行與這些預期的關聯性也十分顯著。在此研究中的研究參加者預期，老大較有可能在高階職位工作，例如會計師、飛行員、建築師、太空人、大學教授、牙醫、律師、醫師及高中教師。相反地，他們預期老么較有可能成為演員、藝術家、消防員、記者、音樂家、攝影師、社會工作者或特技演員。

也許更讓人驚訝的是，其他的研究發現指出，出生排行確實與生命中的重要結果有關聯：從一個來自波蘭的大型抽樣調查顯示，在家庭的出生排行較前面的個人，他們的職業地位較高，也完成較多的教育。這說明了我們在第二章所提出的一個重點：信念與期待經常是自我應驗的，至少在某種程度上如此。更一般地來說，Herrera 等人（2003）與其他研究者的研究發現指出，我們對出生排行的信念，可以看作是一種重要的內隱人格理論：我們確實深信一個人的

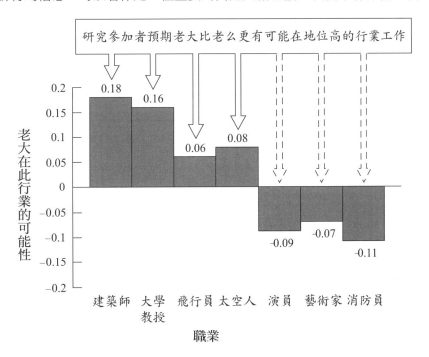

圖 3.6　對出生排行的效應的隱含信念

. . . .

當研究參加者被要求對老大與老么在各種行業中工作的差異程度做出評量時，他們覺得在兩個群體之間的差異是很明顯的。他們預期老大更有可能在地位高的行業中工作。相反地，他們預期老么更有可能在地位低的行業中工作（資料來源：Based on data from Herrera et al., 2003）。

出生排行與其他的特質有所關聯。

　　這個不是我們會有的唯一的內隱人格理論。另外，我們還有關於許多其他特質與特性會傾向於一起改變的信念。例如，回想一下本章討論過的對等偏誤。在這個經典研究中，研究參加者被要求閱讀一篇議論文章，內容支持某個爭議性議題的正方或反方。其中一部分研究參加者被告知，這篇文章的作者是自願寫的，而其他研究參加者則被告知作者是被迫寫下這篇文章，以對某個特定的觀點表示支持。但就算他們知道文章作者是被告知要支持什麼論點，許多研究中的研究參加者還是假設該文章呈現作者的觀點，他們將作者的行為歸因到其信念上，縱然他們知道事實並非如此（e.g., Jones & Harris, 1967）。到目前為止，這個研究發現似乎與內隱人格理論沒什麼關係。但想一想，如果這些議論文的品質與信服力改變了呢？我們有可能會有種隱含的信念（內隱人格理論）認為，沒有人能寫出一篇令人信服的文章來支持某種立場，除非他本人真的相信，或至少在某個程度上相信該立場。相反地，我們也可能暗暗地相信，不論誰都可以寫得出一篇論點薄弱而沒有說服力的文章，來支持他本身都不相信的觀點。這導致一個有趣的預測，亦即將文章歸因到作者觀點的傾向，在文章雄辯滔滔而具說服力的時候是很強烈的，因為我們暗暗地相信只有真的抱持這些觀點的人能對它們如此熱情。當文章不太具說服力的時候，我們就比較不可能將文章歸因到作者的觀點上；畢竟，誰都可以寫篇虛應故事的文章支持某個他不相信的立場。Gawronski（2003）所報告的研究發現證實了這些預測，因而指出，對關於在說服力與使人信服的能力，以及隱含在底下的信念之間的關聯，我們抱持著隱含的信念，到此為止這也能看成另一種內隱人格理論〔這些研究發現也提供了額外的證據，指出**基本歸因謬誤**（fundamental attribution error），亦即我們將他人的行為歸因到內在原因上的傾向，確實有其限制〕。

　　總而言之，形塑我們的第一印象的，是我們認為哪些特質或特性會搭配在一起的信念。這些信念可能會強烈到讓我們有時甚至扭曲我們對他人的理解，好使之與其相符。結果呢？我們所形成的印象反映的會是我們的隱含信念，而非他人的真實特質。

參、印象形成：認知觀點

自 Asch 的經典研究以來，社會心理學家們對了解**印象形成**（impression for-mation）之本質，亦即我們形塑對他人的印象的過程，已有所進展（e.g., Fiske, Lin, & Neuberg, 1999）。這個進展的一個主要原因，是在這個主題上採納了**認知觀點**（cognitive perspective）。簡言之，社會心理學家們發現，從基本認知過程來檢視印象形成是十分有用的。例如，當我們第一次遇見他人的時候，我們並不會對有關他們的所有類型的訊息都給予同等的注意力；相反地，我們的焦點會放在特定類型上，亦即在我們看來最有用的那些訊息輸入（e.g., De Bruin & van Lange, 2000）。更進一步地，要建立具持續性的第一印象，我們得將許多種類的訊息輸入記憶裡，以便日後我們能回憶起來。接著，理所當然地，我們的第一印象在一定程度上取決於我們的特性。事實上，我們無法不透過我們自己的特質、動機與欲望所構成的有色眼鏡來看他人（Vinokur & Schul, 2000）。

早期採納認知觀點的研究緊扣在一個問題上：我們如何將關於他人的各式各樣的資訊結合為對他們的整體印象？這裡似乎存在著兩個可能：我們可能可以藉由將關於他人的片斷訊息*加在一起*，形成對他人的整體印象；或是藉由以某種方式將可獲得的訊息*加以平均*，以形成我們的印象（e.g., Anderson, 1965, 1968）。研究結果非常複雜，但大致上都指出一個結論，即平均化是較好的解釋。導出這個結論的研究發現大致如下：如果給研究參加者的資訊暗示了一個陌生人具有兩項很討人喜歡的特質（例如坦率、講理），比起給研究參加者的訊息暗示一個陌生人具有兩項極為討喜的特質與兩項稍微討喜的特質（例如坦率、講理、刻苦耐勞、愛說服人）的時候，他們會形成對他較為討喜的印象。研究者推論，如果人們只是把接收到的訊息加在一起來組合訊息，他們會喜歡第二個人勝過第一個，因為所描繪的第二個人擁有更多的正面特性（兩項極為討喜的及兩項稍微討喜的特質）。如果人們藉由平均化來組合訊息的話，他們會比較喜歡第一個人，因為兩項很討人喜歡的特質之平均，會高於兩項極討喜的特質與兩項稍微討喜的特質之平均。我們在這個研究結果與其他研究的基礎上做出結論，即我們乃是在一種相對簡單的「認知代數」（cognitive algebra）

的基礎上，形成我們對他人的印象（e.g., Anderson, 1973）。

關於印象形成的研究已經遠遠超越了這樣的初步方法。例如，一個早期研究未曾提過的問題是：確切地說，人們第一次遇到他人時，會把焦點放在哪種訊息上？這個問題有許多答案，端看我們遇見他人的實際背景為何。好比說，我們生病時面對一個醫生，和對在派對上認識的某人，可能會想要不同的訊息。然而，許多研究發現，在許多不同的背景下，我們會先將焦點放在他人的特質、價值觀和個人信念，然後再轉向有關他們的能力的訊息，亦即他們能把一件工作做得多好（e.g., De Bruin & van Lange, 2000）。你不覺得另一個人是否體貼並關心他人的訊息，比這個人迅速掌控許多任務的能力的訊息，能告訴你更多事情嗎？許多研究都證實了這項預測：我們確實會發現某些類別的訊息比其他的更有情報價值，而在我們第一次遇到他人的時候，我們會傾向於把焦點放在這類訊息上。當然，我們與他人相遇的情境也很重要。例如，在工作面試時，我們也許會更注意工作能力。然而，在許多情境中，我們似乎傾向於假設能力是可以學習的，而特質、價值觀與信念則難以改變，所以這些會提供更有價值的關於他人的訊息。

肆、印象形成的其他方面：第一印象的本質，以及我們形塑它的動機

認知觀點對第一印象的基本性質提供了重要的洞見（e.g., Wyer et al., 1994; Ruscher & Hammer, 1994）。例如，大部分社會心理學家都同意，對他人的印象包含了兩個重要的要素：他們所做的與某個特質一致的具體行為，此即該特質的範例（exemplars），以及建立在對他人行為的重複觀察之上的一種心智摘要，此即抽象概念（abstractions）（e.g., Klein, Loftus, & Plog, 1992; Smith & Zarate, 1992）。某些印象形成的模式強調行為範例的角色。這些模式提示了，當我們對他人做出判斷的時候，我們會回想起他們行為的例子，並將我們的判斷（與我們的印象）建立在這上面。相對地，其他模式則強調抽象概念〔有時亦被稱為類型判斷（categorical judgments）〕的角色。這類觀點主張，當我們對他人做出判斷的時候，我們只是將先前建立起來的抽象概念放到心中，作為

我們印象與判斷的基礎。例如，我們回想起我們先前曾經判斷某個人是親切或不親切、友善或不友善、樂觀或悲觀，然後將這些特質組合到我們對這個個人的印象中。

證據顯示，範例與心智上的抽象概念都在印象形成中扮演了一定的角色（e.g., Budescheim & Bonnelle, 1998; Klein & Loftus, 1993; Klein et al., 1992）。印象的本質看來似乎會隨著我們得到越多關於他人的經驗而轉變。我們對他人的第一印象大部分是由範例（他或她所做的行為的具體例子）所構成。然後，隨著我們與這個人的經驗增加，構成我們的印象的，漸漸地會變成心智上的抽象概念，這衍生自對這個人行為的觀察（Sherman & Klein, 1994）。

認知觀點也給另一個重要議題帶來新的啟發，也就是我們的動機（我們在特定情境下試圖要達成什麼）對我們形成哪類印象，甚至我們形成印象的過程有什麼影響。一如我們在第二章看到的，人們經常盡可能地不花力氣在認知工作上，而印象的形成也是一樣。因此，通常而言，我們會盡可能以最簡單的方式形成印象，藉由將人們放到我們早已熟悉的大的社會類別中（例如「她是個工程師」、「他是個愛爾蘭裔美國人」等）。然後我們將對他人的印象，至少在某種程度上，建立在我們對這個社會群體的認識上。然而，如果我們鼓勵要做得更精確的話，我們可能比較會將焦點放在我們遇到的人，作為具有一組獨特特質的個人（e.g., Fiske, Lin, & Neuberg, 1999；Stevens & Fiske, 2000）。

總而言之，對印象形成採用了認知觀點的最新研究，在我們對這個過程的了解上有不少補充。由於第一印象經常歷久彌新，並且會強有力地形塑我們日後的關係，這類知識在理論與實務觀點上都很有價值。也許，說明後者最好的方式，就是從被賦予第一印象的人的角度，來探討印象的形成。這便將我們引導到關於印象整飾（或自我呈現）的有趣過程的討論。

伍、印象整飾：讓自己看來順眼的藝術

我們都有很強烈的要給人討喜的印象的欲望，因此我們大部分人在第一次遇到別人的時候，都盡力要讓自己能讓別人「看得順眼」。社會心理學家用**印象整飾**（impression management；或自我呈現）這個詞來說明這種努力，而他

們的研究結果指出，能成功地執行印象整飾的人，經常能得到重要的優勢（e. g., Sharp & Getz, 1996; Wayne & Liden, 1995）。人們都用哪些策略來塑造討喜的印象？哪個最有用呢？讓我們看看研究在這些問題上指出了什麼。

一、印象整飾的策略及其相對性成功

縱然人們會使用許多技巧來改善他們的形象，但大多不脫這兩個主要範疇：自我彰顯（self-enhancement），即提高自己對他人的吸引力的努力，或是彰顯他人（other-enhancement），即讓對方感覺良好的努力。

在自我彰顯這方面，其策略包括透過服裝風格、個人打扮，以及使用各種道具（例如眼鏡就被認為會增添聰明的印象）來改善個人的外表（Terry & Krantz, 1993）。其他策略還包括了使自己看來技藝精湛，或是用正面的詞彙描述自己，例如解釋他或她（即進行印象整飾的人）如何克服令人氣餒的障礙（Stevens & Kristof, 1995）。其他的研究發現（e.g., Rowatt, Cunningham & Druen, 1998）指出，許多人用這種策略來提高他們對可能的約會伴侶的吸引力時，會以非常討喜的詞彙描述自己，扭曲真相以增強他們的吸引力。

彰顯他人，即人們用不同的策略好引發他人正面的情緒或反應。研究發現暗示了，這樣的反應對於在他人身上激發好感扮演了重要的角色（Byrne, 1992）。最常被使用的策略是諂媚（flattery），意即對目標人物說稱讚的話，例如對方的特質或成就，或是和這個人有關的組織（Kilduff & Day, 1994）。這樣的策略經常是成功的，只要不做得太過分的話。其他彰顯他人的策略還包含了對目標人物的觀點表示贊同、對這個人表現出高度的興趣、幫他們一些小忙、以某種方式徵詢他們的意見或回應（Morrison & Bies, 1991），或是以非口語的方式（好比說透過眼神接觸、表示贊同的點頭、微笑）表達對他們的喜歡（Wayne & Ferris, 1990）。

這些印象整飾的策略是否能成功地引起正面的感受與反應？日漸增加的文獻所提供的答案很清楚：是的，只要有技巧而謹慎地使用，就會有效。例如，在一個針對一千四百多個受雇者進行的研究中，Wayne 等人（1997）發現在許多工作中，社交技巧（包括印象整飾）是對工作表現評量與升遷潛力評估最好的預測者。這些研究發現與其他相關研究（e.g., Wayne & Kacmar, 1991; Witt &

Ferris, 2003; Paulhus, Bruce, & Trapnell, 1995）指出，印象整飾策略對有效地使用它們的人而言，經常能成功地提升他們的吸引力。然而，我們得趕緊補充，使用這些方法含有潛在的陷阱：如果過分地或是無效地使用它們的話，會有反效果，並產生負面的而非正面的反應。例如，Vonk（1998）發現了強有力的證據，她稱之**爛泥巴效果**（slime effect），意即對那些「向上逢迎向下欺壓」的人，也就是在職場上，在上級面前愛出風頭、但對下屬則表示輕視的人，我們會有形成極為負面印象的傾向。這裡面的寓意很明顯：雖然印象整飾的策略經常是成功的，但有時候它們會變成回馬槍，逆向地影響使用它們的人的反應（我們會在第五章討論這個效果）。

二、印象整飾：認知負荷的角色

很明顯地，我們在許多情境下會試圖製造討人喜歡的印象；這種努力構成了我們許多的常識。我們在工作面試、第一次約會，以及許多其他背景下想要「看起來順眼」，理由很明顯。一般而言，我們在這方面都能做得不錯，因為我們已經執行印象整飾技巧很多年了。因此，我們可以用相對自動或省力的方式進行正面的自我呈現，我們只不過是依循著熟習的劇本演練而已（see Schlenker & Pontari, 2000）。但是，某些我們試圖塑造良好第一印象的情境卻十分苛刻。舉例而言，想想那些尋求被政黨提名為總統候選人的政治人物。他們經常得面對會讓人累垮的日程安排，包含開會、演說與巡迴活動。結果，他們經常變得疲憊不堪，並感受到資訊超載，也就是說，他們試圖掌控的工作與訊息，超過他們的能力所及。這些超量的**認知負荷**，對於呈現出自己討人喜歡的光輝的能力有什麼影響？

你也許會猜想，效果一定是不利的：當我們忙於執行其他任務的時候，我們無法如常地好好展現我們自己，而一般而言，這看來是對的（e.g., Tice et al., 1995）。事實上，政壇候選人**確實**經常在疲勞或負荷過大的時候犯下嚴重的錯誤。但想想這點：有些人在社會情境中很不舒服，因為他們會感到焦慮，並且擔心其他人怎麼理解他們。對這種人而言，忙於其他任務可能會讓他們將注意力從這種思緒中轉移開來，並因此還真**提升**了他們呈現自己為討喜的人的能力。事實上，Pontari 和 Schlenker（2000）的研究指出，這是真的。這兩位研究者讓

外向的人（愛往外跑、友善的、善交際的人）和內向的人（內斂的、害羞的、孤僻的人）參加一個虛擬的工作面試，研究參加者被要求要展現自己真實的（內向或外向）或是相反的一面。在面談的過程中，研究參加者若不是得忙著執行其他的任務（例如試圖記下一組八碼的號碼），就是沒有其他的事可做。結果指出，對外向的人而言，認知上的忙碌，會干擾他們把自己呈現為一個內向的人（例如看起來害羞或孤僻等）的能力。然而，對內向的人而言，情況卻全然相反：試圖記下一組八碼的號碼事實上增進了他們讓自己看起來外向的能力。Pontari 和 Schlenker（2000）詮釋這些結果時指出，忙於其他任務會阻止內向的人感受到焦慮，而把焦點放在他們無法做好這件事的恐懼上。因此，認知分散事實上是有幫助的，有助於讓他們更從容地表現自己。但不論這個發現如何有趣，這並不否定一個事實，即對大部分人，在大多數情境下，認知負荷會干擾他們要讓自己在別人眼裡看來「順眼」的努力。

重點摘要與回顧

■ 非口語溝通：表情、凝視與姿勢的語言

- 社會知覺意指我們試圖了解他人的過程。它在社會行為與思考中扮演了重要的角色。
- 要了解他人的情緒狀態，我們經常得依靠非口語溝通——一種不用口說的語言，包含臉部表情、眼神接觸、肢體動作與姿勢。
- 雖然過去認為臉部表情可能不是放諸四海皆準的，但它們還是能提供關於他人情緒狀態的有用訊息。眼神接觸、肢體語言和觸碰也能提供有用的訊息。
- 最近的發現指出，握手提供了關於他人性格的有用的非口語線索，並且對第一印象也有影響。
- 如果我們仔細注意特定的非口語線索，我們可以辨認出他人說謊的企圖。
- 女人比男人能更適切地發送和詮釋非口語線索。這項能力讓女人在許多情境中占了重要的優勢，並能說明人們普遍相信的「女人的直覺」。

■ 歸因：理解他人行為的原因

- 要獲得關於他人的持續性特質、動機與意圖的訊息，我們經常做歸因，亦即了

解他們行為的原因。

- 根據 Jones 和 Davis 的對等推論理論，我們試圖透過所觀察到的他人行為的特定方面來推論他們的特質，特別是自由選擇的、產生於非共同效應且社會期許低的行為。

- Kelley 的因果歸因理論追問的問題是，他人的行為是否來自內在或外在原因。為了回答這個問題，我們將焦點放在和共識性、一致性與獨特性相關的訊息上。

- 因果歸因的另外兩個面向，和行為的特定原因是否隨著時間維持穩定，以及與可控制還是不可控制有關。

- 當另一個人的行為存在兩個乃至更多潛在原因的時候，我們傾向於減低兩個原因各自的重要性，這個效應稱作折扣。當存在一個促生該行為的原因和另一個限制該行為的原因存在，但行為還是發生的時候，我們賦予促生原因較大的分量，這效應稱為加添。

- 歸因會屈從於許多可能的錯誤來源。其中一個最重要的是對等偏誤，即就算情境原因存在，卻還是以性格來解釋他人行為的傾向。這個傾向似乎在西方文化中比在亞洲文化中強烈，並且在對群體和個人的歸因中都會發生。

- 另外兩個歸因謬誤是演員─觀眾效應，即將我們的行為歸因於外在（情境）原因，而將他人的行為歸因於內在原因的傾向；以及自利偏誤，即將正面結果歸因於內在原因，而將負面結果歸因於外在原因的傾向。

- 自利偏誤的強度會隨著文化而改變，在西方社會中比亞洲文化中來得強。

- 歸因適用於許多實際問題。憂鬱的人經常展現出和自利偏誤相反的模式：他們將正面事件歸因於外在原因，而將負面事件歸因於內在原因。為改變這種模式而設計的療程已被證明極為有效。

- 歸因理論也有助於解釋對性騷擾的反應，並可能可用於減少職場中的這種行動的發生。

■ 印象形成與印象整飾：我們如何整合社會資訊

- 大部分人都很關心要給人良好的第一印象，因為他們相信這些印象有持續性的影響。

- 關於印象形成（即我們形成對他人的印象的過程）的研究暗示這種信念是對的。Asch 關於印象形成的經典研究指出，對他人的印象不只是他們特質的簡單加總而已。

- 從認知觀點進行的現代研究已經證實並延伸了這個觀點，提出在形成印象時，

我們會側重某些類型的訊息（例如更強調他人的特質與價值觀，甚於他們的能力）。

- 其他研究指出，構成他人的印象的，是與特定特質有關的範例與基於對行為的觀察所做的抽象概念。

- 為了給人好的第一印象，個人經常進行印象整飾（自我呈現）。

- 印象整飾使用了許多技巧，但大多可用這兩個主題概括：自我彰顯，即提高自己對他人的吸引力，以及彰顯他人，即引發他人正面的情緒或反應。

- 印象整飾是我們一生都在進行的事，所以我們經常可以不費吹灰之力地進行。然而，當有其他任務占用我們的認知資源時，會為印象整飾帶來損失，除非這些任務是將我們的注意力從對表現差勁的焦慮和恐懼上引開。

連結：整合社會心理學

在這章，你讀到了……	在別章，你會讀到這些相關討論……
非口語溝通的基本管道	非口語線索在人際吸引（第七章）、說服（第四章）、偏見（第六章）和魅力領導（第十二章）中所扮演的角色
各種歸因理論	歸因在說服（第四章）、社會認同與自我認知（第五章）、偏見（第六章）、長期關係（第八章）、支持社會行為（第十章）和侵略行為（第十一章）中所扮演的角色
第一印象與印象整飾	第一印象在人際吸引（第七章）中所扮演的角色

■ 思考這些連結

1. 一如我們在第四章（態度）和第九章（社會影響）裡將會指出的，影響力是社會生活的一個重要事實：每天，我們都會試圖去改變他人的態度或行為，而他們也試圖改變我們的態度或行為。讀過這章所談的歸因之後，你覺得他人試圖隱瞞自己真實目的之影響力，會比不做這種嘗試更成功嗎？如果是的話，為什麼？如果不是的話，為什麼？

2. 在第十一章（侵略行為），你會看到某些人比其他人遇到更多的侵略行為。似

乎，這些人缺乏基本的社交技巧，例如正確地解讀非口語線索的能力。在本章
討論非口語線索的基礎上，你能解釋這能如何對他們的問題帶來幫助嗎？

3. 假設你正在為一個重要的工作面試做準備。在本章所呈現的內容的基礎上，你
會做哪些事來增進你得到這份工作的機率？

4. 假想比較快樂的夫妻和不快樂的夫妻。你覺得這些夫妻在對自己伴侶的行為的
歸因上會有所不同嗎？例如，比起不快樂的夫妻，快樂的夫妻是否比較會將他
們伴侶的行為歸因於較正面的原因？

觀念帶著走～活用：抵抗社會認知中的錯誤

歸因會出現許多錯誤，而這會導致慘痛的代價，因此避免這類陷阱的努力是值
得的。以下是我們對辨識並盡量減輕某些重要歸因謬誤的幾個建議。

■ 對等偏誤：基本歸因謬誤

我們有強烈的將他人的行為歸因於內在（性格）原因的傾向，就算有可能會影
響他們行為的外在（情境）原因存在。要減輕這種謬誤，就得試著站在對方的立場
去想。換句話說，要試著從他們的眼睛來看世界。如果你這樣做的話，你也許會發
現，從他們的角度來看，還有許多外在因素在他們的行為中扮演某種角色。

■ 演員—觀眾效應：「我這樣做是因為情境原因；你這樣做是因為你就是這種人。」

和基本歸因謬誤相符合，我們有將自己的行為歸因於外在原因，但卻把別人的
行為歸因到內在原因的傾向。這個傾向會照我們對別人和他們所具有的特質做出錯
誤的概化。要盡量減少這種謬誤，試著想像你自己處於他們的立場，並問你自己：
「我為什麼會這樣做？」如果你這麼做的話，你很快就會明白可能是外在因素影響
了你的行為。相同地，問你自己：「我這樣做是不是因為我自己也沒有意識到的特
質或動機？」這個練習能幫助你體會自己行為的內在原因。

■ 自利偏誤：「我厲害；你幸運。」

也許我們所會犯的最大的歸因謬誤，就是把正面結果歸因於內在原因，例如我
們的能力，但卻把負面結果歸因到外在原因，例如運氣。這個謬誤會有許多有害的

效果，但最糟的情況之一是，相信我們得到的獎勵（讚賞、升遷、分享的功勞）比我們應得的還小的傾向。我（Robert Baron）有這種效應的第一手經驗，當時我是系主任；幾乎每個系上成員似乎都覺得自己應得到比我給他們的更多的獎勵！僅僅是知道這個歸因謬誤，就能幫助你減輕它的作用；這種覺察可以幫助你理解，並不是所有你的正面結果都來自內在原因，而你也可能在負面結果的產生中扮演了某種角色。另外，試著去記得別人也會屈服於相同的偏誤；這麼做有助於提醒你，他們想要在正面結果中得到最多的功勞，卻想將負面結果的指責轉移到外在原因上——就跟你一樣！

關鍵詞

演員─觀眾效應（actor-observer effect）

歸因（attribution）

加添原則（augmenting principle）

肢體語言（body language）

共識性（consensus）

一致性（consistency）

對等偏誤（correspondence bias）

對等推論（correspondent inference）

折扣原則（discounting principle）

獨特性（distinctiveness）

基本歸因謬誤（fundamental attribution error）

內隱人格理論（implicit personality theories）

印象形成（impression formation）

印象整飾（impression management）

語言風格（linguistic style）

瞬間即逝的表情（microexpressions）

非共同效應（noncommon effects）

非口語溝通（nonverbal communication）

自利偏誤（self-serving bias）

性騷擾（sexual harassment）

爛泥巴效果（slime effect）

社會知覺（social perception）

瞪人（staring）

4 chapter

態度：
評價社會世界

2004 年 5 月，麻薩諸塞州最高法院判定，拒絕給予同志結婚的權利，乃是侵犯了憲法所賦予的權利。因為這個判定，麻薩諸塞州成了第一個依法准許同性婚姻的州。當我們調查美國公眾的態度時，我們看到在對同性婚姻的支持上，有很大的代溝（*Newsweek* Poll, 2004）。

影響美國公共習俗的法律變革，經常先於普遍公眾意見的改變。想想美國人對種族隔離的看法。1954 年 5 月美國最高法院對「布朗訴托皮卡教育局案」（Brown vs. Topeka Board of Education）下了判決，勒令公立學校廢除種族隔離，因為「區隔本質上就是不平等的」，在那之前，大部分白種美國人都支持學校裡的種族隔離（Pettigrew, 2004）。在做出這個石破天驚的法律決定五十年之後，大部分美國人則支持在公立學校中廢除種族隔離政策。在這兩個關乎社會正義的議題中，年輕人的意見比年長者更傾向自由派，但這兩個群體對自己確信不移的意見都立場堅定。

然而，人們確實對他們感到舉棋不定的事有許多不同的態度，也就是說，他們會同時給出正面與負面的回應，或是對這些事物或議題有欲拒還迎的傾向。例如，人們可能對特定的食物（例如甜食）有正面的偏好，卻同時會迴避它們，因為它們含脂量高。同樣地，人們可能高度評價某一廠牌的汽車，卻不會去購買它們，因為其價格遠超過預算。重點是，我們對某些事物或議題的態度不抱矛盾心理，但對其他的事物我們卻有很大的矛盾心理。一如你將看到的，態度的強度與明晰對我們的行動有很重大的意義。

　　社會心理學家使用**態度**（attitude）一詞來指稱人們對社會世界幾乎所有方面的評價（e.g., Olson & Maio, 2003; Petty, Wheeler, & Tormala, 2003）。人們對各種議題、想法、特定個人、整個社會族群與事物，可能會有偏好或偏惡的態度。然而，在許多領域裡，態度並不總是像對同性婚姻或校園廢除種族隔離一樣，完全是正面或負面的；相反地，我們的評價經常是好壞參半的（e.g., Priester & Petty, 2001）。很明顯地，在一個議題上，比起那些完全正面反應的態度，矛盾的態度較容易改變；由此，當態度混雜時，行為反應便傾向於不穩定（Armitage & Conner, 2000）。思考一下我朋友的困局。她存款有限，且「事先決定」要買一輛價格一般的汽車。但是，在某個汽車經銷處，她看到一輛凌志汽車，決定試開一下。真是一開鍾情啊！在這個案例裡，你能不能猜到在她對汽車的態度裡，哪個要素會勝出呢？是她負擔得起的感受，還是她對名貴汽車的想望？一如許多為了買新車到車市的人一樣，我的朋友說服自己能負擔高昂的分期付款，並最終將那輛凌志開回家。縱然我向她指出了還有許多不錯但較不昂貴的車可供她考慮，她還是確信這輛凌志是為她所造（而她買這輛車所必須付出的好幾年財務犧牲，此時看起來似乎也「沒那麼糟」了）。相較於態度完全是正面或負面的情況，態度矛盾時，就比較容易受影響而被改變。相反地，缺乏矛盾感受的態度就不容易改變，而且就像校園廢除種族隔離與同性婚姻的議題一樣，那些行為轉變只能反應在時間跨度裡，或是年輕且對特定態度立場缺乏一輩子的信奉的人才會被改變（Sears, 1986）。因此，在與某議題有關的領域裡，比起矛盾的態度，強硬的態度會是更好的行為預報器。

　　社會心理學家把關於態度的研究看成學科的核心，原因很多。首先，態度影響我們的思考，就算它們不總是反映在我們外在的行為上。有越來越多的證據顯示，作為我們對周圍世界的評價，態度代表了社會認知的一個基本面向。一如我們在第二章所看到的，評價一個刺激是正面或負面（我們喜歡或不喜歡某事物）的傾向，似乎是我們理解世界的努力的最初步驟。在我們試圖整合新的刺激到我們先前的經驗之前，這類的反應幾乎是立刻發生的（Ito et al., 1998）。相較於我們回應同一個刺激，但未經評價時，當刺激在態度上被評價過後，我們會經歷不同的腦波活動（Crites & Cacioppo, 1996）。因此，就某種意義來說，態度確實反映社會思考的一個不可或缺的基礎（Eagly & Chaiken,

1998）。

再者，態度經常影響我們的行為。當態度強硬、已確立且易於理解時，幾乎成了事實（Ajzen, 2001; Fazio, 2000; Petty & Krosnick, 1995）。你對目前美國總統的態度是什麼？如果是正面的，你很可能在2004年大選時投他一票，但如果是負面的，你就不太可能這麼做。因為態度影響行為，對它們有些了解，能幫助我們預測人們在許多背景中的行為。一如我們在第六章將看到的，人們對許多不同社會群體持各種態度，例如，我們可能喜歡或不喜歡特定的群體；結果，我們可能以預定的正面或負面的特定方式對待它們。很清楚地，態度在我們的行為反應中扮演了關鍵的角色。

從早期開始，態度就是社會心理學的一個核心概念（e.g., Allport, 1924）。在本章，我們將提供社會心理學家對態度的發現。首先，我們探討態度形成的方式，以及我們為何要建構態度，換言之，態度的功用是什麼。再來，我們會探討以下問題：態度在什麼時候會影響行為？答案是：在某些時候會，但不總是如此。近來的研究，在態度與行為何時會發生連結的議題上，提供了重要的洞見。第三，我們轉向態度如何轉變的問題，亦即說服（persuasion）的過程。然而，態度可能是很難改變的。事實上，改變態度遠比廣告商、政治人物、業務員和其他許多可能的說服者所假設的還要困難得多。這些人可能有很多花招，並試圖用它們來改變我們的觀點。第四，我們將檢視某些態度之所以經常會對改變如此抗拒的理由。最後，我們將探討一個有趣的事實，也就是在某些場合裡，我們的行動會形塑我們的態度，而不是我們的態度形塑我們的行動。在這種效應底下，有一種所謂的認知失調（cognitive dissonance），這在社會行為的許多方面，都有十分引人入勝的涵義。

第一節　態度的形成：　態度是如何發展起來的

對於美國在伊拉克戰爭、大麻合法化、刺青者、大學兄弟會與姐妹會、或是駕車講手機等議題上所扮演的角色，你的感覺如何？大部分的人對這些議題

都持有某些態度，但準確地說，這些觀點是從哪裡來的？你是由你的經驗，還是你時常互動的人得到這些觀點？人們的社群成員身分（例如種族、年齡、性別），是社會態度的重要預言者嗎？我們為何形成態度，換言之，態度的功用是什麼？幾乎所有社會心理學家都相信，態度是*學來的*，而我們大部分的討論都會將焦點放在態度形成的過程上。現在我們轉向第二個問題：為何我們會形成態度（意即它們的功用為何？），很快地，我們會看到態度有幾個功能，而它們在許多方面對我們都是很有用的。

第二節　社會學習：從他人學得態度

我們發展出態度的方式之一，乃是透過**社會學習**（social learning）的過程。換句話說，我們的許多看法，是在與他人互動的情境中或是對他人行為的觀察中學到的。這樣的學習發生在以下所列出的幾種過程中。

壹、古典制約：建立在連結之上的學習

這是心理學的一個基本原則，即一個刺激規律性地出現在另一個刺激之前的話，第一個刺激會變成第二個刺激的信號。隨著時間，人們會學習到，當第一個刺激出現時，第二個刺激很快就會跟著出現。好比說，假設你對貓過敏。每次你拜訪養貓的朋友時，雙眼總會泛著淚光。由於古典制約，隨著時間，你會將第一個刺激（例如去朋友家）和第二個刺激（例如雙眼泛著淚光）連結起來，漸漸地，你會對第一個刺激養成和遇到第二個刺激時一樣的反應，尤其是，如果第二個刺激引發的是強烈而自動的反應的時候。因為造訪朋友家很肯定預報了這些負面反應，最後，到朋友家（或甚至去找那個人）的想法就會自動在你身上引發負面反應。

這個被稱為**古典制約**（classical conditioning）的歷程，對態度的形成意義重大。要了解這個過程如何影響對某個社會範疇整體的態度，請看以下的例子。一個小孩見到她媽媽每次遇到某個特定種族群體的成員，就表現出不悅的表情。

一開始，這個小孩對這個群體和他們的外表特徵（例如膚色、服飾風格、腔調）沒啥看法。她還沒學到以群體身分來區分人們的這個特定差異。在這些信號與母親的負面情緒反應重複地對應出現之後，古典制約就發生了，這個小孩開始對這個特定種族群體的成員報以負面回應。這個反應的發生，不需要小孩有辦法意識到，她母親細微的表情變化對其形成的態度扮演了什麼樣的角色。結果，小孩學到了對某個特定群體的負面態度，而這個態度會成為偏見的核心（見第六章）。

　　古典制約不只形塑我們的態度，甚至在我們對作為這種制約的基礎的刺激毫無意識的時候，它也會發生。在某個實驗中（Krosnick et al., 1992），學生看到照片，照片裡的陌生人在進行日常生活的例行活動，例如去雜貨店買東西或走回自己的公寓。在展示這些照片的時候，也以研究參加者無法意識到其存在的極快速度，展示其他意在引發正面或負面感受的照片。非意識地看到這些引發正面感受的照片（例如一對新婚夫婦、玩牌歡笑的人們）研究參加者，比非意識地看到引發負面情緒的照片（例如心臟手術、狼人）的研究參加者，更喜歡主要照片中的陌生人。縱然研究參加者並沒有意識到他們看到了第二組照片，這些刺激卻很明顯地影響了他們對照片裡陌生人所形成的態度。看到引發正面情緒照片的人，比看到引發負面情緒照片的人回報了更多接納的態度。這些結果暗示了，對態度產生影響的，可能還有**潛意識制約**（subliminal conditioning），即在所需刺激沒被意識到的情況下的古典制約。

　　對特定類型的人的歧視態度一旦被建立起來，在人們感覺受到威脅時，最有可能影響人們的行為（Stephan & Stephan, 2000）。例如，自 2001 年 9 月 11 日發生在美國的恐怖攻擊開始，許多美國人越來越覺得備受威脅，因此支持加強對外國人的監控。研究（Falomir-Pichastor et al., 2004）顯示，就算一個文化背景裡的規範是反對歧視的，仍只有在對外來人的威脅感不高的時候，偏見才會減少（見圖 4.1）。一如這個研究所指出，反對歧視的**社會規範**（social norms），意即人們應該並可能如何舉措的信念，對無偏見的行為是很重要的，但只有這些還不夠。相反地，就算規範是反對歧視的，但在感知到從外來者而來的威脅高漲時，歧視仍然很可能會發生。

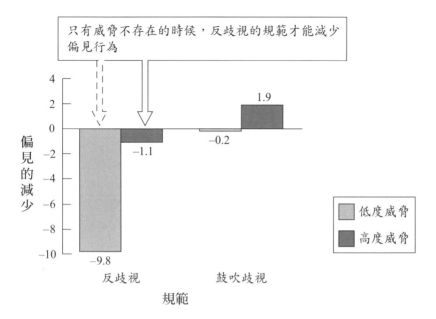

圖 4.1　就算規範反對歧視，受威脅的感覺還是會導致對外來者的偏見行動

• • • • • • • • • • • •

一個反對對外來者表現出偏見的反歧視規範，只有在人們幾乎不感覺到威脅時，才能有效地降低對自身社群成員的偏好。而不管有沒有受威脅的感覺，如果現存的規範支持歧視的話，人們都會以表現出對他們自身社群成員的偏愛來歧視外人（資料來源：Based on data from Falomir-Pichastor et al., 2004）。

貳、操作制約：看法「正確」的獎賞

　　你可曾聽過一個七歲小孩信誓旦旦地表示自己是個共和黨員或民主黨員？小孩對這些範疇的意義、或它們之間有什麼樣的差異沒什麼概念。但他們有時候還自信滿滿地做這樣的宣稱。為什麼呢？因為他們的父母曾經在他們做這種宣稱的時候，以各種方式稱讚或獎賞他們。結果，小孩學到了在他們認同的人當中，什麼樣的看法會被認為是「正確」的。得到正面結果的行為會被增強，並較有可能會被重複行使，而得到負面結果的行為會被削弱或減少行使。因此，另一個從他人學到態度的方式是**操作制約**（instrumental conditioning）。父母和其他大人透過由笑容、稱讚或擁抱來獎賞小孩說出「正確」的觀點，亦即他們自己偏好的觀點，會在形塑下一代的觀念上扮演重要的角色。就是因為這個原

因，大部分小孩在進入青春期，也就是在同儕的影響變得特別重要之前，他們都會在政治、宗教及社會方面的觀點上，表達與其家庭成員高度相似的看法。

　　長大成人之後，我們會期待在對某些聽眾表達對特定態度的支持後，得到某種獎賞，但同時，我們知道如果我們對另一些聽眾表達另一種觀點，我們也可能會得到獎賞。確實，選舉的勝敗就在這個前提上。政治人物若不斷地改變立場，以配合他們所認為大部分選民所支持的想法，可能會因為看來好像對任何事物都沒有一個堅實的立場而給自己帶來損害。

　　要評量人們所宣稱的態度是否依著其預期聽眾的反應而改變，一個方式是改變其所預設會接收到這個訊息的聽眾。例如，試圖加入某個兄弟會或姐妹會的人，他們對其他兄弟會與姐妹會所表達出來的態度會改變，端看他們是否相信他們的態度能保密，抑或他們認為掌管他們入團資格的固定團體成員會知道他們所主張的態度立場（Noel, Wann, & Branscombe, 1995）。試圖得到某個組織的成員身分的人，如果相信其他成員會知道他們的回應的話，他們就會貶抑其他的兄弟會或姐妹會，這是一種方式，用來表達他們認為想加入的是他們最喜歡的組織的想法。但如果他們相信其回應能保密的話，他們就不會詆毀其他的兄弟會或姐妹會。

參、觀察學習：透過範例來學習

　　第三個態度形成的過程，就算父母沒有想要直接傳遞特定觀點給孩子們，也會產生效果。**觀察學習**（observational learning）發生在個人藉由觀察他人的行動學到新的行為或思考類型的時候（e.g., Bandura, 1997）。就態度的形成而言，觀察學習似乎扮演了重要的角色。在許多情況下，小孩無意間聽到爸媽說的話，是爸媽沒打算讓孩子聽到的；或是看到爸媽做出他們要求孩子不要做的行為。父母甚至可能很明白地說：「別做我正在做的事。」好比說，抽菸的父母經常警告小孩別染上這個習慣。事實上，小孩在這種情況下學到的是什麼？證據很清楚顯示了：他們通常會學著去做父母所做的，而不是他們所*說*的。

　　另外，小孩和成人都從和大眾媒體的接觸學得態度，例如雜誌、電影等。想想我們大部分人在看電視時都做了多少觀察學習吧！例如，在許多美國動作

片裡的角色都會依慣例表現出高度暴力，在過去，這會在觀眾身上引發壓迫感，並被認為具威脅性。然而，看恐怖片（如「月光光心慌慌」、「黑色星期五」、「驚聲尖叫」系列）長大的年輕人，就不像上一輩的人一樣會覺得這些繪聲繪影的暴力令人不舒服。有趣的是，我們傾向於認為別人才會在接觸暴力或色情素材時受到傷害，卻相信自己不會因為做這些事而受影響（Gunther, 1995）。這被稱作媒體接觸的**第三人效應**（third-person effect），意即對他人態度與行為的影響被高估、而對自己的影響卻被低估的效應。關於媒體中的暴力及其對侵略行為的影響，請見第十一章。

肆、社會比較的角色

為何人們常採納別人所持的態度，或是學到從別人那觀察到的行為？其中一個答案牽涉到**社會比較**（social comparison），即一種將我們自己與他人比較，以便判斷我們對社會現實的看法是否正確的傾向（Festinger, 1954）。也就是說，如果我們的看法和其他人的一致，我們傾向做出我們的看法是正確的結論；說到底，如果別人也抱著同樣的看法，那麼，這些看法一定是對的！但我們是否對所有他人的態度都一視同仁地採納，或是得看我們與他們的關係呢？

人們經常改變他們的態度，好和他們所重視或認同的人持有相近的看法。想像如果你聽到你喜歡而尊敬的人表達對一個群體的負面看法，而你和那個群體又毫無接觸。這會影響你的態度嗎？雖然你會很想說：「絕對不會！」但研究發現指出，聽到他人陳述對一個群體的負面看法，會引導你採納類似的態度，即使你和這個群體的任何成員根本沒見過面（e.g., Maio, Esses, & Bell, 1994; Terry, Hogg, & Duck, 1999）。在這類情況下，態度乃是社會訊息以及我們想和所喜歡的人相似的渴望所聯手打造的結果。

的確，人們對於被他人的態度立場所影響的期待天差地別，端看我們對這些人認同的程度有多高。當為大學生做出安全性行為與愛滋防治的訊息的時候，那些認同大學生群體的人相信自己個人會被這訊息中所提倡的立場所影響，而那些認同感低的人則不期待自己會被這訊息所影響（Duck, Hogg, & Terry, 1999）。一如圖4.2所示，非學生不論對學生族群的認同程度如何，在預期中，

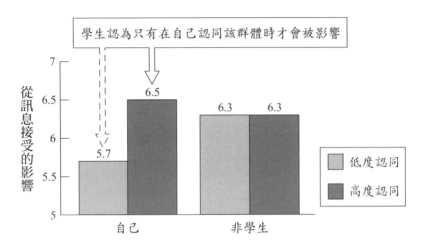

圖 4.2　社會認同對態度的影響之重要性的證據

• • • • • • • • • • •

在判斷人們自己在多大程度上會受以他們的群體（例如學生）為目標的訊息影響時，學生在高度認同自己的學生群體時，認為他們個人會受影響，但認同度低的時候，則不這麼認為。而在測量非學生時，訊息的接受則不受對群體的認同影響（資料來源：Based on data from Duck, Hogg, & Terry, 1999）。

訊息對他們的影響會是一樣的。因此，當我們認同某個群體時，我們期待自己去接受該群體所提倡的態度。

第三節　態度的功能：我們最初為何要形成態度

　　我們每個人都對一大堆議題抱持某種態度；事實上，如果說我們很少對世界的任何面向完全中立，這大概是沒問題的。確實，對某個目標物**單純曝光**（mere exposure），亦即曾見過卻未必記得見過某個目標物，就可以形成態度。就算在重度阿茲海默症的患者中，他們已經記不得曾經接觸過某個目標物，但卻還是會形成新的態度（Winograd et al., 1999）。但我們為何要這麼麻煩地去形成這麼多態度呢？態度可以被看成是對我們周遭世界一種近乎自動的反應。一如先前所提到的，使用精密科技觀察人類大腦活動的研究顯示，我們似乎會在接觸到刺激時，幾乎是立即地將它們區分為正面或負面，並在腦中對某個目

標物表現出不同的回應，端看我們正如何評估它（e.g., Crites & Cacioppo, 1996; Ito et al., 1998）。

對一類刺激有一個已經形成的態度，這有許多有用的功用。現在我們思考態度在知識、身分認同、自尊、自我防衛及印象動機上的功能（Shavitt, 1990）。

壹、態度的知識功能

態度透過增加我們對新訊息的詮釋，以及影響其基本途徑或無效回應，發揮其**知識功能**（knowledge function）。例如，Chen 和 Bargh（1999）發現，對某事物的正面態度在拉排檔桿時會比較快被表達出來，而對某事物的負面態度在推排檔桿時，會比較快被表達出來。這暗示了態度會影響我們的感知和反應。研究指出，我們會認為支持我們的態度的訊息比不支持我們態度的訊息更為有說服力和正確（Munro & Ditto, 1997）。同樣地，如果不具說服力的訊息和我們的態度相符的話，相較於該訊息不符我們的態度的時候，我們也會認為它多少有點道理（Chaiken & Maheswaran, 1994）。相反地，有大量的證據指出，我們會把提供反對我們觀點的證據的消息來源視為極度可疑、有偏見且不可信（Giner-Sorolla & Chaiken, 1994, 1997）。

貳、態度的身分認同功能

態度讓我們能夠表達我們的核心價值觀和信念，因此它具有**身分認同或自我表達功能**（identity or self-expression function）。如果當個政治上的自由派一向對某個人的身分認同很重要的話，那個人可能會覺得藉由穿著 Sierra Club T 恤來表達支持環保的態度是很重要的，因為這樣做能表達自己的核心信念。事實上，比起那些穿著支持國家槍枝協會（pro-National Rifle Association）T 恤的人（這些人代表的似乎是政治光譜的另一端），那些穿著 Sierra Club T 恤的人可能會發現他們在穿著類似的印有支持環保口號的 T 恤的人中間比較受歡迎。相同地，那些穿著支持國家槍枝協會 T 恤的人則不太可能讓自己被一個穿著「你可曾擁抱過一棵樹？」T 恤的人喜歡。更進一步，我們比較會採納和我們

共享某個重要的身分認同的人的態度（McGarty et al., 1994）。假設你必須形成
對某樣產品的態度。訊息的身分認同指涉會如何影響你的態度？為了處理這個
問題，Fleming 和 Petty（2000）首先挑選了一些反應自己對其性別群體的認同
度高或低的學生。然後，介紹一種新品牌的零食（Snickerdoodles）給這些男
女，並告訴他們這是「女性最愛的零嘴」或「男性最愛的零嘴」。如圖 4.3 的
說明所示，在那些高度認同自己的性別群體的人當中，他們自己的群體喜歡這
項食物的訊息，會讓他們形成比較喜歡這項新產品的態度。在那些對自身性別
群體認同度低的男性和女性當中，卻沒有發現對於表示自己喜歡該項產品的人
而言，態度發揮的功能有什麼差別。在高度認同其性別群體的研究參加者而言，
究竟身分群體的訊息是透過什麼方式影響他們新態度的形成呢？Fleming 和 Petty
在檢視研究參加者再次閱讀關於該新產品的訊息時所列出來的想法時，這兩位
研究者發現，當該產品據稱被研究參加者自身的性別群體成員所喜歡時，在高
度認同其性別身分的研究參加者中，會引發較大比例的正面思想。因此，人們
在遇到新目標物並對其形成某種態度時的想法，會依賴於他們的社群成員身分，

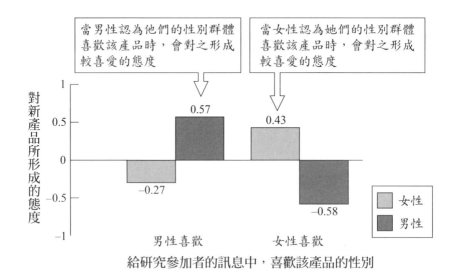

圖 4.3　在高度認同其性別群體的人當中的態度形成

● ● ● ● ● ● ● ● ● ● ●
男性在認為其他男性喜歡某項新產品時，對該產品會形成較為正面的態度，而女性在認為其
他女性喜歡該產品時，也會對之形成較正面的態度（資料來源：Based on data from Fleming
& Petty, 2000）。

以及該身分對他們有多重要。

參、態度的自尊功能

態度所執行的第三個功能是**自尊功能**（self-esteem function）。抱持著某種特定的態度，會有助於我們維持或增強自尊，或是提升自我價值的感受。這個功能和社會比較理論相符，該理論描述，「知道我們是對的」會讓人感覺很好，因為我們的態度被他人所認可。對於帶著強烈的道德要素的態度而言，抱持著這些態度並依其行動，會讓人自我認可（Manstead, 2000）。更進一步，表達態度並按照態度行事，會導致許多不同的情緒體驗。當人們的態度到了基於道德原則的程度，便可能會為了有機會說謊時卻沒這麼做而感到驕傲。大量的研究已經揭示，基於道德信念的態度是很好的行為預測者。這是否表示人們從不違背他們認為「正確」的態度？不是的，但比起和我們的道德自我連結較弱的態度行為不相符狀態，這種違背在心理上則會更為痛苦。

肆、態度的自我防衛功能

態度有時會發揮**自我防衛功能**（ego-defensive function）（Katz, 1960），在人們面對和他們自身有關卻令人討厭的訊息時，幫助他們保護自己不受其擾。例如，許多心懷偏見的人會表示自己是反對偏見和歧視的。藉著表達這種態度，他們保護自己以免承認他們事實上對各種社會群體抱著極度的偏見。進一步，因為我們大部分人都想被認為是「酷」而且被大眾接受，所以我們可能會對各種議題（例如同性婚姻、大麻的使用、飲酒）聲稱比我們事實上所持的更為令人接受或更正面的態度，因為我們假設我們的同儕這麼看待，而我們想要辯稱我們的自我觀點「和其他人一樣」（Miller & Prentice, 1996）。

伍、態度的印象動機功能

最後，態度經常執行**印象動機功能**（impression motivation function）。一如你可能想起第三章討論過的，我們經常希望給人良好的第一印象，而說出「正

確」的看法則是方法之一（Chaiken, Giner-Sorolla, & Chen, 1996）。研究指出，態度執行這項功能到什麼程度，會強烈地影響社會訊息的處理。這種效應在Nienhuis、Manstead 和 Spears（2001）的研究中有很好的說明。這幾個研究者推論，當態度執行其印象動機功能時，人們比較會去製造支持他們態度的論點，而想讓人留下印象的動機越強烈，人們就會製造越多的論點。為了檢測這個預測，他們要求荷蘭的大學生讀一篇支持烈性毒品合法化的文章。然後，告訴研究參加者他們將會被要求為這個觀點辯護。為了改變研究參加者的印象動機的程度，他們告訴某些研究參加者，他們的表現不會受到評價（低動機）；而告訴另一些研究參加者，他們的表現會被另一個人所評價（動機普通的條件）；再告訴剩下的研究參加者，他們的表現會被另外三個人所評價（高動機）。得到這些訊息、讀過文章後，研究參加者報告他們的態度並指出他們想出新論點支持毒品合法化的程度。正如研究者所預測，在高動機條件下的研究參加者想出較多的新論點，並表示他們使用這些論點來說服他人的可能性較大（見圖4.4）。因此，我們表達什麼態度，會依我們所處的社會脈絡而定，而這種情形會改變我們所願意付出的認知工作的量（Schwarz & Bohner, 2001）。

第四節　在態度與行為的關係中，社會背景所扮演的角色

　　七十多年前，Richard LaPiere（1934）進行了一個關於族群偏見（態度）與歧視（行為）的經典研究。他想知道，實際上，那些抱持著許多偏見，也就是對特定社會群體持負面態度的人（見第六章），會不會照他們的態度行事。為了釐清這點，他花了兩年的時間，和一對中國夫妻在美國旅行。他們去過一百八十四間餐廳、六十六間旅社或賓館。在大部分的情況下，他們都被以禮相待。事實上，他們只被拒絕接待過一次，而 LaPiere 報告說，他們接受到的服務，在他看來，在大部分情況下都是高於水準的。在旅程結束後，LaPiere 寫信給所有他們落腳過或是用過餐的店家，問他們是否會為中國旅客服務。結果令人吃驚：在回信的一百八十二家店裡，92%的餐廳和 91%的旅社說「不接待中

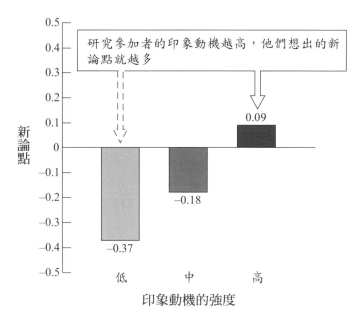

圖 4.4 態度：其印象動機功能

. . . .
我們有時會使用態度來塑造良好的第一印象。在這個研究中，比起那些印象動機普通或低的
研究參加者，印象動機高的研究參加者想出了比較多的支持其態度的新論點（資料來源：
Based on data from Nienhuis, Manstead & Spears, 2001）。

國旅客」！這個結果似乎指出了，在態度與行為之間有相當大的落差，也就是
說，人們的言行可能會非常不一致。

　　許多人仍然想用這類的社會態度來直接預測行為。例如，人們認為抱著偏
狹態度的人會持續表現出偏見的方式，而無偏見的人則不會。然而，有一大堆
規範與法令說偏見行動是違法的，而且這類行動很可能被視為是不道德的（例
如焚燒十字架、某些形式的仇恨演說），因此就算最具偏見的人也不見得總是
會按照他們的態度行動。此外，在某些社會條件下，不認為自己有偏見的人，
也會發現自己擁護對某些人因社群身分而來的歧視待遇。想想在九一一之後，
某些美國人對阿拉伯人或是穆斯林的反應。儘管他們不覺得自己有偏見，由於
受恐怖主義所激發而升高的安全顧慮，他們的排外行動還是被視為是合法的。
因此，縱然對某個族群群體的態度可以直接預測歧視行為，這看來似乎很合理，
但事實卻複雜得多。

許多因素可以改變態度與行為的相關程度。你也許已經在許多情況下體驗過自己的態度和行為之間的落差，這是因為社會背景對我們的行為也有所影響。當你的某個朋友向你展示自己非常引以為豪的收藏，然後請你發表評論時，你會怎麼說？如果你不覺得那個東西有多吸引人的話，你會實說實說嗎？也許會，但你也很可能會試著避免去傷害朋友的感受，因此你表示喜歡對方的新收藏，縱然你其實並不喜歡。在這種情況下，我們的態度與行為之間會有很大的落差，而且我們很清楚地知道，我們乃是有意識地選擇了不依照我們「真實的」態度去行動。一如前例所闡述的，社會背景因素會限制態度單獨決定行動的程度。你的態度也許對於你會不會購買某個產品是很好的預測者，但你的朋友已經擁有該產品的事實，會影響你對你朋友說出什麼評語。態度對行為會有不同的預測，端看該行動的公開程度及其可能的社會後果。

因為社會背景在決定態度與行為之間的關係上，扮演了重要的角色，研究的焦點就放在是什麼因素會決定何時態度會影響行為，以及這種影響為何會發生。

第五節　態度何時且為什麼會影響行為？

許多因素都會決定態度影響行為的程度。一如先前討論過的，情境的各個方面都會強烈影響態度影響行為的程度。而態度本身的特性也很重要。在考慮過這些對態度─行為關係的影響之後，讓我們來探討態度如何影響行為的問題，亦即在這個過程底下的各種機制。

壹、影響態度表達的情境因素

你是否曾經擔心過，如果你表達你對某個議題的「真實」態度，人們會怎麼看你？如果有的話，你就能理解參與 Miller、Monin 和 Prentice（2000）的研究的普林斯頓大學學生所體驗到的兩難困境。學生們對於大量飲酒私下的態度是相對負面的；然而，他們相信其他學生對大量飲酒的態度會較為正面〔一個

人眾無知（pluralistic ignorance）的例子，也就是我們極度地相信其他人會有不同的態度〕。當這些學生和其他學生討論的時候，他們對校園飲酒表達了比他們的真實感受更坦然的態度，而他們關於其他人會怎麼看待他們的信念，更精準地預言了他們在團體討論中的行為，而非他們的真實態度。我們對自己私下態度的抑制或透露，就算在和我們高度認同的群體成員說話時也會發生。例如，曾經針對「支持（女性身體自主的）選擇」和「支持（胎兒的）生命」的態度群體成員進行過研究。在兩個群體中，回應者都怯於公開表露他們對自身政治立場所感受到的矛盾感受，因為他們害怕他們自己群體的成員會認為他們不忠誠。因此，這種重要的情境抑制形式會弱化態度和行為之間的關係，並防止態度表現在外在行為上（Fazio & Roskos-Ewoldsen, 1994; Olson & Maio, 2003）。

貳、態度的強度

　　想像以下情境：一間大木材公司和政府簽了合約，允許這間公司在國家森林裡砍伐樹木。有些樹木是高齡巨木，有上百英尺高。有個資源保護團體反對砍掉這些樹木，並很快採取行動以阻止砍伐。他們手挽著手，在這些大樹旁邊圍成人牆，不讓伐木工砍倒這些大樹。確實，這個策略經常能成功：因為有這麼多的負面宣傳結果，該合約被撤銷，而這些樹得以保存，至少暫時是如此。

　　為什麼人們會進行這麼激烈而隱含高度風險的行動（例如阻止砍伐行動）？這些活動帶著強烈的態度，也就是他們行為的決定因素。這類事件絕不少見。例如，我（Nyla Branscombe）居住的城市的居民持續地阻止了一個大型商場的興建，而他們成功了。該計畫會吸乾商業區的生意，一如在美國許多鄉鎮與城市中發生過的一樣。一些熱血的少數人，以及反對政府或商業政策的負面宣傳的可能性，會導致與這類態度相符的政治行動。這類事件讓我們把注意力放在一個事實之上，即態度是否能預測持續性的行動，得看態度的強度為何。讓我們思考一下為何態度的強度會有這種效應。

　　強度（strength）一詞代表一個態度的極端性（extremity）或是強烈程度（即該態度的目標物所激發的情緒反應有多大），以及該態度在多大程度上建立於個人經驗（personal experience）之上。這兩者都會影響**態度的可接觸性**

圖 4.5　態度的強度如何影響態度─行為之間的一致性

• • • • • • • • • • •

建立在個人對態度目標物的經驗之上的態度，和該態度的極端性相結合，就決定了態度的強度。在做出行為反應的時候，比起軟弱的態度，強烈的態度可能比較可接觸，而這會導致更強烈的態度與行為之間的一致性（資料來源：Based on suggestion by Petty & Krosnick, 1995）。

（attitude accessibility），亦即在各種情境下，該態度有多容易在腦中出現（Fazio, Ledbetter, & Towles-Schwen, 2000）。如圖 4.5 所示，研究指出，所有這些要素都彼此相關，並都在態度強度上扮演了某種角色。

參、態度的極端性

　　讓我們考慮態度的極端性，亦即一個個人對某個議題感受的強烈程度（Krosnick, 1988）。其重要決定因素之一是社會心理學家所謂的既得利益（vested interest），即對抱持該態度的個人，該態度和他的利害關係程度，這通常也就是說該事物或該議題會為這個人帶來重大的後果。研究結果指出，既得利益越大，態度對行為的影響力就越大（Crano, 1995）。例如，在一間大型的大學裡，當學生接到電話，問他們是否會參加反對將法定飲酒年齡從十八歲提高到二十一歲的活動時，他們的回答得看他們是否會被這項改變所影響而定（Sivacek & Crano, 1982）。比起那些因為已經過了二十一歲、或是在該法律實行之前便將屆滿二十一歲，因而不受該法律影響的學生，會受到影響的學生，亦即年紀未滿二十一歲的學生，他們的既得利益比較大。因此，研究預測是，比起第一群學生，第二群學生（亦即其既得利益岌岌可危的學生）比較有可能參加反對該項政策改革的集會。事實果真是如此：超過 47% 的高既得利益學生答應參加活動，而低既得利益群的學生只有 12% 應允。

　　擁有既得利益的人不只會以對他們有益的方式行動，他們還有可能會詳述

有利於自己立場的論點。藉此，當一個議題引人注目時，他們會想出與該議題相符的思想。例如，Haugtvedt 和 Wegener（1994）發現，在要求研究參加者考慮一個將建在他們那州的核電廠時（高度個人相關），他們會詳述較為反面的論點來反對該計畫，甚於該電廠建在遙遠的另一州的時候（低度個人相關）。因此，基於既得利益的態度，更有可能被仔細考慮、抵抗改變，並且是可用的行為指南。

肆、個人經驗的角色

在態度與行為之間的關係會有所不同，端看態度一開始是怎麼形成的。大量的證據指出，比起不直接建立在經驗基礎上的態度，在直接經驗的基礎上形成的態度對行為會有比較強烈的影響。這之所以會發生，是因為在直接經驗的基礎上形成的態度，當態度目標物存在時，比較容易被想起，而這增加了態度影響行為的可能性（Tormala, Petty, & Brunol, 2002）。相同地，建立在個人關聯上的態度比較有可能被用支持性的論點闡述，好使之能抵抗改變（Wegener et al., 2004）。想一想兩者之間的差異：你朋友跟你說某個廠牌的特定車款是爛貨，相對於你自己親身經歷該廠牌的車故障了許多次。當看著該廠牌的新款車時，你會想起你朋友的意見嗎？也許不會。你會想起你的經驗嗎？很可能會。因此，當你對某個態度目標物有過直接經驗時，這很可能和你個人極為相關，而你的態度就可能可以預測在未來你對該目標物的行為。

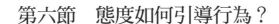

第六節　態度如何引導行為？

研究者已經發現了數個態度形塑行為的基本機制。我們首先考慮由建立在理性思考上的態度所衍生的行為，然後再檢視態度在較為自發的行為中所扮演的角色。

壹、基於理性思考的態度

在某些情境下，我們會仔細而謹慎地考慮我們的態度及其對我們的行為的涵義。給我們這個天性提出洞見的理論叫做**理性行動理論**（theory of reasoned action），經過進一步發展後被稱為**計畫行為理論**（theory of planned behavior），由 Icek Ajzen 和 Martin Fishbein 於 1980 年所提出。理性行動理論由以下概念出發：進行某個特定行為的決定，是理性過程的結果。我們會考慮過許多行為選項，每個選項的後果或結果都被評估過後，才做出要或不要行動的決定。該決定因此反映在**行為意向**（behavioral intentions）當中，它經常能預測我們在特定情境中會如何行動（Ajzen, 1987）。根據計畫行為理論，意向乃是由兩個因素所決定：**對行為的態度**（attitudes toward a behavior），即人們對進行這項行為的正面或負面評價，以及**主體規範**（subjective norms），即人們對他人會贊同或不贊同這項行為的認識。第三個因素，**知覺行為控制**（perceived behavioral control），即人們對他們進行此行為的能力的評估，會隨後被加上（Ajzen, 1991）。一個具體的例子會有助於闡釋這些概念。

假設有個學生正在考慮要不要在身體上穿環，好比說穿個鼻環。她會真的跑到店裡做這件事嗎？答案得看她的意向，而這會強烈地受到她對身體穿孔的態度所影響。然而，她的決定卻是基於她所認知到的規範，以及她對這個決定有多大程度的控制力。如果該學生相信身體穿環相對來講比較不痛，又會讓她看起來符合潮流（她對該行為持正面態度），而又相信她在乎其意見的人會表示贊同（主體規範），而她又能立刻去做這件事（她認識某個專做身體穿環的人）的話，她實行這件事的意圖可能會很強烈。反之，如果她相信的是穿環很痛，可能也不會改善她的外表，她的朋友不會表示贊同，而她又很難找到能安全地進行此事的專家的話，她穿鼻環的意圖可能就很微弱。當然，就算再強的意圖也可能會被情境因素所阻撓，但一般而言，意向是行為的重要預測者。

研究顯示，這兩個理論對預測個人是否會使用快樂丸（Ecstasy，一種十五到二十五歲的人越來越常使用的危險藥物）很有用處。Orbell 等人（2001）到許多地方去找年輕人，並要求他們填寫一份問卷，該問卷的設計是為了測量：

(1)他們對快樂丸的態度（即該藥物是否帶來樂趣／帶來不適、使人愉悅／使人不愉悅、有好處／有壞處……等等）；(2)他們在接下來兩個月內使用它的意向；(3)主體規範（他們的朋友是否表示贊同）；以及(4)對使用該藥物的知覺控制的兩個方面：他們能不能獲得該藥物，如果有的話，他們有沒有能力抗拒服用。兩個月後，他們聯絡同樣的人，並問他們是否使用了快樂丸。結果指出，對快樂丸有正面態度、同儕將其使用視為正常而加以接受，並對之有知覺控制，都是對其使用意向的明顯預測者。確實，態度、主體規範及意向都是實際使用快樂丸的重要預測者。因此，總體而言，這些發現和理性行動理論及計畫行為理論是相符的。

貳、態度與自發的行為反應

在人們有時間和機會仔細地反省他們可能採取的行動的情形下，我們預測他們行為的能力很不錯。然而，在許多情境中，人們必須迅速地行動，而他們會有比較自發的反應。在這類情況下，態度似乎會以更直接且似乎更自動的方式影響行為，而意向的角色則較不重要。根據一個理論觀點，即 Fazio 的**態度對行為的過程模式**（attitude-to-behavior process model）（Fazio, 1989; Fazio & Roskos-Ewoldsen, 1994），這個過程以下述的方式運作。某些事件激發了某種態度，而態度一旦被激發之後，影響我們如何感知其態度目標物。與此同時，我們對何為合宜的認識（我們對各種社會規範的知識）也被激發（見第九章）。態度和我們先前儲存的關於什麼是合宜的及其被期待的訊息，兩者會一起形塑我們對該事件的定義。這個認知影響我們的態度。讓我們看看一個具體的例子。

想像某個人在車陣中超你的車。這激發了你對從事危險而無禮行為的人的態度，同時，你對期待人們在路上該如何行動的理解也被激發了。結果，你認為這個行為不合規範，或是讓人討厭，這就影響了你對該事件的定義與回應。你可能會想：「這個人以為他／她是誰啊？渾蛋！」或者你的回應會稍微體貼一點：「唉，這個人一定很趕時間；或者他／她可能是個外國人，不知道在超別人的車之前該先打個手勢。」確實，當違反規範的是外國人時，本地人的回應會有所不同，這端看他們對不合規範的行為如何詮釋。例如，我（Nyla Bran-

scombe）曾經住在阿姆斯特丹，有次我到銀行去處理一些事情。我進去後立刻
向前，站到正在和出納員講話的那人身邊，無視所有其他四散在大廳裡的人。
當出納員開始為我服務的時候，讓我迷惑不解的是，一個荷蘭人大聲地批評「美
國人真粗魯」（很明顯地我的口音清楚地透露了我的國籍），而其他人則表示
我可能只是不曉得這裡的規矩而已：人們在等待時，會排順序，但每個等候者
都大致知道他們在第幾順位，因此不需要真的排出一列隊伍來。由此可見，人
們對事件的定義會形塑他們的行為；其中一個情況，人們假設我知道規矩卻忽
視不管，另一個情況，人們則承認正因為我是外國人，我可能不熟悉這個（對
我而言）奇怪的排隊方式。一些研究支持這個關於態度如何能透過影響對情境
的詮釋來影響行為的觀點。

在忙亂的日常情境中，我們通常沒有時間來審慎衡量其他的可能性。在這
種情況下，我們的態度似乎會自發地形塑我們對事件的認知，以及我們對事件
立即的行為反應（Bargh, 1997; Dovidio et al., 1996）。

第七節　說服的藝術：如何改變態度

在過去的日子裡，有多少次人們試著改變你的態度？要是你停下來想一
下，你可能會感到訝異，因為每天你都被這種嘗試給轟炸。排行榜、電視廣告、
報紙和雜誌廣告、慈善組織的呼籲、電腦上自動彈出的廣告、我們的朋友、甚
至大學教授──這份「可能的說服者」的名單幾乎沒有止境。說服（persua-
sion），亦即透過各種訊息來改變我們的態度的努力，這種嘗試在多大的程度
上獲得了成功？而究竟是什麼因素決定它們的成敗？社會心理學家研究這些問
題已有數十年了，而我們很快會看到，他們的努力得出了對認知過程在說服裡
扮演的角色的重要洞見（e.g., Eagly, Wood, & Chaiken, 1996; Petty et al., 2003）。
我們在「理解常識」專欄裡，闡述社會心理學家在理解某個特定的說服技巧（也
就是使用恐懼訴求）是否有效所做出的重要進展。

社會心理學的技藝　理解常識

▌恐懼訴求：真的有用嗎？

　　許多人相信，改變人們態度（和行為）最好的方法，就是拿不改變的話會有什麼後果來嚇他們。當我（Nyla Branscombe）還抽菸的時候，人們都假設只要告訴我抽菸的危險性，就能讓我嚇得把菸戒掉。人們的假設似乎是，我會被他們的論點所說服，害怕可能出現的後果，然後「就說不！」政府似乎也覺得這個方法有效。在加拿大，所有的菸草製品上都印著斗大的警語，像是「抽菸會致命」。確實，加拿大花了上千萬元製造以恐懼為基礎的廣告，展示罹病的肺和其他吸菸帶來的令人噁心的長期後果。針對恐懼訴求是否能有效地改變態度的問題，社會心理學家已經進行過許多研究，而他們得出一些令人驚訝的答案，即在錯誤的情境下，這些恐懼訴求會是如何的無效。

　　常識似乎會建議，如果恐懼訴求提出令人信服的論點──如果我們不改變的話會在現實中發生什麼事，那應該就會有效並引發改變。然而，事實卻比這複雜得多。如果一個訊息這麼能激起恐懼，讓人們感到害怕的話，那人們可能會出現防衛的反應，並提出反對這種恐嚇的論點，或是取消它的適用性（Liberman & Chaiken, 1992; Taylor & Shepperd, 1998）。在這種情況下，人們可能會告訴自己：「證據不夠強烈」、「我在後果發生之前就會戒掉」或「這不會發生在我身上」，而這些都會破壞真的嚇人的訊息的有效性。我們會聽到吸菸者在出席死於肺癌的親友的葬禮時，雖然他們照理說會感到極端的恐懼，卻還是表達了這種防衛反應。

　　也許恐懼程度較低的訊息會比較有用？有些證據支持這個看法，但僅限於在有關如何減輕恐懼的訊息，以及改變行為以免負面後果發生的方法也一起出現時（Petty & Krosnick, 1995）。總之，如果人們不知道該如何改變、不知道向何處尋求援助、不知道這會是個長期的過程、或者不相信他們會成功（見第五章關於自我效能的討論）的話，恐懼除了激起迴避和防衛反應之外，不會有太大的作用。

　　也許，如果用正面的方式表達的話（例如如何獲得健康），各式各樣的健康訊息會更有效力，甚於以負面的方式表達（例如風險和令人討厭的後果）。舉例而言，任何健康訊息都可以用像是「這麼做你會感到好得多」的方式正面地表達（例如「每年例行乳房 x 光檢查讓你活得久久長長」）。同樣訊息的負面表達方式可能會像「要是你不這麼做，你會生病」（例如「不每年做例行乳房 x 光檢查，你會短命」）。重點是，相同的健康訊息可以用正面的或是負面的方式表達。Broemer（2004）已提出證據，說明健康訊息如果正面地表達出來，而且對我們而言想像自己具有所描述的嚴重病徵相對容易時（由此我們感到恐懼），會比負面地表達的健康訊息來得容易發生改變。相對的，如果很容易想像到的是體驗到細微的病徵（引發的恐懼感較小），負面表達的健康訊息比正面表達的訊息會導致更多觀察得到的態度改變（見圖 4.6）。

　　因此，恐懼訴求似乎在潛在疾病的病徵微小時最有效，而非病徵嚴重的時候。為此，用之來誘發行為改變以避免嚴重的疾病，諸如肺癌，可能不會有效果。相反地，在症狀嚴重的時候，正面包裝的訴求似乎最能有效地誘發態度的改變。因此，社會心理學研究顯示了「只要嚇嚇人們，他們就會改變」的觀念會如何誤導人們。事實上，正面包裝的訊息在人們關切嚴重的健康警訊時可能會更有效。

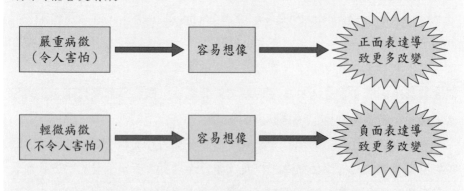

圖 4.6　正面表達 vs. 負面表達的健康訊息的有效性

當一個人與健康相關的行為可能導致的嚴重病徵很容易想像時，正面表達的訊息能最有效地激發改變。然而，當一個人與健康相關的行為所會導致的細微病徵很容易想像時，負面表達的訊息能最有效地激發改變（資料來源：Based on data from Broemer, 2004）。

壹、說服：傳播者與聽眾

　　早期致力於理解說服的研究包含了對下述要素的研究：某些來源（source）將某些訊息〔message，此即傳播（communication）〕導向某些人或群體〔即聽眾（audience）〕。在二次大戰之後，Hovland、Janis 和 Kelley（1953）所進行的說服研究，把焦點放在這些關鍵要素上，他們問到：「誰對誰說了什麼並產生了什麼效果？」這個途徑生產出許多重要的發現，以下是最肯定的一些發現。

- 可靠的（credible）傳播者，即那些似乎知道自己在說什麼、或是在他們所呈現的主題或議題上是專家的人，比非專家更有說服力。例如，在一個著名的研究中，Hovland 和 Weiss（1951）要求研究參加者閱讀關於許多議題（例如核子潛艇、電影院的未來——別忘了，那是 1950 年代）的通訊。所預設的訊息來源的可靠性有高有低。好比說，關於核子潛艇，一個可靠性高的訊息來源是科學家 Robert J. Oppenheimer，而可靠性低的訊息來源是《真理報》（*Pravda*），一份前蘇聯共產黨辦的報紙（但是，要注意的是，可靠性高的訊息來源是美國一個內部集團，但可靠性低的訊息來源卻是外部集團消息）。研究參加者在實驗之前一個星期先表示過他們對這些議題的態度，而在讀過這些通訊後又立即表示一次。那些被告知訊息來源是可靠性高的內部群體的研究參加者，表現出來的態度改變，比那些認為訊息是來自外部群體的來得大。因此，消息來源的可靠性在說服中是個重要的因素，而比起不屬於我們群體的成員，我們自身群體的成員總是被認為比較可靠，並能產生比較大的影響力（Turner, 1991）。

- 在某些方面（例如身體上）具吸引力的傳播者，比不具吸引力的傳播者有說服力（Hovland & Weiss, 1951）。這是廣告裡經常有嫵媚模特兒的原因之一。廣告商頻繁地嘗試要暗示我們，如果我們使用他們的產品，我們也會被視為有吸引力的。

- 看來並不是為了要改變我們的態度而設計的訊息，比那些似乎是為此而

設計的訊息，經常是更為成功的（Walster & Festinger, 1962）。一個關於預警某訊息的目標將是改變我們的態度的後設分析研究，揭示了這樣的預警典型地減少態度改變發生的程度（Benoit, 1998）。因此，單單知道一個拍賣銷售即將來臨，就有助於你抵抗它。

- 有時候，當人們被一個外來的事件引開注意力時，他們比較容易被說服，甚於當他們全神貫注於說服者言述的內容的時候（Allyn & Festinger, 1961）。這是政治候選人經常將演說安排在自發性的示威遊行或大型群眾場合的原因之一。發生在聽眾之中的令人分心的事件會增加演說者的訊息被接受的程度。一如你稍後會看到的，對思考可能性慣例（elaboration-likelihood tradition）的研究已經證明了，令人分心的事物藉由阻止對訊息內容的系統性處理，會如何增強說服力。

- 當聽眾抱持著和可能的說服者相反的態度時，經常更有效的是採納雙向途徑（two-sided approach）的傳播者，即討論的兩方意見都被呈現，而不是只討論一個面向的單向途徑（one-sided approach）。當在訊息中包含了對演說者不贊同的那面的駁斥時，尤為如此（Crowley & Hoyer, 1994）。特別是受過良好教育的聽眾，比較有可能被雙向訊息所說服（Faison, 1961）。因為有雙向途徑，我們會覺得我們聽到了論辯的兩方觀點，但證據卻強烈支持傳播者所倡議的立場。

- 說得快的人通常比說得慢的人有說服力（Miller et al., 1976）。據推測，這是透過影響人們所認知的傳播者的可靠性產生的效果。

- 展現對自己的言論比較有信心的人，不論他們說的內容正確性如何，經常比那些看起來較沒信心的人有說服力。

- 在一生的時間裡，人們被傳播者說服的可能性會有不同。特別是，年輕人（十八到二十五歲）特別可能受影響，而上年紀的人對態度的改變較為抗拒（Sears, 1986）。

早期關於說服的研究，對影響說服的因素提供了重要的洞見。然而，這些成果所沒做到的，是為說服如何發生提供一個可理解的說明。近年來，社會心理學家已經發覺到，檢視在說服底下的認知因素和過程是必要的，換句話說，也就是當人們耳朵在聽的時候，心裡發生了什麼，而他們又為什麼被影響或不

被影響。接下來我們就要轉向這個高度複雜的工作。

貳、說服底下的認知過程

　　當我們接觸到一個說服性的訊息，舉例來說，當你看到一個電視廣告或是聽到一場政治演說的時候，會發生什麼事？你的第一個念頭可能會像是「我在想，這說的是什麼」，而在某種意義上，這是對的。但一如我們在第三章提過的，社會心理學家知道，一般而言，我們經常在一個既定情境中盡可能地進行最少量的認知工作。確實，人們可能想要去避免聽到廣告訊息，而多虧了VCR、DVD 和 TiVo（數位硬碟式錄影機），人們現在可以跳過廣告，直接錄下電視節目！但當我們遇到訊息時，似乎能對理解說服的整個過程提供線索的核心議題，實際上是「我們怎麼處理（吸收、詮釋、評價）這個訊息」。從數百個研究中浮現的答案是，基本上，我們會用兩個極為不同的方式處理說服性的訊息。

系統性處理 vs. 捷思法處理

　　第一種我們能用的處理方式稱為**系統性處理**（systematic processing）或是**說服的中央路徑**（central route to persuasion，亦稱直接的說服），這意味對訊息內容以及訊息包含的概念做仔細的考慮。這樣的處理需要很多心力，並且耗用了我們大量的訊息處理能力。第二個途徑稱為**捷思法處理**（heuristic processing）或是**說服的邊緣路徑**（peripheral route to persuasion，亦稱迂迴的說服），這意味使用簡單的概略衡量法或心智捷徑，例如「專家的說法是可信的」的信念，或是「要是它讓我覺得高興，我就支持它」的想法。這種處理需要的心力較少，並能容許我們以自動的方式做出反應。這發生在回應一個訊息或是情境的提示，而該提示會引起各種心智捷徑（例如美麗的模特兒會引起「美就是好，值得相信」捷思法）的時候。

　　我們什麼時候會進行這兩種模式的思考呢？現代關於說服的理論，像是**思考可能性模式**（elaboration-likelihood model, ELM）（e.g., Petty & Cacioppo, 1986; Petty, Wheeler, & Tormala, 2003）和捷思法—系統性模式（heuristic-systematic model）（e.g., Chaiken, Liberman, & Eagly, 1989; Eagly & Chaiken, 1998）給了下述的答案。當我們處理和說服訊息相關的資訊的動機和能力高的時候，我們會進行最耗心力的系統性處理。如果我們對該主題有很多的認識，又有很多的時間進行仔細的思考，或是該主題對我們有足夠的重要性，而我們相信建立正確的觀點很重要的話，就會發生這種類型的處理（Maheswaran & Chaiken, 1991; Petty & Cacioppo, 1990）。相反地，當我們缺乏力氣或能力去更仔細地處理（我們得很快做決定，或者我們對該議題認識不深），或是我們的動機不高（該議題對我們並不重要，或是對我們沒有太大的潛在影響）的時候，我們會進行較不耗心力的處理類型（捷思法處理）。廣告商、政治人物、推銷員和其他想要改變我們態度的人比較喜歡將我們推向捷思法模式，因為，如我們以下描繪的理由所述，當我們以這種模式思考的時候，比我們進行更仔細而系統性的處理時，更容易改變我們的態度（對 ELM 模式的概述，請見圖 4.7）。

這兩個彼此相對的模式的發現，為理解說服的過程提供了重要的關鍵，因為這兩個思考模式的存在，幫我們解決了幾個複雜的難題。例如，當說服的訊

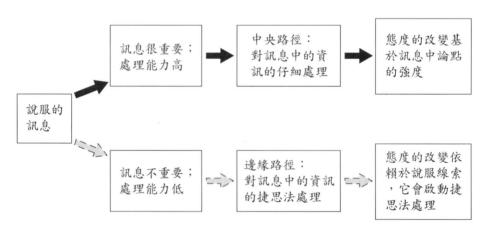

圖 4.7　ELM 模式：關於說服的認知理論

根據思考可能性模式（ELM），說服可以兩種方式進行。第一，我們可以因為仔細而系統地處理過在說服訊息中包含的資訊（中央路徑）而被說服，或是第二，透過基於捷思法或心智捷徑的較不系統化的處理而被說服。系統性的處理發生在當訊息對我們很重要，而我們又有認知資源可以仔細思考該訊息的時候。捷思法的處理發生在當訊息對我們比較不重要，或是當我們沒有足夠的認知資源（或是時間）可仔細思考的時候（資料來源：Based on suggestions by Petty & Cacioppo, 1986）。

息並不有趣或是和我們不相干的時候，該訊息所產生的說服力程度並不受該訊息所包含的論點的強度所強烈影響。然而，當這些訊息和我們高度相關的時候，它們較有可能在包含強而有說服力的訊息的情況下，成功地說服我們。你明白為什麼會這樣嗎？根據最新的理論，例如 ELM 和捷思法—系統性模式，個人傾向於用透過認知捷徑的啟發法來處理訊息。因此，論點的強度對他們的影響很小。當相關性高的時候，人們會更系統性地處理這個訊息，而在這個模式裡，論點強度很重要（e.g., Petty & Cacioppo, 1990）。

　　相同地，系統性和捷思法的區隔，也解釋了為何人們在分心的時候比不分心的時候容易被說服。在這種情況底下，處理一個說服訊息中的資訊的能力是有限的，因此人們採納捷思法的思考模式。如果該訊息包含了引發捷思法處理的「正確」線索（例如有吸引力的或是像專家的傳播者），說服就可能會發生，因為人們是對這些線索做出回應，而不是被提出來的論點說動。簡言之，最新的認知途徑似乎為理解說服的許多方面提供了重要的關鍵。

第八節　抵抗說服的嘗試

　　根據我們討論過的研究，應該很清楚的是我們似乎對說服性的訊息極為抗拒。為何就改變我們的態度而言，我們有時候這麼「難騙」？這問題的答案包含了幾個因素，它們在一起會增強我們抵抗能力，就算是高度技巧的說服嘗試。

壹、抗拒行為：保護我們的個人自由

　　你是否遇到過某人給你施加越來越多的壓力，好改變你對某個議題的態度？他們這樣做的時候，你可能會感受到不舒服和討厭的程度越來越高。最後的結果是：你不但會抵抗，甚至會過度倒退，採納和那個潛在的說服者完全相反的觀點。這是一個社會心理學家所謂的**抗拒行為**（reactance）的例子，意即對他人藉由讓我們去相信他們想要我們相信的或是做他們想要我們做的事，而減少我們的自由的嘗試，所產生的負面反應。研究指出，在這種情形下，我們

經常改變我們的態度或行為，轉向和力勸我們去相信或去做的相反方向。這個
效應被稱為**負面態度轉變**（negative attitude change）（Brehm, 1966; Rhodewalt &
Davison, 1983）。當我們感覺到要做抗拒行為時，比起普通或無力的支持態度
改變的論點，有力的論點會產生對所提議的立場更大的反抗（Fuegen & Brehm,
2004）。

　　抗拒行為的存在，是強迫推銷的說服經常失敗的原因之一。當個人將這樣
的訴求理解為對他們的個人自由（或是他們獨立的形象）的直接威脅時，他們
就會受激發去抗拒。例如，有些人從小家裡就期待他們長大會成為某個職業或
宗教群體的一員。然而，在這種壓力中可能會產生抗拒行為，並幾乎能肯定那
個人的家人或其他可能的說服者的任務都會以失敗告終。

貳、預警：說服企圖的預先認識

　　我們在看電視的時候，我們預期會有廣告，而且我們知道這些訊息是設計
來說服我們購買各種產品的。相同地，我們知道當我們聽到一場政治演說，演
說者也試圖說服我們去投他或她一票。我們事先知道在這類訊息背後的說服意
圖，是否有助於我們抵抗它們？對這種被稱為**預警**（forewarning）的預先認識
的效應，研究指出，事實確是如此（e.g., Cialdini & Petty, 1979; Johnson,
1994）。當我們知道一場演講、錄音帶或是書面訴求是被設計來改變我們的觀
點時，我們比不知道的時候更不會被它們所影響。為什麼呢？因為預警影響了
幾個在說服中扮演重要角色的認知過程。

　　首先，預警提供我們更多形成反面論點（counterarguments）的機會，而會
減低訊息的影響力。再者，預警提供我們更多的時間去回想在駁斥說服訊息時，
有用的相關事實跟資訊。那些想要說服別人並抵制此預警效應的人，得試著在
人們接收到消息和警告出現之間，轉移人們的注意力；這個策略能防止被說服
者提出反面論點。事實上，產生預警的人在分心的時候，並不比對即將到來的
說服訴求沒產生預警的人更會去抵抗該訊息。Wood 和 Quinn（2003）發現，一
般而言，預警能有效地增強抵抗，而只是**預期**會接收到說服訊息（而不需真的
接受到該訊息），就會將態度往抵抗的方向引導。對我們認為重要的態度而言，

預警較有可能產生效益（Krosnick, 1989），而對我們認為極為不重要的態度而言，所產生的預警程度就會比較低。在許多情況下，似乎得到預警就是對該說服的預先武裝準備。

但是，在有些情況下，預警會助長態度朝著說服者主張的立場轉移，但這種效應似乎是對某種欲望的暫時性回應，即人們希望辯稱自己不容易受騙或是受影響（Quinn & Wood, 2004）。在這種情形下，因為人們在接收到說服訴求之前就已經做出態度的轉移，因此他們可以相信自己是完全不受影響的！我們可以確信，這種效應之所以會被啟動，因為人們在知道「將來的說服者」是個專家或很有說服力的時候，特別容易表現出此效應。更進一步，在收到預警之後的注意力分散，雖然這理當會限制思想，但事實上對態度往該訊息所期待的方向轉變並沒有發生任何影響。因此，人們似乎會在收到訊息之前就使用簡單的捷思法（例如「這個人是個專家，如果我不同意他／她所說的話，我會顯得很愚蠢」），進而改變自己的態度。

參、對說服嘗試的選擇性迴避

另一個我們抗拒說服嘗試的方式，是透過**選擇性迴避**（selective avoidance），即一種將我們的注意力從挑戰我們現有態度的訊息上轉開的傾向。一如在第二章解釋過的，選擇性迴避是基模引導社會訊息處理的方式之一，而態度通常會作為基模運作。看電視的行為為選擇性迴避的效應提供了清楚的闡釋。人們會不停轉台、在廣告時靜音、錄下他們喜歡的節目，或是單單在出現和他們的觀點對立的訊息時在認知上消音。而相反的效應也會出現。當我們遇到支持我們觀點的訊息時，我們似乎會全神貫注在它上面。這種忽視或是迴避和我們立場對立的訊息、而又主動地尋求與我們立場相符的訊息的傾向，構成了社會心理學家所謂的**選擇性暴露**（selective exposure）的一體兩面。這種對於我們注意力的焦點的選擇，有助於保證我們的態度在較長的時間裡能維持不變。

肆、主動地捍衛我們的態度：用反面論點來反對對手

忽視或掩蓋和我們當下觀點不符的訊息，無疑地是一種抵抗說服的方法。

但有越來越多的證據顯示，除了這種對我們的態度的消極防禦之外，我們還會使用一個更為積極的策略：我們會對和我們的觀點對立的看法提出反駁論點（e. g., Eagly et al., 1999）。這麼做會讓對立觀點更顯著，卻減輕了它們對我們的態度的影響。Eagly 和同事們（2000）已經報告了清楚的證據可支持這種效應。

這些研究者首先讓事先表達認同正方〔支持（女性身體的自主）選擇〕或反方〔支持（胎兒的）生命〕的學生接觸一份由女性傳播者傳達的說服訊息；訊息可能和研究參加者的態度相符合或是相對立。聽過訊息之後，研究參加者回報他們對墮胎的態度，並指出他們對自己的觀點有多確信（一個測量態度強度的方法），並列出所有他們想得起來的原本訊息的論點（一個測量記憶的方法）。此外，他們在聽訊息時要列出他們自己的想法；這提供了在訊息和他們的觀點相反時，他們在心裡提出反面論點的程度的資訊。

一如預期，結果指出，反面態度的訊息與正面態度的訊息被記得的程度是一樣的。然而，研究參加者報告反面態度的訊息時，他們的思考比較有系統，並且提出了比較多的對立思考；這是他們對該訊息提出反面論點的明顯信號。相反地，他們對正面訊息提出比較多的支持性回應（見圖 4.8）。因此，我們能很好地抵抗說服的原因之一是，對於和我們當下觀點不符的資訊，我們不但會忽視它，更會用心地進行反態度的輸入，並主動地反駁。在某種意義上，我們給自己提供了強有力的防衛，反對改變我們態度的嘗試。

伍、對「壞的想法」免疫

在某種意義上，說服來自於產生與說服性訊息提出的觀點相對立的論點，這絕不是新的概念。四十多年前，William McGuire（1961）就主張，如果先向人們提出和他們的觀點對立的看法，同時也給他們駁斥這些反面態度立場的論點，人們對說服可能會產生免疫力。他推論，如果提供反面論點給人們，他們會得到刺激而產生他們自己其他的反面論點，而這會使他們對態度的改變更為抗拒。

為了檢測這個預測，他進行了好幾個研究（e.g., McGuire & Papageorgis, 1961），在其中，人們會收到關於態度的陳述（例如像是「每個人飯後都應該

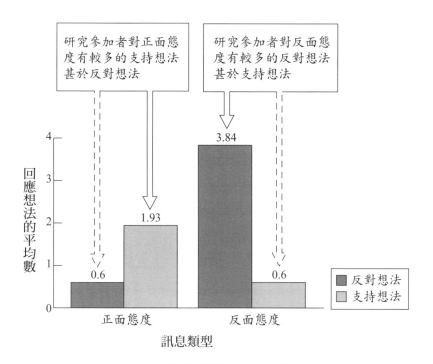

圖 4.8　反對反面態度訊息的反面論點

研究參加者對反面態度的訊息回報了較多的反面想法，但他們對正面態度的訊息回報了較多的支持想法。這些發現和我們之所以能很好地抗拒說服的原因之一相符，即我們會透過駁斥和我們態度對立的觀點，積極地捍衛我們的態度（資料來源：Based on data from Eagly et al., 2000）。

要刷牙」之類的陳腔濫調），以及兩組論點中的一組。一組論點支持這個陳腔濫調〔這是**支持性防禦**（supportive defense）條件組〕，另一組則駁斥這個陳腔濫調〔**反駁性防禦**（refutational defense）條件組〕。兩天後，研究參加者接到另一個新論點以抨擊原先的老套訊息。最後，研究參加者被要求回報他們對該觀點的態度。一如預期，反駁性防禦在防止說服上更為有效。換句話說，接觸到與我們的態度相對立的論點，會強化我們既有的態度，讓我們對後續改變這些態度的嘗試更為抗拒（關於如何抵抗說服的建議，請看本章結尾的「觀念帶著走～活用」專欄）。

第九節　何謂認知失調，
　　　　我們又如何減少認知失調

　　在我們一開始提出態度與行為是否有所連結、又是如何連結的問題的時候，我們提到在我們內在的感受（對某個目標物或是議題的正面或負面反應）和我們外在的表現之間有相當大的落差。社會心理學家稱之為**認知失調**（cognitive dissonance），這是種讓人不舒服的狀態，會出現在當我們注意到我們的各種態度之間、或是我們的態度與行為之間彼此不一致的時候。

　　你也許在你的日常社會生活中已經體驗過認知失調。每次你說出言不由衷的話（出於禮貌讚美某個你不真的喜歡的東西），做某個艱難的、得要你回絕另一個很吸引你的方案的決定，或是發現某項你投資了許多心力或金錢的東西結果不如你的預期，你就會經歷到失調。在所有這些情形中，你的態度和你的行動之間都有個落差，而這個落差讓我們很不舒服。從我們目前的角度來看，最重要的是，認知失調有時候會引導我們改變我們的態度，轉移它們好使之與我們外在行為相符。讓我們更仔細地看看認知失調和它之於態度改變的有趣涵義。

　　失調理論的出發點是一個很合理的想法：人們發現當自己的行為與態度不一致時是很不舒服的。換言之，當我們發現我們的態度和我們的行為不相符合的時候，我們會被刺激去做一些事情，好減輕這種失調。我們怎麼達到這個目標呢？早期的失調研究（Aronson, 1968; Festinger, 1957）把焦點放在三個基本機制上：

- 第一，我們能改變我們的態度或我們的行為，好讓它們彼此更為一致。
- 第二，我們可以藉由獲得支持我們的態度或行為的新訊息，減輕認知失調。例如，抽菸的人會找暗示菸害不嚴重、或只會發生在老菸槍身上、或是抽菸的益處（例如減輕壓力、有助於體重控制）多過壞處的證據（Lipkus et al., 2001）。
- 第三，我們可以判定這個不協調並不重要；換句話說，我們會進行**瑣碎**

化（trivialization）的動作，斷定該態度或行為並不重要，因此兩者之間的任何不協調也不重要（Simon, Greenberg, & Brehm, 1995）。

所有這些策略都可以看成減輕失調的**直接**方法。它們都把焦點放在引起失調的態度與行為之間的不一致之處。Steele 和他的同事（Steele & Lui, 1983; Steele, 1988）所進行的研究指出，失調也可以透過**間接**方法減輕，就是不觸及態度與行為之間的不一致之處，但還是可以減輕失調產生的不愉快或負面感受。根據他的觀點，當態度與行為之間的不一致之處牽涉到**重要的**態度或自我信念的時候，最有可能會採納間接策略來減輕失調。在這種條件下，經歷失調的個人可能不會把太多焦點放在減少其態度與行為之間的落差，反而會將焦點放在能讓他們在就算有落差的情況下，還是對自己感到舒服的其他方法上（Steele, Spencer, & Lynch, 1993）。特別是，**自我肯定**（self-affirmation），亦即修復被失調所威脅的正面自我評價（e.g., Elliot & Devine, 1994; Tesser, Martin, & Cornell, 1996），可以藉由將焦點放在正面的自我歸因上而達成。

總而言之，失調可用許多方式減輕，透過間接的策略，或是針對減少態度與行為之間不一致的直接策略。一如你將看到的，在各種選擇之間的抉擇，會由策略的可得性及失調發生的具體環境所決定（Aronson, Blanton, & Cooper, 1995; Fried & Aronson, 1995）。

壹、失調真的很不舒服嗎？

在沒有足夠正當理由的情況下，當我們說出或做出違背我們真實信念的事情時，結果就是我們會覺得難受。然而，直到最近之前，一直都沒有太多與此議題直接相關的科學證據。失調乃是由生理方式所激起，這已經被很適切地記錄下來了（e.g., Elkin & Leippe, 1986; Losch & Cacioppo, 1990; Steele, Southwick, & Crichtlow, 1981），但沒有什麼證據證明失調本身是不舒服的，縱然這是失調理論的核心假設。為了檢證這點，Eddie Harmon-Jones（2000）首先要求研究參加者在不會產生被嫌惡的後果的條件下，表達和他們真實所想的相反的想法，寫一篇反面態度的議論文。也就是說，研究參加者要寫一篇議論文，把一篇無聊的評論描述為事實上很有趣，然後他們被告知在寫完文章後會把它丟掉。研

究參加者在以下兩個條件之一的情況下寫作：選擇性低（他們只是被告知要把
那篇無聊的評論說成是有趣的）或是選擇性高（研究參加者被告知，他們想用
任何方式寫都可以，但如果他們把那篇無聊的評論寫成有趣的話，實驗者會很
感激）。只有在選擇性高的條件，亦即他們會感到對所寫的東西負有責任的條
件下，他們才被預期會有失調的感覺。

在他們寫完文章之後，研究參加者在一份問卷上，報告對他們所讀的那篇
評論的態度、他們感受到的不舒服（例如他們多不自在或煩惱），以及一般的
負面效果（例如他們感到多麼緊張、沮喪及煩躁）。結果正如預期：高選擇性
條件下的研究參加者對該篇評論的評價，比低選擇性條件下的研究參加者來得
有趣。在這個條件下的研究參加者報告他們感受到的不適應，也比低選擇性條
件下的研究參加者更多，以及更普遍的負面影響（見圖 4.9）。因為他們的文章
不會帶來任何被人厭惡的後果，這些發現就暗示了，失調的經驗會產生負面感
受，正如 Festinger（1957）一開始所提出的一樣。

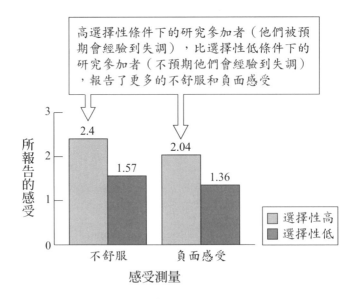

圖 4.9　失調會產生負面感受的證據

· · · · · · · · · · ·

寫下和自己態度相反的陳述的人，在感到自己能自由地選擇去做這件事的時候，他們比那些
寫同樣陳述卻是因為被要求這麼做的人，報告的不適程度較高，普遍的負面感受較多（資料
來源：Based on data from Harmon-Jones, 2000）。

貳、失調是普遍的人類經驗嗎？

根據認知失調理論，人類不喜歡認知不協調的經驗。正如前面的討論所述，人們在感到自己的態度和行為不一致的時候，會感到不舒服，而這經常會導致他們進行積極的努力，以減輕這種不適。有大量的證據支持這個想法，因此失調理論似乎是對社會思考的許多面向的一個重要洞見的來源。然而，重要的是，要注意到極大部分關於失調的研究都是在北美和西歐進行的。這提出了一個重要的問題：認知失調是否也發生在其他文化中？縱然早期在日本進行的研究產生出複合的結果（e.g., Takata & Hashimoto, 1973; Yoshida, 1977），Heine和Lehman（1997）更晚近的研究卻指向失調確實是個普遍面向的結論。然而，產生失調的因素，甚至其強度，都可能受文化因素影響。

讓我們思考一下Heine和Lehman（1997）所進行的研究。據他們推測，雖然失調在世界各地都會發生，但在某些文化中卻比其他文化更不會對態度造成影響。特別是，他們主張，在兩個極為相近的選項中做過決定之後，來自像美國與加拿大等文化的人，會比來自亞洲國家文化的人更有可能感受到決定後的失調。為什麼？因為在西方文化中，**自我**（self）連結於個人的行動，例如做一個正確的決定，因此在不同選項（不同的行動過程、不同的目標物）之間做出決定後，在西方文化中的人們會經驗到很大的失調。做出錯誤決定的可能性對他們的自尊造成威脅。相反地，在許多亞洲文化裡，自我並不和個人的行動或選擇緊密相連。反之，自我和角色或地位的連結更強，亦即他們在社會中的位置和他們的義務。因此，在這類文化中的人們較不會將做出錯誤決定的可能性視為對他們的自我的一種威脅。如果事實是這樣的話，那他們應該也比較不會體驗到失調。

為了檢測這個推論，Heine和Lehman（1997）要求加拿大和（暫時居住在加拿大的）日本學生從四十張 CD 中選出他們最想擁有的十張。學生們還對他們在這十張 CD 中喜歡每一張的程度做出評量。然後，研究參加者被告知他們只能擁有他們評價排名的第一張或第六張。在做出選擇後，研究參加者再次評價這兩張 CD。前述的研究提示了，要減輕失調，必須做二選一的抉擇的人，

通常會壓低對他們所放棄的選項的評價，而提高他們選擇的選項的評價，這種效應被稱為**分散選項**（spreading of alternatives）（Steele et al., 1993）。研究者預測，這種效應在加拿大研究參加者中會比日本研究參加者來得強烈，而事實正是如此。加拿大學生表現出為了減輕失調而產生的分散選項效應的程度極為明顯，而日本學生卻非如此。

　　這些發現暗示，文化因素會影響失調如何影響不同文化中的人們。雖然全人類都會多少因為他們的態度與行為之間的不一致而感到不自在，這種反應的強度、發生的確切條件，以及人們用來減輕失調的策略都會受文化因素影響。

參、失調與態度改變：被誘發或強迫的屈從效應

　　一如我們反覆提到的，我們會在許多場合中說出或做出和我們的真實態度不一致的事情。社會心理學家稱這是種包含著**被誘發或被迫的屈從**（induced or forced compliance）的情境，意即我們被或多或少地引誘去說或做和我們真實感受相反的事情。接著失調就被激起，而在這時候，我們可以改變我們的態度，好使之和我們的行動更為一致。在某種意義上，當我們經歷到失調時，我們自己會製造態度的改變。當其他減輕失調的技巧不可得或是需要耗很大的心力的時候，我們特別可能會改變我們的態度。

失調與由少得多效應

　　使你去做和你態度不一致的行動的理由重要嗎？我們可以為許多理由去做不合於態度的行為，其中有些理由比其他的更令人信服。我們的態度何時會改變更多：是在有進行不合於態度的行為的「好」理由時，還是在沒有真正的正當理由卻這麼做的時候？認知失調理論提供了一個令人意外的答案：當我們有少數理由進行和態度不合的行為時，失調會比較強。當我們幾乎沒有正當理由並因而不能解釋自己的行動時，失調最嚴重。

- 如圖 4.10 所示，認知失調理論預測，給人們剛好只夠他們去做和態度不合的行動的理由時，改變他們的態度會比較容易。這保證了他們對自己的行為會覺得還有點正當理由。另一方面，多餘的理由或獎勵會減輕失

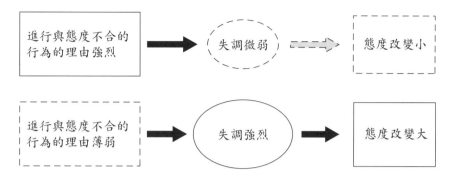

圖 4.10　為何在發生與態度不合的行為之後，少（較小的誘因）經常能得多（較大
　　　　的態度轉變）

. . . .

當人們很有理由去做與態度不合的行為時，他們經歷的失調相對薄弱，改變態度的壓力亦
然。相反地，當他們不太有很明顯的正當理由去做與態度不合的行為時，他們會經歷到較大
的失調，以及較大的改變態度的壓力。結果是：較少的正當理由導致在與態度不合的行為之
後較大的失調。

調，並導致之後的態度稍微改變。社會心理學家有時將這個出人意表的
預測稱為**由少得多效應**（less-leads-to-more effect），亦即對一個行動擁
有較少的理由或獎勵經常導致較大的態度改變。這個效應已經被研究
（Riess & Schlenker, 1977; Leippe & Eisenstadt, 1994）所證實。更確切地
說，和許多人所想的相反，給人們更多的金錢或獎勵讓他們去做一件特
定的事，可以是他們行動的一個正當理由，而這會減少發生態度改變的
可能性。

• 第一，由少得多效應只有在人們相信他們有選擇去或不去做與態度不合
的行為的選擇時才會發生。強烈形式的高壓會減損失調。

• 第二，較少的獎勵導致較大的態度改變，這只會發生在人們相信他們對
所選的行動及其所產生的負面效果有責任的時候。例如，被一個權威人
物命令去做一件特定的行為，我們可能不覺得對我們的行為或失調有什
麼責任。

• 第三，由少得多效應在人們認為他們得到的報償是一種賄賂，而不是為
了他們所付出的服務而給予報酬的時候，並不會發生。因為我們相信當
我們被賄賂時，我們會被需索更多。

因為這樣的情況經常出現，給他人剛好足夠誘發他們去說或做和他們真實
態度相反的事情的策略，經常是個誘發態度改變的有效策略。

肆、當失調是有益的行為改變的工具時

> 不繫安全帶的人比繫安全帶的人更有可能死於車禍事故……大量
> 吸菸的人比不吸菸的人更有可能受肺癌及心血管疾病之苦……從事不
> 安全性行為的人比從事安全性行為的人更有可能感染危險疾病，包括
> 愛滋。

我們大部分的人都知道這些聲明是真的，因此一般而言我們的態度都對使
用安全帶、戒菸、從事安全性行為表示支持（Carey, Morrison-Beedy, & Johnson,
1997）。然而，這些態度經常不能轉化為外在的行動：有些人還是繼續不繫安
全帶駕車、抽菸、從事不安全的性行為。要處理這些社會問題，更需要轉變的
不是態度而是外在行為。失調可以被用來推動有益的行為改變嗎？有越來越多
的證據顯示是可以的（Batson, Kobrynowiez et al., 1997; Gibbons, Eggleston, &
Benthin, 1997; Stone et al., 1994），特別是當它被用來產生**偽善**（hypocrisy）的
感覺的時候，亦即公開地提倡某種態度，然後讓那些行為與自己的態度不符的
人明顯地看到這點。這樣的感覺如此強烈，以至於只有透過行為改變直接減輕
失調才會有效。這些關於失調引發的*行為改變*的預測已經在不少實驗中被檢測
過。在一個有趣的實驗中，Jeff Stone 和他的同事（1997）要求研究參加者準備
一支提倡使用保險套（安全性行為）以避免感染愛滋病的錄影帶。接著，研究
參加者被要求去回想在過去他們之所以沒有使用保險套的理由（*個人理由*），
或是一般而言，人們不使用保險套的理由（不以他們的行為為中心的*規範性理
由*）。研究者預測失調會極大化個人理由的條件，研究參加者得面對他們自己
的偽善。最後，所有的研究參加者得在直接減輕失調的方法（買減價後的保險
套）和間接的方法（捐錢給幫助遊民的計畫）之間做選擇。結果指出，當研究
參加者被要求將焦點放在過去他們之所以不使用保險套的理由時，壓倒性的多

數選擇去買保險套，這暗示了他們未來的行為會有所不同，這就是直接減輕失調的方法。相反地，當要求研究參加者去想一般人為什麼不進行安全性行為時，較多的研究參加者選擇了間接減輕失調的方法，即捐錢給幫助遊民的計畫，而不改變他們的行為。

　　這些發現暗示了，使用失調來突顯我們的偽善的方式，會是一個讓行為變得令人滿意的有力工具。然而，要發揮它最大的效力，這樣的程序中得包含幾個要素：這個人必須公開地提倡較為令人渴望的行為（例如使用保險套、繫安全帶）、必須誘使他回想他過去的失敗行為，而且必須給他減輕失調的直接工具。符合這一切條件的時候，失調就能帶來有益的行為改變。

重點摘要與回顧

■ 態度的形成：態度是如何發展起來的

- 態度是對社會世界任一方面的評價。通常態度是強硬而不矛盾的，這使得它抗拒改變。
- 另外有些態度是矛盾的，這表示它們是建立在互相衝突的信念上，並且較不容易從這類態度來預測行為的一致性。

■ 社會學習：從他人學得態度

- 態度經常是透過社會學習而從他人那裡學來的。這種學習包含了古典制約、操作制約或觀察學習。
- 態度也會在社會比較的基礎上形成，這指的是一種將我們自己和他人比較，好判斷我們對社會現實的觀點是否正確的傾向。為了和我們喜歡的人相似，我們會接受他們所持有的態度。
- 態度會受和大眾媒體的接觸所影響。然而，我們傾向相信只有其他人會受這種接觸（例如對暴力的接觸）所影響，但我們自己卻不會，這叫做第三人效應。
- 當我們認同某個群體時，我們會期待受針對該群體而發的訊息所影響。當我們並不認同某群體時，我們並不期待受針對該群體的與態度有關的訊息所影響。

■ 態度的功能：我們最初為何要形成態度

• 態度可被視為對世界的一種近乎自動的反應。當我們接觸到目標物時，態度就會快速地成形，並會影響基本的接近或迴避反應。態度會執行不同的功能。

• 態度會執行知識功能，並為理解世界提供一個詮釋架構。

• 態度能提供一個工具，讓我們表達我們自己是誰，以及我們和誰相似，因此它執行了某種身分認同或自我表達功能。

• 我們可以在感到自己既正常又有道德的時候，透過表達或做出和我們態度相符的行為，觀察到態度的自尊功能。

• 態度能藉由讓我們辯稱自己的觀點和別人並無不同，執行自我防衛功能。

• 當態度執行印象動機功能時，它會引導所建立的論點，並因此而難以被改變。態度讓我們能夠掌控別人怎麼理解我們。

■ 在態度與行為的關係中，社會背景所扮演的角色

• 對一個群體或是目標物的態度並不總是能預測行為。

■ 態度何時且為什麼會影響行為？

• 有些情境限制會影響我們表達真實態度的意願。不願冒犯他人，以及考慮他人可能會怎麼想，是限制態度和行為之間的連結的因素。我們也經常表現出人眾無知，並錯誤地相信他人持有和我們不同的態度，而這會限制我們公開表達自己態度的程度。

• 在我們採取行動的時候，強硬的態度比較容易接近，因此比較會影響行為。當該態度是建立在極端的信念、或是和態度目標物的個人經驗之上時，最可能變成強硬的態度。

• 極端的態度是我們對之獻身並為之詳盡發展出支持論點的態度。經常能從這種態度預測行為。

• 透過直接而個人的經驗形成態度的人，比較有可能想起他們的態度，並因此依他們的態度行動。

■ 態度如何引導行為？

• 有幾個因素影響態度與行為的關係的強度；有些和激發態度的情境有關，有些

和態度本身的某些方面有關。

- 態度似乎會透過兩種機制影響行為。*理性行動理論和計畫行為理論*在進行某行動的決定是有意識並仔細評估過的情況下，能對行為做出預測。當我們能對我們的態度做仔細的思考時，由我們的態度衍生的意向、規範，以及對行為的知覺控制，都可以預測行為。在我們不進行這種細緻的思考時，一如*態度對行為的過程模式*所描述的，態度會透過形塑我們對情境的理解影響我們的行為。

■ 說服的藝術：如何改變態度

- 對*說服*，即透過對訊息的運用改變我們的態度的努力，早期的研究焦點主要放在傳播者的特性（例如專家、吸引力）、訊息（單向 vs. 雙向論點）及聽眾上。
- 說服的現代理論包含了*思考可能性模式*（ELM）和*捷思法─系統性模式*。研究試圖理解在說服中扮演某種角色的認知過程。我們以兩種不同的方法處理說服訊息：*系統性處理*，這需要對訊息內容的用心注意，或是*捷思法處理*，這需要使用心智捷徑。

■ 抵抗說服的嘗試

- 有幾個因素對我們抵抗說服的能力有所幫助。其中一個是*抗拒行為*，即對他人試圖減少或限制我們的個人自由的努力的負面反應，這會產生對該訊息更大的總體反彈。
- *預警*，即認識到某人正試圖改變我們的態度；以及*選擇性迴避*，即迴避和我們的觀點對立的訊息之傾向，這兩者經常讓對說服的反抗升高。
- 當我們接觸到和我們既有觀點對立的說服訊息時，我們會主動地反駁。
- 如果我們接收到反對我們觀點的論點和駁斥這些論點的反面態度立場時，我們對接下來的說服的抵抗會升高；這被稱為*對反面態度觀點的免疫*。

■ 何謂認知失調，我們又如何減少認知失調

- *認知失調*是一種不舒服的狀態，發生在我們注意到在自己的態度和行為之間不一致的時候。最新的發現指出失調會產生負面感受，以及態度的改變。
- 失調經常出現在包含*被誘發或被迫的屈從*情境裡，在其中我們被引導去說或做和我們真實態度不符的事情。
- 失調似乎是社會思考的一個普遍面向，但其發生條件和個人選擇減輕失調的策略，似乎受文化因素所影響。在西方文化裡，人們以正確的決定評價個人，但

在亞洲文化中比較不會這樣。

- 當我們擁有的理由剛好只夠讓我們去做和態度不符的行為時，失調會導致態度的轉變。更充分的理由（或是更大的獎賞）會產生較少的態度轉變，這稱為由少得多效應。

- 透過偽善誘發的失調會是影響行為改變的有力工具。

連結：整合社會心理學

在這章，你讀到了……	在別章，你會讀到這些相關討論……
社會學習在態度形成中所扮演的角色	社會學習在幾種社會行為中的形式，包括了自我（第五章）、吸引力（第七章）、助人（第十章）和侵略行為（第十一章）
說服與抵抗說服	其他改變態度與行為的技巧，以及它們為何有效或無效（第九章）和領導（第十二章）

■ 思考這些連結

1. 假設你想要發動一個說服所有年紀的成人進行安全性行為（例如使用保險套）的集會活動。你會納入哪些特定的特別重點，使得其效力達到最大？

2. 假若我們如此抗拒說服的話，廣告為什麼有用？想想當我們在不進行認知工作時所用的捷思法處理。請舉一個捷思法處理而導致說服成功的例子，並解釋其原因。

3. 如果態度是透過學習得來的話，那麼，主張大眾媒體（電視、電影、雜誌）在態度形成上是很重要的，這是否合理？你認為媒體在社會行為的重要概念，例如愛情與性關係（第七、第八章）、侵略行為（第十一章）、誠實與正直（第十二章），教給孩子們什麼？如果你能的話，你會做任何改變嗎？為什麼，或為什麼不？

觀念帶著走～活用：抵抗說服：一些有用的步驟

每天我們都接觸到許多改變我們態度的嘗試。廣告商、政治人物以及慈善團體

都試圖在我們身上發揮這種影響。你能怎麼抵抗呢？這裡有些基於社會心理學研究發現的建議。

■ 將說服的嘗試看作是對你個人自由的侵犯

沒人喜歡被命令去做這做那，但在某種意義上，這就是廣告商和政治人物所試圖達成的事。因此，當你正要結束接收這樣的訴求時，提醒自己，是你在掌控一切，沒有理由要聽信或接受這些潛在說服者告訴你的事。

■ 在看到這些嘗試時辨認出它們

知道某人正試圖說服你——得到預警——經常對抵抗說服的努力有所幫助。因此，不論何時你遇到有人試圖影響你的觀點，提醒自己，不論他們多有魅力或多麼友善，說服是他們的目的。這會有助於你抵抗。

■ 提醒自己屬於你的觀點，以及它們和其他教唆你的觀點如何不同

有偏差的同化，意即認為和我們觀點不同的訊息是不具說服力而且不可靠的傾向，能阻止我們吸收可能有用的訊息，但這也是個抵抗說服的工具。因此當別人提供和你的觀點不同的意見時，把焦點放在這些想法和你的想法有多麼不同上面。接下來通常你就不用操心了。

■ 在腦中主動反駁他人「強加」於你的觀點

你能想出越多反對這些觀點的論證，這些觀點就越不可能影響你。

關鍵詞

態度（attitude）

態度的可接觸性（attitude accessibility）

態度對行為的過程模式（attitude-to-behavior process model）

說服的中央路徑（central route to persuasion）

古典制約（classical conditioning）

認知失調（cognitive dissonance）

自我防衛功能（ego-defensive function）

思考可能性模式（elaboration-likelihood model）

預警（forewarning）

捷思法處理（heuristic processing）

偽善（hypocrisy）

身分認同或自我表達功能（identity or self-expression function）

印象動機功能（impression motivation function）

被誘發或被迫的屈從（induced or forced compliance）

操作制約（instrumental conditioning）

知識功能（knowledge function）

由少得多效應（less-leads-to-more effect）

單純曝光（mere exposure）

觀察學習（observational learning）

說服的邊緣路徑（peripheral route to persuasion）

說服（persuasion）

人眾無知（pluralistic ignorance）

抗拒行為（reactance）

選擇性迴避（selective avoidance）

自尊功能（self-esteem function）

社會比較（social comparison）

社會學習（social learning）

社會規範（social norms）

分散選項（spreading of alternatives）

潛意識制約（subliminal conditioning）

系統性處理（systematic processing）

計畫行為理論（theory of planned behavior）

理性行動理論（theory of reasoned action）

第三人效應（third-person effect）

瑣碎化（trivialization）

5
chapter

自我：
了解「我是誰」

在我（Nyla Branscombe）年輕的時候，美國太空計畫是個大新聞。親朋好友會聚在一起關注這個引人注目的科學進展的最新消息。我還記得興奮地看著登月小艇還有阿姆斯壯踏上月球。人類可以飛到那麼遠的地方，而且還有其他的世界可供探險，這些想法令我心醉神迷。

我還記得那天晚上，在晚餐時，我向父親宣布：長大後，我要成為太空人。他微笑說道：「女孩是沒辦法當太空人的。」但也許是為了安慰我，他補充：「妳可以當空服員。」在那個時候，這兩者對我而言似乎是差不多的，因為在我的想像中最重要的要素是飛行，所以得知我自身某種不能改變的因素會永遠把我擋在我最想要的事業之外，並不會讓我感到難過。這個事件有效地傳達了關於世界的本質，以及我在其中的位置的重要訊息。我知道了我的性別會妨礙我身居某些職位，更廣泛地說，我的身分類別具有足夠的重要性，對我的一生都會有普遍性的影響。

你很可能以為這個故事反映的是一個非常不同的時代，而基於性別所造成的排除和歧視，已經是過去的事。在一定程度上，你可能是對的。阻止女性進入各種職業的法律障礙早已解除，連女太空人都有了。但正如你將發現的，以性別為基礎的差別待遇並未走入歷史，只是比起我爸對女人就是不能被容許進入某些職業的確定信念，這種差別待遇現在以相當隱微的方式運作。

人們對女性的刻板印象已隨著時間改變，這在某種程度上，是因為女性扮

表 5.1　賢妻指引

- 備好晚餐。預先安排、甚至是前一天晚上就安排好，讓他在回家時能享用一頓美好的餐點。這是個讓他知道妳為他著想，並且在乎他的需求的方法。
- 把自己打點好。花十五分鐘的時間休息一下，好在他回到家的時候妳能重拾活力。化好妝，在頭髮上綁條絲帶，讓自己看起來煥然一新。畢竟他剛才還和一幫工作乏味的人在一起。
- 清理一切雜亂。在丈夫回來之前，在房屋的主要部分為他開好回家的最後一段路。
- 用心傾聽。妳可能有一堆重要的事要跟他說，但在他剛到家的時刻卻不是個好時機。讓他先開口，記住，他談話的主題比妳的重要。
- 不要問他有關於他的行為的問題，或是質疑他的判斷或正直。記住，他是一家之主，而這樣，他的意志就會被公平和誠實地執行。妳沒有質疑他的權利。
- 賢妻永遠知道自己的身分。

演的角色的實質改變（Diekman & Eagly, 2000）。如表 5.1 所描繪的「賢妻指引」，看看過去的世代怎麼樣思考女性的工作，是很有趣的，但若因此做出女性在職場上已不再受到歧視的結論，卻是錯誤的。因為在一個十一歲小孩的理解中，任何牽涉到飛行的工作都可以互換，所以從某個特定職業中被排除沒什麼關係，這時要她接受自己作為歧視目標所產生的後果就很不容易。理解到無論你怎麼做，你的性別都會持續地導致你所不想要的後果，這會傷害心理健康（see Nolen-Hoeksema, 1987; Schmitt & Branscombe, 2002a）。一如研究顯示，一旦認識到自我是他人懷有偏見的對象時，會在情緒、認知乃至行為上，產生負面的後果。

　　在本章中，我們將檢視社會心理學家對自我（self）的認識。有些人主張，自我是社會心理學的核心；因此，自我成了許多系統研究的焦點。我們如何思考自己，這不只會影響我們的選擇與行動，還會成為我們理解他人，以及與他人互動的參照點。首先，我們將探討究竟我們只有一個「自我」，還是有許多自我。自我的某個方面是否比其他方面更為真實或更能預測行為，還是得看人們身處的情境而定，這將會是我們試圖解決的主題。自我覺察（self-aware）是什麼意思？這是否影響我們對自己及他人的評價？我們是否總是以相同的方式體驗自身，抑或這種體驗有賴於事件背景及其所引發的比較性質？我們對自己的理解是否有賴於我們的自尊高低？在其他人表現得比自己還要好的時候，人

們是否有認識自己的方法，好讓他們有正面的感受？在探討過這些問題之後，我們將檢視作為偏見對象在幾個與自我相關的心理過程中的效應，這包含了當人們面對他人因其群體身分而來的拒斥時，所產生的情緒、認知及外在表現上的後果。

第一節　思考自我：個人認同 vs. 社會認同

　　社會認同觀點（Tajfel & Turner, 1986; Turner, 1985）中最根本的原則之一是，個人對自己會有不同的理解，端看在特定時刻裡，他們在所謂的**個人—社會認同連續集**（personal-social identity continuum）裡的位置為何。此連續集的個人認同一端，指的是當我們主要將自己視為**個體**的時候。而社會認同的一端，指的是當我們以特定**社會群體**的成員身分來思考自己的時候。因為我們並不能自發地經驗到我們自我概念的所有面向，所以我們的認同在特定時刻最突出的方面就會影響我們如何思考自己，並進而產生出我們的某些行為後果。當我們認為自己是獨特的個體時，突顯的是我們的個人認同，而這有可能會導致強調我們與他人如何不同的自我描述。例如，當你在個人認同的層面上思考自身時，你可能會描述自己是個有趣的人，藉以強調在你的自我知覺中，你比其他用來作為比較參照的個體更具有這種屬性。而因為個人認同的自我描繪可能本質上會被認為是**群體內**（intragroup）的，包含了和我們共享群體成員身分的其他個體的比較，在描述個人自我時，用哪個群體來作為隱性參照，就會影響自我描述的內容（Oakes, Haslam, & Turner, 1994）。例如，如果有人要求你描述你和其他美國人有什麼不同，你可能會將自己的特性描繪為特別偏向自由派，但如果要你指出你和其他大學生有什麼不同，你可能會表示自己相當保守。我們所製造的關於個人認同的內容，倚賴於某些比較性參照對象，而根據背景的不同，我們就會產生不同的自我描述。

　　在個人—社會認同連續集的另一端，我們會把自己理解為某個群體的成員，亦即我們強調的是我們與其他群體成員的相似之處。當我們在社會認同的層面上思考自身時，我們會以我們群體的成員共有的特質，以及「我們這幫人」

和其他群體的相異處來描述我們自己。此即，在社會認同的層面上的自我描述，本質上是**群體間**（intergroup）的，這包含了群體間的對立。例如，你可能會以兄弟會或是姐妹會的成員身分來思考自己的社會認同。在另一個情況下，你可能會以不同的社會認同來思考自己，一如你的性別群體。如果你是女性，你可能會強調你與其他女人共享的特質（例如溫暖或有愛心），以及你認為女性不同於男性的特質。在此值得注意的重點是，當你把自己看作是個個人的時候，你的自我描述的**內容**，很可能會和你把自己看作是某個你與他人共享的**類別**的成員時有所不同。當然，正如這些例子所指出，我們大部分人都是各種群體的成員（例如職業、年齡群體、性傾向、國籍、運動團隊），但這些並不會在同一個時間都顯得突出。因此，可能就存在著許多能改變我們如何自我定義的情境因素，而由這些自我定義所產生的行動也會不同。

我們能說這些「自我」之中的某一個，亦即個人自我或任何一個個人可能的社會認同是「真實的」自我嗎？未必。這每個都可能是自我的精確描繪，並且能精確地預測行為，端看其背景與比較向度（Oakes & Reynolds, 1997）。同樣要注意的是，某些思考自我的方式會隱含什麼樣的行為，會如何相對於從其他自我描繪（例如有趣的 vs.博學的）所導致的行為。

儘管自我定義有這些可能的多元性，大部分人還是能夠維持一個協調一致的自我形象，縱然他們也承認自己可能在不同情境下，會以不同的方式自我定義和行動。例如，當你和父母一起待在家裡時，你作為一個負責任的成人的自我形象便會受到質疑。你可能不會收拾自己的東西，或是期待別人會幫你洗衣服等。然而，當你上大學離家住校的時候，你卻完全能勝任這些任務，並覺得自己像個負責任的成人。就算有這些被容許的不負責任的空間，這是否表示一般而言，你就這樣看你自己？不會，絕對不會。你還是能維持自己負責任的形象，這可能是因為你不負責任的那些方面對你而言並不特別重要，或是因為當你把自己視為大學生時，這些方面並不顯著（Patrick, Neighbors, & Knee, 2004）。當人們遇到這種重要自我概念作為背景或觀眾功能的混淆證據時，他們會減低某個特定方面的效力的重要性，又或者，他們會判定只有某些參照團體才對自我定義有其重要性。因此，某些人可能會受家人對他們能力的理解所影響，而不是教授的看法，而對另一些人來說，情況則剛好相反（Crocker &

Wolfe, 2001）。

壹、我是誰得看情況決定

　　大學生對「我是誰」這個問題的典型回答，通常是由社會認同（例如國籍、種族、性別、大學社團）、人際關係（例如 Karen 的男朋友、Howard 和 Rose 的女兒）及各種個人特質，例如誠實或善良等參照點所構成（Rentsch & Heffner, 1994）。人們對自己的描述會有所不同，端看所提出的問題是否隱含了情境的具體性。Mendoza-Denton 和同事們（2001）的研究清楚地闡述了這種效應。在他們的研究中，研究參加者被賦予任務，在兩個詞句之一做填空，例如「我是個……的人」的開放式結尾的提示出現時，隱含了作為個人的自我定義。在這個條件下，研究參加者的回答主要是一些特質或總體評價（例如「我是個雄心勃勃的人」）。然而，若提示隱含的是特定的社會背景，即「當……時，我是個……的人」，研究參加者則會以他們所考慮的情境為條件來回答（例如「當教授給我挑戰的時候，我是個雄心勃勃的人」）。

　　我們以不同的方式看待自己的傾向，會隨著年紀漸長而增強，端看我們和我們所考慮的他人的關係是什麼，並且會根據背景而有所不同（Byrne & Shavelson, 1996; Roccas & Brewer, 2002）。我們對那些對我們而言具有重要性的自我概念抱著多元觀點的程度，在我們一生之中也會有所改變。這對我們在經驗到壓力時如何看待自我，會產生某些後果。例如，Linville（1987）就發現，有比較多明確的自我觀（例如專業的、母親、棒球迷等自我）的人，比起那些同樣擁有這些身分但卻彼此糾結而不明確的人，對任何特定身分的威脅（例如在專業上的挫敗之後）比較不會過於敏感。當重要的自我觀之間區隔明確，因而**自我複雜度**（self-complexity）高的時候，任何一方面的挫敗都比較不會影響一個人對自我的總體感覺。進一步說，那些自我觀念組織較不複雜的人，在對自己的感覺上，會表現出比那些自我觀念組織複雜的人更大的變動性。當人們覺察到自我的兩個重要方面彼此衝突，而產生**認同干擾**（identity interference）的時候，他們就可能會感受到壓力。例如，Settles（2004）就發現，諸如物理學或天文學等典型的男性領域裡，體驗到作為女性和作為科學家的身分之間互相

干擾的女性，比沒有察覺這種認同之間的衝突的女性更不快樂。

　　和特定文化傳統有關聯的各種自我觀可能會被啟動，端看背景的細微變動，而這會導致不同的自我覺察。例如，大家都知道，北美文化強調高度的個人主義規範以及**獨立的自我概念**（independent self-concept），而亞洲文化強調集體規範以及**互依的自我概念**（interdependent self-concept）（Markus & Kitayama, 1991）。因為這個差別，在一個文化背景裡終其一生的人，他的自我概念會被認為不同於來自另一個文化背景的人。這種基於文化的自我概念差異，可能會反映在一般假定的「個人的」品味或偏好的系統性差異中。

　　為了檢證這個想法，Kim 和 Markus（1999）給韓國人和美國人展示了一些抽象圖形，每個都由九個不同的部分所組成，而他們要求研究參加者說出他們比較喜歡的圖形。韓國人選的較多是各部分相互搭配得好的圖形，而美國人選的較多是有某部分特別突出或是不同於其他部分的圖形。人們做選擇時的這種文化差異，可能反映出獨立的與互依的自我概念之間的對立。然而，這也可能是因為當時環境中某個細微的面向提示了自我的某個方面，而不是另一個方面，例如互依的或獨立的要素，因為每個人多少都是兩面兼具的。支持第二個可能性的是，對雙文化個人（屬於兩個不同文化的人）的研究發現，他們會依著被突出的身分而有不同的行為。具有亞洲和西方文化傳統的人，在提示自我的這一方面的環境下，可能會表現出他們的「亞洲性」，但又會在提示自我的另一方面的環境下，表現出他們的「西方性」。這個雙文化個人同時具有亞洲與西方認同，並且能根據兩者做出回應的概念，在能流利說中文和英文的香港學生身上被檢測過（Trafimow et al., 1997）。這些學生被要求用兩種語言之一回答「我是誰？」這個問題。用英語回答的香港學生會用使自己與他人有所不同的個人特質來描述自己，這反映了個人主義的自我建構，而以中文回答這個問題的學生則以群體成員身分來描述自己，這反映出較為互依的個人建構。因此，自我概念中以群體為基礎的重要差異，可能主要會在群體認同被啟動的時候浮現，一如（對那些使用一種以上語言的人）在使用某種特定的語言的時候。

　　最近，Ryan、David 和 Reynolds（2004）闡述了在男性與女性描述自己時自我被分類的方式的重要性。他們的研究檢視了這種自我描述中的性別差異何時會出現，何時又不會出現。在他們的研究中，當男性和女性都被要求先把焦

點放在他們所屬的群體時（亦即他們被要求去思考自己與他人之間的相似性），他們會傾向以互依特質的詞彙來描繪自己，例如「可信賴的」或「有同情心的」。而當男性和女性都被要求先把焦點放在他們所不隸屬的群體時（亦即他們被要求去思考自我與他人的差異），他們便較有可能用獨立特質的詞彙來描繪自己，例如「獨特」或「客觀」。在自我定義中的性別差異只會在研究參加者的性別群體身分突出的時候浮現，但性別差異在那些其他身分認同被啟動的背景下卻不會出現。

自我定義中的這種背景的改變已顯示它會對道德推論產生影響，而這是個被假定男女根本有別的領域。Ryan、David 和 Reynolds（2004）展示了，人們對另一個人需要幫助的標準之道德兩難情況的回應，有賴於人們對自己和那個人的關係的歸類方式。一如圖 5.1 所示，當研究參加者將需要幫助的人歸類為大學生，而且視自己為研究參加者的同類成員時，男性和女性對這個人展現出關懷導向回應的可能性一樣高。相反地，當研究參加者以性別來歸類自己時，女性表現出的關懷導向回應明顯高過男性。事實上，相較於共享大學生身分的

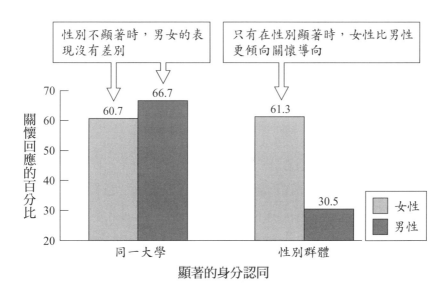

圖 5.1　性別差異有賴於當時突顯的身分認同為何

· · · · · · · · · · ·
當和另一個需要幫助的人共享的身分認同顯著時，男性和女性都表現出關懷導向的回應。然而，當某人的性別群體（及其區別規範）顯著時，相較於女性，男性對相同的需求情境，會展現較少的關懷傾向回應（資料來源：Based on data from Ryan, David, & Reynolds, 2004）。

條件，在性別條件下，男性的關懷導向回應減少了。因此，自我概念及據稱由此而生的道德推論，似乎是彈性的，而且會根據背景而改變。在做出回應時，在自我概念和依賴於性別的道德推論中，性別差異都是明顯的自我類別。然而，性別是個強有力的社會類別，很可能會經常被啟動（Fiske & Stevens, 1993）。由此，性別就有可能會在一定程度上頻繁地影響對自我的理解和對他人的回應。

如果我們如何定義自己會隨著背景而改變的話，那在任何特定時刻，究竟是什麼決定了自我的哪個方面會最有影響力呢？首先，自我的某個方面可能會與特定背景特別相關（例如在派對上，我們認為自己是有趣的人，但工作時，我們又認為自己是努力的人）。其次，背景的特徵可能會讓自我的某個方面，以及形成自我理解的基礎的身分認同的這方面，變得高度特殊。假想在一個辦公室裡，只有一個女性和其他許多男性。這位女性的性別將她和同事區隔開來。在這種背景下，這位孤單的女性可能會覺得「像個女人」，而她也會被當作該群體的代表來對待（Fuegen & Biernat, 2002; Yoder & Berendsen, 2001）。相同地，非裔美國學生在以白人為主的大學裡和其他少數族群稀少的背景中，很可能會以他們的種族來思考自己（Pollak & Niemann, 1998; Postmes & Branscombe, 2002）。第三，有些人會以特定的個人特質（例如聰明），或是以群體身分和與其相關的特質（例如性別）來歸類自己，因為這些對自我有其重要性。個人特質或社會身分被估量得越高，人們就越會尋求對該向度的自我印證（Hogg & Turner, 1987; Swann, 1990）。第四，其他人，包含他們在語言上如何提到我們，會啟動我們以個人 vs. 社會身分的方式思考自己。Bernd Simon（2004）已注意到，被以名詞提及的自我概念的各方面（例如女人、心理學家等），可能會啟動社會認同。名詞暗示了抽象的類別，這會啟動這些類別的成員將自身理解為共享基本的與其他類別成員不同的性質或本質（Lickel, Hamilton, & Sherman, 2001）。相反地，自我中被以形容詞或動詞表述的那些方面（例如軟弱、高大、具支持性），會成為在一個類別中的人理解彼此差異的參考（Turner & Onorato, 1999），並有可能會在個人認同層次上引發自我知覺。

貳、我是誰得看別人怎麼對待我

別人怎麼對待我們，以及我們相信他們在未來會如何對待我們，對我們如何思考自己有很重要的意涵。在自我知覺上，沒有人真的是座孤島。當我們預期他人將因我們的某方面而拒絕我們時，我們只有少數可能的回應可供選擇（Tajfel, 1978）。在可能改變自我的某一方面以免被他人拒絕的情況下，我們可以選擇這樣做。事實上，我們可以選擇在我們預期會因某方面而拒絕我們的他人面前，單單改變這個特徵就好。一如美國部隊裡對同性戀的「不過問不提起」政策所顯示的，我們可選擇揭露或隱瞞某些群體身分。然而，這對某些社會身分認同而言，卻是不可能的選擇。我們無法輕易地隱藏我們的性別、種族或年齡。在某些情況下，就算我們可以改變自我裡會招來拒斥的部分，我們還是會起而反抗拒絕我們的人，甚且讓該特徵更能定義自己。實際上，透過強調該特徵，我們公開地傳遞一個消息，即我們看重某些與那些會因此論斷我們的人不同的東西。

這個論點在 Jetten 和他的同事（2001）的研究中有所闡述。他們研究那些決定在身體上顯眼的部位（例如肚臍、舌頭、眉毛）穿環，而不在耳垂部位穿環的年輕人。我們如何裝扮和改變我們的身體，這在概念上可以被視為是重要的身分認同標誌，意即向世界宣稱我們是誰的方式。雖然某些身分標誌能讓人贏得同儕團體的接納，卻可能被其他群體視為怪異。在今天，身體穿環可能就和 1960 年代時穿牛仔褲和男子蓄髮差不多。後者的身分標誌是「嬉皮」的可見指標，一種反抗建制的自我知覺。一如其 1960 年代的對應群體，今天選擇醒目的身體穿環的年輕人，似乎也在進行類似的反抗式的身分建構形式。縱然他們知道自己可能會因為穿環被另眼相待，這種預期卻會導致他們更把自己定義為積極反抗宰制文化審美標準的群體。這個研究發現，那些身體穿環、預期主流會因為穿環而拒斥他們的人，比起那些期待來自主流認同的人，會對其他穿環的人認同更為強烈。這種預期的拒斥和總體上對文化某部分的貶抑，會導致對一個新形成的文化群體更強烈的認同感。身體穿環的人似乎創造了一個身分認同，告訴全世界「我們不同於主流」。如果隨著時間過去，身體穿環最終在文

化裡廣為散布，幾乎每個人都這麼做的話，那些試圖傳達他們和主流的集體差異的人可能就不得不變得更為極端，以達到相同的身分認同結果。

這種身分認同的兩難，在一個人從一個社會背景移到另一個社會背景時，特別可能被激起。想想離開家鄉進入主要是英語背景的大學的那些西班牙語系學生。社會心理學家檢視過這類學生在大學第一年可能採用的不同策略（Ethier & Deaux, 1994）。證據顯示，面臨這種身分認同兩難的人會使用以下兩種策略之一：遠離過去的認同，或是增強該認同。對那些原本西班牙語系身分就不重要的人而言，當他們到了非西班牙語的環境中，他們強調自己西班牙語系身分的程度較低。相反地，對那些原本就看重他們西班牙語系身分的人而言，在新的環境中，他們加強了對自己族裔身分的強調。有趣的是，正是這些強調自己西班牙語系身分認同並以其與新環境中其他人的差異為傲的學生，能以更高的自尊走過進入大學的轉變。那些選擇讓自己遠離其西班牙語身分認同的人，卻在遇到以此身分為基礎的拒絕時，苦於其自尊的降低。

一如我們在身體穿環的研究中所看到的，不論他人是否貶抑某個人所擁有的身分認同，並不一定會和該身分對自我的重要性相關（Ashmore, Deaux, & McLaughlin-Volpe, 2004）。換言之，在轉變環境時，並不單是因為這些身分認同被大多數人視為負面，個人就一定得決定是否要放棄或加強該認同。想想看，一個從看重王室身分的環境轉到另一個較貧乏而不看重這點的環境的人。他可能會面臨類似的選擇，保持先前「高貴血統」的價值並加以強調，或是遠離該認同。

參、自我覺察

Constantine Sedikides 和 John Skowronski（1997）主張，在我們的演化歷史與個人生命歷程中，最先浮現的自我層面是**主觀的自我覺察**（subjective self-awareness）。這種覺察能讓有機體在自己和物理環境之間做出區分。很明顯地，植物就沒有這種特質，但大部分的動物卻有。舉例而言，像我的貓就知道自己爪子的末端在哪，而我的手又是從哪開始；就如同人類小孩也知道這些。少數動物（靈長類）更發展出**客觀的自我覺察**（objective self-awareness），即

有機體將自身作為注意力對象的能力（Gallup, 1994）。一隻黑猩猩能夠審查鏡中的自己，並且「知道自己知道」牠正在看著自己（Lewis, 1992, p.124）。但似乎只有人類達到了自我功能的第三個層次，即**象徵的自我覺察**（symbolic self-awareness），也就是在語言中形成抽象的自我再現的能力。

肆、各種可能我：隨著時間改變的自我

縱然一般而言，我們所經驗到的自己是前後一致的，然而人們會變，這也是事實。將一個人過去的自我和現在的自我拿來做比較，經常能帶來愉悅，因為這麼做會表現出其中的進步（Wilson & Ross, 2000）。事實上，想想未來你可能會演變成的**可能我**（possible self），也許會給你啟發，放棄眼前愉快但沒有益處、甚至對引出這個更進步的自我沒有幫助乃至有害的活動（Markus & Nurius, 1986）。相反地，為了達到成為你想要的可能我的目標，你會更常投入在比較不立即帶來享受的活動。想想要獲得各式各樣的社會身分需要做些什麼。我們放棄了好多年的「玩樂」以取得「大學畢業」的資格，完成了多年的學業和長久的實習才讓自己成為「醫生」，或是在法學院裡孜孜矻矻地學習，以通過司法檢定而變成「律師」。Lockwood 和 Kunda（1999）已發現，**角色模範**（role models），意即我們想模仿或成為的他人，會激勵我們投注心力在這類長期的成就上，但要這麼做，我們得把角色模範所再現的可能我視為可獲得的。一個未來的可能我的形象會讓我們唸書更勤奮、戒掉菸癮、參與兒童照護或父母成長課程，只要從這些改變中，我們能想像一個嶄新而且改善的自我形象。

每次新年許下新希望，人們都會考慮這種新的可能我，以及如何避免負面而讓人擔憂的未來可能我。展望這種自我改變會引起控制和樂觀的感覺，但達不到這些新希望是很普遍的經驗，而不斷的失敗會導致不快樂（Polivy & Herman, 2000）。一如我們在第二章所見，人們對他們能達到許多正面結果並避免負面結果到什麼程度，似乎會抱著**不切實際的樂觀**（unrealistically optimistic）（Helweg-Larsen & Shepperd, 2001）。實際上，對我們改變的能力抱著信心和效力是很重要的，但對我們的能力過度有信心會導致虛妄的期待，並最終導致失望。縱然我們重塑自己的身體自我的能力是有限的，但就像電視節目「改頭

換面」（Extreme Makeover）中所顯示的，相當戲劇化的改造還是有可能的。

在外表、學業和工作任務中的成功表現，會被**自我效能**（self-efficacy）的感覺給增強（Courneya & McAuley, 1993; Huang, 1998; Sanna & Pusecker, 1994）。就算是對於開始嘗試達成某個目標，相信我們能憑自己的行動做到，也是必要的（Bandura, 1997）。更確切地說，比起自我效能低的人，自我效能高的人比較會偏好將時間和力氣分配給自己可以解決的任務，他們也會較快停止處理無法解決的任務。企業家的一項決定性特質就是他們所體認的高度自我效能（Markman, Balkin, & Baron, 2002）。

如果一個任務只能透過和他人合作才能成功完成，此時集體自我效能（collective self-efficacy）就至關重要。有些成就非常依賴團隊整體的表現，這和團隊裡的各個成員所感受到的自我效能不是同一回事。在籃球隊員中（在賽季開始時測量的）對團隊集體效能的信念，和賽季終結時該隊的總體表現有關（Watson, Chemers, & Preiser, 2001）。相同地，集體自我效能也會導致政治行動主義，像是勸說人們投票或參加某個抗議運動好帶動社會變革（Bandura, 2000; Simon & Klandermans, 2001）。

縱然由於我們對自我改善的欲望，我們會做出自我改變，這類改變有許多卻是因為情境因素而發生的。舉例而言，改變可能會因為我們年齡增長而發生，因為在我們一生之間，隨著我們扮演的角色不同，會有不同的要求加在我們身上。與此一致，許多自我改變的發生，是對重置於另一個社群的回應，因為在其中我們會開始遵從新的規範（Kling, Ryff, & Essex, 1997）。投身於新的職業也可能會導致我們自我概念的轉變。自我概念同樣戲劇性的轉變，會發生於一個人從公民生活轉入部隊並面對戰鬥的情況（Silverstein, 1994），以及大學生畢業後離開校園，成為律師、工程師或為人父母的時候。另外，生活上重大的變動，也會對自我概念造成非常負面的影響，例如失業（Sheeran & Abraham, 1994）、身染重病（Taylor, Buunk, & Aspinwall, 1990），或是我們親近的人因為死亡離開我們（Stroebe et al., 1995）。這樣的身分認同改變，可用兩種方式概念化，一是作為嶄新但未必受歡迎的身分認同的附加，或是對先前重要身分認同的刪除。

第二節　自尊：對自我的態度

　　到此我們探討過人們在面臨威脅時，試圖維護其自尊的某些方式，但我們還沒討論過自尊依慣例是如何被估量的。**自尊**（self-esteem）被社會心理學家概念化為個人對自我的總體態度。你對自己抱著什麼樣的態度，是正面或負面？這態度是穩定的，抑或情境會影響你的感受，而自尊也隨著背景不同而改變？

壹、自尊的測量方式

　　自尊作為一種一般性的特質評價，最普遍的測量方式是用十個項目的羅森保量表（Rosenberg, 1965）。如表 5.2 所示，這個量表內的項目十分簡明易懂。據稱，和該量表高度吻合的人擁有高自尊，而不吻合的人則自尊低。既然大部分人都能猜到這些項目在測量什麼，那這個測量和對「我有高自尊」這個簡單項目的回應高度相關，就不令人驚訝（Robins, Hendin, & Trzesniewski, 2001）。這個測量法用從 1（不太符合我的狀況）到 5（完全符合我的狀況）的選項，要求人們提供他們自身的明確態度。還有其他更具體的測量法，用在測量特定領

表 5.2　測量工具：羅森保自尊量表

每個帶星號的項目都是負分，而之後計算出全部十個項目的平均，較高的分數表明了較高的自尊（資料來源：Based on Rosenberg, 1965）。

> 1. 我覺得我是個有價值的人，至少和別人一樣重要。
> 2. 我覺得我有許多好的特質。
> 3. 總體而言，我有覺得自己是個失敗者的傾向。*
> 4. 我和大部分其他人一樣有能力處理事情。
> 5. 我覺得自己沒什麼可以自豪的部分。*
> 6. 我對自己抱著正面的態度。
> 7. 整體來說，我滿意我自己。
> 8. 我希望能對自己更尊重。*
> 9. 我有些時候確實覺得自己很沒用。*
> 10. 有時我覺得自己一無是處。*

域的自尊的情況，例如學歷、私人關係、外表及體育。一般而言，依照羅森保量表的測量，自尊的總體特質典型地反映了這些更具體領域的平均。

　　自尊也會受具體情境的影響。當我們達成重要目標時，自尊會得到改善，而失敗會傷害自尊。這種在短期內的自尊狀態（即個人在時間中特定某時刻如何感覺自我）的增強，在實驗室環境中可以被簡單地誘發。例如，單單是在一個人格測驗中，對人們謊稱他們得到正面評價，就能提升他們的自尊（Greenberg et al., 1992），而關於被其他人接受的正面回饋也有相類似的效果（Leary, 1999）。自尊能透過穿你喜歡的衣服（Kwon, 1994），或是將你的想法導向你自己有魅力的方面（McGuire & McGuire, 1996）暫時得到提升。

　　相同地，在實驗室環境中也能暫時破壞自尊。只要提醒人們，他們某些方面不盡理想，自尊就會下降（Eisenstadt & Leippe, 1994）。事實上，對那些在乎她們身體外表的女性而言，單是要求她們穿上泳衣就會破壞她們的自尊（Fredrickson et al., 1998）。就算是在網路聊天室或是玩線上遊戲這種對個人沒有長期重要性的情況中，被其他人放逐、排除或忽視，也都會壓低人們的自尊（Williams, 2001）。

　　研究者一直試圖能更精確地測量自尊。他們相信，相較於諸如羅森保量表之類的直接訴諸意識的方法，使用無意識的測量程序，能夠更好地揭露對自我的態度。這種對自尊的隱微測量法，可能比較不受來自人們對自我表現的在乎（例如他們想盡可能地在他人面前表現出最好的一面的欲望）所造成的偏誤影響。因為訊息處理過程中會有**自我參照效應**（self-reference effect），即人們似乎偏好與自我有關聯的刺激（例如，我們會比較喜歡上面有我們名字的信件，甚於其他信件）。研究者調查了這種對與自我相關訊息的偏好，是否足夠自動化，乃至不需要有意識的意圖就能快速地發生。為了估測這種可能性，Gray 和他的同事（2004）測量了大腦對與自我相關以及不相關的字眼的反應〔這被稱為**事件相關電位**（event-related potentials）〕。他們發現，人們會自動地將其注意力放到與自我相關的訊息上。因為這種基本而無意識的過程似乎包含在自我參照效應之中，那就暗示了用以改善自尊的策略若是實施在無意識的層面上，就可能會很有效。

　　為了試圖測量研究參加者的內隱自尊是否能在其意識所不察的情況下被改

善，Dijksterhuis（2004）應用了**古典制約程序**（見第四章）的邏輯。在對我（I 或 me）搭配在下意識呈現正面特質的詞彙（例如善良、聰明、溫暖）做重複不斷的表達之後，他發現相較於沒接觸到這種配對的控制組的人，內隱自尊顯著地提高。另外，這種下意識的制約，防止了研究參加者在事後得到關於其智力負面的虛假回應時受自尊降低之苦。因此，與表現出有高自尊的人在失敗後面臨威脅時較不軟弱的外顯自尊研究（例如使用羅森保量表的研究）一致，下意識狀況程序似乎也提供自我在面對威脅時，類似的自我保護。

貳、自利偏誤

人們想要對自己有正面的感覺，而大部分人在大部分時間裡都能看自己順眼。這個我們大部分人表現出**高過平均效應**（above-average effect，即在幾乎所有可想像的方面認為我們自己比一般人更好的想法）的事實，是我們想相對正面地看待我們自己的強而有力的證據（Alicke et al., 2001; Klar, 2002; Taylor & Brown, 1988）。就算直接給我們否定我們樂觀看法的負面社會回應，我們還是會提出證據以忽略這種事例，並強調支持我們所喜歡的正面自我知覺的訊息（Sanitioso, Kunda, & Fong, 1990; Sanitioso & Wlodarski, 2004）。

一如第三章所述，人們在為自己得到的結果辯解時，確實會表現出自利偏誤。那些可能暗指我們對負面結果有責任的訊息會被嚴格地評估，而我們拒絕這種指責的能力似乎相當不錯（Greenwald, 2002; Pyszczynski & Greenberg, 1987）。從小我們就學會這句話：「這不是我的錯」，到長大成人了還是一樣。我們可以拿這句話來解釋那些會讓我們受責備的結果，不論我們事實上是否該負責任。然而，過度使用這個藉口，對他人如何評價我們會產生重要的後果。

相對於抗拒接受負面結果的責任，我們卻能很輕易地接受暗示我們在自己的成功中有功勞的訊息。這對擁有高自尊的人更是如此（Schlenker, Weigold, & Hallam, 1990）。人們表現出自利偏誤的不只是對個人所得到的結果，還包含了他們所屬群體的成就。體育競賽團隊的支持群眾經常相信他們的出席和歡呼鼓勵，對於他們支持隊伍的獲勝是有功勞的（Wann & Branscombe, 1993）。然

而，人們「爭功」的意願卻有其文化限制。例如，在中國，謙遜是自尊的一個重要基礎（Bond, 1996）。因此，中國學生會將其學業成就歸功於他們的老師，而美國學生則會歸功於自己的技能和聰明。相反地，成績不好的時候，中國學生比較有可能會將挫折歸咎於他們自身的缺陷，而美國學生則會以他人的缺失來解釋。

參、高自尊總是件好事嗎？

既然人們有這麼多維持自尊的技巧，那麼，高自尊是我們應該努力達到的重要目標嗎？這是個合理的問題。有些社會科學家主張，高自尊的匱乏（或是低自尊的出現）是許多社會疾病的根源，包含藥物濫用、學業表現不佳、抑鬱，以及包含恐怖主義在內的各種形式的暴力。有些人論稱低自尊可能是侵略行為，以及對他人一般性的負面態度的重要原因（Crocker et al., 1987; Nunn & Thomas, 1999）。然而，已有許多有力的證據支持相反的結論，高自尊和欺負弱者、自戀、暴露狂、自吹自擂以及人際間的侵略行為，有更高的關聯（Baumeister, Smart, & Boden, 1996）。例如，在自己偏好的觀點被人質疑時，最有可能以暴力行動相向的，正是那些擁有高自尊的人。為什麼會這樣呢？因為高自尊意味著對他人的優越感，因此不論何時，當個人的面子受到威脅時，他就可能得捍衛他對自我的觀感。甚者，不穩定的高自尊會導致最大的敵意和防衛反應（Kernis et al., 1993）。當那些有高自尊的人經歷挫折時，他們潛在的自我懷疑會反映在對所指的威脅的心理回應中（Seery et al., 2004）。因此，雖然對自己有良好的觀感，這對個人有明顯的益處，但似乎也會帶來潛在的壞處。

肆、女人和男人的自尊程度是否不同？

在男性和女性之間，你覺得就平均而言，何者擁有較高或較低的自尊？大部分的人可能會猜測男性擁有比女性更高的自尊。社會心理學家為何也如此預測？因為女性的地位較低，並且經常成為偏見的對象，她們的社會結構性位置應該會對她們的自尊產生負面的後果。George Herbert Mead（1934），即第一個主張我們的自尊會受我們社會文化環境中的重要他人看待我們的方式所影響

的學者，從他開始，人們就預測女性的自尊總體上來說會較低，因為自尊對我們從他人所接受到的待遇很敏感。既然女性在大社會世界中傳統上被認為能力比男性差，她們的自尊在平均上也應該較低。女性在大社會中被貶抑的那些面向的重要性為何，以及女性對其被貶抑的地位有多少意識，應該會影響所能觀察到的自尊基於性別差異的程度。

Williams 和 Best（1990）進行了一個跨十四個國家的關於女性與男性的自我概念的研究，結果支持上述的預測。在印度和馬來西亞這些國家裡，人們還是期待女性要在家中扮演妻子和母親的角色，而在這些地方女性的自我概念最為負面。而在英國和芬蘭，這些國家中的女性在職場上最為活躍，並被認為是家庭以外的生活的重要參與者，在這些地方男性和女性似乎看待自己一樣可愛。這個研究顯示了，當女性從生活的重要場域被排除出去時，她們會更強烈地感受到被貶抑，並且導致她們有比男性更差的自我概念。對美國職業女性的縱貫性研究也發現，在性別歧視最常出現的職務上工作的女性，她們的情緒和身體健康會隨著時間衰弱（Pavalko, Mossakowski, & Hamilton, 2003）。對女性的傷害，作為歧視性工作環境的一種雇傭功能，可以在與其受雇前的健康狀況的比較中觀察到。

有一項後設分析，從美國和加拿大在 1982 到 1992 年之間蒐集了二百二十六個樣本，比較男女之間的總體自尊，該研究也發現了男性的自尊確實比女性來得高（Major et al., 1999）。和前述跨國研究的推論一致，Major 和他的同事（1999）發現，男性和女性之間自尊程度的差異，在專業階級中較少，而在中產階級和底層階級中較多。此外，那些在文化上獲得較受歡迎地位的女性，也比那些較有可能經歷嚴重貶抑的女性更少受自尊低落之苦。有趣的是，男女之間所能觀察到的總體差異，在北美洲白人之間最為懸殊，而在美國少數族裔裡卻得不到任何可靠的自尊的性別差異。對少數族裔而言，兩個性別的成員都可能會體驗到各式各樣對其種族類別的貶抑，而只有在白人之間，女性才較可能在生活的重要方面上被歧視。和這個關於性別歧視程度的研究發現符合的是，在青少年前期，自尊並沒有可靠的性別差異，但青春期一開始，女孩的選擇開始受限（回憶一下本章開頭的小故事），自尊在此時便開始出現可靠的差異，直到成年，女性的自尊水準變得比男性低。

第三節　社會比較：認識自我

　　我們怎麼認識我們自己，我們在各領域中是好是壞，我們最好與最差的特質為何，以及多受他人喜愛？某些社會心理學家已表示，所有人類判斷都是相對於某些比較標準的（Kahneman & Miller, 1986）。有許多證據顯示，我們怎麼思考自己，以及覺得自己如何，得看我們用什麼比較標準。如果我們用自己完成一個拼圖的能力和一個五歲小孩相比，我們可能會覺得自己的能力很不錯。這代表的是**向下社會比較**（downward social comparison），意即我們拿自己的表現和比我們能力差的人的表現做比較。另一方面，如果我們拿自己在同一任務上的表現和一個拼圖專家的表現相比，我們可能不會進展得這麼順利，也不會對自己感覺太好。這是**向上社會比較**（upward social comparison）的本質，而這可能會威脅我們的自我形象。要維護我們的自我形象，有賴於選擇正確的比較標準。

　　你可能會納悶，我們為何要跟其他人比較。Festinger（1954）的**社會比較理論**（social comparison theory）主張，我們拿自己和他人比較，是因為在許多領域與特質上，並不存在一個我們可以評量自己的衡量標準；因此，其他人便具有極高的訊息意義。更確切地說，在某個領域上對自己感到不確定，是讓人們進行社會比較最重要的條件之一（Wood, 1989）。

　　那麼我們會拿自己和誰比較，又怎麼決定該用什麼標準呢？這得看我們進行這項比較的動機為何。我們是想要對自己有個準確的評價，還是只想要有良好的自我感覺？一般而言，比起不論是想準確地評價自我，或是改變對自我所抱持的強烈信念等的欲望，想要正面地看待自我的渴望似乎更為強烈（Sedikides & Gregg, 2003）。但，假設我們真的想要一個準確的評價。一如 Festinger（1954）一開始所建議的，當我們和與我們相似的人比較的時候，最能準確地評量我們的能力。但是，相似性要靠什麼來判定？我們是基於年紀、性別、國籍、職業、學歷，還是什麼其他標準來判定？相似性似乎是建立在各式各樣的社會或人口統計類別，例如性別、種族或在某個領域中的經驗，這可能包括了

像是吹笛子的時間多久，或是上了多少堂烹飪課（Goethals & Darley, 1977; Wood, 1989）。

經常，比起拿我們自己與不同社會類別（特別是更具優勢的群體）的他人做比較，在透過和與我們共享某一社會類別的他人相較的時候，我們能更正面地評判自己。這部分是因為對不同類別的成員在特定領域中的表現會有不同的期待（例如小孩 vs.大人）。要是環境鼓勵一個人將自己歸類於一個在某特定領域上的期待較低的類別，這個人就會判斷自己十分符合標準。例如，一位女性可以透過自認她的薪資「對一個女人來說很不錯了」來安慰自己，但她若是和男性做同樣的比較，她的感覺會糟很多，因為平均而言，男性的薪資較高（Reskin & Padavic, 1994; Vasquez, 2001）。因此，在使用我們的內群體（ingroup）的標準時，我們的自我評判經常較不負面（see Biernat, Eidelman, & Fuegen, 2002）。有些人主張這些內群體比較，可防止劣勢群體成員去和優勢群體做令人感覺負面而痛苦的社會比較（Crocker & Major, 1989; Major, 1994）。

許多人主張，正面地覺察自我這一目標，是人類的「主宰動機」（Baumeister, 1998）。社會比較是實現這種動機的重要工具（Wood & Wilson, 2003）。我們之間大部分人如何達到對自己抱著一般而言尚屬正面的自我知覺，端看我們如何以和我們拿來相較的他人的關係來歸類自我。這種自我歸類，透過影響比較的意義，會影響特定的比較如何對我們產生影響。自我之中兩個具影響力的面向——**自我評價維持模式**（self-evaluation maintenance model）和**社會認同理論**（social identity theory），都以Festinger（1954）原創的社會比較理論來描繪不同背景下的社會比較的後果。自我評價維持（Tesser, 1988）適用在我們將自我歸類到個人層次，而將我們自己當作個體和其他個體做比較的時候。社會認同理論（Tajfel & Turner, 1986）適用在我們將自我歸類到群體層次，而將拿來做比較的他人歸類到某個共屬類別的時候。當事件背景激發的是群體層次的比較時，相較於當事件背景主張的是個體之間的比較時，同一個他人的回應會有所不同。

讓我們先考慮一下，在一個人際比較的背景下會發生什麼事。當某個你拿來和自己比較的人，在某個對你很重要的領域表現比你優越時，你會受刺激去遠離這個人。這樣的情境有可能成為一種相對痛苦的人際比較。相反地，如果

你將自己和另一個人在一個對你而言重要的領域上做比較，而這個個體和你表現相當或是不如你時，你就比較可能會試圖親近這個人，因為這種比較是正面的。因為這個人表現不如你，他讓你在比較中顯得出色。這種朝向抑或遠離一個比你出色或不如你的比較性他人的心理運動，闡釋了正面自我評價之所以能維持的一個重要方式。

Pleban 和 Tesser（1981）的一個研究闡述了這個效應。他們讓研究參加者和其他人（實驗者的同謀）在一場比賽中互相競爭。當所提的問題是在個人的重要性的向度上時，研究參加者所指出的對於表現勝過他們的同謀的厭惡，高過表現不如他們的同謀。相同地，Mussweiler、Gabriel 和 Bodenhausen（2000）也將研究參加者和另一個表現得比他們更好或更差的個體配對。他們發現，和優勢者的比較不會讓研究參加者將焦點放在其自我和比較性他人共享的方面，而和劣勢者的比較會導致研究參加者放更多的焦點在其自我與他們的比較性對象共享的方面。在自尊上得分較高的研究參加者，比得分低的研究參加者更有可能會展現出這種焦點的轉移效應，這支持了此種焦點轉移乃是自我保護的想法。

我們什麼時候會想向另一個表現比我們優越的人看齊？我們是否總是討厭在和我們的認同相關的方面做得比我們好的其他人？不，完全不是這樣，這得看我們如何歸類我們自己與他人的關係。根據社會認同理論，人們有正面理解他們群體的動機，特別是對那些看重某個特定社會身分的人而言。因此，另一個被歸類為和其自我屬於同一群體的人，能幫助我們的群體和其他群體做出正面的區隔，結果，那些表現優秀的群體成員能增強我們的群體認同，而非對之產生威脅。

為了顯示自我評價維持與社會認同觀點所描述的自我保護過程都會發生，端看側重的是個人還是社會身分，Schmitt、Silvia 和 Branscombe（2000）操弄了比較性背景的本質。他們選擇了那些自稱創造力與他們自己的認同相關的人來參與研究，當所表現的方面和自我相關時，對一個表現比自我更好或更差的對象的回應，得看分類背景的性質。一如圖 5.2 所示，當研究參加者相信他們作為一個個體的表現會被拿來和其他對象做比較時，他們會比較喜歡那些表現差勁的對象甚於那些表現優秀的對象，因為後者代表了對他們正面自我形象的

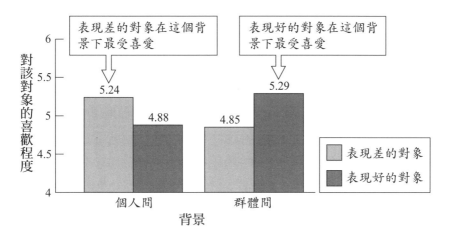

圖 5.2 我們如何評價一個表現比我們優秀或差勁的他人？

‧‧‧‧‧‧‧‧‧‧‧‧

根據研究，這得看背景是在人與人之間（即重點在個人的自我）或群體之間（即重點在社會自我）。如此處所示，表現差勁的對象在個人間最受喜愛。表現優秀的對象在群體間的背景下最受喜愛（資料來源：Based on data from Schmitt, Silvia, & Branscombe, 2000）。

威脅。相反地，當研究參加者以他們和其對象共享的性別群體來歸類他們自己，而他們預期的是本質上屬於群體間（在女性與男性之間）的比較時，其他表現優秀的女性會被更正面地評價，高過表現和自我差不多的女性。為什麼呢？因為這個人讓研究參加者的群體顯得優秀。在另一個研究中，這些研究者展示了，在多群體的條件下，那些高度重視他們性別身分的人，最有可能會對表現優秀的對象做出正面評價。因此，不同的比較背景會誘導我們將自己依照被包含的不同程度來分類自己，而這對向上與向下社會比較對自我評價的影響具有重要的涵義。

另一個群體動力對於我們如何評價我們自己與他人的重要意涵，反映在**害群之馬效應**（black sheep effect）中，即對威脅群體正面形象的負面群體內成員表現出拒斥。我們群體內表現差勁的成員可能受到嚴重的詆毀（Marques & Paez, 1994）。除非他們的行動暗示了我們的群體認同的正面性，要不然我們群體裡和另一個群體裡有相同行為的成員會受到更嚴重的詆毀。重視某個特別的群體身分的人（例如對堪薩斯州立大學籃球隊高度認同的球迷）特別可能藉由對不忠誠的堪薩斯球迷表現出害群之馬效應（Branscombe et al., 1993）。這種對害群之馬的詆毀將不受喜愛的內群體成員當作無法代表某人的群體而踢出去，而

這個效應保護了內群體的整體認同（Castano et al., 2002）。

自我呈現與自我調節

　　如前述，我們都有很強烈的欲望，希望其他人能正面地理解我們。為確保此事，我們經常試圖去掌控其他人對我們所形成的印象。在第三章裡，我們提到了人們如何試圖確保他人會以他們最討人喜歡的自我方面來形成對他們的印象，也就是說，我們會進行**自我宣傳**（self-promotion）。然而，我們似乎也知道，一個誘使他人喜歡我們的重要方法，是傳達對他們的正面關注。人們喜歡感到被尊重，而我們會喜歡那些給我們這種感覺的人（Tyler & Blader, 2000）。為了達到這個目的，你可以在他人面前將自己表現成一個對他們特別重視或尊敬的人。例如，一個群體內的新人就特別可能會積極地在有權力的他人面前把自己呈現為一個「好人」。這麼做的重要方法之一，就是傳達對群體的忠誠，以及遵守群體規範的意願（Noel, Wann, & Branscombe, 1995）。

　　一般而言，當我們想要製造好的印象時，我們會**逢迎拍馬**（ingratiation）。也就是說，我們會透過誇讚他人來讓他們喜歡我們。這通常很有效，除非我們做得太過分，導致他人懷疑我們的誠意，這會帶來被目睹我們正在「拍馬屁」的人視我們為「馬屁精」的風險（Vonk, 1999）。我們也會試著在他人面前把自己呈現為極有能力或擁有令人羨慕的特質的人。使用這種策略的傾向端看我們的文化背景。當 Kanagawa、Cross 和 Markus（2001）要求日本學生與美國學生描繪自己時，美國人傾向以他們的長處描繪自己（例如「我的數學很好」），而日本學生則傾向自我批判（例如「我對音樂不太在行」）。在兩個情況中，人們都遵循著製造好印象並使他人喜歡自己的規範，但如何能最好地實現這點的規範，則會隨著文化而改變。

　　有些人較善於監控自己的行為，並使之符合他人的期待，或是被認為比其他人更令人滿意（Snyder & Ickes, 1985）。掌握了人們調整他們行為的意願與能力，乃是由**自我監控**（self-monitoring）這個人人相異的變項所掌握。自我監控能力強，表示人們在乎其他人會如何反應，並將焦點放在諸如他人的期待之類的外在線索上。自我監控能力弱，意味著將焦點放在諸如自己的信念或特質

之類的內在線索上，並以此為行為的基礎。自我監控能力弱的人對（在一個特定背景下的任何）情境規範比較不敏感，而自我監控能力強的人比較會隨著情境做出改變（Koestner, Bernieri, & Zuckerman, 1992）。自我監控的程度乃是由諸如「我只能為我已經相信的想法做論證」之類的選項來評估，自我監控能力弱的人比自我監控能力強的人更有可能會同意上述說法。更進一步，自我監控能力的差異還會反映在人們如何使用語言上（Ickes, Reidhead, & Patterson, 1986）。自我監控能力強的人說話時，較會使用第三人稱代名詞（他們），這反映了他們向外的對他人的關注。相反地，自我監控能力弱的人則可能會更常使用第一人稱代名詞（我）。

自我監控能力強的人知道如何從他人那裡獲得正面的評價，這在許多日常事務中都非常有用。政治家、演員及推銷員特別可能具有較高的自我監控能力（Lippa & Donaldson, 1990）。總體而言，自我監控能力強的人比弱的人更有可能有較高的自尊。這可能是比起自我監控能力弱的人，自我監控能力強的人接受到較多的社會肯定（Leary et al., 1995）。更確切地說，自尊所賴的基礎及其所受的侵蝕，對這兩種人而言並不相同（Gonnerman et al., 2000）。對自我監控能力弱的人而言，當其自我和個人所認為他或她應有的樣子之間不一致的時候，就會導致沮喪。對自我監控能力強的人而言，沮喪則導因於在自我和自己認為其他人的期待之間的不一致。自我監控能力強的人如何能成功地掌控他人對其所形成的印象呢？他們似乎就是給別人他們所期待並想要的！

至此，我們已經闡述了我們如何透過拿自己在各種工作上的表現和他人比較來了解自己。藉由以特定的方式在他人面前呈現自己，我們已經明白自己看重自己什麼，並期待他人正面地理解我們。人們假定有用的另一個認識自我的方法是進行**內省**（introspection），即在私底下想想「我們是誰」。向內省察是不是我們了解自己、獲得自我洞見的最佳途徑呢？關於這個有趣的議題，請見「理解常識」專欄。

社會心理學的技藝　理解常識

■ 向內省察是通往自我洞見最好的途徑嗎？

　　自助的書籍一再告訴我們，要透過向內省察來認識自己。確實，許多人相信，人們越是能夠自省，就越能了解自己。大眾心理學書籍的作者不斷地告訴我們，通往自我覺察的道路得透過自我審查。這真的是正確了解自己最好的方式嗎？

　　首先，經常我們並不知道或能夠意識到我們行動的原因，縱然在壓力下，我們肯定能提供看似合理的說法。例如，在這個議題的早期研究中，Richard Nisbett 與 Timothy Wilson（1977）給研究參加者一個選擇情境：他們給研究參加者看好幾雙不同的襪子，讓他們在其中選出最喜歡的。選好之後，他們問研究參加者為何選擇某雙襪子。縱然人們提出了許多理由，研究者卻知道，他們的選擇實際上是基於完全不同的因素（即襪子在桌上的順序，越是右邊的襪子越受喜愛，不管是哪一雙）。縱然研究參加者可以省思為何自己喜歡某雙襪子甚過其他襪子，而他們也真的這麼做了，並且提出了看似合理的原因，但很明顯地，對真正能預測他們對這些襪子的情感回應的因素，他們並無意識。

　　事實上，後續的研究揭示了，試圖去分析我們喜歡某事物或以特定方式行動的理由，會在我們之後要做的決定中誤導我們。因為誠實地說，我們並不經常知道自己為何有某些特定的感受，為之賦予（很有可能不正確的）理由，會導致我們基於這些理由，改變我們對自己的感受的認識。Wilson 和 Kraft（1993）在一系列關於自省的研究中闡述了這個過程，包含了從「為何我對自己的情人有這種感覺」到「為何我喜歡這種果醬甚於其他種類的果醬」等主題。他們發現，在分析過他們的感覺後，人們改變了他們的態度，至少暫時地改變，好配合他們的理由。一如你可能想像的，這會導致令人後悔的選擇，因為原本基於其他因素的感受還是存在。

　　另一個自省可能造成誤導的方式，是當我們試圖預測我們未來的感受

時。試著想像你生活在一個新的城市、從目前的工作被撤職，或是和另一個人生活多年，會有什麼感覺。當你不處於這個特定情況中的時候，你可能無法準確地預測你會如何回應。這是用於正面與負面的未來情況。Gilbert 和 Wilson（2000）暗示，當我們想到未來的一年會遇到什麼可怕的事，並試圖去預期我們會有什麼感受的時候，我們會把焦點完全放在可怕的事件上，並忽略其他所有會影響我們的快樂程度的因素。人們預期自己在未來來臨時的感受，會比他們實際上的感覺還要糟糕。同樣地，對正面的事件，如果我們只把焦點放在發生的機率，我們會錯誤地預期自己的快樂程度會比在未來一年中我們實際可能會有的普通水準還高。這之所以會發生，是因為我們沒把焦點放在日常的麻煩，以及其他會減低我們在未來某個時刻的感受的因素上。

這些是否都表示了自省不可避免地會誤導我們，甚至在事實上有可能會帶來傷害？這得看我們是在分析自己的什麼部分。當所關注的行為是基於有意識的決定過程、而非基於無意識的情感因素之上時，反思這些因素會導致正確的自我評判。此外，如果我們經常反省自己在某個特定範疇裡的行為，這可能會是我們偏好什麼的好線索。當我們發現自己長期努力於某個特定工作，卻不受限制又毫無回報時，我們就有可能會推斷自己很有進行這項工作的動力，並樂在其中。另一方面，如果我們只在受監控或得到獎勵時才進行某項任務的話，我們就能很準確地推論，我們進行這些行動的原因可能是外在的，而不是單單因為對這項任務的喜愛。因此，縱然向內省察可能有所幫助，卻可能不像流行書籍裡暗示的一樣，在什麼情況下都有幫助。研究揭示了我們可能「自問」比自己實際知道的還要多的事情！

第四節　作為偏見目標的自我

得不到你想要的東西，或是得到你不想要的東西，一般而言都是負面的經驗，但你如何解釋這些結果，會讓你對自己的感受具有重要意涵。一如你在第三章所見，歸因會影響由事件所衍生的意義，而對一個負面結果的某些歸因特別具有傷害性（Weiner, 1985）。人們如何解釋與回應某種負面結果，例如因為

某人的群體成員身分而來的以偏見為基礎的負面對待,已經成了許多研究的焦點。縱然針對女性與弱勢群體的明顯歧視自從二次大戰後在美國已經普遍減少,但仍然十分氾濫(雖然經常是隱微的),這可能可以解釋被貶抑群體成員所體驗到的頻繁的、不受歡迎的結果。被貶抑群體的成員僅是在場,並不表示他們在一個感到確定不會有歧視的環境中會覺得舒服。

壹、情緒後果:健康會如何受損

一如先前提過的,社會心理學家長久以來就對被貶抑社會群體的自尊後果感興趣。George Herbert Mead(1934)首先提議,我們的自我評量得看其他人怎麼看我們。既然比起主流群體成員,被貶抑群體較有可能經驗到其他人的負面回應,兩者的自尊過程就都被詳細地檢視過。

為了說明作為偏見的對象如何維持他們的自尊,Crocker 和 Major(1989)暗示,將負面結果歸因於偏見,可能是被貶抑與歧視的人的自我保護。尤其是,他們論稱,將一個負面結果歸因為另一個人的偏見所造成的,應被視為是外在的歸因。因此,將一個負面結果歸因到某些外在於自我的事物上,便應該是種自我保護。這些理論家推測,既然對偏見的歸因對糟糕的結果能提供充分的自我保護的解釋,那它「就不只會被用來回應來自對被污名群體偏見的負面評價或結果,也會被用來回應不由偏見而來的負面結果」(Crocker & Major, 1989, p. 612)。這意味著在被貶抑群體成員身上,可能有種保護自尊的動機,促使他們將問題歸因於偏見。然而,有非常大量的相關證據顯示,劣勢群體成員所察覺到的對其群體的歧視越多,他們的健康狀況就越差。因此,被認為來自諸如穩定的個人群體身分因素的負面結果,所預期的並不是正向的自尊。在這種覺察到的歧視和負面健康狀況之間的關係,存在於各種不同的社會群體成員身上,包括女性(Schmitt et al., 2002)、美國黑人(Branscombe, Schmitt, & Harvey, 1999)、同性戀(Herek, Gillis, & Cogan, 1999)、猶太裔加拿大人(Dion & Earn, 1975),以及體重過重的人(Crocker, Cornwell, & Major, 1993)。讓我們考慮一下對下述兩個論題,來自實驗研究證據的解釋:(1)對偏見做外在歸因,因而低估了負面結果的內在原因;(2)將特定的負面結果歸因於偏見,這保護了

被貶抑群體成員的健康。

　　我們的群體身分是否應該被視為真的在自我之外呢？一如本章所揭示的，我們作為某些群體成員的社會身分，會是自我的重要面向。Kelley 的「共變原則」（covariation principle，見第三章）的作用暗示，當和自我有關的某事物（群體成員身分）和某項結果（歧視）共變時，人們所做的歸因會有極大的內在要素。為了闡述對偏見所做的歸因中這種事先無法辨識的內在要素，Schmitt 和 Branscombe（2002b）將這種歸因和另一個情境做比較，在這個情境中，對同一種排除性的結果做外在歸因似乎較為合理。研究者讓研究參加者思考一個情境：某教授拒絕讓他們進入某堂需要教授許可才能參與的課程。這項排除行為可能是基於不同的理由，而這對人們會有什麼感受各有不同的意涵。藉由改變關於教授或何人能否進入課堂的資訊，對研究參加者的拒絕是偏見或單純的外在原因便變得較為可信。在「偏見較為可信」的條件下，研究參加者得知該教授以對他們的性別不友善著稱，而只有另一個性別的成員被允許進入。在「每個人都被排除」的條件中，研究參加者得知該教授以對所有學生不友善著稱，而沒有任何人得到特別許可。學生們怎樣對他們不被允許進入課堂的事件做歸因？在偏見條件下，他們將被拒絕的原因理解為和該教授*以及*他們自身有關。只有在每個人都被拒絕時，才根本上不存在內在歸因要素。與做不涉及偏見的歸因時相較，人們在做出偏見歸因時會將自我牽連在內（例如，個人的群體成員身分是自我的部分，因此內在性高），這項研究發現在後續研究中重複得到證明（Major, Kaiser, & McCoy, 2003）。

　　既然我們知道歸因於偏見有極大的內在性要素，我們就能追問這是否有可能是種自我保護。的確，根據 Schmitt 和 Branscombe（2002b）的研究發現，相較於所有人都被排除而且該排除行為無法被歸因到歧視時，對女性而言，做出教授歧視女性的歸因會傷害她們的健康。運用相同的包含某教授拒絕學生登記選修該堂課的實驗素材，Major、Kaiser 和 McCoy（2003）發現，人們還會做出比歸咎於歧視或教授拒絕任何人選修更糟糕的歸因。當教授認為某個學生特別愚蠢，而該學生成了唯一一個被拒絕加入課堂的人時，這個情境所造成的研究參加者對自我的感覺最為負面。

　　很清楚地，一個人將負面結果理解為來自對個人群體的偏見時會導出什麼

結論，得看其對應的歸因為何。當負面的結果被歸因到偏見之上時，這對劣勢群體而言反應的是內在的、相對穩定的原因。但和另一個重要的內在的穩定特徵相比，例如個人智能的欠缺時，歸因到偏見之上可能是種自我保護。而當另一個內在性的解釋與更多的情境或結果相關時（即更為普遍）（Major, Kaiser & McCoy, 2003），可能會把這遭遇歸因到偏見之上，而對健康造成更大的傷害。就另一方面而言，相較於一個實際的外在性歸因，例如該教授平時的負面性情，歸因到偏見對健康就相對有害（Schmitt & Branscombe, 2002b）。如圖 5.3 所示，對同一個令人討厭的結果的各種歸因，可能會隨著其對心理健康的負面涵義程度的連續順位而有所不同。

　　一個歸咎於偏見的歸因能反映普遍的歧視性處境，又或者能將之理解為反映了少有而不常見的特例。實際上，對任何特定經驗而言，歸因於偏見可被視為反映了更廣大的社會情境，或是被視為與一個孤單的心胸狹窄的人的一次遭遇。Schmitt、Branscombe 和 Postmes（2003）闡釋了人們理解到偏見有多盛行，對女性的心理健康有多重要。研究參加者相信他們所參與的是個關於求職面試技巧的研究，而二十個參與研究的男性商人之一會給他們回饋。每個研究

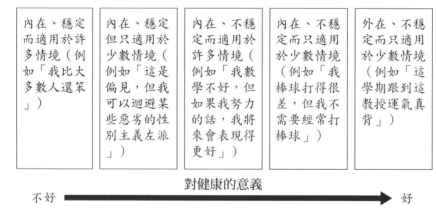

所做的歸因對健康的傷害程度

| 內在、穩定而適用於許多情境（例如「我比大多數人還笨」） | 內在、穩定但只適用於少數情境（例如「這是偏見，但我可以迴避某些惡劣的性別主義左派」） | 內在、不穩定而適用於許多情境（例如「我數學不好，但如果我努力的話，我將來會表現得更好」） | 內在、不穩定而只適用於少數情境（例如「我棒球打得很差，但我不需要經常打棒球」） | 外在、不穩定而只適用於少數情境（例如「這學期跟到這教授運氣真背」） |

對健康的意義

不好　　　　　　　　　　　　　　　　　　　　　　好

圖 5.3　對一結果的歸因會隨著其對健康的傷害多大而有所不同

一個人所能做的對健康最糟的歸因，就是在他們自己身上有某種穩定而適用於許多情境的特殊性。最好的歸因，則會是該結果完全是外在的、不穩定的，而且在許多情境下都不太可能會發生。

參加者都從面試者那裡收到同樣的負向回饋。但是，在等候他們的面試結果時，實驗者表面上透露給研究參加者的訊息是：(1)「你的面試官是個大渾蛋，他好像給每個人的都是負面評價」（非性別主義的外在歸因）；(2)「你那個面試官真是個性別主義者，給女性的都是負面評價，給男性的卻是正面評價」（少數的性別主義者）；或是(3)「全部的面試官，包括你那個，都是性別主義者」（普遍的性別主義）。相較於當偏見被認為只存在於少數性別主義者或根本不歸因於偏見的情況，當偏見所導致的結果被認為也有可能在其他情境中發生時（偏見被認為在二十個面試官之間普遍存在時），研究參加者基於其性別的感受與總體正面情緒都會變糟。當歧視被視為孤立事件時，自尊與情緒和當一個「非性別主義的渾蛋」給出負面評價時並無不同。因此，並不是所有歸咎偏見的歸因都是一樣的。對於該怎麼面對一個事件，以及心理健康是否會受到傷害，基本上最重要的是對未來有多少可能會遇到這種歧視性對待的理解。

貳、認知後果：缺乏表現

可感知的偏見不但會影響心理健康，還會干擾我們學習與獲得新技能的能力。有些研究發現，當人們害怕其他人發現自己屬於受貶抑的群體時（可隱瞞的標籤就可能是如此），這種恐懼會對人們的學習能力帶來負面的影響（Frable, Blackstone, & Scherbaum, 1990; Lord & Saenz, 1985）。當我們處在感到需要隱藏我們的身分認同，並擔心其他人可能會如何理解我們的處境時，這會讓我們分心。測量注意力分配的研究揭示了，當這種分散注意力的重擔壓在劣勢群體之上時，他們的認知能力會受損，表現也會變差。

參、行為後果：刻板印象威脅

當人們相信自己可能會被用對其社會身分的負面刻板印象，或是其不小心以某種肯認他們社會群體的行為方式所評判時，就出現了**刻板印象威脅**（stereotype threat）（Steele, 1997）。當人們看重自己某個特定的領域（例如數學），但自己的群體（例如女性）卻在刻板印象上被認為在該領域表現差勁時，就會出現刻板印象威脅。當那些易受刻板印象威脅傷害的人，被以某種明白或隱微

的方式提醒刻板印象可能對他們也適用時，在該領域的表現就可能會被損害。

　　刻板印象威脅效應似乎很難掌控。例如，只要在一個女性參加數學測驗前告訴她，男性對數學比女性更在行（Spencer, Steele, & Quinn, 1999），或是在一場口試之前要非裔美國人表明他們的種族（Steele & Aronson, 1995），就足以引發刻板印象威脅，並對他們的表現造成危害。確實，因為對女性的刻板印象是她們的數學比男性差，在參與一場有男性在場的困難的數學考試時，她們似乎會表現得比較差，而參與只有女性在場的同一場考試時，她們會表現得比較好（Inzlicht & Ben-Zeev, 2000）。值得注意的是，這種表現的衰退只出現在與偏見有關的面向上，並不是所有類型的表現都受到損害。因此，在數學上，女性較易受威脅，而非裔美國人則是在口試方面較易受威脅。

　　正是因為這種刻板印象威脅不易消除，研究者探討過被貶抑群體成員在體驗到刻板印象威脅時可用的回應選擇。被提出來的選擇之一對某領域的去認同化（disidentification）（Steele, Spencer, & Aronson, 2002）。人們可以對刻板印象上讓他們易受損害的領域試著拉開距離。然而，這種選擇對那些極度看重在某個領域的表現的人而言，可能反而會很有問題。在上述研究中，被選上的女性都很看重在數學上的良好表現；與此相似，被選上的非裔美國人也傾向在需要優秀口語能力的工作上表現良好。另一個在刻板印象威脅情境中可能可以使用的選項，則是試圖將自我與整個群體認同拉開距離。意即，女性可以減少她們對自身性別群體的認同程度，或非裔美國人也可以對其種族身分依樣而行。然而，這個選項也伴隨著長期的風險，因為眾所周知，弱勢群體的群體認同對其心理健康極為重要（Postmes & Branscombe, 2002）。

　　研究為屈從於刻板印象威脅情況的人揭示了第三個可得的選項。易受刻板印象威脅所傷害的人可以維持他們對其群體的總體認同程度，而只對那些對其在特定重要領域表現出威脅的刻板印象的面向上，將他們的自我與之拉開距離。想想那些選修很多數學課，並認為數學是其自我概念的重要方面的女性，她們的兩難處境。她們一樣看重自己作為女性的身分認同。當她們發現自己所接觸的訊息暗示，在數學能力上兩性之間確實存在著差異，即男性比女性更在行時，這些女性感受到威脅。她們如何能同時既不遠離該領域又不遠離該群體來處理這個問題？Pronin、Steele 和 Ross（2004）提出了一個可能，他們發現，高度

認同數學的女性只將她們自己與在刻板印象中被視為無法與其數學上的成功相比的面向拉開距離（例如辭職照顧小孩或賣弄風騷），而對於在刻板印象中被視為與其數學成就無關的面向（例如同情、懂時尚）則不如此。對其性別群體的這些方面的去認同化，只會在刻板印象威脅的情況中發生，但在沒有這種威脅時卻不會發生，暗示了這是個受激發來緩和所體驗到威脅的過程。

　　為何會發生基於刻板印象威脅的表現減弱狀況？有些研究者提議，女性、黑人與拉丁裔在其群體成員身分被描述為預告了差勁的表現時，會引起他們的焦慮（Osborne, 2001）。因為這種焦慮的結果，他們的實際表現被打亂了。若然如此，只要能預防基於壓力的焦慮，例如有些女性以幽默作為處理策略，就可以避免表現變差（Ford et al., 2004）。

　　然而，在被污名化群體成員之間，發現在刻板印象威脅情況下升高的自我回報的焦慮上，已有一些失敗的研究（Aronson et al., 1999）。這可能是因為被污名化群體的成員不願意承認他們在了解到將要與主宰群體成員相較的情況下所感受到的焦慮，或者可能是他們並不真的理解他們正感到或被激起焦慮，因此無法準確地回報他們的感受。

　　測驗焦慮的非口語測量的研究已揭示，焦慮在刻板印象威脅效應中扮演了關鍵的角色。縱然自我回報的焦慮經常無法揭示焦慮的重要角色，焦慮的非口語測量卻清楚地闡述了焦慮在刻板印象威脅效應中所扮演的角色。Bosson、Haymovitz 和 Pinel（2004）在一個巧妙設計的測驗中，檢證焦慮確實導致刻板印象威脅下的表現不足的假說。首先，他們在拍攝同性戀與異性戀研究參加者在一個托兒所中與小孩的互動之前，先提醒或不提醒他們自己的成員身分類別。就在研究參加者與小孩互動之前，他們被要求在一份表格上說明他們的性傾向，因此他們被提醒了自己的性傾向。同性戀研究參加者在這個細微的代表了其群體在刻板印象中對小孩具危險性的提示之後，他們的育兒技巧（由對此假說與程序毫不知情的評審做出評量）減低了，相較於他們不被提醒其成員身分類別的時候。同樣一個群體成員身分提示對異性戀研究參加者毫無效力，因為其中沒有這種對小孩具危險性的刻板印象。因此，異性戀研究參加者在表現情境中並不承受可能會證實某種負面刻板印象的風險。

　　是否只有在那些在歷史文化中被貶抑的群體身上，能觀察到刻板印象威脅

效應？不，絕非如此。這種效應發生在那些整體上不被當成被貶抑群體、卻在刻板印象上比女性更不情緒化的男性身上（Leyens et al., 2000）。當男性被提醒到有關其情緒障礙的刻板印象時，在要求他們指認情緒的任務上，他們的表現會變差。Stone 和他的同事（1999）發現，刻板印象威脅效應在主宰群體成員身上也會發生，只要所做的比較是基於其群體被認為較不擅長的面向。在他們的研究中，被拿來和黑人相比的白人，在體育任務上的表現較差，當他們相信這反映了天生的體育能力時。當白人相信完全相同的任務表現的是運動方面的智能，而這正好是白人被期待優於其他人種的面向時，所發生的情況則會完全相反。相同地，縱然不存在著白人在數學上表現差勁的刻板印象，當他們受到與在刻板印象中在該領域比白人更優秀的亞洲人相比可能存在的負面威脅時，白人就會呈現出數學表現的不足（Aronson et al., 1999）。因此，比較性背景對刻板印象威脅效應很重要，而這些效應並不限於歷史上處於劣勢的群體。刻板印象威脅效應闡述了群體成員身分在心理威脅體驗的重要性，以及這將如何輕易地破壞表現。

重點摘要與回顧

思考自我：個人認同 vs. 社會認同

- 我們思考我們自己的方式會改變，端看我們在任何特定時刻於個人—社會認同連續集上所處的位置。我們可以用將我們與他人區隔開的特質來思考自己，因而這便建立在群體內比較上。或者，可以用作為一個社會群體成員來思考自我，而這時對自我的理解便建立在與其他群體成員共享的特質上；這種對自我的理解來自群體間比較過程的基礎上。
- 自我定義在不同情境下會有所不同，在這些背景下各有其有效的行為預測者。自我如何被概念化，也得看其他人對我們有何期待，以及我們相信他們會如何對待我們。
- 在我們目前所是之外的其他自我，會鼓動我們試圖去改變自我。令人畏懼的可能我會引導我們放棄特定行為（例如抽菸），而令人渴慕的可能我則會讓我們長時間努力以迄及之。

■ 自尊：對自我的態度

- 我們對自己有何感受可以被直接測量，也可用較隱微或不直接的方法測量。大部分人會表現出自利偏誤，諸如高過平均效應，即我們用比對大部分其他人都更為正面（而較不負面）的方式看待自己。

- 高自尊有其風險。它和更高的人際侵略的可能性有關，似乎是對於防衛個人較高的自我觀感的需求的回應。

- 平均而言，女性的自尊確實比男性低。這在女性不參與勞動的國家，以及美國中產階級與底層階級的女性尤其如此，她們的工作環境中以性別為基礎的貶抑最為頻繁。

■ 社會比較：認識自我

- 社會比較是我們判斷與認識自我不可或缺的工具。個人層次的向上社會比較可能很痛苦，在認同層次的向下社會比較可能比較舒適。然而，當我們在群體層次歸類自我時，情況卻相反。表現差勁的內群體成員會威脅到我們群體認同的正面觀點，而表現優秀的內群體成員能正面地反映我們的群體認同。更進一步，我們可能會去貶抑那些行為不忠誠的內群體成員（害群之馬效應），而這麼做保護了我們的群體認同。

- 人們經常為了討人喜歡，以逢迎的姿態將自己呈現給他人，縱然這個傾向得看引導我們行為的社會規範為何。自我監控中的個體差異能預測人們讓自己的行為適應不同情境規範的能力和意願。

■ 作為偏見目標的自我

- 有些研究者已經暗示，在被貶抑群體成員之間，對偏見會做外在歸因，而因此有保護自尊的可能。對偏見的這種歸因不只不被個體當作是自我之外（我的群體身分與我有關），它一般而言也不具保護性，除了在和有可能的最糟歸因（即某個可適用於範圍廣大的情境，並同時反映自我的內在與穩定層面的重要面向）相比的時候。更進一步，理解到自我是偏見的目標，會給健康帶來負面的後果，特別是當歧視氾濫時。

- 對於偏見可能正在運作並影響個人得到的結果的懷疑，可能令人分心、耗損認知資源，並創造焦慮。結果，只要群體成員被提醒了他們的成員身分，而害怕

他們可能會證實對於其群體的負面期待，刻板印象威脅效應就會發生在歷史上被貶抑的群體身上。刻板印象威脅可以暗中摧毀主宰群體成員的表現，當他們害怕和其他群體成員的負面比較時。對表現的這種暗中破壞只會在與刻板印象有關的面向上發生。

- 人們會透過將自己或是整個群體（例如女性）和表現領域（例如數學）拉開距離來處理刻板印象威脅，但這兩種選擇的情緒代價都很高昂。只從與某一領域優異表現的刻板印象的面向來開距離似乎是比較好的。

連結：整合社會心理學

在這章，你讀到了……	在別章，你會讀到這些相關討論……
規範在社會運作中的角色	規範的本質及其在社會影響（第九章）與侵略行為（第十一章）中所扮演的角色
歸因的本質及社會解釋	歸因中的自利偏誤（第三章）
個體關於他人如何評價其表現的在乎	他人的評價對我們是否喜歡他人（第七章）和自我呈現（第三章）的影響
情境或背景對判斷的重要	觀眾對態度的影響（第四章）
刻板印象與歧視的角色	偏見的本質（第六章）和各種社會影響的形式（第九章）

■ 思考這些連結

1. 你是否在理解自己為某個群體成員（從社會身分角度來說）和刻板印象威脅之間看到某種連結？（暗示：你是否懷疑過其他人可能會負面地看待你的群體？）

2. 我們大部分人都被鼓勵去保護我們的自尊。在你要解釋一個發生在你身上的壞結果時，你最喜歡的歸因可能會是什麼？你最不喜歡的歸因又是什麼？要是你明白說出這兩種歸因之一的話，其他人又可能會怎麼回應你？

3. 我們都想要認識自己。我們要怎麼做到呢？你能不能想到一個例子：你不喜歡和某人相比，並試圖將自己與之拉開距離？你能不能想到一個例子：你喜歡和某人相比，而且喜歡在他身邊的向下社會比較？這些不同的表現如何影響你和這個人的關係？

4. 如果「新的可能我」的形象能鼓舞我們改變自己，你能不能指出可能讓你做有效改變的「想要的可能我」和「可怕的可能我」？如果可以的話，描述你會為了避免可怕的可能我所做的改變，並想想你會為了達到你想要的可能我做什麼改變。

5. 你是否曾經體驗過你自我知覺的改變，在你從一個情境或群體轉移到另一個的時候？如果有的話，這個自我知覺是否比另一個看來更為正確？還是兩個都一樣真實，端看情境為何？

觀念帶著走～活用：讓你自己最佳化

- 找個自己似乎可以達到其成就的角色模範。如果你最終想達到他或她的地位或成就，這種向上比較可能很有啟發性。

- 用喜歡並看重他人的方式呈現自己，如果你想要他們喜歡你的話。人們喜歡看重他們的人。

- 避免為你自己得到的結果做歸因，如果你想要對你的未來感覺良好的話，因為這些是相對內在而穩定的歸因，可預期會傷害到你。另一方面，偏見待遇很可能持續存在，當對歧視的控訴被迴避的時候。如果你確實認為某個結果是來自不公正的歧視的話，尋求你群體裡其他成員的社會支持。

- 避免為了負面結果做責怪他人的公開歸因，因為這有社會成本。

- 刻板印象威脅在人們害怕確認關於其群體的負面刻板印象時會發生。你可以透過暗示脆弱的他人在特定任務上群體差異並不存在來試圖減弱此威脅。你能這樣幫助他人免於體驗到刻板印象威脅：避免突出他們的群體成員身分。

- 自我定義在情境改變時會有所轉變。注意你自己在教室裡、在寢室或公寓、約會、工作，相對於你在家裡時，你如何思考自己。

- 想想其他人對你有何期待，以及這如何影響你對自己的觀感。

- 練習正面地思考自己。

關鍵詞

高過平均效應（above-average effect）

害群之馬效應（black sheep effect）

向下社會比較（downward social comparison）

認同干擾（identity interference）

獨立的自我概念（independent self-concept）

逢迎拍馬（ingratiation）

互依的自我概念（interdependent self-concept）

群體間比較（intergroup comparison）

群體內比較（intragroup comparison）

內省（introspection）

客觀的自我覺察（objective self-awareness）

個人—社會認同連續集（personal-social identity continuum）

可能我（possible self）

自我複雜度（self-complexity）

自我效能（slef-efficacy）

自尊（self-esteem）

自我評價維持模式（self-evaluation maintenance model）

自我監控（self-monitoring）

自我參照效應（self-reference effect）

社會比較理論（social comparison theory）

社會認同理論（social identity theory）

刻板印象威脅（stereotype threat）

主觀的自我覺察（subjective self-awareness）

象徵的自我覺察（symbolic self-awareness）

向上社會比較（upward social comparison）

6 chapter

偏見：
成因、影響與對策

　　我（Nyla Branscombe）經常做跨國旅行，除了加拿大和澳洲之外，還在美國與歐洲之間通勤。在 2001 年 9 月 11 日的恐怖主義攻擊之後，在搭乘從美國出發的航班時，和其他美國遊客一樣，我也經歷了大幅增加的機場安檢程序。現在，在美國的機場，我們不斷地看到提醒我們住在一個「戒備中」的國家的指示物。在許多旅程中，我曾納悶這些安檢程序（包含脫鞋及用金屬探測器搜身）的經歷會影響乘客到什麼程度。有些人可能會期待這些增加的安檢會讓我們感到更為「安全」，並減少受威脅的感覺，因為這是種提示，告訴我們政府正在積極地試圖阻止其他可能的攻擊。然而，許多社會心理學研究暗示，在一如以色列這樣的國家行之有年的這種安檢程序的體驗，會產生相反的效果。這類提醒我們安全堪慮的提示，會突顯死亡、升高焦慮，並有可能提高對代表該威脅的群體的偏見（Pyszczynski et al., 2004）。此一心理學後果，和九一一後穆斯林美國人、乃至更普遍的阿拉伯裔所回報的機場經驗相符合（Fries, 2001; Gerstenfeld, 2002）。一如你在本章中將看到的，受威脅與脆弱的感覺在偏見理論中扮演了重要的角色。

　　有次我和一個中東朋友一起旅行，我注意到他受到美國安檢人員的特殊盤查，以及其他乘客的另眼相看。你覺得這額外的盤查來自於偏見嗎？我們是否會將我們自身群體成員的行動，例如他們對待阿拉伯裔與穆斯林美國人乃至其他國家公民的方式，理解為偏見？抑或我們更有可能將這項盤查理解為在我們的群體受威脅時的合理行動？在本章中，我們將探討偏見待遇在什麼時候會被

認為是合理的，什麼時候又會被認為是不合理的。

　　每個人幾乎在某些時刻都會與偏見迎面相逢，作為目標、作為某人對非我族類成員的對待方式的觀察者，或是作為加害者，也就是當我們發現自己對某些群體的成員，有比對我們自己群體的成員的回應更為負面的感受或行動的時候。偏見並不限於極端的形式，例如在歐洲與美洲的滅族暴行、奴隸制度，或是在 2001 年 9 月 11 日對世貿中心的攻擊行動。一如你將看到的，可以在社會心理學家對許多不同的社會群體都已測量過的認知與情緒過程中發現這種歧視的根源。

　　就算不那麼極端，不同類別的成員身分，僅以年齡、職業、性別、宗教、所說的語言與其地區口音、性傾向或是體重等為例，以此為基礎的偏見，對其受害者而言也是不可免的。基於這種類別成員身分的歧視性待遇可能是公然的或隱微的（Devine, Plant, & Blair, 2001; Swim & Campbell, 2001）。偏見可能會被其加害者理解為不得不接受而且正當的（Crandall, Eshleman, & O'Brien, 2002），也可能會被看作是非法的，個人必須奮力阻止——包含自己和他人的——偏見（Devine & Monteith, 1993）。換句話說，並不是所有不平等與差別對待都會被以同樣的方式理解與回應。某些形式的不平等會被理解為正當的，而當與其合法性有關的規範改變的時候，就可能會激發威脅感。在這些情況下，那些抱持高度偏見的人可能會試圖維持現狀，並對那些尋求改變的人表現出強烈反對。那些少有偏見的人在相同的社會改變情況下，可能會努力促進社會變革，因為他們相信這是達到最高的社會正義的方法。在這種不穩定而變動不拘的情況下，我們所感受到的社會衝突最為緊張，關於群體間的關係應該如何的公共輿論也可能會兩極化（Hogg & Abrams, 1988）。

　　在本章中，我們將檢視刻板印象（stereotyping）的本質，並探討它和歧視（discrimination）如何發生關聯，特別是在職場中針對女性的歧視。雖然在男女之間有著高度的人際接觸，這似乎在其他例子中並不存在，例如種族與宗教團體（Jackman, 1994），卻是我們每個人必然會有的一種群體成員身分。之後，我們轉向關於偏見的本質與起源的各種觀點，並探討為何偏見（prejudice）之所以能持久的原因。最後，我們將探討各種減少偏見的有效策略。

第一節　刻板印象、偏見與
歧視的本質與根源

在日常對話中，刻板印象、偏見與歧視這幾個詞彙經常被互換著運用。然而，社會心理學家透過建立起更具普遍性的態度概念（見第四章），把這三者做出區隔。也就是說，刻板印象被認為是對某個社會群體的態度的認知要素，它是由關於某特定群體是什麼樣子的信念所構成。偏見被認為是我們對特定群體所持態度的情感要素或感受。歧視則側重其行為要素，或是對特定社會群體成員的差別行動。

壹、刻板印象：對社會群體的信念

一如其他態度，對各群體的**刻板印象**（stereotypes），涉及到我們所擁有的關於這些群體的成員像什麼樣子的信念與期待。刻板印象包含的不只是特質；身體特徵、活動的偏好及可能的行為等，都是刻板印象期待的普遍要素（Biernat & Thompson, 2002; Deaux & LaFrance, 1998; Twenge, 1999）。用以區別群體的特質可以是正面或負面的特性，可能正確也可能不正確，也可能被刻板印象的對象群體成員所接受或拒斥。

性別刻板印象（gender stereotypes），意即關於女性與男性特徵的信念，同時包含著正面與負面的特質（見表 6.1）。性別的刻板印象，在典型上是彼此相反的。在對女性的刻板印象中，其正面的方面將女性視為善良、具有母性、體貼的。在負面的方面，女性被視為依賴、軟弱而過度情緒化。因此，正如 Susan Fiske 和她的同事（Fiske et al., 2002）所提到的，我們對女性的總體描繪是，她們極為溫暖卻沒啥能力。確實，對女性在這兩個向度上的認識，和其他被認為地位相對較低的、不威脅高地位群體的社群的認識十分類似（Conway & Vartanian, 2000; Eagly, 1987; Stewart et al., 2000）。一如你將看到的，以納粹德國時期的猶太人為例，當某群體被視為是對高地位群體的威脅時〔這有時被稱為「羨

表 6.1　刻板印象中關於女性和男性的普遍特質
• • • • • • • • • • • •

一如這個刻板印象特質的列表所暗示，女性被認為是「較和善與溫暖」的，而男性被認為是「有能力且獨立」的。

女性特質	男性特質
溫暖	能幹的
情緒化	穩定的
和善的、有禮的	剛強的、粗魯的
敏感的	自信的
跟隨者	領導者
軟弱的	強壯的
友善的	善於社交的
時尚的	我行我素
溫柔的	侵略的

（資料來源：Based on Deaux & Kite, 1993; Eagly & Mladinic, 1994; Fiske et al., 2002.）

妒偏見」（envious prejudice）〕，這些群體經常被加上毫無溫情，但能力高強的刻板印象（see Glick, 2002）。

　　男人也被假定有正面與負面的刻板印象特質，他們被視為果決、獨斷與老練的，但也被視為具侵略性、本能性與傲慢的。這樣的描繪反映了男性的地位相對較高。有趣的是，因為在對女性的刻板印象中極度強調溫暖的特點，人們似乎對女性的感受較為正面，這個發現被 Eagly 和 Mladinic（1994）稱為「女人真好」（women are wonderful）效應。

　　儘管有這些被認為比較好的特性，女性還是面對一個主要的問題：比起男性據稱所擁有的特質，她們據稱所擁有的特質，較有可能被看為較不適合地位高的位置。女性的特質可能讓她們看來較適合「支持的角色」，當今美國女性的職業角色反映了這點。她們極大部分都在教牧、護理或服務業工作，這些領域在地位或是薪資報酬上，都比男性主宰的、相較之下高技術的職業低（Jacobs & Steinberg, 1990; Peterson & Runyan, 1993）。縱然女性構成了美國人口的一半以上，但所維持的仍然是極度男性主宰的權力結構：男性擁有並控制著大部分的財富及政治權力（Ridgeway, 2001）。此外，因為男性與女性在私人關係上緊密地糾纏在一起，我們經常難以辨識出這個與性別群體身分相關的結構性事實。

一、刻板印象與「玻璃天花板」

在 1970 年代到 1990 年代之間，女性經理的比例從 16%上升到 42%（U.S. Department of Labor, 1992）。但是，高階女性經理的比例變化卻很小，從 3%到 5%（Glass Ceiling Commission, 1995），這反映出 Schein（2001）所謂的「想到經理，就是男人」的偏誤。許多論者主張，這種不同的結果，可以用**玻璃天花板**（glass ceiling）解釋，意即阻止女性作為一個群體在職場達到最高地位的終極阻礙。

有幾個研究證實了玻璃天花板的存在（Heilman, 1995; Stroh, Langlands, & Simpson, 2004）。例如，我們知道，縱然下屬對男性和女性上司說的話都差不多，但他們事實上卻對女性展現出較多負面的非口語行為（nonverbal behaviors）（Butler & Geis, 1990）。在女性擔任上司時，她們比較可能會從下屬那兒得到低的評價，即使她們的行動與男性相似（Butler & Geis, 1990; Eagly, Makijani, & Klonsky, 1992）。確實，比起在那些具性別刻板印象的職位工作的女性，在充滿競爭、男性主宰的工作環境裡相對成功的女性，最可能回報其受到性別歧視的經驗（Redersdorff, Martinot, & Branscombe, 2004），而當她們的領導風格偏向目標取向或威權主義時，特別可能得到負面的評價（Eagly & Karau, 2002）。

當女性違背了刻板印象對其溫暖與母性的期待，反而以領導者的標準行事時，她們很有可能會受到排斥，特別是在男性的領域裡。例如，在 1978 年到 1998 年之間，在 1,696 次州政府首長選舉中，Fox 和 Oxley（2003）發現，女性比較不會進一步當候選人，而當她們這麼做的時候，比起角逐符合於刻板印象的職務（例如教育或人道服務），如果她們角逐的職位與刻板印象不符合（例如財務審查官或首席檢察長），就較少成功。違反以刻板印象為主的期待，似乎就為 Ann Hopkins 帶來麻煩，她為 Price Waterhouse 公司爭取到一個數百萬美元的計畫，但卻被摒除於合夥人之外，因為她被認為不夠女性化（Hopkins, 1996）。在她的例子裡，資深合夥人在給她的評量裡建議她「多化點妝」，而且舉止該「更像個女人」！這種明顯的刻板印象，可能是對社會心理學家所寫的刻板印象研究、法院顧問所做的簡報之所以能影響美國高等法院的原因。高

院判決 Price Waterhouse 敗訴，並判給 Ann Hopkins 她應得的合夥人資格（Fiske et al., 1991）。

德高望重的麻省理工學院裡的女教授也發現，她們所得到的研究經費和薪資有系統地少於她們的男性同事（*MIT-report*, 1999）。當她們把清楚說明這個事例的資料呈給學院高層職員過目的時候，他們確實做了一些改正，卻失於看到出現在資料中的以性別為基礎的差異，而這差異在以性別彙整各系所的資料之前就已存在。一如 Faye Crosby 和她的同事（Crosby et al., 1986）證明的，在單獨審視個案時，人們能很輕易地對差別待遇做出解釋。而只有將許多情況中相同案例的資訊彙整起來，性別上清楚的差別待遇的模式才會被注意到。

關於男性的刻板印象和關於領導者的刻板印象的重合，在男性進入女性占主導地位的行業時，會導致玻璃天花板效應的逆反現象。在這種情況下，男性很可能會搭「玻璃手扶梯」的便車直上頂層（Williams, 1992），並快速地在諸如護理或其他傳統上女性為主的領域裡成為經理或執行長。因此，在人們進入與刻板印象不符的工作角色時，阻擋人們升到頂層的偏見，似乎主要是針對女性。

就另一方面而言，對當前投入勞動市場的女性，也存在一些樂觀的偏見。Lyness 和 Thompson（1997）曾比較過一家大公司裡女性與男性的際遇。他們很仔細地讓兩組人在教育水準、就業經驗以及其他因素方面彼此相稱。少數的差異只存在於他們的薪水、獎金或其他津貼上。然而，女性回報的則是，她們的下屬較少，遇到的困難較多。在一個後續研究中，Lyness 和 Thompson（2000）更仔細地檢視阻止女性獲得成功的阻礙。同樣地，在此研究中的女性和男性在目前職位、進入公司的年資及表現等級上，都極為相稱，以確保實驗結果不受這些因素的影響。

結果證明了，即使在同一家公司裡，女性和男性最後都爬到相同的等級，他們在這個過程中所面對的困難則有所差異。女性表示她們面對較大的困難，是在男性主導的文化中格格不入，被排除在非正式的網絡之外，並且較難獲得有發展性的任務，亦即有助於增進她們技能與推進其事業的任務。此外，在目前的事業成就上則出現相對較少的性別差異。然而，有兩項因素則和事業成就的實際衡量強烈相關，即擁有一位良師益友，以及接收到責任重大的任務。但，

總體而言，雖然這些經理級的女性確實比男性在成功的路上經歷到更多的困難，她們卻似乎都克服了這些困難，並最終取得了和男性水準不相上下的成功。那麼，玻璃天花板真的存在嗎？是的，女性要取得和男性差不多的成就，必須克服較大的困難。但，卻有少數女性最終升上了高階經理的事實顯示，玻璃天花板上已經出現某些裂痕。縱然還有許多需要努力的部分，有些改變似乎已經在職場上發生，而某些女性也確實克服了性別刻板印象橫亙在她們前方的障礙。

二、代表性高階女性的後果

我們可以合理地問，那些打破玻璃天花板的女性，是否讓歧視作為其他女性相對較不成功的解釋，變得較不合理？甚至這些代表性高階女性的成就，反被當成性別不再重要的證據（Ely, 1994; Geis, 1993; Greenhaus & Parasuraman, 1993），人們可以推論，女性在高階職位上的相對缺席，是因為她們缺乏成功必要的才能。因此，代表性高階女性的成就，可能會掩蓋了女性本質上結構性的整體劣勢。少數成功的例子所導致的，是那些沒能達到類似成就的女性，可能會相信她們只能怪自己（Schmitt, Ellemers, & Branscombe, 2003）。有些實驗室研究已經證實，代表性主義（tokenism）能作為壓制劣勢群體集體抗議的一個高度有效的策略。舉例而言，只要容許少數比例（例如 2%）的低階群體成員晉升到較高階層群體，就足以壓制集體性的反抗，並讓劣勢群體成員偏好以個人試圖跨越障礙（Lalonde & Silverman, 1994; Wright, Taylor, & Moghaddam, 1990）。

有越來越多的證據指出，以代表自身群體的受雇人，會被其他公司成員以極為負面的方式看待（Yoder & Berendsen, 2001）。就某種意義來說，這些代表本來就是被安排來受其他同事邊緣化和厭惡的（Fuegen & Biernat, 2002）。例如，被認為是「平權行動受雇者」（affirmative action hirees）的應徵者，會被審核他們檔案的人認為能力較差（Heilman, Block, & Lucas, 1992）。這樣的派任隱含著受雇者不夠格的意涵，而這對任何雇員而言，都不會是個愉快的情況！

雇用作為其群體代表的個人，只是**代表性主義**（tokenism）的形式之一。對偏見對象表現出細瑣的正面行動，也可以作為後續的歧視性對待的藉口或正當化手段（Wright, 2001）。在這種情況下，加害者可以其先前的正面行動作為

證據，指出他們對目標群體的對待「不帶偏見」。不論是以哪種形式出現，研究都指出，代表性主義至少會有兩種負面影響。第一，它讓抱著偏見的人脫罪；他們可以指出那些代表作為他們並不真的心胸狹窄的證明，而代表的存在則有助於維持現存體制合法而公正的觀感，甚至對劣勢群體而言也是如此（Ellemers, 2001）。第二，它可能對偏見對象的自尊與自信帶來傷害，包含那些少數被選為代表的個體。

三、刻板印象的對象是否同意對該群體的描繪

全世界的女性，有沒有可能會同意她們所體認到的對其群體的正面刻板形象（如果這可能性不比男性更高的話）？例如，Peter Glick 和他的同事（2000）描繪了一種**善意的性別主義**（benevolent sexism），即暗示女性在許多方面優於男性，並在男性的快樂中扮演重要角色的觀點。女性通常較強烈地同意其群體比男性更有這類正面的明確貢獻的概念。在群體間的不平等穩固地存在時，低階群體特別有可能表現出這種**社會創造力回應**（social creativity responses），即選擇另類的面向，作為將其群體與高階群體區分開來的方式（Tajfel & Turner, 1986）。一如圖 6.1 所示，在一個橫跨九個國家、包含了一萬五千個研究參加者的大型研究中，Glick 等人（2000）證明了關於女性較為優秀的特質的這種正面特色的信念（即研究者所謂的**善意的性別主義**），通常女性較為贊同，而男性則普遍表現出比女性更強的**敵意的性別主義**（hostile sexism）。

你幾乎可以用任何劣勢群體，代替在敵意性別主義測量中的代表項目，並得到一個對特定團體的偏見的合理評估。更進一步，這些項目和大部分「現代偏見」的測量如何被表達的相似性極高，不管測量所指的是哪個群體。然而，這並不是善意性別主義項目的情況，即指涉劣勢群體的正面特質的項目。確實，許多劣勢群體在不挑戰高階群體地位的面向上，表現了這種對他們自身群體的偏愛；他們透過認可他們所理解的對其群體的正面描述來**自我定型**（self-stereotype）（Ellemers et al., 1997; Jetten & Spears, 2003; Mummendey & Schreiber, 1984; Oakes, Haslam, & Turner, 1994）。

在 Glick 等人（2000）所報告的敵意與善意的性別主義上，除了性別之間的差異之外，根據聯合國的資料，受訪者國家中所存在的性別不平等的程度也

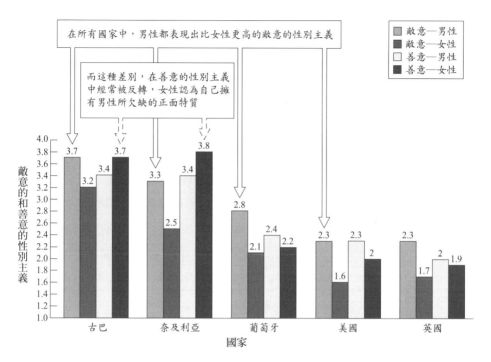

圖 6.1　全球性的敵意與善意的性別主義

. . . .

被指認的性別主義有兩種：敵意（例如將女性視為對男性地位的威脅）與善意（例如認為女性具有獨特的、與男性不同的正面特質）。男性一般而言表現出比女性更高的敵意的性別主義，但這個差別在善意的性別主義上經常被逆轉（資料來源：Based on data from Glick et al., 2000）。

被記錄下來。這些研究者發現，一個國家中性別不平等的程度越嚴重（以女性無法取得高階工作、擁有較少的教育機會與較差的生活水準而言），兩種性別主義形式的存在就越明顯。然而，只有敵意的性別主義對女性抱著負面刻板印象的預期。總體而言，**性別主義**（sexism，或是以不同方式理解並對待各個性別群體）所指的可能不只是對女性的敵意；它可能還意涵著更被廣為接受的一種看似偏好女性的刻板性別差異。即使如 Glick 等人（2000）所注意到的，後者可能暗示了刻板印象較為和善、溫柔的一面，但善意的性別主義卻可能透過暗示女性因其特質獨特地適合從屬於男性的角色，使她們維持一種從屬的角色。

四、性別刻板印象與差別的尊重

　　雖然性別刻板印象是持續存在的性別主義及玻璃天花板效應的重要部分，卻不是影響女性經驗的唯一因素，在職場上尤為如此。Jackson、Esses 和 Burris（2001）表示，**尊重**（respect）的差異對獲得高階職位的女性而言極為重要。正因為男性占據了較有權力的職位及較高的階層，人們便推論他們比女性更值得受到尊重，因為女性比較有可能身處位階相對較低的職位。

　　為了判斷尊重的差別是否真的在對女性的歧視中扮演了某種角色，Jackson、Esses 和 Burris（2001）進行了一些研究，讓男性和女性研究參加者評價申請相對高階或低階職位的應徵者。應徵者有男有女，而研究參加者對他們的評價，則是基於他們手頭上預設已經完整填寫的申請表。除了評量是否應該錄用申請者之外，研究參加者也得做完一份男性與女性刻板印象的標準測量。最後，他們指出他們對應徵者的尊重的水準。

　　研究者預測，男性在錄用推薦和尊重上都會得到較高的評價，而事實確是如此，特別是在高階職位上。進一步，他們發現了只有對求職者尊重程度的評量能明顯地預測錄用推薦；性別刻板印象卻不能預測這個評量。相反地，研究參加者評價應徵者表現出來的與性別刻板印象相符的程度，則不能預測錄用推薦。因為在整個評鑑團中，男性都得到了較高的尊重評價，這個結果顯示了這項因素至少在某些對女性的歧視的形式中扮演了重要的角色。

五、性別刻板印象是否正確

　　男性和女性是否真是以性別刻板印象所暗示的方式有所不同？這是個複雜的問題，因為這種性別差異就算被觀察到了，也可能受到性別刻板印象以及人們自我確認的天性更多的影響，而不是女性與男性之間的基本差異（Chen & Bargh, 1997; Claire & Fiske, 1998; Eagly, 1987）。然而，現存證據指向的是下述結論：男性和女性在行為的許多方面是有某些差異，但普遍而言，其強度遠比性別刻板印象所主張的還低（Bettencourt & Miller, 1996; Plant et al., 2000; Swim, 1994）。性別刻板印象可能是種誇大，反映由男性或女性所扮演的典型角色。既然這些角色已經改變，那麼兩性最典型的行為也是如此（Eagly & Wood,

1999）。在「理解常識」專欄裡，我們將探討刻板印象可能還在運作，儘管人們不常在對女性與男性的評價中表現出差異。

社會心理學的技藝　理解常識

■ 標準轉移：評價上沒有差異是否就表示真的沒有差別？

　　目前，以性別、種族和宗教集會為基礎的明顯歧視，在許多國家都是違法的。這是否表示建立在刻板印象之上的歧視已經被消除了？未必。縱然公然而明目張膽的歧視可能大體上已經減少了，其他更隱微的力量還是存在，讓就算是心懷善意的人還是持續存有歧視（Crosby, 2004）。

　　當人們對兩個不同群體的成員做出相似的評價時，這是否表示刻板印象不再運作，若非如此，我們又怎麼能知道呢？常識指出，在評價中要是不存在差異的話，這就表示歧視也不存在。然而，社會心理學家已證明了，事實複雜得多，要是我們認為刻板印象不會持續影響行為，那我們可能是錯的。

　　從 Monica Biernat 和她的同事的一系列針對**標準轉移**（shifting standards）現象的精彩研究中，我們得知縱然給不同群體成員相同的評價，也不代表刻板印象對這些評比毫無影響。這些相同的評價也不表示對行為的相同期待。

　　根據 Biernat 和 Vescio（2002），在**主觀量表**（subjective scales，即對各種詮釋是開放的，而缺乏一個外在的基於現實參照的量表，包含標示著從好到壞，或是從強到弱的量表）上相同的分數，所代表的意涵可能並不相同，端看被評價者的群體成員身分。在對目標做出判斷時，這些不同的意涵也會顯示在**客觀量表**（objective scales）上——即不論群體成員身分類別，都表示和相同意涵的測量單位相連結的量表。例如，不論你是男性還是女性，每年所掙到的美金所代表的涵義都一樣，但如果你是男性，「賺很多錢」所代表的就比女性還多。在這個情況中，因為女性傾向與拿自己與其他女性相比，又因為女性眾所周知比男性的收入少，女性就可能在賺得比較少的情況下做出自己還挺有成就的結論（Major, 1994）。換言之，如果刻板印象引導人們去作**組內比較**（within-group comparisons），對不同群體成員的主觀評比可

能會一模一樣，縱然這些評量對這些群體的成員所代表的可能是極不相同的東西。

那麼，當 Biernat 和 Vescio 要求人們在主觀量表上，對在照片中被預先評價為「看似很矯健」的九個女性和九個男性，由「強」到「弱」評價他們擊球和接球的能力，結果為何？當研究參加者被要求從十八個人中選出十三個，作為自己的隊友，並決定十個隊員的打擊順序（而在這個隊伍中的另外三個隊員則得坐冷板凳）時，這些評價是否嚴格地反映了研究參加者在更為「客觀」的測量尺度上的回應？他們論稱研究參加者不會如此回應，因為在這種「零和」（zero-sum）的、只有有限資源可供分派的行為選擇中，一如其他客觀量表一樣，他們要求回應者得使用一種對不論哪種成員身分類別都無差別涵義的絕對標準（「你是隊員，或不是」）。你會怎麼評價這些目標？你是否意識到自己可能會想：「她可能不錯……對一個女孩來講」？當你同時對男性和女性目標以相同標準做出評價時（例如他們之中每個人多常擊出全壘打），會有什麼結果？

在關於擊球與接球能力好壞評比的主觀量表上，研究參加者事實上展現出偏好女性勝過男性的傾向。這似乎意味著關於女性在體育上技能較差的刻板印象並未發揮作用。然而，一旦客觀量表或是零和決斷被納入考量（例如選擇隊友、打擊次序，以及決定板凳球員），就會出現另一個非常不同的模式。在這裡面的每個測量中，男性一貫地比女性得到更多的青睞。因此，這個研究主張，「相同」不見得表示「相等」、或是刻板印象不存在。事實上，「好」的意義在一個測量中會依據群體成員身分而有所不同，這種評比經常掩飾了刻板印象的效應，但客觀測量卻能揭示其效應。

貳、人們為何形塑並運用刻板印象？

一如我們在第二章所見，刻板印象經常作為**基模**（schemas）運作，即用以組織、詮釋與憶起訊息的認知框架（Wyer & Srull, 1994）。第二章亦提到，人類是「認知的吝嗇鬼」，會盡可能花最少量的認知心力。因此，人們抱持刻板印象的一個重要原因就是，它能節省許多花在認知上的努力，這種努力要求的

是將一個人完全作為個體來理解。我們用不著麻煩去進行仔細而有系統的處理，因為我們「知道」該群體的成員是什麼樣子；我們在做行為上的選擇時，只能依靠較為快速的、衍生自捷思法的處理程序，並運用先入為主的信念。有些研究為這個關於刻板印象的觀點提供了支持（Bodenhausen, 1993; Macrae, Milne, & Bodenhausen, 1994）。然而，這不是刻板印象唯一的用途。如你將見到的，刻板印象還有其重要的動機功能；除了為我們提供一種我們理解世界的感受之外，還能幫助我們在與其他社會群體做比較時，對自己的群體身分擁有正面的感受。然而，此刻，讓我們先探討認知吝嗇鬼的觀點在刻板印象如何被使用上，有什麼解釋。

一、刻板印象：它們如何運作

思考一下下述的群體：韓裔美國人、同性戀、美國原住民、藝術家、遊民。假設你被要求為每個群體列出其最典型的特性。你可能不覺得這很困難。大部分人都能輕易地為每個群體列一份清單，甚至他們可能還能對自己少有個人接觸的群體做到這點。刻板印象為我們提供了這些群體被假定擁有的具代表性或「典型的」（modal）特質（Judd, Ryan, & Parke, 1991），刻板印象一旦被啟動，這些特質就會自動被想起。這解釋了我們為何能輕易地列出這種清單，縱然我們對這些社會群體之中的任何一個可能都沒有太多直接的體驗。

刻板印象的作用就像理論一樣，引領我們的注意力，並對我們如何處理社會訊息產生強有力的影響（Yzerbyt, Rocher, & Schradron, 1997）。與一個被啟動了的刻板印象相關的訊息經常會被更快速地處理，並更容易被記起，甚於與之無關的訊息（Dovidio, Evans, & Tyler, 1986; Macrae et al., 1997）。相同地，它也會引導抱持刻板印象的人去注意特定類型的訊息，通常是與刻板印象相符的訊息。更進一步，當與刻板印象不符的訊息進入意識時，它可能會被積極地壓制，或是以使之看來與其相符的細微方式改變（Kunda & Oleson, 1995; Locke & Walker, 1999; O'Sullivan & Durso, 1984）。

當我們面臨與刻板印象不符的訊息時，我們如何理解這類訊息？假設你得知某個知名的自由派政治人物表明他傾向徵收更高的賦稅。這個訊息和你對自由派的刻板印象不符，因此你很快地做出某個使你能理解這個預期之外的訊息

的推論，例如，你可能會總結道，這個政治人物這麼做，是因為大部分的減稅都會導致人民收入減少。這和你對自由派政治人物關注於扶助窮人的刻板印象相符。這種推論有助於在就算歧視性訊息存在時，讓你的刻板印象還是能保持原貌。考慮到這種效應，兩位社會心理學家，Dunning 和 Sherman（1997）將刻板印象形容為推論監獄（inferential prisons）：它們一但被建立，就會模塑我們的感知，好讓新訊息以肯認我們刻板印象的方式被詮釋，就算事實並非如此。

　　研究發現也指出，當我們遇見某個屬於我們對之抱有刻板印象的群體的人，但這個人卻看似與刻板印象不符時（例如，一個聰明又有教養的人，但他同時也屬於低階職位群體），我們未必會改變我們對該職業群體成員典型的刻板印象。相反地，我們會將這種人放到一個特別的類別，或是由不肯認基模或刻板印象的人所組成的**次類型**（subtype）（Richards & Hewstone, 2001; Queller & Smith, 2002）。在某個特定方面否證刻板印象的人，只有在其他方面被認為是典型的該群體成員時，刻板印象才會有所修正（Locke & Johnston, 2001）。當我們不斷地遇到對我們的刻板印象表現出偏差的被刻板印象化的群體時，這點特別正確。當這個提出否證的刻板印象目標似乎在整個群體中並不具代表性，或是該目標展現出對刻板印象的極端否定時，刻板印象並不會被修正。

　　想想看，當你遇到一個穿著入時、在前座放著莎士比亞十四行詩、談吐優雅的計程車司機時，這會讓你對計程車司機的刻板印象有什麼影響？會不會讓你不再預期計程車司機就是教育程度低且穿著隨便的人？大概不會。相反地，你只會簡單地認為這是個反常的例子，而這個司機在許多面向上極端的反常性可能甚至會肯認你原本對**大部分**計程車司機的刻板印象的有效性。現在假設我告訴你，我在德國遇到這位女司機？你會說，呵，難怪（刻板印象並不適用於其他國家），但你對美國計程車司機的刻板印象還是維持不變。

二、形塑錯覺相關

　　假使要我們評估兩個群體的犯罪傾向：你的評比會因群體大小而有所不同嗎？你一開始的回答大概是：「當然不會！為什麼要這樣？」那我們假設實際上對強勢和弱勢群體的犯罪行為的估計都是 10%。出人意料的是，研究主張，你可能會對弱勢群體形成負面的刻板印象，並認為他們比強勢群體更不令你喜

愛，並將這精準地反映在負面行為比例評估上（Johnson & Mullen, 1994; McConnell, Sherman, & Hamilton, 1994）。社會心理學家指稱這種高估較小群體的負面行為比例的傾向為**錯覺相關**（illusory correlations）的形成。這個術語很有道理，因為這種效應包含了對實際上並不存在的變項之間的連結的理解；在此即是，身為弱勢群體與從事犯罪行為之間的連結。

如你所見，錯覺相關有其重要意義。特別是，錯覺相關的形成有助於解釋為何負面行為經常被歸因到各種弱勢群體的成員身上。例如，某些社會心理學家就建議，錯覺相關效應有助於解釋為何在美國有許多白人會高估非裔美國人的犯罪率（Hamilton & Sherman, 1989）。因為許多複雜的理由，年輕非裔美國男子因各種犯罪被逮捕的機率，比年輕白人或亞裔更高（United States Department of Justice, 1994）。但美國白人似乎傾向於高估這個差異，而這就可被詮釋為一種錯覺相關的例子。Mark Schaller 和 Anne Maass（1989）已經證明了，錯覺相關效應並不會出現在弱勢群體成員之間，又或者在形成錯覺相關的時候，會導致個人所屬的群體被標上負面的刻板印象。

那麼，在強勢群體成員之間，為何會出現這種效應？有個基於罕見事件或刺激的獨特性之上的解釋。根據這個觀點，罕見的事件是獨特的，容易被注意到。因此，它們和其他項目一同出現時，更廣泛地被編碼，因此在記憶中較容易接近。而在事後對相關群體做出判斷的時候，特殊事件便很容易被想起，並引導我們對其重要性做過度詮釋。想想這個解釋如何適用於美國白人高估非裔美國人犯罪率的傾向。非裔美國人是弱勢群體；因此，他們的特殊性高（相對稀少）。當新聞報導非裔美國人如何因某些罪行被捕時，這在記憶中就變得高度可接近。這也與既存的對非裔美國男子的刻板印象高度相符，而這也是公認會增高錯覺相關效應的條件（McArthur & Friedman, 1980）。因此，由於形式多元的特殊性和既存刻板印象相符，美國白人傾向於相信這種基於錯覺相關的訊息（Hamilton & Sherman, 1989; Stroessner, Hamilton, & Mackie, 1992）。

三、外群體同質性：「他們都一樣」……是嗎？

實際上，刻板印象是否會引導我們做出另一個群體的成員「都一樣」的結論？在什麼程度上，我們會認為比起我們自己群體的成員，我們不在其中的群

體的成員彼此更為相似（例如同質性更高）。這種認為個人群體之外的其他群體的人都一樣的傾向，被稱作**外群體同質性**（out-group homogeneity）效應（Linville et al., 1989）。它的鏡中倒影是**內群體差異**（in-group differentiation），即認為比起其他群體的成員，自己群體內的成員彼此差異更大（即更具異質性）的傾向。

外群體同質性在許多群體中都得到證明。例如，個體傾向認為，比起自己同年齡群體的人，老年人彼此之間更為相像，這是種有趣的「代溝」（Linville, Fischer, & Salovney, 1989）。人們也認為另一所大學的學生比自己大學的學生更具同質性，尤其是當這些人似乎對他們有偏見的時候（Rothgerber, 1997）。

此效應的反面，**內群體同質性**（in-group homogeneity）效應，即「我們」全被看成彼此相似，則經常在弱勢群體之中出現（Simon, 1992; Simon & Pettigrew, 1990），而這在弱勢群體準備對其所體知的不正義做出回應的社會處境下，特別可能出現（Simon, 1998）。甚至，這兩種效應（內群體同質性與外群體同質性）在一個實驗中都得到觀察。Simon、Glassner-Bayerl 和 Stratenwerth（1991）透過評估在男同性戀與男異性戀中內群體與外群體的刻板印象覺察，他們發現了異性戀研究參加者表現出外群體同質性效應，而同性戀研究參加者表現出內群體同質性效應。

這種認為其他群體的成員比我們自己群體的成員同質性更高的傾向，以及（較不常發生卻一樣重要的）認為內群體是以相似性為連結且同質性高的傾向，說明了什麼？對外群體同質性效應有個解釋，牽涉到一個事實，即對我們自己群體的成員，我們已有許多經驗，因此我們接觸到的群體內的個體差異範圍較大。相反地，我們一般而言與其他群體的經驗較少，因此也較少接觸到他們的個體差異（Linville, Fischer, & Salovney, 1989）。最近出現了另一個解釋，因為親近性的差別的概念，無法解釋內群體同質性為何會出現。意即，根據在一個特定情境中感知者的意圖，他們可能會被激發去強調他們彼此之間的相似性（即當這些感知有助於動員對抗強勢群體）或是他們彼此之間的差異（當強勢群體想要強調他們自己的個體性，及其外群體的缺乏）。既然內群體或外群體都有可能被認為是相對同質的，這便暗示了刻板印象的感知可能有策略性的因素，即為社會目的而使用刻板印象（Oakes, Haslam, & Turner, 1994; Simon, 2004）。

四、刻板印象會改變嗎？

我們已經回顧了許多證據，證明刻板印象會自動啟動，因此我們會以方便維持我們的刻板印象的方式去詮釋新的訊息，並且我們還會形成與弱勢群體的負面相關的錯覺相關。這是否表示我們永遠不可能改變刻板印象？我們首先一定得考慮，刻板印象是否可能提供其他目的，除了效率、節省心力，並幫助維持既有的信念之外。要是如此，這些動機可以提供我們關於刻板印象何時及為何可能改變的線索。

許多理論家建議，只要存在於兩個群體之間的群際關係維持穩定的話，刻板印象的判斷就會穩定持續（e.g., Eagly, 1987; Oakes et al., 1994; Sherif, 1966; Tajfel, 1981）。此外，相較於其他群體，因為我們經常抱著偏私我們自己群體的刻板印象，除非關於這種內群體偏私被認可與接受的程度的社會條件改變，否則對其他群體的偏惡的刻板印象就可預期會持續下去（Spears, Jetten, & Doosje, 2001）。

最後，因為刻板印象是對既有社會安排的合理化手段，只有當其使用的價值觀與歸類被改變，或是我們在目前地位下的利害關係被改變，刻板印象才會改變（Haslam, 2001）。例如，在人們改變群體成員身分，並在階層體系中向上攀升時，他們給較無權力與地位的人賦予刻板印象的傾向是否會改變？根據Susan Fiske 和她的同事所述，那些權力較大的人傾向關注符合從屬群體成員的負面刻板印象的訊息（Fiske & Depret, 1996; Goodwin et al., 2000）。相反地，從屬群體的成員——既然掌權群體對他們來說，必須是精確而個體化的成員——他們就較不會賦予掌權群體刻板印象（Fiske, 2000）。當然，這並不表示劣勢群體對掌權群體不抱有刻板印象。劣勢群體的刻板印象反映他們和這些群體相處的負面（經常是歧視性的）經驗。例如，非裔美國人給白人的刻板印象很可能是心懷惡意、貪婪和自私的（Johnson & Lecci, 2003; Monteith & Spicer, 2000）。我們在本章的最後會回到這個關於刻板印象何時會改變的議題上。

第二節　偏見與歧視：針對各社會群體的感覺與行動

　　偏見（prejudice）是對社會群體的態度的情感要素。偏見反映的是單單基於個人在一特定群體內的群體身分之上所體驗到的感受。就此意義而言，偏見並非個人的，而是針對整個類別情感反應。個體的特質或行為所占的分量極輕；一個人被討厭（或喜歡）恰恰是因為她或他已被歸類為特定某個與感知者所屬的不相同的群體之成員（Turner et al., 1987）。相反地，歧視指的是偏見的對象群體的成員所接受到的較不受歡迎的對待或負面的行動。當偏見以明顯的行動表現出來時，將會依賴所知的規範與行動的可接受性（Crandall et al., 2002; Jetten, Spears, & Manstead, 1997; Turner et al., 1987）。一如你在本章最後一節將看到的，所知的規範與共識的改變，完全足夠改變偏見的表達方式。

　　倘若將偏見定義為一種特定的態度，就會帶來以下幾個重要的涵義。對一特定群體抱持較大偏見的個人傾向以和處理其他群體的訊息不同的方式，來處理關於該特定群體的訊息。有許多研究是針對那些對某一特定群體抱持較大或較小偏見的個人，在目標群體成員面前（或暗示其在場時）會如何做出回應。例如，比起與偏見目標無關的訊息，與偏見目標相關的訊息經常得到較多的關注，或是被較為仔細地處理（Blascovich et al., 1997; Hugenberg & Bodenhausen, 2003）。相同地，符合個人偏見觀點的訊息，相較於與該觀點不符的訊息，也經常得到較多的關注，也較容易被想起（Fiske & Neuberg, 1990; Judd et al., 1991）。進言之，對某一社會群體抱持巨大偏見的人很注意自己確實認識某個具有該群體成員身分的人（在這點含糊不清時）。他們相信群體有其潛在的本質，某些基於生理而被認為無法改變的特質就是代表之一，而這就被用來作為差別待遇的正當理由（Yzerbyt et al., 1997）。

　　作為一種態度，偏見反映在抱持偏見的人，在面對或僅僅是想到他們討厭的群體的成員時，所體驗到的負面感受或情緒（Brewer & Brown, 1998; Vanman et al., 1997）。有些理論家主張，偏見不全都一樣，或至少不全都基於同一種負

面情感。根據此種觀點，我們可能無法把「偏見」當作對一社會群體的負面情緒回應的通稱來談。相反地，我們可能得在各種對特定群體的情緒（包括害怕、憤怒、羨妒、罪咎感或厭惡）相關的偏見之間做不同的描繪（Glick, 2002; Mackie & Smith, 2002）。根據對某一特定群體的偏見所主要隱含的情緒，隨之而來的歧視行動可能會極為不同。例如，當人們的偏見主要反映的是憤怒時，他們可能會依據他們所預設的其對內群體的錯誤對待試圖傷害外群體。相反地，基於罪咎感的偏見可能會導致對外群體的迴避，因為該困境可能引發苦惱（Branscombe & Miron, 2004）。相同地，基於厭惡的偏見也可能會導致對外群體的迴避，因為一個人可能會因為這種聯繫感到被污染（Neuberg & Cottrell, 2002）。相反地，害怕與羨妒可能會引發防衛反應，其主要目的是在於保護內群體的地位（Glick, 2002）。基於這種觀點，為減少偏見的努力，可能得應付特定的群體間情緒，因為偏見是建立在此之上。例如，如果偏見主要是基於群體間的焦慮和恐懼，就得減輕這種情緒，這樣偏見才會被減少（Miller, Smith, & Mackie, 2004）。然而，如果對一特定群體的偏見是基於另一種情緒反應，那要減低偏見，就得針對那種情緒。不同的仇恨群體（如網路上所見）暗示了偏見反映了不同的情緒，而偏見行為與其所倡議的意識形態亦會隨之改變。

　　關於偏見的發展的最新研究暗示，只有某些負面情緒會直接導致偏見的自動回應（DeSteno et al., 2004）。在兩個實驗中，研究者發現在體驗過憤怒後，得到的對外群體的負面態度的證據，比體驗過悲傷或普通情緒之後更多。首先，研究參加者被指派到一個**最小群體**（minimal groups），謊稱他們屬於一個只存在當前背景下的社會類別（例如，他們傾向高估或低估各種事件的發生頻率），並要求他們在整個研究過程中都帶著手環，以提醒他們自己的群體成員身分。在將研究參加者依此最小化地歸類之後，給他們一個誘發情緒的寫作任務（例如，要他們詳細寫出自己在過去感到非常憤怒、非常悲傷或是情緒普通的經驗）。接著，研究參加者被要求要評價內群體或外群體的其他成員。一如圖6.2所示，將正面或負面評價詞彙與內群體或外群體相關聯的反應時間，會依負面情緒的類別而有所不同。在感到憤怒的時候，人們會更快地將外群體與負面評價相連結，並將內群體與正面評價相連結，卻得花更多的時間才能將外群體與正面評價相連結，並將內群體與負面評價相連結。相反地，在感到悲傷或情緒

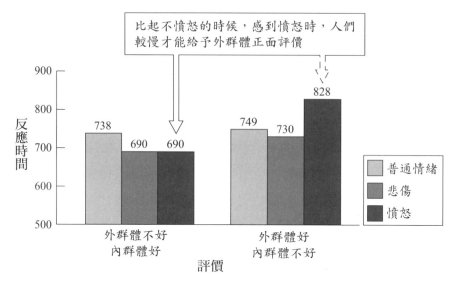

圖 6.2　偏見的一種發展方式

• • • • • • • • • • •

在因為偶發的原因而感到憤怒時，比起將正面評價與內群體成員相連結，人們得花較長的時間才能將正面評價與某一外群體的成員相連結。相同地，在憤怒時，雖然關於外群體的負面連結能快速發展，在內群體間發展負面連結卻得花較長的時間（資料來源：Based on data from DeSteno et al., 2004）。

　　普通的時候，將內群體和外群體與正面或負面的評價相連結的時間，看不出有什麼差異。這暗示了就算是**偶發的感受**（incidental feelings ）（完全由與外群體本身的行動無關的因素所導致），也能產生對其他群體的習慣性偏見。

　　這種**內隱連結**（implicit associations），即群體成員身分與評價性回應之間的連結，作為內群體與外群體歸類，以及與其所針對的群體成員的接觸的結果，可以透過一種看似自動的方式啟動。更進一步，這種內隱的偏見會影響外顯的行為，就算在個人對這些觀點的存在基本上毫無意識，並積極地否認他們抱持這些觀點（Fazio & Hilden, 2001; Greenwald, 2002）。一個估測這種內隱偏見的方法是由 Banaji 和 Hardin（1996）所發明的。他們先給研究參加者在**潛意識層面**（subliminal levels）上展示一些促發物（與某特定群體相關聯的刺激），展示的時間很短，因此研究參加者無法辨識或指認出那些刺激。例如，在一個研究中（Kawakami & Dovidio, 2001），促發物是黑白的圖示。在以極短的時間（十五到三十毫秒）展示過這些促發物之後，會以一個字母或符號來提示一特

定種類的詞彙，在此研究中，一個字母代表的是「屋子」，另一個字母代表的是「人」。最後，展示給研究參加者的是和黑白種族刻板印象相關的詞彙，或是與中性詞彙如「屋子」相關的語詞，並要求研究參加者指出這些詞彙是否能描繪這些提示詞彙的類別之一（例如一個人或是一間屋子）。好比說，一個與對白人的種族刻板印象相關的目標詞彙是「傳統」，而一個與對黑人的刻板印象相關的目標詞彙是「擅長音樂」。一個和屋子有關的詞彙的例子是「通風良好」。

如果內隱的種族刻板印象被促發物刺激（黑人或白人的臉孔）給啟動，因為促發物的作用，對目標詞彙的回應時間應該會改變。特別是，研究參加者對與白人的種族刻板印象有關的詞彙，在看過一個白色促發物後，應該比看過黑色促發物後的反應時間更快，而對與黑人的種族刻板印象相關的詞彙，在看過一個黑色促發物後，應該比看過一個白色促發物之後的反應時間更快。如你在圖 6.3 所見，實驗發現正是如此。許多其他研究都回報類似的結果，總體而言，都指出了對黑人的內隱刻板印象與偏見會被自動啟動（Kawakami, Dion, & Dovidio, 1998），一如對老人（Hense, Penner, & Nelson, 1995）及許多其他群體，包含足球流氓、兒童虐待者、光頭族甚至教授（Dijksterhuis & van Knippenberg, 1996; Kawakami et al., 2000）。

越來越多的證據暗示，比起透過態度問卷調查或其他自我回報方式獲得的外顯測量，這種內隱的刻板印象，可能更能預測隱微的或無意識的偏見表現（Dovidio et al., 1997）。然而，在轉向偏見如何以明顯的行為表現出來的討論之前，我們必須先針對兩個問題做討論：什麼動機可能會影響偏見被感受到的程度，以及在人們表達對特定群體的偏見中，可能獲得什麼心理上的益處？

壹、偏見的起源：截然對立的觀點

為了回答下述問題：「偏見從何而來，為何持續？」已有數個觀點被發展出來。最一般的回答將焦點放在**威脅**（threat）之上，不論是有形的還是象徵的威脅。我們首先探討對自尊與群體利益的威脅的觀點，對偏見而言有多麼重要。然後，我們探討對有限資源的競爭，會助長偏見的表現。在本小節最後，我們

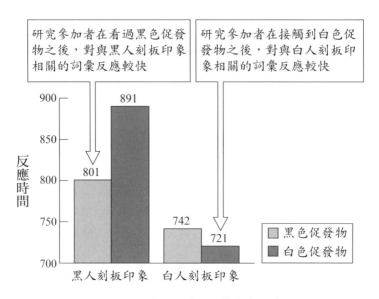

圖 6.3　測量內隱的種族刻板印象

研究參加者對與黑人種族刻板印象相關的詞彙，在看過黑色促發物（黑人臉孔）之後，比看過白色促發物（白人臉孔）之後回應更迅速。相同地，他們對與白人種族刻板印象相關的詞彙，在看過白色促發物之後，比看過黑色促發物之後回應得更快（資料來源：Based on data from Kawakami & Dovidio, 2001）。

探討是否將自我歸為某一群體的成員，並將他人歸為另一不同群體的成員，就足以造成偏見。

一、對自尊的威脅

　　我們無法理解偏見，除非我們考慮威脅及其對人們的群體間反應的影響。人們想要正面看待他們自己的群體（Tajfel & Turner, 1986），實際上就是比起其他群體更為正面。當某事件威脅到人們對其群體價值的認知時，他們可能會對威脅來源報以詆毀貶斥。要對社會身分產生威脅，該威脅事件是否得是意識上被認為不合法，或是只要它能暗示你的群體並不如你想要的那麼正面就夠了？

　　要檢證這個想法，實驗者依據美國大學生對其美國人身分所賦予的價值，讓他們看「洛基第四集」裡兩段六分鐘短片的其中一段（Branscombe & Wann, 1994）。在其中一個短片中，洛基（美國拳擊手，由席維斯・史特龍演出）在拳擊賽中戰勝了伊凡（預設的蘇聯競爭者）。這個版本並不具威脅性，因為它

支持了美國人視其群體為贏家的正面觀點。在另一段短片裡，洛基敗給了伊凡。這個版本具威脅性，特別是對那些高度評價自己身為美國人的人而言，而且它也減低了基於群體成員身分之上的自尊感。這個在實驗室中和對身分認同如此微小的威脅相接觸，是否會導致偏見？研究獲得的答案是「會」，那些高度認同自己身為美國人，並看了洛基成為失敗者短片的人，對俄國人表現出的偏見升高，並主張在未來會將俄國人排拒於美國大門之外。事實上，這些研究參加者越是詆毀俄國人，他們基於群體成員身分的自尊感就得到提升。這個研究暗示，對外群體抱持偏見觀點，能讓群體成員鞏固他們自身群體的形象。

　　透過相似的方式，Fein 和 Spencer（1997）證明了，當大學生體驗到對於自己的正面觀感的威脅時，他們也會表現出更大的偏見。貶損另一個群體能讓人們確認自己的比較價值，在許多方面感到優越感，而這種偏見只有在體驗到威脅時才會被表現出來。

　　想想 Sinclair 和 Kunda（1999）所創造的情境。他們的白人研究參加者從某個他們相信是白人或黑人的醫生那裡，得到褒揚或是批評。當批評可能是來自黑人醫生的時候，比起褒揚，對黑人的負面觀點被引發得最為強烈。當他們認為那個醫生是白人時，對黑人的負面觀點的引發並無差別。因此，在已體知到從外群體成員而來的批評形式中，威脅會直接促發偏見的表達，而當批評看似是以群體為基礎時最為可能（see also Bourhis et al., 1978）。

　　占據較高的地位並感到優越，可以是正面群體認同的來源，而對群體地位的威脅，則是對許多社會群體產生偏見的關鍵感受。對男人而言，要是他們看重的自我面向依賴對自身性別群體較為優越的看法，那暗示著社會變革可能會削減其優越性時，就可能會讓他們覺得受到威脅（Kilmartin, 1994）。確實，研究指出，男性在感到他們的利益相較於女性正在不斷下滑，以及理解到特定的社會政策會侵蝕其群體地位的基礎時，男性對由女性而來的挑戰的集體反抗，以及對女性的肯認行動，都更為激烈（Faludi, 1992; Garcia et al., in press）。

　　對群體地位的這種威脅，很明顯地會影響男性對女性的行動。例如，Rudman 和 Fairchild（2004）假定，男性很可能會傷害一個在電玩遊戲中擊敗他的女性，因為人們都說，一般而言，男性在這方面比女性更優秀。因此，當女性看似要「移入」傳統上男性的領土時，女性更有可能會被傷害而影響她們後續

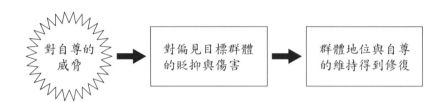

圖 6.4　偏見持續存在的一個原因

最新研究發現指出，當自尊受到威脅時，人們最有可能會貶抑反應該威脅的群體（資料來源：Based on data from Branscombe & Wann, 1994; Fein & Spencer, 1997; Rudman & Fairchild, 2004）。

的表現，這合理化了未來對威脅性群體的偏見。如圖 6.4 所示，這程序中的每個步驟，都已獲得證實。受威脅的研究參加者知道他們得破壞「越軌的」目標對象在未來表現良好的能力，而那些針對威脅性目標對象的「反挫」回應，則連結於男性研究參加者被提高了的自尊感。

　　在一個檢測由對移民的偏見所感知到的威脅後果的實驗中，實驗者創造了一個虛構的新移民群體，在兩個不同條件下向加拿大國民描繪這個群體（Esses et al., 1999）。在條件一，因為新移民群體的優秀技能，研究參加者可能會把他們解讀為對現有加拿大人在就業市場上的威脅，而給予這個虛構移民群體更為負面的回應，並提出更為嚴格的移民政策。相同地，當移民群體被視為是對內群體文化的威脅時，美國白人也表現出對墨西哥移民更為負面的態度（Zarate et al., 2004）。因此，整體而言，這些研究暗示了，優勢群體對外群體展現最強的偏見，是在他們體驗到對其群體形象與利益的威脅的時候。

二、資源競爭也是偏見的來源

　　可悲但真實的是，人們最想要、最看重的東西，例如不錯的工作、美滿的家庭、高尚的地位等等，都是供不應求。經常，結果都是一種零和，一個群體擁有了這些，另一個群體就沒法擁有。想想以色列與巴勒斯坦的衝突。兩方都想要同一塊小小的土地（即耶路撒冷）。這種因可引起欲望的物質資源而產生的衝突，在**現實衝突理論**（realistic conflict theory; e.g., Bobo, 1983）裡，被認為是偏見的主要原因。根據這種觀點，偏見發展自對土地、工作、住房需求，以

及其他引起欲望的結果的爭奪。該理論暗示，當競爭加劇，雙方都感受到損失時，牽連在其中的群體成員便會以更為負面的方式看待對方（White, 1977）。他們可能會給彼此貼上「敵人」的標籤，認為自己的群體在道德上比較優越，並在他們自己與其對手之間畫下更不可逾越的界線，並且，在極端的條件下，他們可能會開始不把其對手群體當人看待（Bar-Tal, 2003）。由此觀點，一開始的單純競爭會上升到大規模、充滿情緒的偏見。

　　數個研究的證據證實了競爭在加劇群體間偏見中所可能扮演的角色。一旦競爭持續，不同群體成員就會以越來越負面的方式看待彼此。Sherif 和他的同事（1961）進行的一個有名的田野研究，為這個效應提供了精彩的證明。在研究中，他們將一些十一歲大的男孩送到奧克拉荷馬州偏遠地區的一個特殊的夏令營去，因為遠離外界的影響，便可以對衝突的本質及其在偏見中所扮演的角色進行研究。男孩們到達（名為**強盜窟**的）營區時，他們被分為兩組，分派到相距甚遠的兩間小木屋中。第一個星期，兩組露營者在不知道另一組存在的情況下，進行諸如健行、游泳以及其他運動等有趣的活動。

　　在這個初始階段，男孩們對他們的群體發展出強烈的忠誠感。他們選擇團體的名字（響尾蛇和老鷹），印在他們的運動衫上，製作旗子，並在旗面畫上團體的象徵。這時候起，第二階段開始了。兩組男孩被帶到同一個地方，開始進行一系列的競賽。他們被告知勝利的那組會得到獎杯，同時該組的成員可領到口袋刀和獎牌。因為這些是男孩很渴望的獎品，所以這個階段安排的競爭都很激烈。這種衝突會產生偏見嗎？答案很快就揭曉了。男孩們在競賽時，團體間的張力升高了。剛開始，它只限於口頭的嘲弄和取綽號，但這很快就上升到更為直接的行動，老鷹隊焚燒響尾蛇隊的旗幟。第二天，響尾蛇隊以攻擊小木屋回敬對手，翻倒他們的床墊，扯掉他們的蚊帳，搶奪他們的個人物品。與此同時，兩組人都對對方表達出更為負面的看法。他們叫對方「垃圾」或「孬種」，而每次都加以褒揚自己的團體。簡言之，這些團體對彼此表現出所有強烈偏見的關鍵要素。

　　幸運的是，強盜窟的故事有個美滿的結局。在研究的最後階段，Sherif 和他的同事試圖減輕由競賽所引發的負面反應。僅僅是增加兩群體之間的接觸無法完成這項目標；甚者，這似乎還引起更大的怒火。但要是情況改變，讓兩組

必須合作好達成某個**上級目標**（superordinate goals），即兩組人都想要、但任何一組都無法獨立達成的目標，這時就會發生戲劇性的改變。在男孩們合作修復他們（被研究者所破壞）的供水系統、合資租片、合力修復一台壞掉的卡車後，兩組間的張力逐漸減低，他們也發展出許多跨組的友誼。

因為 Sherif 選來參與研究的是一般中產階級、環境適應良好的男孩，在加以隨機分派到不同的團隊，他可以排除病態作為發展出來的偏見的解釋。該研究為對於稀有資源的競爭如何能快速地上升為促發對對手的負面態度的全面衝突，提供了令人心寒的描繪。他沒展現的是，競爭對偏見的發展是否**必要**，即它是否是他所觀察到的偏見的唯一基礎。回想一下如何在第一階段發展出內聚力強大的群體認同，並建立群體規範。也許身為某個群體的成員，並逐漸與之認同，就足以讓偏見產生。這是 Henri Tajfel 和 John Turner 在社會認同理論（1986）中進一步發展出來的概念，我們接下來就轉向這個觀點。

三、社會分類的角色：我們 vs. 他們的效應

縱然我們幾乎已將世界上所有的對象都加以歸類，**社會分類**（social categorization）卻十分特別，因為我們總是這個或那個群體的成員。這便將自我放進了歸類過程。因此，人們幾乎可以在任何基礎上將社會世界劃分為界限清楚的類別，而這麼做會導致對「我們」〔**內群體**（in-group）〕對立於「他們」〔**外群體**（out-group）〕的不同理解。這種區隔能建立在幾乎無窮盡的可能性之上，端看我們認為在我們自己置身其中的世界裡，哪種歸類劃分是重要的。在我們的世界中，大致上重要的歸類是基於種族、宗教群體成員身分、性別、年齡、職業和收入，這只是一些例子。

如果將社會世界劃分為「我們」與「他們」的程序不會有任何情緒後果，這和偏見就沒有太大的關係：人們本來就可以在許多方面有所不同。然而，有些差異至關重要，並對我們自身的身分有其意義（Oakes et al., 1994）。許多對比鮮明的感受與信念，都和個人的內群體成員對立於各種外群體成員有關聯。在「我們」這類裡的人被以較受歡迎的方式看待，而在「他們」那類裡的人則被以較為負面的方式看待。外群體成員被假設具有較多不討人喜歡的特質，而內群體成員則被認為具有正面特質（Lambert, 1995; Oakes et al., 1994）。經常

存在著廣泛的社會共識，對內群體與外群體抱有不同的看法。進言之，雖然我們覺得對其他群體的偏見較不具正當理由，卻很自然地期待某些群體會不被喜歡（Crandall et al., 2002）。例如，在要求中西部大學的學生，評比對一百零五個不同的社會群體表達偏見時，何為合理或是不合理的程度，就很輕易地做到這點。表 6.2 所展示的，是前十個認為對其表現出偏見是可接受的群體，以及十個被認為對其表達偏見最不合理的群體。你認為這個表對美國中西部生活的人會有何不同，又或者他們對不同種族群體的成員又會有何不同？

這種內群體對立於外群體的區隔，影響我們對分屬於每個社會類別的人的行動的解釋方式，即我們所做的*歸因*。我們傾向將我們內群體成員討人喜歡的行為歸因於穩定、內在的原因，而將外群體成員的相同行為歸因於易變的因素或外在原因（Hewstone, Bond, & Wan, 1983）。這種對個人自己的群體成員做更為稱許與奉承的歸因傾向，有時被稱為**終極歸因謬誤**（ultimate attribution error）（Pettigrew, 1979），因為它將第三章所描述的自利偏誤帶到群體間關係的領域裡。

將社會世界區分為「我們」與「他們」，並為我們對各個群體的認知戴上

表 6.2　我們相信對誰表達偏見是合宜或不合宜的？

表的左邊所指的是中西部大學的學生認為對其感到有偏見是可接受並且合理的群體。表的右邊所指的是他們認為對其感到有偏見是不可接受又不合理的群體。

合理的偏見	被認為不合理的偏見
強姦犯	失明人士
虐待兒童者	家庭主婦
性侵害兒童者	失聰人士
虐妻者	智能障礙人士
恐怖份子	家居男性
種族主義者	農人
三 K 黨成員	男性護理人員
酒醉駕車者	圖書館員
納粹黨員	保齡球社團成員
喝酒的孕婦	養狗人士

（資料來源：Based on data provided by Crandall, Eshleman & O'Brien, 2002.）

有色眼鏡的傾向，已經被許多研究所證明（Stephan, 1985; Tajfel, 1982）。但確切地說，社會分類如何導致偏見？Tajfel 和他的同事在**社會認同理論**（social identity theory）裡，提供了一個有趣的答案（Tajfel & Turner, 1986; Oakes et al., 1994）。該理論暗示，個體尋求對他們所屬的群體有正面的感覺，而他們的自尊乃是部分地建立在對社會群體的認同之上。因為認同其群體的人最可能表達對他們自己群體的偏好，以及對外群體相對應的成見，因此在評價我們自己的群體時會帶來偏見的後果是可預測的（Spears, Doosje, & Ellemers, 1999）。研究指出，平衡這種傾向的，是我們對公正的欲望，而這會減低我們吹噓自己群體並貶抑其他群體的習性（Singh, Choo, & Poh, 1998）。然而，一般而言，加強我們自尊的強烈需求會獲勝，我們會認為別的群體比我們的還差，特別是在社會已有所共識的向度（see Ellemers et al., 1997）。

當個人在自己的群體或文化認同裡感到安全時，他們對其他群體或文化會表現出大方與寬容。換言之，當他們對自己的群體身分感到安全時（意即對其優秀與優越性感到安全無虞），最可能出現對其他群體更為正面的態度，或是反過來說，偏見的減少（Hornsey & Hogg, 2000）。這引出一個有趣的預測：在個體感到自己群體或文化的特殊性（優越性）因為其群體和其他群體混在一起而受到威脅時，他們對其他群體會表現出最為負面的反應；更進一步來說，這些反應會被他們感受到的自己群體與其他群體之間的相似性而加劇。為什麼呢？因為這種相似性威脅到其群體的特殊性。相反地，當個體不感到其群體的特殊性被威脅或挑戰時，與其他群體的相似性會產生相反的效果：群體間所體認到的相似性越大，其反應就越正面。

為了證實這個預測，Hornsey 和 Hogg（2000）讓澳洲一所大學的學生閱讀小篇幅的手稿，內容是數理學生和人文學生在想法與態度上極為不同（*相似性低的條件*）或是極為類似（*相似性高的條件*）。研究參加者分屬這兩個群體之一。在讀過手稿之後，半數的研究參加者被引導去認為他們都是同一個學生類別的成員（一個設計來威脅他們自己的次群體特殊性的程序，不論該次群體是人文或數理學生）；這是*威脅次群體特殊性*的條件。剩下的研究參加者被引導去認為他們既屬同一學生類別，又同時有數理或是人文學生的次類別身分；這是*無威脅次群體特殊性*的條件。在這個情況下，他們讓研究參加者意識到他們

屬於兩個次群體之一的成員身分，但同時又屬同一個大學社群。

在完成這些程序之後，學生評比他們認為他們能和人文或數理學生愉快地共同工作的程度，以及和他們共同工作會有多麼困難。研究參加者須評比他們自己的群體及另一個群體。據預測，在其次群體特殊性不受威脅的情況下，當另一個群體被描述為相似而非相異於他們自己的群體時，研究參加者會對另一個群體表現出較少的成見。相反地，在威脅次群體特殊性的條件下，事實應該相反：研究參加者對被描述為與他們相似的外群體實際上會表現出更大的成見，因為會對其群體特殊性帶來更大的威脅。一如你在圖 6.5 所見，這兩個預測都得到了證實。

這個發現暗示，透過打破在「我們」與「他們」之間的區隔來減輕群體之

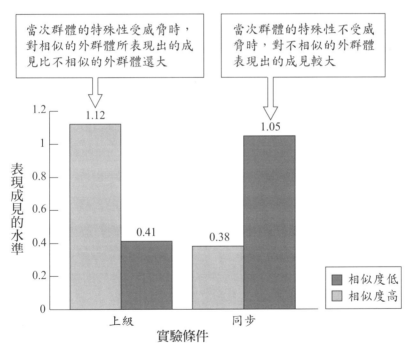

圖 6.5　行動中的社會認同過程

若是次群體的特殊性不受威脅，個體對與其群體相似的外群體的成見低於與其不相似的外群體。然而，若是次群體的特殊性受到威脅，研究參加者對與其相似的外群體，會表現出較大的成見（資料來源：Hornsey & Hogg, 2000）。

間偏見的努力，有成功的可能，但只在不威脅每個次群體獨特身分或優越感的
情況下才可行。這對特別看重其次群體身分認同，並且被鼓舞而認為自己的群
體與其他群體截然不同的人而言，特別能予以說明。

貳、歧視：付諸行動的偏見

如第四章所提及，態度並不會總是反映在外顯的行動上，而偏見的表現也
不例外。在許多情況下，對各種群體成員抱著負面態度的人不能直接表現出他
們的觀點。法律、社會壓力、對報復的恐懼，在在都威嚇群眾不將其偏差的觀
點付諸實行。因為這些原因，公然形式的**歧視**（discrimination），即對種族、
性傾向、性別、族群與宗教等偏見對象的負面行動，最近這些年在美國及其他
國家已經減少了（e.g., Devine et al., 2001; Swim et al., 2001）。因此，諸如限制
各種群體成員不能在公車上或電影院裡坐某些座位，或是將他們擋在公共餐廳、
學校或鄰里之外的行動，在過去很普遍，現在則大多絕跡了。然而，這並非暗
示偏見的極端表現已經完全消失。相反地，仇恨罪行的戲劇化事例，即基於種
族、族群以及其他種類偏見的仇恨行為，其發生頻率之高，仍令人擔心。Matt-
hew Shepard，一個大學學生，於 1998 年在懷俄明州因為其性取向（他是同性
戀）而被謀殺。許多反同志網站，一如其他仇恨群體，持續將此表現成一令人
滿意的事件。但是，一般而言，偏見會找到更為隱微的行為形式來表達。這些
隱微或遮遮掩掩的歧視形式有哪些？社會心理學家的研究，對於人們如何及何
時會試圖不用帶著偏見的方式回應，以及當他們試圖壓抑這些回應時會有什麼
後果，指出幾個重要的結論。

一、現代種族主義：更隱微，但卻一樣致命

曾經，許多人對公開表達種族主義的信念毫不擔心（Sears, 1988）。當然，
現在已經很少有美國人會公開表達這種觀點。這是否表示種族主義已然消失，
或是日漸衰微？情況看似如此（Martin & Parker, 1995），但許多社會心理學家
相信，發生的這一切都只是「舊式的種族主義」（將「明目張膽的優越感」視
為「舊式的」）被更為隱微的形式所取代了，他們稱之為**現代種族主義**（mod-

ern racism）（McConahay, 1986; Swin et al., 1995）。這是種什麼樣的種族主義？它意指在公共場合裡掩飾對他人的偏見，但卻在安全無虞時，表現出狹隘的態度，例如，在大家共知分享這些觀點的朋友或家人之間。更進一步，它意指將各種狹隘的觀點歸因於偏見以外的來源。對現代種族主義的測量是，個體同意跟隨以下的概念：對他們認為少數群體不成比例地接受到利益感到憤恨、覺察到這些少數群體過度努力要獲得他們不配得到的東西，以及否認歧視會持續影響少數群體成員的結局。正因為許多人可能想要掩飾他們種族主義的態度，社會心理學家已經發展出不會冒犯他人的方法來研究這種態度。讓我們看看它們的評價如何。

二、測量內隱的種族態度：從偽管道到真實管道

最直接測量偏見的方法，就是要求人們表達他們對各種群體的觀感，如，非裔美國人、同性戀或女性。但是許多人並不想要公開承認他們具有偏見的觀點，因為他們相信這些觀點並不被認為具合理性，因此社會心理學家必須發展出評量人們實際觀點的不同方法。方法之一被稱作「偽管道」（bogus pipeline）。在這種處理中，研究參加者被告知有一台特別的機器會連接到他們身上，而透過他們肌肉（或腦波，或其他反應）的微小變化，研究者能評量他們的真實意見，不管他們說了什麼（見圖6.6）。為了說服研究參加者其真實性，研究者要求他們對數個議題表示意見，其中一個是研究參加者的真實意見早已被獲知的議題（例如，他們幾個星期之前表達過對此議題的意見）。然後研究者「解讀」機器測量的結果，並將所得告知研究參加者，而研究參加者則常對此留下深刻印象。一旦他們相信這台機器能夠在某種程度上「看穿他們」，隱藏他們真實態度的理由便不復存在。因此，據假設，他們對問題或對態度量表的回應就會是真實的，能為其態度提供精確的描繪，包含各種形式的偏見。

縱然偽管道可能很有用，它仍然需要欺騙（研究參加者），並且只有在研究參加者相信關於該機器的非真實描述時才能成功。進一步說，偽管道只有在測量外顯態度時才有用，意即人們要是願意的話，他們有意識並且能夠回報的那些態度。近年來，社會心理學家已認清，許多人所持有的態度是內隱的，它們存在，並且對幾種行為的形式都會產生影響，但抱持這些態度的人可能沒意

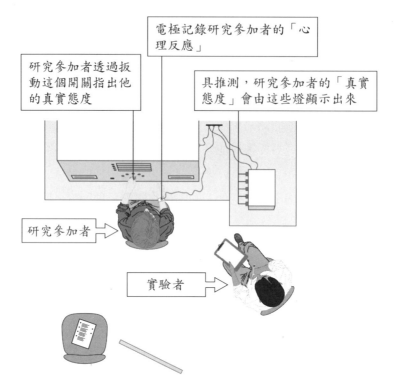

電極記錄研究參加者的「心理反應」

研究參加者透過扳動這個開關指出他的真實態度

具推測，研究參加者的「真實態度」會由這些燈顯示出來

研究參加者 ➡

實驗者 ➡

圖 6.6　偽管道：一種研究種族與其他形式偏見的技巧

• • • • • • • • • •

在這種程序中，個體被告知該設備能揭露他們的真實態度。如果正被測量態度的人相信這個描述的話，他們就沒有理由再去試著隱藏自己的真實觀點。

識到其存在。在某些情況下，這些人積極地否認他們抱著這些觀點，尤其是與和諸如種族偏見有關的觀點（Dovidio & Fazio, 1991; Greenwald & Banaji, 1995）。甚者，與偏見所針對的群體成員或與這種人有關的刺激物的接觸，都可能會自動誘發這類態度。那麼，這種隱微形式的偏見該如何測量？已有許多方法被開發出來（Kawakami & Dovidio, 2001），但大部分都是基於**促發**（priming），意即與特定刺激或事件的接觸「引爆」了保存在記憶中的訊息，使之更易被記起或取得，好影響我們當下的反應。

　　一個使用促發物來研究內隱的或是自動啟動的種族態度的技巧，被稱為**真實管道**（bona fide pipeline，相對於偽管道）（Banaji & Hardin, 1996; Towles-Schwen & Fazio, 2001）。研究參加者先讀過各式各樣的形容詞，然後藉由按兩

個按鈕中的一個，指出這些形容詞的涵義是「好的」還是「不好的」。然而，在讀到各個形容詞之前，他們短暫地接觸到各種種族群體人們的臉孔（黑人、白人、亞裔、西班牙裔）。據推測，內隱的種族態度，會反映在研究參加者對詞彙的回應有多快。只要一個負面的態度被促發物所啟動（例如一張黑人的臉孔），研究參加者就會對具有負面意涵的詞彙反應更快。相反地，研究參加者對具有正面意涵的詞彙反應較慢，因為這個意涵與被促發刺激物所誘發的負面態度不符。

使用這種步驟的研究發現指出，人們確實有某種隱含的種族態度，會被種族或族群群體成員所誘發，而這種被自動誘發的態度會影響行為的重要模式，例如與他人有關的決定，以及在與他人的互動中表現出的友善程度（Fazio & Hilden, 2001; Towles-Schwen & Fazio, 2001）。儘管明目張膽的種族主義已經在美國及許多其他國家的公眾生活中減少了，這種傷害性類型的自動偏見仍然存在，並且透過更為隱微的反應類型，持續表現出這個嚴重的問題。

參、接觸到他人的偏見之後果

許多研究已經暗示，接觸具貶抑意味的族群標籤，會使「偏見成為具高度傳染性的社會疾病」（Simon & Greenberg, 1996, p. 1195）。這部分是因為接觸到這種評價會誘發從眾壓力（見第九章），即人們想融入他人，並依據他們所理解的現存社會規範行動。當一個人加入暗地支持對特定外群體的偏見的公共團體時，會發生什麼事？Serge Guimond（2000）在加拿大軍隊中研究這個主題。他發現，在經歷四年之久的軍官訓練計畫後，英語系加拿大人明顯地變得對特定外群體（例如法語系加拿大人、移民、平民）心懷偏見，並內化了對內群體與外群體之間的經濟差距的辯護。更進一步，他發現這些人對軍隊及他們嚮往加入的軍人類別（例如加拿大軍隊軍官）越是認同，他們表現出的偏見就越是高漲。

研究已經指向暴露於族群忽視的效果，是否得看個人原初的偏見水準（Simon & Greenberg, 1996）。在預選了一批其種族主義程度不同的研究參加者（支持黑人、反對黑人，或態度矛盾的人）之後，研究者要求研究參加者進

行一個他們所以為的群體任務。然後給研究參加者他們信以為是一個黑人研究參加者的任務解決方案，以及另一個白人研究參加者的筆記。這個「筆記」上面要不是不做評價，就是包含著對黑人同僚的貶抑性族群標籤。一如圖 6.7 所示，白人研究參加者對黑人同僚的反應，同時有賴於其偏見程度，以及某種族群忽視是否得到表達。這些抱著支持黑人態度的研究參加者並不受與人口學族群標籤的接觸所影響，但與此標籤的接觸確實負面地影響了那些抱著反對黑人態度的人對黑人目標的評價。有趣的是，那些有矛盾的種族態度的人，意即那些對該群體同時抱著正面與負面態度的人，他們在接觸過人口學族群標籤後，給予黑人同僚的評價最高。對這些研究參加者而言，族群忽視可能提醒了他們自己不想成為又害怕自己就是的樣子，而因此誘發了對黑人目標最為正面的評比。

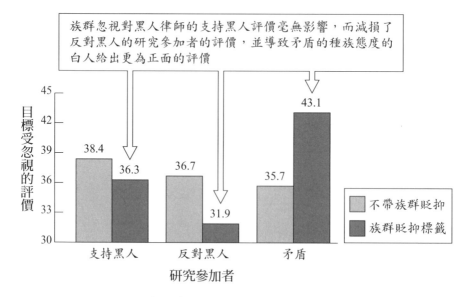

圖 6.7　與族群忽視接觸的效應，得看偏見程度而定

接觸到其他人的偏見可能（在支持黑人的研究參加者之間）產生影響，可能（在反對黑人的研究參加者之間）會傷害對被忽視族群的印象，並可能在矛盾的種族態度的人之間導致更為正面的印象（資料來源：Simon & Greenberg, 1996）。

第三節　為何偏見不是必然的：
　　　　對抗其效應的技巧

　　在大部分（若非所有的）社會裡，偏見似乎是生活中再平常不過的面向（Sidanius & Pratto, 1999）。這是否表示它必然會發生？抑或偏見及其所產生的效應可被減輕？社會心理學家普遍地由「是的，偏見可以被減輕，而我們的工作就是要去找到這方法」的觀點來處理這個問題。讓我們看看幾個減輕偏見的技巧。

壹、學著不要憎恨

　　根據**社會學習觀點**（social learning view），孩童因為聽到重要他人表達出對各種社會群體的負面觀點，並因為採納這些觀點而獲得獎勵（例如關愛、褒獎、讚許），而學到這種態度。然而，與屬於其他群體的人的直接經驗也會模塑態度。已經有許多證據指出，兒時經驗對種族偏見許多面向的強烈影響（Towles-Schwen & Fazio, 2001）。研究參加者的父母越是抱持偏見、與少數群體的互動越不正面，他們表現出來與非裔美國人互動的限制就越大。因為限制反映了社會尷尬的感受，以及對潛在衝突的預期，這些感受會支持父母與其他成人偏執地訓練孩童。

　　一旦人們正視自己的偏見，有些人會願意去修正他們的用語與行為，以鼓勵他們的孩子降低其偏見程度。並且，要提醒父母抱持種族主義態度的高昂代價，這也是可能的。研究顯示，抱持高度偏見的人們在日常活動與生活本身所體驗到的愉悅，比低度偏見的人們還低（Feagin & McKinney, 2003）。總體而言，抱著強烈種族與族群偏見的人們，深為其不包容觀點的效應所苦。因為大部分父母都想盡其所能地增進子女的福祉，所以讓他們注意到這些代價，對於勸阻他們將偏見觀點傳遞給他們的孩子，可能十分有效。

貳、接觸的潛在益處

許多美國城市都有個分崩離析、犯罪叢生的市中心，主要住著少數群體，相對於富有的郊區圍繞於外，主要住著白人。不言自明，住在不同區域的人之間的接觸少之又少。這種隔離引發一個有趣的問題：偏見是否可以透過增加不同群體間接觸的程度而被減輕？認為可以的觀點被稱為**接觸假說**（contact hypothesis），有好幾個好理由足以預言此策略有效（Pettigrew, 1981; 1997）。不同群體間越來越多的接觸，會導致彼此之間發現更多的相似性，這會改變人們使用的分類方式。一如我們先前所見，被分到「我們」這類的人得到的回應，比被分到「他們」那類的人更為正面。接觸的增加，或甚至只是知道我們群體的人與外群體成員有所接觸，就能表示該群體的規範並不如個體所相信的那麼「反外群體」。跨群體友誼的存在暗示，外群體的成員未必討厭我們內群體的成員，而這種認識能減少群體間的焦慮。最近的證據暗示，增加接觸能透過減輕在想到外群體時所感受到的焦慮，來減少偏見。

想想北愛爾蘭的天主教徒與新教徒的處境。這兩個群體的成員其居住區域也是高度隔離，而兩個群體間成員的接觸也經常被認為是負面的。然而，當地的社會心理學家（Paolini et al., 2004）發現，兩個宗教群體成員之間的直接接觸和間接接觸（透過對其他群體內成員與外群體成員的友誼的認識）一樣，都能因減少對未來接觸的焦慮而減少偏見。其他研究也相同地暗示了在歐洲的各群體間，被認為重要的正面接觸，當它反映了群體間日益增多的合作與互相依賴時，能夠改變常規，以致群體平等得到更多的支持，而偏見便因此被減少（Van Dick et al., 2004）。此外，這種跨群體友誼的有益效果，能很容易地散播到未曾體驗過這種接觸的人身上：只要對此有所認識便已足夠。

參、重新分類：改變界線

讓我們改變「我們」與「他們」之間界線的情境十分普遍，而這引出一個有趣的問題：這種改變，抑或如社會心理學家所稱的**重新分類**（recategorizations），能否用於減少偏見？**內群體共享認同模式**（common in-group identity model）暗示其可能性（Dovidio, Gaertner, & Validzic, 1998; Gaertner et al., 1994）。只要分屬於不同社會群體的個體開始將他們自身看作一個單一社會實體（single social entity），他們對彼此的態度就會變得較為正面。然後，這種討喜的態度會促進原先分隔的不同群體成員更多正面的接觸，而這反過來會更進一步減少群體間的偏見。

　　我們如何誘使屬於不同群體的人們把彼此看成是一個單一群體的成員？Gaertner 和他的同事（1990）暗示，一個關鍵因素是以合作的方式共同工作的經驗。當原本屬於不同群體的個體為了共有的目標而一起工作時，他們就會開始視自身為一個單一社會實體。而後，對原先外群體（意即「他們」）的成見或敵意的感受，連同偏見，似乎會開始消失。這種效應在幾個研究中得到證實（Brewer et al., 1987; Gaertner et al., 1989, 1990），包含實驗和田野研究。在能誘發重新分類時，它已被證明是另一種有用的技巧，減輕對原先被分類到外群體成員的人的偏見。

　　轉變為更具包容性的類別，其減輕對外群體的負面感受的力量，甚至在歷史久遠、包含某一群體對另一群體殘忍對待的群體間，也已顯現出來。想想，在大屠殺之後，猶太人對德國人可能做何感想。縱然衝突早已結束，只要受害群體持續將猶太人和德國人歸類為兩個隔離而不同的群體，當代的德國人就有可能會在回應中抱著偏見，即使大部分德國人不可能牽涉在納粹暴行當中，因為在那時他們還沒出生。在一個對重新分類假說的有力檢驗中，猶太裔美國人被誘使將猶太人和德國人想成是分開的兩個群體，或是一個單一並具最大包容性的群體──也就是人類（Wohl & Branscombe, 2005）。在這項操作之後，猶太研究參加者被要求指出他們相信當代德國人應該為他們群體的有害過去感到集體罪惡感的程度，以及他們願意原諒德國人的過去的程度。相較於當兩個群體被歸到一個社會類別（人類）時，在德國人與猶太人被當作分隔的兩個群體時，研究參加者期待德國人會感受到更大的集體罪惡感，而回報的原諒也較少。因此，將一個外群體的成員包含到和內群體相同的類別裡，對偏見的減輕與發生社會接觸的意願，有其重要的後果，就算是對「舊敵人」群體的成員也是一樣。

肆、我們能學著對刻板印象「說不」嗎？

　　縱貫全章，我們已經發現，以他人的群體成員身分來思考他人的傾向，是數種偏見形勢出現與持續存在的關鍵因素。只要人們想要做個平等主義者，就有可能訓練他們，減低刻板印象的自動啟動，而讓他們依據其平等主義原則來行事。如前述，個體藉由學習將特定特徵（像是諸如「敵意」或「危險」的特質）與各種種族或族群群體連結起來，而獲得刻板印象；一但形成了這種自動連結，這些群體的成員就會成為種族或族群刻板印象的促發物，將其自動啟動。個體是否能透過對他們連結於特定群體的刻板印象特徵說「不」，積極地打破這種「刻板印象習慣」？Kawakami 和她的同事（2000）推測，這種過程可能可以減輕個體對刻板印象的依賴。

　　為了測驗這種可能性，研究者進行了幾個相關的研究，在其中，他們先評量的是研究參加者的刻板印象連結。之後，研究參加者被分為兩組。第一組，即捍衛刻板印象條件組，研究參加者得到指示，在看到一張白人照片和一個白人刻板印象詞彙（例如野心勃勃與正直誠實）時，或是看到一張黑人照片和一個黑人刻板印象詞彙（例如健壯與貧窮）時，要回答「是」。他們被要求對與刻板印象不符的詞彙與照片組說「不」。第二組的人，即反對刻板印象條件組，被要求在看到白人照片和與其刻板印象相符的詞彙時，或是看到黑人照片和與對黑人的刻板印象相符的詞彙時，要回答「不」。另一方面，他們被要求要對與刻板印象不符的詞彙與照片組合回答「是」。換言之，他們不斷練習的是要否定他們自己內隱的種族刻板印象。兩組研究參加者都對其程序進行了上百次。

　　結果十分清楚。對刻板印象的依賴，能透過重複對它說「不」的過程而被減輕。一如圖 6.8 所示，在否定訓練之前，在看過白人刻板印象詞彙後，研究參加者對白人臉孔的歸類比黑人臉孔更快，但在看過黑人刻板印象詞彙之後，對黑人臉孔的歸類較快。然而，在經過為了減弱這些內隱的刻板印象而設計的否定訓練之後，這些差異就消失了。雖然我們還不知道被減輕的刻板印象啟動，會如何影響與群體成員的實際互動，但人們對種族與族群刻板印象欣然說「不」的可能性，則具有鼓舞作用。

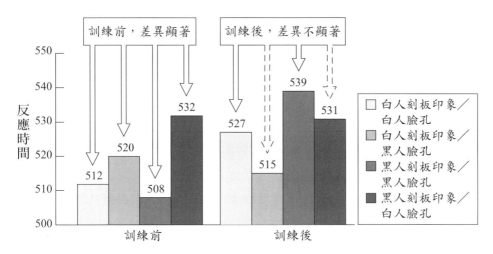

圖 6.8　對刻板印象說「不」：對付偏見的一個大有可為的技巧

在否定訓練，即讓研究參加者對種族刻板印象回答「不」之前，研究參加者在看過與白人的
刻板印象相關的詞彙後，對白人臉孔的歸類比黑人臉孔更快；在看過與黑人的刻板印象相關
的詞彙之後，對黑人臉孔的歸類比對白人臉孔更快。在否定訓練，即設計來檢視這些內隱刻
板印象的程序之後，這些差異便消失了（資料來源：Based on data from Kawakami et al.,
2000）。

伍、社會影響作為減輕偏見的一種方式

　　如我們先前所見，**社會規範**（social norms）——即在一既定群體內暗示什
麼行動或態度是合宜的規矩——是態度表現的重要決定因素（Pettigrew, 1969;
Turner, 1991）。因此，提供關於個人群體的成員喜歡屬於其他強烈偏見對象群
體的人的證據，有時能有助於減弱這種負面反應（Pettigrew, 1997; Wright et al.,
1997）。相反地，當刻板印象的信念被個體的內群體所認可，而個體在該群體
的成員身分顯著時，該內群體的信念便比該個體對外群體的個人信念更可預期
會是具有偏見的（Haslam & Wilson, 2000）。這個發現暗示，我們相信在自己
群體內廣泛共享的刻板印象在表達偏見上扮演了重要的角色。

　　相同的社會影響過程能被用以減少偏見的證據，由 Stangor、Sechrist 和 Jost
（2001）所提出。他們先要求學生估量非裔美國人在十九個刻板印象特質中所
占的百分比。在完成這些評估之後，研究參加者被給予暗示在其大學內的其他

學生不同意其評比的訊息。在其中一個條件下（接納的回饋），他們得知其他學生對非裔美國人抱持比他們更為接納的觀點。在另一個條件下（不接納的回饋），他們得知其他學生對非裔美國人抱持著比他們更不接納的態度。在接收到這些訊息之後，研究參加者再次評估非裔美國人具有正面與負面特質的百分比。社會影響對這些白人研究參加者的種族態度發生了作用。對負面刻板印象的支持在不接納回饋條件下升高了，而對這類刻板印象的支持在接納回饋條件下減低了。

　　總體而言，這些發現指出，種族態度並不存在於一個社會性隔絕的狀態中；相反地，這些個人所抱持的態度不僅受他們早先經驗的影響，還受當下指出其觀點與他們群體內其他成員的觀點有多相符的訊息所影響。這裡的啟示很清楚：如果偏執頑固的人能被誘使去相信他們的偏見觀點相較於大部分其他人而言已經不合時宜，特別是那些他們欣賞或尊敬的人，那麼他們可能會朝著較不具偏見的立場改變那些觀點（關於對抗偏見的有用技巧的描述，請見本章末「觀念帶著走～活用」專欄）。

重點摘要與回顧

■ 刻板印象、偏見與歧視的本質與根源

- 性別刻板印象是關於男性與女性所具有的不同特質。在刻板印象中，女性在溫暖的向度上較高，但能力方面較低，而男性則被認為具有相反的特質組合。人們對男性表示較高的敬意，甚於女性，而這個因素在職場上對女性的歧視中扮演了重要的角色。
- 縱然形式明顯的性別歧視已經減少了，但女性還是持續受更為隱微形式的不利影響。在女性獲得高階職位受阻時，就出現了玻璃天花板效應。女性最可能在男性感受到威脅，以及女性以不符刻板印象的方式行動時，受到妨礙。
- 性別主義會以兩種相反的形式出現：敵意的性別主義，包含了女性是對男性地位的威脅的信念，以及對女性的負面感受；還有善意的性別主義，包含了讓女性主要適合於從屬角色的歸因的正面信念。後者正面地在其他面向上將女性與男性區隔開來，是社會創造力的一個例子，許多劣勢群體都表現出這點，特別是當不公平很穩固而嚴重的時候。

- 代表性主義，即只聘用或接受某一特定群體的少數成員，有兩種效應：它維持了整個體系並無歧視的觀感，另外又傷害了作為代表的個人的自尊，以及其他人對他們的理解。

- 刻板印象引導我們注意那些與其相符的訊息，並以讓我們能維持我們刻板印象的方式去理解與其不符的訊息。多數群體成員傾向透過將群體成員身分與罕見行動這兩種特質連結起來的方式，形成關於對少數群體成員的負面特質的**錯覺相關**。

- 刻板印象會影響行為，即使沒有對男性和女性的**主觀量表**存在。在使用**客觀量表**測量時，無法應用**標準轉移**，回應的工具也是固定的，此時女性得到的結果會比男性差。

■ 偏見與歧視：針對各社會群體的感覺與行動

- 偏見是一種對某一社會群體成員的態度（經常是負面的）。可能被以近乎自動的方式所引發，而在本質上可以是隱微的，也可以是明顯的。偏見能反映對外群體更為特定的隱藏的情緒回應，包括恐懼、憤怒、罪惡感以及嫌惡。

- 根據社會認同理論，偏見乃是衍生於我們將世界區分為「我們」與「他們」，並認為我們自己的群體比其他各種外群體更好的傾向。偏見之所以持續存在，是因為詆毀外群體能保護我們的自尊。對我們群體利益的**威脅**會激發偏見，而在群體間所被體認到的對資源的競爭，則會使衝突升高。

- 人們可能覺得對某些社會群體展現偏見是正當的，認為這理所當然，但對其他群體，表達偏見似乎又極不正當。雖然公然的**歧視**已經明顯地減少了，但更為隱微的形式，像是**現代種族主義**，仍持續存在。

- 偏見有時候來自於社會認知的基本方面，即我們處理社會訊息的方式。內隱的刻板印象可以被自動啟動，就算我們對此毫無意識，它們還是可以影響我們對屬於這些群體的人的想法和行動。

- 支持對外群體的偏見的群體規範有助於使偏見恆久存在。當人們接觸到貶抑的族群標籤時，他們對被忽視目標的回應，會依據他們種族主義的程度而有所不同。

■ 為何偏見不是必然的：對抗其效應的技巧

- 社會心理學家相信偏見並不是無可避免的；它可以透過幾種技巧來減輕。

- 指出偏見的代價，以及破壞那些贊同偏見的理由，是兩種能用來促進減少偏見的方法。
- 另一個技巧牽涉到不同群體間的人與人的直接接觸。在特定條件下，這種接觸可以減少偏見。事實上，單單是知道一個人自己的群體裡有成員和一個外群體的成員建立起友誼，就足以減少偏見。
- 偏見能透過重新分類，即改變在「我們」與「他們」之間的界線，以便將先前的外群體納入「我們」一類，而達到減少偏見。
- 減少偏見的認知技巧也很有效。偏見的減少可以透過訓練個人對刻板印象和特定社會群體之間的連結說「不」來完成。
- 一個人其群體裡其他成員抱持的信念可以用來預測偏見的存在，而提供個體暗示其內群體擁有較少偏見觀點的證據，可以減少偏見。

連結：整合社會心理學

在這章，你讀到了……	在別章，你會讀到這些相關討論……
刻板印象是種心智捷徑，即節省認知心力的工具	捷思法及其他心智捷徑（第二章、第四章）
競爭在偏見中所扮演的角色	挫折感在侵略和衝突中所扮演的角色（第十一章）
將社會世界區分為「我們」與「他們」的傾向及其效應	其他群體成員身分的效應（第十二章）
偏見對其對象的效應	當自我是偏見對象時的處理（第五章）
可體認的相似性對偏見的效應	可體認的相似性對吸引力的效應（第七章）

■ 思考這些連結

1. 某些觀察家暗示，公然的歧視已經減少了，但隱微的歧視卻增加了。換句話說，他們相信根本的歧視仍然沒變（見第四章），而改變的只是與這些態度有關的外顯行為。你認為呢？

2. 有些證據指出，偏見持續存在，是因為它為抱持偏見的人提供了好處。但它也

為抱持偏見的人帶來傷害的效果（例如，他們體驗到，認為外群體會帶來傷害的無根據的恐懼；見第十一章）。關於偏見，你覺得什麼是主要關鍵，是好處還是代價？

3. 為何我們表現出如此強烈的將社會世界區分為兩個類別（即「我們」與「他們」）的傾向？你是否認為這種傾向可能部分來自於我們的生物遺傳，例如，我們的物種進化的外在條件（見第一章）？抑或因為我們想要正面地看待自己的群體（見第三章）？

4.. 性別主義似乎有兩個面向：對女性的敵意與善意的不同態度。你是否覺得把兩者都消除是很重要的事？抑或你覺得把尊崇女性的善意性別主義有其有益的效應？

5. 在什麼程度上，你會覺得自己的偏見是合理的（而因此不算是偏見）？當你無法將你自己或是你的群體的偏見視為正當的時候，你是否感到罪惡感？在什麼情況下會發生這種事？

6. 你試過哪些我們列出的減少偏見的策略？你所處的社會條件對於這些策略最為有用是否重要？一如我們討論其他態度時（第四章）用以處理的方式（系統性相對於捷思法），對於偏見被改變的程度是否有所影響？

觀念帶著走～活用：減輕偏見的技巧

偏見是社會生活中再普通不過的面向，但大部分社會心理學家都相信它可以被減少。以下是一些看來有用的技巧。

教導孩子包容，而非盲從

一旦孩子在年幼時被教導要尊重所有群體，包括與他們自身不同的群體，偏見的芽就可以說是被摘掉了。

使用社會影響過程來減輕偏見

我們能向別人傳遞偏見既不應該有、也不可接受的觀念。當人們被告知其他人對一特定社會群體並不（像他們所假設的）抱持著相同的偏見信念時，他們會改變以回應這種規範性訊息。

■ 增加群體間的接觸，或只是知道這正在發生

　　最新的發現指出，如果人們僅只是知道在他們群體的成員與其他許多外群體的成員之間，發生了友善的接觸，他們對這些群體的偏見就會明顯地減少。

■ 重新分類

　　一旦人們將過去他們曾經排除的人包容到他們的內群體之中，對這些人的偏見就可能會消失。這可以透過提醒人們，他們都是更大群體的一部分來完成，好比說，他們都是美國人、同一工作團隊的成員，或甚至一個單一群體的成員——也就是人類。

■ 逐步破壞刻板印象

　　刻板印象暗示，所有屬於某一特定群體的人都很相像，他們共享相同的特性。這種信念可以透過鼓勵人們將其他人當作個體，而不只是一個社會群體的成員來看待而被弱化。進一步，如果個體學著拒絕在特定特質和種族，或是族群群體之間的隱匿連結（即對刻板印象說「不」），這些認知框架的影響就會被減輕。

關鍵詞

善意的性別主義（benevolent sexism）

真實管道（bona fide pipeline）

內群體共享認同模式（common in-group identity model）

接觸假說（contact hypothesis）

歧視（discrimination）

性別刻板印象（gender stereotypes）

玻璃天花板（glass ceiling）

敵意的性別主義（hostile sexism）

錯覺相關（illusory correlations）

內隱連結（implicit associations）

偶發的感受（incidental feelings）

內群體（in-group）

內群體差異（in-group differentiation）

內群體同質性（in-group homogeneity）

最小群體（minimal groups）

現代種族主義（modern racism）

客觀量表（objective scales）

外群體（out-group）

外群體同質性（out-group homogeneity）

偏見（prejudice）

促發（priming）

現實衝突理論（realistic conflict theory）

重新分類（recategorizations）

尊敬（respect）

基模（schemas）

性別主義（sexism）

標準轉移（shifting standards）

社會分類（social categorization）

社會創造力回應（social creativity responses）

社會認同理論（social identity theory）

社會學習觀點（social learning view）

社會規範（social norms）

刻板印象（stereotypes）

主觀量表（subjective scales）

潛意識層面（subliminal levels）

次類型（subtype）

上級目標（superordinate goals）

威脅（threat）

代表性主義（tokenism）

終極歸因謬誤（ultimate attribution error）

組內比較（within-group comparisons）

7 chapter

人際吸引：
認識、喜歡、成為知己

　　最近，我（Donn Byrne）參加了一次大學同學會，也是我第一次參加聚會。雖然我的高中與大學時期都待在加州，但我的成年生活卻大部分在德州、印第安納州和紐約度過。這麼多年來，我和許多在我的人際世界中扮演過重要角色的人失去了聯繫。我決定讓這個同學會作為一種補償，盡可能地找出我過去生命中的人們。

　　高中同學比大學同學更難找到，但透過和幾個關鍵人物的聯繫，我弄到了幾個地址。我寄信或電子郵件給他們，並計畫和有可能見面的人聚一聚。我甚至聯繫到了我高中時最喜歡的老師之一，一個為我的生命帶來重大影響的女士。她不知道自己對我的影響，而我等了數十年才告訴她這件事，我對此感到遺憾。我的高中同學只有一個沒能回信給我。儘管這其中的暗示令人難受，但她可能就是不如我喜歡她那樣地喜歡我。

　　就那些回信的人來說，我們之間的互動出乎意料地愉快。他們帶回了許多我們共享的人、地點和事件的回憶。在某些情況中，我清晰的回憶（就像對目擊證人證詞的研究所指出的一樣）被證實是部分甚至全部是錯的。另一方面是，我有機會能知道那些我曾經互動頻繁的人後來的生活——結婚、生子、工作、離婚，以及其他許多事情。

　　我唯一後悔的是，我等了太久才去找尋這些朋友。我太晚才明白我究竟錯過了多少事情。我猜，我們許多人都把關係看成是理所當然的；但當我們在各自的生活中往前走時，人們便在我們的生命中來來去去。我們也許不該讓這樣

的事情發生。以我的經驗為基礎，我相信如果你在生命中的某一個時刻喜歡某人，那也許你在下一個時刻還是會喜歡他，不論兩個時刻之間究竟經過了多少年月。也許這個故事的啟示是：每段關係都是寶貴的。千萬盡力維繫關係。

身為社會心理學家，我發現與過去的朋友相聚，包含著另一種經驗。現在，我可以回首過往，並理解某些人之所以吸引我、而卻不受其他人青睞的某些因素。有個人和我初次相識，是因為我們剛好在四（或五）年級時同班；我感受到她的吸引力和聰慧，但我倆卻幾乎沒有互動。等到五年後，當我們不再害羞到不敢交談時，我們才成為朋友，而我們發現彼此非常相似，包括我們的幽默感。有個人和我之所以認識，是因為大一法文課有某個同學有時會和我一起唸書，而那個人是他的室友。另一個人高中時和我成為朋友，主要是因為我們的政治觀點相似（雖然還不成熟）。還有個人和我成為朋友，是因為我們都打網球，並且水準差不多（都不怎麼樣）。這章要談的就是這些導致人際吸引（interpersonal attration）的因素。

心理學家和其他人一般而言都同意，人類有和其他人建立關係的動力。我們似乎有種內建的親近他人的需求（affiliation need），即以一種友善而合作的方式和我們的人類同胞相互連結的需求。我們區分出各種不同，並決定和某些人在一起，而迴避另外一些人。去評判幾乎所有我們所遇到的人事物，似乎是一種人類非常基本的特性。人際吸引（interpersonal attration）指的就是一個人所抱持的關於他人的態度（見圖7.1）。我們喜歡某些人，厭惡另一些人，而有些人喜歡我們，另一些人則不喜歡我們。

我們從社會心理學家和社會學家早期關於吸引力的實證研究出發，主要目的是要詳細地指認導致一個人對另一個人的評價的特定因素。在你閱讀本章中提到的每一個變項時，很容易會見樹不見「林」（吸引力），因為此處的討論傾向將焦點放在個人的「樹」上（親近性、外表等）。

將一個非常簡單但十分重要的觀念放在心上，對你可能會有所幫助。許多社會心理學家都信服的是，當我們體驗到正面的情緒時，我們會做出正面的評價。當我們體驗到負面情緒時，我們會做出負面的評價。一個人會被我們所喜歡，要不是因為他或她讓我們感到愉快，就是因為這人和愉快的感覺有所關聯。

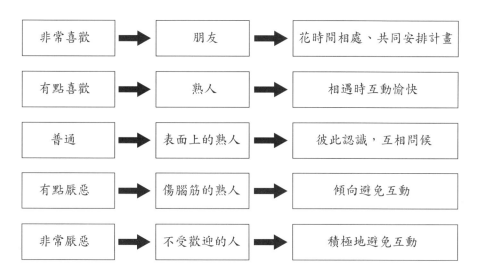

圖 7.1　人際吸引：對另一個人的評價

・・・・・・・・・・・

人際吸引指的是一個人對某個他人的評價或所持的態度。我們透過從非常喜歡到非常討厭的範圍，表現吸引力的向度。根據我們感受到的吸引力的程度，我們會將這個人歸類，並以極為不同的方式對待他或她。吸引力研究就是設計來指認導致這種評價的要素。

一個人會被我們討厭，則是在他或她讓我們感到不愉快、或是這人和不舒服的感覺有關聯的時候。

簡言之，一個人在人際間的喜歡或討厭的感受，取決於他的情感狀態（affective state）。我們在本章中所討論的任何一個對吸引力的特定影響，都會對情感（情緒）產生作用，而這就是它們之所以和吸引力關係重大的原因。這類因素之一就是物理上的親近性（proximity）。兩個人開始熟識，經常是導因於在他們所居住的鄰里、學校或工作場合意外相遇。這在你看來可能是古怪的或不言自明的，但我們最可能和住在我們附近、和我們走同一條人行道的人、被排到我們鄰座的人，或是在我們附近工作的人產生聯繫。而較不那麼不證自明的是，在他人面前反覆曝光（repeated exposure）會導致較為討喜的評價。

情緒（與評價）也部分受一個人的外貌、聲音、氣味所決定，亦即他或她的可觀察特性（observable characteristics）。我們常常不公平且錯誤地以正面或負面的方式對一個人的可觀察特性做出回應。

我們傾向和最讓我們覺得舒服的人建立友善的關係，而避免和那些讓我們

覺得不舒服的人建立關係。程度更為強烈的吸引力則部分受到對態度、信念、價值觀、興趣及其他許多方面各領域的相似性（similarity）與相異性（dissimi-larity）所決定。一旦相似性高過相異性，吸引力就會增強。而當相異性占優勢時，吸引力就會降低。

最後，當兩個人透過言行表現出互相喜歡（mutual liking）的時候，就會產生最為正面的情緒與舒服的感覺。在這個時刻，吸引力會進展為第八章所描述的那種親密的關係。

第一節 吸引力的內在決定因素：親近他人的需求與感情的基本角色

我們一生大部分時間都花在與人互動上，而這種親近他人的傾向似乎有其神經生物學的基礎（Rowe, 1996）。與他人親近且為他人所接受的需求，被假定為我們心理健康的基礎，一如飢餓和口渴之於我們的身體健康一樣（Baum-eister & Leary, 1995）。

壹、親近他人對人類存有的重要性

從演化的角度來看，對我們遠古的祖先而言，和他人的社會互動與合作對獲得食物、保護彼此免於危險，以及繁衍後代上，幾乎肯定會帶來益處。

人類嬰兒很明顯地生來便有尋求和人際世界接觸的動力和能力（Baldwin, 2000），甚至新生兒都有這樣的傾向，偏好去看人的臉孔甚於其他的刺激物（Mondloch et al., 1999）。成人對臉孔也會報以特別的注意，相較於其他較不具生物性意義的刺激，面部表情會被不同方式所處理（Ro, Russell, & Lavie, 2001）。臉部刺激的重要性亦由以下事實所顯現出來：我們會對諸如微笑或蹙眉等的面部線索自動地做出回應（Hassin & Trope, 2000）。

一、對親近他人的需求的個別差異

當然，人們並不是完全相同的，他們對產生**親近他人的需求**（need for af-filiation）的強度亦有所不同。建立於基因或經驗之上的這些差異，會建構出相對穩定的特質〔trait，或性情（disposition）〕。人們似乎會尋求對他們而言最理想的社會接觸量，有時偏好獨處，有時則偏好社交情境（O'Connor & Rosenblood, 1996）。要求應答者指出他們多想要與他人親近，以及有關親近他人的活動的問卷，測量的是有意識的、外顯的（explicit）親近他人的需求。在這種測驗中得分高的大學生可能較善於交際，並和許多人親近（Cring, Koestner, & Zuroff, 1994）。相反地，要求應答者對會引起歧義的圖片看圖說話的投射式測量，測的是較無意識的、隱微的（implicit）親近他人的需求。在這種測驗中得高分的學生主要比較傾向和有限的、親密的、一對一的情境互動。

當我們親近他人的需求不被滿足時，我們會有什麼反應？當其他人忽視你的時候，那種感覺非常令人不快，不論是什麼年齡（Faulkner & Williams, 1999）和文化背景（Willaims, Cheung, & Choi, 2000）的人都一樣。當你被他人「遺漏」的時候，那很痛，讓你覺得你無法自制，而且感到又難過又生氣，因為你就是無所歸屬（Buckley, Winkel, & Leary, 2004）。社會排除（social exclusion）會導致對人際訊息的敏感度升高（Gardner, Pickett, & Brewer, 2000），並且確實會導致認知功能效率降低（Baumeister, Twenge, & Nuss, 2002）。

二、情境對親近他人的需求之影響

除了個人在親近他人的需求上之差異外，外在事件也會引起反映出親近他人的需求增加的暫時性狀態。例如，當人們被提醒他們必死無疑的事實時，一個普遍的反應是與他人親近的欲望（Wisman & Koole, 2003）。報紙和電視上的報導頻繁地描述了發生自然災害時，想親近他人的欲望有多麼普遍。在諸如水災、地震或暴風雪等的威脅之後，原本不相識的人會聚在一起，產生互動，互相幫助並彼此安慰（Benjamin, 1998; Byrne, 1991）。這些由災難引發的互動被認為是友善而令人愉悅的，因為人們都竭盡所能地互相幫忙。

Schachter（1959）首先指出以友善和親近他人來回應壓力的潛在原因。他

的早期研究揭示了，研究中預期會接受電擊的研究參加者會比較喜歡花時間和其他面臨相同命運的人在一起，而非獨處。而那些在控制組的研究參加者，即不預期會接受電擊的人，傾向獨處或不在乎是否有他人在身邊。從這一系列研究中得出的結論之一是：「不幸並不是隨便什麼同伴都喜歡，它只喜歡不幸的同伴」（Schachter, 1959, p. 24）。

為什麼擔心受怕、焦慮緊張的人想要和其他擔心受怕、焦慮緊張的人互動？答案之一是：這樣的聯繫提供了社會比較的機會。人們想和其他人，甚至是陌生人在一起，為了交流他們的體驗，並比較他們的情感反應。令人激動的情境會引導我們去尋求「認知清晰度」，以了解所發生的事情，以及「情緒清晰度」，以理解我們的感受（Gump & Kulik, 1997; Kulik, Mahler, & Moore, 1996）。並且，和他人的接觸很可能包含了談話和擁抱，這兩者都能給人安慰。

貳、情感作為基本的回應系統

你在任何時刻的情緒狀態（快樂、悲傷、害怕等）會影響你的理解、你的思考歷程、你的動機、你做的決定以及人際吸引（Berry & Hansen, 1996; Forgas, 1995b）。正如你可能記得的，第二章提過，心理學家經常使用**情感**（affect）一詞來指涉情緒或感受。情感的兩個最重要的特性是**強度**（intensity），即情緒的力度，以及**指向**（direction），意指情緒究竟是正面還是負面。

為何情感是人類行為的一個基本面向？社會心理學家 John Cacioppo 提供了一個基於演化原則的解釋。他主張：「情感系統導引我們的行為對所有類型的刺激產生回應。動物為了生存必須能夠做到的最根本的區別，就是在敵意和善意的事件之間做出區辨。」（quoted by Volpe, 2002, p. 7）趨吉避凶的能力，最能讓我們的祖先活得夠久，好繁衍後代。實際上，我們乃是「為享樂而受造」，因為這種傾向增加了我們生存與繁衍的機率。如此歸納很有用，不論在此區別所指的是對不認識的食物、新的環境或陌生人等等的評價。

過去，人們曾經認為所有的情緒都在一個向度之內（一端是正面的感受，另一端是負面的感受）。然而，我們現在知道，情感至少由兩個獨立的向度所

構成，會啟動大腦內兩個多少有所不同的部分（Drake & Myers, 2001; George et al., 1995）。兩種獨立的情感存在，表示了我們可以同時有正面和負面的感受。我們經常對各種情境有矛盾的反應。這也有其演化上的重要涵義，因為正面的情感會刺激我們去尋求並探索環境中的新面向，而負面的情感會即刻警告我們要有所警醒、注意可能存在的危險（Cacioppo & Berntson, 1999）。根據特定的情況和個人的傾向，正面與負面的情感在我們對事物的評價上會具有等量的重要性。在不同的情境下，有時候占優勢的是正面情感，有時候是負面情感勝出（Eister et al., 2003; Gable, Reis, & Elliot, 2000）。

在簡單的正面與負面面向之外，情感似乎還有其他的細項（Egloff et al., 2003）。舉例來說，正面的情感就包含了愉悅、興趣和活力。這可能是因為基於愉悅感的評價不同於基於興趣的正面評價。

參、情感與吸引力

不論正面與負面情感有多麼複雜，一個基本原則還是不變的。正面情感的存在導致對他人的正面評價（喜歡），而負面情感會導致負面評價（不喜歡）（Byrne, 1997a; Dovidio et al., 1995）。

一、情緒對吸引力的直接影響

當另一個人說了些什麼或做了些什麼，讓你感到愉快或不快時，情緒對吸引力會有直接影響。你對於自己傾向喜歡某個讓你感到愉快、而不喜歡讓你感到不舒服的人，一點也不會感到訝異（Ben-Porath, 2002; Shapiro, Baumeister & Kessler, 1991）。許多實驗都證實了這種效應。例如，如果一個人對他人在某任務上的表現以懲罰而非獎賞來評量的話，他或她的吸引力會較低（McDonald, 1962），而一個侵入他人的個人空間，而不維持令人舒適的適當距離的陌生人，其吸引力也較低（Fisher & Byrne, 1975）。許多這類研究的發現，讓我們能夠有信心地預測，如果你說的話或做的事是讓人愉快而不是令人不悅的，陌生人會比較喜歡你。

二、情緒對吸引力的相關影響

一個比情緒對吸引力的**直接影響**更令人驚奇的現象，可能是情緒對吸引力的**相關影響**。這個效應會在另一個人出現在某人的情緒狀態被其他事物或人激起時出現。縱然你表達喜歡或不喜歡的那個人，對你的感受不用負任何責任，在你感覺良好時，還是會傾向較為正面地評價他或她，而在你感覺不好時，評價則較為負面。例如，比起你剛剛收到薪資單的時候，如果你在收到得分很低的成績單之後不久遇到一個陌生人，你對他的喜歡可能較少。

對一個人情感狀態的相關（或是不直接）影響，在許多包含了基於各種極為不同的外在原因的實驗中得到證明。這些例子中，包括令人愉快或不悅的照片——貓和蛇的照片——的潛意識表現（Krosnick et al., 1992）；大學生認為令人愉快或不悅的背景音樂：搖滾樂和古典樂的存在（May & Hamilton, 1980）；以及研究參加者在實驗中第一次回報的正面和負面情緒狀態（Berry & Hansen, 1996）。

對這種作用於吸引力的效應的一般解釋，依賴的是古典制約。當一個中性的刺激和一個正面的刺激相伴出現時，它會被評價得較為正面，比起一個中性的刺激和一個負面的刺激相伴出現的時候，就算評價者對這配對狀態毫無意識時也是如此（Olson & Fazio, 2001）。圖 7.2 同時闡述了情緒對吸引力的直接和相關影響，作為制約的例子。

三、歡笑與喜歡

因為人們在正面情感下比較會喜歡另一個人，因此主張笑有助於人類的互動就很合理（Bachorowski & Owren, 2001）。一個能讓人們感到彼此相處舒服的方式就是一同歡笑。演講者通常會說一些幽默的話來開場，被關在故障電梯裡的陌生人之間也很可能會拿他們的處境來開玩笑，而推銷員有時也會在提到他們要推銷的產品之前，先說點有趣的話。為何在這些場合裡要運用幽默呢？

幽默不只令人愉快，它同時還提供了一個不具威脅性的與他人相處的方式。神經內分泌學家 Robert Provine 提出，笑有助於加強社會連結，並能作為使人際行為運作更順暢的社會「潤滑劑」（Johnson, 2003; Selim, 2003）。就像

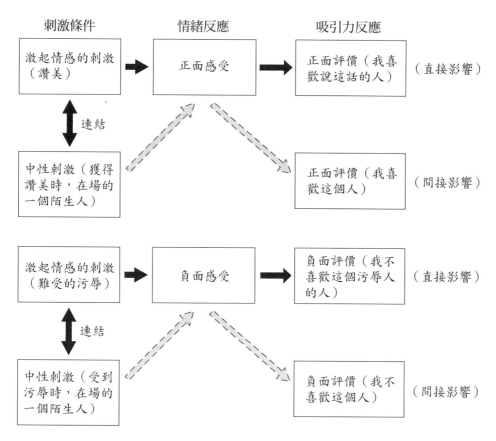

圖 7.2　情感與吸引力：直接影響和相關影響

無論是什麼刺激（包含另一個人）激起了一個人的正面情感，這個刺激就會被喜歡。如果刺激激起了負面情感，它就不被喜歡。這種正面與負面的鼓動被定義為情感對吸引力的直接影響。不直接的影響則發生於在任何刺激（包含另一個人）在情感受另外某個不相關的來源給激起，而一起出現的時候。這中性的刺激會變成和該情感有關，並因此導致它被喜歡或不被喜歡。一個不直接或相關的影響是古典制約的一種形式（資料來源：Based on material in Byrne & Clore, 1970）。

許多年幼的哺乳動物會有打鬧的行為一樣，人類在幼年時也會做一樣的事，而最後會轉變為口語上的遊戲。就算在嬰兒期，最早期的互動就可能已經是會引發歡笑的遊戲的某種形式，像是 peek-a-boo（譯註：反覆把臉遮起來又露出來的逗小孩遊戲）。這種正面情緒的經驗被認為是社會互動的開始。

　　Fraley 和 Aron（2004）提出，在陌生人分享幽默的經驗中，除了正面情感之外，還有其他的因素牽涉其中。尤其是分享的經驗本身，就被假定會令人把

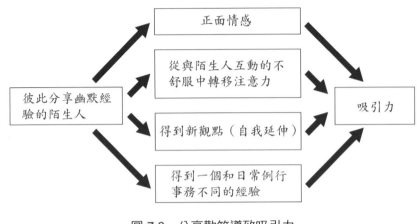

圖 7.3　分享歡笑導致吸引力

● ● ● ● ● ● ● ● ● ●
實驗室的實驗證實了幽默是一種加強相互吸引力的有用方式。其過程中包含了正面情感的激發、注意力從與陌生人互動所帶來的不舒服轉開所導致的輕鬆感覺、由幽默所創造的一個新觀點（或是一個延伸的自我），以及和他人分享非日常經驗的愉悅感（資料來源：Based on the formulations described in Byrne et al., 1975, and Fraley & Aron, 2004）。

注意力從和陌生人互動的不愉快中移開，並創造一種個人對該情境具有新觀點的理解〔一種自我延伸（self-expansion）的感覺〕。可利用的幽默經驗有很多種（例如猜字遊戲、用虛構的語言傳達一個電視廣告）。和在一個不具幽默感的控制條件下的學生相較，那些分享某些幽默事物的學生較能感受到一種親密感，並且同時指出了注意力從不舒服上轉開，以及感受到發生自我延伸（見圖7.3）。一如這些實驗所暗示，「我們希望目前的研究，能鼓勵其他對關係進行研究的研究者，在探討對親密關係的發展中扮演重要角色的各種變項時，認真地看待幽默」（Fraley & Aron, 2004, pp. 76-77）。

第二節　吸引力的外在決定因素：親近性與可觀察特性

　　兩個特定的人是否曾經有過接觸，經常是由他們的環境中意外的、非預期的面向所決定的。例如，兩個被安排坐在鄰座的學生，比起座位被安排相隔好

幾排之遠的兩個學生，更有可能產生互動。一旦物理上的親近性帶來接觸，他們彼此的第一印象經常受早先存在的信念與態度所決定，意即他們對諸如種族、性別、外表吸引力、口音、身高等可觀察因素所抱持的刻板印象。我們下面將描述親近性和可觀察特性如何影響吸引力。

壹、親近性的力量：規劃之外的接觸

地球上住著超過六十億人，但你一生中只可能和其中很小的一部分人發生接觸。沒有某些接觸，很明顯地，你就不可能和任何人熟識，也不可能有讓你決定喜歡或不喜歡誰的基礎。

雖然當你想到這點時並不讓你驚訝，我們大部分人對於自己的人際行為受物理環境所影響的方式，並不真的有所意識。我們生活、工作和上學的環境中許多看似毫不重要的細節，會對我們的人際生活產生重大的影響。基本上，如果諸如座位、宿舍房間、辦公桌或其他任何類型的方位能讓兩個人產生重複的接觸，他們就比較可能成為熟人。這種接觸是發生在物理**親近性**（proximity）的基礎上。人們通常在讓他們有高度親近性的環境中意識到彼此並開始互動。在物理上產生接觸如何影響社會行為？

一、親近性為何重要？反覆曝光是關鍵

想像你自己在開學第一天上一個大講堂的課。假設你沒看到任何你認識的人，講師又拿了張表指示學生按字母順序就座。一開始，這個教室裡滿是陌生人，不熟悉的臉孔令人困惑。等你就座之後，你可能會注意到坐在兩邊的人，但你們可能會彼此交談，也可能不會。然而，等到課程的第二天或第三天，你開始認得坐在你旁邊的人，而且可能開始打招呼。在接下來幾個星期，你們可能會談一些關於課堂的事，或者在校園內發生的事情。如果你在另一個環境看到一個「鄰座」，你們會認得彼此，並且更有可能產生互動。想想，看到熟悉的臉畢竟是件愉快的事。在美國和歐洲許多的早期研究都揭示了坐在鄰座的學生最有可能成為熟人（Byrne, 1961a; Maisonneuve, Palmade, & Fourment, 1952; Segal, 1974）。除了教室裡的親近性之外，整個二十世紀的研究調查都指出了，

在居住或工作上具高度親近性的人很有可能成為熟人，從友誼到甚至婚姻都是如此（Bossard, 1932; Couple repays..., 1997; Festinger, Schachter, & Back, 1950）。但雖然有這麼多親近性導致吸引力的例證，你還是會納悶：為何親近性會導致吸引力。

許多顯示出**反覆曝光**（repeated exposure）一個新刺激，會導致對該刺激的正面評價逐漸提高的實驗，為此提供了答案（Zajonc, 1968）。該研究發現有時被稱為**單純曝光效果**（mere exposure effect），因為對一個看過多次的陌生人、一幅畫或任何其他東西的這種正面回應，只建立在曝光的基礎上。就連嬰兒也傾向對他們看過的人的照片微笑，卻不對第一次看到的人的照片微笑（Brooks-Gunn & Lewis, 1981）。

一個在教室環境中進行的實驗，為這種反覆曝光對吸引力的影響，提供了一個清楚的論證（Moreland & Beach, 1992）。在一個大學課堂上，一位女助教整個學期中共出席了十五次，另一位助教出席了十次，第三位是五次，第四位則根本沒出席過。這四個助教都沒和課堂上的其他成員有過任何互動。在學期末，實驗者播放四個助教的幻燈片給學生看，並要他們指出對每個助教有多喜歡。一如圖 7.4 所指出，助教出席課堂的次數越多，她就越受學生喜歡。在這個實驗及其他實驗中，實驗者發現反覆曝光對吸引力有正面的影響。

為了解釋反覆曝光的影響，Zajonc（2001）主張在我們遇到任何新的人或事物時，通常都會反應出至少是輕微的不適感。我們可以合理地假設，我們的祖先在第一次接近任何事物或任何人時小心翼翼是合宜的。然而，有過反覆曝光而沒有傷害性的後果時，負面的情緒被減低了，而正面的情緒則被增強；和某個刺激的熟悉減少了不確定的感覺，這暗示了該刺激是安全的（Lee, 2001）。例如，一個引發正面情感的熟悉臉孔會被正面地評價，而會以和正面情緒相關的方式啟動面部肌肉和大腦活動（Harmon-Jones & Allen, 2001）。而且不只熟悉感會引發正面情感，正面情感也會引發熟悉的感覺（Monin, 2003）。例如，就算是第一次看到某張漂亮的臉孔，人們也會覺得這張臉比不吸引人的臉更熟悉。

許多動物似乎也會在牠們的社會接觸上，將特定的個體分類為朋友和敵人（Schusterman, Reichmuth, & Kastak, 2000）。記得熟悉（familiar）這個字和家

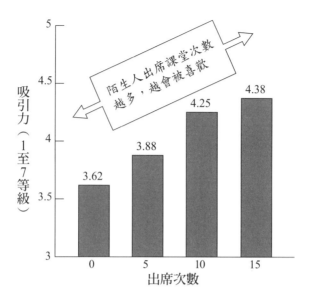

圖 7.4　在課堂中接觸的頻率與喜歡的程度

為了測驗在一個大學課堂上反覆曝光的效果，Moreland 與 Beach（1992）請四位女助教假裝成學生。其中一位整學期都沒出席，另一位出席五次，第三位出席十次，第四位出席十五次。她們之間沒有人和任何學生有互動。在學期末，實驗者給學生們看這四位助教的照片，並要求他們指出對每個人的喜歡程度如何。結果發現，學生看到這個助教的次數越多，他們就會越喜歡她（資料來源：Based on data from Moreland & Beach, 1992）。

庭（family）這個字有關，也許會有幫助。在某種程度上，反覆曝光讓我們能將新的個體和環境中新的面向包含到我們更大的「家庭」裡。

二、反覆曝光效果的延伸

反覆曝光導致對刺激更正面的評價，就算人們對這種曝光毫無意識，結果也是一樣。事實上，在這種情況下，該效果反而更強烈（Bornstein & D'Agostino, 1992）。此外，由對潛意識刺激的反覆曝光所引發的正面情感會涵蓋到其他相似的刺激物，甚至是新的、不同的刺激物（Monahan, Murphy, & Zajonc, 2000）。

並不是所有個體受反覆曝光效果的影響都是一樣的。人們對結構的需求不同，而在這方面需求較高的人傾向以簡單而非複雜的方式組織他們的周圍環境，並且在做判斷的時候，對刻板印象和社會類別的依賴更嚴重（Neuberg & Newsom, 1993）。Hansen 和 Bartsch（2001）提出，在結構需求高的人當中，熟悉感對喜歡的影響最大。當美國學生第一次接觸到不熟悉的土耳其詞彙時，結構需求高的學生比結構需求低的學生對這些詞彙的評價更負面。而在研究參加者多次接觸這些詞彙之後，大部分研究參加者都較為正面地評價它們，但這種效果在結構需求高的學生當中最為明顯。

雖然研究發現反覆曝光效果是如此強烈，但它在一個人的原初反應極端負面時還是無法產生作用。在這種情況下，反覆曝光不但無法帶來正面的評價，甚至會導致更大的厭惡感（Swap, 1977）。你自己可能就有過這種經驗，在重複聽到一首你一開始就不喜歡的歌曲或廣告時，你似乎會更討厭它。

貳、可觀察特性：瞬間評價

縱然不論是哪種來源的正面情感及由反覆曝光所激起的正面情感，都可能會導致吸引力，但事情並不總是如此。有時候人們不和鄰座的人或住在隔壁的人互動。而且，有時候人們會受不具密切親近性的人所吸引，你可能會看著一個陌生人「走過擁擠的房間」但還是被他吸引。該怎麼說明這種矛盾的行為呢？瞬間的喜歡或不喜歡（第一印象）可能會激起強烈的情感，有時候強烈到足以壓過親近性效應。

一個我們不認識的人怎麼能引發強烈的情緒反應呢？不論何時，當我們對某人一見鍾情，或是一見就討厭的時候，這個反應表示了這個人的某種東西引起了正面或負面的情感。據推測，這種情感乃是基於過去的、經常是不準確乃至不相關的經驗、刻板印象和歸因（Andreoletti, Zebrowitz, & Lachman, 2001）。例如，假設一個陌生人向你提起某個你認識而且喜歡的人，你可能會對這個人報以正面的回應（Andersen & Baum, 1994）。又如果這個陌生人屬於你抱持某種一般態度的類型的人（例如一口南方腔的人），如果你喜歡這個口音，你可能會傾向喜歡這個陌生人，而如果你對這個口音有負面反應時，你可能會對這人感到厭惡。一如第六章中所討論的，對人們的刻板印象是他們行為的差勁的預測者。但儘管如此，大部分人的反應還是強烈地建立在刻板印象之上。

一、外表吸引力：以貌取人

你知道，你對一本教科書的封面做何反應，並不是你會多麼喜歡或討厭其內容的好指標（順便一提，我們希望你兩者都喜歡）。我們每個人從小就被教導「不要以貌取人」、「美貌是膚淺的」，以及「德方為美」。但是，人們一再發現他們最有可能對最具吸引力的人抱以正面的回應，並對最不具吸引力的人抱以負面的回應（Collins & Zebrowitz, 1995）。因此，**外表吸引力**（physical attractiveness）是影響人們對他人最出回應的一個普遍因素（Maner et al., 2003）。

在實驗情境與現實世界裡，外貌決定了許多種類的人際評價，包括法庭中有罪或無罪的判決，以及一篇報告的成績（Cash & Trimer, 1984）。人們甚至會對一個有吸引力的嬰兒給予更為正面的回應（Karraker & Stern, 1990）。如我們在第八章會討論到的，外表也在擇偶中扮演了重要的角色。我們把焦點放在外表上的原因之一是，我們抱著對人們外貌的刻板印象。

大部分人似乎相信具吸引力的男性和女性比不具吸引力的個人更為泰然自若、有趣、善交際、獨立、占優勢、刺激、性感、適應力強、社交能力佳、成功，並且更有男子氣概（男性）或女性氣質（女性）（Dion & Dion, 1987; Hatfield & Sprecher, 1986a）。總而言之，一如三十多年前社會心理學家所記錄的，大多數人都理所當然地以為「美就是好」（Dion, Berscheid, & Hatfield, 1972）。但縱然吸引力的效應如此強烈，人們還是無法精準地估計他人如何看待自己（Gabriel, Critelli, & Ee, 1994）。外貌問題對女性而言，似乎比對男性來說更為嚴重，但兩性中的某些成員都體驗到了**外貌焦慮**（appearance anxiety），即對自己外貌的過分關注。那些最為焦慮的人會同意諸如「我覺得我大部分的朋友的外表都比我有吸引力」的測驗選項，而不同意像是「我很享受看著鏡子裡的自己」的選項（Dion, Dion, & Keelan, 1990）。當女性看著和外表有關的電視廣告時，她們開始把焦點放在自己的外表，並表現出對自己的憤怒與不滿，就沒啥好訝異了（Hargreaves & Tiggemann, 2002）。一個女性拿自己和廣告中的主角做比較，在她認為自己相對較無吸引力時，會產生最負面的效應（Patrick, Neighbors, & Knee, 2004）。

　　縱然跨文化研究已指出，關於吸引力的正面刻板印象是普世共有的，這些刻板印象的特定內容還是有賴於每個文化最為看重的特質（Dion, Pak, & Dion, 1990）。在諸如韓國這樣的集體文化中，吸引力被假定為和正直及對他人的關照有關，但這些特性在個人主義式的北美文化普遍的刻板印象中卻看不到（Wheeler & Kim, 1997）。

　　儘管將吸引力作為個性與特質的重要線索被廣泛接受，大部分普遍持有的外貌刻板印象卻是不正確的（Feingold, 1992; Kenealy et al., 1991）。別忘了，特別不快樂的人可能長得很好看，而許多看來不像是電影明星的人，例如比爾・蓋茲，經常擁有聰明、風趣等特質。即使關於具吸引力的人的刻板印象似乎靠不住，吸引力實際上是和受歡迎程度、良好的人際技巧，以及高自尊有關（Diener, Wolsic, & Fujita, 1995; Johnstone, Frame, & Bouman, 1992）。這種關聯可能的原因之一是，具有高度吸引力的人已將其一生投注於讓那些對其外貌做出回應的人喜歡他們，並善待他們（Zebrowitz, Collins, & Dutta, 1998）。而那些非常有吸引力的人知道自己長得美麗或英俊（Marcus & Miller, 2003）。

　　美麗的人常被認為是「好人」，但吸引力也和某些負面假設有所關聯。例如，美麗的女人有時被認為是虛榮又拜金的（Cash & Duncan, 1984）。相同地，英俊的男性政治候選人比不吸引人的候選人更有可能當選；但一個太有吸引力的女性候選人，她的外表對她卻沒有幫助（Sigelman et al., 1986）。也許，「太過女性化」被某些人假定為不合於立法、司法或行政的位置，而「太過男性化」是沒關係的。

二、確切而言，究竟是什麼構成了「吸引力」？

　　對自己的吸引力的判斷，未必和他人的判斷非常吻合，但當兩個人被要求去評價第三人時，其意見之一致卻令人訝異（Cunningham et al., 1995; Fink & Penton-Voak, 2002）。當男性評判女性的吸引力時，意見最為一致（Marcus & Miller, 2003）。儘管有對於誰有吸引力、誰沒有吸引力的共識，但決定這些判斷的確切線索是什麼，仍難以指認。

　　為了發現這些線索可能為何，研究者使用了兩種不同的處理程序。一個途徑是指認出那些被認為「有吸引力」的個人，然後判斷他們共同的特徵。Cunningham（1986）要求男性大學生評比年輕女性的照片。被評價為最具吸引力的女性，分屬於兩個群體。有些人具有「孩子般的臉孔」，由又大又寬的眼睛、小鼻子和小下巴所組成。這一類的女性被視為「可愛的」（Johnston & Oliver-Rodriguez, 1997; McKelvie, 1993a）。另一類有吸引力的女性擁有成熟的面容，包括突出的顴骨、高眉毛、大眼睛，以及開朗的笑容。這兩種普遍的臉部類型，在時尚模特兒身上都可以發現，而且在白種人、非裔及亞裔女性身上出現的頻率都一樣（Ashmore, Solomon, & Longo, 1996）。

　　第二種判斷所謂吸引力為何的途徑，是由 Langlois 和 Roggman（1990）所採用。他們從幾張臉部照片開始，然後用電腦數位處理方式將許多張臉合成一張臉。每張照片的影像都被區隔為極細小的方塊，每個方塊都被編號，代表一特定的細微部分。之後號碼被平均分散到兩張或更多張照片，而這個平均則轉譯回相對應的細微部分。總體結果則聚集在結合了許多張臉的複合影像上。

　　你可能會猜，由平均化所創造的臉，在吸引力上的評價也只會是普通罷了。但是，複合的臉卻被評價為比大部分個體的臉都更具有吸引力（Langlois, Roggman, & Musselman, 1994; Rhodes & Tremewan, 1996）。尤有甚者，被平均化的臉越多，所獲得的複合臉孔就越美麗。當你將三十二張臉孔結合在一起時，「最後會得到一張具有致命吸引力的美麗臉龐」（Judith Langlois, as quoted in Lemley, 2000, p. 47）。

　　若將原本的吸引力列入考慮，則可能創造出更具吸引力的臉孔。好比說，如果你一開始就選擇了十五張極具吸引力的臉，她們複合出來的結果會比十五張普通臉孔複合出的臉孔更加美麗（Perrett, May, & Yoshikawa, 1994）。另一個加強複合臉孔吸引力的方式，則是將每張會被複合的臉孔做出評比，然後在複合時給較具吸引力的臉更大的比重。當生物心理學家 Victor Johnston 做了一系列二十次的複合後，根據他的網站上萬個訪客的評比，最後的複合臉孔極具吸引力，並被認為比一般女性還要女性化（Lemley, 2000）。關於男性和女性的臉孔，女性的複合臉孔相對地較被喜歡（Angier, 1998a）。

　　為什麼複合的臉特別具有吸引力？一種可能是，每個人對女性與男性的基模都是在我們的認知中以相似於平均臉孔被創造的方式所創造出來的。我們在與不同形象的體驗中形成這些基模，因此複合的臉比任何一張特定的臉都更接

近我們的基模。如果這個分析準確的話，一個其他影像的複合應該也會構成最具吸引力的另類結果，但這對於狗或鳥的複合卻不適用（Halberstadt & Rhodes, 2000）。也許我們對人類的複合有不同的理解，因為在歷史上，對我們這個物種而言，能區分朋友、敵人和伴侶，比辨認出特定的、個別的狗和鳥來得重要。

除了臉部特徵的細節之外，對吸引力的理解也會受情境所影響。當給研究參加者看過極具吸引力的人的照片後，他們對陌生人的評價，會比那些沒看過吸引人的照片的研究參加者還低（Kenrick et al., 1993）。為什麼呢？因為該差異產生了所謂的對比效應（contrast effect）。與此相似，男性如果剛看過一個非常具吸引力的女性的照片的話，他們給自己女性伴侶的評價較不那麼正面（Kenrick & Gutierres, 1980）。

情境還有另一個重要的層面。一如 Mickey Gilley 關於在酒吧中尋找愛情的歌裡所暗示的，「打烊前，女孩們都顯得特別漂亮」。在酒吧中的研究指出，隨著夜幕漸深，「女孩」（和「男孩」）在異性的眼裡看來更為貌美（Nida & Koon, 1983; Pennebaker et al., 1979）。異性戀對同性別陌生人的評比，並不隨著打烊時間迫近而變好，因此對酒精的攝取並不能解釋這個效應（Gladue & Delaney, 1990）。相反地，隨著人們成對離開，而可獲得的伴侶數目減少所產生的稀有性，導致對剩下的人更為正面的評價。

三、外表與行為中影響吸引力的其他方面

當我們第一次遇到某人時，我們經常對許多因素做出反應。任何可觀察的線索，不論如何膚淺，都可能引發刻板印象，而導出的情緒反應會導致立即的喜歡或厭惡。一個經研究的因素是服飾（Cheverton & Byrne, 1998; Jarrell, 1998）。除了像是合身之類的因素以外（Mack & Rainey, 1990），服飾的顏色似乎有其效應。人們在明亮程度和喜愛之間會做出自動的連結；尤其，明亮代表善，黑暗代表惡（Meier, Robinson, & Clore, 2004）。吸引力也受可觀察的缺陷（Fichten & Amsel, 1986）、暗示心理疾病的舉止（Schumacher, Corrigan, & Dejong, 2003）、年齡（McKelvie, 1993b）、眼鏡的樣式（Lundberg & Sheehan, 1994），以及男性臉上的鬍鬚（Shannon & Stark, 2003）等所影響。

在所有其他可觀察特性之間，一個人的身體會被連結於能引發情緒反應與

不同吸引力的刻板印象。過去，人們認為身體類型能提供關於人格的訊息（Sheldon, Stevens, & Tucker, 1940），但數十年的研究指出，這種預設並不正確。但是，人們仍以身體似乎提供了有用訊息的方式來回應他人。縱然這些觀察並不真確，人們仍然相信又圓又胖的身體代表這個人悲傷而懶散，而強壯結實的身體代表健康但「頭腦簡單」，而瘦骨嶙峋的身體代表聰明和膽怯（Gardner & Tockerman, 1994; Ryckman et al., 1989）。

在這些研究及其他研究中，一個不變的發現是，最不被喜歡的是具有過度肥胖特徵的身材（Harris, Harris, & Bochner, 1982; Lundberg & Sheehan, 1994）。肥胖甚至是污名，而這個污名會被牽連到他人身上，例如，和一個超重的女性同坐的男性，會比和一個體重一般的女性同坐的男性，得到更為負面的評價（Hebl & Mannix, 2003）。重要的是，要記得和體重有關的刻板印象，並不導出對一個人被預期會如何舉措的預測（Miller et al., 1995a）。

Crandall（1994）將對肥胖的偏見和種族偏見等同起來，並發展出一個反肥胖偏見的量表，由諸如「我真的不太喜歡肥胖的人」和「胖子會胖似乎是他們自己的錯」等陳述所構成。雖然在美國對超重的人的偏見十分氾濫，在墨西哥和其他集體文化中，對體重的關注較小，對過重的人的負面反應也較少（Crandall & Martinez, 1996; Crandall et al., 2001）。

在外顯行為中可觀察的差異，也會引發影響吸引力的刻板印象。年輕的走路風格比老成的風格更會引發較為正面的回應，不論性別與實際年齡為何（Montepare & Zebrowitz-McArthur, 1988）。握手有力的人會被認為是較為外向而善於表達情緒的（Chaplin et al., 2000）。人們對行為充滿活力的人（Bernieri et al., 1996）、積極參與課堂討論（Bell, 1995），以及舉止謙和而不傲慢的人（Hareli & Weiner, 2000），會抱以正面回應。

在初次接觸時，比起看來柔順、無競爭性而較不男性化的人，行為具決斷力、權威性及競爭性的人較被喜歡（Friedman, Riggio, & Casella, 1988）。然而，當後續互動提供較多關於個人的訊息之後，偏好會轉向較具社交性與敏銳的人（Jensen-Campbell, Wset, & Graziano, 1995; Morey & Gerber, 1995）。也可以說，好男人在你們剛認識的時候會先出局。

人際判斷也會受人們吃什麼所影響（Stein & Nemeroff, 1995）。除了諸如

身高與體重之類的因素，一個吃「好食物」（例如橘子、沙拉）的人會被認為比吃「壞食物」（例如薯條、甜甜圈、雙份軟糖聖代）的人更為討喜，並且道德高尚。

對人際理解的最後一個影響，可能最令人驚訝，那就是一個人的名字。熟悉的名字會引發某類提供我們刻板印象的經驗和訊息（Macrae, Mitchell, & Pendry, 2002）。並且，各種男性和女性名字會引發廣泛共享的正面與負面刻板印象（Mehrabian & Piercy, 1993），一如表 7.1 所示。一個非常大眾化的（不論真實還是虛構的）個人的特殊名字，會變得和這個人的某些個性有關；所導致的刻板印象便會加在任何其他擁有這個名字的人身上。當你認識某個叫做賓拉登、巴特、五皮或是葛妮斯的人，你會怎麼想？

表 7.1　名字隱含了什麼？答案是刻板印象

原初印象有時是建立在一個人的名字上。再說一次，刻板印象會導致錯誤的假設，影響人際行為。

男性名字	女性名字	對個人的歸因
Alexander	Elizabeth	有成就的
Otis	Mildred	沒有成就的
Joshua	Marry	道德的
Roscoe	Tracy	不道德的
Mark	Jessica	受歡迎的
Norbert	Harriet	不受歡迎的
Henry	Ann	溫暖的
Ogden	Freida	冷酷的
Scott	Brittany	令人愉快的
Willard	Agatha	不令人愉快的
Taylor	Rosalyn	男性化
Eugene	Isabella	女性化

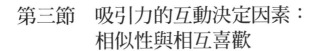

第三節　吸引力的互動決定因素：
相似性與相互喜歡

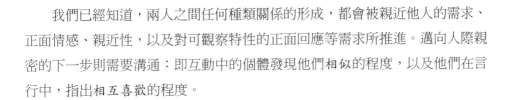

　　我們已經知道，兩人之間任何種類關係的形成，都會被親近他人的需求、正面情感、親近性，以及對可觀察特性的正面回應等需求所推進。邁向人際親密的下一步則需要溝通：即互動中的個體發現他們相似的程度，以及他們在言行中，指出相互喜歡的程度。

壹、相似性：物真的以類聚

　　相似性在促進人際吸引上所扮演的角色，現在已被廣為接受。這個現象從亞里斯多德（330 B.C./1932）論友誼的文獻起，已被觀察並討論了兩千多年。然而，從來沒有實證支持「相似性假設」，直到 Francis Galton 爵士（1870/1952）獲得了婚姻中夫婦的相關性數據指出，在許多方面，配偶彼此相似。在二十世紀前葉，更多的相關研究繼續發現朋友與伴侶之間的相似性，其發生不只是偶然（e.g., Hunt, 1935）。這類相似性可能意指喜歡導致相似性，或是相反；但是 Newcomb（1956）研究大學轉學生，並發現相同的態度（在學生相遇之前便已測量）預測了後續的喜歡。甚者，較晚的實驗在操縱了相似性後再測量吸引力，也導向相同的結論（Byrne, 1961b; Schachter, 1951）。一如亞里斯多德與其他人所推測的，研究資料清楚地指出，兩個人發現彼此是相似的，會相互喜歡，正因為彼此相似。

　　在我們描述一些針對相似性的研究之前，你可能會問：「受相反的人吸引的『事實』又怎麼說？」但這是真的嗎？大部分人，特別包括那些撰寫電影和電視劇本的人，很清楚地相信答案是「是的」。然而，在實證證據的領域裡，相似性才是我們所發現的原則。請見下面的「理解常識」專欄。

社會心理學的技藝　理解常識

■ 互補性：相反的人是否相互吸引？

「受相反的人吸引」的想法，幾乎和「物以類聚」的概念一樣古老，而又和你最近看到兩個極為不同的人成為朋友、室友或戀人的電影一樣新穎。在戲劇、電影及電視影集裡，一個眾所周知的故事線就是兩個極不相同的人彼此吸引。例如，想想「威爾與葛莉絲」（Will and Grace）、「女傭變鳳凰」（Maid in Manhattan），以及「遇見波莉」（Alone Came Polly）裡的情侶，更別提馬吉和河馬·辛普森，和其他許多伴侶的例子了。相反地，現實生活裡這種配對的例子是相對稀少的（Angier, 2003; Buston & Emlen, 2003）。就算相反的人確實能形成伴侶關係（例如，像是民主黨策略專家James Carville 和共和黨策略專家 Mary Matalin 這樣的夫妻），人們還是可以猜想，儘管他們政治觀點相左，他們還是有很多共通點。例如，兩個人都對政治過程極感興趣，而黨派差異反映的只是相對有限的不一致。

在這個主題上的早期研究中，所謂的相反的人之間的吸引力經常被稱為互補性（complementarity）。這暗示的是，主宰性強的人會受較柔順的人吸引，愛講話的會受到話不多的人吸引，虐待狂受被虐狂所吸引等等。其中的想法是，這些互補的特性會彼此增強，因此會是一段關係的良好基礎。然而，直接測試卻無法支持互補性作為吸引力的決定因素，就算是支配與順從這類的特質也不行（Palmer & Byrne, 1970）。關於態度、價值觀、人格特質、壞習慣、智能、收入水準、甚至較次要的偏好，相似性都會導致吸引力（Byrne, 1971）。在數十年複合實驗的基礎上，我們只能做出沒有證據證明相反的人互相吸引的結論。

然而，卻有堅實的證據指出，互補性有時候在特定的情境中會發生作用（例如，一個男性和一個女性互動時）。特別是，當一個人進行宰制性的行為，而另一個人則以順服的方式回應時（Markey, Funder, & Ozer, 2003; Sadler & Woody, 2003）。而在其他種類的互動中（例如，一個言詞內斂的人和一個

心直口快而好批評的人互動時），相反的風格不僅無法吸引對方，他們還特別不和，並且可能產生排斥和迴避（Swann, Rentfrow, & Gosling, 2003）。

一、相似性與相異性：吸引力一貫的預測者

許多早期關於**相似性與相異性效應**（similarity-dissimilarity effect）的研究都把焦點放在**態度的相似性**（attitude similarity）上，但這是個簡略的說法，包括的不只是態度的相似性，還有信念、價值觀及興趣等相似性。一開始針對這個主題的實驗由兩個步驟構成：首先，測量研究參加者的態度，其次，讓這些個體接觸到一個陌生人的態度，並要求他們評量他或她（Byrne, 1961b）。結果很直接地指出，人們一貫地喜歡與自己相似的陌生人甚於不相似的。我們不只喜歡和我們相似的人，我們還會評斷他們更聰明、懂得更多、更有道德、更有適應力。根據本章前面對感情的討論的基礎，你可能猜測到，相似性會引發正面的感受，而相異性會引發負面的感受。

在各種人口中、用許多方式對許多主題進行的大量調查揭示了，人們對相似性與相異性，會以令人詫異的特定方式回應。吸引力乃是由**相似性的比例**（proportion of similarity）所決定。也就是說，當大量的兩個人表現相似觀點的主題數量被除以他們溝通的主題總數後，產生的比例可以被帶入一簡單的公式，藉以預測他們對彼此的吸引力（Byrne & Nelson, 1965）。相似性的比例越高，喜歡程度就越高，如圖 7.5 所示。沒人知道究竟關於態度的訊息是如何被處理，以致產生這種結果的，但其過程就像人們會自動地進行某種認知加法與除法一樣，操縱著他們所體驗到的正面與負面情感的部分。

態度相似性對吸引力的影響強烈，而不管人們在多少主題上表達其觀點，也不管這些主題多重要或細瑣，這點都是真實的。而這對男性和女性也一樣適用，不論年齡、教育程度或文化上有何差異（Byrne, 1971）。

對這些發現最嚴峻的挑戰，是由 Rosenbaum（1986）所提出，他主張，將比例當作獨變項，會讓相似性的影響和相異性的影響無法分開。根據他所蒐集到的資料，他提出了**排斥假說**（repulsion hypothesis），作為相似性與相異性效應之外的可能性。其基本概念是，關於相似性的訊息對吸引力並不影響，人們只是因相異性的訊息而彼此排斥。後來的研究顯示，這個想法是錯的（Smeaton,

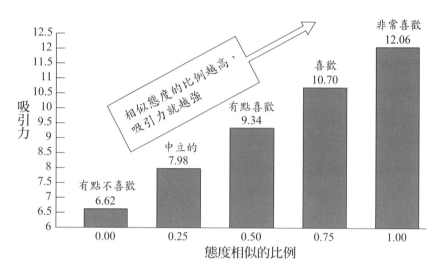

圖 7.5　當態度相似的比例升高時，吸引力會提高

● ● ● ● ● ● ● ● ● ● ● ●

在態度相似的比例和吸引力之間的關係非常一致，並且高度可預測。態度相似的比例越高，吸引力越強。這其間的關係可以用一簡單的線性公式表達，而它對兩性，以及橫跨各年齡層、文化與教育水準的人都適用。

Byrne, & Murnen, 1989），但在排斥假說中，卻隱藏著真相的種子。在大部分情況下，關於相異性的訊息，比起同樣數量的關於相似性的訊息，對吸引力具稍微有力的影響（Chen & Kenrick, 2002; Singh & Ho, 2000; Tan & Singh, 1995）。

　　在態度、價值觀等等之外，許多種類的相似性或相異性都被研究過，而在每個例子裡，人們都偏好那些和他們相似的人。例子包含了在外表吸引力（Zajonc et al., 1987）、吸大麻（Eisenman, 1985）、宗教行為（Kandel, 1978）、自我概念（Klohnen & Luo, 2003）、當「早起的鳥」還是「夜貓子」（Watts, 1982），乃至覺得同一個笑話有趣（Cann, Calhoun, & Banks, 1995）等方面的相似性與相異性。

　　人們有沒有可能也在他們的寵物身上尋找相似性？人們經常暗示，主人和他們的狗很像，但這是真的嗎？這個說法最近得到了檢測，而結果看來是對的。Roy 和 Christenfeld（2004）為狗和其主人分別拍照。他們給（不認識照片中的人的）大學生看一個狗主人和兩隻狗的照片，其中一隻是那個人的狗，另一張

是別人的狗的照片。他們要學生猜哪隻狗是那個人的寵物，而配對正確的次數比隨機發生還多。注意，這個發現只對純種而未曾混血的狗有效，也許是因為人們無意試著尋找與他們自己相似的寵物，但小狗最後的外表只有血統純正才能做出一致的預測。

相似性效應有少部分的例外。一個例子是兩個人理想我的相似程度。理想我的相似性有其正面影響（一如其他種類的相似性），但發現有人比你更接近你的理想我卻也令人感到受威脅（Herbst, Gaertner, & Insko, 2003）。但暫且不管這種次要的例外，人們為何經常以正面或負面的方式回應相似性與相異性？

二、解釋相似性與相異性在吸引力上的效應

換個方式來問這個普遍的問題，為什麼相似性會引發正面情感，而相異性會引發負面情感？以往的解釋，即**平衡理論**（balance theory），是由Newcomb（1961）和 Heider（1958）所分別提出的。這個公式說的是人們會很自然地以對稱的方式組織他們的好惡（Hummert, Crockett, & Kemper, 1990）。當兩個人彼此喜歡，並發現他們在某些特定的方面相似時，這構成了一種平衡狀態，當兩個人彼此喜歡，又發現他們在某些特定方面不相似時，結果就是不平衡（imbalance）。不平衡在情緒上令人不快，會導致個體試圖透過引誘兩人之一做出改變以創造相似性、透過對相異性的錯誤理解，或是透過決定彼此厭惡來維持平衡。不論何時，只要兩個人彼此討厭，他們的關係包含了無平衡（nonbalance）。這不特別令人愉快或不悅，因為每個人對另一個人的相似性或相異性都不在意。

平衡理論在這些方面是正確的，但它們卻沒有處理為何相似性一開始就有所作用的問題。因此，需要第二層的解釋。為什麼你得在乎另一個人和你在音樂品味、信仰上帝或任何其他事情上是否不同？Festinger（1954）的社會比較理論的某些方面提出了一個答案。簡言之，你會比較自己和他人的態度和信念，因為你唯一能衡量你的正確性和正常性的方式，就是透過發現其他人同意你。這並不是一個判斷真相的完美方法，但這經常是我們所能做到最好的方式。例如，如果你是唯一一個相信隱形的火星人已經登陸地球，還住在你的閣樓上的人，那你有很大的機率是錯的，而且你可能還有妄想症。沒人想處於這種位置，

因此我們轉向他人，好獲得交感（consensual validation，見第九章）。當你知道某些人和你共享相同的態度和信念時，那種感覺很好，因為這樣的訊息暗示著你有明智的判斷力、正常、沒和現實脫節。相異性暗示的則相反，並且會產生負面的感受。我們都急於想要是「正確、敏感而理智的」，但我們每個人都有某種程度的自我懷疑。你可能已看過兩個人為了一個無法證明孰對孰錯的議題爭論到面紅耳赤，「就是因為不確定，我們才加倍肯定」（Niebuhr, as quoted by Beinart, 1998, p. 25）。

第三個解釋相似性與相異性效應的途徑，乃是某種作為對潛在危險的**適應性反應**（adaptive response）的演化觀點。Gould（1996）暗示，我們對不相似的他者的負面反應，可能來自人們在非洲大草原以小群體打獵採集的時候。許多人類的憎恨都是基於對相異性的反應。用 Howard Stern 的話來說，「你要是不像我，我就恨你」（Zoglin, 1993）。看來，最糟的野蠻形式針對的就是那些和我們在種族、族群、語言、宗教信念、性傾向、政治取向等不同的人：「人類靈魂中置入的，就是對接近而相似者的偏好。」（McDonald, 2001）

想像當我們祖先之中的一幫人意外地遇到另一幫人，會是什麼樣子。Horney（1950）提出過三種基本的可能反應：我們遠古的親戚可能會帶著友善的目的走向他們；出於恐懼和自衛的意圖遠離他們；或是帶著侵略性意圖對抗他們。在特定情況下，猴子在發現另一隻不熟悉的猴子時，這三種反應都被觀察到過（Carpenter, 2001a）。

可能的結果和回應選擇有關。如果陌生人和善仁慈，一個友善的途徑對兩者可能都有益。然而，如果陌生人表現出威脅（也許這比較可能），那報之以友善與信任可能是最危險而最不具適應性的回應。存活並繼而繁衍的機會，最可能由撤退或攻擊所增加，而後者也許是存活最有效率的方式。人類並不是唯一一種侵略陌生對象的物種。例如，雄性黑猩猩會成群殺掉由不同群體來的黑猩猩。透過摧毀外來者，屠殺者削弱了競爭群體，擴展自己的領土，並為牠們的配偶和後代提供更多的食物（Wilson & Wrangham, 2003; Wade, 203）。相似的行為甚至在老鼠當中也很普遍（Stowers et al., 2002）：「在一隻陌生老鼠進到其領域時，雄鼠在基因上就被設定去跟隨簡單的規律：如果是隻雄鼠，攻擊牠；如果是隻雌鼠，引誘牠。」（Wade, 2002, p. F3）

這個一般性的解釋看來至少有理。如果這是正確的，我們可能被設定去害怕並仇視那些與我們不同的人，尤其是他們是男性的話。有越來越多的證據顯示，我們在回應提醒我們互動的正面或負面後果的線索時，會自動心生警惕，並因此去接近或迴避這些線索（Bargh, 1997; Wentura, Rothermund, & Bak, 2000）。縱然這些各式各樣的回應可能對我們物種生存與繁衍十分重要，時至今日，它們形成了偏見、仇恨犯罪、恐怖主義、種族屠殺，以及對任何「不一樣」的人的普通厭惡的基礎。

貳、吸引力：從點到面到整體輪廓

縱貫全章，我們已強調了吸引力是基於引導我們做出評價的正面或負面的情感回應。這個普遍公式被稱為**吸引力的情感中心模式**（affect-centered model of attraction）。然而，強調情感並不表示認知過程與此無關。一如圖 7.6 所示，某乙情感狀態（不是直接被某甲所激起，就是僅只與某甲有關）的概念化，在決定某乙如何評價某甲，以及某乙對某甲的後續行為扮演了主要角色。然而，

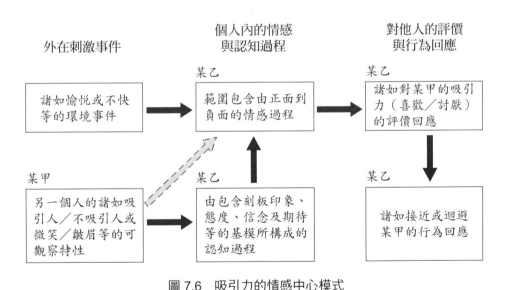

圖 7.6　吸引力的情感中心模式

對特定某人的吸引力是基於被那個人、被其他外在要素或內在要素（包括認知過程）所激起的正面與負面情感回應的相對數量。最終的情感狀態形成了諸如喜歡或討厭等評價性回應的基礎，也是諸如接近或迴避等行為回應的基礎。

對某乙而言，對所有關於某甲的可得訊息進行認知處理，這也是必要的。這類訊息包含刻板印象、信念以及事實認知，並因此對情感激發有其額外的影響力，增強或減輕某乙一開始的評價（Montoya & Horton, 2004）。

作為情感與認知相互作用的一個例子，讓我們回到對不相似的人給予侵略性回應的議題上。認知和語言技巧讓我們能夠不把任何我們攻擊的對象當作人，而這有助於我們合理化自己的攻擊。然而，和獅子之類的肉食性動物相比，人類的侵略性特別凶惡。Bandura（1999a）特別提到，要解除道德控制，從而合理化殘酷而非人道的行動，實在是太過簡單。例如，將個人的憤怒、恐懼激起的暴力衝動歸因到他人身上：「傷害他們是合理的，因為他們企圖傷害我」（Schimel et al., 2000）。而一旦暴力、傷害、邪惡行為開始了，就會日益嚴重（Staub, 1999）。雖然原本對陌生人的厭惡可能是基於情感因素，但是對這種情感的合理化，以及之後對於什麼是最適當的回應方式的決定，則是基於認知因素（記住，相異性只是激起侵略的來源之一。如我們在第十一章會討論到的，人類的侵略行為有許多決定性因素）。

參、相互評價：互相喜歡或討厭

注意，圖 7.6 的某乙並不是唯一一個體驗到刺激、處理訊息，然後做出評價的人。某甲也對某乙進行了相對的反應。這種成雙的互動中的特定細節，可以導致兩個人朝著基於相互喜歡的關係邁進（一如第八章將描繪的），或是遠離一段關係。我們將把焦點放在互相喜歡，即原初吸引（initial attraction）和一段人際關係（interpersonal relationship）的建立之間的中間步驟。

當任何互動中的個人傳遞給彼此一個正面評價時，互相吸引的實現便是在彼此的經驗中增加了一個正面經驗。我們之中大部分人都會因接受到正面的回饋而感到高興，而會因接受到負面回饋而感到不高興（Gordon, 1996）。

我們不只享受被正面評價，我們連在這種評價是錯誤或不誠懇的拍馬屁意圖時也十分歡迎它。對一個旁觀者而言，錯誤的奉承可能會被正確地理解，但對被奉承的人而言，這阿諛之詞可能會顯得誠實而正確（Gordon, 1996; Vonk, 1998, 2002）。使用這種逢迎伎倆來面對老闆或上司，可能會讓同事覺得噁心，

卻得到加薪和升遷的回報（Orpen, 1996）。在 1831 年，托克維爾觀察到，美國人特別擅長在任何人和每個能在各方面幫助他們的人面前逢迎拍馬（Lapham, 1996）。

有時，吸引力的第一個信號是非口語的。如果一個認識的人進教室，坐在你旁邊，你很合理地會把這詮釋為他或她的感情的正面信號。在這個例子裡，是喜歡導致了親近，而不是親近導致喜歡（Byrne, Baskett, & Hodges, 1971）。另一個例子是，當一個女人在和一個男人講話時保持眼神接觸，並朝向他靠過去。這個男人可能會將這些舉動（有時錯誤地）詮釋為她喜歡他。她的正面信號可能會讓他喜歡上她（Gold, Ryckman, & Mosley, 1984）。

在更普遍的意義上，我們對彼此正面感受的由衷、誠懇的溝通，會讓我們的生活更愉快，而有時就連不完全是發自內心的正面訊息也是一樣。相反地，負面的人際溝通幾乎總是引發不快的回應。簡單地說，友善絕不傷人，但惡意總會傷人。

重點摘要與回顧

■ 吸引力的內在決定因素：親近他人的需求與情感的基本角色

- 人際吸引指的是我們對他人的評價，即我們形成的對他們的正面與負面態度。
- 人類生來就有種親近他人的需求，有與他人以合作的方式互動的動機，經常得倚賴分享歡笑來當潤滑劑。
- 正面與負面的情感狀態會同時直接和間接地影響吸引力。當另一個人對情緒的誘發有責任時，會出現直接的效應。當情緒有其他來源，而另一個人僅只是與其存在有所關聯時，會出現間接的效應。

■ 吸引力的外在決定因素：親近性與可觀察特性

- 兩個人之間一開始的接觸經常建立在親近性之上，這是由像是座位安排、居住地點和工作場所之類的環境的物理面向所導致。
- 親近性導致兩個個體彼此的反覆曝光。反覆曝光經常導致正面情感，而這會導致吸引力，此過程被稱為單純曝光效果。
- 人際間基於刻板印象的吸引力與判斷強烈地受到各種可觀察特性的影響，包括

外表吸引力。人們喜歡對有吸引力的男性和女性做正面歸因,而不管基於外表的假設經常出錯的事實。

- 在吸引力之外,其他可觀察特性也會影響原初的人際評價,包括身體、體重、行為風格、食物偏好、名字以及其他表面的特性。

■ 吸引力的互動決定因素:相似性與互相喜歡

- 決定對另一個人的吸引力的諸多因素之一是態度、信念、價值觀與興趣的相似性。

- 儘管相反的人彼此吸引的觀念一直很流行,特別是在創作故事裡,但是在真實世界中卻很少見。

- 縱然相異性似乎對吸引力的衝擊比相似性還大,但我們對兩者都會回應,而且相似性訊息的比例越高,吸引力就越大。

- 相似性與相異性效應的解釋有平衡理論、社會比較理論,以及對潛在危險的適應性反應的演化觀點。

- 對吸引力的主要決定因素的一個總體摘要,乃是由吸引力的情感中心模式所提出,它規定了吸引力是受情感的直接和相關來源所決定,並且經常是由認知過程所傳達。

- 我們特別會喜歡那些用言語或行為表現他們喜歡我們,並且給予我們正面評價的人。我們討厭那些不喜歡我們,並且給我們負面評價的人。

連結:整合社會心理學

在這章,你讀到了……	在別章,你會讀到這些相關討論……
對於人們的態度	態度(第四章)
情感與吸引力的制約	態度的制約(第四章)
相似性與吸引力	相似性與友誼、愛情與婚姻(第八章)
外表吸引力的效應	吸引力與愛情(第八章)
外表與刻板印象	偏見與刻板印象(第六章)

■ 思考這些連結

1. 選一個你很了解的人。你能確切地記得你們怎麼認識的嗎？你什麼時候決定喜歡這個人？你為什麼認為你喜歡對方？在你的個人經驗和本章對影響吸引力的因素的討論之間，是否有任何關聯？

2. 想想某個你不太認識但在教室或工作場合見過的人的外表。根據這個人的吸引力、身材、口音、服裝或任何其他你所觀察到的事物，你能做出什麼結論？你跟這個人說過話嗎？為什麼，或為何沒有？你是否感覺到在偏見和你對這個人的評價中有任何連結？

3. 想想某些你抱持著強烈態度和信念的議題。你是否和你的熟人或朋友討論過這些主題？當其他人同意你時，你都怎麼回應？他們不同意時，又發生了什麼事？他人不表贊同是否曾經讓你停止和某個你喜歡的人互動？想想看，為何同意或不同意對你是重要的。

4. 當你看到一個陌生人時，第一個反應是什麼？你是否感到友善、害怕、憤怒？這個人在外表、服裝或口音上若與你不同，是否重要呢？

5. 你是否曾經讚美他人，向他們表示你喜歡他們，或是對他們做過的事表示讚賞？如果有的話，他們怎麼回應？描述你相信在這種互動中，究竟發生了什麼事。再想想相反的情況，你批評了某個人，擺明了你不喜歡他，或是給他負面的評價。在這種互動中，又發生了什麼事？

觀念帶著走～活用：如何讓別人喜歡你？

我們大多數人都寧願被喜歡而不是被討厭，而吸引力研究提供了很多能在我們與他人互動中幫助我們的訊息。

■ 讓親近性為你發揮作用

只要有可能，不要被動地接受環境裡突發的要求。相反地，透過利用親近性的機會，扮演積極的角色。例如，在學校餐廳裡，坐在能和你聊天的人旁邊，而不要一個人坐在一邊。

■ 盡量利用你的外表，而不要把眼光停留在別人的外表上

在合理的限度內，盡你所能讓你在體重、頭髮、服飾等方面表現出最好的一面。同時，試著不要在不正確的刻板印象的基礎上評斷別人。如他們所是地去認識人們，而不是用膚色、身高、口音或其他基礎。

■ 創造正面感情

盡你所能地去創造正面的情緒。如果可以的話，說些話讓對方笑，並避免對他人的批評。記得微笑！

■ 強調相似性並極小化差異

你不需在你的態度和信念上欺瞞別人，卻沒有理由把彼此的不一致和不相似當作中心。當你不同意時，用開放的心態和非教條的方式來處理，聽起來才不會像是對他人的攻擊。

關鍵詞

適應性反應（adaptive response）

情感（affect）

吸引力的情感中心模式（affect-centered model of attraction）

外貌焦慮（appearance anxiety）

態度的相似性（attitude similarity）

平衡理論（balance theory）

人際吸引（interpersonal attraction）

單純曝光效果（mere exposure effect）

親近他人的需求（need for affiliation）

外表吸引力（physical attractiveness）

相似性的比例（proportion of similarity）

親近性（proximity）

反覆曝光（repeated exposure）

排斥假說（repulsion hypothesis）

相似性與相異性效應（similarity-dissimilarity effect）

親密關係：
家人、朋友、情侶與配偶

　　以下故事是根據真實的經驗，但是由許多對夫妻所描述的事件融合在一起，以免讓特定夫妻感到難堪。

　　Greg 與 Linda 在大學相識，在人類學導論課時坐在同一排。他們交談過幾次，有次 Linda 不能來上課，她問 Greg，是否能借他的筆記。很快地，兩人開始一起參加許多校園的活動。有天晚上，在 Greg 兄弟會的一個啤酒聚會上，他倆走進一間空房間，沒說什麼話，就發生了性關係。之後一個星期，他們見面喝咖啡，並開始認真地談彼此的感覺、愛情以及未來。從那時起，他們成了「一對」，即位於一段排外關係中的兩個人，其中包含了肉體的親密，以及關於未來和婚姻的欣喜對話。他們不談錢、事業或是親職，當然啦，兩個相愛的人何必為了細節而糟蹋一切呢？

　　畢業後不久，他們舉辦了一場盛大的婚禮，到牙買加度過了他們先前說好了的完美蜜月，回到 Greg 要唸研究所的大學附近的小公寓裡。一開始幾個月，他們的日子就像是婚前生活的延續，但更為方便，更為刺激，也更為「成熟」。他們很快樂，未來似乎燦爛無涯。

　　隨著時間過去，一些問題開始浮現了。Linda 曾經是個極優秀的學生，並計畫要去唸法學院，但 Greg 的新大學沒有法學院。她的計畫得延後了。Greg 是個很勤奮的研究生，花很多時間泡在圖書館和研究室裡，做研究助理的工作。有時候他連週末也得上班，而有時候他晚歸，呼吸中還帶著酒氣。某天晚上，Linda 提出了她想要孩子的渴望，最少兩個，也許更多。Greg 告訴她，他一點

也不想當爸爸，這是他第一次說出內心話。他們以養一隻貓當「替代寶寶」來作為妥協。Greg 越來越常晚歸，而 Linda 擔心他可能有外遇。她害怕 Greg 會拋下她，因為她「不過是個家庭主婦」，而他身邊圍繞著在更高層級工作的女性。Greg 則相信 Linda「占有欲太強」。

　　夫妻倆漸行漸遠。在沒跟 Greg 提隻字片語的情況下，Linda 開始找律師；某天他回家發現一張紙條，上面寫著她已經訴請離婚。究竟發生了什麼事？為什麼一段浪漫、相愛的關係，轉而成了經年累月的爭吵、羞辱和指控？

　　我們希望能多少回答這幾個問題。當你發現問題所在的解釋時，你可能不時會想要回顧在故事中的 Linda 和 Greg。愛情（和欲望）經常是盲目的，我們在其中只看到自己想看的，相信我們想相信的。你覺得，蝸牛和膠台（tape dispenser，狀似蝸牛）之間有成功的可能嗎？

　　關於人際吸引的研究，從二十世紀早期以來就是社會心理學的重要焦點，但對人際關係的研究，在該世紀後半葉之前卻大體上被忽略了。社會心理學家為了彌補失去的時間，將他們的注意力轉向了普遍的關係（Berscheid & Reis, 1998）、家人關係（Boon & Brussoni, 1998）、愛情與親密關係（Hatfield & Rapson, 1993），以及婚姻關係（Sternberg & Hojjat, 1997）。

　　在本章，我們將說明心理學家在關係這回事上知道些什麼。一個人最先的*互依關係*（interdependent relationships）的經驗是自己的家庭成員。在嬰兒期及童年早期，會發展出*依附模式*（attachment patterns），而這會影響一個人一輩子的人際行為。之後我們會討論友誼的建立，以及無法形成這種關係的後果，也就是*孤單*。我們也會檢視*情愛關係*（romantic relationships）以及*愛情*的意涵。最後一個主題則是*婚姻*，我們將描繪這種連結的成敗所牽涉到的主要因素，以及離婚的（經常是痛苦的）後果。

第一節　與家人和朋友的
互依關係 vs. 孤單

　　所有親密關係都有一個普遍共享的特性：**互依**（interdependence）。這個詞彙指的是一種人際連結，兩個人在其中持續影響彼此的生活（Holmes, 2002）。他們經常將其思想與情緒的焦點放在彼此身上，並習慣性地進行共同的活動。與家庭成員、朋友和情愛伴侶的互依關係包含了一種對關係本身的委身（Fehr, 1999）。互依在各個年齡層與各種不同的互動中都會出現。Ryff 和 Singer（2000, p. 30）強調與他人形成這種連結的重要性，他們提議：「與他人有品質的連結普遍被認為是理想生活的核心。」

　　母親對其子女感受到的情感（「母愛」）似乎有部分是基於特定的荷爾蒙（Maestripieri, 2001）。那麼其他的人際連結（例如朋友或情人之間）是否也有賴於生物因素？一如第七章裡對親近他人的需求所做的討論，我們有充分的理由相信，我們對同伴的需求是種對我們祖先有益的適應機制，增加其存活與繁衍的機會。動物研究提出了證據，說明社會依附有賴於特定的神經化學系統（Curtis & Wang, 2003）。DNA 證據指出，黑猩猩和矮黑猩猩是我們最近的非人類親屬，而牠們比大猩猩和猩猩與我們的關係更接近（Smuts, 2000/2001）。對這些靈長類的田野研究揭示了牠們和我們有一樣多的社會互動。牠們擁抱、親吻，並形成長期的社會依附，諸如母子、朋友、配偶。

　　現在讓我們從家庭開始更仔細地看看人類的關係。

壹、家庭：關係與依附模式的開始

　　親子互動具有根本的重要性，因為這經常是一個人與他人最早的接觸。我們可以很合理地假設，我們對關係的態度與期望是在這個背景下開始形成的。我們一出生就要與他人互動，但這些互動的特定特徵卻人人不同、家家不同。而似乎正是這些細節在我們後來的互動中具有其重要意涵。

在一歲之前，人類嬰兒對臉部表情、肢體動作，以及人們所發出的聲音都極為敏感。照顧小孩的典型母親對小孩的行為也同樣地敏感（Kochanska et al., 2004）。一如他們的互動，兩個個體彼此交流並互相增強彼此的行動（Murray & Trevarthen, 1986; Trevarthen, 1993）。成年人對小孩的溝通表現出興趣，諸如進行肢體談話與表現出誇張的臉部表情。嬰兒透過試著發出合適的聲音和表情，表現自己對大人的興趣。這種互動似乎對雙方而言，都是種富有教育意義的正面經驗。甚至，有些證據指出母親的「肢體語言」是「極為系統化而有韻律的」，很像詩歌或歌詞（Miall & Dissanayake, 2004; Selim, 2004）。在人際連結之外，這些互動也可能形成對音樂與其他藝術表現的情緒反映的基礎。

一、親子互動的長遠重要性

早期主要是發展心理學家對關係進行研究。因為這些關係的本質影響後來人際行為的性質，社會心理學家便開始更仔細地研究童年前期。

簡短的概要，在母親（或是其他照護者）與嬰兒之間的互動品質，決定了嬰兒將來的人際態度與行動（Oberlander, 2003）。我們發現人們在不同關係中會有一致的互動模式，如親子關係、友誼及情感伴侶（Foltz et al., 1999）。

Bowlby（1969, 1973）對母親與嬰兒的研究，將他引導到**依附風格**（attach- ment style）的概念，意即個人在人際關係中覺得安全的程度。嬰兒被假定在與成人早期的互動中獲得兩種基本的態度。第一個是與自我相關的態度，我們稱之為**自尊**（self-esteem）。照護者的行為與情緒反應，提供了他或她被看重、是很重要而被寵愛的個體的訊息，或者，在另一種極端中，則是他或她毫無價值的訊息。嬰兒獲得的第二種基本態度則是關於他人，包括一般的期待與信念。這個態度被稱為**人際信賴**（interpersonal trust）。這是基於照護者是否被認為是可信賴、可依靠、可依賴，或是不可信、不可依靠、不可依賴。研究發現指出，我們在獲得語言技能之前，便已發展出這些關於自我與自尊的基本態度。作為成人，我們似乎「天生就有」某個程度的自尊和某個程度的信任，但這些稟性可能在很早的時候就已經習得了，只是我們無法記得根源所在。

基於這兩個關於自我與他人的態度，我們可以粗略地將人歸類到特定的互動風格。關於依附風格的種類有些異議，但對它們的總體效應則有普遍的共識

（Bartholomew & Horowitz, 1991; Bowlby, 1982）。如果我們將自尊和人際信賴概念化為兩個不同的向度，一個人有可能在兩個向度上都很高、都很低、或是一高一低，這就產生出四種模式。**安全依附風格**（secure attachment style）的特徵是一個人在自尊和信任上都很高。有安全感的個體最有能力形成長久的、投入的、滿足的關係（Shaver & Brennan, 1992）。安全風格不只在關係上是理想的，它和對成就的高度需求、對失敗的恐懼感較少，以及認識與探索世界的渴望都有所關聯（Elliot & Reis, 2003; Green & Campbell, 2000）。而在自尊和人際信賴上都很低，會導致**逃避依附風格**（fearful-avoidant attachment style），因害怕而逃避的人傾向迴避親密關係，或是會建立不快樂的伴侶關係（Mikulincer, 1998a; Tidwell, Reis, & Shaver, 1996）。負面的自我形象和高度的人際信賴的人，會產生一種**焦慮依附風格**（preoccupied attachment style）。這些人渴望親密（有時還過度），而且他們很容易形成關係。他們很黏人，但經常沮喪，因為他們也預期自己最終會被拒絕（Davila et al., 2004; Lopez et al., 1997；Whiffen et al., 2000）。而具有**排除依附風格**（dismissing attachment style）的人，則是自尊高但人際信賴低的人。這種組合導致一種信念，認為人應該有良好的關係，但對他人卻抱著最糟糕的期待。結果，這些排拒性的個體就害怕真誠的親密關係（Onishi, Gjerde, & Block, 2001）。

有時人們假設，一個人在嬰兒期發展出來的依附風格會持續到兒童期（Klohnen & Bera, 1998），而且通常這種模式從嬰兒期開始就很固定（Fraley, 2000）。然而，有很多證據指出，非常好或糟透了的關係經驗會導致依附風格改變（Brennan & Bosson, 1998; Cozzarelli et al., 2003; Davila & Cobb, 2003）。例如，一段關係的破裂，可能（有時只是暫時地）會減弱一個人安全依附的程度，而一段正面、持續性的關係，則有可能會增強感覺到安全依附的可能性（Ruvolo, Fabin, & Ruvolo, 2001）。

二、兄弟姐妹之間的關係

大約有 80% 的人至少和一個手足一起成長，而兄弟姐妹之間的互動對我們人際行為的學習十分重要（Dunn, 1992）。在小學兒童之間，我們發現那些沒有兄弟姐妹的孩子較不受同學喜愛，並且較具侵略性（或是更容易成為侵略行

為的受害者）。這種差異的存在，據推測，是因為擁有兄弟或姐妹，提供了有用的人際學習經驗（Kitzmann, Cohen, & Lockwood, 2002）。不像親子關係，手足關係經常和喜愛、敵意及競爭的感覺結合在一起（Boer et al., 1997）。某種版本中常見的主題是「媽媽總是最疼你」。然而，父母很少承認自己偏愛某個孩子。

我們大部分人都體驗（或觀察）過各式各樣的手足相爭的例子。然而，事實上，大部分的兄弟姊妹都相處得不錯。在每個孩子和父母都有溫暖的關係，以及父母對自己的婚姻感到滿意時，手足間最有可能有充滿感情的關係（McGuire, McHale, & Updegraff, 1996）。

手足關係本質的重要，部分是因為與手足有關的正面或負面的情感，可能會再三地在與同儕、愛情伴侶，以及配偶的互動中被挑起（Klagsbrun, 1992）。例如，校園惡霸（見十一章）便可能和其手足本來就有負面的關係（Bowers, Smith, & Binney, 1994）。在學校裡表現出行為問題的男孩，便可能和其兄弟姊妹有嚴重的衝突，外加一個排拒、嚴苛的母親（Garcia & Shaw, 2000）。

彼此感覺親近的兄弟姊妹，能夠分享意見與回憶、保護彼此不受外人欺負、享受彼此相聚，並在出現問題時提供扶持（Floyd, 1996）。兄弟姊妹傾向在青少年與青年時期分道揚鑣，縱然他們兒童時期非常親密（Rosenthal, 1992）。然而，一旦他們年屆中年，大部分都會重建正面的關係。相同的一般模式，對雙胞胎來說也是一樣，其中同卵雙胞胎之間最為親密，再來是異卵雙胞胎，再來是一般的兄弟和姊妹（Neyer, 2002）。手足關係有時需要某一方扮演父母的角色，另一方則是孩子。兄弟姊妹的互動可能像是關係普通的朋友，可能成為好兄弟，或者他們可能只是因為相信家庭成員理應如此時才聯繫（Stewart, Verbrugge, & Beilfuss, 1998）。大約有 20% 的成年手足之間未曾建立過任何程度的親密關係，其中一半對兄弟姊妹冷漠以待，而另一半則對其手足深惡痛絕（Folwell et al., 1997）。

貳、超越家人：友誼

從童年早期開始，我們大部分人都會和共享相同興趣的同儕建立起非正式

的友誼。這種關係一般而言都是建立在親近性的基礎之上，如第七章所述，或是彼此的父母互相認識。如果兩個孩子對彼此有興趣，而相處時有正面而非負面的經驗，他們的友誼能維繫一段相對較長的時間。正面情感似乎只需要共度愉快的時光，而負面情感則最有可能被口語或是肢體的侵略行為所激起（Hartup & Stevens, 1999）。一個簡單的事實是，不論年紀多大，我們都偏好愉悅的互動甚於不愉悅的互動。

一、親密的友誼

許多童年時期的友誼都會慢慢消逝。然而，有時候，來自童年早期的一段關係可以發展成一段**親密的友誼**（close friendship），其中包含了越來越多的成熟類型的互動。一段親密友誼裡，確切地說，究竟包含了什麼？

這種友誼有幾個明顯的特徵。許多成人在和大部分他人互動的時候，傾向進行自我彰顯的行為（例如自吹自擂），但他們在親密的朋友面前，卻會展現謙遜的一面（Tice et al., 1995）。朋友較不會對彼此撒謊，除非是為了讓對方感到好受一點（DePaulo & Kashy, 1998）。而且，朋友會開始說「我們」，而不是「她和我」或「他和我」（Fitzsimmons & Kay, 2004）。一段親密的友誼一旦建立起來，就會導致兩個個體花很多時間相處、在各種情境下互動、自我表露，並為彼此提供情緒上的支持（Laurenceau, Barrett, & Pietromonaco, 1998; Matsushima & Shiomi, 2002）。一個親密的朋友會因其大方、敏感與誠實而被看重，我們與之相處能放鬆做自己（Urbanski, 1992）。

文化也會影響友誼的意義。在日本大學生中，一個最好的朋友會被描述為與之擁有一段相互給予的關係，是個好相處、不自誇、體貼而不易動怒的人（Maeda & Ritchie, 2003）。美國學生對朋友的描述也類似，但與日本學生不同的是，美國學生還看重自發而積極的朋友。

二、性別與友誼

女性指出，比起男性，她們擁有更多親密的朋友（Fredrickson, 1995）。女性賦予親密感（其特質為自我表露與情緒支持）的地位也比男性更重要（Fehr, 2004）。兩個男性朋友之間的對話是否不同於兩個女性朋友？Martin（1997）

指出在朋友談話內容裡面，有幾個專屬性別的面向。兩個男人會經常談到女人和性、被一段關係綁住、運動和酒精。兩個女人傾向於談論與男人的關係、衣服，以及和室友的問題。

男人和女人之間是否能成為朋友，而不發生情愛關係或性關係？男性和女性對異性友誼的期待是不同的（Bleske-Rechek & Buss, 2001）。男性可能會因女性具有吸引力而和她展開友誼，而他假設性關係終會發生。如果沒有發生的話，他們經常會結束這段關係。相反地，女性開始一段友誼是因為希望有一個能保護她的男人。一如男性在沒有得到性的情況下失去對友誼的興趣一樣，女性也可能在男性無法扮演好保護角色的時候結束朋友關係。

參、孤單：沒有親密關係的生活

縱然人有建立關係的生物學需求，以及在關係中的好處，許多個體還是發覺他們無法達成這個目標。這會導致**孤單**（loneliness），這是一種一個人覺得擁有的關係比他或她渴望的還少，也較不令人滿意的情緒與認知反應（Archibald, Bartholomew, & Marx, 1995）。相反地，對發展友誼毫無興趣的人，則不會體驗到孤單（Burger, 1995）。一個人想要孤獨，也可能有很正面的原因（Long et al., 2003）。

孤單似乎是種普遍的人類經驗，一如美國與加拿大（Rokach & Neto, 2000）、英國亞裔（Shams, 2001）、西班牙（Rokach et al., 2001）、葡萄牙（Neto & Barrios, 2001）、華裔加拿大（Goodwin, Cook, & Yung, 2001），以及土耳其與阿根廷（Rokach & Bacanli, 2001）的研究所顯示的。

一、孤單的後果

小孩只要有一個朋友，就足以減輕孤單的感覺（Asher & Paquette, 2003）。沒有親密朋友而感到孤單的人，傾向將空閒時間花在一個人的活動上，極少約會，並且只有普通和不熟的朋友（R. A. Bell, 1991; Berg & McQuinn, 1989）。孤單的個人覺得自己被人遺忘，並且相信他們和認識的人之間的共同點很少（B. Bell, 1993）。

　　孤單當然令人不愉快，而其負面影響包含了沮喪、焦慮、不快樂、不滿足、對未來悲觀、自責以及害羞等感覺（Anderson et al., 1994; Jackson, Soderlind, & Weiss, 2000）。從他人的觀點來看，孤單的個人被認為是適應不良的（Lau & Gruen, 1992; Rotenberg & Kmill, 1992）。

二、為何有些人會孤單？

　　性情孤單的根源包含了基因組合、依附風格，以及與同儕的早期社會經驗的機會。在一個設計來檢驗基因因素在孤單中可能扮演什麼角色的有趣研究中，McGuire 和 Glifford（2000）對九歲到十四歲的孤單小孩進行了行為基因研究。研究參加者包含了生物學上具血緣的配對、在收養家庭中不具血緣關係的配對，以及同卵與異卵雙胞胎。數據一致指出，孤單有部分是基於遺傳因素。例如，同卵雙胞胎比異卵雙胞胎在孤單的情況上更為相似，這指出，基因上較大的相似性和在孤單上較大的相似性有所關聯。然而，研究也發現，孤單也受環境因素影響：在寄養家庭長大的不具血緣關係的手足，比隨機配對的兒童在孤單上更為相似。正如研究者所指出的，孤單所具有的基因要素，並不能完全解釋其運作。例如，相關的基因可能影響沮喪或敵意的感受；要是如此，孤單的差異可能是基於人際行為中基因所決定的差異所導致的結果。

　　另一個可能的孤單來源可用依附風格來描述（Duggan & Brennan, 1994）。排除依附風格，以及逃避依附風格，這兩種模式的個體都害怕親密關係，並傾向避免建立關係（Sherman & Thelen, 1996）。這樣的個體對他人並沒有足夠的信任，讓他們能夠承擔尋求親密關係的風險。害羞與孤單是部分相關的，因為孤單的個體預期自己會被拒絕，而害羞則為他們提供對這種可能性的保護（Jackson et al., 2002）。孤單也和無法自我表露有關，因為孤單的個人預期自己會被拒絕，因為他人可能會負面地回應一個人的自我表露（Matsushima & Shiomi, 2001）。一般而言，不安全的依附和社會焦慮及孤單有關（Vertue, 2003）。Buunk 和 Prins（1998）所進行的一項對荷蘭學生的研究指出，當一個焦慮依附風格的個體相信自己付出的比獲得的還多時，也可能會導致孤單。他們認知到的這種互惠的不足，會導致孤單及不夠被欣賞的感覺。

　　第三個導致孤單的可能因素，則是無法發展合適的社交技巧，而這可能有

許多原因（Braza et al., 1993）。就部分而言，兒童藉由與同儕互動學習人際技巧。上過幼稚園的孩子，因為他們有這樣的機會，在小學時就比沒有這種經驗的孩子更討人喜歡（Erwin & Letchford, 2003）。同樣的，孤單也比較可能出現在那些與手足缺乏親密關係的人身上，特別是如果這關係具有衝突的特性（Ponzetti & James, 1997）。缺乏必要的社交技巧，小孩可能會進行自我挫敗的行為，像是迴避他人，在言語上做出侵略行為，好比說取笑他人，或是身體上做出攻擊行為。這些行為導致的結果，就是這個小孩會被可能的玩伴給排擠（Johnson, Poteat, & Ironsmith, 1991; Kowalski, 2000; Ray et al., 1997）。不合宜的人際行為會導致被拒絕與不受歡迎，並因此導致孤單與日俱增，這個人會陷入看似無止境的自我毀滅循環（Carver, Kus, & Scheier, 1994）。孤單的決定因素摘要如圖8.1。

　若沒有某種形式的介入以改變這種行為，人際問題一般會從兒童期持續到青少年期，乃至成年期。這些人際問題並不會隨著時間流逝而消失（Asendorpf,

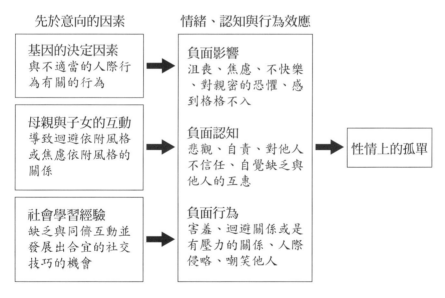

圖 8.1　孤單性情的根源

⋯⋯⋯⋯⋯⋯⋯⋯⋯⋯

孤單最常被當作人格性情來研究。性情上的孤單可以是基因因素、早期獲得的特定依附風格，以及／或者無法學到合宜的社交技巧的結果。這些先於意向的因素會導致負面情緒、認知及行為的組合，增加一個人無法建立親密關係的機會，並因此發展出性情上的孤單。

1992; Hall-Elston & Mullins, 1999）。

三、孤單作為對外在因素的回應

大部分對孤單的研究，都基於孤單是一人格性情的假設之上。在性情上的孤單之外，外在因素則會導致情境性的孤單。例如，搬到一個新的地方，通常意指一個人周遭只有陌生人，而沒有朋友。學生離家上大學時，也會感到孤單。然而，當他或她遇到新的人並結交新朋友之後，這個問題通常會漸漸消失。對在以色列唸書的北美大學生所做的一項研究揭示，他們雖然覺得孤單，但只持續了幾個星期，之後他們就會建立起新的關係（Wiseman, 1997）。

一個更為困難的情境，出現於對**社會排斥**（social rejection）的回應，即另一個個體沒興趣和你建立關係的時候。排斥並不是基於你說了或做了什麼，而是基於偏見、刻板印象，以及拒絕你的人所持的態度。排斥的技巧包含了三種阻擋人際關係的策略（Hess, 2002）：迴避（avoidance，拒絕互動、忽視另一個人、減少互動）、脫離（disengagement，不透露關於自我的訊息、不關心對方、以冷淡的方式互動），以及最直接的，就是認知脫鉤（cognitive dissociation，貶抑並降低另一個人的價值）。這裡面每個行為都傳達了對建立關係興趣缺缺的意思。

社會排除（social exclusion）則會出現在當拒絕並非來自於個人，而來自整個群體的時候。被一個群體拒絕的毀滅性效果，在大學生與幾個陌生人互動的一個實驗中顯示出來。在互動過後，他們要求每個研究參加者說出他們願意繼續互動的兩名群體成員的名字（Twenge, Catanese, & Baumeister, 2003）。實驗者提供了每個群體中被提名為未來互動人選的某些人的（錯誤）訊息，而剩下的人則被假定為已被所有人拒絕。這不但創造了負面的情緒，被拒絕的學生後來的工作狀況也很差。他們覺得疲憊、時間過得很慢，並且更可能會表達出「生活毫無意義」的信念。

四、減輕孤單

可有任何令人滿意的方法可以處理孤單？孤單一旦發展成形，要透過提供新的基因或改變早年母子互動來改變個人的歷史，是不可能的。然而，學習新

的、更為合宜的社交技巧則是可能的。這種介入是集中於一些相當特殊的行為之上。主要的介入程序是認知治療（cognitive therapy）（Salmela-Aro & Nurmi, 1996）與社交技巧訓練（social skills training）（Hope, Holt, & Heimberg, 1995），這兩者可以同時進行。認知治療的目的是打破負面模式，並鼓勵對社會互動有新的認知、覺察與期待。在社交技巧訓練中，透過錄影帶為孤單的個人提供社交合宜行為的範例，之後再讓他們在角色扮演中有練習的機會。最後，給他們在現實情境中嘗試新技巧的指示。人們可以學習以友善的方式與他人互動，避免表達憤怒與敵意，並進行輕鬆隨興的對談（Keltner et al., 1998; Reisman, 1984）。孤單的個人被指示去表達對他人的興趣，少做點自我參照（Kowalski, 1993），而且他們還得學習以可接受的方式自我表露（R. A. Bell, 1991; Rotenberg, 1997）。就像數學、餐桌禮儀和開車是可以教導的一樣，人們也可以學習社交技巧。

第二節　情愛關係與墜入情網

我們在第七章討論過吸引力，在本章則已討論了友誼。那麼引導兩個個體到更親密的關係，包含浪漫、愛乃至性的因素是什麼呢？一段正在發展中的關係，可能會出現親密的某個方面，或是某些方面的任意組合，以任何順序發生。就算在青少年早期，情愛關係就經常得到發展，而他們傾向把焦點放在親近他人的需求與性的感覺上（Furman, 2002）。大部分對此主題的既有研究，處理的都是異性戀伴侶，但我們在此將注意到，無論何時，牽涉到男同性戀與女同性戀的相關資料也都是可得的。看來，大部分我們對異性戀伴侶的認識，也一樣適用於同性戀伴侶（Kurdek, 2003）。不論性傾向是哪一種，人們都期待情愛關係包含性吸引力、態度與價值的相似性、花時間共處，並且經常相信兩個人共享某種特別事物的信念（Baccman, Folkesson, & Norlander, 1999）。

壹、浪漫：越過友誼

在友情與愛情之間最明顯的差異，包含了性吸引力與某種程度的身體親密。有賴於個人文化次群體的接受程度，性吸引力可能會、也可能不會導致某種形式的性行為，而身體親密則可能被限制在牽手、擁抱、親吻，或者也可能包含更明顯的性互動。伴侶中至少有一個可能會相信自己正深陷情網，並期待該關係會導向婚姻（Hendrick & Hendrick, 2002）。

友情與愛情之間的相似性與差異性

很常見的，情愛吸引開始於與人際吸引一樣的方式：某種親近他人的需求、情感激發、親近性、對可觀察特性的反應、相似性，以及互相喜歡等的某種組合。在大學生之中，理想的愛情對象是與自己相似並且是安全依附風格的人（Dittmann, 2003; Klohnen & Luo, 2003）。愛情最主要的特徵是把對某人的情緒覺醒詮釋為一種強烈吸引力，包含了可能的愛與性。更進一步，男性與女性對情愛伴侶在身體吸引力、社會地位，以及諸如溫暖或聰明等特質所設定的標準，比對朋友更高（Sprecher & Regan, 2002）。在情愛關係中，某種嬉戲的精神也很重要（Aune & Wong, 2002）。

除了性的絃外之音，情愛關係還在另一方面與朋友關係有所區隔。Swann、De La Ronde 和 Hixon（1994）報告指出，在朋友、宿舍室友，乃至已婚夫妻之間，大部分人都偏好能給予正確回饋的伴侶。我們喜歡和那些對我們有足夠的認識，能指出我們好與不好特質的人在一起。相反地，至少在一段情愛關係的開頭，兩個個體對正確與真實的尋求，並不如他們對讚賞與接納的追尋來得強烈。在一段情愛關係裡，我們想要無條件地去喜歡與被喜歡，而我們需要有讚美、獎勵以及經常表露的情感等，好讓我們放心。

如圖 8.2 所示，也許透過三個彼此重疊的基模來思考情愛關係會有所幫助（Fletcher et al., 1999）。其中一個基模是自我，一如第五章所述，第二個基模是一個人對伴侶的覺察，第三個基模包含在自我與伴侶之間的一段關係。牽涉到某人伴侶的基模經常是不切實際且不準確的。每個個體都想要相信另一方代

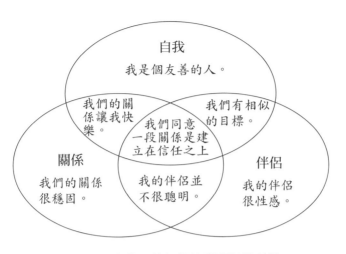

圖 8.2　自我、伴侶與情愛關係的基模

一段情愛關係包含了三個相互重疊的基模：對自我、對伴侶，以及對這段關係。在任兩基模之間有重疊的範圍，而在三個基模之間有一範圍乃中央區域（資料來源：Based on concepts from Fletcher et al., 1999）。

表了完美的伴侶，每個人都想要從伴侶那兒得到不複雜的、正面的回饋（Katz & Beach, 2000; Simpson, Ickes, & Blackstone, 1995）。一個人的伴侶與其理想中的越相近，他們的關係就會被認為更好且更能持久（Campbell et al., 2001; Fletcher, Simpson, & Thomas, 2000）。個人的優點會被強調，而他可能有的缺點則被認為不重要而被忽略了（Murray & Holmes, 1999）。

　　浪漫愛情有部分是建立在幻想與錯覺之上的，這對男女建立一段關係而言，可能是關鍵所在（Martz et al., 1998; Murray & Holmes, 1997）。女性似乎是在一個一般的基礎上幻想，而男性在幻想出現之前則必須要強烈地忠誠於一段特定的關係（Gagne & Lydon, 2003）。在許多國家中的研究指出，情侶相信彼此這段關係比其他人的關係要好（Buunk & van der Eijnden, 1997; Endo, Heine, & Lehman, 2000）。只要兩個人彼此喜歡，並且相信他們的關係是很特別的，這種感情與信念實際上就可能有助於維持這段關係（Franiuk, Cohen, & Pomerantz, 2002; Knee, 1998）。

貳、選擇可能的配偶：男性與女性的不同標準

對浪漫愛情的夢想可能不包含成為父母的渴望，但有些演化心理學家主張，我們的基因歷史是情愛吸引力的一個重要面向（Geary, Vigil, & Byrd-Craven, 2004）。我們的動機不需要是有意識的，但我們對情愛伴侶的尋求則包含了某些與對朋友的尋求不同的東西。在尋求情愛伴侶時，最重要的是什麼？如我們將討論的，男性強調的是未來可能伴侶的外表吸引力，而女性強調的是男性的地位與資源（Fletcher et al., 2004）。對兩性而言，人格和個性都很重要。男性與女性都說，找到一個和善而聰明的伴侶是重要的（Li et al., 2002），同樣重要的則是，避免有過不忠紀錄的伴侶（Hanko, Master, & Sabini, 2004）。

一、男性尋求女性的吸引力：年輕與美貌等於適合繁衍

從演化的決定因素的觀點來看，女性的美貌被認為對男性是具有吸引力的，因為美貌與年輕、健康和生殖力有關。基本原則是，我們的男性祖先在繁衍上的成功，透過在上述線索的基礎上選擇女性伴侶而被增強。縱然男性在一段約會關係中一般而言興趣並不在繁衍後代（也許是性，但不是生育），他們先天卻有對美貌做出正面回應的傾向。千百年來，相較於對年輕貌美的女性無動於衷的男性，受年輕美女吸引的男性更有可能將其基因傳遞給下一代（Buss, 1994, 1998）。

男性不只會受美貌所吸引，也會被其他象徵年輕與健康的特定特質所吸引。女性的長髮是個例子（Jacobi & Cash, 1994），也許是因為健康、閃亮的頭髮是年輕與健康的標誌（Etcoff, 1999; Hinsz, Matz, & Patience, 2001）。另一個正面線索是展現出**左右對稱**（bilateral symmetry，左邊與右邊一模一樣）的臉。一張對稱的臉被認為比不對稱的臉更有吸引力（Hughes, Harrison, & Gallup, 2002）。在臉之外，身體的對稱一般而言也和基因的健康、身體健康及生殖力有關聯（Manning, Koukourakis, & Bordie, 1997; Scutt et al., 1997）。

二、女性尋求男性的資源：權力等於養育並保護後代的能力

在第七章，我們指出女性對身體外貌會做出正面回應，縱然強度不如男性。在尋求情愛伴侶時，女性對男性的資源較為關注，不論是在史前時代對溫暖的洞窟與抵抗肉食動物的力氣，還是在當今世界裡的經濟與人際權力所構成的資源。女性對男性的年輕與吸引力（一如演化理論家所解釋的）相對較不關心，是因為男性通常從青春期到老年都有繁殖能力，不像女性有所限制。對一個史前女性而言，成功地繁衍，是由年輕、健康的自己，以及選擇一個有能力保護並照顧她和其後代的男性所增強（Kenrick et al., 1994, 2001）。

許多對當代男性與女性的研究指出，伴侶偏好與這種演化說明相符。在荷蘭，一項針對二十歲至六十歲的男女所做的研究報告指出，男性偏好比自己更有吸引力的女性，而女性偏好比自己的收入、教育程度、自信、智力、主宰力，以及社會地位更高的男性（Buunk et al., 2002）。

對於性別差異，基於演化觀點的解釋雖然令人信服，卻不是被普遍接受的說法。Miller、Putcha-Bhagavatula 和 Pedersen（2002）探討過在擇偶的性別差異上以文化為基礎的解釋。例如，在資源方面，男性和女性都偏好富有的伴侶，而這些發現由文化價值來探討，比基因影響更有意義（Hanko, Master, & Sabini, 2004）。這並不是什麼新發現。就連喬治‧華盛頓和湯瑪斯‧傑佛遜都發現，和有錢的寡婦結婚很有助益（Wood, 2004）。

三、找到伴侶

無論擇偶偏好的基礎是什麼，人們的情愛都面臨著非常實際的困難。一個人要怎樣才能找到合適的伴侶呢？在過去，答案是接受一段由父母安排的婚姻，而這經常是由財務或政治目的所促生。相反地，在世界大多數地方，現在我們都將這個過程留給相關的兩個個體去處理。「理解常識」專欄將透過可觀察、可預測的因素，對比情愛理想和情愛關係被啟動的可能性。

社會心理學的技藝　理解常識

■ 寫在星空上，或是網路認識？

　　人們普遍相信浪漫的命運，也就是兩個人注定要在一起，而且將相識相戀的信念。這就是寫在星空上。在當代的大學生之中，有許多人同意對情愛的這種普遍觀點，這可在他們對下列陳述表示同意看出來（Weaver & Ganong, 2004）：

　　我只會有一個真愛。

　　我和我的「真愛」關係會近乎完美。

　　如果我遇到對的人的話，我可能會立刻愛上他。

　　我相信真愛永恆。

　　兩個人之間的愛是預先注定的這種觀點，被一個冷潮熱諷的十歲小孩表達出來，他表示：「上帝決定誰會結婚，而之後你會發現你和誰被綁在一起。」（Hughes, 2002）不管怎樣，如果愛情是由浪漫的命運所決定的話，我們就沒法做太多事來幫助它發生，只能和異性群體的成員往來，等著對的人出現。

　　在不太久遠的過去，這個互相來往的過程經常透過以下的形式進行。當一個男人和一個女人相遇，兩人之間有某些互相吸引的徵兆時，男人會邀約女人，這可能包含了看場電影、參加舞會，或某些其他的社交活動。如果兩個人都享受約會過程的話，他們就有安排進一步約會的傾向。如果不是這樣，他們便會轉向不同的可能的伴侶。終有一天，那個對的人據假設會出現，而事情就這樣成了。

　　這種現在看來古雅的習俗已經消逝至少二十年了，卻還沒有一個新的慣例來取代。就算在高中生之間，約會也快絕跡了。高年級的舞會已經成了不只是情侶出席的活動，同性或異性朋友群體也會參加（Gootman, 2004）。

美國的大學生指出約會已死，但這為他們留下一個詭異的問題。你怎麼找到愛情呢？以前的約會，現在大學生以一群人「廝混」取代，經常是在喝酒的時候。這些非正式的互動有時會導致「上鉤」，經常是和陌生人。在美國和澳洲，這種互動經常在諸如春假之類的假期間發生，在當地，這種假期被稱作「學生假」（Maticka-Tyndale, Herold, & Oppermann, 2003）。上鉤本身包含了身體上的親密，從親吻到性交，而這兩個人則不太可能會再在一起（Paul & Hayes, 2002）。情愛有時候會從廝混或是上鉤中發展出來，但學生們卻對沒什麼選擇而抱怨不已（Milanese, 2002）。甚者，許多男性和女性都表示對這種經驗感到不舒服，縱然他們相信別人不會有這種感覺（Lambert, Kahn, & Apple, 2003）。

除了挫敗感之外，年輕人對邀請對方出去也感到尷尬（Bombardieri, 2004）。結果，出人意料地，一大堆年輕人度過大學四年，卻沒有任何類似約會的經驗，也沒有男朋友或女朋友。畢業之後，相同的模式也很普遍，人們相識的地方可能是工作場合，或是像酒吧之類的公共聚會場所。

一如第七章與本章中所討論過的，社會心理學家對吸引力、友誼的形成及愛情，已經有所認識。想想關於親近他人的需求、情感、親近性、相似性等等，我們還知道什麼，那麼不論是透過傳統約會還是釣人上鉤，除了空等真愛出現之外，可有更好的方法？日漸流行的另類方案，援用了社會心理學研究所提供的某些洞見，與電腦科技做結合。有興趣認識可能伴侶的人會登入到某個網站（跳過親近性），並透過數個面向被配對（跳過態度與信念的探索）。在可獲得訊息與（有時是）照片的基礎上互相吸引的兩人，之後才揭示身分並安排碰面（跳過在邀請約會時可能出現的拒絕，以及關於是否要答應的左右為難）。

在許多大學校園裡，許多富有進取心的個人已經創立了許多網站，好聚集有興趣的學生。例如，在麻薩諸塞州威廉姆斯鎮的威廉大學的網站上，就為每個使用者提供了關於問卷選項的最佳配對的名稱；極為相配的一對可能有70%到90%的相似性，該網站對同性戀與異性戀都提供服務（Bombardieri, 2004）。舉國上下，網路約會在各年齡層的單身人士之間，已經變得非常流行，包括年過半百的人（Mahoney, 2003）。

這個處理方式有多大用處？至今為止，電腦配對作為一種擇偶、戀愛或找到合適伴侶的方式，其相對而言的成功還未被確立。運用科技來尋找愛情很明顯地不如等待靈魂伴侶出現來得理想，但看來卻是比「老套的」約會來得有效率。而且，和一個相似、對自己有意思的人在線上認識，看來比在一個啤酒聚會上喝醉，然後把一個陌生人釣上鉤更合情合理得多。

參、愛情：誰能說明？誰能告訴你為什麼？也許，是社會心理學家

愛（love）是歌曲、電影及我們日常生活中最流行的主題。在我們文化中的大部分人都接受愛是基本的人類經驗。在某種程度上，愛是和憤怒、悲傷、快樂與恐懼一樣的基本情緒反應（Shaver, Morgan, & Wu, 1996）。也許愛情對你而言甚至是有益的。Aron、Paris 和 Aron（1995）發現，墜入情網會導致自我效能與自尊的提升（見第五章）。那麼，我們所謂的愛情是什麼意思？

一些關於愛情的意義的線索，可以在人們對其自發地提出的定義中找到。Hughes（2000）報告了（四到八歲的）孩童對「什麼是愛」這個問題的回答，而 Harrison（2003）則拿相同的問題問一群大學生。兩組人的回答的部分實例呈現在表 8.1 中。兩個年齡群體中的個人都把焦點放在正面與負面的情緒、不自私以及吸引力上。

你也許會很訝異地發現，社會心理學家在二十世紀晚期之前，對這個主題一直視而不見，直到 Zick Rubin（1970）發展出浪漫愛情量表，以及 Ellen Berscheid 和 Elaine Hatfield（1974）提出一個關於愛的心理學理論。然而，從那之後，愛就變成了一個重要的研究興趣。首先，我們現在知道了什麼不是愛。愛是某種比親密友誼更深、而又與對另一個人單純的性趣不一樣的東西（Diamond, 2004）。其特定細節可能會依文化而有所不同（Beall & Sternberg, 1995），但有理由相信，我們所稱為愛的基本現象是放諸四海皆準的（Hatfield & Rapson, 1993）。我們對愛的認知與情緒面向有何了解呢？

表 8.1　什麼是愛？

當不同年齡群體的人們被問到愛的意義時，他們有各式各樣的回答，但年輕孩童與大學生都提出了許多相同的主題。

根據四到八歲孩童的回答
愛是在各種壞事的阻礙之前，你所感到的第一個感覺。
愛是在你離開你的寵物一整天之後，牠舔你的臉。
愛是當媽媽看到滿身大汗、又髒又臭的爸爸時，卻還說他看起來像勞勃・瑞福。
愛是當你出外吃飯時，你把大部分的薯條給了某人，卻不要求對方給你任何他們的東西。
愛是當女孩噴上香水、而男孩擦上刮鬍膏，然後兩個人出去聞彼此的味道。
根據大學生的回答
愛就像升降梯；你可能直達頂樓或直接降到地下室，但終究你會選一層樓走出去。——T.W.
愛，特別是無報償的愛，是很好的，像是土耳其蛋糕一樣；它當下很甜、很美味，但通常第二天就消逝無蹤。——C.H.
愛情是當你在伴侶剛睡醒時看著他，仍覺得他真是好看！——C.M.
愛是把最後一口給對方。——J.B.
愛是就是我想在你面前一絲不掛。——T.T.

（資料來源：Hughes, 2000; Harrison, 2003.）

一、激情之愛

　　Aron 和他的同事（1989）指出，許多人會「墜入愛河」，但似乎沒有人會「墜入友誼」。和吸引力或甚至是情愛不同，**激情之愛**（passionate love）包含了對另一個人熱切而經常不是太現實的情緒反應。激情之愛經常開始於對另一個人的一種排山倒海、無比強烈的正面反應，感覺上這反應就像是超乎控制。一個在沉浸戀愛中的人，他會全神貫注於所愛的對象，無法想太多其他事情。

　　Meyers 和 Berscheid（1997）提出，性吸引力對陷入情網是必要的，但還不夠。亦即，你可以在性方面受吸引卻不愛上對方，但你卻不太可能沒有性吸引力而愛上對方（Regan, 2000）。調查指出，大學生同意這點（Regan, 1998）。對許多人而言，愛情使性變得更可接受；而性行為則可以被浪漫化（Goldberg et al., 1999）。

在性之外，激情之愛還包含了情緒上強烈的覺醒、身體上親近的欲望，以及被你所愛的那個人一樣熱烈地愛著的渴望。愛與被愛是正面的經驗，但伴隨而來的則是，重複出現的對於關係會因某些事情而終止的恐懼。Hatfield 和 Sprecher（1986b）發展出激情之愛量表（Passionate Love Scale）來測量這些正面和負面的元素，其中包含了像是「對我而言，＿＿＿＿是個完美的情愛伴侶」以及「我會深感絕望，如果＿＿＿＿離開我的話」之類的選項。

縱然這聽起來像是只會在電影裡發生的事，大部分人都回報說，曾有愛上陌生人的經驗，也就是一見鍾情（love at first sight）（Averill & Boothroyd, 1977）。就連在實驗室裡，類似的事也可能發生。要求兩個異性的陌生人凝視彼此的眼睛兩分鐘，或是要求他們自我表露時，就會導致互相中意的結果（Aron et al., 1997; Kellerman, Lewis, & Laird, 1989），而這對兩個強烈相信愛情的人而言更是如此（Williams & Kleinke, 1993）。

我們也可能在情感沒得到回應的情況下陷入戀愛，此即**得不到回報的愛**（unrequited love）。這種單向的愛戀在那些具有衝突的情感依附風格的人之間最為普遍（Aron, Aron, & Allen, 1998）。在一份大規模問卷調查中，大約有60%的受訪者說他們在過去兩年內經歷過這種感情（Bringle & Winnick, 1992）。單戀的人感到被拒絕，而無能回應的一方則會有罪惡感（Baumeister, Wotman, & Stillwell, 1993）。

Hatfield 和 Walster（1981）指出，各式各樣的激情之愛若要發生，有三個必要因素。首先，你得知道什麼是愛情，而我們大部分人從童年起就在童話、情歌和愛情電影裡接觸到與愛情相關的影像。這些影像激發我們去尋求陷入愛河的體驗，並提供給我們劇本，告訴我們在愛情來臨時該怎麼行動（Sternberg, 1996）。再者，必須要有合適的愛情對象在場。舉例而言，合適一詞傾向表示一個外表具吸引力的異性未婚者。第三，根據 Schachter（1964）的情緒二因論，個體必須在生理上處於激動的狀態（性興奮、恐懼、焦慮等）而將之詮釋為愛的情感（Dutton & Aron, 1974; Istvan, Griffitt, & Weidner, 1983）。

二、愛情的起緣是什麼？

沒人確切知道愛情的起源。目前最被接受的解釋是基於演化因素（Buss &

Schmitt, 1993）。我們遠古的人類祖先剛開始直立行走時，他們打獵為食，採集可帶回洞穴的蔬菜（Lemonick & Dorfman, 2001）。在許多因素中，在兩個異性之間要是彼此在情欲上互相吸引、又願意花時間與心力去哺育並保護任何他們生產出來的後代時，這些個體的繁衍最有可能成功。這兩個重要的特性（情欲與人際間的承諾）在預設上是基於生物學理由的。我們體驗到性欲，以及與一個配偶和我們的小孩相連結的渴望，是因為這些動機具適應性（Rensberger, 1993）。我們的祖先之間遠非單純的性伴侶而已。他們如果彼此喜歡並信任，且能對狩獵與育兒分工合作，會是有利的條件。因此，結合特別關係對人類的成功很重要。結果，今天我們可能在基因上就事先準備好要尋求性、談戀愛，並成為照顧子女的父母。大部分年輕的成人說，他們期待要和他們所愛的人有單一伴侶的關係（Wiederman & Allgeier, 1996）。在基因的基礎之外，文化勢力透過宗教教誨、民法，以及我們在歌曲和故事中描繪愛情的方式等管道，也會影響情欲和承諾（Allgeier & Wiederman, 1994）。

三、愛情的要素

縱然激情之愛是種很普遍的經驗，但過為激烈而勢不可擋，以致難以維持。然而，卻有其他能夠長久延續的愛情。Hatfield 將**友伴之愛**（companionate love）描述為「我們對那些和我們的生命深刻交纏的人的感情」（1988, p. 205）。和激情之愛不同，友伴之愛是基於非常親密的友誼之上，在其中的兩個人性方面互相吸引、有許多共同點、關心彼此的幸福，並對彼此表現出喜歡與尊重（Caspi & Herbener, 1990）。它不像激情之愛那麼刺激，對音樂或故事而言也不是那麼有趣的主題，卻是令人滿足與長久持續的關係裡的重要面向。

除了這兩個方面，另外還有四種模式被指認出來。遊戲之愛（game-playing love）包含了諸如同時有兩個情人之類的行為，占有之愛（possessive love）專注於對失去愛人的恐懼上，理性之愛（logic love）是基於伴侶是否合適的決定之上，而無私的愛（self less love）則是種少見的現象，在其中個人寧可自己受苦甚於讓所愛的人受苦（Hendrick & Hendrick, 1986）。在關於模式差異的許多研究發現中，男性較有可能進行遊戲之愛，但對理性之愛與占有之愛則相反（Hendrick et al., 1984）。一般而言，人們同意友伴之愛與無私之愛是最令人嚮

往的,而遊戲之愛是最不值得擁有的(Hahn & Blass, 1997)。

Sternberg(1986)的**愛情三元論**(triangular model of love)為愛情的意義提供了一個不同的概念,如圖 8.3 所描述。這個公式暗示了,每段愛情關係都是由情侶間三個程度不同的基本要素所構成(Aron & Westbay, 1996)。要素之一是**親密**(intimacy),即兩個人感到的親近與將兩人維繫在一起的連結的強度。親密本質上是友伴之愛。親密性高的伴侶關心彼此的幸福與快樂,並且看重、喜歡、信賴並理解彼此。第二個要素**激情**(passion)是基於浪漫、外表吸引力及性欲,換言之,即激情之愛。男性比女性更有可能強調這個要素(Fehr & Broughton,2001)。第三個要素,**決定/承諾**(decision/commitment),代表了認知因素,譬如你深愛並想與另一個人產生聯繫,伴隨著在永久維繫這段關係的承諾。

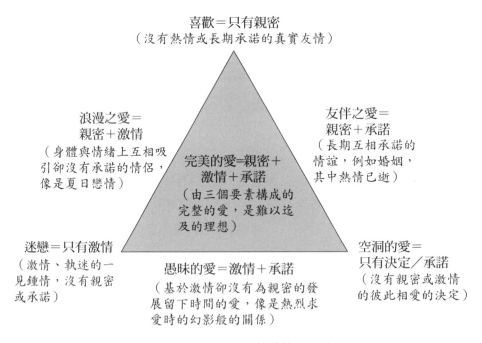

圖 8.3　Sternberg 的愛情三元論

• • • • • • • • • • •

Sternberg 的愛情理論包含三個基本要素:親密、激情與決定/承諾。在一對情侶之間,愛情可以建立在這三個因素的任何一個之上,或是任兩個的組合,或是三者都有。如圖所示,這些各式各樣的可能性產生出七種關係類型,包含了由三個要素均等呈現所構成的理想類型──完美之愛。

現實中的情侶在主觀上經驗到這三個相互重疊與關聯的愛的要素。許多關係根本上可被歸類為一個因素或兩個因素的組合（如圖 8.3 所示）。當三角形的三個角都一樣強烈時，就會產生**完美之愛**（consummate love），在定義上是理想但難以迄及的。

縱然吸引力研究（見第七章）長期將重點放在外表吸引力對喜歡的效應上，其對愛情的影響力卻多少被忽略了。在西班牙，研究者對將近兩千個由十八到六十四歲的個人提問關於外表吸引力、陷入愛河，以及 Sternberg 的模型裡的要素（Sangrador & Yela, 2000）。研究發現指出，外表的重要性，不單是在熱情方面，也在親密與決定／承諾的面向上。令人驚訝的是，吸引力在關係後續的階段裡也和開始時一樣重要。對外表的關注也許不明智，但這些研究者建議，我們應該至少承認在現實上，外表吸引力在長期關係裡所具有的影響力。

四、浪漫、愛情與性

儘管在宗教、法律及常識上，必須避免婚前性行為的壓力由來已久，那些在行為上對抗這種壓力的情侶，其歷史也一樣久遠。在二十世紀早期，關於性慾的態度變得越來越寬容，而性互動變得越來越普遍並被廣泛接納（Coontz, 1992; Jones, 1997; Michael et al., 1994）。這些在態度與行為上的改變，其戲劇化程度足以稱之為「性革命」。在性慾上的性別差異基本上已經消失了（Weinberg, Lottes, & Shaver, 1995），但男性和女性在性知識、態度及實踐中則有很大的差別（Byrne, 1997b; Fisher & Barak, 1991; Simpson & Gangestad, 1992）。

1960 年代與 1970 年代的「花童」（"flower children"）在某些人的描述中代表著未來，以寬鬆的性活動為從世界和平到建立長久關係等形形色色的問題提供解決辦法。隨著二十世紀結束，二十一世紀開始，許多徵兆顯示，性革命已然衰微。理由包含了對於性「自由」經常意指對社會壓力的「順從」有越來越多的理解（Townsend, 1995）。促成減少性行為寬鬆的另外兩個彼此不相關的爭議則是：青少年懷孕數量暴增（Byrne & Fisher, 1983），以及由性行為傳染的人類免疫不全（HIV）感染越來越多，這會發展成後天免疫不全症候群（AIDS）。縱然這種疾病早在十七世紀時就已從猿猴傳染給人類，但卻到 1980

年代才被確認為一種傳染病（Boyce, 2001）。對於由性壓力、不被期待的懷孕，以及無藥可救的疾病所提出的危險的日益認識，導致了性實踐的改變。在美國，青少年的生育率跌至歷史新低（Schmid, 2001），且 HIV 感染病例在世界上某些地方業已減低，然而在美國、加勒比海區域，以及非洲撒哈拉南部，感染率仍持續升高（Fang, 2001; Whitelaw, 2003）。

標誌著這場革命的（性方面的）寬鬆態度，確實有某些長遠的效應。雖然在公園裡的自由性愛還沒變成規範，但在二十世紀早期大部分的已婚夫妻都進行過某種形式的婚前性行為卻是事實，不單對彼此，經常還有其他對象。而婚前性行為，包括同居，並不和婚姻發生的可能性相關，這也是事實，而這對其後婚姻中的滿足，或是婚姻的成功與否並無影響（Cunningham & Antill, 1994; Stafford, Kline, & Rankin, 2004）。

第三節　婚姻：從此過著幸福快樂的生活，或……

如你所預料，所有我們討論過與吸引力、友誼、戀愛、愛情和性相關的因素，都和婚姻伴侶的選擇有關。婚姻確實會帶來挑戰，諸如經濟議題、親職及事業等，都可能會和維繫一段長期關係的任務相衝突。

在我們討論婚姻會如何受這些因素影響之前，我們先轉向在美國造成主要衝突的一個相對晚近的現象。在 2004 年 5 月，美國第一對同性夫妻在麻薩諸塞州合法地結婚了。同時，麻薩諸塞州議會亦著手起草州憲法的修正案，意圖使這種婚姻不合法，而布希總統亦支持在美國憲法加入修正案，將婚姻限制為一男一女的結合。在比利時、荷蘭及加拿大的三個省，同性戀婚姻的合法化已有某些時日，卻並未成為爭議的主題（Haslett, 2004; Kisner, 2004）。

壹、婚姻的成功與滿足：相似性、個性以及性

在大部分人都結了婚，而半數以上的婚姻卻失敗的既定事實下，如果我們

盡可能地了解婚姻的成功與失敗的因素為何，會很有幫助。縱然人們經常強調一段關係的承諾，但得注意，基於對分手的恐懼所做的承諾，並不如基於對延續關係能得到的報償的承諾來得有效（Frank & Brandstatter, 2002）。

在一段長期關係裡會出現很多問題，我們將會簡短討論。其他預兆性的因素甚至在婚前就已經存在，而它們對婚姻能否成功的可能性來說，是很有用的指標。

一、相似性與假設相似性

毫不令人訝異的，一個多世紀以來的研究一致指出，夫妻在其態度、信念、價值觀、興趣、年齡、吸引力及其他特性上都很相似（Galton, 1870/1952; Pearson & Lee, 1903; Terman & Buttenwieser, 1935a, 1935b）。甚者，一個對配偶從他們訂婚直到婚後二十年所進行的縱貫性研究顯示，這種相似性在程度上少有改變（Caspi, Herbener, & Ozer, 1992）。在朋友或約會對象之間也發現相似性並非偶然，但在丈夫與妻子之間則更為相似（Watson, Hubbard, & Wiese, 2000）。一如第七章所強調的，相反的人並不互相吸引。相同地，因為相似性的程度與婚姻關係的成功有正向的關係，一對考慮結婚的情侶很可能會對其相似性和相異性賦予較大的關注，而較不關注吸引力和性。

不只是相像的人會結婚，婚姻幸福的夫妻也相信他們比事實上更為相似，此現象被稱為**假設相似性**（assumed similarity）（Byrne & Blaylock, 1963; Schul & Vinokur, 2000）。真實與假設相似性兩者都能提高婚姻的滿意度。有趣的是，約會的情侶比已婚夫妻的假設相似性更高。

二、性格因素

除了相似性，婚姻的成功也受某些特定的人格特性所影響。某些個人比其他人更有能力維持　段正面的關係，他們是較好的婚姻伴侶選擇。

例如，**自戀**（narcissism）指的是覺得自己比絕大多數人更優越，尋求讚美卻缺乏同理心的人（American Psychiatric Association, 1994）。自戀的人回報對一段關係的承諾較少（Campbell & Foster, 2002）。作為相似性規則的一個例外，兩個自戀的人不太可能有一段快樂的關係（Campbell, 1999）。

其他會影響一段關係成功的重要人格特質因素，和人際行為與依附風格有關。例如，其依附風格為焦慮依附或逃避依附的個體，比那些安全依附或是排除依附的人，較少有滿意的關係（Murray et al., 2001）。一般而言，安全依附和婚姻的滿足相關聯（Banse, 2004）。

顯而易見的，隨著時間過去，負面情感的表達會導致幻滅，諸如愛情的消逝、感情明顯的衰退，以及越來越大的矛盾心理。當婚姻伴侶未表達出諸如恐懼、焦慮與憤怒等負面情緒時，關係較有可能成功（Robins, Caspi, & Moffitt, 2000）。一對夫妻在一起越久，彼此就越不可能把想法藏在心裡（Stafford, Kline, & Rankin, 2004）。不管你聽過什麼意見，通常「全盤托出」並不是個好主意。當伴侶既不體貼又帶著敵意時，另一個人通常會以指出其缺乏關懷或表現敵意來回應。關係受原先的負面行為以及對伴侶所導致的負面行為所摧殘。要把它壓下去所需要的自我控制，比我們大多數人所能掌控的還要高（Finkel & Campbell, 2001）。

三、婚姻中的性

對已婚夫妻的調查揭示了，性行為會隨著時間而降低頻率，而降低最快的則是在婚後的前四年發生（Udry, 1980）；性行為會隨著婚姻歷時越久而減少，對同居的伴侶也是一樣。令人詫異的是，研究顯示，全職與兼職工作對情侶的性生活都沒有負面的影響。

不管性的頻率，性態度與偏好的相似性則預示了婚姻的合適性（Smith et al., 1993）。相同地，男性比女性更可能會將性滿足等同於婚姻的品質（Sprecher, 2002）。

貳、愛情與婚姻：事業、親職以及家庭構成

比起陷入愛河、舉辦婚禮，然後永遠快樂地生活在一起，婚姻關係正在進行的現實所提出的挑戰則更為複雜。兩個人非得天天互動，並想方設法處理幾乎無止境的可能問題，像是分擔家務、處理意外事件、配合關係以外的要求（例如家族和朋友），以及安排工作。另外，經濟重擔（Conger, Rueter, & Elder,

1999）、親職壓力（Kurdek, 1999），以及非傳統家庭組合的複雜情況，都會帶來預期之外的糾葛。這些因素可能都會導致新郎新娘說了「我願意」之後不久，關係品質就開始下降的事實。

一、結婚好還是不婚好？

倘若結婚不保證幸福快樂，人們是否該避免踏入婚姻？縱然在美國保持單身的人較多，但 90%的成年人卻已經（或曾經）結婚（Edwards, 2000; Households, 2001）。大多數成年人想結婚，其中大部分還真的結婚了（Frazier et al., 1996; People, 2001）。相較於單身的個人，已婚男人一貫地表示較為健康快樂，但對女人而言，只有一段美滿的婚姻能為健康提供好處（DeNoon, 2003; Steinhauer, 1995）。一份挪威的研究發現，和單身的人相較，已婚的人表示有較大的幸福感，自殺率也較低，至少直到四十歲之前是如此。在這之後，結婚的有利條件就開始消失（Mastekaasa, 1995）。

二、愛情與婚姻

在流行歌裡，愛情與婚姻這兩個概念可能「像馬車和馬一起前行」（go together like a horse and carriage；譯註：出自法蘭克·辛那屈的名曲「愛情與婚姻」），但實際上呢？通常，激情之愛會隨著時間減弱（Tucker & Aron, 1993），儘管對丈夫持續感到強烈愛情的女性比沒有這種感受的女性感到更為滿足。男性在婚姻中的滿足則和激情之愛的感受無關（Aron & Henkemeyer, 1995）。然而，友伴之愛則對雙方都很重要，共享活動、交換理念、共同歡笑，以及合作進行計畫都是。

三、家庭內外的工作

雖然這個典範正在逐漸地轉變，但男性大多還是負責修繕，而女性大多還是負責煮飯打掃，就算雙方都有自己的事業，也是如此（Yu, 1996）。婚姻中的衝突與不滿經常包含了在這些家務分配方面所體會到的不公平（Grote & Clark, 2001）。類似的問題在男同性戀家庭中也會出現，但女同性戀伴侶回報的則是能夠以公平而平等的方式分擔家務（Kurdek, 1993）。

談到工作，在職業的要求和婚姻的要求之間總是會有潛在的衝突。這個衝突很容易導致疏離，最終令雙方筋疲力竭（Senecal, Vallerand, & Guay, 2001）。對男性和女性而言，這會導致對個人的工作與個人的生活不滿意的結果（Perrew & Hochwarter, 2001）。當配偶雙方都在家庭之外工作，衝突的可能性就更高，而至今還沒有人為雙薪家庭創造出一個令人滿意的解決方案（Gilbert, 1993）。具有安全依附風格的配偶對這種二擇一的要求處理得最好，而迴避依附的個體最無法處理這種問題。至於排除依附或焦慮依附的個體則介於前兩者之間（Vasquez, Durik, & Hyde, 2002）。

四、親職

Bell（2000）指出，演化過程為雙親與子女之間的情感連結生產出一種神經生物學的基礎，這種連結超越了邏輯或其他認知方面的動機。但儘管生物學壓力偏好親職，社會也非難無子女的家庭（LaMastro, 2001），但成為父母卻會創造出意料之外的問題。當了爸媽可能會影響婚姻中的性生活，從懷孕時期開始就會受影響（De Judicibus & McCabe, 2002; Regan et al., 2003），而小孩也會為關係帶來附加的衝突來源（Alexander & Higgins, 1993; Hackel & Ruble, 1992）。親職經常與婚姻滿意度的下降相連結，但在關係緊密相伴的伴侶之間則較不會如此（Shapiro & Gottman, 2000），在父母擁有安全依附風格時也是如此（Alexander et al., 2001; Berant, Mikulincer, & Florian, 2001）。

儘管有這些困難，但父母卻一貫地回報他們很高興有小孩（Feldman & Nash, 1984）。然而，在人數較多的家庭裡，男性與女性卻有些差別。擁有的小孩越多，女性所表達出對婚姻的不滿就越高，而男性表達的滿意度卻越高（Grote, Frieze, & Stone, 1996）。也許這是因為女性花在照顧小孩的時間越來越多（Bjorklund & Shackelford, 1999）。

五、家庭組成的改變

在美國與幾個歐洲國家結婚率很低，而同居率卻很高（Montgomery, 2004）。然而，當大多數人想到婚姻、親職與家庭時，他們卻有一父一母再加上小孩的傳統家庭的理想形象。

　　在 1970 年代早期，只有 45%的美國家庭是由一對已婚夫妻及其後代所組成，而在其後的三十年間，這個比率跌到 23.5%（Irvine, 1999；Schmitt, 2001）。相較於美國普查局（U.S. Census Bureau）在 1990 年與 2000 年所提出的數據，增加最多的是由單親媽媽所構成的家庭；這類家庭在 1990 年代的增長速度是已婚夫妻所組成的家庭的五倍（Schmitt, 2001）。

　　除了單親家庭之外，其他數量增長的有再婚家庭，其中妻子、丈夫或兩者都有前任配偶的子女；同居情侶成為父母親的；以及男同性戀與女同性戀與小孩組成的家庭（McLaughlin, 2001a; Stacy & Biblarz, 2001）。我們不知道這些相對晚近的家庭組合可能有什麼樣的複雜分支。

參、關係失敗時：原因、預防及後果

　　人們經常帶著高度的期望進入婚姻，他們傾向對成功的機會抱著樂觀的態度（McNulty & Karney, 2004）。在美國，50%以上的婚姻以離婚收場，而這類婚姻的數量預計會上升到 64%。為了要指出在正面預期與負面事實之間的不符之處，Chast（2004）創造了一個「婚姻適應測驗」的模擬考試，暗示了婚姻不合的高頻率。例如，第一個問題問到：

> 你什麼時候第一次了解到，你無法忍受你的伴侶？
> 　一分鐘前＿；大約一小時前＿；昨晚我在看「急診室的春天」的
> 時候＿；上個月的某個時候＿；比這更久之前＿

　　儘管統計的結果恰恰相反，但未婚的受訪者卻預估，他們結婚時只有 10%的機率會離婚（Fowers et al., 2001）。人們預期他們的婚姻會成功，儘管至少有半數的婚姻是失敗的。何以夫妻在婚姻中無論有多樂觀，他們仍無法成功呢？

一、婚姻互動的成本與利益

　　在我們討論特定問題之前，以成本與收益的觀點探討一下各種婚姻互動，可能會有所幫助。據假設，收益相對於成本的量越高，關係的品質就越高。

Clark 和 Grote（1998）指出幾種成本與收益的類型，其中某些在意圖上是正面或負面的，某些則是無意圖的。從試圖維持一段良好關係的觀點來看，進行意圖正面的行動並避免意圖負面的行動是可能的，但夫妻雙方都得考量他們言行的後果，並且得有操練自我控制的動機。更為困難的則是，為了滿足伴侶的需要，而願意去進行困難或不願意從事的行為。這些行動組成了**共同行為**（communal behavior），即一個個人的「成本」是其伴侶的「收益」。如你所預期的，共有傾向與伴侶的婚姻滿意度相關聯（Mills et al., 2004）。總體言之，關係的滿意度有賴於收益的極大化與成本的極小化，如圖 8.4 所示。

二、配偶間的問題

是什麼讓原本相愛的關係轉變成不快樂、經常以互相仇視為特徵的關係？為何成本提高而收益降低了？一個因素是沒有了解到關係的現實。也就是說，沒有配偶（包含自己）是完美的。不論另一個人看來可能有多理想，很明顯的是，最終他或她都有某些負面特質。而夫妻間實際上的相似性少於假設相似性，則是個令人失望的發現（Silars et al., 1994）。隨著時間過去，（本章前面所討論的）負面人格特質變得越來越不能忍受。過去看來可愛的行為上的小缺點，也可能會被視為惹人厭（Felmlee, 1995; Pines, 1997）。如果你一開始被某人吸引是因為他和你不一樣，甚至與眾不同的話，那幻滅就很有可能會發生（Felmlee, 1998）。

在任何親密關係裡的一種特別問題是嫉妒，即對其伴侶真實或幻想中被另一個人所吸引的負面反應。有些人主張，伴侶在性方面受另一個人吸引，對男人的威脅最大，而伴侶在情緒上受另一個女人的吸引，對女人的威脅最大。在假設上，這種差別是由生物學上的差異所導致，要是對方轉移了情感對象，男性害怕得撫養另一個男人的後代，而女性害怕失去其配偶的資源（Berscheid & Reise, 1998）。縱然這種性別差異的可能性有意思而且看似有理，研究卻指出，男性和女性在兩種不忠的情況中所受到的威脅是一樣大的（DeSteno et al., 2002; Harris, 2002, 2003; Levy & Kelly, 2002）。

在性方面受另一個人吸引的終極階段就是出軌。長久以來，婚外性行為就被認為與婚約的消逝有關，但究竟是哪個先發生的呢？Previti 和 Amato（2004）

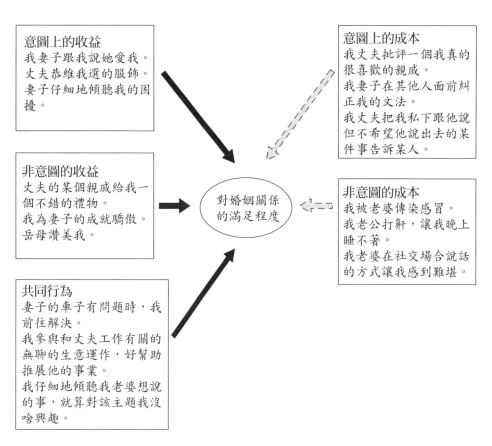

圖 8.4　作為成本收益問題的婚姻關係

關係的成功與失敗可以用當前成本與收益的相對數量的結果來予以概念化。這裡有某些可能的意圖與非意圖的成本與收益。另外，還有共同行為，反映了進行某一行為的伴侶的成本，但對其另一半與他們的關係都帶來收益。婚姻滿意度有賴於夫妻雙方在婚姻中體驗到的成本與收益的相對數量（資料來源：Based on information in Clark & Grote, 1998）。

所進行的一個縱貫性研究指出，兩者都有可能。在一段不快樂婚姻中的人經常進行婚外性行為，而婚外性行為經常導致婚姻的破裂。

三、處理婚姻問題

　　當婚姻中出現了爭執或意見不一致的時候，把焦點放在輸贏或對錯上，並沒有幫助。在錄影下來的夫妻討論婚姻問題的互動中，有一個正面的模式和三個負面的模式被指認出來（McNulty & Karney, 2004）。正面、具有建設性的模

式需要將焦點放在討論的主題上，並試圖去解決它。負面、具破壞性的行為由逃避（改變話題）、直接的負面互動（挑毛病、拒絕或是批評配偶），以及非直接的負面互動（做歸因、逃避責任或是提出惡意的問題）所構成。迴避在男性身上最可預期，而這僅是盡可能延後解決問題（Bodenman et al., 1998），但對衝突最不具適應性的回應，是讓不合的配偶以直接或間接的負面方式猛烈地抨擊。這種行為只會加劇衝突的張力。

另外，「人們會對彼此做出很多卑劣而骯髒的事情」似乎是真的（Kowalski et al., 2003, p. 471）。各種令人反感的人際行為像是說謊、欺騙、抱怨和嘲諷都是熟悉的例子。在相反的極端則是正面的人際行為，為關係帶來保證，這包含了表達情感、提供支持與陪伴、表現尊重，以及維持正面的氣氛（Weigel & Ballard-Reisch, 2002）。你猜哪一套行為更有助於維繫關係？

如果伴侶停一下，想想他們言行的長遠影響，這通常會導向建設性的回應（Yovetich & Rusbult, 1994）。能夠不同意但同時以和睦的方式處理問題（Graziano, Jensen-Campbell, & Hair, 1996）、表現同理心（Arriaga & Rusbult, 1998），並避免惡意和防衛（Newton et al., 1995; Thompson, Whiffen, & Blain, 1995）是很重要的。

要描繪這些形形色色的互動，一個更具綜合性的方式可以被簡單地摘要如下：任何會創造負面影響的言行舉止對關係就是不好的，而任何會創造正面影響的言行對關係就是好的（Levenson, Carstensen, & Gottman, 1994）。對滿意與不滿意的伴侶之間的互動所拍攝的錄影帶顯示了，後者之間的口語和非口語的負面行為比在前者之間更多（Halford & Sanders, 1990）。只要負面影響的量上升而正面影響的量下降，關係就會越來越令人不滿意（Kurdek, 1996, 1997）。

婚姻與家庭治療師 Jeff Herring（2001）提供了十個加強婚姻關係的訣竅，而他的建議（見表 8.2）與我們所知的所謂迴避和處理問題相符。一段成功的婚姻會強調友誼、承諾、信任、社會支持、相似性以及創造正面影響的一致決定（Adams & Jones, 1997; Cobb, Davila, & Bradbury, 2001; Wieselquist et al., 1999）。

四、關係失敗了的後果

當關係明顯有嚴重問題的時候，伴侶必須主動或被動地回應該處境（Rus-

表 8.2　給配偶的十個秘訣

. . . .

一位婚姻與家庭治療師提供了下述建議，作為維持正面婚姻關係的方法。

1. 你可以是對的，或是快樂的——但無法兼得。聰明地做選擇。
2. 學習合作的溫柔藝術。
3. 談重要的事情。
4. 寬恕對方，多多益善。
5. 為你想要多見到的事情慶祝。感謝是無往不利的。
6. 多聽你的心，勝於文字。這能導向衝突的解決方法，並照顧到彼此。
7. 別像「神仙家庭」（Bewitched）裡的 Darren 一樣，想要 Samantha 停止運用女巫的神奇力量。鼓勵你的配偶發揮天賦。
8. 檢視你的溝通方式。說話很容易，但溝通很難。
9. 對你造成的問題負起責任。
10. 別假設因為你結了婚，就知道怎麼維繫婚姻。

（資料來源：Based on information from Herring, May 20, 2001, Knight Ridder.）

bult & Zembrodt, 1983）。主動的回應包含了盡快結束這段關係，或是努力改善。被動的回應則包括單純地等待或期盼情況會好轉。具有安全依附風格的男性和女性較有可能主動地挽回關係，而有不安全依附風格的人較有可能會結束一段關係，或只是等待它變得更糟（Rusbult, Morrow, & Johnson, 1990）。

　　要反轉惡化中的關係，雖然是可能的，卻很難做到。一對夫妻在下述條件下最有可能和解：(1)兩個伴侶的需要都得到滿足；(2)彼此都承諾要繼續這段關係；以及(3)當下沒有可得的其他情人（Arriaga & Agnew, 2001; Rusbult, Martz, & Agnew, 1998）。當孩子成了婚姻的一部分，就成了婚姻關係失敗的無辜受害者。大約三個美國小孩之中，就有一個有這種經驗（Bumpass, 1984）。離婚對男孩與女孩所造成的負面後果，包含了對其健康與幸福的長期影響（Friedman et al., 1995; Vobejda, 1997）、在學校的行為問題（O'Brien & Bahadur, 1998）、更高的死亡風險，以及他們將來更有可能離婚（Tucker et al., 1997）。如果雙親之一搬到新的地方，離婚對小孩的負面影響會更大（Braver, Ellman, & Fabricius, 2003）。儘管有這麼多問題，社會學家 Constance Ahrons（2004）卻指出，這並不表示所有離婚家庭的小孩都注定會有嚴重的問題。「現實情況是，儘管有少數的孩子確實會受負面後果所折磨，但大部分的孩子卻不會」（quoted by

Carroll, et al., 2004, p. D1）。並不只有離婚得為令人不快的影響負責。就算婚姻不快樂的父母生活在一起，他們負面的互動也是孩子未來婚姻問題的徵兆（Amato & Booth, 2001）。對孩子的未來有傷害性影響的父母特定行為，包含了表現嫉妒、易怒、批判性的評論，以及彼此拒絕談話。雙親的衝突，不論是否導致離婚，對孩子都是不好的（Doucet & Aseltine, 2003; Riggio, 2004）。任何考慮婚姻並計畫要有小孩的人，對婚姻失敗都應該有更多的省思。

儘管永遠快樂地生活在一起的希望破滅，儘管婚姻破裂中的情緒痛苦乃至常出現的財務窘境，必須指出的是，大部分離婚的個人，特別是男性，都會再婚。事實上，在美國，幾乎半數以上的婚姻都是雙方之一或兩個人的二次婚姻（Koch, 1996）。在一段關係中得到愛與快樂的渴望，對人們會怎麼做的影響，似乎還是勝過任何與前任配偶的負面經驗。

重點摘要與回顧

▓ 與家人和朋友的互依關係 vs. 孤單

- 親密關係的特徵是**互依**，在關係中的兩個人影響彼此的生活、分享他們的想法與情緒，並進行共同的活動。

- 演化理論主張，與他人的情感連結能提高存活與繁衍成功的機率。這個選擇過程的結果是，現代人與其他靈長類動物都與對情感親近性的尋求緊密相連。

- 最初的關係是在家庭裡，而我們在與照護者的互動基礎上獲得**依附風格**（自尊與人際信賴的某種結合）。孩童和父母、手足及其他家庭成員的互動，也會導致他們學到可以期待從他人身上得到什麼，以及如何互動。

- 在家庭之外的友誼開始於童年，基本上是單純地建立在共同的興趣，或是其他導致互相吸引的正面情感的資源上。日漸成熟之後，他們就有可能形成**親密友誼**，這包含花時間相處、在許多情境下的互動、提供相互的社會支持，並進行自我表露。

- **孤單**發生在當一個人擁有的關係比他或她所想要的還少、且更不令人滿意的時候。性情上的孤單源自遺傳、基於母子互動而來的不安全的依附風格，以及早期社會經驗的缺乏的某種組合。有幫助的介入需要認知治療與社交技巧訓練的結合。情境性的孤單則是來自外界因素，像是搬遷到新地點，或是基於與個人

行為無關之因素的社會排斥。

情愛關係與墜入情網

- 在定義上，情愛關係的特徵之一是某種程度的身體親近性，範圍從牽手到性方面的互動。

- 和吸引力與友情一樣，情愛上的吸引力也受到諸如身體親近性、外表及相似性等因素影響。另外，情愛還包含了性吸引力、想被完全接受的欲望，以及對這種關係的正面幻想的接受。

- 我們祖先在繁衍上的成功被男性受年輕而富生殖力的女性吸引所增強；還有配偶間和父母與子女間的連結。

- 愛情由多種要素所構成。激情之愛是種對另一個人突然排山倒海的情緒回應。友伴之愛與親密友誼相似，包含關心、相互喜歡，以及尊重。Sternberg 的愛情三元論包含了這兩種要素，並加上第三種，即決定／承諾，一種決心去愛並對一段關係給予承諾的認知決定。

- 1960 年代與 1970 年代，在性態度與其實踐上廣泛的轉變被描繪為「性革命」，在所有轉變中，它導致婚前懷孕變為規範。由於針對得遵守性壓力的壓抑感受、不想要的懷孕，以及對透過性傳染的疾病的恐懼反應，出現了對性革命的反挫，並朝向更安全與更具區隔性的性行為。

婚姻：從此過著幸福快樂的生活，或……

- 在美國，大約半數的婚姻以離婚收場，但人們並不相信自己的婚姻會失敗。

- 大部分已婚夫妻都有某種程度的衝突或爭執。當困難能以建設性的方式解決時，這段婚姻就可能會持續。當問題被具破壞性的互動所惡化，婚姻就可能會失敗。

- 建設性的回應包含了試圖理解伴侶的觀點、不威脅對方的自尊；妥協；提升婚姻的收益並減低成本；將正面情感最大化，並最小化負面情感。

- 要是不滿的感覺變得過大，個人可能會有正面或負面的回應。

- 離婚經常是帶著負面情緒與經濟影響的痛苦過程。最易受傷的受害者是孩子。但不論離婚者經歷過什麼，他們還是可能會再婚。

連結：整合社會心理學

在這章，你讀到了……	在別章，你會讀到這些相關討論……
自尊與依附的聯繫，以及愛情對自尊的影響	自尊（第五章）
相似性作為友誼、情愛關係與婚姻中的要素	相似性與吸引力（第七章）
愛情作為一種情緒的錯誤歸因	錯誤歸因與情緒（第三章）
情感與關係	情感與吸引力（第七章）

■ 思考這些連結

1. 你是否相信，你和父母親的關係和你如何和其他人相處是有關聯的？你的父母親是否讓你對自己感覺良好？你現在仍這麼覺得？在你的童年時期，你生活中的成年人是否可靠？你是否認為他們親切？你對大部分你遇到的人感覺如何？你是否相信一般人或多或少是可信的？

2. 想想某個你現在（或過去）最親密的朋友。那個人最先吸引你的是什麼？親近性、相似性、正面情感或外表，是否在你們彼此相識中扮演了某種角色？你們如何花時間相處？在你童年的友誼與現在的友誼之間是否有任何的相似之處？

3. 想想在一段親密的情愛關係中的你，不論是過去、現在或可能是未來。你覺得另一個人有魅力的是什麼？你認為情愛是漸漸發展出來的，或是一見鍾情？在你的經驗和研究主題之間，例如情緒的錯誤歸因的角色、與演化相關的繁衍策略，或是基於你小時候聽到的愛情故事所產生的期待？寫下一首你相信表達了現實觀點的情歌歌詞。

4. 當你發現自己不同意你的情愛對象、朋友，或是任何其他人的時候，你都說或做什麼？那是有建設性的互動，還是你們僅只是發怒並互相侮辱？你是否結束過與某個你曾經感到非常親近的人的關係？為什麼？誰發動決裂，又是怎麼結束的？你倆任何一人有無可能以更具建設性的方式處理當時的情況？

觀念帶著走～活用：你戀愛了嗎？

在一段關係中的某個時候，個人常常問自己，關於對愛情、性及婚姻的感覺的問題。你或許會發現，思考一下社會心理學家的研究成果會有所幫助。

■ 是真愛或只是被撩撥？

當你很靠近某個吸引你的人的時候，很可能會將許多種被撩撥的狀態和「愛情」的感覺混淆。社會心理學家 Elaine Hatfield 曾經指出，人們經常陷入強烈的欲望之中，並將之詮釋為愛情。更廣泛地說，對情緒錯誤歸因的研究指出，生理上被撩撥和一般的興奮、恐懼、快樂乃至憤怒的聯繫，可能會被貼上錯誤的標籤。如果你和某個和善的人在一起，並發現自己情緒翻騰時，別自動地假設你已經瘋狂地愛上他。深呼吸，然後為自己的感覺想想其他可能的解釋。

■ 認識你的伴侶

你不需要給每個可能的約會對象、情人或是伴侶一張問卷，只要盡可能地試著去了解對方。在你們互動時，注意個人的細節。如果任何特定的主題對你特別重要（例如宗教、政治、墮胎權利、性、素食主義、生兒育女），那麼提早發現不協調之處就很重要，不論問這些問題有多尷尬。

■ 了解你（和對方）的「愛」的意思

回顧本章，提醒你自己其中所指出來的不同種類的愛，並在你們說「我愛你」時，判斷你們各自心裡想的是什麼。如果你們兩個的定義不同，或是如果你們對各自所相信的所謂真愛有所差異，你們兩個都需要評估這個訊息，並想想對你們的關係而言，什麼樣的不一致會有意義。

■ 以相伴之愛的角度來看你和你的伴侶

將你對激情之愛的感受放一邊，並試著去描繪你們在與愛情或性無關的友誼互動中的情況。你們是否有足夠的共同興趣，能享受一起花時間在玩遊戲、健行、旅行、園藝或其他事情上？要是如此，比起如果你們的感情主要是由激情之愛所構成的情況下，你們兩個有較大的機會能建立一段持續的關係。

關鍵詞

假設相似性（assumed similarity）

依附風格（attachment style）

左右對稱（bilateral symmetry）

親密的友誼（close friendship）

共同行為（communal behavior）

友伴之愛（companionate love）

完美之愛（consummate love）

決定／承諾（decision/commitment）

排除依附風格（dismissing attachment style）

逃避依附風格（fearful-avoidant attachment style）

互依（interdependence）

人際信賴（interpersonal trust）

親密（intimacy）

孤單（loneliness）

愛（love）

自戀（narcissism）

激情（passion）

激情之愛（passionate love）

焦慮依附風格（preoccupied attachment style）

安全依附風格（secure attachment style）

自尊（self-esteem）

社會排除（social exclusion）

社會排斥（social rejection）

愛情三元論（triangular model of love）

得不到回報的愛（unrequited love）

9
chapter

社會影響：
改變他人的行為

　　當我（Robert Baron）還是個青少年的時候，爸媽對我的管教很開明。他們並沒有要我遵循許多規矩，因為（我寧可這麼相信）他們信任我，覺得我是負責任的人。但他們不斷重申：「不要和酒醉的人一起開車。」我父親重申這點，因為他有個要好的表親，就因為和酒醉的朋友一起駕車而死於車禍。我以前幾乎不曾深究這個勸誡的必要，直到某年元旦前夕。那時我在某個聚會上，大家都喝了很多。聚會結束時，我的朋友 Stan 表示，可以載我回家。當天雪下得很大，而且我知道在那時候不可能有公車可搭，因此我同意了。當我們和幾個朋友朝車子走去時，我看得出來 Stan 已經腳步踉蹌了，我因此想起了父母一再的告誡，我說：「嘿，Stan，我不認為你的狀況能開車，我走路回家吧。」這引起朋友們一陣嘲諷與不滿，他們很直接地跟我說，我的舉止就像是個「被嚇壞的膽小鬼」。他們說：「Stan 沒問題的。」我得很遺憾地說，我屈服了，和其他人一起上了車。車才剛開動，我就看出 Stan 真的醉了。我們蛇行過街，而且根本無法轉彎。不久，我嚇壞了，而我越害怕，父親的聲音就越清楚：「別置你的性命於險地，如果某人醉了，別坐他開的車。別忘了發生在我表親身上的事。」趁著 Stan 停下來等紅綠燈的空檔，我急忙下車，說道：「我從這裡走回去，大夥兒明天見。」回到家時，我冷汗直冒，直打哆嗦，不過幸好全身而還。結果，Stan 後來差點出車禍，又開出了路面，卡在水溝裡。因此，縱然沒人受傷，Stan 和我的朋友們沒有人比我還早到家。我從未後悔過那晚起而抗拒社會壓力，或許因此而救了自己一命，誰知道呢？

雖然這是許多年前發生的事件，但卻反映了我們要在本章探討的幾個主題。首先，它闡述了**社會影響**（social influence）的過程，即一個或數個個體試圖改變一個甚至更多他人的態度、信念、知覺或行為的成果。社會影響是日常生活的普遍特性，一天中有許多次，我們不是試圖影響他人，就是被他人所影響。

因為社會心理學家早已認識社會影響的重要性，因此它從一開始就是我們領域的核心主題。我們在第四章已經探討過其中某些研究，檢視了說服的過程。我們透過細究其他社會影響的面向來延伸先前的討論。首先，我們將焦點放在**從眾**（conformity）的主題上，即以被我們的群體或社會視為可接受的或合宜的方式去行動的壓力。如你將發現的，這會是種很難抗拒的壓力。接下來，我們會轉向**順從**（compliance），即讓他人對各式各樣的要求說「是」的努力。第三，我們將檢視其他人並不在場、也未做出任何直接試圖影響我們行為的嘗試時，所發生的影響。例如，在開場白的故事裡，是我父母早先的警告讓我離開了 Stan 的車；我父母並沒有在現場堅持這件事。研究指出，想到其他人，或僅只是被提醒他們的存在，或是我們與他們的關係，經常就足以改變我們當下的行為（e.g., Fitzsimons & Bargh, 2003）。我們以**象徵性社會影響**（symbolic social influence）指稱這類效應，它來自我們心智上對他人的重現，甚於他人實際在場或其外在行動。在探討過社會影響的這種間接形式之後，我們將檢視另一類在某些方面與之完全相反的社會影響：**服從**（obedience），即一個人單純地要求另一個人去做他們所想的一種社會影響。最後，我們將簡短地討論發生在許多真實生活環境中的社會影響的形式，尤其是在職場上（e.g., Yukl, Kim, & Chavez, 1999）。

第一節 從眾：行動中的群體影響

你是否曾發現自己置身於某個讓你感到進退兩難、像個引人側目的蠢蛋一樣的情境？若是如此，你就有過對於來自從眾的壓力的直接體驗。你可能體驗過強烈的要歸隊的欲望，要和你身邊的人一致。這種對從眾的壓力來自一個事

實，即在許多狀況下，存在著清楚或隱微地指示我們該如何舉措的規矩。這些規則被稱為**社會規範**（social norms），它們經常對我們的行為施展強大的影響力〔有幾種不同的社會規範，但我們主要討論其中一種類型，稱為**強制性規範**（injunctive norms），它告訴我們在一特定情境中該做什麼。我們在後面的部分會探討其他的類型〕（Kallgren, Reno, & Cialdini, 2000）。

在某些例子裡，社會規範是巨細靡遺且清楚確立的。政府通常是透過成文憲法與法律來運作；運動競賽經常有成文規則來規範；而在許多公共場合的標語，則相當詳細地描述了對行為的要求（例如，**速限 55；禁止游泳；禁止停車；請勿踐踏草皮**）。

相反地，還有其他未言明而隱微的規則，它們可能是以非正式的方式發展成形。例如，當人們一起工作時，他們會漸漸地在對時間如何經過的感受上趨向一致，就算他們在這方面從未開始去影響彼此，也不曾有此意圖（Conway, 2004）。同樣地，我們大部分人都服從像是「別盯著陌生人」，以及「參加派對別準時到場」之類的不成文規定。我們在衣著、言談與打扮上，經常受流行的標準所影響。儘管社會規則有明確與隱微之別，但有件事情是清楚的：大部分人在大部分時間都服從這些規則。例如，很少有人離開餐廳時不給小費的；而不論個人政治信念為何，幾乎所有人在聽到國歌時都會立正。

乍看之下，服從多數的強烈傾向可能會讓你覺得不快。說到底，它為個人自由加上了限制。然而，實際上，這麼多的從眾有其強固的基礎：沒有這些規範，我們很快就會發現自己置身於社會混亂之中。想像一下，如果在電影院、體育場或是超市收銀台前面，人們都不遵守「排隊等待」的規則，會發生什麼狀況。還有，要是沒有清楚的交通規則，對駕駛和行人雙方的危險性。因此，在許多情境下，從眾有其有益的功能。

縱然在許多社會環境下有這麼大的從眾壓力，令人驚訝的是，從眾作為一種社會過程，在 1950 年代之前，卻相對地很少得到社會心理學家的注意。直到 1950 年代，Solomon Asch（1951；我們在第三章討論過他對印象形成的研究）才完成了一系列對從眾的研究，並得到戲劇性的研究結果。因為 Asch 的研究對於社會影響這一方面的後續研究有強大的影響力，值得我們仔細探討。

壹、Asch 對從眾的研究：社會壓力是無可抵抗的力量嗎？

生活中，我們發現自己的判斷、行動或結論與他人不同的例子，不勝枚舉。我們在這種情況下該怎麼做？Solomon Asch（1951, 1955）所進行的研究，為我們的行為提供了重要的洞見，這是在社會心理學中被認為是真正「經典」的研究。

在這個研究中，Asch 要求研究參加者回答一系列簡單的感知問題。在每個問題上，他們得指出三個比較線條中哪條和標準線條一樣長。另外還有幾個他人（通常是六到八人）在場，但真正的研究參加者不知道這些人都是實驗者的同謀。在某種稱為關鍵考驗（crtical trials）的情境下（十八個問題中的十二個），實驗同謀給出錯誤的答案：他們全體一致在指出和標準線條一樣長的線條上，做了錯誤的選擇。再者，他們在研究參加者回答之前，就先說出自己的答案。因此，在這個關鍵考驗上，參加 Asch 的實驗的人，面臨了一個兩難處境：是否應該跟隨其他人的說法，還是該堅持自己的判斷？Asch 的研究中，大多數的研究參加者都選擇了從眾。在幾個不同的研究中，共有 76% 的研究參加者至少有一次隨從群體的錯誤答案；總體來說，他們有 37% 以上的機率對錯誤表示贊同。相反地，獨自回答這些問題的研究參加者（即控制組），只有 5% 犯一樣的錯誤。

當然，在這方面有很大的個人差異。將近 25% 的研究參加者從未屈服於群體壓力。在另一個極端，有些人幾乎每次都跟著大多數人做決定。當 Asch 發問時，有些人說：「我錯了，他們是對的。」他們對自己的判斷很沒把握。然而，其他人表示，他們認為其他在場的人受視覺幻象所蒙蔽，或僅僅是跟著第一個人回答的羊群。但，輪到他們的時候，這些人卻也對群體的看法表示贊同。

在進一步的研究中，Asch（1956）透過讓某個同謀和其他人做出區隔的方式，調查了群體一致性被破壞時的效應。在一個研究中，這個人給出了正確的答案，成了真實研究參加者的「盟友」；在另一個研究中，這個人選擇了一個介於群體所給的答案和正確答案之間的回答；在第三個研究中，他選擇了與大多數人的答案相較，錯得更離譜的答案。在後兩個條件下，他和群體做出區隔，

卻仍然不同意真實的研究參加者。結果指出，從眾在三個條件下都減輕了。然而，多少令人感到訝異的是，在持異議的同謀表達比大多數人更為極端（而且錯誤更明顯）的觀點時，從眾的減輕最為明顯。總的來說，這些發現指出，集體共識的存在是最關鍵之處；一旦這點被打破，不管是如何打破的，要反抗群體的壓力就會變得容易許多。

Asch 的研究還有一個重要的面向。在後來的研究中，他重複他的基本程序，但做了一個改變：研究參加者不再說出他們的答案，而是把答案寫下來。如你所猜想的，從眾大大地下降，因為真正的研究參加者無法知道其他人怎麼回答。這個發現指出了在公開的從眾（public conformity，即照著我們身邊的人所做所說的去做）與私下的接納（private acceptance，即真的開始像他人一樣去感受與思考）之間做出區隔的重要性。通常，看起來，我們會公開地跟隨社會規範，但並不真的改變我們私下的觀點（Mass & Clark, 1984）。在公開的從眾與私下的接納之間的這種區別極為重要，我們在本書中幾個地方會再提到。

Asch的研究是社會心理學的許多活動的催化劑，讓其他研究者試圖去研究從眾的本質，以便指認出影響從眾的各種因素，並為其定出限制（e.g., Crutch-field, 1955; Deutsch & Gerard, 1955）。確實，這類研究還持續進行，讓我們對這個社會影響的重要形式了解得越多（e.g., R. S. Baron, Vandello, & Brunsman, 1996; Bond & Smith, 1996; Buehler & Griffin, 1994）。

貳、影響從眾的因素：決定我們何時會「點頭」的變項

Asch的研究證明了對從眾的強大壓力的存在，但片刻的反省暗示我們，從眾並非在所有環境下都會以相同的程度發生。決定個人對從眾屈服或抵抗到什麼程度的因素為何？研究指出，許多因素都扮演了特定的角色；在此，我們檢視看似最重要的幾個因素。

一、凝聚力與從眾：受我們所喜愛的人所影響

凝聚力（cohesiveness）指的是將群體成員連結成一緊密結合的社會實體的所有因素。當凝聚力高時，從眾的壓力也會增大。總而言之，我們知道，贏得

這些人接納的方式之一，就是在各方面和他們相似。相反地，當凝聚力低時，從眾的壓力也就減輕；我們何須改變我們的行為，以便和我們不特別喜歡或欣賞的人相似呢？研究發現指出，凝聚力會對從眾產生強烈的影響（Crandall, 1988; Latane & L'Herrou, 1996）；因此，這是對我們會屈服於這種類型的社會壓力到什麼程度的一個重要決定因素。

二、從眾與群體大小：為何在社會壓力方面，越多就越好

第二個對與群體相同的傾向產生重要影響的因素，則是具影響力群體的大小。Asch（1956）和其他早期的研究者（e.g., Gerard, Wilhelmy, & Conolley, 1968）發現，從眾會隨著群體大小而增強，但僅只於三個成員為止；超過這個數量的話，該現象就會持平甚至下滑。然而，更晚近的研究卻無法證實這些早期的研究發現（e.g., Bond & Smith, 1996）。相反地，這些晚近的研究發現，從眾似乎會隨著群體大小而增加，直到八個群體成員，甚至更多。因此，看起來，群體越大，我們與眾同流的傾向就越強，就算這表示我們會得以不同於我們真正偏好的方式去行動。

三、描述性與強制性的社會規範：規範如何影響行為？

我們已經談過，社會規範可以是正式的或非正式的，正如以大字體印刷的規矩和諸如「別將你的購物卡留在停車場裡」之類的非正式指導之間的差異。然而，規範並不只是在這方面有所差異。另一個重要的區別在於**描述性規範**（descriptive norms）與**強制性規範**（injunctive norms）之間（e.g., Cialdini, Kallgren, & Reno, 1991; Reno, Cialdini, & Kallgren, 1993）。描述性規範只是描述大部分人在特定情境下所做的是什麼。它們透過告訴我們在該情境下，一般而言什麼被認為是有效的或合宜的來影響行為。相反地，強制性規範則明確指出，什麼是該完成的，即在一個特定情境下，被認可的或不被認可的行為各是什麼。兩種類型的規範都會對我們的行為造成強大的影響（e.g., Brown, 1998）。然而，Cialdini 和他的同事則相信，在特定情境下，特別是那些反社會行為（不被一特定群體或社會所認可的行為）可能會發生的情境，強制性規範可能會產生更大的效應。之所以如此，有兩個原因。首先，這類規範傾向將注意力從人們

在特定情境（丟垃圾）下如何行動轉向他們應該如何舉措（將垃圾放到垃圾桶中）。再者，這類規範可能會啟動在一既定情境下為所應為的社會動機，而不管其他人做過或正在做什麼。

那麼，準確地說，什麼時候強制性規範會影響行為？很清楚地，強制性規範並不總是會產生這樣的效果。例如，儘管有「請清理狗屎」等的強制性規範，而許多鄉鎮和城市都有法律要求這樣的行為，許多狗主人還是在他們的寵物順從天然的呼喚（指排泄）時，選擇轉頭不看。人們為何有時會不服從或是忽略（有時甚至是）強大的強制性規範呢？**規範性焦點理論**（normative focus theory）（e.g., Cialdini, Kahlgren, & Reno, 1991）提供了一種答案。該理論提出，規範只有在對行為發生時牽涉在內的個人而言很**突出**（即有意義、值得注意）時才會影響行為。這個預測已經在許多研究中得到證實（e.g., Kallgren, Reno, & Cialdini, 2000）。在由 Reno、Cialdini 與 Kallgren（1993）對此主題所進行的一個研究中，穿過停車場的研究參加者遇到了一個朝他們走來的實驗者同謀。在此最重要的一個實驗條件是，同謀停下來並撿起一個別人丟在地上的速食店紙袋（在控制組裡，同謀則不做這個舉動）。研究者推論，在現實中看到另一個人從地上撿起垃圾，會提醒研究參加者，社會對於亂丟垃圾是不認可的，因而讓這個規範對他們而言顯得突出。為了測試這個規範對他們後續行為的影響，Reno 等人（1993）將傳單放在研究參加者車子的擋風玻璃上，並觀察他們發現這些傳單後會怎麼做。一如預期，比起沒看到另一個人撿起速食店紙袋、而沒被提醒禁止亂丟垃圾的強制性規範的人，那些看到這個動作的人，很明顯地較不會把傳單丟在地上。

我們傾向只在強制性規範對我們而言顯著時順從的事實，引起了一個有趣的重點：許多人都是各種不同群體的成員，其中某些群體可能彼此間會有對立的規範。例如，身居經理職位的女性的行為方式，是否應該符合其性別身分，還是像擁有權威的人的角色？我們在第五章已經詳細地檢視過這個議題。

這些發現及其他相關的研究（e.g., Kallgren, Reno, & Cialdini, 2000）暗示，主要是在規範被突顯時，才會影響我們的行動。當我們沒想到規範，或是將它們看作無關緊要的時候（亦即對我們不適用），規範的效力就會微弱許多，甚至完全消失。人們之所以有時不服從非常強硬的強制性規範，其理由之一，就

是他們不認為這些規範對他們是適用的。例如，我有個朋友有時候會在把車停在殘障車位。我認為這個行為是無法成立的，而且我也避免與她一起開車上路。整體而言，她是個很體貼並守法的人，為何她會不遵守這個特定的強制性規範呢？她相信，因為她來自另一個沒有這種規定的國家，這規範對她便不適用！換句話說，她認為這個特定的規範與她無關，因此並不影響她的行為，正如同規範性焦點理論所預測。

參、情境規範：規範行為的自動性

當你走進博物館或醫院時，你是否會降低音量？當你在運動場時，你是否會提高音量？倘使如此，你就服膺於社會心理學家所說的情境規範（situational norms），即在特定的情境或環境下指引行為的規範（e.g., Cialdini & Trost, 1998）。但你對這些（或其他任何）規範影響了你的行為是否有所意識？研究發現指出，這樣的意識並非必要。規範可以透過自動的方式啟動，而不需要你有意識地想到它們；而這樣啟動後，它們還是可以強烈地影響你外在的行動。Aarts 和 Dijksterhuis（2003）所進行的一項研究，為這種效應及情境規範的強大效應，提供了清楚的闡釋。他們首先要求研究參加者看一張圖書館或空蕩蕩的火車站的照片。他們告訴看到圖書館照片的某些人說，稍後他們將造訪該地點，而沒給其他人相同的訊息。然後，研究參加者被要求大聲唸出電腦螢幕上的十個字。當他們進行這項任務時，他們的音量也被測量。研究者預測，當個人預期將參觀圖書館時，必須保持安靜的情境規範將被啟動，而他們將以較低的音量唸那些字。他們還預測，這樣的效應在個人不預期會參觀圖書館、或當他們看到的是火車站（「保持安靜」的規範並不適用於此）的照片時，並不會發生。一如你在圖 9.1 可以看到的，這正是實驗者所發現的結果：相較於另外兩個狀況，在預期要參觀圖書館的條件下，研究參加者會降低音量。

在其他的研究中，Aarts 和 Dijksterhuis（2003）發現在昂貴的餐廳裡表現有禮貌的情境，也有相似的效應，因而指出了情境規範在許多地方都發生作用，並且在這些環境中能自動地影響我們的行為。對於那些該規範被啟動的研究參加者而言，他們確實比那些沒被啟動該規範的研究參加者在吃餅乾時吃得更乾

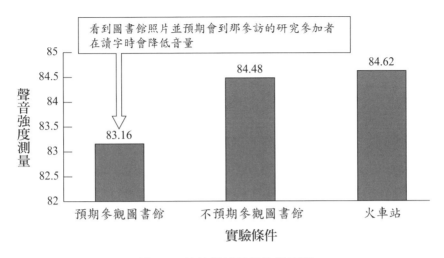

圖 9.1　情境規範對行為的影響

．．．．．．．．．．

相較於看到圖書館的照片但不預期要去參觀圖書館的研究參加者，以及看到火車站照片的研究參加者，看到圖書館的照片並預期要參觀該地點的研究參加者會降低其聲音的強度。這闡釋了情境規範（「圖書館內請保持安靜」）對外在行為的影響（資料來源：Based on data from Aarts & Dijksterhuis, 2003）。

淨！因此，總的來說，兩個因素似乎是清楚的：(1)告訴我們在特定環境或地點該怎麼做的情境規範，經常強烈地影響我們的行為；(2)這類規範，與其他規範一樣，都能以相對自動的方式產生效應，儘管我們並未有意識地認出其作用。

肆、從眾的基礎：為何我們經常選擇「贊同」

　　如前述，有許多因素決定了從眾是否會發生，以及其程度為何。然而，這並不改變根本的重點：從眾是社會生活的基本事實。大部分人就算不總是服從於其群體或社團的規範，至少也經常如此。為何人們經常選擇跟隨這些社會規則或期待，而不抗拒呢？答案似乎牽涉到兩個強大的動機：被其他人喜歡或接受的渴望，以及對於自己是正確的之渴望，即對社會世界有準確的理解（Deutsch & Gerard, 1955; Insko, 1985），加上引導我們在從眾後，視之為合情合理的認知過程（e.g., Buehler & Griffin, 1994）。

一、規範性社會影響：想要被喜歡的欲望

我們如何能讓其他人喜歡我們呢？一如我們在第三章與第七章所見，被證明有效的技巧不少。最成功的方式之一是盡可能地表現得與他人相似。從我們早年開始，我們就學到要同意我們身邊的人，做他們所做的事，這會讓他們喜歡我們。父母、老師、朋友及其他人經常因為我們表現出相似性而給我們許多的稱讚與認可（見第四章對態度形成的討論）。因此，我們服從的原因之一是：我們學到了這麼做有助於我們贏得認可與接納。從眾的這種來源被稱為**規範性社會影響**（normative social influence），因為它需要改變我們的行為以符合他人的期待。

二、對正確性的渴望：訊息性社會影響

如果你想知道你的體重，你會站上體重計。如果你想知道一個房間的大小，你會進行測量。但你如何能建立你的政治或社會觀點的正確性，或者決定哪種髮型最適合你？並沒有簡單的身體檢查或測量工具可回答這些問題。但我們在這些事情上也想要是對的。對這個兩難的解決方法很明顯：要回答這樣的問題，我們便以他人作為參考。我們用他們的意見與行動作為我們自己的指引。對他人的這種依賴經常是從眾傾向的強有力的來源。其他人的行動與意見為我們定義了社會現實，而我們使其成為我們自己行動與意見的指引。從眾的這種基礎被稱為**訊息性社會影響**（informational social influence），因為它是建立在我們去依賴他人作為關於社會世界訊息來源的傾向上。

研究證據暗示，因為我們想要是正確或準確的強烈動機，訊息性社會影響便成了從眾的強大來源。然而，一如你可能會預期的，這樣的動機更可能會出現在我們不確定何謂「正確」或是「準確」的情境中，甚於我們對自己的決定有較大自信的情境中。Robert S. Baron、Vandello 和 Brunsman（1996）所進行的一個實驗，清楚地闡釋了這個現象。在這個研究中，研究者使用了 Asch 的線條測驗的改編版本。他們給研究參加者看一個人的畫像，並在一排假冒的證人面前，要求他們在幾個人之間指認出這個人。其中一個情況是，畫像只顯現0.5秒，這使得指認的任務變得困難。在另一個情況下，畫像顯現了五秒，任務

便簡單多了。此研究的另一個方面，牽涉到做出精確決定的重要性。半數的研究參加者被告知該研究在本質上只是在起步階段，因此結果並不非常重要。其他人則被告知結果對研究者非常重要。

為了測量從眾，研究參加者在一排人面前做出自己的選擇之前，會接觸到兩個實驗同謀的判斷，這兩個同謀選了錯誤的人。大致上的預測是，當實驗被描述為非常重要時，研究參加者更可能會在任務困難的情況下（只看到照片 0.5 秒）從眾，甚於在任務簡單（看到照片五秒鐘）的時候。這是因為在前一個情況下，研究參加者對其決定有不確定感，而會依賴實驗同謀的判斷。然而，當研究被描述成相對不重要的時候，任務的困難就不再重要：在兩個條件下的從眾是一樣的。研究結果為這些預測提供了清楚的支持，暗示了我們想要正確或準確的渴望可以是從眾的強大來源，但主要是我們在一特定情境下，對何為正確或準確感到不確定的時候。

當我們對何為正確與不正確感到不確定時，社會影響力的效應會有多大？研究暗示的答案令人心寒：效應非常強大。在一個結果令人不安的研究裡（Apanovitch, Hobfoll, & Salovey, 2002），研究參加者看了一段輪姦一名女性的錄影帶。看過之後，研究參加者彼此討論，然後評估受害者的痛苦、他們對她的同情，以及片中的男性對強暴的責任等的程度。研究參加者不知道的是，在場有個人是實驗者的同謀，一如在 Asch 的研究裡一樣，他表述的是預先安排好的意見。這個人指出的要不是這些男人該為強暴負責、就是這女人該為強暴負責，或是不提出明確的意見。儘管研究參加者並非公開地做出他們的判斷，他們卻還是強烈地受到該名同謀言行的影響；比起該同謀為強暴責怪女人時，當他表達男性更該為強暴負責時，研究參加者也會這樣認為（見圖 9.2）。為什麼會這樣呢？說到底，強暴是種殘酷的行為，所有人都會為之感到不舒服，那為什麼人們對它的判斷會這麼容易地受影響呢？答案似乎是因為研究參加者不確定在一個不熟悉的情境中該如何反應，結果，他們便極度容易受到影響。換言之，這個研究的結果，為社會影響力對我們的認知、行為與判斷所具有的強大作用，提供了令人不安的說明。

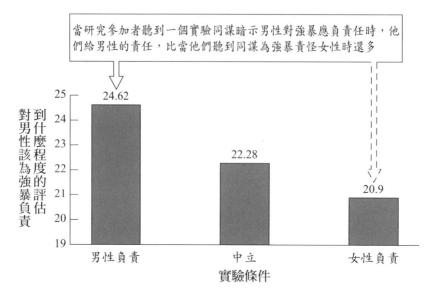

> 當研究參加者聽到一個實驗同謀暗示男性對強暴應負責任時,他們給男性的責任,比當他們聽到同謀為強暴責怪女性時還多

圖 9.2　社會影響力的強大效應

當看過輪姦錄影帶的研究參加者聽到實驗同謀為這可怕的事件責怪男性時,他們分派給男性的責任,比聽到同謀責怪女性或不表示清楚意見時還要多(資料來源:Based on data from Apanovitch, Hobfoll, & Salovey, 2002)。

伍、抗拒從眾壓力:為何有時我們會選擇不「贊同」

　　讀過我們對於規範性與訊息性社會影響的討論之後,你可能會有清楚的印象,即從眾的壓力是如此之大,完全不可能抵抗。果真如此的話,那可得當心了。在許多情況下,個人(或是群體)真的會進行抵抗。這在 Asch 的研究中是肯定的,研究裡有許多研究參加者雖然屈服於社會壓力,但只是在部分時間裡如此。在許多時刻,他們就算在意見一致的大多數人面前,還是堅守立場。如果你想要其他對從眾予以抵抗的實例,只要看看你身邊,你將發現大部分人在大多數時候支持社會規範時,有些人卻不這麼做。而且,大多數人贊同的並不是所有的社會規範;相反地,他們經過挑選,贊同大部分的規範但也至少會拒絕少數規範。你有沒有哪個朋友抱持著不受歡迎的政治或社會觀點,儘管有強大的從眾壓力,卻依然故我?從眾並非不可抵抗。那什麼能解釋我們抵抗的能力呢?縱然許多因素似乎都很重要(e.g., Burger, 1992),但有兩個似乎是最

重要的：(1)維持我們個人特性的需求；以及(2)維持我們對自己生活的掌控〔在第四章，我們檢視過第三個因素，即透過從事與某個人試圖要我們所做的相反的事來恢復我們的個人自由，即抗拒行為（reactance）〕。

一、維持個人特性、文化的需求和抵抗從眾

維持我們個人特性似乎是個很強大的需求。雖然我們想要和他人相似，但看來似乎不是相似到失去我們個人身分認同的程度。除了要是正確的和被喜愛的需求之外，我們大部分人都還有**個人化**（individuation）之希求，即在某方面能與眾不同的渴望（e.g., Maslach, Santee, & Wade, 1987）。一般而言，我們想要被他人喜愛，特別是我們喜愛或尊敬的人，但我們不想要完全和他們一樣，因為這會要我們放棄我們的個人特性。

果真如此的話，那很合理地會出現一個和文化對從眾的作用（以及其與之抵抗的能力）相關的有趣預測：在強調個人特性的文化裡（個人主義文化），從眾的傾向會比強調融入群體的文化（集體主義文化）來得低。Bond 和 Smith（1996）的研究透過比較十七個國家裡的從眾來檢測這個假設。他們細查了過去一百三十三個使用 Asch 的線條測驗以測量從眾的研究的結果。在這些研究中，他們指認出在集體文化國家中（例如在非洲和亞洲），以及在個人文化中（例如在北美與西歐）進行的研究。然後，他們比較在這兩組顯示的從眾的數量。結果很清楚，在集體文化國家中發生的從眾較多，而預期中維繫個人特性的動機較低，而這不論影響群體的大小都一樣。其他研究（e.g., Hamilton & Sanders, 1995）也得到了相似的結果，因此看來對個性的需求在不同文化中會有所改變，而這些差異會影響從眾的傾向。

二、對個人掌控的渴望

個人之所以經常選擇反抗群體壓力的另一個原因，包含了他們想要維持對自己生活的控制的渴望（e.g., Daubman, 1993）。大部分人想要相信他們能決定什麼事會發生在自己身上，而屈服於社會壓力會與此渴望相牴觸。不論如何，跟隨一個群體意味著以平時一個人可能不會選擇的方式去行動，而會被視為是對個人自由的限制。許多研究結果指出，個體對個人控制的需求越強，他們就

越不可能會屈服於社會壓力，因此，這也似乎是抵抗從眾的重要因素。

簡言之，兩種動機，即維持我們的個人特性與維持對我們生活的控制的渴望，有助於抵銷我們想被喜歡並保持正確的欲望，因而能減輕從眾。因此，我們在一個特定情境下是否會從眾，得看這些動機的相對強度，以及它們彼此之間複雜的相互作用。因此，再一次，我們直接面對一個事實，即試圖理解社會行為的根源經常既複雜又引人入勝。

三、無法從眾的人

至此，我們都將焦點放在能從眾卻選擇不這麼做的人身上。但還有許多人因為身體、法律或心理上的原因而無法從眾。想想身體不便的人。儘管他們可以擁有富有、充實的生活，並參與許多身體無礙的人喜愛的活動，但因為身體限制的緣故，他們還是無法堅持遵從某些社會規範。例如，有些人在唱國歌時便無法起立。

同性戀也面對支持某些社會規範的困難。許多同性伴侶建立了穩定、長期的關係，並且願意和異性戀一樣支持許多社會規範，諸如獲得婚姻的名分、財產共有，並組織家庭。然而，直到最近，這在大部分國家都還是不可能的事。就算現在，同性戀的婚姻只在一個國家是完全合法的，那就是荷蘭。某些地方會給予同性伴侶結婚證書，並且也辦過幾場著名的婚禮，好比說，媒體名人的婚禮，其中還包含了 Rosie O'Donell。但注意了，許多人在宗教或道德的基礎上反對這些改變，因此結果如何還不完全明朗（男性和女性在從眾的傾向上是否有所差別？關於此議題的討論，請見「理解常識」專欄）。

社會心理學的技藝　理解常識

■ 女性與男性在從眾傾向上是否有所不同？

想想世界歷史上權力最大的統治者之一——英國維多利亞女王的下述陳詞：「我們女人不是受造來統治的；如果我們是好女人的話，我們必然會討厭這些男性的工作……」（1852 年 2 月 3 日的信）。這段引言及其他許多類

似的引言，暗示了女性不喜歡擔當責任，她們寧可追隨他人。這個概念暗示了女性比男性更容易受從眾壓力所影響。作為這種觀點的非正式證據，許多接受這點的人指出一個事實，即一般而言，在衣著與個人打扮上，女性比男性更會去跟從流行時尚的改變。但這是否表示她們真的比男性更可能從眾呢？對於從眾的早期研究（e.g., Crutchfield, 1955）似乎暗示她們真是如此。這些實驗的結果指出，女性比男性顯示出更大的屈服於社會壓力的傾向。然而，許多晚近的研究則指出了非常不同的結論。

例如，Eagly 和 Carli（1981）對一百四十五個不同的研究進行了一項後設分析，其中牽涉到兩千人以上的研究參加者。結果指出，在男性與女性之間只存在一個非常小的差異，女性對社會影響的接受比男性稍微高一點。因此，就算存在著這樣的性別差異，它們也比常識所暗示的小得多。

但故事還沒完。其他研究更進一部澄清這些微小的差異何時以及為何存在，要是它們真的存在。在「何時」這方面，兩個性別似乎都在對於該如何舉措或其判斷的正確性感到不確定時較容易受影響。對許多關於從眾的研究做過仔細檢視之後指出，其中的情境和使用的工具對男性而言比較熟悉。結果呢？男性對於該如何舉措更為確定，並表現出較少的從眾。對此推論的直接證據乃是得自於 Sistrunk 和 McDavid（1971）的研究，他們發現，當男性與女性對情境或使用的工具一樣熟悉時，他們之間在從眾上的差異就會消失。

那轉向「為何」從眾會存在任何性別差異的問題，答案似乎牽涉到地位的差異。在過去，乃至某個程度上在今天也是，男性在許多社會中傾向比女性擁有更高階的工作與地位。而在地位與對社會影響的敏感性之間有某種關係：地位低會導致較大的從眾傾向（Eagly, 1987）。因此，要是從眾在性別上的差異持續存在的話，它們似乎與諸如地位差異與性別角色之類的社會因素有關，而非兩性間基本的、「固有的」差異。

與常識所暗示的相反，女性對社會影響的接受程度並不比男性更高。相反地，兩性之間存在的任何差異都很小。當考慮到諸如對一個人的判斷是否有自信（受對情境的熟悉程度所影響），以及社會地位等的因素時，這些差異就完全消失了。因此，又一次，我們見到社會心理學家所用的嚴謹、科學的方法如何幫助我們澄清並精練了關於重要社會議題的「常識」。

陸、少數影響：多數是否總是占上風？

　　如前述，個人可以、並且經常抵抗群體壓力。孤獨的反對者或小眾群體能拒絕追隨大眾。但在這種情境下，發生的可不單純只是反抗而已；在此之外，在某些例子裡，這些人（即群體中的**少數**）確實扭轉形勢變成多數，並施展社會影響，而不僅僅是**接受**而已。歷史為這類事件提供了許多例證。科學巨人，像是伽利略、巴斯德和佛洛伊德都曾面臨剛開始的時候幾乎所有人都反對他們的觀點。然而，隨著時間過去，這些著名的人都勝過了這種抵制，並為他們的理論贏得了廣泛的接納。更晚近的少數群體影響多數人的例子，則來自於環境主義者的成功。一開始他們被視為是抱持著詭異想法的狂熱激進主義份子。然而，漸漸地，他們成功地改變了大眾的態度，因此時至今日，他們的許多觀點都被廣為接受。當然，還有美國憲法的起草者，他們如此在乎保護持有少數觀點的人的權利，乃至於為總統選舉建立一間接機制，即選舉人團（electoral college）。

　　但確切地說，究竟是什麼時候少數群體開始成功地影響多數群體？研究發現指出，他們在特定情況下最有可能做到這點（Moscovici, 1985）。首先，這些群體的成員必須在其對大眾觀點的反對上**始終如一**。假使他們動搖了，或是看似被分裂了，他們的作用就會減小。第二，少數群體成員必須避免看起來一成不變或固執己見（Mugny, 1975）。比起能夠展現某種程度的彈性的少數群體，一個維持相同立場的少數群體說服力較低。第三，少數群體運作的一般社會背景很重要。如果一個少數群體主張一個與當下社會潮流相符的立場（例如，在保守主義日漸壯大的時期主張保守觀點），他們影響多數群體的機率會比較大，甚於他們主張與這種潮流不一致的立場。

　　當然，就算符合這所有條件，少數群體面對的還是一場艱鉅的苦戰。多數群體的權力很大，特別是在模稜兩可或複雜的社會情境下，多數群體會被視為是關於何為真實的較可靠的訊息來源。然而，就此意義而言，多數群體對少數群體所展現的威脅，可能事實上會幫助這些少數群體。研究發現指出，因為少數群體對於何為正確有較大的關切，因此他們可能會高估與他們共享相同觀點

的人數。換言之，他們所察覺到對其立場的支持，比實際上存在的還要高
（Kenworthy & Miller, 2001）。這可能有助於鼓舞士氣，並能讓少數群體在面
對令人卻步的強勢時保持決心。

其他的證據指出，一個少數群體所產生的正面效應是，他們誘使多數群體
進行更多的認知努力，以便理解為何少數群體會抱持著不尋常又不受歡迎的觀
點（Nemeth, 1995; Vonk & van Knippenberg, 1995）。換句話說，深入的承諾與
人微言輕的弱勢群體會鼓勵強勢群體在他們所提供的訊息方面參與系統性的處
理（e.g., Smith, Tindale, & Dugoni, 1996; Wood et al., 1996）。相同地，少數群體
可能會為他們不受歡迎的觀點而對自身進行更為仔細（與系統性）的思考。這
點，反過來會引導他們產生更有力的論據，用來影響多數群體（Zdaniuk & Levine, 1996）。因此，就算少數群體在一開始無法動搖多數群體，他們還是可能開
始一個最終會導致大規模社會變革的過程（e.g., Alvaro & Crano, 1996）。

第二節　順從：有時候，要求就是接受

假設你想要某人為你做某件事。你會怎麼做，才能讓他們答應你呢？如果
你想一想，你可能就會明白，你手頭可用來贏得他人順從的伎倆不少。這些技
巧是什麼？哪些最有用？這些是我們現在要探討的問題。然而，在開始之前，
我們要先介紹一個基本的框架，以便理解這些做法的本質，以及它們為何經常
能發揮作用。

壹、順從：隱藏的規則

幾年前，一個有名的社會心理學家 Robert Cialdini 判斷，理解順從最好的
方式，就是研究他所謂的*順從專家*（compliance professionals），他們（在財務
或是其他方面）的成功是依賴他們讓其他人說「是」的本領。這些人包括推銷
員、廣告商、政治議案遊說者、基金募集者、政治人物、騙子以及談判專家，
這還只是一小部分。Cialdini 從這些人身上學習的技巧很簡單：他暫時隱瞞自己

的真實身分，並在各種以獲得順從維生的環境中謀得工作。他在廣告、直銷、募款以及其他以順從為焦點的領域裡工作。在這些第一手經驗的基礎上，他做出結論，認為儘管贏得順從的技巧有許多形式，但它們都在某種程度上依賴於六項基本原則（Cialdini, 1994）：

- 友誼／喜歡（friendship/liking）：一般而言，我們比較願意順從朋友或我們喜歡的人的要求，甚於陌生人或我們不喜歡的人的要求。
- 承諾／一致性（commitment/consistency）：一旦我們委身於某個立場或行動，我們會比較願意順從與該立場或行動一致的行為要求，甚於與之不符的要求。
- 稀有性（scarcity）：一般而言，我們會珍惜並試圖去保有稀少或可得性正在減少的結果或對象。因此，我們便更可能去順從焦點在於稀有性之上的要求，甚於與之無關的要求。
- 互惠（reciprocity）：一般而言，我們更願意順從先前幫過我們或做出讓步的人的要求，甚於不曾這樣做的人。
- 社會認可（social validation）：我們更願意順從某些行動的要求，如果我們相信與我們相似的人也會這麼做（或想到要做）。我們想要是正確的，而方法之一就是以和他人相似的方式去行動與思考。
- 權威（authority）：一般而言，我們更願意去順從有合法權威的人的要求，或至少看來如此。

根據Cialdini（1994），這些基本的原則構成了許多專業人士（以及我們自己）用來贏得順從的技巧的基礎。現在我們就來檢視基於這些原則之上的技巧，以及少數幾種其他技巧。

貳、基於友誼或喜歡之上的策略：逢迎

在我們對於印象整飾的討論中，已經探討過幾種透過喜歡來增加服從的技巧（見第三章）。儘管故事可以到此結束，但印象整飾技巧還經常被用於**逢迎拍馬**（ingratiation）的目的上，即讓他人喜歡我們，進而更願意同意我們的要求（Jones, 1964; Liden & Mitchell, 1988）。

哪種逢迎的技巧最有用呢？一份對關於這個主題的現有研究的回顧（Gordon, 1996）暗示，諂媚（flattery），即讚揚他人，是最好的方式之一。其他看似有用的技巧有改善個人外表、釋放許多正面的非口語線索，以及幫目標對象做些小事（Gordon, 1996; Wayne & Liden, 1995）。我們在第三章描述過許多這類技巧。在此，足以說許多用在印象整飾目的上的技巧也能成功地增強順從。

還有其他增加他人對我們的喜歡，進而提高他們同意我們的要求的方法，這包含了所謂的**巧合相似性**（incidental similarity），即讓對方的注意力放到與自己之間細小而令人微感驚訝的相似性之上。在數個研究中，Burger 和他的同事（Burger et al., 2004）發現，如果一個陌生人和研究參加者的名字或生日相同的時候，比起在這些方面和他們不同的陌生人，研究參加者更可能同意一些他們的小要求（如捐款給慈善團體）。很明顯的，這些細瑣的相似性形式增強了喜歡或與要求者連結的感覺，因此增強了順從此人要求的傾向。

參、基於承諾或協調的策略：得寸進尺和低空拋球

當你走進本地超級市場的速食區時，是否遇過有人過來提供你一些免費試吃的食品？他們為什麼要這麼做？答案很簡單：他們知道，一旦你接受了這小小的免費禮物，你就可能會更願意向他們買東西。這就是**得寸進尺策略**（foot-in-the-door technique）背後的基本概念。基本上，這需要誘使目標對象先同意一開始的一個小要求（接受免費試吃），之後再提出一個較大的要求，這才是他自始至終真正想要的。許多研究的結果指出，這個伎倆很有用；它能成功地誘發更多的順從（e.g., Beaman et al., 1983; Freedman & Fraser, 1966）。為什麼呢？因為得寸進尺策略靠的原則是**一致性**，一旦我們對小要求說了「是」之後，我們就可能對後續更大的要求也說「是」，因為拒絕會和我們先前的行為相牴觸。

得寸進尺策略並不是唯一一個建立在一致性／承諾原則之上的技巧。另一個是**低空拋球策略**（lowball procedure）。汽車銷售員常用這個策略，售貨員提供給顧客一個很好的條件。顧客接受之後，又發生了某些事，讓售貨員不得不改變條件，這條件對顧客不如先前有利，例如，經理不接受先前的條件。當然，對顧客而言，完全理性的反應是調頭離開。但是，他們卻經常會接受較不令人

滿意的選擇（Cialdini et al., 1978）。在這樣的例子裡，一開始的承諾似乎讓人較難說「不」，儘管讓他們一開始說「是」的條件已經改變了。

　　起初的承諾在低空拋球策略的成功裡的重要性，在由 Burger 和 Cornelius（2003）所進行的研究中提供了清楚的證據。這些研究者打電話給住在宿舍裡的學生，並問他們是否願意捐獻五美元給一個提供貧困學生獎學金的基金。在低空拋球的條件下，一個研究者提出，捐款的人會收到一個在當地果汁吧享有一杯免費冰沙的優待券。接下來，如果研究參加者答應捐款的話，她再告訴他們，飲料券已經發完了，不能提供這項獎品。然後，她又問他們是否還是願意捐款。在另一個條件（被打斷的條件）下，她先提出一開始的要求，但在研究參加者說「是」或「否」之前，她先打斷他們，表示給捐款者的優待券已經用完了。最後，在第三個條件（控制條件），研究參加者在沒被提及優待券的情況下，被要求五美元的捐款。結果指出，比起另外兩個條件，在低空拋球條件下，答應捐款的人較多（見圖9.3）。

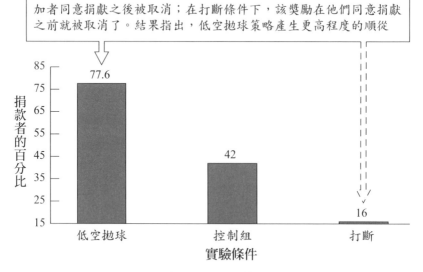

在低空拋球的條件下，為需要的學生捐款五美元的獎勵，在研究參加者同意捐獻之後被取消；在打斷條件下，該獎勵在他們同意捐獻之前就被取消了。結果指出，低空拋球策略產生更高程度的順從

圖 9.3　承諾在低空拋球策略中的角色

實驗結果指出，低空拋球策略會產生更高比例的順從。這些發現強調了在低空拋球策略中一開始的承諾的重要性（資料來源：Based on data from Burger & Cornelius, 2003）。

這些結果指出，低空拋球策略確實有賴於承諾的原則：只有在個人被允許做一個起初的公開承諾——在他們對一開始的條件說「好」之後，這策略才會有效。一開始做出承諾後，他們會覺得被迫要堅持，就算讓他們一開始說「好」的條件已經不存在了。確實，這是個細微卻有力的獲得順從的技巧。

肆、基於互惠的策略：漫天要價和不僅如此

互惠是社會生活的一個基本規則：我們經常「對別人做他們對我們做過的事」。如果他們幫過我們，我們會覺得應該要樂意去幫他們的忙。這不但被視為公平正當，互惠的原則也是某些贏得順從的策略的基礎。其中的一個技巧，在表面上，和得寸進尺的策略相反。與其以一個小要求開始，再得寸進尺，尋求順從的人有時候會以一個大要求開始，在被拒絕後，再轉向一個較小的要求，這才是他們真正想做的要求。這技巧被稱為**漫天要價策略**（door-in-the-face technique，因為一開始的拒絕就像是當著要求者的面把門關上一樣，故也稱閉門羹策略），而某些研究指出，這也是挺有效的。在一個著名的實驗中，Cialdini 和他的同事（1975）當街攔下大學生，並提出一個很大的要求，問他們是否願意免費擔任犯罪青少年的諮商師，每週兩小時，持續兩年！就像你所預測的，沒有一個學生答應。當研究者將他們的要求降低許多的時候，要求同一個學生帶一群犯罪青少年到動物園玩兩個小時，結果，有一半的學生同意了。相反地，如果一開始就直接提出這個較小的要求，只有不到 17% 的控制組的學生同意。

談判專家也經常使用相同的策略，他們一開始採取一個對自己極端有利的立場，然後退讓到一個較接近於他們想要獲得的結果的立場。同樣地，售貨員經常以一個他們知道買家會拒絕的價格開始，然後再降低價碼，但這個價碼仍然是令他們滿意的，而且也接近於他們設定好的價錢。

一個獲得順從的相關做法被稱為**不僅如此策略**（that's-not-all technique）。在此，在目標對象說「好」或「不好」之前，要求者就再最初的要求上再加上某些甜頭，即使用此策略的要求者提供的額外獎勵（好比說減價、同一價碼加上額外產品）。例如，許多產品的電視廣告經常提供某些額外的東西，以便誘使觀眾去打電話訂購產品。許多研究確認了某些非正式觀察，暗示了不僅如此

策略確實有用（Burger, 1986）。為什麼呢？一個可能是因為它是基於互惠的原則：接收的人看到「額外」的字眼被丟出來，作為附加的妥協，會覺得自己也有義務要做些讓步。結果，他們便較有可能會說「好」。

另一個可能性，則是透過減價或提供某些附加的東西所創造的便宜表象，導致個人以一種自動的或社會心理學家所稱的不加思索（mindless）的方式去思考這種情境（e.g., Langer, 1984）。「這是個特價活動」，人們可能會這樣推論，而且這與捷思法的思考一致，於是便變得比他們系統性思考時更有可能說「是」。Pollock 和他的同事（1988）為此提出了證據。他們發現在價格上少許的調降，能夠為低價產品（例如 1.25 美元一盒的巧克力減價為一美元）產生附加價值效應，但對更昂貴的產品卻無法產生這種效應（6.25 美元一盒減價為五美元）。很明顯地，個人更容易想到的是得花費五美元，而這與他們自動地（並且樂意地）對少量減價的回應相牴觸。不論其確切的基礎為何，不僅如此策略可以成為提高他人對各種要求說「是」的可能性的有效工具。

伍、基於稀有性的策略：欲擒故縱和限時搶購

稀有、少見或難以獲得的東西被視為比俯拾皆是的東西更有價值，這是一個普遍規則。因此，我們經常願意花更多的心力或財力去獲得稀有的物品或結果。這個原則是幾個贏得順從的技巧的基礎。最普遍的一種是**欲擒故縱**（playing hard to get）。許多人知道，欲擒故縱在情愛領域裡是種有效的技巧。然而，這種技巧並不限於在人際吸引之內；研究發現指出，這也被求職者用來增加他們對潛在雇用者的吸引力，並因而提高得到工作機會的可能性。使用這種技巧的人讓潛在雇用者知道他們還有其他的工作機會，因此對雇用者而言顯得富有魅力。研究發現指出，這種技巧經常奏效（Williams et al., 1993）。

同樣基於物以稀為貴原則的一個相關做法，是百貨公司經常運用的技巧。使用這種**限時搶購策略**（deadline technique）的廣告說，某個特殊促銷活動將在某日截止，暗示在此之後價錢將上揚。在許多情況中，這種時間限制都是假的：價格在提出的日期之後並未上揚，而且如果商品沒賣出去，價格還可能下跌。但許多看到這種廣告的人相信，急忙趕到商店搶購，以免錯過大好機會。

因此，當你看到提示「分秒必爭」而且可能很快會截止的機會時，小心點。這可能只是個抬高售價的伎倆。

在總結之前，我們一定要提出社會認可（social validation）的原則，這是Cialdini（1994）所提的另一個基本原則，它和從眾極為相關，特別是與訊息性社會影響相關。社會認可暗示，我們被要求去做的事，若是我們視為與我們相似的人也是這麼做，我們經常會做出讓步。因此，下次有人暗示你，應該做某件他們想要你做的事，因為「像我們一樣的人都這麼做」的時候，你就該提防了：很有可能這是獲得順從的伎倆，而不只是對合宜行為的描述（對於各種獲得順從的技巧的概觀，請見本章結尾「觀念帶著走～活用」的專欄）。

第三節　象徵性社會影響：我們如何在他人不在場時受到其影響？

其他人在試圖影響我們的時候能成功，並不令人驚奇；和我們一樣，他們有許多可用的技巧，讓我們如他們所願地去說、去想或去做。但有越來越多的證據顯示，他人不在場且不試圖改變我們的行為與思考的時候，還是可以影響我們，這個過程被稱為**象徵性社會影響**（symbolic social influence）。就某種意義而言，這種效應不是他人所產生的，而是我們。他人在我們內心的重現，即他們想要或偏好的是什麼、我們和他們的關係如何、我們認為他們會怎樣評價我們或我們當下的行動，這些都能對我們產生強大的效應，甚至當我們在意識上沒有覺察到這些效應的時候，似乎也是如此（e.g., Bargh et al., 2001）。在一個引發對此主題的興趣的知名研究裡，Baldwin、Carrell 和 Lopez（1990）發現，研究生在潛意識中看到系主任陰沉的臉之後，對他們的研究理念的評價會更為負面。系主任的臉其實只被展示了很短的時間，研究生並沒意識到自己看到，但系主任呈現負面情緒的臉部表情對研究生如何評價他們的研究，卻產生了明顯的影響。

在我們內心重現他人在心理上的在場，如何能影響我們的行為與思考？這其中似乎包含了兩種機制，而且兩者都牽涉到我們想達成的目標。第一，其他

人在我們的思想中出現的程度（就算我們對此毫無意識）會引發關係基模（re-lational schemas），即對我們有關係的人以及關係本身的心智重現。當這些關係基模被觸發之後，與他們相關的目標就被啟動。例如，如果我們想到的是一個朋友，那對他有幫助的目標就可能會被啟動；如果我們想到我們的母親或父親，讓他們感到驕傲的目標可能會被啟動。這些目標會影響我們的行為、我們對自己的想法，以及我們對他人的評價。例如，假使幫助他人的目標被啟動的話，那我們就可能會更樂於幫助別人。

第二，他人在心理上的在場可能會觸發我們想要達到的目標。這會影響我們在許多任務上的表現，以及我們在許多事情上對達成這些目標的承諾（e.g., Shah, 2003）。

既然我們在思考中會有他人心理上地在場，我們與他們關係的本質、我們在這些關係中尋求的目標，以及這些人本身尋求或希望我們達到的目標等就都會被激發，而這些想法和知識結構就會強烈地影響我們的行為。儘管許多研究都已經報告了這種效應，Fitzsimmons 和 Bargh（2003）所進行的研究卻特別具有啟發意義。他們進行的研究之一是，他們接近機場裡的人，並要他們想一個好朋友或同事。然後，要求研究參加者寫下想到的人名開頭字母，並回答與這人相關的一系列問題。最後，他們問研究參加者是否願意幫助研究者，回答一組更長的問卷。據預測，想到朋友的研究參加者會更願意幫忙，因為想到朋友會觸發幫助的目標，這是我們常為朋友做的事。如你在圖 9.4 所見，研究發現正是如此：比起想到同事的人，想到朋友的人之中，有更多人願意幫忙。要注意的是，他們並不是被要求去幫助他們的朋友；他們是被要求去幫助一個陌生人，也就是研究者。

在另一個研究中，相同的研究者要求研究參加者描述他們的母親，或是想一個不牽涉其他人的中立事件（例如，他們買的第一張 CD、他們的某次度假等）。接下來，他們給研究參加者一組字母，共七個，並要求他們盡其所能地拼字。據推測，想到母親的研究參加者的表現會比較好，但只有在他們具有令母親驕傲的目標的時候（他們擁有這種目標的訊息已經事先被蒐集）。研究結果提出了清楚的支持：比起那些想到母親但並沒有讓母親驕傲的目標的人，想到母親又讓她們感到驕傲的人表現較好；對於控制條件下的人而言，即想到中

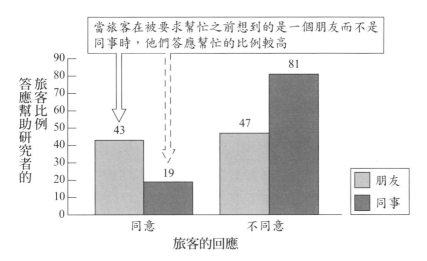

圖 9.4　象徵性社會影響：一個範例

在被要求幫忙的機場旅客中，想到朋友的比想到同事的更有可能同意幫忙（資料來源：Based on data from Fitzsimmons & Bargh, 2003）。

立事件的人，不論他們想不想讓母親感到驕傲，都沒有影響；為何如此呢？他們在執行任務時並沒有想著母親。

　　像這樣的研究發現，以及其他數量日益增多的研究報告（e.g., Shah, 2003）指出，在他人不在場也不試圖影響我們的時候，只要他們（在我們的思想中）具有心理上的在場，我們就會強烈地受他們所影響。你是否還記得本章開頭的事件，我在多年前的一個除夕夜走路回家？如果你還記得，你現在就能明白那個故事和象徵性社會影響有關。我的父母那晚並不在場（感謝老天！），但他們存在我的想法之中，這就足以改變我的行為。因此，很清楚地，儘管象徵性社會影響比各種面對面的狀況還要細微，但它也很重要，並且在社會行為與思考的許多方面都扮演了關鍵的角色。

第四節　服從權威：你會不會為此去傷害一個無辜的陌生人？

你是否曾經被某個權位比你高的人命令去做某件你不想做的事，好比說你的老師、你的老闆、你的父母？如果有的話，你就對社會影響的另一個主要類型不陌生，即服從：一個人直接命令一個或多個他人以特定方式行動，而這些人照做了。作為一種技巧，服從的使用不如從眾和順從多，因為就算擁有權威而能使人服從的人，經常還是比較喜歡透過軟硬兼施（velvet glove）來發揮他們的影響力，即透過要求而非命令的方式（e.g., Yukl & Falbe, 1991）。不過，服從仍然不少見，並發生在許多環境中，從校園到軍營都是。服從掌權者的命令一點也不令人驚訝；這些人通常都有強行加諸命令於他人的有效方法。較令人意想不到的是，沒有這種權威的人經常也能誘發高度的順從。這種效應最清楚而戲劇性的證據，是由 Stanley Milgram 在一系列著名而富爭議性的研究中所報告出來（Milgram, 1963, 1965a, 1974）。

壹、實驗室中的服從

在 Milgram 的研究中，他希望能發現個人是否會服從一個相對無權力的陌生人的要求，給予一個無辜的陌生人一定程度的痛苦。Milgram 對此主題的興趣衍生自一些悲劇事件，其中一些普通、守法的人服從了這樣的指令。在二次大戰時，德軍部隊經常服從對上千萬手無寸鐵的平民施虐乃至謀殺的命令。納粹黨建立了恐怖但高度有效的死亡集中營，目的在於滅絕猶太人、吉普賽人，以及其他他們覺得較劣等或對他們的種族純淨有威脅的群體。

為了要了解這種事件的本質，Milgram 設計了一個令人不安卻巧妙的實驗室模擬情境。實驗者告訴研究參加者（全為男性）他們將參與一個針對懲罰對學習效果的研究。在每對研究參加者中，有一個要扮演「學習者」的角色，並試著執行一個與記憶有關的簡單任務（在他們預先記得的兩個字中，在聽到第

一個字之後，說出第二個字）。另一個研究參加者，也就是「老師」，要讓學習者唸這些字，並在學習者犯錯時施行懲罰（亦即他們無法答出每對詞彙中的第二個字的時候），透過一個開關施以電擊。電擊會透過一個裝備傳達，這個機器包含了三十個開關，電壓範圍從十五伏特到四百五十伏特。然後，在場的兩個人，即真正的研究參加者及實驗同謀，會用紙條抽籤，決定誰扮演哪個角色；你肯定已經猜到，這場抽籤當然得作弊，好讓真正的研究參加者一直都扮演老師。每次學習者犯了錯，老師就得給他一次電擊。更進一步（而且這點很重要），**每次學習者犯錯，老師就得提高電擊的強度**。重要的是，這個訊息是假的：事實上，這個同謀（學習者）在實驗中根本沒真的接受到任何電擊。唯一一次真正被使用的電擊是一個由號碼三的按鈕所傳達的微弱震動，好說服研究參加者該設備是真的。當然，真正的研究參加者並不知道那個學習者是個實驗的同謀。

在每場實驗中，學習者（在事先安排好的指示之下）會犯許多錯誤。因此，研究參加者很快就發現自己面對一個兩難處境：他們是否應該繼續用看來會越來越痛苦的電擊來懲罰這個人呢？還是應該拒絕？如果他們遲疑了，實驗者會以一系列的「提醒」來施壓要求他們繼續：「請繼續」；「實驗要求你持續下去」；「你的持續有絕對的重要性」；「你沒有別的選擇；你非得繼續不可」。

因為研究參加者是自願的，而且事先已經得到酬勞，你可能會預測他們大部分會很快地拒絕實驗者的命令。然而，實際上，有高達 65% 的研究參加者展現了完全的服從，他們將整個過程持續進行到最後的四百五十伏特的程度。當然，有許多研究參加者抗議並要求結束整場實驗。然而，當他們被要求要繼續時，大部分都順從於實驗者的影響，並繼續服從。他們就算在受害者猛烈撞擊牆壁，像是在抗議痛苦的電擊（大約三百伏特），然後不再回答問題，像是昏倒了一樣之後，還是繼續照做。實驗者要求研究參加者把無法回答當作錯誤一樣處理；因此，從這個時刻開始，許多研究參加者相信他們正在給某個可能無意識的人施以危險的電擊！

在更進一步的實驗裡，Milgram（1965b, 1974）發現，相似的結果甚至可以在人們預期會減少這種服從的情況下獲得。當該研究從原本的耶魯大學的地點

轉移到一個附近城市裡的破辦公室裡時，研究參加者的服從程度維持不變。相同地，有很大部分的研究參加者繼續服從，即使實驗同謀抱怨電擊的痛苦並乞求離開。最令人驚訝的是，許多研究參加者（大約 30%）即使在被要求要強迫受害者把手放到一個金屬電擊板上的時候，他們還是服從！這些令人心寒的研究結果並不限於一個單一文化中，指出此一事實的是幾個不同國家（例如約旦、德國、澳洲）回報的相同發現，並且包括孩童與成人（e.g., Kilham & Mann, 1974; Shanab & Yahya, 1977）。因此，Milgram 的研究發現似乎在此領域是非常普遍，到了驚人的地步。

貳、傷害性的服從：為何發生？

Milgram 的研究成果之所以如此令人不安，原因之一是因為它們和許多現實中牽涉到針對無辜受害者的殘暴行為相似。這些傷害性的服從為何會發生呢？社會心理學家已經指認出幾個似乎有所影響的因素，其中幾個和我們已經探討過的某些社會影響的其他方面有關。

首先，在許多情境中，掌權者會讓哪些服從的人解除他們行動的責任。「我只是執行命令罷了」是許多人在服從嚴酷的命令之後所提出的辯解。在現實情境中，這樣的責任轉移可能是隱微的；掌權者被假設要為所發生的事情負責，這似乎就發生在 2004 年的悲劇裡：美國大兵（男女都有）凌辱並拷打伊拉克囚犯。他們的辯解是什麼？「我只是服從命令……我被命令這麼做，好士兵永遠服從命令！」在 Milgram 的實驗中，這種責任轉移很明顯。研究參加者在一開始就被告知，學習者的安危是由實驗者負責，而不是研究參加者的責任。有鑑於此，許多人會服從並不令人驚訝：總而言之，他們完全與責任脫鉤。

第二，掌權者經常擁有其地位明顯可見的象徵或標誌。他們穿著特別的制服或佩章、擁有特別的頭銜等等。這些指標能提醒人許多關於「服從掌權者」的社會規則。這個規則非常有力，面對它的時候，大部分人都會覺得很難不服從。總之，我們都不想做錯事，而服從掌權者的命令常能幫助我們避免這類錯誤。因此，在某種意義上，作為對社會規範的從眾的關鍵因素之一的資訊性社會影響，可能是促成 Milgram 的研究結果的因素之一（e.g., Bushman, 1988; Darley, 1995）。

　　服從的第三個原因是，在許多情境中，要是這類影響的目標對象會抵抗，會激得掌權者的命令逐步升高。一開始的命令可能要求的是較小的行動，例如單純地逮捕人們。提出進行危險或令人反對的行為的命令，則是後來的事。例如，警察或軍人可能一開始被命令盤查或威脅可能的受害者。漸漸地。要求上升到對非武裝公民的毆打、虐待甚至是殺害。在某種意義上，掌權者使用了得寸進尺的技巧，先要求較小的行動，之後再要求較大的。透過一種相似的方式，Milgram 研究裡的研究參加者一開始被要求給予較小而無害的電擊。這場實驗持續到後來，這些「懲罰」的強度才提高到可能具傷害性的程度。

　　最後，在許多牽涉到傷害性服從的情境中，事件的轉變極為迅速：示威轉變為暴動、逮捕變為攻擊群眾等等。這類事件的轉變之快，給研究參加者反思或系統化思考的時間太少：人們受命服從，而且，他們會幾乎是自動化地照做。這種狀況在 Milgram 的研究中隨處可見：在進入實驗室之後，短短幾分鐘，研究參加者發現自己面對必須給學習者施以強烈電擊的命令。這種快速的步調，也可能會增加服從的出現。

參、傷害性的服從：抵抗其影響

　　既然我們已經探討過造成對權威來源服從的強烈傾向的因素，現在讓我們轉向另一個問題：如何能抗拒這種類型的社會影響？有幾個策略可能是有所幫助的。

　　首先，接觸到權威人物命令的個人，可以提醒他們（非權威人士）對任何所造成傷害的責任。在這些情況下，可觀察到服從的傾向會大幅地下降（e.g., Hamilton, 1978; Kilham & Mann, 1974）。

　　第二，可以為個人清楚地指出，在某個程度之上，對摧毀性命令的完全順服是不合適的。有個極為有效的方式，是讓個人接觸到不服從典範（disobedient models）的行動，也就是那些拒絕權威人物命令的人。研究發現指出，這種典範可以減少毫不質疑的服從（e.g., Rochat & Modigliani, 1995）。當我們看到一個或好幾個人拒絕服從一個權威人物的命令時，我們可能會受鼓舞而去做同樣

的事，最後的結果是這些權威人物的權力會被嚴重地削弱。

第三，如果個人質疑權威人物的專業知識與動機的話，他們可能會覺得抵抗其命令變得簡單一些。掌權的人是否真的更有立場去判斷什麼是合適或不合適的？在他們的命令背後的動機是什麼：是社會公益目標？還是個人利益？獨裁者總是宣稱其野蠻的命令反映他們對其公民同胞的關愛，並且是為了他們最大的好處，但只要有許多人質疑這些動機，獨裁者的權力可以被削減，也許最終還能被消除殆盡。

最後，單單是知道盲目服從權威人士的命令所具有的威力，就已有所助益。某些研究發現暗示（e.g., Sherman, 1980），個人要是知道社會心理學研究的結果，他們經常能認出這點的重要性（Richard, Bond, & Stokes-Zooter, 2001），而在某些時候因考慮到這些新的認識而改變他們的行為。就傷害性服從方面，知道這個過程能增強個人抵抗的決心，是有點希望的。只要這個啟蒙發生了，就算接觸到像 Milgram 的研究一樣令人不安的發現，也有其正面的社會價值。

做個總結，權威人物命令他人服從的威力是很大的，卻不是無法抗拒的。在合適的條件下，它是可以被反抗或減輕的。一如生活中的其他領域一樣，總是有選擇的。決定抵抗掌權者的命令可能具有高度的危險性：掌權者經常掌握了大部分的武器、軍隊以及警察。然而，歷史上充滿了例子：有勇氣的人們反抗強大且根基穩固的政權，並且最終獲勝。更確切地說，美國革命就是這樣開始的：一小撮裝備不齊的公民決定採取立場，反抗大不列顛這個當時世界上最有權力的國家。殖民地居民在贏得其獨立上的成功，成了全世界許多人的典範，並且改變了歷史。這個教訓很清楚：權力從來就不是永垂不朽的，而最終，勝利總是屬於那些為了自由與尊嚴挺身而出的人，而非那些希望能對其人類同胞的生命執行全面控制的人。

第五節　社會影響上班去：
職場上的影響策略

　　從眾、順從、服從、象徵性社會影響，這些都是社會生活中有力的作用，並且在不同環境中又扮演了清楚的角色。但這些是否是人們在真實生活環境中所使用的技巧？在很大的程度上，是的。你一定接觸過得寸進尺策略和欲擒故縱策略，你一定也被權位在你之上的人要求以各種方式行動。但有越來越多的證據（大部分與職場中的社會影響有關）暗示，還有其他經常被使用的技巧與原則（e.g., Yukl, Falbe, & Young, 1993）。以下是這些常見技巧的簡述：

- 理性說服（rational persuasion）：使用合理的論證和事實來說服另一個人，一旦說服者的觀點被接受了，就會有令人滿意的結果。
- 訴求激勵（inspirational appeal）：透過對人們所擁有的強烈價值觀或觀念進行呼籲，以激起熱情。
- 諮詢（consultation）：在做決定或計畫改變時，要求目標對象的參與。
- 逢迎：透過讓某人有好心情或讓他喜歡你，讓他去做你想要他做的事。
- 交換（exchange）：承諾某些好處，用來交換對某個要求的順從。
- 個人訴求（personal appeal）：在要求之前，先籲之以情感的忠誠或友誼。
- 建立聯盟（coalition building）：透過尋求他人的協助或指出他人的支持來進行說服。
- 正當化（legitimating）：指出某人做出要求的權威，或證實此事與普遍的組織政策及實踐相符。
- 壓力（pressure）：透過使用要求、威脅或恐嚇來尋求他人的順從。

　　這個清單是基於大量的研究，其中有大量在組織中工作的人被要求描述他們如何試圖影響他人，以及組織中的他人如何試圖影響他們（e.g., Yukl & Tracey, 1992）。這些技巧中有許多和我們檢視過的技巧相關，例如逢迎、正當化（服從），以及理性說服。但其他的則多少有些不同，並且與我們檢視過的主

要類別不符,例如訴求激勵、建立同盟以及諮詢。為何人們會回報在工作環境與其他環境中使用了不同的影響技巧呢?也許因為在工作場合,其中的人際關係是長遠而複雜的。他們經常有地位與權威上的差距,有些人是上司,有些人則是下屬。這種情境與一個(好比說)你試著影響一個朋友的狀況不同。更進一步,在同一個組織裡工作的人,經常每天互動好幾個小時。結果,使用短期內有效的影響技巧,好比說得寸進尺或漫天要價策略可能就不合適,還可能會產生憤怒與抵抗。因此,在某種意義上,人們在工作場合傾向使用多少有點不同的策略,這並不令人訝異;我們傾向在我們想影響他人的特定情境下,使用相稱的影響技巧。

例如,諮詢技巧(consultative techniques),即試圖直接說服他人的技巧,經常被視為是比強制的策略更為合適的技巧,因為後者給予他人壓力,抑或是「先發制人」(e.g., Yukl, Kim, & Chavez, 1999)。因此,在各種方面影響他人最普遍的技巧是諮詢、訴求激勵,以及理性說服。最近的發現(Blickle, 2003)指出,人們越是使用這些技巧,他們就越被同事認為工作能力良好。

相反地,較不令人喜歡的影響形式,諸如壓力與正當化,就不那麼常被使用。最近的發現(Blickle, 2003)指出,這些技巧可能較為少見:因為它們激起高度的抗拒行為,即反抗並拒絕使用這些技巧所想要的東西的欲望。人們越是使用這些技巧,它們所產生的抗拒行為就越明顯。因此,很清楚地,壓力技巧並不是在職場上有效的技巧。就整體而言,所有這些發現都具有很深刻的社會心理學意涵,因此它們應該被視為對關於從眾、順從與服從等基本研究的發現的一種補充。它們有助於擴展我們對社會影響的認識到另一種重要的環境中,而這肯定是有益的。

重點摘要與回顧

■ 從眾:行動中的群體影響

- 社會影響,即某人或多人改變一個或多個他人的態度或行為的努力,是生活的一個普遍的部分。
- 大部分人在大部分時間是依著社會規範而行動;換句話說,他們展現出強烈的

從眾的傾向。

- 第一個系統性地研究從眾的是 Solomon Asch，他的經典研究指出許多人會順從來自一個意見一致的群體的社會壓力。

- 許多因素決定了從眾是否會發生及其程度。其中包含了凝聚力，即個人所感到對某群體的吸引力；群體大小；以及在該情境中產生作用的社會規範類型（描述性或強制性）。

- 規範主要在與我們有關時有可能會影響我們的行為。

- 情境規範，與其他規範相似，會自動地影響我們的行為，就算我們對它毫無意識也是一樣。

- 在我們從眾的傾向底下有兩種重要的動機：被喜歡的渴望，以及是正確或準確的渴望。這兩種動機反映在兩種彼此不同的社會影響類型中：規範性影響與訊息性影響。

- 社會影響的效應既強大又普遍，但在我們對於自己的判斷或什麼是正確的感到不確定的時候，則可能會被放大。

- 儘管從眾的壓力很強大，許多人還是會抵抗它，至少在部分時間會如此。這些抵抗似乎源於兩個重要的動機：維持個人化之希求，以及對某人自己的生活執行控制的渴望。

- 有些人就算想也無法從眾，例如身體不便的人或是想結婚的同性戀者，分別是因為身體限制或法令限制。

- 在某些條件下，少數群體能誘使多數群體改變他們的態度或行為。

- 少數群體因為其觀點受到威脅，便經常高估與他們共享相同信念的人數。

- 少數群體的正面效應之一是他們誘使多數群體更系統地思考少數群體所提出的議題，而這可能會促發大規模的社會變革。

■ 順從：有時候，要求就是接受

- 個人可能會使用許多技巧以贏得順從，即讓他人對各種要求說「是」。這其中許多有賴於社會心理學家所熟知的基本原則。

- 兩個普遍被使用的技巧，即得寸進尺策略與低空拋球策略，有賴於承諾／一致性原則。相反地，漫天要價策略與不僅如此策略有賴於互惠原則。

- 欲擒故縱和限時搶購策略是基於稀有性原則，越稀少或難以獲得的就越有價值。

- 社會認可，另一個順從的根本原則，與訊息性社會影響及從眾密切相關。

■ 象徵性社會影響：我們如何在他人不在場時受到其影響？

- 他人就算不在場也可以影響我們，透過我們在心理上對他們或我們與他們的關係的重現。這被稱為**象徵性社會影響**。
- 象徵性社會影響經常牽涉到與我們和他人的關係有關的目標，或是與這些人相關聯的目標。
- 只要他人在我們的思考中有心理上的在場，我們在我們與他們的關係中的目標、或是這些人自己的目標、或是他們想要我們達到的目標，就可能會被激發，而這可能會強烈地影響我們的行為。

■ 服從權威：你會不會為此去傷害一個無辜的陌生人？

- 服從是社會影響的一種形式，一個人命令一個或多個人去做某事，而他們就照做。在某種意義上，這是社會影響最直接的形式。
- Stanley Milgram 的研究指出，許多人會輕易地服從來自相對無力的權威，就算該命令要求他們去傷害一個無辜的陌生人也是一樣。
- 這種傷害性的服從來自於幾個因素。這包含了責任轉移到權威人物身上、這些權威人物身上外顯的象徵提醒他人「服從這些權威」的規則、所給予的命令規模逐漸上升（與得寸進尺策略相關），以及這類情境發展的快速步調。
- 有幾個因素有助於減輕傷害性服從的發生。包含了提醒個人他們對任何產生的傷害也附有責任；提醒他們一旦過了某個程度，服從是不合適的；質疑權威人物的動機；以及讓大眾了解社會心理學研究的發現。

■ 社會影響上班去：職場上的影響策略

- 研究發現指出，個人經常在職場使用多少有點不同的影響技巧。
- 其中最普遍的是諮詢技巧，包含了試圖直接地說服對方。逢迎也經常被廣泛使用。
- 包含了強迫（例如壓力、正當化）的技巧較少被使用，這部分是因為它們有可能會產生強烈的抗拒行為。

連結：整合社會心理學

在這章，你讀到了……	在別章，你會讀到這些相關討論……
社會規範在從眾中的角色	社會規範在吸引力（第七章）、助人行為（第十章）、侵略行為（第十一章）及群體決定（第十二章）中所扮演的角色
許多不同的贏得順從的技巧底下的基本原則	這些原則在下述社會行為的各方面所扮演的角色： • 互惠在吸引力（第七章）、侵略行為（第十一章）及合作（第十二章）中的角色 • 想要維持一致在態度轉變（第四章）、自我概念（第五章）及助人行為（第十章）中所扮演的角色 喜歡或友誼在社會覺察（第二章）、社會關係（第八章）及領導（第十二章）中所扮演的角色
情緒在順從中所扮演的角色	情緒在社會認知（第三章）、態度（第四章）及助人行為（第十章）中的影響
自動性在情境規範方面所扮演的角色	自動性在態度（第四章）、偏見（第六章）及群體過程（第十二章）中所扮演的角色

思考這些連結

1. 有時有人論稱，社會影響是社會生活最基本而重要的方面。你同意嗎？你能否想到任何形式的社會行為〔例如侵略行為（第十一章）或助人行為（第十章）〕裡面影響力不扮演任何角色？吸引力和愛情呢（第七章、第八章）？這些社會行為的方面是否受社會影響所影響？

2. 在許多國家裡，暴力的程度似乎都在升高。你認為這是否反映了與侵略行為有關的規範的改變？若是如此，這些改變又是怎麼發生的？

3. 具領袖魅力的領導者經常被視為是社會影響的能手：他們似乎擁有驚人的能力，能讓他人服從於他的意志。你認為他們是否使用了本章所述的原則與技巧以贏得順從？而其中哪個你認為對這些領導者影響其跟隨者而言最重要？

觀念帶著走～活用：贏得順從的技巧

　　我們怎樣讓別人對我們的要求說「好」？這個問題是社會生活永遠的難題。社會心理學家的研究指出，所有我們說過的技巧可能都有用，而且已被廣泛使用。因此，不論你自己是否使用這些技巧，在你一生中，它們都有可能被用在你身上。以下是特別普遍的幾個：

■ 逢迎

　　讓其他人喜歡我們，進而願意去同意我們的要求。這可透過奉承、讓自己看來有吸引力，以及展現出對目標對象的興趣而達到。

■ 得寸進尺策略

　　先從小的要求開始，等被接受之後，在上升到較大的要求。

■ 漫天要價策略

　　先從大的要求開始，等到被拒絕之後，再回到一個較小的要求。

■ 欲擒故縱

　　不論是明顯或隱微地讓我們自己看起來很搶手，而其他人更有可能會重視我們並同意我們的要求。

關鍵詞

凝聚力（cohesiveness）

順從（compliance）

從眾（conformity）

限時搶購策略（deadline technique）

描述性規範（descriptive norms）

漫天要價策略（door-in-the-face technique）

得寸進尺策略（foot-in-the-door technique）

個人化（individuation）

訊息性社會影響（informational social influence）

逢迎拍馬（ingratiation）

強制性規範（injunctive norms）

低空拋球策略（lowball procedure）

規範性焦點理論（normative focus theory）

規範性社會影響（normative social influence）

服從（obedience）

欲擒故縱（playing hard to get）

社會影響（social influence）

社會規範（social norms）

象徵性社會影響（symbolic social influence）

不僅如此策略（thet's-not-all technique）

10 chapter

利社會行為：
幫助他人

　　有次我（Donn Byrne）到堪薩斯大學去做一場演講，以紀念 William Griffitt。他是我以前的學生，不幸英年早逝。我的女兒 Rebecka 和我飛到堪薩斯市，租了輛車，開到曼哈頓。第二天，我打算到心理學系和一群人碰面、吃中飯。在旅館櫃檯，我問了路。櫃檯人員不是很確定，但還是告訴我在校園內要到哪取得停車證和地圖。

　　和大部分大學校園一樣，停車的空間是有限的，而我們發現停車場和我們要去的地方有點距離。那本來也沒問題，但那天早上下過雨，走那段路可能會造成骯髒的污點，甚至滑倒。

　　因此，我們很快地回到旅館，告訴櫃檯小姐，我們需要一輛計程車。和其他名為曼哈頓的地方不一樣，堪薩斯州並不以成群漫遊的計程車聞名。我們被告知大概要三十到四十五分鐘之後才有車到旅館。這樣我們的午餐約會會遲到，而我的女兒和我肯定看來既難過又無助。

　　櫃檯人員協商後表示，他們會試著找一個正在修漏水水管的旅館員工幫忙。他們撥了他的手機，而他很樂意載我們到校園一趟。他不但確實地將我們載到目的地，還堅決不收小費；這是兩個曼哈頓的另一個不同之處。

　　問題解決了，我們感激不已。注意，我們只是在這個城鎮短暫居留的陌生人，而我們需要的幫助不管怎麼說，也都不是旅館員工或那個維修人員的責任。他們花了時間與精力解決我們的小問題，不求任何回報。他們為什麼要幫助我們呢？

另一個更為普遍的議題，同時也是本章的主題，就是需要幫助的人們為何有時會得到陌生人的幫助、有時卻被忽略的問題。社會心理學家的目的是要了解並預測**利社會行為**（prosocial behavior），即任何對他人有益的行動。一般而言，這個詞適用於任何對行使該行為的人不提供任何直接利益、甚至包含一定程度風險的行為。**利他行為**（altruism）一詞有時與利社會行為交替使用。但利他行為指的是一種對他人福祉無私的關懷。

在本章，我們首先描述某些影響一個看到一緊急事件的人，會或不會以利社會行為回應一緊急事件的某些基本因素。再來，我們檢視對助人行為的各種情境、情緒與性情上的影響。接下來，我們的目光轉向那些自願長期幫助他人的人；所有可能的助人者所面對的在自我利益（self-interest）、道德正直（moral integrity），以及道德偽善（moral hypocrisy）之間的衝突；還有得到幫助的感受為何。最後一個主題是對利社會動機的社會心理學解釋與遺傳學解釋之間的比較。

第一節　對緊急事件的回應：旁觀者會幫忙嗎？

當一個緊急事件發生時，你經常聽到某人對一個陌生人提供協助的故事。你也聽過人們站在一旁觀看，卻不伸出援手的故事。能解釋這種行為上戲劇性的差異是什麼？在回答之前，我們提出一些例子，範圍從英雄式的行動到無動於衷的反應都有。

壹、當陌生人正在受苦時：英雄主義或冷漠無情？

英雄主義（heroism）一詞經常被誤用，指稱那些順利地完成艱鉅任務的人，而那可能是傳出一記好球，使得全隊達陣獲勝的橄欖球英雄；或是及時從沉船中逃出，避免溺斃的英勇嘗試。如 Becker 和 Eagly（2004）所指出的，**英雄主義**（heroism）實際上指的是在達到一社會所看重的目標時，勇敢冒險的行

動。這包含兩方面：為了好玩而從事冒險行為的人並不是英雄，而援救某個人自己的性命可能意義重大卻不英勇。一個從事照護之類社會所稱許的工作的人，會因選擇了一個對社會有益的職業被祝賀，但不是因為他是個英雄。一個正面的行動是小心地與刻意地，或是衝動地與不可控制地發生並不重要；不管怎樣，該行為都會得到道德上的稱許（Pizarro, Uhlmann, & Salovey, 2003）。

英雄行為的例子包含了每年卡內基英雄獎章的獲獎者。他們都是冒著生命危險營救或試圖拯救他人性命的普通公民。從 1904 年開始，典型的獲獎者是那些拯救被動物或罪犯攻擊、在火災中受威脅、溺水、觸電，或是其他可能因危險而致命的人（Wooster, 2000）。同樣戲劇性的是，二次世界大戰時，許多善心人士在歐洲冒著生命危險營救在納粹威脅之下的猶太人（United States Holocaust Memorial Museum, 2003）。Becker 和 Eagly（2004）還將英雄一詞用在那些以較不危險亦較不戲劇性的方式冒險的個人身上，像是捐腎給一個需要接受移植的人、參與和平部隊，或是志願和世界醫生聯盟（Doctors of the World）到海外工作。對這些願意冒險去幫助他人的個人的理解暗示了，許多人的利社會與無私令人欽佩。他們可說是正義、勇敢與關懷的人（Walker & Hennig, 2004）。

遺憾的是，也有對緊急事件無動於衷的例子，暗示了自私、不關心與冷漠。心理學對利社會行為的興趣，開始於某個事件引發的火花，即旁觀者沒有去幫助不幸的陌生人。該事件是 1960 年代中期發生在紐約市的一場謀殺。酒吧經理 Catherine（Kitty）Genovese 下班後回家，在穿越馬路走向她居住的公寓大樓時，一個男人持刀靠近她。Genovese 小姐逃跑，但那男人一路追她，直到近到可以刺殺她的距離。她大喊救命，那一區附近許多公寓的燈都亮了。許多住戶探頭觀看，試著了解究竟發生了什麼事。就在這時候，攻擊者打算離去，但當他發現沒有人出來幫助受害者時，他又回到現場殺了她。事後，調查人員發現，這場持續了四十五分鐘的攻擊行為，共有三十八名住在那棟公寓裡的居民親眼目睹，但沒有一個人冒險出來幫忙或打電話報警（Rosenthal, 1964）。為什麼他們不這樣做？

在我們說明一些試圖回答這個問題的研究之前，請先閱讀「理解常識」專欄，在其中談到一個相關的簡單解釋。

社會心理學的技藝　理解常識

■ 一個緊急事件的目擊者越多，是否代表會有更多的幫助？

想想下述的情境。你正穿越一條結冰的街道，在踏上路面時一腳沒踩穩，跌了一跤，傷了膝蓋。因為傷口很痛且街道太滑，你發現自己沒辦法再站起來。假使：(1)該街區相對空曠，只有一個人離你較近，能看得到你的情況；或者(2)該街區相當擁擠，十幾個人都看到了你發生的事情。常識讓人想到，越多旁觀者在場，你就越可能得到幫助。在第一個情境，你只能依賴一個人的助人意願，以及他幫或不幫的決定。在第二個情境裡，似乎這些人之中的任一個（可能有更多個）人會被鼓勵去以利社會的方式行動的機率大得多。是嗎？錯了。

在 Kitty Genovese 的謀殺案之後不久，對於有許多旁觀者並不代表有許多幫助者此一事實的解釋，就被 John Darley 和 Bibb Latané 這兩位社會心理學家所構思出來。在吃午飯時，他們推敲為何許多旁觀者沒做任何事來阻止謀殺者。在媒體上，關於一般民眾，或是至少在大城市裡的人普遍的自私與冷漠，有許多推論。如果目擊者眾能增加某人幫助的機率的話，這是否表示這場謀殺是被三十八個冷血無情的個人所目擊，而被忽視了？

Darley 和 Latané（1968）為旁觀者的無動於衷提出了一個不同但卻非顯而易見的理由：有許多旁觀者不但不會增加利社會行為發生的機率，反而會減少其機率。並且，多數旁觀者感受到的不是冷漠，而是**責任分散**（diffusion of responsibility）。亦即，越多旁觀者在場，每個人所感受到的責任就越少。如果這個想法正確的話，在一個只有單一旁觀者的情況下，那個人就很可能會施以援手，因為所有的責任都在這個個人身上。當旁觀者的數量增加，每個人所分擔的責任就越來越小，他們就越不可能提供協助。這兩位社會心理學家設計了一個實驗，好檢測他們對於所謂的**旁觀者效應**（bystander effect）的推測是否正確。

在他們具突破性的實驗中，刻意地讓男性大學生接觸到一個「緊急事

件」，即某個學生很明顯地發病，開始抽搐，需要他人的協助。研究參加者以對講機互動，實驗安排讓他們相信，自己是該緊急事件唯一的一個旁觀者，或是另有一人、或是另有四人旁觀。測量他們助人意願的方法是：(1)在每組實驗群體裡面，研究參加者試圖幫助的比例；以及(2)在開始助人行為之前，經過的時間有多久。

一如圖 10.1 所摘要的，對於責任分散的預測是正確的。旁觀者越多，做出利社會回應的學生比例就越低，而幫忙的學生在反應之前，等待的時間就越長。在我們所給的例子裡，比起有十二個旁觀者的情況，當你只遇到一個

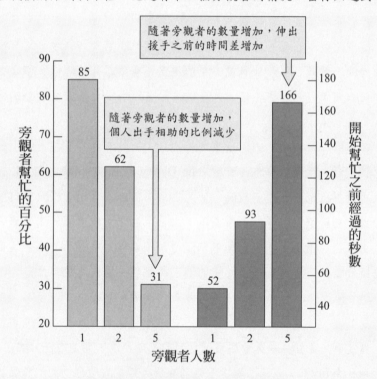

圖 10.1 眾多旁觀者的限制效應

● ● ● ● ● ● ● ● ● ●

在設計來檢測旁觀者效應的原初實驗裡，Darley 和 Latané（1968）將大學生放在一個某個學生因為一個看似緊急醫療事故而要人幫忙的情境中。每個研究參加者都相信他自己是唯一的一個旁觀者、或是兩個旁觀者之一、或是五個旁觀者之一。隨著旁觀者的人數增加，個人試圖幫助受害者的比例就下降。此外，在那些試圖幫忙的人之中，旁觀者越多，伸出援手前的延宕時間就越久。解釋這個效應的詞彙是責任分散，即那些可以提供幫助的人，旁觀者越多，每個人分到的責任就越少（資料來源：Based on data in Darley & Latané, 1968）。

目擊者時，似乎更有可能得到幫助。

　　幾年下來，對利社會行為更多的研究已經指出了許多其他決定人們如何回應一個緊急事件的因素，但旁觀者效應很明顯是一件重要的根本發現。更晚近對旁觀者效應的研究，已被擴展到包含對群體的單純思考。例如，想像一個群體聚會的晚餐（相對於只和一個人共進晚餐）對利社會的熱忱造成限制（Garcia et al., 2002）。因此，在一個社會情境脈絡裡的促發（見第二章），包含了人們對他人在場的考慮，導致在一個後續、不相關的情境裡做出較少的幫助行為。這樣的發現指出，責任分散不只會被他人的在場所啟動，認知過程也會，因而構成了**內隱旁觀者效應**（implicit bystander effect）。

貳、決定幫或不幫的五個關鍵階段

　　隨著對利社會行為的研究延伸超過一開始對旁觀者人數的關切，Darley 和 Latané（1970）提出，一個人進行利社會行動的可能性，取決於由看到一個緊急事件的人必須快速做出的一系列決定。我們之中的任何一個人都可以坐在舒服的椅子裡，並且立刻想出旁觀者該怎麼做。看到刺殺攻擊的目擊者應該立刻報警、或者透過對攻擊者大喊、或是集體一起停止攻擊行動來介入。在 2001 年 9 月 11 日，很明顯，在受劫持的飛機裡的乘客集體做出回應，因此讓恐怖份子無法完成他們讓飛機墜毀在美國首都的目標。當你突然無預警地遇見一個實際的緊急事件，你必須搞清楚發生了什麼事，以及該怎麼做，如果可能的話。如圖 10.2 所示，在決策過程的每個步驟裡，許多因素的運作使得助人行為或多或少較有可能發生。

一、步驟一：注意或沒注意到不尋常的事情發生

　　一個緊急事件很明顯是非預期會發生的事情，而且沒有確切的方式能預測它會發生或計畫該如何回應。當我們聽到外面有人喊叫、看到一個同學咳嗽到不能說話，或是看到在我們飛機上的某個乘客手持折疊紙刀起身時，我們通常都在做什麼或想著別的事情。如果我們正在睡覺、陷入沉思或專心做別的事，我們可能就會很容易地沒注意到某件不尋常的事正在發生。

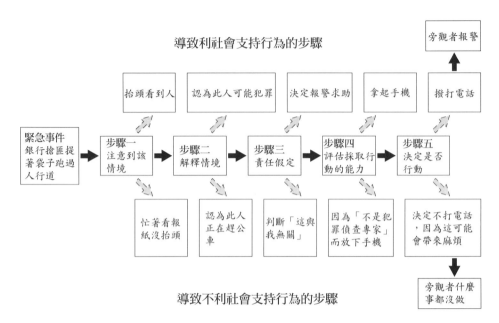

導致利社會支持行為的步驟

| 旁觀者報警 |

| 抬頭看到人 | 認為此人可能犯罪 | 決定報警求助 | 拿起手機 | 撥打電話 |

| 緊急事件
銀行搶匪提著袋子跑過人行道 | 步驟一
注意到該情境 | 步驟二
解釋情境 | 步驟三
責任假定 | 步驟四
評估採取行動的能力 | 步驟五
決定是否行動 |

| 忙著看報紙沒抬頭 | 認為此人正在趕公車 | 判斷「這與我無關」 | 因為「不是犯罪偵查專家」而放下手機 | 決定不打電話，因為這可能會帶來麻煩 |

| 旁觀者什麼事都沒做 |

導致不利社會支持行為的步驟

圖 10.2　回應緊急事件：利社會行為的五個步驟

• • • ● ◇ • • • • • • • •

對一個緊急事件的回應，被概念化為五個一系列步驟或選擇點的終點。在每個步驟，個人會變得更有可能或更不可能進行利社會行為（資料來源：Based on material in Latané & Darley, 1970）。

　　在日常生活中，我們會忽略周遭環境中的許多景象與聲音，因為通常它們都無關緊要。如果我們無法遮去我們環境中的許多面向，我們就會被資訊超載給淹沒。Darley 和 Baston（1973）進行了一個田野研究，以測試判斷過程中第一個步驟的重要性。他們的研究和受神職人員訓練的學生一起進行，這些個人特別有可能會幫助有需要的陌生人。實驗者指示每個研究參加者走到一棟校園附近的建築物去發表一段演說。為了改變他們心思被旁騖占據的程度，研究者設計了三個條件。某些神學院學生被告知他們有很充足的時間可走到另一棟建築物，有些則被告知他們正好準時抵達，時間只夠他們走到那，而第三組則被告知他們遲到了，得抓緊時間。據推測，在他們穿過校園的時候，第一組的學生最不會被趕時間的需求給占據心思，而第三組的人則最會讓此事盤據心頭。你猜心有旁騖的程度會不會影響研究參加者採取利社會行為？答案是響亮的「會」！

在前往建築物的路上，一個緊急事件上演。一個陌生人（事實上是研究助理）在入口跌倒了，咳個不停並持續呻吟。這些學生會不會注意到這個明顯病了或受傷的個人？如圖 10.3 所示，時間充裕的研究參加者中有 63% 伸出援手。至於時間剛好夠用的那組，共有 45% 的人幫忙。在最擔心會遲到的那組裡，只有 10% 的人回應。許多心有旁騖的學生不怎麼注意甚至完全無視正在咳嗽呻吟的那個人。他們就只是跨過他，然後繼續走他們的路。

看來很清楚，一個太忙而無法注意自身周遭環境的人，很有可能連很明顯的緊急事件都會忽視。在這些狀況下，沒有得到太多的幫助，是因為可能的幫助者沒有意識到緊急事件的存在。

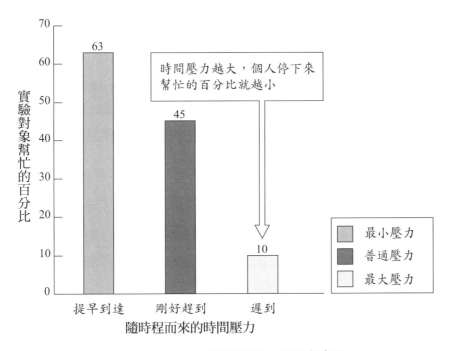

圖 10.3　太匆忙而沒注意到一個緊急事件

當研究參加者被告知他們能提早到達約會地點，大部分的人都會停下來幫助在門前跌倒且咳嗽呻吟的陌生人。那些被告知他們能準時赴約的人，停下來幫忙的人較少。在那些可能遲到的人裡面，十個人之中只有一個停下來提供協助（資料來源：Based on data from Darley & Batson, 1973）。

二、步驟二：將一事件正確地詮釋為緊急事件

在我們注意到一個事件之後，我們對於究竟發生了什麼事所擁有的訊息是有限而不充分的。大部分時間裡，引起我們注意的事，結果都不是什麼緊急事件，而且不關我們的事。不論什麼時候，只要潛在的幫助者不確定發生了什麼事，他們就傾向按兵不動，等待更進一步的訊息。很有可能，在Kitty Genovese被謀殺的那天凌晨，她的鄰居們可能不清楚究竟發生了什麼事，儘管他們聽到叫喊聲，並且知道一男一女似乎在爭執。這可能是一個女人和她男朋友之間的一場大聲的爭吵。或者，也許這對情侶喝了酒，只是在打鬧。這兩種可能性實際上都比一個陌生男人正在刺殺一個女人更大。對於一個人目擊的是個嚴重的問題或無後果可言的小事的資訊模糊，大部分人傾向接受一個令人安心、要求不高、而經常準確的詮釋，指出採取行動並不必要（Wilson & Petrus Ka, 1984）。

這暗示了許多目擊者的在場可能限制了助人行為，不只是因為責任分散，還可能也因為錯誤詮釋情境並採取不合宜的行動，會令人感到困窘。在陌生人面前犯這樣嚴重的錯誤，可能會讓他們得出反應過度的結論。

當其他人作為在場的事件觀察者之一時，我們靠著社會比較來檢測我們的詮釋（見第四章、第七章與第九章）。如果其他人對於我們目擊的事沒表現出警訊的跡象，跟隨他們的指引比較安全。沒人想被視為蠢蛋或是失去「酷勁」。一個被陌生人圍繞的個人遲疑而什麼都不做的傾向，乃是基於所謂的**人眾無知**（pluralistic ignorance）。亦即，既然沒有一個旁觀者確定發生的究竟是什麼事，每個都有賴於其他人來提供線索。如果其他人不回應，每個個體都較不可能會回應。Latané 和 Darley（1968）對人們對於一個可能是或不是緊急事件的事做出可能不合適的回應會迴避到什麼程度，提供了一個戲劇性的論證。研究者將學生單獨或是與另外兩人一起置於一房間裡，然後要他們回答問卷。幾分鐘後，實驗者透過通風口，秘密而安靜地將煙霧抽進研究室。當一個研究參加者在那單獨作答時，大部分（75%）人在煙霧出現時都停下手頭的事，並離開房間回報該問題。然而，當三個人在房間裡的時候，只有38%的人對煙霧有所反應。就算在煙霧濃到難以看見東西之後，還有62%的研究參加者繼續回答問

卷，而不對布滿濃煙的房間做出任何回應。其他人的在場很明顯地限制了熱心。
好像人們寧可冒生命危險，甚於讓自己顯得愚蠢。

這種限制效應在群體是由朋友而非陌生人所組成時會小得多，因為朋友可
能會彼此溝通（Rutkowski, Gruder, & Romer, 1983）。這對在小鎮裡彼此相識的
人對立於大部分人都很陌生的大城市而言也是一樣（Levine et al., 1994）。有趣
的是，任何對於他人的反應的焦慮，以及由此而來的對於做錯事情的恐懼，會
被酒精所降低。結果，喝了酒的人表現出較高的助人傾向（Steele, Critchlow, &
Liu, 1985）。

三、步驟三：判斷提供援助是你的責任

在許多狀況下，責任是很清楚的。消防員應該要處理火舌亂竄的建築物，
警官負責撞車事件，而醫療人員處理傷害與疾病。要是責任不清楚，人們會假
設任何扮演領導角色的人該負責：成人對小孩、教授對大學生等等（Baumeister
et al., 1988）。一如我們先前提出的，只有一個旁觀者時，那個人經常會承擔責
任，因為沒有其他的選擇。

四、步驟四：判斷你有足夠的知識和（或）技巧能採取行動

就算一個旁觀者向前進展到步驟三，並且假設自己有責任，一個利社會的
回應還是不會出現，除非那個人知道怎樣能幫得上忙。某些緊急事件很容易處
理，幾乎每個人都有可以幫忙的技術。如果某人在冰上滑倒了，幾乎任何旁觀
者都幫得上忙。另一方面，如果你看到某人把車停在路邊，正在檢查引擎，你
沒辦法直接幫上忙，除非你對汽車有點了解。你能做的頂多就是找人幫忙。

當緊急事件需要特殊技巧來解決時，通常在旁觀者中，只有一個人能提供
協助。例如，只有游泳健將能幫助溺水的人。在醫療緊急事件裡，一個有執照
的護士比一個歷史教授更有可能幫得上忙（Cramer et al., 1988）。

五、步驟五：做出提供援助的最終判斷

一旦旁觀者在判斷處理上走過前四個步驟，還是不會發生援助，除非他或
她做出一個進行助人行為的決定。在這個最後關頭的幫助，可能會被對於可能

的負面後果的恐懼（這經常是實際的）所限制。實際上，人們據稱經常進行「認知代數」，權衡助人的正面與負面兩方的利弊得失（Fritzsche, Finkelstein, & Penner, 2000）。我們之後會討論到，幫助行為的獎賞主要是由助人者的情緒與信念所提供，但也有許多種不同種類的潛在成本。例如，如果你介入了 Kitty Genovese 的攻擊事件，你自己可能遇刺。你可能在幫助一個在冰上滑倒的人的時候跌跤。一個人尋求協助，也可能只是個幌子，引人到被搶劫或是更糟的處境（R. L. Byrne, 2001）。

雖然假設沒有提供幫助的人都有性格缺陷，是很簡單的論點，但跳到這種結論卻是不公平的。旁觀者有些很好的理由迴避做出利社會回應。

第二節　對助人行為的外在與內在影響

如你已見到的，利社會行為的興趣，是由一個事件的旁觀者為何有時會幫忙、有時卻什麼都不做的問題所引起。一開始被指認出來的因素是外在的，即旁觀者的人數。在五步驟過程裡，則有好幾個內在因素被顯示為重要。我們現在轉向會產生影響的情境的其他方面，再轉向幾個同樣在利社會回應裡扮演重要角色的內在因素。

壹、加強或約束助人行為的情境因素

在影響助人行為的可能性的角色中，決定吸引力（attraction）的是受害者的特徵，指出該問題是否是受害者的責任的是該情境的細節，以及當下的情境或旁觀者過去的經驗中是否接觸過利社會模範（prosocial models）。

一、幫助你喜歡的人

大部分研究興趣的核心都是在陌生人提供幫助之上，因為很明顯地，人們幫助自己的家人或朋友的可能性很高。如果一個很親密的朋友被殺人犯所攻擊，或是你的兄弟在研究中受到驚嚇，你可能會採取行動嗎？你當然會這麼做。

想想一個較不明顯的情境。受害者是個陌生人，但比起受害者比你年長很多或屬於不同種族的時候，你會不會因為受害者和你在年齡或種族上相似，就比較可能去幫助他或她？答案是「會」，與自己相似的受害者比較可能會得到幫助（Hayden, Jackson, & Guydish, 1984; Shaw, Borough, & Fink, 1994）。事實上，任何影響吸引力（見第七章）的特質也會增加利社會回應的可能性（Clark et al., 1987）。外表會影響利社會行為，而外表具吸引力的受害者會比不吸引人的受害者得到更多幫助（Benson, Karabenick, & Lerner, 1976）。

男性很可能會為危難中的女性提供幫助（Piliavin & Unger, 1985），這也許是因為在特定技能方面的性別差異（例如換輪胎），也許是基於性吸引力（Przybyla, 1985），又或許是因為女性比男性更願意尋求幫助（Nadler, 1991）。

二、幫助模仿我們的人

利社會行為的一個看似不太可能的決定因素是**模仿**（mimicry），即一種模仿與我們互動的人的行為的傾向。人類已被發現會模仿身邊的人的腔調、音調以及語速。他們還會模仿他人的姿勢、癖性以及情緒（Chartrand & Bargh, 1999; van Baaren et al., 2004）。這種傾向似乎是自動、無意識而天生的，並且對被模仿的人有正面的效應。模仿會增進喜歡、同情與關係的密切；因而它在社會互動中扮演了重要的角色（Chartrand, Maddux, & Lakin, 2004），很像第七章中描述的笑所扮演的角色。模仿的效應之一，就是增加利社會行為（van Baaren et al., 2003）。

在刻意（deliberate）模仿的例子之一裡，研究參加者和模仿或不模仿其姿勢、身體方向、手腳姿勢的實驗者互動六分鐘。然後，實驗者「意外地」掉了幾支筆在地上。所有被模仿過的研究參加者都幫忙把筆撿起來，但只有三分之一沒被模仿的研究參加者做同樣的事。因為模仿增強了吸引力，這個發現可能是種吸引力的效應，而不表示模仿扮演了獨特的角色。為了研究這個可能性，其他的實驗條件被設計出來。

在這些新的實驗裡，學生再次在和實驗者的互動中被模仿或不被模仿。在一個條件下，另一個人進入房間，他的筆掉在地上。在另一個條件下，在互動

之後，每個學生都得到兩歐元的報酬，而後給他們兩個選擇，一是留下這些錢，一是將部分或全部的錢匿名捐給幫助兒童就醫的慈善機構。一如在圖 10.4 看到的，在三個實驗條件中，都是被模仿的人比沒被模仿的人更有可能幫助別人。

模仿為何有這種效應呢？有些研究者提出，模仿在求生存與繁衍上扮演某種角色，因為它增強了動物群體的凝聚力與安全性（Dijksterhuis, Bargh, & Miedema, 2000），也因為模仿是學習與同化過程的重要面向（de Waal, 2002）。不管怎樣，模仿都可以包括在影響助人行為的情境因素內。

三、幫助對其問題毫無責任的人

如果你某天早晨走在人行道上，看到一個不省人事的人躺在地上，你會幫他嗎？你知道助人行為會受我們所討論過的所有因素影響，從另一個旁觀者的

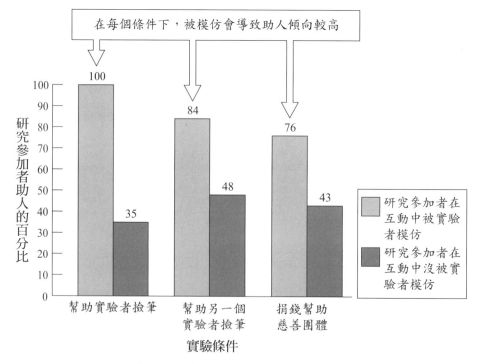

圖 10.4　模仿：利社會行為的促發物

在六分鐘的互動中，實驗者模仿或不模仿每個研究參加者。然後，在被模仿的群組裡，對實驗者、對另一個實驗者，以及對慈善團體的幫助較多。在社會互動中，模仿會自動地發生，並且在被模仿的人身上引起正面的回應（資料來源：Based on van Baaren et al., 2004）。

在場到人際互動皆然。但還有另一個考量。這個人為什麼會躺在這裡？如果他的衣服骯髒破舊，身旁還有一個空酒瓶，你會怎麼假設？你可能會判斷他是個醉倒的酒鬼。相反的，如果他穿著名貴的西裝，額頭上有嚴重的刀傷呢？這些線索可能引導你判斷這是個遭到搶劫的人。基於你對一個人可能失去意識躺在人行道上的理由所做的歸因，比起那個額頭上有刀傷的人，你可能比較不會去幫忙那個身旁有空酒瓶的陌生人。一般而言，要是我們相信受害者對自己的處境該負責任的話，我們比較可能不採取行動（Higgins & Shaw, 1999; Weiner, 1980）。

四、接觸到利社會模範會增加利社會行為

你出門買東西，遇到一個慈善組織的代表在募款。你是否會決定要透過捐款來提供協助？做這個決定的一個重要因素是，你是否看到其他人捐款。如果其他人給錢了，你就比較可能也會這麼做（Macauley, 1970）。就算只是看到硬幣和紙鈔（假設是當日稍早的捐款）也會鼓勵你去回應。第九章所描述的各式各樣的順從技巧和這種助人行為直接相關。慈善募款牽涉到許多和乞討或推銷產品相同的心理歷程。

在一個緊急事件中，我們知道不回應的旁觀者會限制助人行為。然而，助人的旁觀者能提供有力的社會模範（social model），而這會在剩下的旁觀者之間導致助人行為的增加。在一個提供例證的實地研究中，一個汽車爆胎的年輕女性（研究者的助手）把車停在路邊。其他的駕駛人如果先前經過了一個安排好的場景，有另一個車子拋錨的女性被看到且得到幫助，那他們就更傾向停車去幫忙（Bryan & Test, 1967）。

在媒體中助人的利社會模範，也有助於創造鼓勵利社會行為的社會規範。在一個對電視節目的力量的研究中，Sprafkin、Liebert 和 Poulous（1975）有能力增加六歲孩童的利社會回應。他們給某些孩童看一集有救人場景的「靈犬萊西」。另一組孩童看另一集焦點不放在利社會主題上的「靈犬萊西」。第三組孩童看的是一集幽默的「脫線家族」，同樣沒有利社會的內容。看完節目之後，孩子們玩個遊戲，獲勝者有獎。在遊戲時，某個孩童都被安排遇到一群哀號、飢餓的小狗。在這時候，孩子們面臨一個選擇：要停下來幫助這些小狗（因而

失去獲獎的機會），還是為了繼續遊戲而忽略這些小狗。孩子們很明顯地受到他們所看過的電視節目的影響。那些看過「靈犬萊西」救人那集的小孩停了下來，並且比看過另外兩個電視節目的小孩花更多時間試圖安撫小狗。一如預測，在電視上看到利社會行為，增加了在真實生活中利社會行為的發生機率。

其他實驗已經證實了正面電視模範的影響。收看「芝麻街」、「小兔邦妮」或「六人行」之類的利社會節目的學齡前兒童，比不看這類節目的孩童，以利社會的方式回應的傾向高得多（Forge & Phemister, 1987）。當然，如我們在第十一章將看到的，與媒體的接觸也可能有負面的效應。例如，玩暴力的電動遊戲的研究參加者，隨後會減少利社會行為（Anderson & Bushman, 2001）。

貳、情緒與利社會行為

一個人的情緒狀態是由內在與外在因素所決定。在任何一天，一個人的情緒可以是快樂或傷心、憤怒或鍾愛，以及其他許多的可能。如我們在第七章已討論過的，情緒經常分為兩個主要類別：正面與負面。看來似乎是心情好會增加幫助他人的傾向，而心情不好會妨礙助人行為。有許多證據支持這種普遍的假設（Forgas, 1998a）。然而，研究指出，情緒對利社會行為的影響比我們所預期的可能還要複雜得多（Salovey, Mayer, & Rosenhan, 1991）。

一、正面情緒與利社會行為

兒童似乎很快就能學到一個觀念，即在父母（或老師）心情好的時候提出要求，比較容易得到應允。大多數情況下，這是對的，而這個效應會擴及利社會行動。研究指出，人們在聽過一個脫口秀演員表演（Wilson, 1981）、撿到一點小錢（Isen & Levin, 1972），或僅只是在天氣好的日子裡在戶外消磨一會兒（Cunningham, 1979），而情緒得到振奮之後，會更願意去幫忙。

然而，在某些特定的情況下，一個正面的情緒可能會減少以利社會的方式回應的可能性（Isen, 1984）。一個情緒非常正面的旁觀者在遇到一個情況不明朗的緊急事件時，可能會將該情境詮釋為非緊急事件。就算很清楚存在一緊急事件，如果這得要他做某些困難而令人不快的事，心情好的人還是傾向不施以

援手（Rosenhan, Salovey, & Hargis, 1981）。看來一個好的情緒給我們獨立的感覺，而這包含了轉身不看那些有需要的人的權力。

二、負面情緒與利社會行為

再次提到，普遍的假設是處於負面情緒的人較不可能會幫助別人。而同樣真實的是，一個把焦點放在自己的問題上而不快樂的人，比較不可能會去進行利社會行動（Amato, 1986）。然而，和正面情緒一樣，特定的情況可能會改變這種一般的趨勢。如果幫助他人的行動包含了讓你感到更好的行為，那一個人在心情不好的時候就比一個心情普通的人更有可能去做利社會行為（Cialdini, Kenrick, & Bauman, 1982）。如果負面的感受不是太激烈、如果一緊急事件顯而易見、假使助人的行為有趣且令人滿足，而不是無聊又無報酬的，這時候負面情緒最常對利社會行為有**正面的**效應（Cunningham et al., 1990）。正面與負面情緒對利社會行為的各種影響，我們摘要於圖 10.5 中。

參、與助人行為相關的同理心及其他人格性情

我們已經描繪過各種情境與情緒的因素會如何影響利社會行為，但不同的人面對相同的情境或處於相同的情緒狀態，卻**不會**以相同的方式回應。有些人比他人更樂於助人。這類行為上的個人差異，據假設，是基於**人格性情**（personality dispositions），即個人獨有的行為傾向。人格性情乃是基於基因組合、學習經驗，或是這兩者的組合。這類性情隨著時間傾向變得相對穩固。例如，在童年早期利社會的孩童，在青少年時會以相似的方式行動（Caprara et al., 2000; Eisenberg et al., 2002）。

一、同理心：基本的要求

對個人在助人行為的差異的研究興趣，核心大多在於**同理心**（empathy）（Clary & Orenstein, 1991; Schlenker & Britt, 2001）。同理心是由對他人情緒狀態的情感與認知回應所構成，包含了同情、解決問題的欲望，以及對他人觀點的採納（Batson et al., 2003）。一個同理的人會感受到他人的感受，並理解那個

受害者的後果

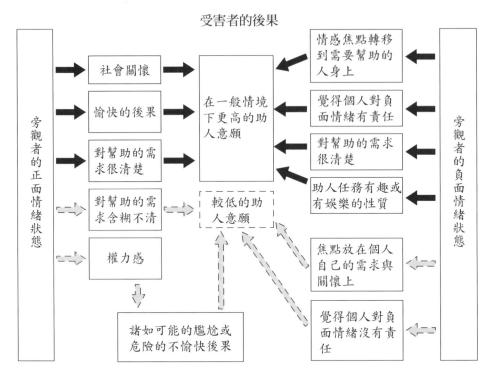

圖 10.5　情緒對利社會行為的影響

• • • • • • • • • • • •

依賴於一定數量的特定因素，一個正面的情緒狀態可能會增加或減少利社會回應的可能性，同樣的狀況對一負面情緒狀態也是一樣。這個圖摘要了主要的因素及其效應。

人為何如此感受（Azar, 1997; Darley, 1993; Duan, 2000）。

　　情感要素對同理心而言是關鍵的，而十二個月大的嬰兒似乎就會對他人的苦痛以苦痛的感受回應（Brothers, 1990）。相同的特性也可以在其他靈長類動物（Ungerer et al., 1990），以及可能在狗與海豚身上（Azar, 1997）觀察到。演化心理學家提出，同理心的情感要素包了同情的感受，不只是感受到他人的痛苦，還包含了表達關切與試圖解除痛苦。這樣的發現與利社會行為有其生物學基礎的觀念相符。

　　同理心的認知要素似乎是人類的特質，在嬰兒期之後發展出來。這類的認知包含了考慮他人觀點的能力，這有時被稱為角色取替（perspective taking），即「站在對方的立場思考」的能力。社會心理學家已經辨識出三種不同類型的

角色取替（Batson, Early, & Salvarani, 1997）：

1. 你能想像他人如何理解某一事件，以及結果他或她一定會有何感受，即換到「想像的他人」的觀點。採用這種觀點的人會體驗到相對純粹的同理，這會激發利他的行為。

2. 你能想像如果你在該情境下，你會如何感受，即換到「想像的自我」的觀點。這麼做的人也會體驗到同理，但激發他們的可能是自我利益，這有時會妨礙利他行為。

3. 第三種角色取替的類型，需要認同一虛構角色，即同理故事中的某人（或某個創造物）。在這種例子裡，存在的是對某一角色的快樂、悲傷以及恐懼等情緒反應。許多孩子（及成人）可能會在小鹿班比發現她的母親被射殺時哭泣，或是當邪惡的西方女巫威脅桃樂西和「你的小狗」時，害怕得蜷縮起來。

二、同理心如何發展？

人們在如何回應他人情緒的苦痛上彼此不同。其中一個極端，是那些願意冒生命危險幫助他人的人。在另一個極端，是那些把自己的快樂建築在別人的痛苦上的人。和大部分性情特質一樣，答案似乎在於生理差異與經驗差異的組合之中。

Davis、Luce 和 Kraus（1994）研究了基因因素。他們檢視了八百個以上的同卵與異卵雙胞胎，並發現遺傳構成了同理心的兩個情感面向（個人痛苦與同情的關懷），但並不構成認知的同理。生物學上的差異說明了大約三分之一的人們在情感同理上的變異。據假設，其他的因素能解釋認知上的同理以及另外三分之二的情感同理。心理學家 Janet Strayer（quoted in Azar, 1997）暗示，我們生來都有同理的生物學能力，但我們的特定經驗會決定這種天生的潛能是否會變成我們的自我的一個有活力的部分，或是變得無法被展現出來。許多學齡前的孩童能夠區別對他人同理或自私的行為，而那些理解這種差異的孩子會以較為利社會的方式行動（Ginsburg et al., 2003）。

哪種經驗可能會增強或限制同理心的發展呢？安全的依附模式會促進對他人需求的同理的回應（Mikulincer et al., 2001）。先前，我們描述過的研究指

出，短暫接觸到利社會的電視模範對同理心的正面效應。看來，延長與這類模範的接觸會有更大的價值。研究者相信，父母親作為模範的影響力可能比媒體的影響大得多。精神科醫師 Robert Coles（1997）在著作《孩童的道德智能》（*The Moral Intelligence of Children*）中，強調母親與父親在形塑這類行為上的重要性。他指出，重點是要教孩子要「善良」與「親和」，並為他人著想，而非只想到自己。好孩子不自我中心，他們更有可能會對他人的需求給予回應。道德智能並不建立在記憶規矩和規則或抽象定義的學習之上。相反地，孩童透過觀察雙親在日常生活中的言行舉止來學習。Coles 相信，小學那幾年是孩童良知發展與否的關鍵時刻。

在青少年早期，雙親與教師的正面影響會被同儕的負面影響所取代（Ma et al., 2002）。沒有合適的模範與經驗，孩子很容易長成自私又粗魯的青少年，然後變成同樣令人討厭的成人。Coles 聲明，學到要待人和善的孩子，對於幫助他人有強烈的承諾，而不是傷害他人。如果孩童的母親是個溫暖的人，或是雙親都強調他人會如何被傷害性的行為所影響，以及家庭能夠在支持性的氣氛中討論情緒，同理心最有可能得到發展。使用怒氣作為主要控制孩子的手段的父母，會限制同理心的發展（Azar, 1997; Carpenter, 2001a）。

不論是因為基因差異或社會化經驗的差異，女性表現出比男性程度更高的同理心（Trobst, Collins, & Embree, 1994）。與此發現相符的是，在二次世界大戰中，協助營救猶太人逃離納粹的女性人數比男性多出一倍的事實（Anderson, 1993）。

一個同理心的特殊例子，是對諸如自然災害或人為災害，像是 2001 年對世貿大樓的攻擊行動，或是 2004 年馬德里的火車爆炸事件，人們的回應為何。大部分人深感同情，還常在物質上提供協助。如果受害者與你自己相似，又如果你經驗過同一種災害的話，似乎會較有同理心（Batson, Sager, et al., 1997; den Ouden & Russell, 1997; Sattler, Adams, & Watts, 1995）。

三、其他與利社會行為相關的人格變項

人格的許多面向與利社會行為有關的事實，讓某些研究者主張，相關因素的某種組合構成了所謂的**利他性格**（altruistic personality）。一個利他的人在五

個向度上得分很高，這在那些在緊急情況中進行利社會行為的人身上已被發現（Bierhoff, Klein, & Kramp, 1991）。相同的五種人格特質也在那些 1940 年代在歐洲主動幫助猶太人的人身上發現得到。這些性情因素如下：

1. 同理心。如你可能預期的，那些助人者被發現同理程度較高。最利他的人描繪他們自己是負責任、社會化、安慰人、寬容、自制，並且被激勵要給人留下好印象的人。

2. 正義世界信念。助人的個人將世界理解為一個公平且可預測的地方，在其中，好的行為會得到獎賞，而不好的行為會被懲罰。這種信念會引導出幫助那些需要的人是當為之事的結論，以及助人的人會因其善行而獲益的期待。

3. 社會責任。最樂於助人的個人表現出某種信念，即每個人都有責任盡己所能地去協助任何需要幫助的人。

4. 內控性格（internal locus of control）。一個人能選擇以將好的結果最大化以及不好的結果最小化的方式行動。沒伸出援手的人，傾向於有種外控性格（external locus of control），相信他們的行為並不重要，因為結果是由運氣、命運以及其他不可控制的因素所掌控。

5. 低自我中心。利他的人不傾向於關注在自我身上，競爭意識也不強。

利社會行為被發現會被情境的許多方面、一個人的情緒狀態、同理心，以及其他部分基於基因差異與童年經驗的人格性情，以正面或負面的方式所影響。

第三節　對利社會行為的長期投入，以及得到幫助所造成的影響

除了對一個緊急情況的回應之外，利社會行為還有許多其他的形式。我們提過其中某一些，包含把筆撿起來、安撫小狗、保護受害者，以及捐款給慈善團體等等。還有一個較為不同的利他行為的例子，反映在志願進行某一有價值目標的工作當中，而且經常是長時間的參與。在所有種類的利社會行為當中，在決定行動與否中會浮現出道德議題，而個人必須在自我利益與道德正直之間

做平衡，而不進行道德偽善。在另一個利社會行為的面向，則是在被幫助的人身上的助人效應（effect of helping）。我們在下面的章節裡處理上述這些主題。

壹、志願服務

當有需求的人有長期的、持續性的困難，需要在一特別長的時段裡接受幫助的時候，就需要一種特別類型的利社會行為（Williamson & Schulz, 1995）。一個志願在這種背景下提供幫助的人一定要將自己的時間與精力投注數個星期、數個月，甚至更久。在美國，幾乎有一億個成人每年志願服務二百零五億個小時，平均每週 4.2 小時的利社會活動（Moore, 1993）。在 2003 年，在四十五歲以上的人當中，令人驚奇地有 87%的人志願投入時間或金錢。可以很合理地假設，在全世界，人們付出了數量龐大的時間進行志願助人的行動。

先前描述過的對一緊急事件回應的五個步驟，也適用於志願服務。例如，為了幫助那些無家可歸的人，你一定開始意識到這個問題，精確地詮釋這個問題、假設個人提供幫助的責任、決定一套你可能做到的行動，然後實際進行該行為。

是什麼激勵人們放棄一部分他們的生活去幫助他人呢？答案之一是，一個個人必須被說服某個既定需求的重要性；有價值的目標當然有很多，而沒有人可以全部幫上忙。當志願投入時間與金錢的人被以種族或族群來辨識時，就會出現其他的關切（What gives?, 2004）。在美國，白人大多數的幫助給了動物、環境以及緊急事故人員，像是警官與消防員。非裔美國人更可能去幫助那些無家可歸或饑餓的人、為少數群體權益奮戰的團體以及宗教機構。亞裔美國人偏好協助博物館及其他藝術與文化企業。西班牙裔則為移民和其他國家的人提供協助。看來不同背景的人會被其群體的特定關切所刺激。Clary 和 Snyder（1999）指出六種作為志工的基本功能，摘要於表 10.1。

表 10.1　人們為何志願服務？

進行志工活動有六項清楚的功能。如果志願者能了解不同的個人有不同的動機時，對他們的吸引力最有效。範例項目取自測量人們為何進行志願服務而發展出來的量表。

功能	定義	範例項目
價值	為了表達重要的價值（例如人道主義）或是對之採取行動	「我覺得幫助他人很重要。」
理解	為了更加了解世界或是練習經常不被使用的技巧	「志願服務讓我透過直接、第一手的經驗學習。」
提升	為了透過志工活動得到心理上的成長與發展	「志願服務讓我對自己感覺更好。」
事業	為了得到與事業相關的經驗	「志願服務能幫我進入我想要工作的地方。」
社會	為了加強社交關係	「在社區服務中我認識的人有共同的興趣。」
保護	為了減少負面的感受，像是罪惡感，或是應付個人問題	「志願服務是我逃離自己問題的好辦法。」

（資料來源：Based on information in Clary & Snyder, 1999.）

因受命令、利他主義或是傳承而來的志願服務

　　一個產生志願服務的方法是命令，譬如某些高中或大學要求，學生要畢業的話，得花一定的時間在志願服務上。雖然這種做法確實產生了大量的「志工」，但被迫進行這類工作的感受減少了許多學生未來從事志願活動的興趣（Stukas, Snyder, & Clary, 1999）。這些計畫已經受到批評，因為「如果這是被要求的，就別以志願服務名之；如果這是志願的，就不該是被強迫的」（Yuval, 2004, p. A22）。

　　志願者是否表現出和進行其他利他行為的人一樣的人格特質呢？答案是「是的」，因為志願者在假設上傾向內控性格（Guagnano, 1995）及高度的同理心（Penner & Finkelstein, 1998），特別是在同理心的關懷及角色取替等方面（Unger & Thumuluri, 1997）。

　　McAdams 和他的同事（1997）則描繪了志願服務另一個不同的特徵。他們定義**傳承**（generativity）是成人在未來世代之中的興趣，以及對未來世代的承

諾。那些傳承度高的人的興趣與承諾，表現在成為父母、教導年輕人以及進行對其生命時光有正面影響的活動。

貳、自我利益、道德正直與道德偽善

很少有人在面對某個受傷、受驚嚇、迷路、飢餓等的人的時候，會是有意識地冷淡或無情的。然而，大部分人卻可以被輕輕地推向這個方向，透過說服自己並沒有理由要提供幫助（Bersoff, 1999）。例如，「這不是我的責任」或「這是她自己的錯」。只要有足夠的藉口，我們就能駁回或解除道德標準（Bandura, 1999b）。我們傾向高估我們道德行為的頻率，並相信我們比大多數人更有可能進行無私與慈善的行動：一種「比你更神聖」的自我評估（Epley & Dunning, 2000）。事實上，對於在其他方面謹守道德的人，找到一個在各種（從一緊急事故中一個陌生人需要幫助、慈善團體需要幫助，以及需要志工的組織等）情境下，不依循道德行動的理由是很容易的。我們在下面的章節將描繪某些道德行為底下的動機。

動機與道德

Batson 和 Thompson（2001）主張，當一個人面對道德兩難時，像是是否幫助某人、為一有價值的目標捐款，或是志願投入服務等狀況，有三個至關重要的主要動機。這些動機是自我利益、道德正直與道德偽善。可以依哪種動機對其而言是最主要的，將人們加以分類。我們將檢視每個動機的意義為何。

我們大部分人，至少在某部分上，都受**自我利益**〔self-interest，有時被稱為**利己主義**（egoism）〕所刺激。我們許多的行為都是基於追求任何能提供我們最大滿足的東西；我們追求獎賞，並試圖迴避懲罰。主要動機是自我利益的人並不關切對與錯，或公正與否的問題，他們只是做對他們最好的事情。

其他人則強烈地受**道德正直**（moral integrity）所驅使。他們在行動時在乎諸如善良與公正之類的問題，並經常同意犧牲自己某些利益，才能「為所應為」。對一個主要受道德所激勵的人而言，在自我利益與道德正直之間的衝突，會由做出道德選擇來解決。這種有時令人痛苦的抉擇同時具有內在與外在的支

持。例如，一個道德抉擇會因反映了個人的價值觀或是被他人提醒這些價值觀所加強。當然，有時候，道德正直會被自我利益所淹沒，而其結果則是有問題的行為與罪惡感。

第三類則是由那些想要*看來*有道德卻同時迴避真的執行道德的成本的人所構成。它們的行為是由**道德偽善**（moral hypocrisy）所激發。他們受自我利益所驅使，但在乎其外在的形象。對他們而言，看起來什麼是正確該做的事似乎很重要，但事實上他們的行動只是為了滿足自己的需要。

為了探討這些基本的動機，Batson 和他的同事（Batson, Kobrynowicz, et al., 1997）設計了一個實驗室情境，在其中大學生會面對一個道德兩難。每個人都被賦予權力，可以在兩個實驗任務中擇其一。較令人喜歡的任務包括一個贏得獎券的機會。較不令人喜歡的任務則被描繪為單調而無聊的（而且沒有獎券）。大部分研究參加者（超過90%）都同意，將單調的任務指派給自己是件有道德的事，也是個有教養的選擇。他們接受了「你們願意別人怎樣待你們，就該如此待人」的觀念。儘管有這些觀點，大部分人（70%以上）做的卻相反。在這個簡單的情況下，大部分人都做了一個基於自我利益之上的選擇。只有少部分人（20%到30%）以他們指出合乎道德的方式去行事。

參、被幫助的感覺如何？

如果你需要幫助，而某個人過來提供協助，看來似乎很明顯地，你會帶著感激之情給予正面的回應。然而，人們的反應經常完全不是這樣。

一、被幫助可能令人感到不悅

一個接受幫助的人可能會以不舒服甚至憤怒來回應。例如，某些有肢體損傷的人可能需要幫助，但在得到幫助時卻仍多少感到抑鬱（Newsom, 1999）。要求幫助是個人身體問題的提示，而接受幫助是另一個人更幸運的證據，因為他或她身體並沒有損傷。提供協助的人對這類反應的可能性必須敏感一些。

一般的問題是，當你接受幫助時，你的自尊會受挫。特別是幫助你的人是朋友或是某個在年齡、教育程度或是其他特質上與你相似的人的時候，更是如

此（DePaulo et al., 1981; Nadler, Fisher, & Itzhak, 1983）。當一個年輕人在公車上讓座給一年長者，這種提議很可能會被感激地接受。然而，如果這個提議是由另一個年長者所提出的話，卻會被拒絕，因為提供幫助的人可能會被理解為在表現某種優越感。「我身體比你好，所以請坐吧。」較低的自尊會導致負面的情感及討厭的感覺（見第七章）。與此相似，當一個被污名化群體的成員（例如一個非裔美國學生）未經要求便得到一個未被污名化的群體的成員（例如一個白人學生）的幫助，那回應就可能會是負面的，因為這種幫助會被理解為一種施恩似的侮辱（Schneider et al., 1996）。因為同樣的理由，手足所提供的幫助也可能讓人感到不快，特別是由弟弟所提供的幫助（Searcy & Eisenberg, 1992），但由另一個人而來的相同程度的幫助似乎不那麼具威脅性（Cook & Pelfrey, 1985）。

助人者最被喜歡的情況，是當接受幫助者相信這個協助之所以被提供，是因為對有所需要的人的正面感情的時候（Ames, Flynn, & Weber, 2004）。這種幫助會引起互惠規範（reciprocity norm），而被幫助的人則會被激發在未來以一善行回報。當助人行為是基於助人者的角色時（例如警察幫助迷路的孩子），或是基於助人者的成本利益分析時（例如，助人者決定幫忙，因為他在這行為中得到的會比失去的多），對助人者的吸引力，以及互惠的渴望會較不強烈。

二、當幫助令人不悅時，會激發自助行為

不論何時，當一個人對於接受幫助感到不悅時，其中有個不明顯的正面面向。當被幫助的不悅足夠強烈時，他或她會被激發要在未來自助，以避免這樣的情境（Fisher, Nadler, & Whitcher-Alagna, 1982; Lehman et al., 1995）。沒人想要顯得無助或無能，而自助能減少依賴的感覺（Daubman, 1995）。我（Donn Byrne）在這些年來學到很多關於使用電腦的新奇事物，因為我不想每次當我要複製一個檔案到磁碟機上、尋找一個網站，或是在電子郵件裡附加檔案的時候，就得依賴我的女兒。相反地，當我從一個電腦專家那得到幫助時，我就一點也沒有透過學習那個人的技巧以便幫助自己的動機。

第四節　進行利社會行為的基本動機

　　人們為何會幫忙？很明顯地，影響個人是否可能進行利社會行為的因素有很多。情境的許多面向、旁觀者對情境的認知評估、自身的情緒狀態，以及其他性情變項都會造成幫助是否會發生的可能性。現在我們轉向另一種問題，關於利社會回應（prosocial responses），這不是探究在什麼情況下誰會幫忙，而是為什麼一個人會被激發去進行利社會行為。已有幾個理論被提出，但大部分都是基於相似的假設，即人們傾向將獎賞極大化，並將懲罰極小化。如果這個假設是對的，那問題就變成了「助人為何能得到獎賞？」。

　　在被問到這個問題時，人們傾向將其助人行為歸因於無私的動機，像是「那是應該做的事」或「上帝讓我在這裡是有道理的」。而在被問到為何另外一個人會進行這樣的行為時，答案被均分為無私的動機，像是「她是個英雌」，和自私的動機，像是「她只是想讓自己的名字被印在報紙上」（Doherty, Weigold, & Schlenker, 1990）。就算那些窮其一生試圖解決像是全球暖化或癌症之類的大問題的人，也經常被認為是為了他們自身的利益而行動（J. Baron, 1997）。這種歸因的終極例子，就是指稱這些對他人施以幫助的人之所以這麼做，只是為了能被獎賞在天堂度過永生的盼望。結果，就可能可以將所有的利社會行為解釋為至終是自私與自我中心的，但也許更合理的，是主張這類行為在某部分是基於自私與無私的動機。

　　我們現在轉向三個主要的心理學理論，每個都試圖解釋利社會行為。圖10.6摘要了這些公式。然後我們討論人們為何助人的生物學觀點。

壹、同理心—利他：幫助他人感覺很好

　　對於利社會行為，在某些程度上最不自私，以及在某種程度上最自私的解釋就是：同理的人之所以幫助他人，是因為「做好事感覺很好」。作為人們之所以助人的解釋，Batson 和他的同事（1981）提出了**同理心—利他假說**（em-

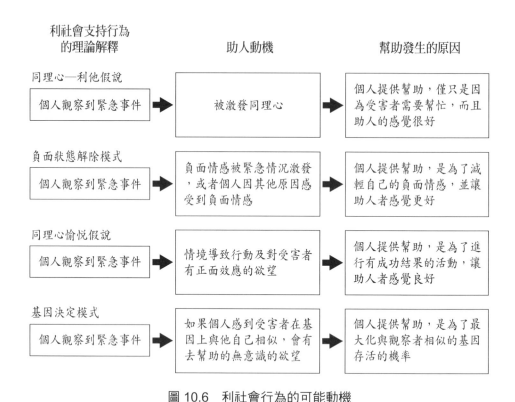

利社會支持行為
的理論解釋　　　　　　　　　助人動機　　　　　　　　幫助發生的原因

同理心—利他假說

個人觀察到緊急事件　→　被激發同理心　→　個人提供幫助，僅只是因
為受害者需要幫忙，而且
助人的感覺很好

負面狀態解除模式

個人觀察到緊急事件　→　負面情感被緊急情況激發
，或者個人因其他原因感
受到負面情感　→　個人提供幫助，是為了減
輕自己的負面情感，並讓
助人者感覺更好

同理心愉悅假說

個人觀察到緊急事件　→　情境導致行動及對受害者
有正面效應的欲望　→　個人提供幫助，是為了進
行有成功結果的活動，讓
助人者感覺良好

基因決定模式

個人觀察到緊急事件　→　如果個人感到受害者在基
因上與他自己相似，會有
去幫助的無意識的欲望　→　個人提供幫助，是為了最
大化與觀察者相似的基因
存活的機率

圖 10.6　利社會行為的可能動機

在此我們列出四個對於在利社會行為之下的動機的解釋。前三個公式（同理心—利他假說、
負面狀態解除模式，以及同理心愉悅假說）強調增強正面情感或是減輕負面情感的重要性。
第四個公式（基因決定模式）則依靠利社會行為是由基因所決定的假設。

pathy-altruism hypothesis）。他們提出，至少有某些利社會行為是僅受到幫助有
需求的人的渴望所驅使的（Batson & Oleson, 1991）。這樣的動機夠強烈，讓助
人者願意進行令人不悅的、危險的、甚至對生命造成威脅的活動（Batson, Bat-
son, et al., 1995）。對有需求的人的憐憫超越了所有其他的考量（Batson, Klein,
et al., 1995）。

為了檢測這個助人行為的利他主義觀點，Batson 和他的同事設計了一個實
驗程序，在其中他們透過將一個受害者描繪為與旁觀者非常相似的方式，激起
他或她的同理（見第七章）。另一個研究參加者告知的則是受害者與他的不相
似之處，因此同理心並未被激起。然後旁觀者被給予一個助人的機會（Batson
et al., 1983; Toi & Batson, 1982）。研究參加者被賦予一個「旁觀者」的角色，

透過電視監視器看一個「同學」在執行任務時還（據稱）接受電擊。這個受害者事實上是研究同謀，影片也是事先錄好的。任務開始進行之後，同謀表示很痛苦，並透露她在兒時有被電流傷害的經驗。雖然她同意如果有需要就繼續下去，實驗者還是問觀察者是否願意與她交換位置，或是實驗應該就此停止。在同理程度低的時候（受害者與研究參加者不相似），研究參加者偏好結束實驗，而非進行一痛苦的利社會行動。當同理程度高的時候（受害者與研究參加者相似），研究參加者較有可能和受害者交換位置，據假設，這是因為對受害者的同理心所激發。

因為同理心的刺激很強，人們傾向不要接受會激起同理心的訊息（Shaw, Batson, & Todd, 1994）。面對一個需要幫助的受害者，研究參加者只有在助人成本低的時候，才會願意同理，包括受害者的各方面。當助人的成本高的時候，研究參加者偏好迴避關於受害者的詳細訊息。

當有好幾個受害者需要幫助的時候，同理的感受也會使事情變得複雜。當你知道有許多人需要幫助的時候，你怎麼反應？一封從奧克拉荷馬市的世界反飢餓組織（Feed the Children organization）寄出的信提到，「每個月，有一千兩百萬個美國孩童在饑餓中掙扎求生」。對一千兩百萬個孩童產生同理心是非常困難、甚至不可能的，就算你感到強烈的同理，你也不能幫助所有的人。如果你只是對這個群體之中的一個成員同理的話，你會不會更願意提供幫助？慈善組織鼓勵了這樣的回應。只要一張只有一個小孩的照片，讓她悲傷地要求對她和她家人的幫助，你很可能會以**選擇性利他行為**（selective altruism）回應，幫助那個個人，就算你非得持續忽略剩下的上百萬人（Batson, Ahmed, et al., 1999）。

為了反對對利社會行為的同理心——利他觀點的論點，Cialdini和他的同事（1997）同意同理會導致利他行為，但指出這只有在當研究參加者理解到自我與他人之間有所重疊時才會發生。他們進行研究以論證，在沒有「同一性」的感受時，助人行為就不會發生。同理的關切自身並不會增加助人行為。Batson和他的同事後續的研究則指出相反的觀點，即「同一性」並非必要。很明顯地，這個議題尚未被解決（Batson et al., 1997）。

貳、負面狀態的解除：助人讓你覺得不那麼糟糕

　　除了因為利他行為會導致正面情緒之外，有沒有可能因為覺察到一個人有所需求讓你感覺很糟，因此你為了減輕你的負面情緒而幫忙？對利社會行為的這種解釋被稱為**負面狀態解除模式**（negative-state relief model）（Cialdini, Baumann, & Kenrick, 1981）。為檢驗此假說而設計的研究指出，負面感受增加了助人行為的發生。研究者證實了這個主張。他們還發現，旁觀者的不快樂狀態，究竟是由與緊急事故不相關的某件事還是由緊急事故本身所引起，都與此無關。你可能是因為得到很差的成績而難過，也可能是看到一個受傷的陌生人而難過。在任一個情況下，你都可能會進行一利社會行為，主要是作為改善你自己負面情緒的方法（Dietrich & Berkowitz, 1997; Fultz, Schaller, & Cialdini, 1988）。這類研究指出，不快樂會導致利社會行為，而同理心則不是必要的因素（Cialdini et al., 1987）。

參、同理心愉悅：助人作為一種成就

　　一般而言，對他人有正面影響的感覺很好，這是真的。施比受更有福幾乎完全正確。助人因此可從**同理心愉悅假說**（empathic joy hypothesis）的基礎來解釋。一個助人者回應一個有所需要的受害者，這是因為他或她想完成某件事，而人際間的成就是有報酬的。

　　這個主張中的一個重要意涵是，對助人者而言，知道他或她的行動有正面的影響是很要緊的。有人論稱，如果助人行為完全建立在同理心的基礎上，那其效應的回饋就無關緊要了。為了檢測同理心愉悅假說的這個方面，Smith、Keating 和 Stotland（1989）要求研究參加者看一卷錄影帶，在其中有個女學生說她可能會從大學退學，因為她感到被孤立而憂傷。據描述，她可能和研究參加者相似（同理程度高）或是不相似（同理程度低）。在研究參加者看過錄影帶之後，他們得到一個給予有助益建議的機會。其中有些人被告知他們將得知他們建議的效果的回饋，其他人則被告知他們不會知道這個學生最後如何決定。研究發現，單是同理心並不足以引起利社會回應。相反地，只有在研究參加者

同理程度高並且對其建言的影響能得到回饋時，研究參加者才會提供幫助。

注意，在這三個關於進行利社會行動的理論中，採取行動的個人的情感狀態都是關鍵。三個公式都依賴進行助人行為的人是因為那感覺不錯或這讓他們感覺較不糟糕的假設上。而且，這三個公式在特定的條件下，都能預測利社會行為。在其他研究的基礎上，我們可以確立，利社會行為可以被自我利益所激發。這包含了由被幫助者而來的報答的期待，以及各種世上的（尊敬、名譽、感謝，以及有時候是物質的利益）和來世的獎賞。也許確實不存在純粹的利他行為，或至少是非常稀少。在我們轉向利社會行為作為一情感與獎賞的功能之前，讓我們看看第四個模式。

肆、基因決定論：助人作為一種適應性的回應

基因決定模式（genetic determinism model）是基於一般的生物學觀點（Pinker, 1998）。據假設，人們對於被基因要素所引導的意識並不比灰雁強，而很多我們所做的事都是因為我們「受造如此」（Rushton, 1989b）。人類大部分身體特徵的遺傳根源是建構完善的，許多行為特徵也有其基因基礎。我們人類的特徵在演化中被「揀選」，單純是在他們與繁衍成功的相關的基礎上。因此，任何促進繁衍的身體的或行為的特徵，就比其他要不是干擾繁衍的成功或僅只是與之無關的特徵，更有可能在未來的世代裡重現。

對各種物種的研究指出，兩個個別有機體之間的基因相似性越高，在其中一個需要幫助的時候，另一個就更有可能會幫忙（Ridley & Dawkins, 1981）。演化理論家還創造了*自私的基因*（selfish gene）一詞來描繪這種現象。個體 A 與個體 B 越是相似，他們就可能有越多相似的基因。果真如此，當 A 幫助 B 的時候，某部分 A 的基因就更有可能在未來的世代中會重現，因為兩個個體之間有基因上的重合（Rushton, Russell, & Wells, 1984）。從這個觀點來看，利他行為未必會為助人的個體帶來好處，但它卻具有適應性，因為適應不只限於個體及其繁衍適應程度，還受限於**整體適宜性**（inclusive fitness）；自然選擇偏好那些對所有與我們共享基因的人有好處的行為（Hamilton, 1964; McAndrew, 2002）。

　　縱然冒生命危險去營救另一個人，看起來並不具適應性，但如果被救的人在基因上相似的話，就具有適應性（Burnstein, Crandall, & Kitayama, 1994）。最適合去救人的人很明顯是夠年輕且可以繁衍的親屬，這個面向的整體適宜性便引出**親屬選擇**（kin selection）一詞。Burnstein 和他的同事進行了一系列在一個緊急事件中你會選擇營救誰的假設性決定的研究。正如基於基因相似性的預測，研究參加者更有可能幫助一個近親甚於一個遠親或非親屬。而且，正如基於繁衍能力的預測，幫助年輕親屬的可能性較大。若是得在一個夠年輕、足以生育的女性親屬與另一個過了更年期的女性親屬之間選擇，他們會幫助年輕的那位。

　　看來我們會彼此幫助，很有可能是因為這樣的行為千百年來的適應性，讓我們被設計去以這種方式行動，並為此感覺良好。在本章概述的各種社會心理學概念，在指認增強或限制在個人的情境、認知以及情感回應的細節下隱含的基因傾向，都是有效的（e.g., Maner et al., 2002）。表 10.2 提出了一種思考方式，關於各種與利社會行為相關的不同研究發現，如何能被作為對此複雜主題的統一解釋的組成成分。

表 10.2　利社會行為：組合

利社會行為描繪了許多特定的行為，包括拯救面臨生命威脅的緊急事件的人、進行慈善行動、志願長期將時間投入慈善工作中等。透過將核心置於一般的、具適應性的、遺傳為基礎的對任何不相似的人的負面回應，以及與任何相似的人合作，乃至給予幫助的傾向，演化心理學家努力解釋社會與反社會行為（見第七章）。這些負面或正面的人際回應的遺傳傾向，會被特定的情境、認知、情感以及性情因素所增強或是推翻，這些是社會心理學研究的中心。在此的摘要有賴於這兩種解釋都屬有效的假設，以及整體而言，它們提供了理解為何及在什麼情況下，人們可能會以對他人有益的方式行動或不去進行這類利社會回應的有用框架。

	外在情境	旁觀者受基因影響的行為	旁觀者的認知、情感以及性情過程	對有需求的人的行為回應	對旁觀者的影響
對利社會回應的負面影響	多個旁觀者含糊的緊急事件 有責任人士的在場 引發討厭的線索： 不相似性、 不具吸引力、 利社會模範的缺席 需要幫助的人	隱含迴避或攻擊不相似的人的基因傾向	對緊急事件無意識 錯誤詮釋緊急事件 無法假定責任歸屬 缺乏需要的技巧 對可能的負面後果的考慮 假設受害者該為問題負責 受自我利益所激勵 侵略性 自我中心	不回應	沒有影響或是罪惡感
對利社會回應的正面影響	作為唯一的目擊者 吸引力的線索： 相似性、 利社會模範的在場 在媒體上接觸到利社會模範	隱含喜歡相似的人的基因傾向	意識到緊急事件 詮釋緊急事件 假定責任 具有需要的技巧 決定幫忙 個人對相似緊急事件的經驗 假設受害者不需對該問題負責 正面的情感：被模仿 同理心 身心健康的感覺 成就取向 具社交能力 人際信任 被道德正直所激勵 傳承	回應	大腦反應會顯現出愉悅 同理心愉悅 助人者的快感 較少負面的情緒 正面的情感 成就感

重點摘要與回顧

■ 對緊急事件的回應：旁觀者會幫忙嗎？

- 當緊急事件發生，而某人需要幫助時，旁觀者可能會也可能不會以利社會的方式回應。回應的範圍包含了從英雄主義到漠然以對。
- 這部分是因為責任分散：越多旁觀者在場目擊緊急事件，他們每個人就越不可能提供幫助，而伸出援手前的延宕時間會越久（旁觀者效應）。
- 在面對緊急事件的時候，一個旁觀者幫助與否的傾向，部分地依賴於五個關鍵步驟中所做的決定。
  - 第一，旁觀者必須注意並意識到一不尋常的事件正在發生。
  - 第二，旁觀者必須正確地將此情境詮釋為緊急事件。
  - 第三，旁觀者必須假設提供幫助的責任。
  - 第四，要能夠採取行動，旁觀者必須有所需的知識與技能。
  - 第五，旁觀者必須決定採取行動。

■ 對助人行為的外在與內在影響

- 正面與負面的情緒狀態會增強或限制利社會行為，端看情境中的特定因素及所需幫助的性質。
- 利他行為中的個體差異部分是基於同理心，此乃一複雜的回應，包含了情感與認知要素。帶著同理心的回應有賴於個人遺傳的因素，以及學習的經驗。
- 利他性格的構成，是由同理心，加上正義世界信念、社會責任感、內控性格，以及低自我中心所構成。

■ 對利社會行為的長期投入，以及得到幫助所造成的影響

- 志願長期服務的人是各種「自私」與「無私」的運作結果。
- 人們在他們面對需要相對道德或相對不道德的選擇時，可由他們主要的動機做區隔。三種主要的動機：自我利益、道德正直、道德偽善。
- 當助人者和受助者相似時，受助者傾向負面地回應、感到無能、體驗到自尊降低，以及對幫助者的厭憎。這些負面的回應也可能會在未來激起自助。來自一個不相似的人的幫助會引起更為正面的回應，但無法在未來激發自助。

▇ 進行利社會行為的基本動機

- 同理心—利他假說提出，因為同理心，我們幫助有需要的人，是因為這種感覺不錯。
- 負面狀態解除模式主張，幫助他人的人是為了緩和並讓他們情緒上的不適變得較不負面。
- 同理心愉悅假說將助人行為建立在當助人者知道自己能夠對有需要的人產生有益的影響時，所出現的正面的成就感之上。
- 基因決定模式將利社會行為追溯到自然選擇的一般效應。利社會行為是我們生物遺傳的一部分，因為互惠的利他主義與整體適宜性都是具適應性的演化機制。
- 似乎利社會行為越來越可能被概念化為一演化而來的生物學傾向，能被社會心理學家所指認出的情境、認知以及情感因素所加強或限制。

連結：整合社會心理學

在這章，你讀到了……	在別章，你會讀到這些相關討論……
旁觀者對其他旁觀者非口語線索的回應	對非口語線索的詮釋（第二章）
在目睹一緊急事件時的社會比較過程	社會比較在對態度（第四章）、吸引力（第七章）與社會影響（第九章）的研究中的重要性
關於受害者的問題的歸因	歸因理論（第二章）
自我概念作為助人行為的決定因素，以及接受幫助對自尊的影響	對自我概念與自尊的研究與理論（第五章）
受害者與旁觀者的相似性作為同理心與助人行為的決定	相似性與吸引力（第七章與第八章）
情感狀態與助人行為	情感作為在態度（第四章）、偏見（第六章）、吸引力（第七章）、關係（第八章）及攻擊行為（第十一章）的因素

基因與助人行為	基因作為偏見（第六章）、吸引力（第七章）、擇偶（第八章）及攻擊行為（第十一章）的因素

思考這些連結

1. 當你在社會心理學課後走出大樓時，你看到一個老人臉朝地趴在人行道上。附近站著三個學生，一語不發地看著那個人。你會怎麼詮釋這個情境？你可能會從這些旁觀者的臉部表情與肢體姿勢中發現什麼（第二章）？當你更近觀看這個人之後，你可能會對於他為什麼在這裡做一些猜測。許多不同的歸因都是有可能的（第二章）。提出一些你想到的可能性。

2. 你的車發動不了，而你正在趕時間。你有很多汽油，電瓶幾乎是全新的。你打開引擎蓋，但看不出有什麼明顯的問題。一個同學走過來提供協助。她看了引擎蓋底下，東敲西打之後，說：「現在試試看。」你轉動鑰匙，車子發動了。這時你感覺如何？你喜歡這個幫助你的學生嗎（第七章）？被幫助是否提高或降低了你的自尊（第五章）？你是否認為你會被激勵去學更多關於汽車的知識，以免類似的事再度發生？

3. 在晚間新聞裡，你得知了在加州發生了毀滅性的大地震，震垮了許多房子，讓許多家庭失去遮風避雨的居所和食物。新聞主播提供了一組電話號碼及一個地址給想要捐錢或食物的人。同時，還需要志工協助清理工作。你會忽略這則訊息，還是會決定要奉獻錢、食物或是時間？關於這個災難本身，在它發生的時候，以及在你對於這類情境的經驗裡，哪些因素會影響你的決定？請列出可能運作的社會心理學歷程的種類。

觀念帶著走～活用：做個負責任的旁觀者

　　你可能不時會遇見許多預期之外的人需要你幫助的情境。你會不會出手相助？未來，如果你想幫忙，你也許會考慮一下以下的建議。

注意

　　在我們的日常生活中，我們更常想到我們自己甚於我們的周圍環境。多留心我們四周正在發生的事，也許是有用的。記得那些以為自己遲到而忽略在大門口呻吟

的人的學生嗎？也許你會發現不時考慮一下他人和他人的福祉是值得的。

■ 考慮不同的解釋

當你注意到某件不尋常的事情時，要想到一種以上的可能解釋。一個在公園裡哭泣的小孩可能是因為受傷或迷路，或是累了。你聞到的煙味可能是吐司烤焦了或鄰近公寓著火了。你聽到外面的喊叫聲，可能是有人在求救或某人回應朋友開的玩笑。在任何這類情境中，你都可以單純地啥都不做，因為也許沒有什麼真正的問題。想想其他的可能性，因為也可能有嚴重的問題因你的幫助而得到解決。

■ 把你自己想成和其他旁觀者負有一樣的責任

如果你發現自己在一群看到可能是緊急事件的人群之中，不要只是站在一邊等其他人採取行動。如果你在戲院大廳看到某人躺在地上，試著了解出了什麼問題。你知道的不比別人少，而你和其他旁觀者一樣都有責任做該做的事。

■ 冒點讓自己看來愚蠢的風險

有時候，當其他人不採取行動，而你相信出了問題時，他們可能是對的，而你可能會做出某些愚蠢的事。但愚蠢不是世界末日，而且你可能永遠不會再看到這些旁觀者。犯錯而給某個不需要的人提供幫助，好過做一個同樣愚蠢的決定，而在他人很需要幫助時袖手旁觀。

關鍵詞

利他行為（altruism）

利他性格（altruistic personality）

旁觀者效應（bystander effect）

責任分散（diffusion of responsibility）

利己主義（egoism）

同理心愉悅假說（empathic joy hypothesis）

同理心（empathy）

同理心─利他假說（empathy-altruism hypothesis）

傳承（generativity）

基因決定模式（genetic determinism model）

英雄主義（heroism）

內隱旁觀者效應（implicit bystander effect）

整體適宜性（inclusive fitness）

親屬選擇（kin selection）

模仿（mimicry）

道德偽善（moral hypocrisy）

道德正直（moral integrity）

負面狀態解除模式（negative-state relief model）

人格性情（personality dispositions）

人眾無知（pluralistic ignorance）

利社會行為（prosocial behavior）

選擇性利他行為（selective altruism）

自我利益（self-interest）

11 chapter

攻擊行為：
本質、成因及其控制

　　我（Robert Baron）十歲的時候，經歷了兒時最具創傷性的經驗之一。那是一個星期六，我剛打完棒球回家。當我走近我住的公寓大樓時，看到大約四歲的弟弟 Richard 站在玫瑰花叢中，盯著一隻停在花上的蜜蜂看。在人行道上，站在他身邊的是我們班的二位女同學 Nancy Gordon 和她的朋友 Evelyn。Nancy 慫恿 Richard 去抓那隻蜜蜂。「去抓啊！」她說，「把牠抓起來，牠不會傷害你的！事實上，你把牠放在臉上摩擦，感覺很柔軟喔！」因為某些原因，Richard 很喜歡昆蟲，而且幾個星期前，他踩到一隻蜜蜂卻沒把腳移開而被螫。Nancy 知道這件事，並且試著以我弟弟來取樂。

　　「嘿！」我朝她大喊，「給我停止。離他遠一點！」Nancy 以毒舌出名，因此當她將目標轉向我，並不使我詫異。「噢，大哥來救人囉！」她說道，嘴裡吐出的全是諷刺：「但其實也沒多大嘛，不是嗎？滾開，讓我們跟你小弟玩！」這讓我抓狂，我也反唇相譏。我們互相羞辱，最後，我肯定說到她的要害了，因為在滑板上的 Nancy 走向我，然後吐口水在我臉上！就這樣，我火大了。我記得我推了她一把，而且很用力。她因為在滑板上，因而失去平衡跌倒了，右手著地。她起身哭著回家。稍晚，我聽說她的手腕受傷了。我的父母不聽我的解釋，將一切都怪到我頭上。我的父親要我陪他到 Nancy 的家，向她和她的父母道歉。但事情還沒結束。Nancy 在她的石膏上寫著「Robert Barron 的禮物」，還跟所有人說我是怎麼弄傷她的手腕的。我真是被羞辱到極點了。更糟的是，我的朋友開始叫我「女性殺手」。哇，Nancy 的石膏拆掉，以及那個

學年結束時，我不知道有多高興。

　　我是否有意要傷害 Nancy Gordon？我確實很氣她，但我很確定我並沒有傷害她的意圖，我只是未經深思熟慮就猛烈地攻擊她。而這是人類攻擊行為中的諸多複雜性之一。意圖是一種我們無法直接觀察到的隱藏過程；就算是當事人也經常不知道他們為何這麼做，或是他們究竟想達成什麼目標。因此，儘管社會心理學家將**攻擊**（aggression）定義為有意圖的傷害，他們也明白，判定某個造成傷害的行動是有心還是無意，是個困難的任務。

　　當然，攻擊行為並不限於一個人對另一個人的直接攻擊（就像我推倒了Nancy）。相反地，它經常還包含了使用能夠一次傷害大量人數的現代武器。而在恐怖份子手中，這些武器瞄準的並不只是士兵或其他武裝對手，還包含了無辜的平民，路過的人在無預警的情況下被重傷或殺害，對於誰是這些悲劇的始作俑者，乃至他們遭受攻擊的原因，都一無所知。

　　鑑於攻擊行為所能產生的嚴重後果，長期以來它就一直是社會心理學家有興趣的主題（e.g., Anderson & Bushman, 2002a; Baron & Richardson, 1994）。在本章裡，我們將提供他們的研究所提出的有趣洞見的概觀。首先，我們將描述幾種攻擊行為的理論觀點（theoretical perspective），對比關於其本質與根源的各種看法。再來，我們將檢視幾個人類攻擊行為的重要決定因素。這包含了牽涉到他人言行的社會因素，不論是當面的或媒體再現的行為（e.g., Anderson et al., 2004）；文化因素，例如要求個人對於羞辱其名譽的行為報以攻擊性的回應；個人因素，讓某些特定的人預先傾向爆發攻擊性的特質；以及情境因素，即外在世界的面向。第三，我們將探討兩種特別令人擔憂的攻擊形式，因為它們發生在長期關係的背景下，而非在全然陌生的人之間，此即霸凌（bullying）與職場攻擊行為（workplace aggression）。最後，為了以樂觀的論調作結，我們將檢視各式各樣預防與控制攻擊行為的技巧。

第一節　攻擊的理論觀點：尋找暴力的根源

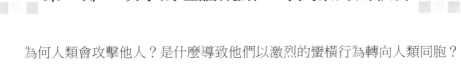

　　為何人類會攻擊他人？是什麼導致他們以激烈的蠻橫行為轉向人類同胞？深思的人已經細想這些問題好幾個世紀，並提出了許多對人類暴力此一矛盾的相對應的解釋。在此，我們檢視幾個特別有影響力的解釋，並以社會心理學家所提出的現代答案作結。

壹、生物學因素的角色：從本能到演化觀點

　　對人類攻擊行為最古老、或許也是最為人熟知的解釋是，人類由於某種未知的原因，在其基本天性中被「設定」成暴力的。這種理論暗示，暴力來自於某種內建（即遺傳）的傾向。這個理論最有名的支持者是佛洛伊德，他認為攻擊行為主要來自於所有人都具有的強有力的*死之願望*〔death wish，*自毀本能*（thanatos）〕。據佛洛伊德所述，這種本能原本的目標是自我毀滅，但很快就被轉向他人。身為諾貝爾獎得主的科學家 Konrad Lorenz 也提出了相似的看法（Lorenz, 1966, 1974），他主張攻擊行為主要是來自一種遺傳而來的戰鬥本能（fighting instinct），這是為了確保最強壯的男性能獲得配偶並將其基因傳給下一代。

　　直到幾年前，還沒有太多社會心理學家接受這些觀點。他們反對此種人類攻擊行為乃受基因所設定的觀點，理由包含：(1)人們以許多不同的方式攻擊彼此，從對他人的忽視到外顯的暴力行動。範圍如此寬廣的行為如何能被基因因素所決定？(2)攻擊的頻率隨著人類社會的不同而改變，因此在某些社會比其他社會更可能發生攻擊行為（e.g., Fry, 1998）。再次，社會心理學家問道：「如果有這種差異存在，攻擊行為又怎麼能是由基因因素所決定？」

　　然而，隨著在心理學中*演化觀點*（evolutionary perspective）的提出，這種看法已經大大地改變了。儘管大部分社會心理學家仍持續反對人類攻擊行為大多來自內在因素的看法，但有許多人已經接受基因因素可能在人類攻擊行為中

扮演某種角色的可能性。想一想下述基於演化觀點的推論（見第一章對此理論
的討論）。在過去（現在某種程度上也是），男性尋求富有魅力的配偶時，發
現和其他男性競爭是必要的。排除這種競爭的方式就是透過成功的攻擊，這能
將對手趕跑，或是痛下殺手將其消滅。因為善此道的男性在保障配偶安全與傳
遞其基因到後代上更為成功，這可能導致一種由基因所影響的男性攻擊其他男
性的傾向的發展。相反地，男性不被預期會獲得相似的攻擊女性的傾向，因為
女性可能會把進行這種行為的男性視為過度危險，因此會拒絕將這些男性作為
可能的配偶。相反地，女性對男女兩性都可能會有相同的攻擊行為，甚至更常
攻擊男性而非女性。幾個研究的結果證實了這個預測（e.g., Hilton, Harris, &
Rice, 2000）。這類研究發現指出，生物學或基因因素可能在人類攻擊行為中扮
演了某種角色，儘管是以一種比佛洛伊德、Lorenz 或其他理論家所提出的更為
複雜的方式。

貳、驅力理論：傷害他人的動機

　　當社會心理學家拒絕了由佛洛伊德及 Lorenz 所提倡的攻擊行為的本能觀點
時，他們以另一個不同的觀點與之抗衡：將攻擊行為視為主要來自一種由外在
誘發的傷害他人的驅力（drive）。這個取向反映在幾個攻擊行為的**驅力理論**
（drive theories）（e.g., Berkowitz, 1989; Feshbach, 1984）。這些理論提出，外
在條件，特別是挫折感（frustration），會引起強烈的傷害他人的動機。這種攻
擊驅力會導致外在的攻擊行動（見圖 11.1）。

　　這些理論之中，最著名的是眾所皆知的**挫折—攻擊假說**（frustration-aggres-

圖 11.1　侵略的驅力理論：傷害他人的動機

侵略的驅力理論主張，侵略行為乃是被傷害他人的驅力所激發。這些驅力來自於諸如挫折感
之類的外在條件。

sion hypothesis）（Dollard et al., 1939）。據此觀點，挫折感會導致某種驅力被
激發，其原始目標就是要傷害某個人或物體，主要是所感知的挫折感導因（Be-
rkowitz, 1989）。如我們在後面將看到的，挫折—攻擊假說將挫折感指派為最
核心的角色，大致上是錯誤的：挫折感只是攻擊行為的諸多原因之一，而且是
很弱的一個。儘管社會心理學家大多排拒這個理論，它仍然在學界外被廣泛地
接受。以此，驅力理論至少持續對於人類攻擊行為的大眾觀點（如果不是科學
觀點）有其影響力。

參、攻擊行為的現代理論：社會學習理論與一般攻擊行為模型

　　與早期的觀點不同，攻擊行為的現代理論（e.g., Anderson & Bushman,
2002a; Berkowitz, 1993; Zillmann, 1994）並不將焦點放在單一因素（本能、驅
力、挫折感）作為攻擊行為的主要原因之上。相反地，它們利用心理學許多領
域的發展，來獲得對於在這類行為的發生中扮演某種角色的因素的洞見。這類
理論之一，即所謂的*社會學習觀點*（social learning perspective）（e.g. Bandura,
1997），始於一個非常合理的概念：人類並非生來就具備大量可供其處置的攻
擊性反應。相反地，它們的獲得一定是透過和人類獲得其他複雜形式的社會行
為一樣的方式：即透過直接的經驗或透過觀察他人的行為（例如社會模範，即
活生生的人，或是電視、電影甚至遊戲中具攻擊性的角色）（Anderson & Bush-
man, 2001; Bushman & Anderson, 2002）。因此，依其經驗與文化，個人學習
到：(1)各種試圖傷害他人的方式；(2)哪些個人或群體是適合攻擊的目標；(3)他
人的哪些行動能正當地予以報復或復仇；以及(4)哪些情境或背景容許甚至贊同
攻擊行為。簡言之，社會學習觀點指出，一個特定的人在一既定情境下是否會
攻擊他人，得視許多因素而定，包括這個人過去的經驗、當下與過去或現在的
攻擊行為相關聯的獎勵，以及是哪些態度和價值觀形塑了這個人對何謂適當與
此行為的潛在效應的想法。

　　建立在社會學習觀點之上，一個較新的架構，即所謂的*一般攻擊模式*（gen-
eral aggression model）（Anderson, 1997; Anderson & Bushman, 2002），為人類
攻擊行為的基礎提供了一個更為複雜的描述。根據此理論，一系列可能導致外

在攻擊行為的事件，可被兩種輸入變項（input variables）所引發：(1)與當下情境有關的因素（情境因素）；以及(2)與相關個人有關的因素（個人因素）。屬於第一類的變項包括了挫折感、某種類型的攻擊（例如羞辱）、在當面或暴力電影或是遊戲裡接觸其他舉止具攻擊性的人〔攻擊性模式（aggression models）〕，以及幾乎所有讓個體體驗到不快的事情，包含從高溫到牙醫師的鑽子、甚至一堂無聊至極的課等等。屬於第二類的變項〔個體差異（individual differences）〕包含使個人容易接受攻擊行為的特質（例如易怒）、對暴力的特定態度與信念（例如相信這是可接受且適當的）、容易在他人的行為中感受到敵意的傾向，以及與攻擊行為有關的特殊技能（例如知道如何搏鬥或使用各種武器）。

　　根據**一般攻擊模式**（general aggression model, GAM），這些情境與個人差異的變項會導致公然的攻擊行為，透過其對三種基本程序的影響：激發（arousal），這可能會增強心理覺醒或興奮；情感狀態（affective states），這會激起敵意的感覺與外在的信號（例如憤怒的面部表情）；以及認知（cognitions），這會引發個體去想到敵意的思想，或是讓具攻擊性的信念或態度湧上心頭。依照個人對情境與限制因素（例如有警察在場或目標對象的威脅本質）的詮釋〔評估（appraisals）〕，他們會進行深思熟慮的行動，這可能包含了抑制其怒氣，或是避免衝動的行動，以免導致公然的攻擊行為（見圖 11.2 此理論的概要）。

　　Anderson 和 Bushman（e.g., Bushman & Anderson, 2002）延伸此理論，以解釋為何接觸高度攻擊性的個人，不論是直接地接觸或透過電影及遊戲接觸到，會傾向越來越具攻擊性。重複接觸到這些刺激會加強與攻擊行為有關的知識結構（knowledge structures），即信念、態度、基模，以及與攻擊行為相關的劇本（見第二章）。隨著這些知識結構變得強硬，它們被情境或個人變項所啟動就變得較為容易。結果呢？這個人就真的被「啟動」攻擊行為了。一般攻擊模式肯定比早期關於攻擊行為的理論更為複雜，像是著名的挫折—攻擊假說（Dollard et al., 1939）。但因為一般攻擊模式完全反映了此領域最新的進展，看來它比早期理論更有可能對人類攻擊行為的本質提供一個準確的觀點。當然，這就是科學進展的意義所在。

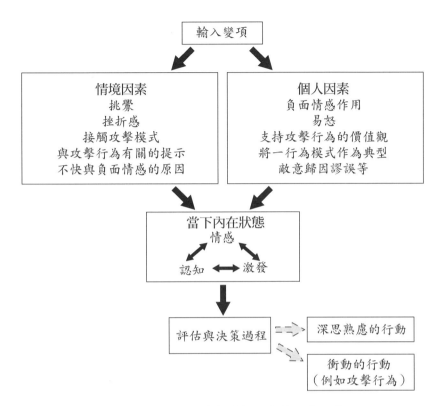

圖 11.2　GAM：人類攻擊行為的現代理論

. . . .

一般攻擊模式（GAM）提出，人類攻擊行為來自許多因素。與情境或是個人有關的輸入變項
會影響認知、情感與激發，而這些內在狀態加上其他因素，像是評估與判斷機制，會決定攻
擊行為是否會發生，以及其形式（資料來源：Based on suggestions by Bushman & Anderson,
2002）。

第二節　人類攻擊行為的成因：社會、
文化、個人及情境等原因

　　回想一下你上次發怒的時候。是什麼讓你抓狂？另一個人所說或所做的某
件事（Harris, 1993），譬如一個自以為是的評論，或是某件令你感到嫉妒的
事？或是你自己的某些特點，好比說你是否容易惱怒、你是否認為他人待你不
公？還是某些和情境有關的事物，例如你是否喝了酒，或天氣是否太熱？研究

發現指出，這些因素都會在人類攻擊行為中扮演某種角色。一如先前所提到的，這樣的行為似乎源自一範圍廣大的社會、文化、個人與情境變項。我們現在將檢視其中幾個因素的效應。

壹、攻擊行為的社會成因：挫折感、挑釁，以及激發程度的提高

通常個體會進行攻擊，是因為被某些人說的或做的事所激怒。但確切地說，這些攻擊行為的社會成因（social causes）是什麼？讓我們看看研究發現揭示了什麼。

一、挫折感：為何得不到你想要（或期待）的東西，有時會導致攻擊行為？

假設你要求二十個你認識的人指出導致攻擊行為最重要的原因為何。他們會說什麼？很有可能大部分的人會回答挫折感。如果你要求他們定義挫折感，許多人會說：「在某些情境下，某事（或某人）讓我無法得到我想要或我期待的東西時，我會有的感覺。」這種對挫折感作為攻擊行為導因之重要性的普遍信念，至少在某種程度上，是來自著名的挫折—攻擊假說，我們在討論攻擊行為的驅力理論時提到過（Dollard et al., 1939）。在其原初的形式裡，這個假設做了兩個總括性的論斷：(1)挫折感總是導致某種形式的攻擊行為；以及(2)攻擊行為總是來自挫折感。此理論認為所有受挫折的人總在進行某種類型的攻擊行為，而所有攻擊的行動都是挫折感所導致的結果。像這樣大膽的陳述很有魅力，但不表示它們就一定是正確的。現存證據指出，挫折—攻擊假說的兩個部分都讓挫折感作為人類攻擊行為的決定因素承擔了過多的重要性。受挫折的時候，個體並不總是以攻擊行為回應。相反地，他們表現出許多反應，從悲傷、絕望、抑鬱到直接嘗試克服其挫折來源。同樣清楚的是，並不是所有的攻擊行為都來自挫折。人們進行攻擊有各種不同的理由，並回應於許多因素。戰時，戰鬥機駕駛員回報，駕駛戰鬥機是種快樂，而他們轟炸敵人目標時感到得意且興奮，而非挫折。

鑑於這些因素，少有社會心理學家接受挫折感是唯一、甚且是最重要的攻

擊行為導因的概念。相反地，大部分他們都相信挫折感是許多能導致攻擊行為的因素之一。我們得補充，在特定條件下，挫折感可以作為攻擊行為很有力的決定因素，特別是當挫折感被認為是不合法或不正當的時候（e.g., Folger & Baron, 1996）。例如，如果一個個人相信她理當得到大幅加薪，但卻只得到小幅的薪水調漲，還沒有得到任何解釋，她可能就會認為自己受到不公平的對待，她的合理需求受了委屈。結果是：她可能會有具敵意的想法、體驗到強烈的憤怒，並對她所認為的此一挫折來源尋求報復，例如她的老闆或公司。一如我們在後面的章節將看到的，這樣的反應可能在職場攻擊行為裡，以及在因裁員而失去工作的某些員工的攻擊性反應中扮演某種角色（e.g., Catalano, Novaco, & McConnell, 1997, 2002）。

二、直接挑釁：攻擊行為惹出攻擊行為

世界主要宗教一般都建議，當我們被另一個人挑釁時，應該將另一邊的臉也轉過來。然而，事實上，研究發現指出，說得比做得容易，而他人在肢體或口語上的**挑釁**（provocation）是人類攻擊行為最強的導因之一。當我們位於他人攻擊行為的接收者的位置時，例如我們認為不公平的批評譏諷的評論或是肢體上的侵犯，我們傾向報復對方，回以對方同等的攻擊。如果我們很確定對方意在傷害我們，我們甚至會更強烈地攻擊（Ohbuchi & Kambara, 1985）。

哪種挑釁會產生最強的朝向攻擊行為的推動力呢？現存證據指出，態度高傲（condescension），即他人傲慢或蔑視的表達，會有很強大的作用（Harris, 1993）。嚴厲而不公正的批評，特別是針對我們個人而非我們的行為的攻擊，是另一種強力的挑釁形式，接觸到時，大部分人會覺得很難避免生氣與報復，不論是在當下或是稍後（Baron, 1993）。另一種許多人會以憤怒回應的挑釁形式，是對其家庭所表達的貶抑；就算是那些能容忍對其自身的攻擊的人，也常常在面對他人攻擊其母親、父親、兄弟、姊妹或伴侶時大發雷霆。

三、激發程度的提升：情緒、認知與攻擊行為

假設你開車到機場見一個朋友。在路上，另一個駕駛超車，害你差點出車禍。你心跳加速、血壓飆高；但幸運的是，沒發生任何交通事故。現在你到機

場了。你把車停好，趕緊進入大廳。當你走到安檢關卡時，偵測器因你前方的老人而鈴聲大作。他大感困惑，看起來並不明白安檢人員要他脫掉鞋子。這個延誤讓你很煩躁。事實上，你開始生氣並嘀咕：「他有毛病啊？怎麼連這都不懂？」

在某些情況下，激發程度的升高，不論其來源為何，都會增強對挑釁、挫折感或是其他因素報以攻擊行為的回應。在許多各式各樣的實驗裡，產生自像是參與競爭性遊戲（Christy, Gelfand, & Hartmann, 1971）、運動（Zillmann, 1979），以及乃至某些類型的音樂（Rogers & Ketcher, 1979）等各樣來源的激發，都被發現會增強後續的攻擊行為。為什麼呢？**悸動轉移理論**（excitation transfer theory）（Zillmann, 1983, 1988）提供了一個令人信服的解釋。

悸動轉移理論暗示，因為生理的激發傾向隨著時間而消失，這種激發的某個部分會持續隨著一個人從一個情境移到另一個情境時持續存在。當你遇到一個較小的煩擾時，這個激發會增強你的情緒反應。結果：你不是稍有不悅，而是勃然大怒。悸動理論更進一步暗示，這種效應在此人對殘餘激發的存在相對無意識的時候（即一普通的事件）最有可能發生，因為激發的小幅度升高很難被注意到（Zillmann, 1994）。悸動轉移理論也指出，這樣的效應在此人認出殘餘激發、但將其歸因到當前情境發生的事件時，也有可能會發生（Taylor et al., 1991）。例如，在機場事件裡，如果你知道激發的感覺但將其歸因到老人的行動上時，你的憤怒就會被增強（見圖 11.3）。

貳、與媒體暴力的接觸：觀看攻擊行為的影響

想想你最近幾個月看過的幾部影片。現在，回答下述問題：每部影片裡有多少的攻擊與暴力行為？片中的角色多常毆打、槍擊、乃至試圖傷害他人？除非你做選擇時很小心，要不你很可能會承認，在你看過的電影裡大多有暴力行為，比你在真實生活中有可能看到的還要多（Reiss & Roth, 1993; Waters et al., 1993）。

這提出了一個社會心理學家研究了數十年的重要問題：接觸到這類素材是否會增加兒童或成人之間的攻擊行為？有數百個研究被進行來檢測此可能性，

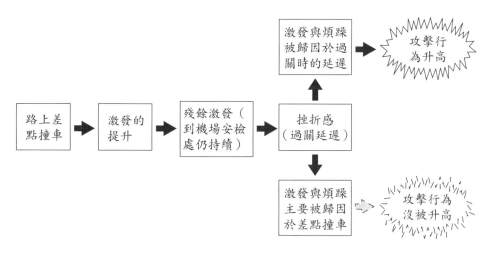

圖 11.3　悸動轉移理論

• • • • • • • • • • • •

悸動轉移理論暗示，在一個情境下發生的激發會持續到稍後不相關的情境中，並增強情緒反應（資料來源：Based on suggestions by Zillmann, 1994）。

而結果似乎很清楚：在這類素材被大量觀眾所觀賞的國家裡，接觸到**媒體暴力**（media violence）可能會是促發高度暴力行為的因素之一（e.g., Anderson, 1997; Paik & Comstock, 1994; Wood, Wong, & Cachere, 1991）。在對此領域最近的一個研究摘要裡（Anderson et al., 2004），此主題的專家提出了以下的結論：

1. 對於接觸到電視、電影、電視遊戲以及音樂中的暴力的研究指出，這些素材顯著地增加了與其接觸的人的攻擊性與暴力行為的可能性。

2. 這種效應同時具有短期與長期的性質。

3. 這些效應的強度很大，至少和醫界對各種不同醫藥效應的認定一樣重要（例如阿斯匹靈對心臟病發的影響）。

在媒體暴力效應方面的主要社會心理學專家都同意，這些效應是真實的、具延續性、而且十分重要，這些效應對社會及每年數百萬攻擊行動的受害者的安全與健康而言，具有重要的意涵。

引導這些專家做出此種結論的是什麼樣的研究呢？簡言之，這是使用社會心理學家所知的所有主要方法的研究。例如，在短期實驗室實驗（short-term laboratory experiments）裡，給兒童或成人觀看暴力或非暴力的電影或電視節

目；然後，測量他們攻擊他人的傾向。一般而言，這種實驗的結果揭示，在看過暴力節目的研究參加者之間，會有較高程度的攻擊行為（e.g., Bandura, Ross, & Ross, 1963; Bushman & Huesmann, 2001）。

另一個或許更有說服力的研究則使用了縱貫性（longitudinal）步驟，即連續多年追蹤相同的研究參加者（e.g., Anderson & Bushman, 2002a; Huesmann & Eron, 1984, 1986）。此處的結果也很清楚：研究參加者在兒時看過的暴力電影或電視節目越多，他們在青少年或成年時期的攻擊程度就越高。這些發現在許多不同的國家中都得到印證，例如澳洲、芬蘭、以色列、波蘭與南非（Botha, 1990）。因此，它們似乎在各種不同的文化中都成立。甚者，這種效應不只是侷限於實際的節目或影片；它們似乎也源自新聞節目中的暴力畫面、流行音樂中的暴力歌詞（e.g., Anderson, Carnagey, & Eubanks, 2003），以及暴力的電玩遊戲（Anderson et al., 2004）。一如某個媒體暴力的專家群體所述：「對於媒體暴力研究的瓶子已經差不多滿了……它繼續維持對媒體暴力的持久關懷，以及對遏制其負面效應的持久努力。」（Anderson et al., 2004, p. 105）

媒體暴力的效應：它們為何會出現？

至此，你可能會疑惑：為何接觸到（各種不同的）媒體暴力會增加接觸者的攻擊行為？Bushman 和 Anderson（2002）提供了一個具說服力的回答：他們指出，媒體暴力的效應在一般攻擊模式的背景下可以很容易被理解。如你所記得的，這個模式提出，個人與情境的因素都會影響個體的內在狀態，他們的感受、思想及激發，而這些內在狀態會形塑個體對既定情境的評價，以及他們對如何在其中舉措的決定，看是要攻擊性地（衝動地）還是不具攻擊性地（深思熟慮地）回應。Bushman 和 Anderson 表示，反覆接觸媒體暴力會強烈影響與攻擊行為有關的認知，漸漸地創造出一種敵意期待謬誤（hostile expectation bias），即一種他人會做出攻擊性行為的強烈預期。這會導致個體讓自己變得更具攻擊性：總而言之，他們感知到他人的挑釁，就算這個挑釁並不真的存在！

在一個測驗中，Bushman 和 Anderson（2002）讓研究參加者接觸具高度攻擊性的電玩遊戲〔例如，終結狂飆（Carmageddon）、真人快打（Mortal Kombat）〕，或是不具攻擊性的遊戲（Glider Pro、3D Pinball）。然後，要求研究

參加者讀一則簡短的故事，故事中的角色接下來會做什麼並不清楚。在讀過這個故事之後，研究參加者說明他們認為隨著故事的發展，主角會做、說、感受或思考什麼。在其中一則故事裡，一個角色在黃燈時快速煞車，引發了一則小小的交通事故。他走近另一位駕駛。研究者預測，玩過攻擊性遊戲之後，研究參加者會預測故事角色以更具攻擊性的方式行動、以更具攻擊性的方式思考、並感到更為憤怒；一如你在圖 11.4 所見，結果正是如此。

這些發現及相關研究的結果（e.g., Anderson et al., 2004; Anderson & Bushman, 2001; Bushman & Huesmann, 2001）指出，與媒體暴力的接觸會透過強化信念、期待，以及其他與攻擊行為有關的認知過程，行使其效應。換句話說，與暴力的電影、電視節目或電玩遊戲反覆接觸的結果，個體會發展出強大的與攻擊行為有關的知識結構，即反映並結合這些信念、期待、基模與劇本的結構。當這些知識結構被啟動時，這些人就會以具攻擊性的方式感受、思考與行動，因為在某種意義上，這就是他們所學到該做的事。

無論其機制為何，四十年來的研究指出，接觸媒體暴力會對社會產生具傷害性的效果。因此，為何在電視節目、電影及遊戲裡還有這麼多的暴力呢？很

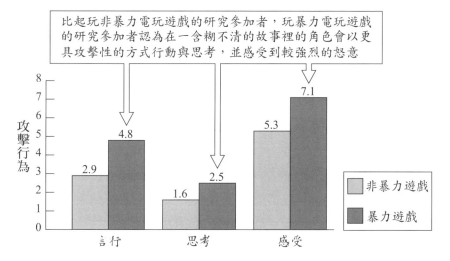

圖 11.4　玩暴力遊戲：攻擊性思考、感受與行動的來源之一

比起玩非暴力電玩遊戲的研究參加者，玩暴力電玩遊戲的研究參加者預測在一含糊不清的故事裡的角色會以更具攻擊性的方式行動、思考與感受（資料來源：Based on data from Bushman & Anderson, 2002）。

遺憾的，答案是因為暴力能賣錢。人們覺得這既刺激又有趣。甚者，廣告商假定事實就是如此，並「把錢放到有動作的地方」（Bushman, 1998）。這是另一個經濟動機優先的例子。

參、暴力情色作品：當性與攻擊行為結合，可能一觸即發

色情影像現在幾乎每個人都可免費獲得，很不幸地，這還包括兒童。而且，令人不安的是，並不是所有素材都只是展現成人自願進行彼此都享受的性活動。其中有些還有暴力的內容，其中受害者（雖然不總是如此，但通常都是女性）以各種方式被虐待、被剝削、受傷害（e.g., Linz, Fuson, & Donnerstein, 1990; Malamuth & Check, 1985）。

與媒體暴力的接觸會提高接觸到這類內容的人的攻擊行為的傾向，接觸到暴力情色素材似乎也有可能會產生這種效應。事實上，因為情色產品經常產生高度的（負面與正面的情緒）激發，這種效應似乎有可能比不包含特定情色內容的媒體暴力更強大。縱然目前在這個點上的證據較少，但某些研究發現指出，暴力情色產品可能真有其負面效應。實驗室的研究（e.g., Linz, Donnerstein, & Penrod, 1988）顯示，接觸到暴力情色作品會提高男性侵犯女性的意願。也許更令人不安的是，反覆接觸這類素材似乎會產生鈍化效果（desensitizing effect），即對於對性虐待或性侵害的受害者的情緒反應逐漸的降低。最後，最令人不安的是，接觸到暴力情色作品似乎會鼓勵採納對性暴力麻木不仁的態度，並導致女性與男性接受關於強姦與其他性暴力形式的各種危險的迷思，例如，許多女性在無意識中想被強姦的迷思、或是幾乎所有強姦的受害者都是性亂交之徒，並且將自身置於可能受性侵害的情境下（Malamuth & Brown, 1994）。並不是所有接觸到暴力情色作品的人都更想進行這類行為，但越來越多的證據顯示，這類情色作品中性與暴力的結合是危險而一觸即發的。

肆、攻擊行為的文化因素：「名譽文化」與性嫉妒

攻擊行為經常被他人的言語或行為所啟動，但它也可能來自於文化因素，即在一特定文化中暗示攻擊行為合宜，甚至在特定情況下或許有所需要的信念、

規範以及期待。在對所謂的**名譽文化**（cultures of honor），即那些有強力規範指出以攻擊行為回應個人名譽受辱是合適的文化研究中，社會心理學家特別注意這點。這是許多關於武士的亞洲電影的主題，電影中的角色覺得不得不戰，因為他們的名譽受到某種損傷。

為何會發展出這種規範？Cohen 和 Nisbett（1994, 1997）暗示，這可追溯到在某些地理區域，財富曾經主要集中在可被盜竊的資產上（例如家畜）。因此，個人展示他不會容忍竊賊或對其名譽的任何其他冒犯，就變得很重要。寬恕以暴力回應對個人名譽的侮辱的規範就出現了，並廣泛地被接納。

最近的研究發現指出，這類規範並不是過去的事；相反地，它們還存在，並且還好好地存在世界上的許多地方（e.g., Vandello & Cohen, 2003）。文化信念寬恕甚至要求以攻擊行為回應在許多不同背景下對個人名譽的冒犯，但其作用在**性嫉妒**（sexual jealousy）上則特別明顯。因為這個主題在許多社會心理學家的研究中已被研究過，我們在此就把焦點放在這上面。

性嫉妒：與個人名譽相關的一種關鍵作用

不忠，不論是真實的或想像的，在每個社會裡都會發生，就算在那些高度限制女性與男性之間的非正式接觸的社會裡也是一樣。在名譽文化裡，女性的這種行為被視為對男性名譽的特殊威脅（e.g., Baker, Gregware, & Cassidy, 1999），並且會導致激烈的回應。例如，在伊拉克，有些醫生的專長就在判定女性是否為處女（e.g., Packer, 2004）。如果一個未婚女性被發現不是處女，她的家庭可能會處死她，以保護並挽救這個家的名譽！

就算在這種行為不受寬恕的名譽文化中（例如南美洲的文化），激情之罪（crimes of passion），即丈夫謀殺妻子或妻子的情人，這是被寬恕的，至少在某個程度上如此。在這些文化中，妻子或情人在性方面的不忠實被視為對一個男性名譽的極端侮辱，因此當男性採取行動時，不但會被視為是正當的，甚至是必要的。這暗示了在名譽文化中，嫉妒是攻擊行為的一種有力的決定因素，比在其他文化中還有力。

最清楚的證據，也許是由 Vandello 和 Cohen（1999, 2003）在一系列緊密相關的研究中所提供的。在最近的研究中（Vandello & Cohen, 2003），他們推

論，男性名譽的習俗在拉丁美洲與美國南部特別強烈。因此，據推測，在這些文化中，引發嫉妒的情境會造成嫉妒者更強烈的攻擊性回應。甚者，在這些名譽取向文化中的個人傾向更接納這些攻擊行為（e.g., Nisbett & Cohen, 1996）。

為了檢測這些概念，Vandello 和 Cohen 進行了幾種不同的研究，其中之一是讓研究參加者見證一對情侶（兩人都是實驗者的助理）的互動，女方說她正打算造訪前男友的家。男方指出，他不想要她這麼做，而雙方的對話變得越來越火爆，直到男方搶過女方的汽車鑰匙，並粗魯地將她往牆上推。然後，他離開了。在這個時候，女方轉向研究參加者，表現痛悔之意，解釋道：「我的未婚夫真的在乎我，而我猜這就是他表現的方式」，或是憤怒：「這就是我的未婚夫。有時候他真的很善妒……我實在是受不了這點，你知道嗎？」

稍後，研究參加者（他們來自美國北部、南部，或是有西班牙血統）評估他們對這個女性的印象。一如預期，比起女方回應以憤怒時，當女方以容忍回應時，從南方來的及具西班牙血統的研究參加者更會覺得她討人喜歡（見圖11.5）。來自北方的研究參加者的表現，一般而言則正好相反。換句話說，來自名譽文化的研究參加者對表現寬恕的女性回應較為贊同，因為她的回應有助於修復其伴侶受損的名譽。

在另一個研究中，同樣的兩位研究者要求研究參加者閱讀一則簡短的故事：丈夫發現妻子曾經不忠，他的回應有對她大吼大叫、對她咆哮並揍她、跟她說他想離婚，或是什麼也不做。之後，研究參加者在許多面向上評價這個男性。如預期，來自南方及具西班牙血統的研究參加者比來自其他文化的研究參加者，更有可能表現出對這個男性的容忍。在其他的研究中（Puente & Cohen, 2003）發現，由此產生的嫉妒與攻擊行為還會被看成是愛的象徵！換言之，不嫉妒或不攻擊，似乎暗示著那個人還真是不太在乎伴侶不忠！

總而言之，Vandello 和 Cohen（2003）和其他人（Puente & Cohen, 2003）所報告的研究發現指出，嫉妒是攻擊行為強有力的原因，甚者，在名譽文化中，由此引發的暴力會被寬恕或合理化，至少在一定程度上如此。因此，很清楚的，文化因素在攻擊行為的出現及它如何被體認與評價中，扮演了關鍵性的角色。

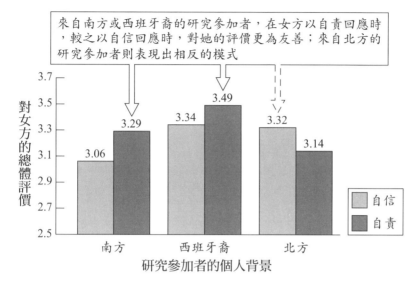

圖 11.5　名譽文化中的性嫉妒

. . . .

來自美國南部或西班牙裔的研究參加者，對於用寬容回應其未婚夫暴行的女性（例如自責）的評價，比以憤怒或自信回應的女性來得更贊同。相對地，來自北方的研究參加者表達的正好相反（資料來源：Based on data from Vandello & Cohen, 2003）。

伍、攻擊行為的個人原因：A 型性格、自戀、刺激尋求與性別差異

　　是否有些人是被其人格特質「預先準備好」做出攻擊行為的？非正式的觀察如此暗示。有些個體幾乎不會情緒失控，或是進行攻擊性的行動，但其他人似乎總會「抓狂」，並帶著潛在的嚴重後果。在此，我們探討幾種可能在攻擊行為中扮演重要角色的特質或特性。

一、行為模式的類型：為何 A 型性格的某甲會支持攻擊行為？

　　你是否認識任何人會讓你形容為：⑴極具競爭性；⑵總是匆匆忙忙；以及⑶特別易怒並具攻擊性？如果有的話，這個人就表現出心理學家所謂的**A 型性格行為模式**（Type A behavior pattern）的人格特質（Glass, 1977; Strube, 1989）。在光譜的另一端，則是那些不具有這些特質的人，也就是那些不具高

度競爭性、不總是和時間賽跑、不輕易發怒的人；這些人被稱為顯現出 B 型性格行為模式（Type B behavior pattern）。

根據這些特質，預期 A 型性格的人可能會比 B 型性格的人更具攻擊性，似乎是合理的。幾個實驗的結果指出，事實確是如此（Baron, Russell, & Arms, 1985; Carver & Glass, 1978）。

進一步的研究發現指出，A 型性格的人真的是充滿敵意的人：他們攻擊他人，不只是因為這是達成其他目標的有用工具，像是贏得體育競賽或使事業更上一層樓。相反地，他們比 B 型性格的人更有可能進行所謂的**敵意性攻擊**（hostile aggression），即原初目的就在對受害者造成某種傷害的攻擊行為（Strube et al., 1984）。因此，知道 A 型性格的人比 B 型性格的人更有可能進行類似虐待兒童或虐待伴侶之類的行動，並不令人驚訝（Strube et al., 1984）。相反地，A 型性格的人並不比 B 型性格的人更可能去進行**工具性攻擊**（instrumental aggression），即主要為了達成傷害受害者之外的其他目標所進行的攻擊行為，像是對有價資源的掌控，或是對「下狠招」的稱許。

二、體認到他人的邪惡意圖：敵意歸因謬誤

假設當你身在一間超級市場裡，有個客人用手推車撞你，並憤怒地嚷著要你別擋路。在這種情況下，很明顯的，她的舉動是故意的，其舉動產生於**敵意性意圖**（hostile intentions）。但如果她撞到你之後說：「噢，對不起，請原諒。」那又如何呢？如果她看來是真心地道歉，你很可能不會生氣，更不會還以顏色。這是因為我們對他人行為的歸因在攻擊行為中扮演了很重要的角色，諸如它們在其他類型的社會行為中一樣（見第二章）。但要是她低聲咕噥著：「對不起」，而臉上卻表現出惡意的表情呢？在這兩個情況，你的行動都會強烈地依賴你對其行為的歸因。如果你歸結她撞你是出於惡意，你還是會生氣；如果你決定相信她，那你可能會算了。

歸因在我們對他人行為（特別是他人明顯挑釁的時候）的反應裡扮演重要角色的事實，是另一個影響攻擊行為的重要個人特質的出發點：**敵意歸因偏誤**（hostile attributional bias）（e.g., Dodge et al., 1986）。意指當他人的行動曖昧時，在他人的行動中感知到敵意的意圖或動機的傾向。許多研究的結果支持對

此因素可能的作用（e.g., Dodge & Coie, 1987），因此看來這是另一個在攻擊行為中的重要個人（個體差異）因素。

三、自戀、自我意識威脅與攻擊：想達到優越的危險

Bushman 和 Baumeister（1998）的研究指出，高度自戀（narcissism，例如對「要是由我統治世界，一切會好得多」及「我比其他人更有能力」等項目表示同意）的人，會以特別高度的攻擊行為回應他人的「怠慢」，即威脅到他們膨脹的自我形象的回饋。為什麼？也許因為他們對其膨脹的自我之正確性的懷疑，已讓他們永無寧日，因此對任何威脅要貶抑其自我的人都以強烈的憤怒回應。

另一個可能性，由 McCullough 和他的同事（2003）所研究的，則是自戀的人，因為其膨漲的自我形象，比不自戀的人更常將自己當作越界行為的受害者。為了檢測這個預測，他們要求大學生填一份自戀量表，然後寫十四天的日記，在其中，他們得記錄其他人在某方面冒犯他們的次數。一如預期，自戀分數越高的人，回報被其他人冒犯的次數也越高。

研究發現自戀是種與攻擊行為相關的個人特質，這有其重要的意涵，因為美國的許多學校都將焦點放在建立學生的高自尊之上。在某個程度上，這可能有好處，但如果這些自尊建立技巧進行過度，並產生對其自身的看法不切實際地高漲的孩子（即自戀）時，結果可能會增加潛在的暴力。很清楚地，這是個值得進一步研究的可能性。

四、刺激尋求與攻擊行為：喜歡很多「動作」的人比其他人更具攻擊 性嗎？

你認識任何容易感到無聊、不斷尋求新的經驗（特別是刺激又具有風險要素的經驗），又不受約束的人？如果有，這個人可能在社會心理學家所描述的*刺激尋求*（sensation seeking）或與其相近的*易衝動*（impulsivity）特質上得分很高（e.g., Zuckerman, 1994）。有理由預期這種人也具有較高程度的攻擊行為。為什麼？一般攻擊模式提出了一些可能的原因。首先，這可能是因為刺激尋求與易衝動程度高的人，較常體驗到憤怒與敵意的感受。他們的情緒很容易

被撩起，因此他們可能生氣的門檻較低。此外，他們感到無聊並尋求新體驗的傾向，可能會將他們導向較具敵意的想法：說到底，和他人之間交換的攻擊行為是刺激又危險的。Joireman、Anderson 和 Strathman（2003）為這些預測提供了證據，他們發現，刺激尋求程度高的人表現出幾個與攻擊行為相關的傾向。他們會受攻擊行為引發的情境所吸引，覺得既刺激又有魅力。他們更有可能會體驗到憤怒與敵意。而且，他們也更有可能將焦點放在其行為立即的而非延宕的後果之上。結果是什麼呢？他們會傾向表現出對他人較高程度的肢體與言語攻擊行為。這些發現的啟示很清楚：小心那些尋求興奮、刺激或是冒險的人；伴隨著這些個人特質的可能還有被升高了的攻擊傾向。

五、攻擊行為的性別差異：真的存在嗎？

男性是否比女性更具攻擊性？民間看法正是如此，而研究發現則指出，在這件事上，非正式觀察是正確的：在被問到是否曾經進行過任何範圍的攻擊行動時，男性回報的攻擊行動發生率較高（Harris, 1994）。然而，在仔細檢驗中，關於攻擊傾向的性別差異的圖畫就變得複雜起來。一方面，男性一般而言比女性更有可能執行攻擊行動，並成為攻擊行為的目標（Bogard, 1990; Harris, 1992, 1994）。進一步，這種差異似乎會維持一生之久，在七八十歲的人身上還會發生（Walker, Richardson, & Green, 2000）。然而，另一方面，這些差異的大小似乎會因情境而改變。

首先，攻擊行為的性別差異，在沒有受到挑釁的時候比有的時候還大。換言之，男性在他人並未以任何方式挑釁的時候，很明顯地比女性更有可能去攻擊他人（Bettencourt & Miller, 1996）。在受到挑釁的情境下，特別是當挑釁很嚴重的時候，這種差異似乎會不見。

第二，在攻擊行為上，性別差異的規模乃至傾向，似乎會隨著攻擊行為的類型而改變。研究指出，男性比女性更有可能去進行各種形式的直接攻擊，即直接針對目標並明顯來自攻擊者的行動（例如肢體攻擊、推打、吼叫、做出侮辱性的評論）（Bjorkqvist, Osterman, & Hjelt-Bulk, 1994）。然而，女性更有可能以各種形式進行非直接攻擊，即攻擊者能夠隱藏身分，並在某些情況下使受害者難以知曉自己曾經是他人企圖傷害的目標的行動。這類行動包含了散布惡

毒的謠言、在某人背後說三道四、告訴他人別跟受害者建立關係等等。研究發現指出，非直接攻擊方面的性別差異在八歲大的小孩身上就已出現，並會持續增長到十五歲（Bjorkqvist, Lagerspetz, & Kaukiainen, 1992; Osterman et al., 1998）直到成年（Bjorkqvist, Osterman, & Hjelt-Back, 1994; Green, Richardson, & Lago, 1996）。更進一步，這些差異在幾個國家中都被觀察到，包括芬蘭、瑞典、波蘭、義大利和澳洲（Osterman et al., 1998; Owens, Shute, & Slee, 2000），因此，在這領域內這似乎是很普遍的現象。

陸、攻擊行為的情境決定因素：高溫與飲酒的效應

攻擊行為經常受社會因素與個人特質所影響，但它也會受其發生時的情境或背景所影響。我們將檢視兩個會影響攻擊行為的情境因素：高溫與酒精。

一、怒火中燒：氣溫與攻擊行為

怒火中燒；火冒三丈；火爆脾氣：這樣的句子暗示了氣溫與攻擊行為之間有某種聯繫。許多人回報他們在熱天時，經常感到易怒與性急。在氣溫與攻擊行為之間是否有某種連結？社會心理學家已經研究這個問題三十多年了，在這段期間裡，他們使用的方法與所獲得的答案都變得越來越複雜（最近的答案是「是的，氣溫確實會增加攻擊行為，但只是在某個程度上」。在某個溫度以上，攻擊行為可能實際上會隨著氣溫升高而降低，因為人們變得不舒服而疲勞，而較不可能會進行蓄意攻擊）。

對此主題早期的研究（Baron, 1972; Baron & Lawton, 1972）是在條件受控制的實驗室裡進行的，溫度會隨著獨變項做出系統性的改變。研究參加者置身於舒適愉快的條件下（華氏七十到七十二度），或是置身於不舒服的炎熱條件（華氏九十四到九十八度），並且被賦予攻擊另一個人的機會（事實上，他們只是相信他們可以傷害這個人；出於倫理考量，保證沒有實際傷害會發生，是必要的）。實驗結果令人驚訝：對於受到挑釁與沒受到挑釁的人而言，高溫都會減少攻擊行為。原初的解釋是：高溫的不適讓研究參加者將焦點放在逃離之上，這讓他們降低其攻擊行為。說到底，攻擊行為可能會導致與受害人不友善

的相遇，而這會延長他們的痛苦。

　　這個解釋似乎合理：當人們感到很熱時，他們似乎會變得昏昏欲睡，並專注在減輕其不適之上，而非找人算帳。然而，這些早期研究有其重要的不利條件，使其無法評估這種詮釋。例如，在實驗中暴露於高溫之下只有數分鐘，但在現實世界裡，這種接觸發生的時間更長。因此，後續的研究使用了不同的方法（e.g., Anderson, 1989; Anderson & Anderson, 1996; Bell, 1992）。特別是，他們檢測了長時段的溫度紀錄與警方的攻擊犯罪紀錄，用來判斷這些罪行的頻率是否隨著溫度上升而增加。

　　讓我們思考一下 Anderson、Bushman 和 Groom（1997）所進行的一個有益的研究。這三位研究者蒐集了美國五十個城市這四十五年內的年度平均氣溫（1950 年到 1995 年）。此外，他們也獲取了暴力犯罪（嚴重的攻擊、謀殺）與財產犯罪（搶劫、偷車），以及其他被視為基本上具攻擊性質的犯罪（強姦）比率的訊息。然後，他們進行分析，加以判斷氣溫是否與這些犯罪有相關性。一般而言，結果指出較熱的年份產生的暴力犯罪比例較高，但不致造成財產犯罪與強姦犯的增長。就算在將其他可能會影響攻擊性犯罪的變項（例如貧窮、年齡分配）消去後也是如此。這些發現及其他相關研究的發現（e.g., Anderson, Anderson, & Deuser, 1996）指出，炎熱與攻擊行為有關。

　　這研究如此複雜，但是，卻沒有完全解決一個關鍵問題：這種炎熱與攻擊行為的關係是否有其限制？換言之，攻擊行為是否會隨著氣溫持續上升而增加？如你所記得的，這是在原本對此主題的實驗室研究中所獲得的模式。

　　Rotton 和 Cohn（Cohn & Rotton, 1997; Rotton & Cohn, 2000）就針對這個問題進行進一步研究。這兩位研究者推論，如果人們感受到不舒服時（例如在溫度很高的時候）試圖減輕其不適，炎熱與攻擊行為的關係在晚間會比在中午時更強烈。為什麼？因為氣溫在夜間會從頂端降低。一個細微分析（finer-grained analysis）揭示在炎熱與攻擊行為之間在日間是曲線關係，而在夜間則是直線關係。這正是他們所發現的（見圖 11.6）。

二、酒精與攻擊行為：潛在的危險混合

　　人們普遍相信，至少有一部分的人在喝酒後會變得更具攻擊性。酒吧和夜

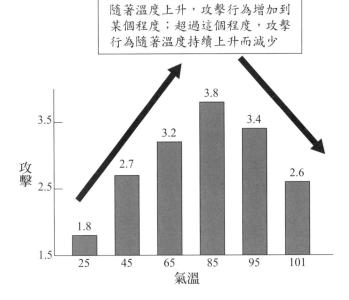

隨著溫度上升，攻擊行為增加到某個程度；超過這個程度，攻擊行為隨著溫度持續上升而減少

圖 11.6　炎熱與攻擊行為：曲線關係的證據

在美國的兩個大城市裡，暴力攻擊的發生率隨著溫度上升而升高，但只增加到某個程度；在這個程度以上，隨著溫度持續升高，攻擊的發生率會下降。這些發現暗示了在炎熱與攻擊行為之間的關係，可能在本質上就是個曲線（資料來源：Based on data from Rotton & Cohn, 2000）。

店經常是暴力事件場景的事實支持了這個說法。然而，縱然酒精確實在這些地方被消費，其他因素也可能是這些場所經常爆發打鬥的原因：爭風吃醋、擁擠、甚至抽菸，都會惹火某些人（Zillmann, Baron, & Tamborini, 1981）。系統性研究是否揭示酒精與攻擊行為之間可能存在的連結呢？有趣的是，它傾向肯定這種連結的存在。在幾個實驗中，比起沒喝酒的人而言，喝了酒、達到法定酒醉程度的研究參加者被發現其行為更具攻擊性，並對挑釁的回應更為強烈（e.g., Bushman & Cooper, 1990; Gustafson, 1990）〔此類研究中的研究參加者都事先得到警告，他們可能會收到含酒精的飲料，而只有同意的人才實際參與實驗（e.g., Pihl, Lau, & Assaad, 1997）〕。但為何酒精會產生這種效應呢？研究發現指出，酒精對攻擊行為的影響，可能來自於認知功能的減低，影響其對社會知覺的作用。

　　特別是，人們已經發現，酒精會減損高序認知功能（high-order cognitive

functions），像是對刺激與回憶的評估。這個結果可能會使個人更難評估他人的意圖（是否具有敵意），以及評估各種形式的行為可能產生的效應，包含攻擊行為（e.g., Hoaken, Giancola, & Pihl, 1998）。對這種效應的證據，已經由Bartholow 等人（2003）在一個使用社會神經學取向的研究中所回報。

在這個研究中，研究參加者接受到的飲料可能是酒精濃度高、酒精濃度低、或完全不含酒精。然後，他們讀一段描述，說的是一個具有正面或負面特質的陌生人，在一個特定的情境下，以正面或負面的方式行動。在整個過程中都做腦部事件相關電位（event-related brain potentials, ERBPs）的記錄。據預測，不論他們是否飲用酒精飲料，研究參加者在他們的期待受到冒犯時，即有正面特質的人以負面的方式行動、或有負面特質的人以正面的方式行動時，都會表現出較大的較晚的正波（late positive potentials, LPPs）。這個預測得到了確認。根據另外的預測，如果酒精涉及了關於他人的訊息處理，較晚的正波的規模會減小。換言之，一個研究參加者處理（試圖理解）不一致的訊息的能力會減低。結果指出，事實並非如此。相反地，他們發現，對不攝入酒精的個體而言，有正面特質而表現出負面行為的人會產生最大的較晚的正波。然而，當研究參加者喝了酒後，結果則相反：有負面特質卻表現正面行為的人會產生最大的較晚的正波。酒精似乎改變了個體會將注意力轉向的那種矛盾。

不論其中牽涉的確切認知過程為何，現有證據（e.g., Gantner & Taylor, 1992）指出，酒精也許會是促發攻擊行為的情境因素之一，而這種效應對經常表現低度攻擊行為的人特別強烈（Pihl et al., 1997）。因此，就此而言，酒類的飲用可能會有常識所提出的抑制緩解效應（release-of-inhibitions effects）（關於在人類攻擊行為中扮演某種角色的許多因素的概要，請見本章結尾「觀念帶著走～活用」專欄）。

第三節　長期關係中的攻擊行為：霸凌及職場暴力

人們被陌生人攻擊的報導令人不安。然而，更令人不安的則是，人們被自

已認識或和自己擁有長期關係的人所傷害的情境，加害者可能是家庭成員、夫妻或伴侶、同學或同事。這種攻擊行為有許多形式，但我們將焦點放在兩個主要的類型上：霸凌（e.g., Ireland & Ireland, 2000; Smith & Brain, 2000）與職場暴力（workplace violence）（Griffin & O'Leary, 2004）。

壹、霸凌：選出可重複虐待的他人

幾乎所有人都曾經歷或看過**霸凌**（bullying）的效應，即一種攻擊的形式，這種攻擊行為主要是單向的：一個人不斷地攻擊一個或多個報復能力較差、甚至完全無法報復的他人（Olweus, 1993）。在霸凌的關係裡，一個人進行攻擊，而另一個人（或多人）則是處於接受的一方。儘管霸凌主要是被當作某種在兒童與青少年之間發生的行為而受到研究，但它在職場和監獄裡也很普遍（e.g., Ireland & Archer, 2002）。研究發現指出，半數的受刑人每週都會接觸到一次或多次的欺侮（Ireland & Ireland, 2000）。因此，在這段討論中，我們將探討對不同背景下的霸凌行為的研究。

一、人們為什麼會霸凌？

關於霸凌的一個基本問題，當然是它為什麼會發生？為何某些個體會選擇以他們為對象，然後重複地給予威脅？這並沒有一個簡單的答案，但有兩種動機似乎扮演了關鍵的角色：要握有壓過他人權力的動機，以及要成為「強硬」團體的成員、並授予其成員某種地位的動機（e.g., Olweus, 1999）。這些動機在Roland（2002）所進行的研究中，是明顯可見的。在他的研究裡，兩千多個挪威孩童回答一份問卷，其設計目的在於測量他們對他人行使權力的渴望、成為有力群體的一員的渴望，以及他們不快樂與抑鬱的傾向〔先前的研究已經暗示了，感到抑鬱可能是另一個人們**霸凌**的原因：這會讓人的感受變好〕。霸凌的測量是透過要求孩童指出他們多常欺負其他兒童（從不、偶爾、每週、每天）來獲得。這種自我回報的霸凌在和老師的評量做過比較後，一般而言被發現是正確的。

結果顯示出某些有趣的性別差異。在男孩裡，想要贏得權力與加入權力群

體的渴望，很明顯地與霸凌的行為相關，而感到抑鬱則不。對女孩而言，所有的動機都跟霸凌的行為有關。這暗示了對女孩而言，至少對某個無法報復的人的攻擊行為，是一種反抗抑鬱的負面感受的技巧。此外，我們也該注意到其他因素對霸凌的發生所扮演的角色。然而，此處指出的這些動機，被發現在許多情境下的霸凌行為都有其作用，因此它們似乎是這種行為最重要的原因。

二、惡霸和受害者的特徵

惡霸是否永遠都是惡霸，而受害者是否永遠都是受害者？儘管常識指出，這些角色是固定的，研究卻指出並非如此。許多惡霸在其他情境中會變成受害者，反之亦然。因此，看來似乎存在著純粹的惡霸（一直都是惡霸的人）、純粹的受害者（一直都是受害者的人），以及惡霸—受害者（在兩者之間擺盪的人）。

但是，在權力與歸屬感的動機之外，讓某些人變成惡霸的是什麼呢？對霸凌的詳細研究，指向以下因素。惡霸似乎相信他人的行動是有意的，或是有持續性的人格特質（Smorti & Ciucci, 2000）。相反地，受害者傾向接受他人之所以做某些事，是因為他們至少在某部分是為了回應極端的情況，包含他人如何對待自己。換言之，惡霸更容易受本章前面所述的敵意歸因偏誤所約束。在這個意義上，他們攻擊他人是因為他們覺得這些人可能很危險，所以希望能先下手為強！

另一個不同之處在於惡霸（及惡霸—受害者）可能有比較低的自尊。結果，他們經常以攻擊來提升自我形象。此外，他們也傾向對生命採取一種殘忍、操控的途徑，並依此對待他人（e.g., Mynard & Joseph, 1997; Andreou, 2000）。他們認為其他人不可信，因此他們覺得不公地占他人便宜是正當的。

最後，惡霸和惡霸—受害者都相信，面對他人的欺侮，最好的回應方式就是攻擊。他們比其他人更相信，攻擊挑釁的人，能贏得他人的尊重，並讓自己感覺好些（Ireland & Archer, 2002）。結果呢？他們選擇對小小的挑釁就報之以強烈的攻擊，由此開始變成惡霸的過程。

三、減少霸凌的發生：一些正面的步驟

霸凌可能會對受害者造成毀滅性的影響。在某些案例中，就有不斷被同學殘忍地欺負的小孩自殺（O'Moore, 2000），監獄裡也經常發生相同的結果，被牢友殘忍對待的人將死亡視為唯一的出路。這些令人痛苦的事實導出下述的問題：我們能做什麼來減少或消除霸凌的行為呢？許多研究計畫已在進行，其中包括好幾個國家的整體學校系統或監獄系統，而結果多少令人受到鼓舞。以下是主要研究發現的概要：

- 首先，霸凌必須被相關的人視為一個問題，包含老師、父母、學生、犯人、獄卒、員工及上司（如果霸凌發生在職場的話）。
- 在霸凌行為出現時，在位者（老師、獄卒、上司）必須加以注意，且必須毫不含糊地持反對立場。
- 必須提供可能的受害者面對欺侮行為的直接工具，他們必須被明確地告知在霸凌發生時該怎麼做，以及該向誰求助。
- 外在的幫助通常對於指認出霸凌行為的原因很有幫助，並且有助於設計減少這種行為的方案。

著重這些重點的方案已經產生了鼓舞人心的結果。似乎有理由可以保持樂觀，因為霸凌已經被視為是一嚴重的問題，而各種組織（學校、監獄、企業）也已經採取有力的措施加以處理。

貳、職場暴力：工作中的攻擊行為

在女人身上雕刻姓名縮寫的醫生：婦產科醫師被控在剖腹產後，用解剖刀在產婦腹部刻下字母（紐約州阿爾巴尼，2000 年 1 月 22 日）。

奧瑞岡州波特蘭市：被控在辦公大樓中射殺兩人，並挾持另外四人的男子，週五出庭……警方初步說明，Rancor 意圖射殺女性同事，因為她開除了他……（美聯社，1996）。

像這樣的報導出現的頻率令人驚訝，似乎反映了職場暴力的升高趨勢。在美國，每年有八百多個人在工作場所被殺（National Institution for Occupational Safety and Health, 1993）。雖然統計數字似乎顯示職場是個越來越危險的地方，不爽的員工經常彼此攻擊甚至開槍，但得注意兩個事實：(1)許多在職場發生的主要暴力行為都是由「外來者」所執行的，即不在該職場任職卻進入工作場所犯下罪行的人（見圖 11.7）；以及(2)最近的調查指出，在職場上身體傷害的威脅或實際上的傷害是很少見的。在職場上（被外來者或同事）殺害的機率是四十五萬分之一（雖然，某些像是計程車司機或警察這類「高風險工作」中，機率高得多）（LeBlanc & Barling, 2004）。

越來越多的證據指出，雖然職場暴力是一個值得仔細研究的主題，但它卻很罕見，而且它僅只是**職場攻擊行為**（workplace aggression，即個體試圖在其工作場合傷害他人的任何形式的行為）這個更大問題的一個戲劇性頂點（Griffin & O'Leary, 2004; Neuman & Baron, 2004）。這是種什麼樣的攻擊行為？證據顯示，其本質是隱匿多於公開的。意即，它是相對隱微的，讓攻擊者能夠傷害他

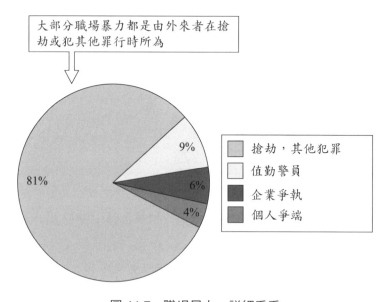

圖 11.7　職場暴力：詳細看看

• • • • • • • • • • •

大部分職場暴力的例子都是由外來者在搶劫或進行其他犯罪行為時所做的。只有很少的例子是由某一員工對另一員工造成身體傷害（資料來源：Baron & Neuman, 1996）。

人，又讓被害者無法知道攻擊來源是何人。這類的攻擊行為在職場上得到強烈的偏愛，因為攻擊者預期在未來和他們所想的受害者還會頻繁地互動。使用隱匿形式的攻擊行為會減少其受害者報復的可能性。

個體在職場上會使用哪些特定的攻擊行為形式呢？Baron、Neuman 和 Geddes（1999）所進行的研究為此主題提供了證據。這些研究者要求近五百名受雇者評估他們在工作時經驗到各種程度的攻擊行為的頻率。對其回答的詳細分析指出，大部分在職場發生的攻擊行為都落在三個主要的範疇裡：

- 表現敵意（expressions of hostility）：本質上主要是言語或象徵性的行為（例如輕蔑他人的意見、在他人背後說壞話）。
- 杯葛行動（obstructionism）：旨在阻撓或妨礙目標對象的表現（例如，不回電話或對留言視而不見、不傳遞必要的消息、介入目標對象的重要活動）。
- 蓄意攻擊（overt aggression）：典型地被歸入「職場暴力」標題之下的行為（例如肢體攻擊、對財產的盜竊或破壞、肢體暴力的威脅等）。

這些行為的發生有多普遍？對所謂**濫權的管理**（abusive supervision，即上司頻繁地以惡意的言語或非言語行為導向其下屬的行為）的研究指出，答案是「比你想像的還要普遍」（Tepper, 2000）。它不只發生在同事之間，還出現在上司與下屬之間。上司濫用職權乃職場攻擊行為的形式之一，包含諸如公然或私下的愚弄、從重要活動中排除某些人、侵入私人空間、粗魯而無禮的行為、欺騙、搶下屬的功勞等等的行為；這些事發生的頻率似乎都很高。儘管牽涉到肢體攻擊的職場暴力相對稀少，但職場攻擊行為卻非常普遍。在許多工作場合裡，攻擊行為是每天都會發生的事。

職場攻擊行為的成因為何？一如所有背景下的攻擊行為，許多因素都有其作用。然而，在研究中不斷浮現的一個因素是意識到的不公平（preceived unfairness）（e.g., Skarlicki & Folger, 1997）。當個體感到他們在其組織內被他人或被組織本身不公平地對待時，他們就體驗到強烈的憤怒與怨恨的感覺，並經常透過傷害他們認為對此有責任的人來算帳。此外，在工作場合的攻擊行為，似乎受社會上關於此類行為的可接受性的一般規範所影響。一個晚近的研究（Dietz et al., 2003）發現，在美國郵局周遭社區發生暴力事件的機率越高，在這些郵

局裡攻擊行為的比例就越高。就像是附近社區對暴力的接受度替組織內相似的行為鋪好路一樣。

其他似乎會影響職場攻擊行為的因素，和最近在許多工作場合裡發生的變化有關，僅舉數例：組織精簡、罷工，以及兼職員工雇用率的升高。有些研究指出，這些改變發生的程度越大，攻擊行為就越多（e.g., Andersson & Pearson, 1999; Neuman & Baron, 1998）。這類發現在本質上只是彼此相關，但因為人員精簡、罷工以及其他改變已被發現會讓員工產生負面的感受，這些改變就有可能會透過這些反應增加攻擊行為的出現。最後一點：因為這些改變出現的頻率越來越高，職場攻擊行為的發生機率也就有可能因這些原因而升高。

第四節　攻擊行為的預防與控制：一些有用的技巧

如果在本章有什麼觀念是你會想記住的，那就是：攻擊行為並非無法避免或無法改變的行為形式。相反地，正因為它來自和外在事件、認知以及個人特質之間交互作用的某種情結，因而能被防止或減少。在本節，我們將探討幾個能有效減少人類攻擊行為的頻率或強度的處理方式。

壹、懲罰：依罪量刑與威攝

懲罰（punishment），即給予某人所厭惡的後果，在大部分社會裡都是減少攻擊行為的主要技巧。參與攻擊行為的人會被罰以高額的款項、關進監獄、以及（在某些國家）被單獨監禁或受到身體上的懲處。在最極端的情況下，他們會被處以死刑（capital punishment）並被合法權威以各種方式處死。這引出了兩個重要的問題：為何懲罰被如此頻繁地用於減少人類的攻擊行為，以及懲罰是否真的有效？這些問題很複雜，我們無法期待在此解決，但我們可以描述對此重要議題的研究究竟揭示了什麼。

讓我們轉向第一個問題，懲罰攻擊別人的人有兩個主要的理由（e.g., Darley,

Carlsmith, & Robinson, 2000）。第一個包含了對於當個體進行攻擊行動時，這是被看作不合宜的，而他們被懲罰是應得的，以改善他們所造成的傷害的信念。這種觀點暗示，人們接受到的懲罰的輕重，應該符合他們造成的傷害的大小（例如，弄傷某人的手臂所該得的懲罰，應小於對某人長期的傷害或殺人）。此外，懲罰的強度也該考慮情有可原的狀況。好比說，攻擊行動是否有某些「善良」的動機，像是自衛或保護家人？

第二個懲罰有攻擊行為的人的理由，則是為了給予他們（或他人）威懾（deter），以免他們未來再度進行這樣的行為。這種懲罰的方式，意味著對犯罪的偵察之放鬆，應當小心：如果攻擊行動難以查出（例如，其中包含了對他人隱匿形式的傷害），它們就應該得到強烈地處罰。相同地，公開處罰也被期待在威懾未來犯罪時，比私下處罰更有效力。

在對於攻擊行動或是其他攻擊而言人們覺得正當的懲罰強度上，這兩種觀點中，哪個比較重要呢？Carlsmith、Darley 和 Robinson（2002）進行的研究指出，一般而言，第一個觀點，即懲罰人們促使他們改善他們所造成的傷害，是更為重要的。這些研究者要求研究參加者閱讀關於在應當受罰的程度上有所不同（例如它們造成多大的傷害）、而且在偵查的容易度上也各不相同的犯罪的簡短描述。一個造成的傷害相對小的犯罪，可能受到較輕的懲罰的例子，是員工侵占公款，而一個似乎應受到較重懲罰的例子，則是為了增加利潤而傾倒有毒廢棄物。研究參加者還被告知，這些罪行的偵察難易度。讀過之後，研究參加者評估這些犯罪者應當受罰的程度。結果獲得強烈支持的觀點是，在決定該施予多少懲罰時，我們似乎強烈受到應得的懲罰有多少的影響：比起造成傷害較小的盜用公款，研究參加者分派給傾倒有毒廢棄物的懲罰較為嚴厲，因為這造成的傷害較大。相反地，他們建議的懲罰受偵查各種犯罪的難易度的影響則不明顯。用懲罰作為對未來犯罪的威懾，似乎較不重要。

這是否意指我們不考慮懲罰的威懾價值？Carlsmith、Darley 和 Robinson（2002）並不這麼相信。他們所獲得的其他研究結果顯示，在考慮對某個特定人物的懲罰時，我們傾向將焦點主要放在他或她應得什麼樣的懲罰之上。但是，在進行更一般的考量，即社會的好處時，我們會認為威懾是很重要的。說到底，看來在使用懲罰作為處理攻擊行為的工具的背後，兩種動機都存在。

在這裡，我們一定得注意到，還有另一個使用懲罰以減少攻擊行為的基本理由：它能將危險的人從社會上隔離（例如讓他們待在監獄裡），而這樣就保護了未來可能的受害者。統計數據指出，一旦人們犯下暴力犯罪，他們很可能再犯，因此將他們從社會中移除，有助於預防更多的攻擊行動。這個將人們長期監禁的判決的基本原則不常被提起，但邏輯上，它似乎是有道理的。

現在看下一個問題：懲罰有用嗎？它能減輕特定個人進行傷害性的攻擊行為的傾向嗎？在這點上，證據是相對清楚的：懲罰能夠減少攻擊行為，但只有在它符合四個基本條件的時候：(1)它必須是*及時的*，必須在攻擊行為之後儘快出現；(2)它必須*確定會發生*，即它在攻擊行為之後出現的可能性必須非常高；(3)它必須*強而有力*，強到對可能的接受者而言，具有夠強烈的不適感；以及(4)它必須被接受者認為是*正當或應當的*。

不幸地是，這些條件經常在許多國家的刑法體系裡*並不存在*。在大部分的社會裡，對攻擊行動所施予的懲罰都是延遲的。相同地，許多罪犯迴避逮捕與判決，因此懲罰的確定性很低。懲罰本身的強度隨著城市、州、甚至法院而改變。而且，懲罰似乎經常與罪行不符，它看來並不是正當或應得的懲罰。在這類情況下，接受懲罰的人可能會將之視為對*自身*的攻擊行為，亦即是某種挑釁。一如我們早先看到的，挑釁是引發攻擊行為很有力的工具。鑑於這些事實，懲罰的威脅，就算是最嚴厲的懲罰（處死）也似乎對震懾未來的暴力犯罪沒有效果，這幾乎毫不令人訝異。基本上要使之有效的條件就不存在。這引出一個有趣的問題：如果懲罰被更有效地使用，它是否在威懾暴力上能顯示其更為有效？我們無法肯定地回答，但現有證據顯示，*如果在符合上述原則的情況下使用，它能行使此效應*。但將這些條件體制化，會引出與倫理和宗教信念有關的複雜議題，因此，很清楚地，科學資料只是考量之一，因為這個理由，我們在此無法表達更明確的立場。相反地，這是個每個人都得由自己決定的問題（關於另一個減少攻擊行為的可能工具，它被廣泛地認為是高度有效的，請見「理解常識」專欄）。

社會心理學的技藝　**理解常識**

■ 宣洩：「發洩出來」是否真的有幫助？

當我（Robert Baron）還是個小男孩的時候，祖母對我發怒的回應是：「對啦，發洩出來⋯⋯別壓在心底，那會傷害你的。」她是**宣洩假說**（catharsis hypothesis）的虔誠信徒。這個觀點是說，如果個體讓其憤怒與敵意以不具傷害性的方式發洩出來的話，則進行更危險的攻擊行為的傾向就會被減少（Dollard et al., 1939）。

這是真的嗎？社會心理學家對宣洩的系統研究發現，所謂的發洩活動，像是觀看、閱讀或想像攻擊行動，甚至進行攻擊行動的「演出」，像是打沙包，可能會更增加後續的攻擊行為（e.g., Bushman, 2001; Bushman, Baumeister, & Stack, 1999）。Anderson、Carnagey 和 Eubanks（2003）的研究，提供了一個清楚的證明。

這些研究者推論，如果宣洩真的有效，接觸歌詞充滿暴力的歌曲，應該能夠讓人們發洩具攻擊性的想法或感受；結果，他們應該會顯示出程度較低的敵意和攻擊性思想。然而，如果宣洩無效（而且基於先前的研究發現，研究者並不期待它有效），接觸歌詞充滿暴力的歌曲就可能會使敵意和攻擊性認知升高。為了檢測這兩個互斥的預測，他們進行了一系列的研究，讓研究參加者聽暴力或非暴力的歌曲，然後完成一份量表，測量他們當下的感受（敵意或善意），以及攻擊性認知（例如他們認為在攻擊性和曖昧的字眼，也就是那些同時具有攻擊性與非攻擊性意涵的字眼，例如盟友或警察，兩者之間有多大的相似性；他們發出在電腦螢幕上出現的攻擊性與非攻擊性字眼的發音有多快）。各個研究的結果是一致的：在聽過歌詞充滿暴力的歌曲之後，研究參加者顯示的敵意感受與攻擊性思考都升高了（見圖 11.8）。

這樣的效應是怎麼發生的？原因很多。首先，當個體想到他們受過因他人所帶來的冤屈並想像傷害這些人的方式時，憤怒會升高。再者，看到具攻擊性的場景、聽具攻擊性歌詞的歌曲、或僅僅是想到報復，都會啟動更具攻

擊性的思考與感受。這可能會歪曲對實際社會互動的詮釋，因而他人意向不明的行動就更有可能被認為具有敵意。結果呢？攻擊行為沒有如宣洩假說所主張的減少，反而增加了。

那在宣洩假說裡，是否還有點真實存在呢？也許只有這點：讓憤怒發洩出來可能會讓個體感覺好些，至少暫時如此。任何人打過枕頭或在房裡獨自大吼後，都會體驗到這種效應，但研究發現暗示，這種效應是暫時的，並不真的能減少進行攻擊行為的長期傾向。事實上，因為張力的減輕是愉快的，長期的效應可能是加強而非減弱攻擊性的衝動。

簡言之，社會心理學家的系統性研究暗示，在這種情況下，常識相信的宣洩的效果（一如佛洛伊德和其他人對此效果的建議）並非完全合理。因此，抗拒報紙專欄作家的這種慫恿，也不要相信宣洩是抑制你的憤怒與攻擊行為的有用工具。

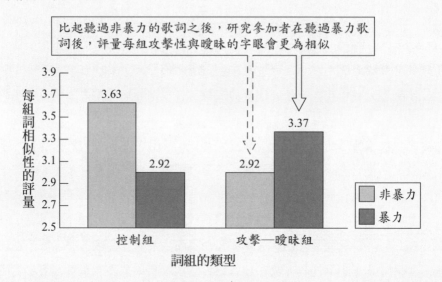

圖 11.8　宣洩無效的證據

聽力歌曲的研究參加者表現出敵意感與攻擊思考的升高。如此所示，他們對攻擊性與曖昧字眼的評價更為相似。這正好和宣洩假說所預期的相反，再加上越來越多的證據顯示，和常識所建議的相反，這種技巧在減少攻擊行為上並不十分有效（資料來源：Based on data from Anderson, Carnagey, & Eubanks, 2003）。

貳、認知介入：道歉與超越認知缺損

你覺得道歉是簡單或困難的？如果你的回答是「困難」，你該在這個特定的社交技巧上下工夫了，因為，研究發現同意常識的建議：道歉，即對錯誤的承認，並包含了對寬恕的要求，這經常對去除攻擊行為的危險性大有幫助（e. g., Ohbuchi, Kameda, & Agarie, 1989）。相同地，好的藉口，即指出超越辯解的一方所能控制的因素的辯解，也對減輕先前在某方面受挑釁的人的憤怒與公開的攻擊行為有效（e.g., Baron, 1989a; Weiner et al., 1987）。因此，如果你覺得你惹另一個人生氣，不要在道歉上拖延：你省下的麻煩，值得讓你開口說「對不起」。

當我們非常憤怒的時候，我們清晰地思考的能力會大為減低。當這種狀況出現時，通常抑制對攻擊行為的約束（例如對報復的恐懼）會減小。正如 Lie-berman 和 Greenberg（1999）所提到的，當我們情緒被激發時，我們可能會採取以快速而莽撞的方式處理訊息的思考模式。這可能會增加我們對另外某一個人宣洩怒氣的機會，包括那些並非造成麻煩或惱人之事的人〔這稱為**替代性攻擊**（displaced aggression）〕（e.g., Pederson, Gonzelez, & Miller, 2000）。

因為這些基本事實，任何有助於我們迴避或是勝過這種*認知缺損*（cognitive deficits）的做法，就減少攻擊行為的觀點而言，都是有幫助的（Zillmann, 1993）。這種技巧之一是得做到前歸因（preattribution），也就是在挑釁發生之前，把別人的令人討厭的行動歸為*無心*的原因之上。例如，在會見某個可能會惹人生氣的人之前，你可以提醒你自己，對方並不是故意激怒你，那不過是一個不幸的個人風格所導致的結果。另一個技巧，需要防止你自己或其他人對先前的錯誤耿耿於懷，不論是真實的還是想像的。你可以透過以某種方式讓自己分心來完成這點。這樣的活動能容許一段冷靜下來的時間，讓憤怒消散，也有助於重新建立對行為的認知控制，以便抑制攻擊行為。

參、寬恕：寬恕而非報復

幾乎每個人都體驗過強烈的報復渴望：其他人以某種方式傷害了我們，而

我們做出報復是合宜的結論。尋求報復對方似乎完全是自然的，而我們經常相信這會讓我們感覺好些，而且，更重要的是，這會讓我們重拾正義感。

尋求報復經常對其中牽涉到的每個人都有傷害性的效果。尋求報復者可能暫時感到好一些，但他們的行動可能會開啟某種螺旋式上升的報復、復仇，以及進一步報復的循環，如我們在討論挑釁的效應時所描述的一樣。結果，雙方都處於越來越高的風險之中。因為這些原因，**寬恕**（forgiveness），即放棄懲罰那些傷害我們的人的渴望，相反地，尋求以和善而有益的方式對待他們，可能會有很大的好處，包括後續攻擊行為的減少（e.g., McCullough et al., 2001）。研究發現（McCullough, Fincham, & Tsang, 2003）指出，達到第一個目標（放棄報復的渴望）可能比第二個目標（寬恕他人，好讓我們真的以正面的行為來對待對方）來得容易。然而，從眼前討論的觀點來看，就減少後續攻擊行為而言，放棄報復的渴望可能是個有用的步驟。它不僅會減少對攻擊我們的人反擊的念頭，也會增強我們的心理健康。

Karremans 等人（2003）的研究則展示了第二個目標的好處。這些研究者要求研究參加者回想一個他們被另一個人攻擊的事件。然後，他們要完成一份據稱是要測量對此人寬恕程度的測試。測驗評分後，將成績回饋給他們，指出他們是否寬恕了冒犯他們的人。最後，研究參加者完成另一份對他們當下的緊張狀態及心理健康的量表。結果指出，比起在不寬恕條件下的人，那些在寬恕條件下（即被引導相信他們已經寬恕了攻擊者的研究參加者）的人回報出較高的自尊與較低程度的負面感情。其他研究發現顯示了，對於在其中的個體奉獻程度高的關係而言，寬恕的好處較多。換言之，我們與攻擊我們的人越親近，寬恕他們做了冒犯我們的事情的好處就越多。

為何有些人比其他人更容易寬恕他人呢？部分是因為他們自身的特質。研究發現指出，寬恕者與不寬恕者在我們於第十章詳細檢視過的人格面向上有所不同：他們在**一致性**（agreeableness，即相信他人並想幫助他人）上較高，在**情緒穩定性**（emotional stability，即對負面心情或情緒表現得較不易受傷）上也比較高（Berry et al., 2001）。

然而，準確地說，寬恕是否有用？人們怎麼寬恕他人？方法之一是需要同理，即試圖理解攻擊者傷害他們的感受、情緒與處境。相同地，他們對於其敵

人的行為原因做出一般的歸因，並做出他們有很好的理由這麼做，儘管這造成了負面的結果。也許最重要的是，他們避免去反覆回想（ruminating）過去的攻擊行為；一旦事情過去了，他們就把它拋諸腦後（McCullough et al., 2001）。

簡言之，既然寬恕可以給予的好處這麼多，這似乎是個我們應該試圖去發展的社會技巧。當我們這麼做的時候，我們可能會學到，在俗語「人作惡，神寬恕」（to err is human ; to forgive, divine.）裡，藏著真理的種子。

重點摘要與回顧

▓ 攻擊的理論觀點：尋找暴力的根源

- 攻擊是意圖對別人施加傷害的行為。儘管大部分社會心理學家都反對人類攻擊行為是強烈受基因因素決定的觀點，許多人現在已接受了一種演化觀點，承認這類因素可能扮演某種角色。
- 驅力理論暗示，攻擊行為來自外在引發的傷害或損傷他人的驅力。挫折—攻擊假說是最著名的例子。
- 攻擊行為的現代理論，像是一般攻擊模式，承認在學習中的攻擊行為、各種誘發性的輸入變項、個體差異、情感狀態，還有特別是認知過程等的重要性。

▓ 人類攻擊行為的成因：社會、文化、個人及情境等原因

- 相對於著名的挫折—攻擊假說，並不是所有的攻擊行為都來自挫折感，而挫折感也並不總是會導致攻擊行為。挫折感只是在特定有限的條件下的攻擊行為的強烈誘發者。
- 相反地，他人的挑釁則是攻擊行為強力的誘發者。我們很少將左臉轉過來讓別人打，相反地，我們會回應符合甚至稍微超過所接受的來自他人的攻擊行為。
- 激發的提升會增加攻擊行為，如果它持續存在高過於引發它的情境，並被錯誤詮釋為憤怒的話。
- 與媒體暴力的接觸，已被發現能增加觀眾的攻擊行為。這歸咎於許多因素，像是啟動了攻擊性思考，以及對攻擊行為的限制之弱化。
- 接觸到暴力情色作品似乎會增加某些人進行相似行為的意願，並產生對各種形式的性暴力麻木不仁的態度。

- 在名譽文化裡，要求以攻擊行為回應對個人名譽的威脅的規範仍然存在，並發揮強大的效應。
- 在名譽文化中，性嫉妒對男性的名譽造成嚴重的威脅，結果是，以攻擊行為回應性方面的不忠在很大的程度上被寬容，而接受這種攻擊行為的女性被視為是更為討人喜歡的。
- 表現出 A 型性格行為模式的人比 B 型性格行為模式的人更為易怒，以及更具有攻擊性。
- 具有高度敵意歸因偏誤的人會將他人的行為歸因為不友善的意圖。結果，他們比這種特質程度較低的人更具攻擊性。
- 自戀程度高的人對他們自己的價值有過度膨脹的看法。他們對來自他人的威脅到他們膨脹的自我的回饋，會回應以特別高度的攻擊行為。
- 高度刺激尋求的人較具有攻擊性，因為他們受攻擊行為所引發的情境所吸引，並更常體驗到憤怒與敵意的思考。
- 總體來說，男性比女性更具攻擊性，但這種差異在強烈的挑釁的背景下會減小。男性比較可能會採取直接的攻擊行為，而女性則比較可能會採取非直接的形式。
- 炎熱的氣溫可能會增加攻擊行為到某個程度。達到某個溫度以上，攻擊行為會隨著溫度升高而減少。
- 飲酒會增加攻擊行為，特別是對那些平常表現出較低程度攻擊行為的人而言。
- 酒精會藉由減少個人處理某些種類訊息的能力，以及改變他們對他人預期之外的行為的反應，來發生這些效應。

長期關係中的攻擊行為：霸凌及職場暴力

- 霸凌意指對那些因為各種理由無法自我防衛的個人不斷重複的攻擊行為。霸凌會發生在許多環境中，包括學校、職場及監獄。很少有人是完全的惡霸或是受害者；較多人是同時扮演兩種角色。惡霸和惡霸—受害者似乎比不進行霸凌的人的自尊還低。
- 職場攻擊行為具有不同的形式，但通常在本質上都是隱匿的。它來自一系列因素，包括意識到被不公平對待，以及最近在職場上發生許多令人煩惱的變動。

攻擊行為的預防與控制：一些有用的技巧

- 懲罰在減少攻擊行為上可能很有效，但只有當它在特定條件下被施予的時候。

- 宣洩假說似乎大致上是錯的。進行劇烈的活動會造成激發的減低，但這只是暫時性。同理，攻擊行為不會因著進行表面上「安全」形式的攻擊行為而減低。
- 透過道歉，即對錯誤行為的承認（包含要求寬恕），以及克服因強烈憤怒所產生的認知缺損，能夠減少攻擊行為。
- 寬恕，即放棄復仇的渴望，也能有效地減少攻擊行為。此外，它還能增進我們的心理健康。

連結：整合社會心理學

在這章，你讀到了……	在別章，你會讀到這些相關討論……
認知與情感變項在攻擊行為中的角色	這些因素在許多其他形式的社會行為中的角色
在攻擊行為中有作用的社會因素	在其他形式的社會行為中這些因素的影響 ・歸因（第二章） ・激發（第七章） ・社會模型（第十章）
影響攻擊行為的個人特質	這些因素在一些其他形式的社會行為中的角色 ・社會知覺（第三章） ・服從（第九章） ・助人行為（第十章）

思考這些連結

1. 律師有時候會透過暗示犯下暴力行為的個人是被無法控制的情緒所「淹沒」來為這些人辯護。鑑於我們在其他章節（例如第二章、第十章）對於情緒對社會思考與行為之影響的討論，你對這類辯護的反應是什麼？

2. 似乎有排山倒海的證據顯示，接觸媒體暴力會增加攻擊行為。然而，「暴力好賣」：包含具象化的暴力電視節目與電影經常大受歡迎。有鑑於此，你是否想到可以做什麼事來減少這種可能增加攻擊行為的導因？如果有的話，你會如何建議？

3. 暴力和其他形式的攻擊行為似乎在許多工作場所中都在增加。你覺得是否有可

能篩選潛在的受雇者，以便排拒那些性格上高度傾向進行這類行為的人？如果是的話，他們的自我概念（第五章）、態度（見第四章），或過去的行為（例如他們和別人有過的關係類型；見第八章）的哪些方面，可能是對於他們如果受雇會有多大的可能進行職場攻擊行為的有用的預測者？

觀念帶著走～活用：攻擊行為的原因

研究指出，攻擊行為來自於一系列的變項：社會因素、個人特質及情境因素。以下是一個系統性研究所指認出的最重要因素的概要。

攻擊行為的社會決定因素

挫折感

直接挑釁

接觸到媒體暴力　　　　　　　　→ 攻擊行為

被升高的激發

攻擊行為的個人決定因素

A 型性格行為模式

敵意歸因偏誤

性別　　　　　　　　　　　　→ 攻擊行為

自戀

刺激尋求

攻擊行為的情境決定因素

炎熱的氣溫

酒精　　　　　　　　　　　　→ 攻擊行為

文化信念、價值

關鍵詞

濫權的管理（abusive supervision）

攻擊（aggression）

霸凌（bullying）

宣洩假說（catharsis hypothesis）

名譽文化（cultures of honor）

替代性攻擊（displaced aggression）

驅力理論（drive theories）

悸動轉移理論（excitation transfer theory）

寬恕（forgiveness）

挫折—攻擊假說（frustration-aggression hypothesis）

一般攻擊模式（general aggression model）

敵意性攻擊（hostile aggression）

敵意歸因偏誤（hostile attributional bias）

工具性攻擊（instrumental aggression）

媒體暴力（media violence）

挑釁（provocation）

懲罰（punishment）

A 型性格行為模式（Type A behavior pattern）

B 型性格行為模式（Type B behavior pattern）

職場攻擊行為（workplace aggression）

12
chapter

團體與個體：
歸屬感的後果

　　在我（Robert Baron）十五歲的時候，我需要一份暑期工作。那時開放給我這個年齡的人的職缺很少，但某個為海灘遊客提供陽傘和摺疊椅的公司有職缺。工作內容包括了背這些物品（重得很！），以及為顧客擺設這些東西。工資不高，但離我住的地方很近，因此，我想要這份工作。應徵那天，我們大約有五十個人等著聽老闆說話。我永遠不會忘記他說的話：「OK，各位，我們夏天需要人幫忙，雖然你們是我見過最可憐的一幫小鬼，你們還是可以做。現在重點是：政府剛提高了基本工資，而我付不出這筆錢。因此為了填補這個差額，你們必須在每天結束的時候，將你們的小費交給我。」「交出我們的小費？」我記得自己想著：「就是小費才讓這個爛工作有價值啊！」一個年輕人開口了：「但小費是我們的，」他說：「我們為何要把小費給你？」老闆走向他說：「你聰明，是吧？滾！我不需要你。去找別的工作吧。」在這之後，我們其他人都安靜了；我們需要這份工作，因此我們沒有反抗。但不久之後，我們大部分人一起聚在一條街區之外，討論這項安排。我們的結論是，這是不公平的，我們要反抗；不是立刻而直接地反抗，但我們會想辦法！

　　在接下來幾個禮拜裡，我們的小團體聚會交換意見，至少留下部分小費。一個解決方法是讓朋友們在一天將盡時來找我；我們把小費拿給他們，下班後再拿回來。另一個方法則是先找個地方藏起來，晚點再取回來。

　　我們的聚會裡發生的最棒的（而且讓事情有所改變的）事是：我們其中一人有個律師叔叔，他問他叔叔，老闆是否可以合法地拿走我們的小費。我們很

快就知道不能這樣做。事實上，那位律師十分憤怒，寫了封信給老闆，如果老闆繼續這項政策的話，他威脅要採取法律行動。面對這項風險，老闆對我們大吼大叫，說我們是一群麻煩製造者，但還是不情願地告訴我們，我們可以保留小費。那天晚上，我們狂歡慶賀。

　　這些事件發生在許多年前，和當今的青少年工作者所面對的世界大不相同。但其所闡述的重點仍然有效。第一，我們會加入團體（groups）；某些是暫時性的，為了完成某個特定目的而成立，像我的同事們和我為了反抗我們老闆「交出小費」的政策而成立的團體。其他團體本質上更為持久，其焦點在於各種不同的主題與活動（例如職業組織、宗教或政治團體、兄弟會或姊妹會）。第二，我們加入的團體為我們提供了重要的益處；這就是我們加入的理由！第三，所有的團體都得做出決策（例如，「我們該如何反抗老闆的政策？」）以及，第四，所有團體都尋求要盡可能地合作（cooperation），即共同工作以達到各式各樣的目標，以及盡量減少或至少管理成員之間的衝突（conflict）。最後，大部分（如果不是全部）的團體，都得處理公平（fairness）的問題，這同時包含了團體內與團體外。

　　在本章，我們將檢視上述（以及另外幾個）問題。開頭，我們先檢視團體的基本性質，以及我們為何加入，以及為何有時我們會選擇離開團體的核心問題。接下來，我們檢視（在某些方面而言）最基本的團體效應：他人的單純在場。就算我們不在一個正式的團體裡，他人的在場也會影響我們在許多任務上的表現，以及我們行為的其他方面。第三，我們將簡短地檢視團體內合作與衝突的本質：為何會有截然不同的模式出現，以及它們所產生的效應為何。之後，我們將仔細探討與團體中所認為的公平有關的問題，即前述薪資事件裡的核心操作步驟。最後，我們轉向團體中的決策（decision making），以及這個過程中有時會出現的意外危險。

第一節　團體：我們為何加入，又為何離開

　　無形中，你已經接受了社會心理學家所採用的對**團體**（group）一詞相近的定義：被認為在某個程度上連結在一起，成為一個協調一致的單位的一群人（e. g., Dasgupta, Banji, & Abelson, 1999; Lickel et al., 2000）。社會學家稱團體所擁有的這種性質為**整體性**（entiativity），即一個團體被認為是個協調一致的整體的程度（Campbell, 1958）。整體性的變動很大，範圍從僅只是意外地在同一時間聚集在相同的地方、但彼此卻只有很少的（或完全沒有）關聯的一群人，到像是我們的家庭或我們與之共享愛情關係的人之類的高度親密的團體。因此，很明顯地，某些團體比其他的更近似我們對何謂一個團體的概念。但是什麼決定了我們認為某幾個人是否、以及在什麼程度上形成了一個協調一致的團體呢？這個問題得到研究者越來越多的關注，開始出現一個清楚的答案（Lickel et al., 2000）。特別地，看來那些真實（即整體性高）的團體會表現出下述的特徵：(1)成員經常彼此互動；(2)團體對其成員具重要性；(3)成員分享共同的目標與成果；以及(4)成員以重要的方式彼此相似。團體在這些向度上的程度越高，就越會被其成員視為形成協調一致的整體，即一個他們選擇歸屬的團體。

壹、團體：一些基本面向

　　在轉向團體影響我們行為與思考的各個面向的特定方式之前，先描述幾個團體的基本特徵會有所幫助，即幾乎每個稱得上團體的都存在這些特徵。這些特徵是角色（roles）、地位（status）、規範（norms）和凝聚力（cohesiveness）。

一、角色：團體內的功能區分

　　想想某個你所屬或曾經所屬的團體，從童軍團到職業協會都可以。現在，想想這個問題：在團體內的每個人是否都以相同的方式行動，或是執行相同的

功能？你的答案可能是「不」。不同的人會執行不同的任務，且被期待要為團體完成不同的事情。簡言之，他們扮演不同的**角色**（roles）。有時角色是指定的；例如，一個團體可能會選擇不同的個人來擔任他們的領導者、會計和秘書。在其他情況下，個人則是逐漸獲得特定的角色，而不透過正式的指派。不論角色是如何獲得的，人們經常會將之**內化**（internalize）；他們會將其角色與其自我概念的重要面向相連結（見第五章）。發生這種狀況時，一個角色就可能會對一個人的行為施展深刻的影響，就算那個人並非身在團體中。對於角色對我們所能產生的強大影響，Zimbardo 和他的同事提供了一個戲劇性的闡述（Haney, Banks, & Zimbardo, 1973）。在這個研究中，志願參與監獄生活研究的男性大學生遭到了「逮捕」，並被囚禁在位於史丹福心理系大樓地下室的一間模擬牢房裡。監獄裡的「警衛」也是有工資的志願者，而這兩種角色的指派（囚犯與警衛）則是完全隨機的。

　　此研究的主要目的是要判斷，研究參加者角色扮演的結果，其行為是否會像真正的警衛和囚犯。答案很快就出現：完全如此！囚犯和警衛的行為轉變之戲劇化，使得研究在六天之後就非得終止不可。開始時桀傲不遜的囚犯們，變得越來越被動與抑鬱，而警衛則變得越來越殘忍。他們不停地騷擾囚犯，強迫他們彼此誹謗，並指派他們去做冗長乏味而無意義的工作。研究參加者的行動變得越來越像真正的囚犯和真正的警衛。他們扮演的角色對其行為施展了有力（且令人不寒而慄）的效應，並指出了角色經常對我們在不同團體中所施展的強烈影響。

二、地位：團體內的階層

　　當我（Robert Baron）大學的董事長走進房間時，每個人都起立，在她就座前沒有人坐下。為什麼呢？答案之一牽涉到團體（或是，毋寧說，是在其中的位置）的一個重要方面：**地位**（status），即在一團體內的位置或等級。一個團體內不同的角色或位置，經常與不同層次的地位相關聯，而我們的董事長很明顯地在這個向度上位置很高。人們經常對地位十分敏感，因為與之連結的是大範圍的各種人所嚮往的結果，從薪資與「津貼」到在可能的愛情對象之間的最佳選擇（Buss, 1991）。為此，團體經常將地位作為一種影響其成員行為的工

具：只有「優秀的」成員，即順從團體規矩的成員會被授予地位。

演化心理學家附加給地位極大的重要性，指出在許多物種中，包括我們自己，高階地位都給予其擁有者重要的有利條件。特別是，地位高的人在與生存和繁殖相關的重要資源（例如食物與配偶的獲得）上，比地位低的人更有接近的機會（e.g., Buss, 1999）。但確切地說，人們是如何獲得高階的地位的？身高可能扮演某些角色，較高的人有優勢。例如，董事長和大型企業的領導者身高可能高過平均（e.g., Gillis, 1982）。儘管身高的優勢在依然可見的女性越來越多進駐高階位置時消退，但至少對男性而言，就地位方面而言，「較大」似乎就「較好」。

與個人的行為有關的因素，在地位的獲得上也扮演了某種角色。舉例而言，Tiedens（2001）的研究顯示，人們有時候能透過脅迫（intimidation），即表現憤怒和威脅來提升其地位。然而，不論其基礎為何，地位間的差異在大部分團體裡的生活，都是一個重要的事實，這是毫無疑問的。

三、規範：遊戲規則

第三個團體對其成員的強大影響的原因是**規範**（norms），即團體所建立、用來告訴其成員該如何舉措的規則。我們在第九章已詳細討論過規範，因此我們只再次提出，它們經常對行為行使強大的影響。此外，嚴守這些規範經常是贏得地位及其他由團體所控制的獎賞的必要條件。

四、凝聚力：結合的力量

想像兩個團體。第一個團體裡面，成員彼此相似，對其團體所追尋的目標具有強烈的渴望，並且覺得他們不可能找到另一個團體能更適切地滿足他們的需求。在第二個團體裡則相反：成員不怎麼喜歡彼此，沒有共同的目標，還主動尋找其他團體。哪個團體對其成員的行為會產生較大的影響呢？答案很明顯：第一個。這種差異的原因牽涉到我們在第九章中討論過的一個概念：**凝聚力**（cohesiveness），即所有將成員綁在一起，並讓他們想要待在團體裡的各種因素，像是對另一個成員的喜愛、成員間的相似性，以及透過附屬於「正確的」團體以獲得地位的渴望（Festinger, Schachter, & Back, 1950）。凝聚力可以成為

強大的力量；事實上，研究發現顯示，只要成員認同一個團體（他們對它的社會認同越強），他們就越不可能離開它，即使還有其他令人嚮往的選擇亦然（例如，離開原團體以加入另一個更有吸引力的團體）（Van Vugt & Hart, 2004）。

有幾個要素對凝聚力有所影響，其中包括了：(1)在團體內的地位（Cota et al., 1995），地位高的成員的凝聚力經常比地位低的成員更高；(2)贏得進入團體資格的心力，代價越高，凝聚力越高（見第四章）；(3)外在威脅或嚴酷競爭的存在，這種威脅會增加成員的吸引力及對團體的承諾；以及(4)規模——小團體傾向比大團體具有更強的凝聚力。

貳、加入的利與弊

想一想：你隸屬多少個不同的團體？如果你細想一下，你可能會訝異於這個清單的長度。儘管某些人所屬的團體比其他人還多，但很明顯的是，一般而言，我們都是「熱愛參與者」（joiners），是許多團體的成員。為什麼？我們能從團體成員這個身分得到什麼？如果這些好處這麼多，為什麼有時候我們選擇離開，從一個我們已經身處其中好幾個月、好幾年乃至幾十年的團體中退出呢？以下是一個社會心理學家在這些主題上的發現的摘要。

一、加入的好處：團體為我們做了什麼

很明顯地，人們經常為了加入特定團體而做出許多付出：在許多團體中，成員身分只能透過邀請獲得，而贏得這份邀請可能非常困難！也許更令人訝異的是，一旦他們得到加入許可，許多人便緊跟著這個團體，就算它遇到困難而不再有好處可圖。舉例來說，想想球迷及他們對其球隊如何保持忠誠，就算球隊在球季裡表現其慘無比。這種強烈的參與並繼續待在許多社會團體中的渴望說明了什麼？看起來，答案牽涉到許多因素。

首先，我們經常從隸屬各種團體而獲得*自我知識*（self-knowledge）。我們在其中的成員身分會變成我們自我概念的核心（回想我們在第五章的討論）。結果呢？我們想要「進入」，一旦我們有所從屬，我們會發現在此團體之外的生活難以想像，因為作為一個成員部分地定義了我們是誰！

　　一如先前所提到的，團體經常提升我們的地位。當個體被接納進入一個有名望的團體，例如一間千挑萬選的學校、一個限制嚴格的社交俱樂部，或是一所大學的運動代表隊，他們的地位和自尊經常會明顯地提升。這是另一個個人之所以加入特定團體的重要理由。這個地位提升，對於加入與認同特定團體而言有多重要呢？研究發現指出，這在很大的程度上，得看此人尋求**自我彰顯**（即提高其自身的公共形象，並感到自己比他人更優越）的程度，或是尋求**自我超越**（self-transcendence，即幫助他人的渴望，不論他們的地位，而對這種目標之尋求是對他人與社會正義的理解的增加），二者擇其一（e.g., Brown, 2000; Schwartz & Bardi, 2001）。你可能已經猜想到，個人尋求自我彰顯的程度越高，團體地位對他們而言就越重要，他們也越會認同團體。相反地，人們尋求自我超越的程度越高，團體地位就越不重要。這正是 Roccas（2003）的研究所發現的。她取得了商學院學生對自我彰顯與自我超越的渴望，以及他們在所屬團體中（他們的學校）自認為在什麼地位，和他們對此團體的認同量表。結果指出，他們自我彰顯的渴望越強烈，在團體地位與學生對團體的認同之間的連結就越強，而他們自我超越的渴望越強，這種連結就越弱。

　　另一個加入團體的好處是，這麼做經常能幫助我們實現社會變革。少數團體的成員、女性、同性戀，或是其他作為被壓迫對象的團體，是如何贏得他們的完整權利的？一如我們在第六章所見，實現的方式之一是加入致力朝向這些目標努力的團體。透過共同參與，偏見的受害者能贏得「社會力量」（social clout），而且經常能成功地改變他們的社會，並因此為他們自己及其他弱勢團體贏得較好的待遇（Klandermans, 1997）。甚者，研究者暗示，對這類團體的認同，是參與公開示威和遊行、發起與主張請願、杯葛歧視各種少數團體的事務等等的強力預測者（Sturmer & Simon, 2004）。

　　因此，很清楚地，我們從歸屬於各種團體中得到許多好處。顯而易見的是，在團體以外，我們無法真的滿足許多我們最基本的需求，包含社會的或其他方面的需求。

二、成員身分的代價：為何團體有時會分裂

　　很不幸地，在人生中，純粹的祝福是很少的（如果有的話）。不管有多大

的益處，幾乎任何事情都有其不利的一面。這對團體成員身分特別實際。雖然團體幫助我們達到我們所追尋的這些目標，並且能幫助我們提高我們在過程中的地位，它們卻也將特定的成本強加給我們。我們在後面的章節會談到許多（例如，團體在決策形成中的傷害效應；對於嚴格遵守團體規範越來越強烈的傾向，這常出現在大規模的群眾中）。然而，在此，我們請你注意幾種更為普遍的代價。

首先，團體成員身分經常限制個人自由。各種團體的成員被期待要以特定方式舉措，要遵循團體的規範或遵守在團體中角色的要求。如果他們不這麼做的話，團體經常會強加強烈的制裁在他們身上，或者最終將他們除名。在美國，軍官對政治公開表態被認為是不合宜的。因此，就算是高階將領，有這樣的舉動也可能會遭到強烈的譴責。

相同地，團體經常對其成員的時間、精力以及資源有所要求，而成員非得滿足這些要求，要不就是放棄其成員身分。例如，某些教會就要求他們的成員奉獻所得的 10% 給教會。希望能留在這些團體裡的人非順從不可，否則就會面臨被開除的下場。最後，團體有時候會採納某些成員所不同意的立場或政策。此外，不滿的成員若不是必須保持沉默，就是仗義執言，然後冒著被強烈制裁的風險，或是離開。

從一個團體中撤離是個重大而代價沉重的手段，因此引出一個有趣的問題：具體而言，為何個人會採取這種終極的行動？研究（e.g., Sani & Reicher, 2000）所提供的答案之一，乃是建立在一事實上，即當個人認同一個社會團體時，他們經常重設其自我概念的界線，以便將其他團體成員容納進來（Aron & McLaughlin-Volpe, 2001）。只要這是真的，何以特定成員有時候會退出團體，或為何團體自身會分裂的解釋，邏輯上就說得通了。也許個人在判斷其他成員的改變大到無法再被視為「我們」（亦即屬於他們已經延伸了的自我概念中）的時候，就會決定離開團體，並建立一個新的次團體。

這個過程的證據由 Sani 和 Todman（2002）所提出。這兩位的研究探討英國國教，在 1992 年，他們採納了在教會裡按立女性神父的政策。在 1994 年，第一個女性被按立為神父，而結果，數百個神職人員決定離開該教派。為何他們覺得這個激烈的行動是必要的？要查明這點，研究者要求英國國教的神父和

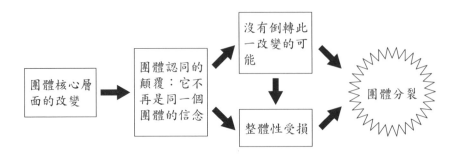

圖 12.1　團體為何會分裂：一種觀點

研究發現指出，在當下覺得該團體改變（翻轉）大到不再和原本他們所加入的是同一個整體（團體），而且他們斷定沒有人會聽他們對這種改變的抗議時，團體就會分裂（資料來源：Based on suggestions by Sani & Todman, 2002）。

執事表達他們對按立女性神父的新政策的看法，覺得這會改變教會到什麼程度，以及到什麼程度他們覺得自己的觀點（如果與該政策對立）能被聽到。結果指出，離開教會的神職人員這麼做，並不是因為他們是死硬的性別主義者（sexists），反對女性的平等權利。相反地，他們離開，是因為他們覺得這種改變太大，幾乎已不再是他們當初加入的那個組織，也不再能代表他們的觀點。更進一步，他們強烈地覺得沒有人會注意到他們的反對意見，他們別無選擇，只能離開（見圖 12.1）。

　　Sani 和 Todman（2002）指出，這個過程並不限於宗教團體。他們提到，在許多其他團體中也會發生相同的分裂，從政黨、社會運動到任何基於共享理念與價值的團體。團體改變了，當改變到了其成員感到不再能認同的程度時，最後的結果就不可避免：成員離開他們相信不再具有整體性的團體。

第二節　他人在場的效應：從任務表現到身處群眾中的行為

　　我們的行為經常受我們所屬團體所影響的事實，一點也不讓人驚訝；說到底，在這些團體中我們有特定的角色和地位，而團體通常也有完整建立的規範，

告訴我們所預期的行為是什麼。也許更令人驚訝的是，通常，我們會強烈地被他人單純的在場（mere presence of others）所影響，就算我們和他們並不屬於正式的團體。你從經驗中已經能了解這種效應。好比說，假設你獨自坐在一間房裡唸書。當你覺得癢，你可能會抓癢，而你可能會選任何一個你覺得舒服的地方坐。但如果有個陌生人進入房間，這一切都會改變。你可能會抑制自己去做一些你獨自一人時可能會做的事，你也可能會改變你其他方面的行為，儘管你不認識這個人，並且對她或他一點興趣都沒有。因此，很清楚地，我們經常受他人物理上單純的在場所影響。雖然這種效應有不同的形式，但我們在此將焦點放在兩個特別重要的形式上：他人在我們執行各種任務時在場的效應，以及身處群眾之中的效應。

　　有時候，當我們執行某項任務時，我們獨自進行；例如，你可能會單獨在你房裡學習，而我也是一個人在辦公室裡寫下本書內容。在其他例子裡，就算我們獨自進行一項任務，其他人也在場：你可能在座無虛席的圖書館裡，或是室友睡覺時唸書。在其他場合裡，我們和其他人作為任務執行團體，一起執行一項任務。他人在場對我們的表現影響為何？讓我們看看研究的發現。

壹、社會助長：他人在場時的表現

　　想像你是個正在準備生平第一場重要演唱會的年輕歌手。每天你都獨自練習你的演出節目好幾個小時，已經好幾個月了。終於，重要的日子到來，你走上台，看到一大群觀眾坐在華麗的演唱會大廳裡。你會怎麼做？會比你獨自練習時表現得更好或更差？

　　這是社會心理學家一開始時研究的主題之一，早期的研究結果（e.g., Allport, 1920）顯示，人們在他人在場時工作，會比獨自工作時表現得更好。在一個研究中，Allport（1920）要求研究參加者盡可能地寫出他們所想到的與印在白紙上面的字相關的聯想（例如**建築物**、**實驗室**）。他們給研究參加者三次一分鐘的時段，獨自進行及在另外兩個人在場時進行。結果很清楚：93%的人在他人在場時聯想到較多的相關詞彙。在這樣的發現的基礎上，Allport和其他研究者將這種他人在場時的表現的效應稱為**社會助長**（social facilitation），因為

他人在場時，表現似乎就被提升了。但其他研究很快就提出了相反的結果：在有一群觀眾或其他進行相同任務的人（同台演出者）在場時，表現比一個人獨自進行時更糟（Pessin, 1933）。為什麼？他人在場怎麼會有時提升有時又降低表現的水準？Robert Zajonc 為此謎團提供了一個精采的答案。

Zajonc 關於社會助長的驅力理論：他人作為一種激發的來源

想像你正獨自進行某項任務。然後，幾個人到了現場，認真地盯著你。你的脈搏會不會因為這些觀眾而加速？非正式的經驗顯示會，他人作為觀眾，興致勃勃的在場會增加我們的活化或激發的程度。注意到這個事實，Zajonc 表示這也許能為社會助長的謎題提供解答。

當激發程度增加時，我們表現出優勢反應（dominant responses，即在既定情境下最有可能會出現的反應）的傾向會升高。這種優勢反應可能是正確的或錯誤的。若真是如此，接下來理應出現的是，如果一群觀眾在場會增加激發的程度，這個因素就會在優勢反應正確時增進表現，而在這種反應不正確時則會損害表現（見圖 12.2）。

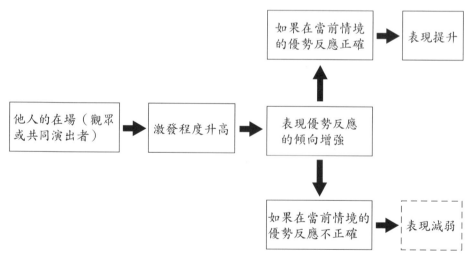

圖 12.2　社會助長的驅力理論

根據社會助長的驅力理論（Zajonc, 1965），他人的在場，不論是一群觀眾或共同演出者，都會增強激發程度，而這會強化表現出優勢反應的傾向。如果這些反應是正確的，表現就會被提升；如果不正確的話，表現就會被減弱。

Zajonc 的推論，即所謂的**社會助長的驅力理論**（drive theory of social facili-
tation，因為它的焦點在於激發或驅力），其另一層涵義是：在個人具有執行該
任務的高超技術時（在這種情況下，他們的優勢反應比較會是正確的），他人
的在場會增進個人的表現，但在個人技術不佳時，則會干預其表現，例如，當
他們還在學習怎麼做的時候（在這些情況下，他們的優勢反應**不**會是正確的）。

很快就有許多研究支持 Zajonc 的理論。個人在他人在場時較有可能表現出
優勢反應，而他們的表現不是被提升就是被減弱，端看在每個情境下這些反應
是否正確（e.g., Geen, 1989; Zajonc & Sales, 1966）。

但故事並非就此結束：後來的研究提出了一個重要的問題：社會助長是否
來自於他人物理上單純的在場？抑或其他的因素，像是關切他人對我們的評價，
也在其中扮演某種角色？那麼，真是如此的話，觀眾的類型就很有關係。有幾
個研究發現這是真的：例如，社會助長效應在觀眾蒙上眼睛、或是在看著個人
時表現得毫無興致的時候，就不會發生（Cottrell et al., 1968）。這樣的研究發
現指出，社會助長不只是驅力的增強而已；對於被評價的關切也扮演了一個角
色。

然而，雖然這些結論很合理，但它們似乎不能適用於所有的狀況；以動物
所進行的研究發現，簡單任務的執行也會被觀眾的在場所助長。例如，Zajonc、
Heingartner 和 Herman（1969）就發現，蟑螂在有其他蟑螂在場時（在旁邊的一
個透明塑膠盒裡），跑完一個迷宮的速度更快。很清楚地，主張昆蟲會關心自
己給他者的印象是沒有道理的，因此這些發現暗示，社會助長並不完全來自於
評價焦慮（evaluation apprehension）。那麼，答案是什麼？

一個研究者，Robert S. Baron（不是本書作者！）指出，這可能牽涉專注力
的轉移，以及其所產生的效應。Baron（1986）論稱，他人的在場，不論是觀眾
或共同演出者，都會造成分心，因此，這會威脅到執行一個任務的有機體，使
之認知超載（e.g., Baron, 1986）。特別是，任務執行者的注意力一定會被任務
與其觀眾所分裂，而這會造成激發的提升及認知超載的可能性。認知超載會導
致某種傾向，它會限制個人將注意力的焦點放在關鍵的線索或刺激上，同時「遮
蔽掉」非關鍵事務。

某些研究發現支持這個觀點，即所謂的**分心—衝突理論**（distraction-conflict

theory）（Baron, 1986）。例如，觀眾只有在他們的直接關注在某方面與任務的要求有所衝突時，才會產生社會助長效應（Groff, Baron, & Moore, 1983）。相同地，個體在一群觀眾前執行某項任務時，會感受到比獨自進行時更大的分心干擾（Baron, Moore, & Sanders, 1978）。

但關鍵的問題仍然存在：哪個比較重要呢？是上升了的驅力，還是這種縮小注意力焦點的傾向？根據 Baron（1986），這兩個理論（驅力理論與分心—衝突理論）對於一種特定任務會產生相反的預測：一個只需要少數關鍵刺激而又未經過良好訓練的任務。驅力理論預測他人的在場助長優勢反應，而在一個未經良好訓練的任務上，這反應會是個錯誤。因此，表現會被觀眾的在場所減低。相反地，分心—衝突理論，既然它強調的是注意力的焦點，它預測他人的在場會導致個人更把焦點放在與任務有關的重要線索上，而這會導致表現的提升。

研究發現已經證實了這些預測（e.g., Huguet et al., 1999），因此看來社會助長是來自認知因素，不只是激發的提升，如 Zajonc（1965）所主張的。沒錯，他人的在場會造成激發的提升，但之所以如此，是因為將注意力同時放在觀眾與所執行的任務上的認知要求，而不是他人物理上單純的在場的結果；而這可能會透過引發注意力焦點的縮小來影響任務的表現。這個認知觀點的優點之一是，它有助於解釋動物和人類為何都受觀眾影響。說到底，動物（就算是蟑螂）也會體驗到在進行一項任務*以及*注意一群觀眾之間的衝突。一個能夠解釋從蟑螂到人類之間的有機體的相似行為模式的理論確實是有力的，並且能為觀眾和共同演出者對於表現的影響，提供一個令人信服的解釋。

貳、社會閒散：把事情交給別人去做

假設你和其他幾個人正在幫忙推一台陷在坑裡的四輪傳動車。因為這是種大型轎車，你得使勁才能推動它。問題：是不是每個幫忙的人都會使出一樣多的力氣？可能不會。某些人會盡力推，其他人則只出適度的力，而有人只是假裝在推。

這個模式在團體進行所謂的*累加性任務*（additive tasks，即每個成員的貢獻

被組合到一個單一的團體成果中的任務）的情況下十分普遍。在進行這樣的任務時，有些人會努力工作，而其他人則會打混，比他們份內應做的更少，也比他們獨立工作時出更少的力。社會心理學家指稱這種效應為**社會閒散**（social loafing），即當許多個人在團體中集體工作時，相較於他們作為獨立合作者單獨工作時，所出現的在動力與心力上的減少（Karau & Williams, 1993）。

社會閒散已經在許多實驗中得到證實。在第一個實驗裡，Latané、Williams 和 Harkins（1979）要求男學生所組成的團體在一段特定的時間裡，盡可能大聲地鼓掌或歡呼，實驗者據假設能依此判斷人們在社會背景下能產生多大的噪音。研究參加者以兩人、四人或六人的團體來進行這項任務。結果指出，儘管隨著團體變大，總音量也變大，但**每個研究參加者**所產生的音量卻降低了。這種效應並不只限於像這種簡單而看似無意義的情境；相反地，它們十分普遍，並且在許多不同的任務上都會出現，包括認知性任務和體力性任務（Weldon & Mustari, 1988; Williams & Karau, 1991）。社會閒散的普遍性看來只有兩個例外。第一，如方才提到的，女性表現出這種效應的可能性比男性稍微小一點（Karau & Williams, 1993），這也許是因為她們傾向對他人的福祉有較高的關切。第二，社會閒散效應似乎在集體文化中比較不會發生，像是亞洲國家，其文化將集體利益看得比個人成就或成績來得更有價值（Earley, 1993）。在這類文化中，人們似乎在團體裡比獨自工作時更為**勤奮**。因此，如我們一再提到的，文化因素有時在社會行為中扮演重要的角色。

然而，除了此一重要的例外，社會閒散似乎是社會生活中隨處可見的事實。因為這是真實的，接下來的問題就很明顯了：要做什麼才能減少此效應呢？

最首要與明顯的減少社會閒散的方式，必須要讓每個參與者的成果或努力能很輕易地被辨認（e.g., Williams, Harkins, & Latané, 1981）。在這樣的條件下，人們無法袖手讓他人做自己份內的工作，因此社會閒散會減少。第二，團體能透過增加團體成員對成功的任務執行的承諾來減少社會閒散（Brickner, Harkins, & Ostrom, 1986）。勤奮工作的壓力此時有助於放下進行社會閒散的試探。第三，社會閒散能透過提升任務表面的重要性或價值來減少（Karau & Williams, 1993）。第四，在個人視自己對任務的貢獻為獨特的，而非只是他人貢獻之下的多餘付出時，社會閒散會減少（Weldon & Mustari, 1988）。這些步驟合起

來，能大大地減少社會閒散，以及以他人為代價來「打混」的誘惑（關於你如何能從社會助長中得益，並保護自己免於他人的社會閒散的實用建議，請見本章結尾「觀念帶著走～活用」專欄）。

參、去個人化：淹沒在人群中

你是否曾經去過群眾口出惡言、對裁判砸東西，或進行其他他們可能在其他場合絕不會做的行為的足球或棒球比賽？如果有，你已經有關於另一個他人在場（在這個例子裡，是很多他人）對我們的行為可能產生的效應的第一手經驗。這些效應，及一種轉向狂野與不受限制的行為的傾向，被社會心理學家稱為**去個人化**（deindividuation），因為它們似乎來自當我們身處一大群人之中，我們可能將我們的身分淹沒於群眾裡的事實，此即失去了我們的個體性。當我們這麼做的時候，平時壓抑住許多種可非議的或危險的行為的限制，似乎就消失了。事實上，群眾越多，這種效應就越可能會發生，隨之而來的行為就會越極端而野蠻（Mullen, 1986）。更正式地說，去個人化一詞指的是，以弱化的自我覺察與社會身分為特徵的心理狀態，由諸如在一大群人中作為匿名者的外在情況所產生。

對於去個人化一開始的研究（Zimbardo, 1976）似乎暗示，在群眾中做一個匿名者，會讓人們感到對其行為較不具責任或義務，這會鼓勵狂野的反社會行為。然而，更為晚近的證據指出，另一個因素可能更重要。當我們身處群眾之中，我們似乎更有可能會服從這個團體的規範，較不可能根據其他規範來行動（Postmes & Spears, 1998）。

但確切地說，究竟發生在自覺匿名的人身上的是什麼事？Mullen、Migdal和 Rozell（2003）的研究指出，當個人自覺匿名時，他們體驗到自我覺察的削減，以及同時體驗到其社會認同（即對於他們屬於某個社會或族群團體之事實的意識）的弱化。這樣的效應完全與我們在身處群眾中時，更有可能會服從該情境中有效的規範的概念相符：總之，我們覺得與其他有不同規範的團體關聯較小。Mullen、Migdal 和 Rozell（2003）得出這些結論的基礎，所依據的研究，是讓個人完成一份設計來測量他們自我覺察與社會認同程度的問卷。他們

完成這些問卷時，有的是在鏡子前面（從過去的研究得知，這是個能提升自我覺察的做法），有的是戴著面具（一個被認為能誘發匿名性與去個人化感受的做法），或是填一份簡略的家庭樹狀圖，在裡面的空格填上父親、母親和自己的名字（此程序是設計來提升其社會認同）。結果指出，鏡子會提升自我覺察和減少社會認同，而完成家庭樹狀圖會提升社會認同但會減弱自我覺察。與當前的討論最有關係的是，戴著面具會同時減弱自我覺察和社會認同。在這種條件下，研究參加者覺得對自己作為個體的意識較弱，也對其與他人（在這個例子裡，即他們的家人）的社會連結意識較弱。這些發現，以及其他相關研究的發現（e.g., Postmes & Spears, 1998）顯示，身處在一大群無名的群眾中，會將個人從他們平時的社會連結中放逐出去：他們不僅會經歷到對他們自己及其行為的意識的減弱，還經常會體驗到與他們平時所屬的社會團體的連結暫時性的弱化。既然有這些效應，大量的群眾經常會展現其所組成的人們自己在其他情況下絕不會做的行為，這就不令人驚訝。

第三節　團體中的協調：合作還是衝突？

在第十章，我們提到個人經常進行利社會行為，即對他人有益、但對這麼做的人卻沒有明顯或立即益處的行動。儘管這樣的行為並不少見，但另一種模式，即互相幫助而雙方都獲益的行為則更為普遍。這個模式被稱為**合作**（cooperation），牽涉到團體共同工作以達成共同目標。合作的益處很大；確實，透過這個過程，個人所構成的團體能達到的目標，是他們無法希望獨立達成的。然而，令人意外的是，合作並不總會形成。經常，團體成員會試圖協調其力量，但不知為何卻失敗。更糟的是，他們覺得個人利益無法共存，結果他們不但不合作並調和其力量，還在工作中彼此對抗。這叫**衝突**（conflict），在定義上，也就是個人或團體認為其他人是否做出與其利益矛盾的行動的過程。衝突，正如你可能從你自己的經驗中所了解的，它升高的過程令人難受，也許始於自己單純的不信任，並演變成不斷升高的憤怒、怨恨和旨在傷害對方的行動。在極端的情況下，終極的效應可能會對雙方都具有強大的殺傷力。

壹、合作：為達成共同目標而與他人共事

合作經常具有高度的益處。那麼，一個關鍵的問題是：團體成員為何不總是協調行動？答案很直接：他們不合作，是因為人們所尋求的某些目標就是無法分享。在找工作、尋求晉升和追求伴侶時，沒辦法好幾個人共同努力，因為獎賞只能給一個人。在這樣的情況下，合作是不可能的，而衝突會很快形成，畢竟每個人（或團體）都試圖要最大化其成果（Tjosvold, 1993）。

然而，在其他情境下，合作可以發生卻沒有發生。這正是社會心理學家最有興趣的情境，他們試圖找出使平衡傾向或遠離合作的因素。我們現在探討其中某些最重要的因素。

一、社會困境：合作可能發生卻經常沒有發生的情境

許多合作可能形成卻沒有形成的情境，可被稱為是**社會困境**（social dilemmas），即每個人都能透過以純粹自私的方式行動，來增加她或他個人利益的情境，但要是全部（或是大部分）的人都做一樣的事，所有人得到的成果都會減少（Komorita & Parks, 1994）。結果，這些人必須面對混合動機（mixed motives）：合作有理（避免整體的負面結果），但背叛也有理（做對自己好的事），因為如果只有一個或少數幾個人進行這樣的行為，他們就會獲益，而其他人則不會。對這種情境的一個經典的闡釋，將它簡化到最簡單的形式，被稱為囚犯困境（prisoner's dilemma，見圖 12.3）。有兩個囚犯，兩人都可以選擇要合作還是對抗。如果彼此合作，兩人都會體驗到很大的好處。如果彼此對抗，兩人體驗到的是好處就少得多，或是實際的損失。如果一個人選擇對抗，另一個人選擇合作，最有趣的模式就會出現。在這種情況下，第一個人體驗到的好處，比第二個人有利得多。這種情況被稱為囚犯困境，因為這反映了兩個被逮捕的嫌犯的兩難。假設警察沒有足夠的證據證明其中任何一個人有罪，如果兩個人都堅持他們的說法（即兩個人彼此合作），他們會被釋放或得到嚴厲的判決。如果其中一個認罪（推翻供詞），另一個卻沒這麼做，警方會有足夠的證據判斷兩人有罪，但認罪的那個人會被判較輕的刑責。如你所見，這個情境捕

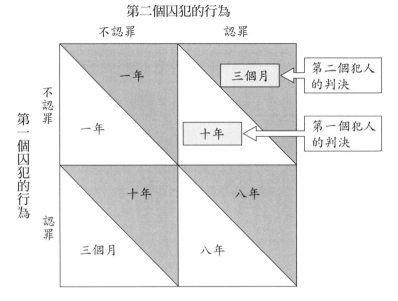

第二個囚犯的行為

圖 12.3　囚犯困境：合作還是競爭，這是個問題！

在囚犯困境中，兩個人可以選擇要彼此合作或競爭。如果兩個人都選擇合作，彼此都會得到不錯的成果。如果兩個人都選擇競爭，每個人都會得到負面的結果。如果一個人選擇競爭，而另一個選擇合作，第一個人會得到比第二個人更好的結果。研究發現指出，許多因素會影響人們在這種混合動機的情境下所做的選擇。

捉到了許多社會困境的本質：每個嫌犯都會體驗到要合作或競爭的壓力。社會心理學家使用過這種類型的情境，或是與之十分相似的情境（當然是模擬的），來檢測使平衡傾向信任與合作，或是不信任與競爭的因素（e.g., Insko et al., 2001）。這類研究的發現指出許多不論是合作或競爭形成時，扮演某些角色的因素。

二、影響合作的因素：互惠、個人取向和溝通

儘管許多不同的因素會決定個人是否會在牽涉到由社會困境所產生的混合動機的情境下選擇合作，但看來最重要的因素有三個：互惠（reciprocity）的傾向、關切合作的個人取向（personal orientations），以及溝通（communication）。

互惠（reciprocity）也許是最明顯的因素。在一生之中，我們都傾向服從這

項原則,以他人對待我們的方式對待他們(e.g., Pruitt & Carnevale, 1993)。在合作與服從之間選擇時,我們似乎也採納這個普遍規則。當其他人和我們合作並將自己的私利放在一邊時,我們一般而言也會依樣而行(Kerr & Kaufman-Gililland, 1994)。

演化心理學家已經提過,這種在牽涉合作的情況下對互惠原則的採納,並不限於人類;在其他物種身上也觀察得到(如蝙蝠、黑猩猩)(Buss, 1999)。這便提出一個有趣的問題:因為「背叛者」(在合作後過河拆橋者)經常得到好處,互惠的強烈傾向是怎麼逐步形成的?**互利行為**(reciprocal altruism)理論提供了一個可能的答案(e.g., Cosmides & Tooby, 1992)。該理論指出,透過分享諸如食物之類的資源,有機體能增加存活的機會,並因此增加將其基因傳給下一代的可能性。進一步說,他們傾向以這類合作的接受方能得到相對較大利益、而提供者付出相對小的代價的方式,來進行這種分享。如果一個獵人得到的肉比他和家人所能食用得還多,而另一個人正餓著肚子,第一個人進行分享的代價最小,而第二個人得到的益處卻很大。兩人易地而處,合作還是會為雙方都帶來好處,並增加彼此存活的機率。相反地,以純然自私的方式行動的有機體則無法獲得這樣的好處。

對合作產生強大影響的第二個因素,則是對此行為的**個人取向**。想想你這一生所認識的人。你能不能想起那些偏好合作的人?反過來,你是否能記得其他特別偏好追求自己的私利、無法信賴他人能互相合作,而且似乎會將每個社會接觸都變成一種競爭的人?這兩種類型的人都要想起來,也許對你而言有點困難,因為在合作的傾向中存在著極大的個人差異。這些差異似乎反映了與他人一起工作的兩種互相對立的觀點,人們在不同情境中都抱持著這些觀點,甚至會在相對長久的時間裡持續(e.g., Knight & Dubro, 1984)。特別是,研究發現指出,個人對內含社會困境的情境,可以具有三個極不相同的取向中的任何一項:(1)合作取向,即人們偏好最大化所有涉身其中的人所能得到的總和成果;(2)個人主義取向,即人們將焦點主要放在最大化自身的成果;或是(3)競爭取向,即人們主要把焦點放在藉由獲得比他人更好的成果來擊敗他人(DeDreu & McCusker, 1997; Van Lange & Kuhlman, 1994)。這些取向對於人們如何行動會產生強烈的影響,因此它們是合作是否會形成的重要因素。

第三個影響在合作與競爭之間如何做選擇的因素是**溝通**。常識指出，如果個人能夠和他人討論自己的處境，可能會很快做出結論，即對每個人最好的選擇就是合作；說到底，這會讓所有人獲利。然而，令人訝異的是，早期研究得到的結果卻很含混。在許多情境裡，團體成員就彼此在該情境下該怎麼辦進行溝通的機會，並沒有增加合作的情況。相反地，團體成員似乎會利用這樣的機會來威脅彼此，讓合作破局（e.g., Deutsch & Krauss, 1960; Stech & McClintock, 1981）。事情總是這樣的嗎？還好，研究發現指向較為樂觀的結論：很明顯地，團體成員之間的溝通能導致合作的增加，只要能符合某些特定條件的話（e.g., Kerr & Kaufman-Gilliland, 1994; Sally, 1998）。特別是，如果團體成員對於彼此合作能有個人的承諾，而且這樣的承諾能由對自身榮譽有強大的個人規範所支持，則有益的影響就能（而且真的會）出現（見第九章對社會規範的本質與影響的討論）（e.g., Kerr et al., 1997）。

貳、衝突：本質、成因與效應

如果利社會行為（見第十章）和合作構成了描述個人與團體如何合作的向度的一個端點的話，那**衝突**就在（或靠近）另一端。一如先前所提到的，衝突指的是一個個人或團體認為他人已經或將要採取與其利益矛盾的行動的一種過程。在衝突中的關鍵要素似乎包括：(1)在個人或團體間互斥的利益；(2)對這種對立的確認；(3)雙方都有對方會採取行動干預其利益的信念；以及(4)產生這種干預的行動。

不幸的是，衝突是社會生活中太過普遍的一部分，而且對雙方而言代價可能都很高昂。是什麼因素造成了這樣看似非理性的行為呢？以下是社會心理學家處理過的一些關鍵問題。

衝突的主要原因

我們對**衝突**的定義，強調無法調和的利益的存在，以及牽涉其中的各方對此事實的確認。更確切地說，這是衝突的決定性特徵。然而，有趣的是，衝突有時候無法形成，就算雙方利益有所矛盾，他們可能僅只是相信它存在罷了（e.

g., DeDreu & Van Lange, 1995; Tjosvold & DeDreu, 1997）。簡言之，衝突需要的遠不只是互相矛盾的利益。越來越多的證據顯示，社會因素在使矛盾的利益變為衝突的過程中，可能扮演了重要的角色。

扮演了某種角色的社會因素之一是不完善的歸因（faulty attributions），即關於他人行為背後原因的錯誤（e.g., Baron, 1989a）。當個人發現其利益受到阻礙時，他們通常會試著判斷這是怎麼發生的。是運氣不好嗎？是他們自己缺乏計畫嗎？是缺乏所需的資源嗎？抑或是其他個人或團體有意的干預？如果他們斷定最後一點為真，那緊張衝突的種子可能就此種下，儘管他人可能跟這個情況一點關係也沒有！

另一個似乎在衝突裡扮演了重要角色的社會因素，可稱之為不完善的溝通（faulty communication），亦即個人有時儘管自己無意，仍然和他人以令人憤怒或不快的方式溝通的事實。你是否曾經受到尖刻的批評，也就是你覺得不公平、不體貼而且毫無幫助的批評？幾個研究的結果指出，這類被稱為非建設性批評的回饋，會讓被批評者想要報復，並為衝突提供了條件。再次重申，矛盾的利益未必非得產生衝突不可（e.g., Baron, 1990; Cropanzano, 1993）。

第三個衝突的社會起因，牽涉到我們將自己的觀點視為客觀且反映現實，而其他人的則受其意識形態所誤導（e.g., Keltner & Robinson, 1997; Robinson et al., 1995）。結果，我們會傾向誇大我們和別人的觀點之間的差異，以及將利益衝突予以誇張。研究指出，這種傾向對位於主宰或掌權地位的個人或團體較為強烈（Keltner & Robinson, 1997）。這經常會導致所謂的現狀偏誤（status quo bias），即在團體間彼此的觀感中，掌權團體對現況的定義不如挑戰他們的團體來得正確的傾向。好比說，他們會將自身的立場看得比實際上更為合理或客觀。

個人的特質或特性也在衝突中扮演某種角色。例如，A 型性格者，即具有高度競爭性、總是匆匆忙忙又易怒的人，他們比平靜而較不易動怒的 B 型性格者，會更常被牽扯到衝突之中（Baron, 1989b）。

最後，Peterson 和 Behfar（2003）指出，團體內的衝突可能來自團體最初的表現不佳。糟糕的表現，以及對這樣的表現的負面回饋，對團體成員而言，可能具有威脅性，而這會讓他們為這些糟糕的結果互相指責（而不是他們自己！

請見我們在第三章關於自利偏誤的討論）。結果就可能是團體成員間衝突的增加。為了檢測這個預測，Peterson和Behfar（2003）要求MBA學生完成一份問卷，其設計是為了測量他們在一個學期中兩個不同時段裡所經歷的衝突。課堂指導者提供每個組在課堂計畫上所得的分數的訊息，此即測量每個組表現的回饋。實驗結果指出，正如研究者所預測的，團體所得到的原初回饋越負面，他們在得到這項訊息後所回報的衝突就越大。意料之中的是，團體在得到這些訊息之前，一開始的衝突越多，之後回報的衝突也越多。衝突會以惡劣的方式持續存在，除非採取主動的方法使之減少。

這告訴我們什麼呢？就是衝突並非僅來自互相矛盾的利益的結論。相反地，衝突經常衍生自社會因素，長期的妒忌或怨恨、復仇的渴望、錯誤的社會知覺、不良的溝通，以及其他相似的因素。

參、解決衝突：一些有用的技巧

因為衝突通常代價高昂，所以牽涉其中的人都希望能盡快化解。哪些步驟對於達到這個目標最有幫助呢？儘管許多方法都可能成功，但其中有兩種似乎特別有用：協商（bargaining）與上級目標（superordinate goals）。

一、協商：普世的做法

到目前為止，解決衝突最普遍的做法是**協商**（bargaining）或**談判**（negotiation）（e.g., Pruitt & Carnevale, 1993）。在這個做法中，對立的雙方直接或透過代表互相交換條件、反擊以及妥協。如果這個做法成功，就能得到一個可接受的解決方案，而衝突也由此消弭。要是協商不成功，可能會產生代價沉重的僵局，而衝突也會被增強。是哪些因素決定這些結果呢？你可能已經猜到，許多因素都扮演了某種角色。

首先，也許最明顯的是，協商的結果部分地受協商者所採用的技巧所決定。許多這類技巧都是設計來達成一關鍵目標：降低反對者所渴求的目的（aspiration，即希望或目標），使得某人或團體被說服無法獲得想要的東西，並接受另一方較想要的結果。達到這個目標的技巧包括了：(1)從極端的起始條件開

始，即對提出的一方特別有利的條件；(2)「大謊話」技巧，即以自己的損益點比實際上還高得多來說服對方，讓他們提供比其他情況下更多的條件；以及(3)說服另一方，你另有「出路」，如果他們不和你達成協議，你就去找別人，說不定會得到更好的條件（Thompson, 1998）。

這些技巧是否合乎道德？這是個複雜的問題，見仁見智，但對此問題進行過研究的社會心理學家（Robinson, Lewicki, & Donahue, 1998）發現，有個共識是，從倫理的觀點來看，有四種技巧是可質疑的：(1)攻擊對方的網絡，即操控或介入對方的支持或訊息網絡；(2)虛假的承諾，即提供錯誤的承諾，或者在關於未來的意圖上說謊；(3)歪曲事實，即提供會誤導人的或是錯誤的訊息給對方；以及(4)不當的情報蒐集，即以不道德的手段（例如盜竊或監視等等）來獲取訊息。這些技巧的測量，是透過一種稱為自我回報的不當談判策略量表（Self-Reported Inapropriate Negotiation Strategies Scale, SINS）來進行。

協商結果的第二個重要決定因素，牽涉到協商者對此過程的總體取向（Pruitt & Carnevale, 1993）。參與談判的人能在兩個截然不同的觀點中任選一個來進行。一個是，他們將協商視為你死我活的處境，一方的獲益必然連結於另一方的損失。另一個觀點則是，他們能將談判當作雙贏的情況來進行，兩邊的利益未必是無法相融的，而雙方可能的獲益也可以被最大化。

並不是所有的情況都提供這種共識的潛在條件，但許多情況仍然提供了這樣的可能性。要是參與者願意開發所有的可能性，他們有時就能達到所謂的整合的共識（integrative agreements），能提供共同的利益，而不只是妥協方案，並將所有的差異拋開。在此我們提供一個例子：假設兩個廚師都在準備需要一整顆橘子的一道餐點，而他們只有一顆橘子，該怎麼辦？一個可能性是將橘子從中切成兩半。這讓他們都只能擁有不足其所需的量。然而，假設一個廚師需要全部的橘子汁，而另一個需要全部的皮。那麼，就有一個更好的可能解決方案：他們能共用這顆橘子，每個人都只取自己所需的那部分。存在著許多達到這種整合的解決方案的技巧，我們將其中一些摘錄於表 12.1。

表 12.1　達到整合的共識的技巧
· · · · · · · · · · · · ·

許多策略都有助於達到整合的共識，它們能提供比純粹的妥協更好的結果。在此摘錄的是其中幾個重要的策略。

技巧	描述
把餅畫大	可得資源增加，好讓雙方都能達到其主要目標
不特定的補償	某方得到他想要的；另一方在不相關的方面得到補償
投桃報李	雙方都在較次要的議題上讓步，換得讓其認為價值更高的議題順利通過
架橋	雙方都沒得到起初的要求，但發展出新的選擇，能滿足雙方的利益
降低成本	一方得到他想要的，而另一方的成本則以某種方式被減低

二、上級目標：我們在一條船上

　　一如我們在第六章所見，個人經常將世界區分為兩個不同的陣營：「我們」和「他們」。人們認為他們自己團體的成員（我們）和屬於其他團體的人（他們）非常不同，而且較為優秀。這種誇大自己團體與他人之間的差異並貶抑外來者的傾向十分強烈，並經常在衝突的發生與延續中扮演某種角色。幸運的是，這樣的傾向能透過引入**上級目標**（suprordinate goals），即雙方都尋求、並將其利益綁在一起而不致越走越遠的目標（e.g., Sherif et al., 1961; Tjosvold, 1993）。當對立的雙方能看到他們共享超越一切的目標時，衝突經常會減少，而會被明顯的合作所取代。

第四節　團體中意識到的公平：其本質與影響

　　你是否曾經處於這樣的情境，感到你自己從你所屬的團體所得到的比你應得的還少，像是較低的地位、較少的升遷、較少的薪水？若是如此，你也許記得你對這類意識到的**不公平**的反應大概很是強烈而不愉快的。也許你會體驗到憤怒、怨恨和強烈的不公平的感受（e.g., Cropanzano, 1993; Scher, 1997）。如果你有這樣的感受，你也許不會只是坐著等情況改善；相反地，你可能會採取一些具體的行動來改變情況，以得到任何你覺得應得的東西，就像在本章開頭所述，我和我的同事們在「交出你的小費」事件中所做的。不論你做什麼，對團體的運作可能都有所影響。社會心理學家多年前就辨識出這樣的效應，並進行了許多實驗來理解：(1)導致個人判斷自己被公平或不公平地對待的因素；以及(2)他們如何回應，即他們處理其意識到的不公平的努力（e.g., Adams, 1965）。現在讓我們思考這兩個問題。

壹、判斷公平性的基本原則：分配、程序與執行上的公平

　　判斷我們是否在與他人的關係中得到公平的對待，這是個複雜而微妙的任務。首先，我們很少能擁有正確地做此類判斷所需要的全部訊息（e.g., Van den Bos & Lind, 2002）。再者，就算我們有了足夠的訊息，人所意識到的公平大多也只是在旁觀者的眼裡，因此易受許多我們在本書中所述的謬誤與扭曲所影響。例如，斷定我們比其他人應得的更多，始終是種誘惑，就算這不是真的（自利偏誤的作用）。然而，儘管有這些複雜的問題，對於在團體環境中所意識到的公平性所做的研究指出，一般而言，我們做這種判斷的基礎，是在三個清楚的規則之上。

　　第一個，被稱為**分配正義**〔distributive justice，或是公正（equity）〕（Adams, 1965），這牽涉到我們和他人所得到的成果。根據這個規則，可得的獎勵

應該在團體成員間依照其貢獻來分配。他們在心力、經驗、技巧及對團體的其他貢獻越多，他們應得的也就越多。我們經常依照團體成員提供的貢獻，以及他們得到的報償，這兩者的比例來判斷公平性。我們期待這個比例對所有成員而言大致都是相同的，如果不是，我們便覺得分配的公平性被侵犯了，有不公平的存在（e.g., Brockner & Wiesenfeld, 1996; Greenberg, 1993）。

儘管我們確實很在乎我們和別人所得到的成果，但在判斷公平性這件事上，遠非如此簡單。除此之外，我們還經常對獎賞分配的程序（procedures）的公平性抱有很大的興趣。這被稱為**程序正義**（procedural justice）（e.g., Folger & Baron, 1996），而我們會將我們對此的判斷放在下述因素的基礎之上：(1)程序一致性：它們必須以相同的方式讓所有人都適用；(2)正確性：程序的進行，須基於關於所有團體成員之貢獻的正確訊息之上；(3)修正的機會：如果分配上發生任何錯誤，必須能夠校正；(4)偏見抑制：決策者得避免受其自我利益的影響；以及(5)道德性：決策的方式必須與受影響者的倫理或是道德價值觀相容。

在許多研究中都已經獲得這類因素影響我們關於程序正義的判斷的證據（e.g., Brockner et al., 1994; Leventhal, Karuza, & Fry, 1980）。例如，在一個研究中，Magner等人（2000）要一個中等城市的房地產所有者評估他們所納的稅金透過公平程序決定的程度。結果指出，道德性、正確性和偏見抑制對納稅人在程序正義的判定上十分重要：這些因素出現得越多，他們覺得繳出去的稅金公平的百分比就越高。

最後，我們也以給予我們資訊和程序的方式來判斷公平性。這被稱為**交流正義**〔transactional justice，有時稱為互動正義（interactional justice）〕，而在我們對它的判斷中扮演關鍵角色的有兩個因素：我們被分派這些獎賞，其理由的清楚與合理程度（Bies, Shapiro, & Cummings, 1988），以及我們所知在這樣的分派中的善意和體貼（e.g., Greenberg, 1993a）。以下是一個說明：假設你從某教授那裡接到　份期末報告。上方打著分數「C」。你本來預期至少有 B，因此你相當失望。然而，繼續讀下去，你看到詳細的解釋，說明為何你拿到這樣的成績，而在讀過之後，你不得不承認這解釋清楚而合理。甚者，該教授還加上評語：「我知道這個分數會讓你感到失望，但我覺得你有能力做得更好，而我樂意和你一起試著提升你的成績。」你會如何反應？也許你會判斷：這分數

雖低，但教授對待你是公平的。相反地，想像如果沒有對這成績的任何解釋，教授還寫了這樣的評語：「很差勁的報告；你完全沒達到我的標準。你也不用費心試著來找我了：我從不更動成績的。」你會怎麼反應？在這種情況下，你比較有可能會體驗到憤怒與怨恨的感受，並認為你受到的待遇是不公平的。

貳、對意識到的不公平的反應：處理不公平的技巧

當人們感到被不公平地對待時會怎麼做？你也許從自己的經驗裡已經得知，能做的事千差萬別。首先，如果不公平以獎賞（分配正義）為中心的話，人們可能會將焦點放在改變他們的貢獻與成果之間的平衡之上。例如，他們可能會減少付出或要求更大的獎賞。如果這些無法實現的話，他們會採取更激烈的行動，像是完全離開團體。這些反應在職場都很容易見到，在這個環境中關於公平性的判斷扮演了很重要的角色。感到自己薪水過低的受雇者可能會遲到早退、打混，或要求更多的好處，譬如更高的薪水、更多的假期等。如果這些伎倆不能奏效，他們可能會抗議、加入工會然後罷工，或是，最後離職並找新工作。

當不公平以程序（程序正義）或缺乏決定獎賞分派的人的善意（交流正義）為中心，而不以獎賞本身（分配正義）為中心時，個人可能會採取稍微不同的技巧。程序通常比特定的成果還更難以改變，因為它們是「關起門來」進行的，並且可以許多方式違反公開的政策。相同的，改變在老闆、教授或其他分派獎賞的人的冷漠待遇背後的負面態度或人格特質也很困難。結果，感到在這些方面被不公平地對待的個人經常轉用更為隱蔽的技巧來「扯平」。越來越多的證據顯示，在許多監守自盜和員工破壞事件的背後，都有這樣的不公平感受的存在（e.g., Greenberg, 1997）。如第十一章提過的，不公平的感覺在許多形式的職場攻擊行為之中也扮演了重要的角色，特別是在個人對於那些他們相信不公平地對待他們的人所做的隱微的、藏頭縮尾的行動。

最後，感到自己曾經被不公平地對待，並斷定自己沒太多方法可以處理的人，可能會以改變自己的理解的方式來面對。好比說，他們會斷定其他得到比自己更大的獎賞的人確實應得這樣特別的待遇，因為他們有「與眾不同」之處，

例如獨特的天分、較好的經驗、較高的聲望，或是其他特質。在這種情況下，感到無法消除不公的人至少能與之相處，並減少其所造成的不適，儘管他們仍持續被他人不公平地對待。

第五節　團體的決策行為：如何發生，及其所面臨的陷阱

　　團體被號召是要執行任務的，從玩樂團到進行外科手術等都是。然而，它所執行的最重要的活動，是**決策**（decision making），即結合與整合可獲得的資訊，以便在幾個可能的行動方案之間擇其一。政府、大公司、軍事單位、運動團隊，這些團體和許多其他組織都將關鍵決策交付給團體。為什麼呢？儘管許多因素都扮演了某種角色，但最重要的看來是這個因素：大部分人相信團體通常能比個人達到更好的決策。說到底，團體能夠聯合成員的專才並避免極端的決定。

　　這樣的信念正確嗎？團體是否真能做較好且較正確的決定？社會心理學家在努力回答這個問題時，將焦點放在三個主題上：(1)團體實際上如何做出決定並達成共識？(2)團體所做出的決策是否與個人所做的有所不同？(3)團體有時會做出完全災難性的決定，糟糕到令人難以相信這是團體成員所達成的，這事實說明了什麼？

壹、決策過程：團體如何獲得共識

　　當團體開始討論任何議題時，其成員很少會表現出全體一致的協議。相反地，他們會帶著不同的訊息進入決策過程，並以此支持一系列不同的觀點（e. g., Larson, Foster-Fishman, & Franz, 1998; Gigone & Hastie, 1997）。然而，經過一番討論後，團體通常會達成決議。但這也不一定會發生；陪審團會猶豫無法做決定，其他決策團體有時也會陷入僵局。但是，一般而言，一些決定還是能形成的。這是怎麼做到的，最終的結果又是否能由團體成員最初所抱持的觀點

來預測呢？以下是研究的發現。

社會決策基模：決策的藍圖

讓我們從一個團體的決策可否能由其成員起初所抱持的觀點來預測這個問題開始。在此，儘管牽涉到的過程較為複雜，答案本身卻直截了當：「可以」。團體所做成的最終決定經常可以透過相對簡單的，所謂的**社會決策基模**（social decision schemes）來預測。這些規則將成員對團體起初的觀點或偏好分派給團體最終的決定。例如，一個基模，即**多數決規則**（majority-wins rule），它指出在許多情況下，團體會選擇任何一開始受到最多成員支持的立場（e.g., Nemeth et al., 2001）。根據這個規則，討論主要的功能在於確認或增強最受歡迎的原始看法；一般都會被接受，不論少數人多麼激動地主張另一個不同的立場。第二個決策基模則是**真相規則**（truth-wins rule）。這指的是正確的解決方法或決議最終將被接受，只要其正確性被越來越多的成員所認識。第三個決策規則是**第一招規則**（first-shift rule）。團體傾向採納與任何成員所表達的意見中的第一個辦法方向一致的決策。還有另一個規則，即**一致通過**（unanimity），經常由法律體系所使用，要求陪審團達成一致通過的裁決。

令人驚訝的是，許多研究的結果指出，這些簡單的規則在預測複雜的團體決策時也十分準確。它們被發現在 80% 的情況下是正確的（e.g., Stasser, Taylor, & Hanna, 1989），儘管有時抱持極端觀點的成員（局外人）也會產生強大的影響，並讓團體無法達到這些基本規則所預測的決策（e.g., Ohtsubo et al., 2004）。因此，社會決策基模似乎對於團體如何邁向共識提出了重要的洞見。（很清楚地，團體會達成決議；但這些決策的品質呢？有比個人所做的更好或是更差嗎？更平衡或是更保守？關於這個主題的討論，請見「理解常識」專欄）。

社會心理學的技藝　理解常識

■ 團體是否比個人更不會「走極端」？

　　真正重要的決定很少是交給個人來做的。相反地，它通常被交付給團體來做，最好，是給有資格的團體。例如，醫療決策是由醫師團體所做出，而政府的政策則是由專家團體所決定，或至少是由他們所建議。為什麼？答案之一在於一種普遍信念，即團體比個人更不會做大膽而冒險的決定，不會盲目地衝過界線。在這方面，常識是對的嗎？研究發現提供了直接的答案：「未必！」大量的證據指出，團體事實上比個人獨自做決定時更可能採納極端的立場。事實上，在許多決定與背景裡，團體都表現了朝向比一開始時更極端的觀點的顯著傾向（Burnstein, 1983; Hilton, 1998; Lamm & Myers, 1978）。這被稱為**團體極化**（group polarization），而其主要效果可摘要如下：不論團體在討論之前的原初傾向或偏好是什麼，這種偏向在團體的商議過程中會被增強。結果，不僅團體轉向更為極端的觀點，個別成員經常也表現出這種遷移（見圖 12.4）。對此主題一開始的研究（e.g., Kogan & Wallach, 1964）暗示，團體在討論重要議題時會轉向更危險的選擇，這種轉變被稱為**冒險遷移**（risky shift）。但其他的研究指出，這樣的遷移並不總是轉向風險，而只有在團體原本的偏好傾向於這個方向時才會發生。這種遷移也可能朝向相反的方向：朝向更為謹慎的方向，如果團體一開始的偏好如此的話。因此，團體是否可能比個人更傾向於做出更保守而更好的決策？詳細研究的發現建議的答案是：「絕不如此」。

　　但為何團體在討論的過程中會傾向轉向更為極端的觀點與決定？這其中似乎包含了兩個主要的因素。首先，社會比較似乎在其中扮演了重要的角色。每個人都想要「不同凡響」，而在表達意見方面，這代表要抱持比其他成員「更好」的觀點。在此背景之下，更好意味著得抱持與團體的偏好在同一陣線，但得更「多一點」的觀點。例如，在自由派的團體裡，更好意思可能是「更自由」。在保守派的團體裡，意思可能是「更保守」。在種族主義的團

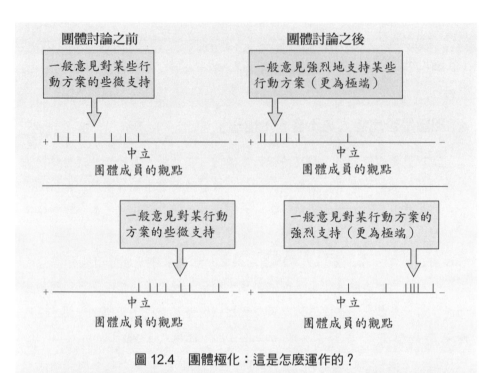

團體討論之前　　　　　　　　　團體討論之後

一般意見對某些行動方案的些微支持

一般意見強烈地支持某些行動方案（更為極端）

中立
團體成員的觀點

中立
團體成員的觀點

一般意見對某行動方案的些微支持

一般意見對某行動方案的強烈支持（更為極端）

中立
團體成員的觀點

中立
團體成員的觀點

圖 12.4　團體極化：這是怎麼運作的？

團體極化意指了決策團體轉向比一開始更極端、但一般方向與之一致的觀點的傾向。因此，如果團體開始於對某一觀點或立場的些微偏好，他們在討論後經常最終會對這立場更為強烈地表示支持。這種朝向極端的轉變在許多環境下可能會十分危險。

體裡，意思可能是「更死硬派」。表達出的意見甚至比團體的意見還要強烈的人會受到推崇，而這會傾向變得具影響力。

　　這個過程的另一個面向，包含了在團體討論中，至少有某些成員會發現他們的觀點並不比大部分其他成員更好的事實，而這經常讓他們感到驚訝。結果是：在拿他們自己與這些人做過比較之後，他們轉向更為極端的觀點，而團體極化就開始運作了（Goethals & Zanna, 1979）。

　　在團體討論中所包含的第二個因素是，在其中出現的大部分主張都是支持團體原本的偏好的。聽到這些主張的結果是產生說服的現象（也許是透過第四章所描述的中央路徑），團體成員便轉向了多數人的觀點。此轉變的結果，是提議對團體原本偏好的傾向之比例增加，因此成員說服他們自己這肯定是「正確」的觀點。團體極化便導因於這樣的過程（Vinokur & Burnstein, 1974）。

不管團體極化確切的基礎是什麼，它本身有很重要的意涵。極化的出現可能會導致許多決策團體採納越來越極端而危險的立場。在這種背景之下，對於原本應該有更好的認識的政治、軍事或商業團體中，這種可能朝向災難性決定的轉變，光想想就讓人心寒；好比說，在現在已不復存在的蘇維埃聯邦中的「強硬派」所做的，要安排一場政變好修復堅定的共產主義規矩的決定，或是蘋果電腦不授權其軟體給其他製造商的決定，這決定最後保證了其競爭者的成功。團體極化是否影響了這些決定和其他災難性的決策？這很難肯定地說，但研究指出這是很可能的。

貳、團體決策的潛在危險：團體迷思、偏差的處理及訊息分享的限制

許多決策團體走向極化是個嚴重的問題，這會干擾它們做出正確決定的能力。不幸的是，這不是唯一一個會產生負面效應的程序。在團體討論中還會出現其他幾種過程，他們會將團體導向代價高昂甚至是災難性的決定（Hinsz, 1995）。在其中最重要的有：(1)團體迷思（groupthink）；(2)團體成員偏差的訊息處理；以及(3)團體無能分享與利用某些成員（非全體）所擁有的訊息。

一、團體迷思：凝聚力太強是件危險的事

先前我們提過，團體內的凝聚力高會是件好事：它能提升動機與道德感，並讓團體更為舒適。但和其他任何事情一樣，在團體的凝聚力方面，「好事不能太過」。當凝聚力達到極高的程度時，似乎會形成**團體迷思**（groupthink）。這是指一種傾向，讓決策團體對某一決定在認知上「一致對外」，假定團體不會犯錯，而其他成員非得強烈地支持這個決定，而任何與之相反的訊息都應該被拒斥（Janis, 1972, 1982）。有人主張，一旦這種集體心態形成，團體會不願意（也許不能）改變其決定，就算有極端的事件暗示這些決定很糟糕。想想美國總統（甘迺迪、詹森和尼克森）不斷重複決定要擴大對越南的戰爭。每次擴大都造成越來越多美國士兵的死傷，而在保證南越作為獨立國家的目標上卻無任何可見的進展；然而，每任總統的內閣仍持續建議升高戰事。根據最先想出

團體迷思概念的社會心理學家Janis（1982）所述，這個過程，以及越來越不願意考慮它在團體成員中所鼓動的行動方案之外的其他做法，可能須為此一系列的悲劇性事件負責。

為何團體迷思會發生？研究發現（e.g., Tetlock et al., 1992; Kameda & Sugimori, 1993）指出，有兩個關鍵要素。一個是團體成員間高度的凝聚力。第二個是緊急的團體規範（emergent group norms），即暗示團體絕不犯錯、道德高超的一種規範，而因為這些因素，對當前的議題就不該有更進一步的討論：決策已經形成，而現在唯一的任務就是盡可能強力地給予支持。

與這些效應緊密相關的，是拒絕任何外部來源，也就是那些不屬於團體的人而來的批評的傾向。外來者的批評會受到懷疑的眼光，並被歸因於負面的動機，而非真誠協助的渴望。結果呢？它們大多被忽略了，甚至可能會加強團體的凝聚力，使其成員整合起來抵禦外侮！Hornsey和Imani（2004）近來確切地回報這樣的效應。這些研究者要求澳洲大學生閱讀一個陌生人在訪談中對澳洲所提出的評語。這些評語有正面的（「當我想到澳洲人時，我認為他們是相當友善而溫暖的人」）和負面的（「當我想到澳洲人時，我覺得他們種族主義很嚴重」）。此外，這些評語來自於到另一個澳洲人（一個團體內成員）或一個來自另一個國家、未曾在澳洲生活過（團體外而無經驗）的人，或是一個來自另一個國家、卻在澳洲生活過的人（團體外而有經驗）。之後，研究參加者依人格特質（例如聰明、友善或心胸開放）及其評語是否具有建設性意圖，來為批評的來源者做評比。Horney 和 Imani（2004）推論，當陌生人給出負面評語的時候，比起這個人是個內團體成員的情況，她或他若是外團體成員，得到的評價會比較低。他們更進一步推測，對內團體的經驗（在澳洲生活過）不會產生任何差別，因為這個人仍然不是個內團體成員。如果評語是正面的，這樣的效應就不被預期會發生；總之，誇獎是可接受的，不管是由誰而來！一如你在圖 12.5 所見，事情正是這麼發生。如果陌生人的評語是正面的，這個人是澳洲人還是來自另一個國家的人，都不會造成任何差異。但要是這個人給的是負面的評語，相較於這個人是澳洲人（一個來自內團體的成員）的情況，如果他來自外團體，這個陌生人及其評語都被更為負面地看待。這些研究發現和 Janis（1982）對團體迷思的描述一致，而且暗示了對高凝聚力團體的成員而言，接

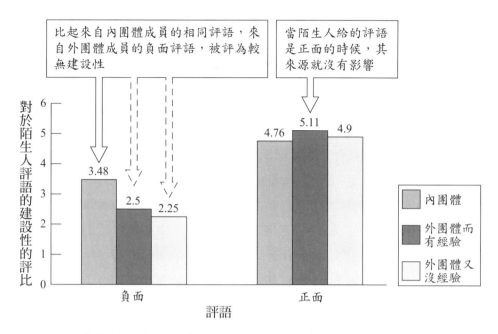

圖 12.5　拒絕外團體成員的批評：團體為何有時會做出糟糕的決定的一個原因

● ● ● ● ● ● ● ● ● ●

當一個陌生人對研究參加者的內團體（澳洲人）做出批評性的評語時，比起這個陌生人是內團體成員（澳洲人）的情況，假設他來自另一個國家（一個外團體成員），那他的評語就會被看得較為負面。此外，就算這個人在澳洲生活過好幾年，這點仍然成立。這些發現暗示，團體拒斥來自外來者的批評的傾向，可能是為何它們經常會做出極為糟糕的決定的一個原因（資料來源：Based on data from Hornsey & Imani, 2004）。

受來自外來者的批評可能更加地困難。

　　最後補充一點：儘管在團體迷思名下所包含的好幾種過程似乎都是真的，但更晚近的研究提出了團體迷思是否依 Janis（1982）所描述的方式進行的問題。例如，對於最近美國所解密的政府文件所做的詳細研究，就沒發現太多對於Janis所主張的對決策團體過程的支持。相同地，在大企業中，團體迷思似乎不是以 Janis 所描述的決策團體的方式運作（Turner, Pratkanis, & Samuels, 2003）。最好是將團體迷思視為可能導致決策團體做出災難性選擇過程的一摘要詞彙，而非一個完整檢證過或是有效的理論。然而，一個關鍵事實仍然存在：團體有時候確實會變得對外來的批評或影響不為所動，而一旦這麼做，就在可能做出具災難性後果的決定的道路上。

二、團體內偏差的訊息處理

　　儘管團體迷思是種戲劇性的過程，但其他更為隱微但一樣代價高昂的偏差來源也存在於決策團體之內。其中最重要的一個是這類團體傾向以偏差的方式處理可獲得的訊息。團體，和個人一樣，並不總有動機去將其正確性發揮到最大；相反地，它們經常有的動機是要為其一開始所偏好的觀點尋找支持。換言之，它們的行動更像是「直觀的律師」，尋求支持他們個案（其最初的偏好）的證據，而非「直觀的科學家」，尋求真相與正確性（e.g., Baumeister & Newman, 1994）。這樣的傾向並不總是來自對自我利益的自私追求；相反地，它們可能來自於嚴守在社會上通常被接受並被正面看待的價值與原則。研究發現（Sommer, Horowitz, & Bourgeois, 2001）指出，在一方尋求對另一方造成損害的民事訴訟裡，陪審員經常以能讓他們守住比較過失（comparative negligence）規則的方式處理訊息，此規則建議，只有在受害的一方對自己所體驗到的傷害無須負責時，才能判定此人受了傷害。此外（這是關鍵），陪審員經常這麼做，就算法官指示他們遵循其他規則時也是一樣：例如，與有過失（contributory negligence），亦即判定原告無傷害，如果她或他也在某種程度上有過失的話；或是無過失責任（strict liability），亦即判定原告受到完全傷害，要是被告犯了過失的話。

　　這些發現和其他相關研究（e.g., Frey, Schulz-Hardt, & Stahlberg, 1996）都指出，陪審團和其他決策團體經常進行有偏誤的訊息處理，以能讓他們做出自己想要的決定的方式處理可獲得的訊息。肯定的是，當重要決定交給團體時，這不會得到最好的結果。

三、無法分享獨特的訊息給每個成員

　　第三個決策團體可能的偏差來源，牽涉到一個事實，和常識所暗示的相反，團體並不總是會整合它們的資源，即分享每個成員獨特的訊息和想法。對此議題的研究（Gigone & Hastie, 1993, 1997; Stasser, 1992）指出，這種資源或訊息的聯合可能是種例外，而非規則。當團體討論一既定議題並試圖達成決議時，它們傾向討論大部分人（如果不是所有成員）共享的訊息，而非只有少數

人知道的訊息。結果是，它們所做的決定可能會反映共享的訊息（e.g., Gigione & Hastie, 1993）。如果這樣的訊息指向的是最好的決定，那還不成問題，但想想，要是指向最好決定的訊息不是大部分成員所共享的訊息，會發生什麼事。在這種情況下，成員主要討論他們已經擁有的訊息，可能會妨礙它們達到最好的決定。

令人不安的是，最近的研究發現顯示，這種傾向是很強烈的。例如，就算在可能牽涉到關乎生死決定的醫療診斷方面，實習醫師與醫學院學生在診斷會議上，也較多討論共享的訊息，而非沒共享的訊息。進一步來說，它們整合越多的非共享訊息（一開始只有幾個成員知道的訊息），團體的診斷就越正確（e.g., Larson et al., 1998; Winquist & Larson, 1998）。

四、改善團體決策

團體迷思、有偏誤的處理、無法分享每個成員獨有的訊息，這些都是在團體要做出有效決策上令人灰心的障礙。有可能勝過這些潛在的陷阱嗎？已有許多針對此主題的研究，而它們共同指出某些值得期待的技巧。其中有些包含了鼓勵不同意見，因為這麼做可能會減慢團體邁向共識的快速運動。這種取徑中有個叫做**魔鬼代言人技巧**（devil's advocate technique）（e.g., Hirt & Markman, 1995），即安排一個團體成員以批評來打擊任何在考量中的計畫或決定。這個技巧經常奏效，因為這誘使成員詳細地考慮他們正在邁向的決定。另一個途徑是，透過確保被指定到這類團體中的人持有不同於原初意見的方法，在團體中建立一個**可靠的異議份子**（authentic dissent）。研究發現指出，這個技巧可能在誘使團體檢視所有可獲得訊息這方面，會大大的比魔鬼代言人途徑更有效（Nemeth et al., 2001; Schulz-Hardt, Jochims, & Frey, 2002）。

團體的決策形成是可以被改善的；然而，一定得採取主動的做法才能達到這個目標。讓它自行其事，以及缺乏外力的介入，團體就經常會掉進本章所列出的「心智陷阱」，這經常會造成毀滅性的結果。

重點摘要與回顧

▓ 團體：我們為何加入，又為何離開

- 團體是一群認為形成一個在某種程度上協調一致的單元的人的集合。團體形成一協調整體的程度被稱為整體性。
- 團體的基本面向包括了角色、地位、規範和凝聚力。角色對我們行為的影響經常是強而有力的，會讓我們以在其他情況下不會採取的方式行動。
- 人們在團體中獲得地位的原因很多，從身體特徵（例如身高）到其行為的各方面皆是。
- 另一個團體的重要特徵是其凝聚力的程度，亦即所有讓人們想要繼續當其成員的因素的總合。
- 參與團體賦予其成員重要的好處，包括自我知識的提升、重要目標的進展、地位的提升，以及達成社會的變革。
- 然而，團體成員身分也要求重要的代價，像是個人自由的減少，以及時間、經歷和資源的沉重要求。
- 個人經常在感到團體的改變大到不再反映它的基礎價值或信念時退出團體。

▓ 他人在場的效應：從任務表現到身處群眾中的行為

- 他人單純的在場，不論是一群觀眾或是共同演出者，都能影響我們的表現。這種要因被稱為社會助長（或是社會助長—抑制效應）。
- 社會助長的驅力理論暗示，他人的在場具激發作用，能增強或減弱表現，端看在既定情境中的優勢反應是正確還是錯誤。
- 分心—衝突理論暗示，他人的在場會誘發對於焦點要放在正在進行的任務上，還是放在觀眾或共同演出者身上的矛盾傾向。這會導致激發的升高，以及注意力焦點的縮減。
- 最近的研究發現，支持某些類型的觀眾會對進行任務的人造成注意力焦點縮減的觀點。這個社會助長的認知觀點有助於解釋為何社會助長在動物和人類身上都會發生。
- 當人們一起執行一項任務時，有時會發生社會閒散，即每個團體成員的付出減少。

- 社會閒散可以數種方式來減少：透過使個人的付出變得可以辨識、透過增強對任務的承諾及任務的重要性，以及透過確保每個成員對任務的貢獻都是獨特的。
- 當我們身處一大群人之中時，我們會同時體驗到我們自我覺察和社會認同的弱化。這會讓我們採納在當前情境中運作的規範，這些規範經常認可衝動而不受限制的行為。

■ 團體中的協調：合作還是衝突？

- 合作，即和他人一起工作以達成共享目標，這是社會生活一個普遍的面向。
- 合作在許多可能出現的情況下卻沒有形成，這部分是因為這樣的情境內含社會困境，即個人可以透過背叛得到好處的情境。
- 有一些因素影響在這種情境下合作能否形成。這包含了對互惠的強烈傾向、對合作的個人取向，以及溝通。
- 演化心理學家暗示，我們互惠的傾向可能導因於合作的有機體更有可能存活與繁衍的事實。
- 衝突是一個由個人或團體感受到他者與自己的利益互相矛盾而開始的過程。
- 衝突也可能是來自於像是不完善的歸因、差勁的溝通、認為我們自己的觀點客觀的傾向，以及個人特質等等的社會因素。
- 衝突可以多種方式減少，但最有效的似乎是協商和引入上級目標。

■ 團體中意識到的公平：其本質與影響

- 個人希望能被所屬的團體公平地對待。公平性能用結果（分配正義）、程序（程序正義），以及善意的待遇（交流正義）來判斷。
- 當個人感到他們被不公平地對待時，他們經常採取某些步驟以爭取公平性。
- 這些步驟包括從公開的行動（減少或宣揚其貢獻）、隱密的行動（監守自盜或職場破壞），或是改變看法。

■ 團體的決策行為：如何發生，及其所面臨的陷阱

- 廣為人所相信的是，團體能做出比個人更好的決定。然而，研究發現指出，團體經常受團體極化效應所影響，這會讓團體做出比個人更極端的決定。
- 此外，團體經常苦於團體迷思，即假設團體不會出錯，與其觀點對立的訊息都該被拒斥的傾向。

- 儘管並非團體迷思的所有面向都已被研究所證實，最近的研究指出，團體傾向拒絕來自外來者的批評，甚於來自內團體成員的相同批評。
- 團體經常對訊息進行有偏差的處理，以便達到其一開始就偏好的決定，或是守住普遍的價值觀，像是分配正義的原則。
- 團體決策能以一些方式改善，像是魔鬼代言人技巧，和在團體形成時建立可靠的異議份子。

▬ 連結：整合社會心理學 ▬

在這章，你讀到了……	在別章，你會讀到這些相關討論……
規範在團體運作中的角色	規範的本質，及其在社會影響（第九章）與攻擊行為（第十一章）中所扮演的角色
合作與衝突的本質，以及影響他們發生的因素	其他協助或傷害他人的行為形式： ・歧視（第六章） ・助人行為（第十章） ・攻擊行為（第十一章）
個人對於他人如何評價自己表現的關切	他人的評價對我們的自我概念（第五章）和我們對他人的喜愛（第七章）的影響
意識到的公平	意識到的公平對其他形式的社會行為的影響，像是助人行為（第十章），以及公平在親密關係（第八章）中所扮演的角色
說服和其他形式的社會影響在團體決策中所扮演的角色	說服（第四章）及各種社會影響的形式（第九章）的本質

■ 思考這些連結

1. 你是否見過任何在社會閒散與意識到的公平之間的連結？（提示：如果你曾經在一個你懷疑其他人正在進行「社會閒散」的團體中，你會怎麼做？如果你採取行動，是為了什麼？）

2. 假設你必須對一大群觀眾進行一場演講。根據對社會助長的研究，最好的準備方式是什麼？

3. 許多情境內含著社會困境：如果我們和其他人合作，每個人都會獲益，但追求

我們的自我利益卻很誘人，因為就短期而言，這比較容易，而且提供立即可見的好處。你能想起在你生命中的一個這類情境嗎？當你發現自己置身其中時，你怎麼做？是「正確」的事還是「簡單」的事？在讀過本章之後，你是否可能在這樣的情境中以不同於過去的方式行動？

4. 如果團體更有可能做出極端的決定、拒絕外來者的建議，並對可獲得的訊息進行有偏差的處理，為什麼這麼多重要的決定還是交付給團體來做呢？團體是否提供了任何本章中所沒討論到的優點？

觀念帶著走～活用：最大化你自己的表現與對抗他人的社會閒散

　　社會助長效應之所以會發生，似乎是因為他人的在場具激發作用。這會提升我們表現優勢反應的傾向。如果這些優勢反應是正確的，表現就會改善；如果是錯誤的，表現就會受到損害。這導出了兩個實用的建議：

* 自己唸書，但和他人一起應考；如果你自己唸，你可以避免他人造成的分心，並能更有效率地學習新東西。如果你很用功的話，你的優勢反應就可能會是正確的，因此被他人所提升的激發就能改善你的表現。

* 在觀眾前進行簡單的任務（例如需要單純體力勞動的工作）：觀眾的在場能提升激發程度和你對此任務付出體力的能力。

　　社會閒散發生在人們一起工作而付出比自己單獨工作時更少的心力的時候。如果你很努力、其他人卻在打混時，對你可能代價不小。以下是你如何能避免這種結果的方式：

* 確保團體裡每個成員的貢獻能被個別地評量；別讓社會閒散被遮掩！

* 試著只和對團體目標做出承諾的人一起工作。

* 確保每個人的貢獻是獨特的，而不是多餘的。依此方式，每個人都能對自己所做的事負有個人的責任。

關鍵詞

可靠的異議份子（authentic dissent）

協商〔bargaining；談判（negotiation）〕

凝聚力（cohesiveness）

衝突（conflict）

合作（cooperation）

決策（decision making）

去個人化（deindividuation）

魔鬼代言人技巧（devil's advocate technique）

分心—衝突理論（distraction-conflict theory）

分配正義（distributive justice）

社會助長的驅力理論（drive theory of social facilitation）

整體性（entiativity）

評價焦慮（evaluation apprehension）

團體（group）

團體極化（group polarization）

團體迷思（groupthink）

規範（norms）

程序正義（procedural justice）

互利行為（reciprocal altruism）

互惠（reciprocity）

角色（roles）

社會決策基模（social decision schemes）

社會困境（social dilemmas）

社會助長（social facilitation）

社會閒散（social loafing）

地位（status）

上級目標（superordinate goals）

交流正義（transactional justice）

名詞解釋

A

■ above-average effect　**高過平均效應**：人們在大部分正面的社會特質上將自己評價得高過平均值的傾向。

■ abusive supervision　**濫權的管理**：上司頻繁地以惡意的口語和非口語行為對待下屬的行動。

■ actor-observer effect　**演員—觀眾效應**：將我們的行為主要歸因於情境原因，而他人的行為則主要歸因於內在（性情）原因。

■ adaptive response　**適應性反應**：任何能提升一個個體或其他有相似基因的個體能成功繁殖的機率的生理特徵或行為傾向。

■ affect　**情感**：一個人的情緒狀態，即正面與負面的感受與情緒；我們當下的情感與情緒。

■ affect-centered model of attraction　**吸引力的情感中心模式**：一個假設吸引力是基於正面與負面的情緒的概念框架。這些情緒可以直接被另一個人或只是與此人相關的事務所激發。這樣的情緒激發也可以被認知過程所增強或是減輕。

■ aggression　**攻擊**：以傷害另一個有生命的個體為目標的行為，對方則會主動迴避。

■ altruism　**利他行為**：由對他人利益的無私關懷所引發的行為。

■ altruistic personality　**利他性格**：和利社會行為相關聯的性情變項的組合。其構成要素有同理心、正義世界信念、接受社會責任、具有內控性格，以及不以自我為中心。

■ anchoring and adjustment heuristic　**定錨與調整捷思法**：一種捷思法，指的是使用一數字或是數值為起始點，之後再做調整的傾向。

■ appearance anxiety　**外貌焦慮**：對於一個人的生理外貌是否差強人意，以及對他人可能的負面反應的擔憂。

■ assumed similarity　**假設相似性**：兩個人相信他們在特定態度、信念、價值觀等方面相似的程度，相對於兩人實際上相似的程度。

■ attachment style　**依附風格**：在人際關係裡所感受到的安全感的程度。不同的模式一開始形成於當嬰兒獲得關於自我價值與人際信賴的基本態度時，嬰兒與照顧者之間的互動。

■ attitude　**態度**：社會世界各方面的評價。

■ attitude accessibility　**態度的可接觸性**：任何特定態度能被記得與想起的容易性。

■ attitude similarity　**態度的相似性**：兩個人在廣大範圍內的主題上共享相同的態度。實際上，這個詞彙也包括了信念、價值與興趣上的相似，一如態度。

■ attitude-to-behavior process model　**態度對行為的過程模式**：一個態度如何引導行為的模式，強調態度的影響力與在特定情境下根據個人對當前情境的定義何謂適宜的認知儲存。

■ attribution　**歸因**：我們尋求辨識出他人行為的原因並得以了解其穩定特質與性情的過程。

■ augmenting principle　**加添原則**：如果行為在有其他抑制原因時仍然出現的話，便賦予行為的可能原因更大的重要性的傾向。

■ authentic dissent　**可靠的異議份子**：一種改善團體決策品質的技巧，做法是讓一個或多個團體成員，在未被指派此任務的情況下，積極地反對團體一開始的偏好。

■ automatic processing　**自動化歷程**：在對一任務或某一類型的訊息有了延伸的經驗之後，我們能以看似更省力、自動化而無意識的方式來執行此任務或處理此訊息。

■ availability heuristic　**可得性捷思法**：在特定種類的訊息能多容易被想起的基礎上做判斷的策略。

B

■ balance theory　**平衡理論**：Heider 和 Newcomb 具體說明：(1)一個人對另一個人的喜愛；(2)她或他對一個特定主題的態度；以及(3)另一個人對同一主題的態度，三者之間的關係的一個公式。平衡（喜歡加上同意）會導致正面的情緒狀態。失衡（喜歡加上不同意）會導致一個負面的狀態，以及修復平衡的欲望。無平衡

（不喜歡加上同意或不同意）會導致冷漠。

▊ bargaining/negotiation　**協商／談判**：對立的雙方直接或透過代表來交換條件、反擊及讓步的過程。

▊ benevolent sexism　**善意的性別主義**：暗示女性比男性在許多方面更為優越，並對男性的快樂而言不可或缺的一種觀點。

▊ bilateral symmetry　**左右對稱**：身體（或身體的部分）左邊與右邊相似。

▊ black sheep effect　**害群之馬效應**：一個內群體的成員以威脅到團體認同的方式行動，而讓團體保護其認同的工具被嚴重損害。

▊ body language　**肢體語言**：他人的姿勢、儀態和身體或其身體部分的動作所提供的線索。

▊ bona fide pipeline　**真實管道**：使用促發以測量隱微的種族態度的技巧。

▊ bullying　**霸凌**：一種選擇一個個人作為一個或多個他人的重複攻擊行為對象的行為模式；目標對象（受害者）一般而言比進行攻擊行為的人的權力更小。

▊ bystander effect　**旁觀者效應**：對一件緊急事件的利社會反應的可能性，會受到在場的旁觀者數量的影響。

C

▊ catharsis hypothesis　**宣洩假說**：認為為憤怒的人提供一個以相對安全的方式表達攻擊性衝動的機會，會減少他們進行更具傷害性的攻擊行為的傾向。

▊ central route to persuasion　**說服的中央路徑**：由系統性地處理在說服性訊息中的資訊而產生的態度改變。

▊ classical conditioning　**古典制約**：一個基本的學習形式，讓一個起初是中立的刺激，透過與另一個刺激不斷重複地成對出現後，具有誘發動作的能力。就某種意義而言，一個單一刺激成為另一個刺激出現或發生的信號。

▊ close friendship　**親密的友誼**：兩個人花許多時間相處、在許多種情境中互動並為彼此提供情緒支持的關係。

▊ cognitive dissonance　**認知失調**：當個人發現在兩個或多個價值或在其價值與行為之間存在著不協調時所導致的內在狀態。

▊ cohesiveness　**凝聚力**：所有導致團體成員留在團體裡的力量（因素）；所讓團體成員作為一個協調一致的團體聚在一起的因素。

■ common in-group identity model　**內群體共享認同模式**：一個理論，主張只要在不同團體內的個人將自己視為一個單一社會實體的成員，團體間的偏見就會被減輕。

■ communal behavior　**共同行為**：在關係中的一種善意行為，讓施行的一方負擔「代價」，而讓對方與關係本身「受益」的行為。

■ companionate love　**友伴之愛**：基於友誼、相互吸引、共享的興趣、尊敬及對彼此的福祉的關切的一種愛。

■ compliance　**順從**：一種社會影響的形式，包含了一個人對另一個人的直接要求。

■ conflict　**衝突**：個人或團體覺得他者已經或將要採取與其自身利益互斥的行動的過程。

■ conformity　**從眾**：一種社會影響的形式，讓個人為了支持現存社會規範而做的態度或行為的改變。

■ consensus　**共識性**：他人對某些刺激或事件以和我們所考慮的人相同的方式反應的程度。

■ consistency　**一致性**：一個個體在不同的場合（例如在不同時間裡）以相同的方式回應一特定刺激或情境的程度。

■ consummate love　**完美之愛**：在Sternberg愛情三元論裡，一種完整而理想的愛，結合了親密、激情與決定／承諾。

■ contact hypothesis　**接觸假說**：認為增加各種社會團體成員之間的接觸能有效地減少彼此之間的偏見的觀點。

■ cooperation　**合作**：團體一起工作以達成共同目標的行為。

■ correlational method　**相關研究法**：一種研究方法，指科學家系統性地觀察兩個或更多的變項，以便判斷其中一個變項的改變是否伴隨著另一個變項的改變。

■ correspondence bias　**對等偏誤**：一種對另一個人的行為的解釋傾向，認為這是來自其性情甚於明顯的情境原因的存在。

■ correspondent inference（theory of）　**對等推論（理論）**：一個描述我們如何使用他人的行為來推論其穩定性情的理論。

■ counterfactual thinking　**反事實思考**：想像在一個情境中不同於實際所發生之事實的結果的傾向（即「本來會是怎樣」）。

■ cultures of honor　**名譽文化**：強烈指示以攻擊行為回應對個人名譽之侮辱係屬適當的文化。

D

■ deadline technique　限時搶購策略：一種提高順服的技巧，即告訴目標對象他們只能在有限的時間內得到某種優惠或獲得某些東西。

■ debriefing　事後說明：在研究做總結時的程序，給予研究參加者關於研究之性質與在研究背後的假說的完整訊息。

■ deception　欺瞞：一種技巧，指的是研究者守住關於研究的目的或程序，不讓研究參加者知道。

■ decision making　決策：結合與整合可獲得的資訊，以便在可能的行動方案中做一選擇的過程。

■ decision/commitment　決定／承諾：在 Sternberg 愛情三元論裡，那些包含了決定你愛另一個人並承諾要維持這段關係的認知過程。

■ deindividuation　去個人化：一種心理狀態，其特徵為弱化了的自我意識與社會認同，由其他外在條件所產生，像是在一大群人中作為匿名的成員。

■ dependent variable　依變項：在一個實驗中被測量的變項。

■ descriptive norms　描述性規範：僅僅指出大部分人在一個既定情境下怎麼做的規範。

■ devil's advocate technique　魔鬼代言人技巧：一個改善團體決策的技巧，即指定團體成員以批評來反對任何正在考慮中的計畫或決定。

■ diffusion of responsibility　責任分散：旁觀者假設在一緊急事件裡，每人所分派到的責任大小的想法。

■ discounting principle　折扣原則：雖然有其他可能的原因，但給予某行為的其中一個可能的原因較小的重要性的傾向。

■ discrimination　歧視：對於針對不同社會團體成員的有差別的（經常是負面的）行為。

■ dismissing attachment style　排除依附風格：一種依附風格，其特徵為高自尊與低度的人際信賴。這是種矛盾而具有不安全感的模式，在其中個人感到他或她「應得」親密關係，但因對可能的伴侶的懷疑而受挫。結果是在關係發展的某個時刻排斥對方好避免成為被排斥的一方的傾向。

■ displaced aggression　替代性攻擊：對並非強烈挑釁來源的某人的攻擊行為；替

代性攻擊發生在這麼做的人不願或不能對原本挑釁的來源施以攻擊行為的時候。

■ distinctiveness　獨特性：一個個人對不同刺激或是事件以相同方式回應的程度。

■ distraction-conflict theory　分心─衝突理論：一個理論，暗示社會助長乃是來自於當個人自發地試圖要將注意力放在另一個以及所進行的任務上的時候所產生的衝突。

■ distributive justice　分配正義：指的是個人對於他們是否得到公平分配了的可得的獎賞，一個與他們對團體或任何社會關係的貢獻之比例相符的獎賞。

■ door-in-the-face technique　漫天要價策略：獲得順服的一種做法，要求者先從較大的要求開始，然後在被拒絕之後，再退到較小的（事實上是他一開始就想提的）要求。

■ downward social comparison　向下社會比較：一種與比自己表現更差的人所做的比較。

■ drive theories　驅力理論：暗示攻擊行為是來自激起傷害或損傷他人的外在條件的理論。其中最著名的是挫折─攻擊假說。

■ drive theory of social focilitation　社會助長的驅力理論：此理論主張他人單純的在場有刺激作用，並會增強表現主宰反應的傾向。

E

■ ego-defensive function　自我防衛功能：透過宣稱特定的態度以保護我們自己不受我們不想要的或不奉承我們的觀點。

■ egoism　利己主義：對於一個人自己的個人需要與利益的排他性的關切，而不在乎其他人的需要與利益。

■ elaboration-likelihood model (of persuasion)　思考可能性模式：一個理論，提出說服可以兩個明顯的方式之一發生：系統性的或是捷思法的處理，兩者在認知心力或所需要的精細程度上有所不同。

■ empathic joy hypothesis　同理心愉悅假說：主張利社會行為乃是由助人者期望會體驗到的（作為對另一個有需要的人的生活帶來有利影響的）正面情緒所激發的主張。

■ empathy　同理心：對另一個人的情緒困擾的一種複雜的情感與認知回應。同理心包括了能夠感受另一個人的情緒狀態，感到同情並試圖去解決問題，以及採納

他人的觀點。

■ empathy-altruism hypothesis　**同理心—利他假說**：利社會行為只會被幫助有需要的人及助人感覺良好的事實所激發的主張。

■ entiativity　**整體性**：一個團體被認為是個協調一致的整體的程度。

■ evaluation apprehension　**評價焦慮**：對於被他人所評價的關切。這種關切會增長刺激並提供社會助長。

■ evolutionary psychology　**演化心理學**：心理學的一個新的分支，試圖研究基因要素在人類行為的許多方面可能扮演的角色。

■ excitation transfer theory　**悸動轉移理論**：暗示在一個情境下所產生的激發可以延續並強化在稍後情境中發生的情緒反應的理論。

■ experimentation/experimental method　**實驗／實驗法**：一種研究方法，系統性地改變一個或多個因素（獨變項）好判斷這些變化是否影響一個或多個其他因素（依變項）。

■ external validity　**外在效度**：一個實驗的發現能被普遍化到真實生活中的社會情境，以及（也許）到與研究中的研究參加者不同的人身上的程度。

F

■ fearful-avoidant attachment style　**逃避依附風格**：一個以低自尊與低人際信賴為特徵的模式。這是最不具安全感與適應性的依附模式。

■ foot-in-the-door technique　**得寸進尺策略**：一種獲得順服的做法，得在一開始先做一個小的要求，然後，當這要求被同意之後，再進一步提出較大的要求（事實上這才是一開始真正的要求）。

■ forewarning　**預警**：對於一個人將要變成被嘗試說服的目標的預先認識。預警經常會提高對隨後而來的說服的抵抗。

■ forgiveness　**寬恕**：放棄懲罰那些曾經傷害我們的人的渴望，相反地以和善、有幫助的方式對待他們。

■ frustration-aggression hypothesis　**挫折—攻擊假說**：對於挫折感是攻擊行為非常有利的決定因素的主張。

■ fundamental attribution error　**基本歸因謬誤**：高估性情線索對他人行為的影響的傾向。

G

■ gender stereotypes　**性別刻板印象**：對於女性與男性所具有的特質及其如何區隔兩者的刻板印象。

■ general aggression model　**一般攻擊模式**：攻擊行為的現代理論，主張攻擊行為是由一範圍廣大的許多輸入變項所引起，它們會影響激發、情感及認知。

■ generativity　**傳承**：一個成人對於未來世代的幸福的關切與承諾。

■ genetic determinism model　**基因決定模式**：認為行為乃是受基因特質所驅使，因為這些行為曾經提升了個體將其基因傳遞到後續世代的主張。

■ glass ceiling　**玻璃天花板**：建立在態度或組織偏見上的障礙，防止合格的女性晉升到高階地位。

■ group　**團體**：一群被認為在某種程度上團結在一個協調單位中的人。

■ group polarization　**團體極化**：在團體討論的結果裡，團體成員從他們一開始所抱持的立場轉向更為極端的立場的傾向。

■ groupthink　**團體迷思**：一個凝聚力高的團體的成員假設他們的決策不會有錯，所有成員都得強烈地支持團體的決定，而且與該決策矛盾的訊息都應被忽略的傾向。

H

■ heroism　**英雄主義**：需要勇敢地承擔風險以達到一個在社會上被看重的目標的行動。例子之一是進行危險的行動來拯救陌生人的性命。

■ heuristic processing　**捷思法處理**：對一具說服力的訊息中所包含的資訊所進行的處理，包含了單靠經驗規則或心智捷徑。

■ heuristics　**捷思法**：以快速而看似省力的方式做出複雜決定或找出連結的簡單規則。

■ hostile aggression　**敵意性攻擊**：一種主要目標在於強加傷害在受害者身上的攻擊行為。

■ hostile attributional bias　**敵意歸因偏誤**：在他人的行動意圖不明時，將此行動歸因於敵意的傾向。

■ hostile sexism　**敵意的性別主義**：認為女性對男性地位是個威脅的觀點。

■ hypocrisy　**偽善**：對於某些態度或行為進行公開的擁護，之後又以與此態度或行為不符的方式行動。

■ hypothesis　**假說**：一個未被證實的預測。

I

■ identity interference　**認同干擾**：當兩個重要的社會身分被認為互相矛盾時，以一個身分為基礎的行動會干擾基於另一個身分之上的表現。

■ identity or self-expression function　**身分認同或自我表達功能**：態度能容許核心價值與信念的表達並因此傳達我們是誰。

■ illusory correlations　**錯覺相關**：在兩個變項之間感受到比實際上所存在的更為強烈的關聯。

■ implicit associations　**內隱連結**：接受者可能沒有意識的對其團體成員身分與特質之間的連結的某種聯想或評價。當目標對象被歸類為某個團體的成員時，會被自動地啟動。

■ implicit bystander effect　**內隱旁觀者效應**：因為單純地認為自己身處於一群體之中而減少了助人行為。

■ implicit personality theories　**內隱人格理論**：對於特質與特徵會相互配合的信念。

■ impression formation　**印象形成**：我們形成對他人印象的過程。

■ impression management　**印象整飾**：個人試圖製造討喜的第一印象的努力。

■ impression motivation function　**印象動機功能**：使用態度好引導他人對我們有正面的看法。當我們想要這麼做的時候，我們可能會改變所表達的態度以創造他人想要的印象。

■ incidental feelings　**偶發的感受**：單獨被誘發的感受或在遇到一個對象之前被誘發的感受；因此，這個感受和被論斷的團體無關，但仍會影響我們對該對象的判斷。

■ inclusive fitness　**整體適宜性**：天擇不只適用於個體，也包含對其他和我們共享相同基因的個體有益的行為。有時被稱為*親屬選擇*。

■ independent self-concept　**獨立的自我概念**：在個體主義文化裡，對人的期望會發展出不同或獨立於他人的自我概念。男性比女性更被期待要有獨立的自我概念。

■ independent variable　**獨變項**：在實驗中被系統性地改變（即修改）的變項。

■ individuation　**個人化**：要在某方面與眾不同的需求。

■ induced or forced compliance　**被誘發或被迫的屈從**：個體被引誘去說或做不同於其真實態度的情境。

■ inferential statistics　**推論統計**：數學的一個特定形式，讓我們能評量一個既定模式的研究成果偶然發生的可能性。

■ information overload　**訊息超載**：處理訊息的能力被超支的狀況。

■ informational social influence　**訊息性社會影響**：基於想要正確（即擁有對社會世界的正確認識）的渴望的社會影響。

■ informed consent　**知情同意**：在研究參加者決定參與研究與否之前，盡可能提供大量關於研究計畫的訊息給他們。

■ ingratiation　**逢迎拍馬**：一種獲得順服的技巧，要求者先以對方喜歡的方式引誘目標對象喜歡自己，再試圖改變他們的行為；試圖透過稱讚對方來讓他人喜歡自己。

■ in-group　**內群體**：一個個人認為自己所屬（「我們」）的社會團體。

■ in-group differentiation　**內群體差異**：認為我們自己團體的成員彼此之間表現出的差異比其他團體成員更大（更具異質性）。

■ in-group homogeneity　**內群體同質性**：內群體成員被認為彼此之間比外群體成員更為相似。這比較可能在少數團體成員之間出現。

■ injunctive norms　**強制性規範**：特別指出什麼是一定得做到的規範，即在特定情境下什麼是被認可的或是不被認可的行為。

■ instrumental aggression　**工具性攻擊**：主要目的不在於傷害受害者，而在於達成其他目標（例如接近有價值的資源）的攻擊行為。

■ instrumental conditioning　**操作制約**：一種基本的學習形式，導致對一正面結果的回應或容許對負面結果的迴避被強化了。

■ interdependence　**互依**：一種在所有親密關係中都普遍可見的特徵。互依指的是一種人際之間的聯繫，在關係中的兩個人影響彼此的生活。他們經常將其思考的焦點放在彼此身上，並定期進行共同的活動。

■ interdependent self-concept　**互依的自我概念**：在集體主義文化中，對人的期待是必須以與他人的連結或關係來發展自我概念。女性比男性更被期待具有互依的自我概念。

■ intergroup comparison　**群體間比較**：透過在我們自己的團體與其他團體之間做比較所產生的判斷。

■ interpersonal attraction　**人際吸引**：一個人對另一個人的一種態度。吸引力透過從強烈的喜歡到強烈的不喜歡的感覺的廣泛向度來表現。

■ interpersonal trust　**人際信賴**：強調他人一般而言是值得信任、信靠與依賴的信念的依附模式的態度面向，相對於他人一般而言不值得信任、信靠與依賴的信念。

■ intimacy　**親密**：在Sternberg的愛情三元論裡，兩個人感到的親近感覺，即他們相連結的程度。

■ intragroup comparison　**群體內比較**：產生自屬於同一團體成員的個體之間的比較。

■ introspection　**內省**：試圖透過自我檢視來了解自我；即轉向內在並評價一個人的動機。

K

■ kin selection　**親屬選擇**：整體適宜性的另一個說法，即天擇不只適用於個體，還包含了有利於其他與我們共享相似基因的個體的行為。

■ knowledge function　**知識功能**：一種態度，有助於對新刺激的詮釋，並使人能快速回應與態度有關的訊息。

L

■ less-leads-to-more effect　**由少得多效應**：比起給予個人較大的獎賞，給個人較小的獎賞以進行與其態度相反的行為，經常造成更大的不協調和更多的態度變化。

■ linguistic style　**語言風格**：說話時在其所用詞彙的意義之外的其他面向。

■ loneliness　**孤單**：基於對親密關係的渴望又無法獲得的一種令人不快的情緒與認知狀態。

■ love　**愛**：一種情緒、認知與行為的結合，經常在親密關係中扮演重要角色。

■ lowball procedure　**低空拋球策略**：一種贏得順服的技巧，即在一個人接受了某個提案或待遇之後再改變它們，使之較不具吸引力。

M

■ magical thinking　幻化思想：內含無法通過理性檢驗的假設的思考。例如，相信彼此相似的東西之間共享某些基礎的屬性。

■ media violence　媒體暴力：對於在媒體中的暴力行動的描述。

■ mere exposure effect　單純曝光效果：反覆曝光效應的另一個說法，強調與某刺激的接觸就足以增強對該刺激的正面評價。

■ mere exposure　單純曝光：只是先前看到某個物體，但未必需要記得，就足以讓對此對象的態度變得較為正面。

■ meta-analysis　後設分析：將來自獨立研究的資料組合起來以判斷特定變項（或變項間的互動）是否在這些研究中都具顯著性的統計方法。

■ microexpressions　瞬間即逝的表情：只維繫了十分之幾秒的瞬間臉部表情。

■ mimicry　模仿：模仿與我們互動的對象的自動傾向。被人模仿會增加一個人的利社會傾向。

■ minimal groups　最小群體：當人們基於某些「最小」的判準被分類到不同的團體時，他們可能會喜歡被分類到同一團體的人一如自己，相較於那些被分類到另一團體的成員。

■ modern racism　現代種族主義：對優越性的更為隱微的信念，而非明顯的感受。

■ mood congruence effects　符合情緒效應：當我們處在正面的情緒中的時候，我們較可能儲存或記得正面的訊息，而在負面的情緒中則較可能是負面的訊息。

■ mood-dependent memory　情緒依賴記憶：當我們在特定情緒中時，我們會想起什麼，部分地是由我們先前在此情緒中所學習到的東西所決定的一種效應。

■ moral hypocrisy　道德偽善：在盡力避免真要符合道德時所必須付出的代價時，還要維持道德的一種動機。

■ moral integrity　道德正直：要維持道德並真的做到符合道德的行為的動機。

■ multicultural perspective　多元文化觀點：放在理解影響社會行為的文化與族群因素之上的焦點。

N

- narcissism　**自戀**：一種人格秉性，其特質為不合理的高自尊、優越感、對崇拜的需求、對批評的敏感、同理心的缺乏，以及剝削的行為。
- need for affiliation　**親近他人的需求**：尋求並維持人際關係的基本動機。
- negative-state relief model　**負面狀態解除模式**：主張利社會行為是由旁觀者減少自己不舒服的負面情緒而被激發。
- negativity bias　**負向偏差**：對負面訊息比對正面訊息具有較大的敏感度。
- noncommon effects　**非共同效應**：無法被任何其他明顯原因所產生，只能由特定原因造成的效應。
- nonverbal communication　**非口語溝通**：在個人間不需要口說語言內容的溝通。這相對地是依賴臉部表情、眼神接觸與肢體語言等非言說的語言。
- normative focus theory　**規範性焦點理論**：一種暗示規範只有在它們是在行為發生時相關的人的焦點時才能對行為產生影響的理論。
- normative social influence　**規範性社會影響**：基於被他人喜歡或接受的渴望的社會影響。
- norms　**規範**：在團體內指出其成員應該（或不該）如何舉措的規則。

O

- obedience　**服從**：一種社會影響的形式，一個人命令一個或多個他人去進行某些行動，而這些人順服他。
- objective scales　**客觀量表**：一種量表，其測量單位連結於外在現實，不論分類為何，它們都代表同樣的意義。
- objective self-awareness　**客觀的自我覺察**：有機體將自己作為其注意力對象的能力，例如，知道自己在看的是鏡子中的自己。
- observational learning　**觀察學習**：一種基本的學習形式，即個體透過觀察他人獲得新的行為模式。
- optimistic bias　**樂觀偏差**：我們預期事情總體而言會好轉的一種傾向。
- out-group　**外群體**：任何在個人認為自己所屬團體之外的團體。

■ out-group homogeneity　外群體同質性：認為外群體成員「都是一個樣」或比內群體的成員彼此更相像的傾向。

■ overconfidence barrier　過度自信障礙：對我們的判斷的正確性，抱著比合理的信心更大的信任的傾向。

P

■ passion　激情：在 Sternberg 的愛情三元論裡，與情侶的關係有關聯的性動機與性興奮。

■ passionate love　激情之愛：對另一個人的一種強烈而經常不切實際的情緒回應。當體驗到這種情緒時，它經常被認為是「真愛」的徵兆，但對外在的旁觀者而言這似乎是「意亂情迷」。

■ peripheral route to persuation　說服的邊緣路徑：發生在回應邊緣說服線索時的態度轉變，經常基於關於可能的說服者的專門知識或是地位的訊息之上。

■ perseverance effect　固著效應：信念與基模就算在面對與之矛盾的訊息，仍然維持不變的傾向。

■ personality dispositions　人格性情：一種基於基因、學習經驗，或兩者之上的獨特行為傾向。這種性情傾向在不同時間與情境中維持穩定。

■ personal-social identity continuum　個人—社會認同連續集：兩種明顯不同的歸類自我的方式。在個人層次上，自我可被想成是獨特的個體，而在社會認同層次上，自我可被想成是一個團體裡的一個成員。

■ persuasion　說服：透過使用各種類型的訊息改變他人態度的努力。

■ physical attractiveness　外表吸引力：一種在正面的極端被評價為美麗或英俊，而在負面的極端被評價為不具吸引力的一種特徵的組合。

■ planning fallacy　計畫謬誤：對於完成一項任務需時多久做樂觀預測的傾向。

■ playing hard to get　欲擒故縱：一種可用來增強順服的技巧，即暗示這個人或物既稀少又難以獲得。

■ pluralistic ignorance　人眾無知：在一緊急事件中的旁觀者依賴其他旁觀者所說所做的傾向，儘管他們之間沒有人真的確定發生了什麼事，以及該做什麼。時常出現的狀況是，所有的旁觀者都退避三舍，好像沒有任何問題發生一樣。每個個人都以此「訊息」合理化自己不採取行動的作為；這發生在當我們集體誤解了他人

所抱持的態度，並錯誤地相信他人和我們自己有不同的態度時。

■ possible self　**可能我**：自我在未來可能變成怎樣的形象，是該迴避的「可怕的」可能我，還是該努力爭取的「可嚮往的」可能我。

■ prejudice　**偏見**：對特定社會團體的負面態度。

■ preoccupied attachment style　**焦慮依附風格**：一種以低自尊與高度人際信賴為特徵的模式。這是種矛盾而多少有點不安全的模式，個人會強烈地渴望親密關係，但感到她或他配不上其伴侶，並因此對拒絕十分脆弱。

■ priming　**促發**：對記憶中特定類型的記憶或意識的可得性，因為接觸特定刺激或事件而被提高；使用一刺激好讓記憶中相關的訊息變得可得。

■ procedural justice　**程序正義**：對於用來在團體成員間分配可得獎賞的程序之公正性的判斷。

■ proportion of similarity　**相似性的比例**：兩個人之相似性的特定指示物的量，除以兩個人的相似性的指示物加上兩個人不相似的特定指示物的量。

■ prosocial behavior　**利社會行為**：一種有助益的行動，讓他人得益而對進行此行動的人未必提供任何直接益處，對於助人者甚至可能意涵著某種風險。

■ provocation　**挑釁**：他人可能引發接受者的攻擊行為的行動，這經常是因為這些行動被認為是來自於惡意的目的。

■ proximity　**親近性**：在吸引力研究中，兩個個體之間在於住所、教室中的座位或是工作地點等方面的物理親近性。物理距離越短，兩個人進入重複接觸、體驗到一再的彼此揭露、正面情感以及相互吸引的發展的機率就越大。

■ punishment　**懲罰**：將令人討厭的後果施加於進行特定行動的個人身上的程序。

R

■ random assignment of participants to experimental conditions　**隨機分派研究參加者到實驗條件中**：對於進行實驗的一個基本要求。根據這個原則，研究的研究參加者在獨變項的每個層面上必須有均等的暴露機會。

■ reactance　**抗拒行為**：對於對個人自由的威脅的負面反應。抗拒行為經常提高對說服的抗拒，並經常能產生負面的態度轉變，或是與原本意圖相反的效果。

■ realistic conflict theory　**現實衝突理論**：一種觀點，認為偏見是來自各種社會團體間對稀有而有價值資源的直接競爭。

■ recategorizations　**重新分類**：在個人的內群體（我們）和外群體（他們）之間界線的移動。重新分類的結果，會造成先前被視為是外群體成員的人現在被看作屬於內群體，並因而被較為正面地看待。

■ reciprocal altruism　**互利行為**：主張透過分享諸如食物之類的資源，有機體能增加存活的機率，以及將其基因傳到下一代的可能性的理論。

■ reciprocity　**互惠**：社會生活的一個基本規則，建議個體應該以他人對待自己的方式對待他人。

■ repeated exposure　**反覆曝光**：Zajonc 發現，與稍微負面、中性或是正面的刺激頻繁地接觸，會導致對該刺激越來越正面的評價。

■ representativeness heuristic　**代表性捷思法**：一個基於當下刺激或事件與其他刺激或類別相似的程度做判斷的策略。

■ repulsion hypothesis　**排斥假說**：Rosenbaum 的挑戰性主張，稱吸引力不因相似的態度而提高，而只會被不相似的態度所減低。這個假設並不正確，但確實不相同的態度會有的負面影響，比相似態度的正面影響更大。

■ respect　**尊敬**：被視為正面並且有價值的特質。

■ roles　**角色**：因個人在團體內所擁有的特定地位，而被期待要表現的一套行為。

S

■ schemas　**基模**：透過經驗發展出來的認知架構，會影響對新的社會訊息的處理；以特定主題為中心建立起來的心智架構，能幫助我們組織社會訊息。

■ secure attachment style　**安全依附風格**：一種以高自尊與高度人際信賴為特徵的模式。這是最成功也最值得嚮往的依附模式。

■ selective altruism　**選擇性利他行為**：當有一大群人有所需要，但只有一個個體得到幫助。

■ selective avoidance　**選擇性迴避**：將注意力從挑戰現有態度的訊息上移開的傾向。這樣的迴避會增強對說服的抵抗。

■ self-complexity　**自我複雜度**：自我概念組織的方式。對那些自我概念組織複雜的人，自我的重要方面彼此之間有明顯的區別。對那些自我概念複雜度低的人而言，在不同的自我的構成要素之間有較大的重疊。

■ self-efficacy　**自我效能**：一個人的行動結果可以讓他達成目標的信念。集體自我

效能則是和他人一起工作能達成某個目標的信念。

■ self-esteem　自尊：自我被正面或負面地感知的程度；一個人對自我的總體態度；每個個體所做的自我評價。它反映了一個人對自己在從正面到負面的向度上的態度。

■ self-esteem function　自尊功能：抱持特定態度能幫助維持或增強自我價值感的功能。

■ self-evaluation maintenance model　自我評價維持模式：一種觀點，暗示我們為了維持對自己的一種正面看法，我們會與在有價值的向度上表現得比我們更好的人保持距離，但會靠近表現得比我們差的人。這個觀點主張，這麼做會保護我們的自尊。

■ self-fulfilling prophecies　自我應驗預言：預言（在某種意義上）成真。

■ self-interest　自我利益：進行能滿足自己最大利益行動的動機。

■ self-monitoring　自我監控：人們監測自己的行為以回應他人的期待。自我監控程度低的人並不能有效地這麼做，相對地，他們傾向根據自己的個人觀點來行動。高度自我監控的人能很有效地監控自己的行為，並根據他人的期待或情境來調整其行動。

■ self-reference effect　自我參照效應：人們轉向與自我有關的刺激的傾向。人們表現出對自我所擁有或反映自我的對象的偏好。

■ self-serving bias　自利偏誤：將正面的結果歸因於內在原因（例如一個人自己的特質或特性），而將負面的結果或事件歸因於外在原因（例如機運或任務困難）的傾向。

■ sexism　性別主義：基於性別之上的偏見；這典型地指對女性的偏見或負面回應。

■ sexual harassment　性騷擾：人們所不想要的關於性本質的接觸或溝通。

■ shifting standards　標準轉移：當人們將一個團體作為標準，但在判斷不同團體的成員時卻轉以另一個團體作為比較標準。

■ similarity-dissimilarity effect　相似性與相異性效應：人們會前後一致地正面地回應與之相似的人，而負面地回應與之不相似的人。

■ slime effect　爛泥巴效果：一種對奉承主管但輕蔑下屬的人形成負面印象的傾向。

■ social categorization　社會分類：將社會世界分隔成彼此區隔的類別：我們的內群體（「我們」）和各種外群體（「他們」）。

■ social cognition　社會認知：我們詮釋、分析、記得與應用關於社會世界的訊息的方式。

■ social comparison　社會比較：我們將自己與他人做比較以判斷我們對社會現實的觀點是否正確的過程。

■ social comparison theory　社會比較理論：Festinger（1954）指出，人們將自己與他人比較，因為，在許多領域與特質上，並不存在評價自我的評價標準，因此其他人便具有高度的情報價值。

■ social creativity responses　社會創造力回應：低階團體試圖為其團體在另類而不威脅高階團體的向度上獲得正面的特殊性（例如善意的性別主義）。

■ social decision schemes　社會決策基模：聯繫成員一開始的觀點與團體最終的決策的規則。

■ social dilemmas　社會困境：每個人都能透過以某一方式行動來增加個人的好處，但如果所有（或大部分）人都做這件事，大家所體驗到的成果都會減少。

■ social exclusion　社會排除：整群人對一個個體的社會排斥，這並不是基於那個人做了什麼，而是基於偏見、刻板印象與成見。

■ social facilitation　社會助長：他人的在場對我們的表現的影響。

■ social identity theory　社會認同理論：關於將自我認為是一個社會團體的成員並與此團體認同的傾向；當我們的團體身分顯著的時候的回應。它暗示我們會親近與我們分享共同身分認同的他人，而遠離其他表現差勁或使我們的社會認同變糟的內群體成員。

■ social influence　社會影響：一個或多個個體改變對於一個或多個個體的態度、信念、感知或行為的努力。

■ social learning view　社會學習觀點：一種觀點，認為偏見是透過與其他態度十分相似的方式，由直接或替代性經驗所獲得的。

■ social learning　社會學習：我們由他人獲得新的訊息、行為形式或態度的過程。

■ social loafing　社會閒散：當個人在團體內集體工作時，相較於他們獨自工作或作為獨立的演出者時，動機與心力的降低。

■ social neuroscience　社會神經科學：社會心理學的一個研究領域，尋求關於社會過程的神經與生物學基礎的知識。

■ social norms　社會規範：關於人們在特定背景下想要或是應該如何行動的期待；指出個體在特定情境中被期待要如何舉措的規則；在一個特定社會團體內關於什

麼樣的行動與態度是合宜的規則。

■ social perception　社會知覺：我們尋求認識與了解他人的過程。

■ social psychology　社會心理學：尋求了解個體在社會情境內的行為與思考之本質與原因的科學領域。

■ social rejection　社會排斥：一個個體對另一個個體的拒絕，但不是基於她或他做了什麼，而是基於偏見、刻板印象與成見。

■ spreading of alternatives　分散選項：當個體在兩個選擇中做決定時，他們傾向於降低對於他們所不選擇的選項的評價，而提高對他們所選的選項的評價。

■ staring　瞪人：一種眼神交會的形式，其中一個人持續穩定地盯著另一個人，而不管接受者在做什麼。

■ status　地位：一個個人在團體裡的地位或是排名。

■ stereotype threat　刻板印象威脅：人們對於他們會被以對於其團體的負面刻板印象所論斷，或是他們可能因為其表現在某方面肯定了對其團體的負面刻板印象的信念。

■ stereotypes　刻板印象：對於社會團體注定擁有什麼樣的特質或特性的信念。刻板印象是影響對社會訊息的處理的認知框架。

■ subjective scales　主觀量表：對詮釋開放並缺少外在參考基礎的回應量表，包括標示了由好到壞或是由弱到強的等級。它們被稱為是主觀的，因為它們可以呈現不同的意義，端看所要評量的個人的團體成員身分。

■ subjective self-awareness　主觀的自我覺察：自我浮現的第一個層次。此即承認自我在個人的物理環境中與其他對象是分開的。

■ subliminal conditioning　潛意識制約：透過接觸到低於個人意識上的覺察門檻的刺激所做的對態度的古典制約。

■ subliminal levels　潛意識層面：快速地展現給實驗參與者，使之無法被參與者辨認或是與之認同的刺激。

■ subtype　次類型：與對該團體整體的刻板印象不符的一個次一階層的團體。

■ superordinate goals　上級目標：一個衝突的兩方都尋求的目標，將它們的利益結合在一起，而不驅使它們分開；只有透過團體間的合作才能達到的目標。

■ survey method　問卷調查法：一種研究方法，讓許多人回答關於其態度或是行為的問題。

■ symbolic self-awareness　象徵的自我覺察：人類透過語言形成關於自我的抽象再

現的獨特能力。

■ symbolic social influence　**象徵性社會影響**：一種社會影響，產生自他人或是我們與他們的關係的心智表現。

■ systematic observation　**系統性觀察**：一種研究方法，涉及系統性地觀察與記錄行為。

■ systematic processing　**系統性處理**：對於一個說服性訊息中的資訊的處理，需要對訊息內容與概念做仔細的考慮。

T

■ that's-not-all technique　**不僅如此策略**：一個獲得順服的技巧，得要在目標對象決定要順服或是拒絕特定的要求之前，先提供給這個人額外的好處。

■ theories　**理論**：任何領域的科學家回答「為什麼？」這個問題時所做的努力。理論包括試圖理解為何特定事件或過程會以其方式出現。

■ theory of planned behavior　**計畫行為理論**：理性行動理論的延伸，暗示在對特定行為的態度與主觀規範之外，個人也會考量他們進行某行為的能力。

■ theory of reasoned action　**理性行動理論**：一個理論，暗示進行一特定行為的決定是理性過程的結果，行為經過考慮，其後果或結果也經過評估，之後做出行動或不行動的決定。

■ third-person effect　**第三人效應**：接觸到媒體對個人態度與行為的影響被高估，對自我的影響則被低估的一種效應。

■ thought suppression　**思考抑制**：防止特定思考進入意識的努力。

■ threat　**威脅**：威脅有不同的形式，但主要是和一個人的團體利益被損害或自尊遭到危險的恐懼有關。

■ tokenism　**代表性主義**：代表性主義可以指涉依據團體成員所做的雇用。它也可以用在個人為外群體成員所做的微小正面行動，在後來被當作拒絕進行更有意義、有益行動的藉口的例子。

■ transactional justice　**交流正義**：這指的是人們對獎賞的分配能解釋或是合理化他們的決定，並對接受者表現出體貼與善意的程度。

■ triangular model of love　**愛情三元論**：Sternberg 對愛情關係的概念化，包含了三個基本的構成要素：親密、激情與決定／承諾。

■ trivialization　瑣碎化：減少不一致的技巧，讓兩方之間不一致的重要態度與行為在認知上被減輕。

■ Type A behavior pattern　A 型性格行為模式：一個主要由高度競爭性、時間緊迫性與敵意所構成的模式。

■ Type B behavior pattern　B 型性格行為模式：一個與 A 型性格行為模式的構成要素相反的模式。

U

■ ultimate attribution error　終極歸因謬誤：一個人對自己團體的成員做更討人喜歡與奉承的歸因甚於對其他團體的成員的傾向。實際上，這是在團體層次上的自利偏誤。

■ unrequited love　得不到回報的愛：一個人對另一個人的愛，而這另一個人對這個人並沒有對應的愛的感覺。

■ upward social comparison　向上社會比較：和另一個比自己更好的人做比較。

W

■ within-group comparisons　組內比較：在目標與（只在）同一類別裡的其他成員之間的比較。

■ workplace aggression　職場攻擊行為：個人在職場藉以尋求傷害別人的任何形式的行為。

參考書目

Aarts, H., & Dijksterhuis, A. (2003). The silence of the library: Environment, situational norms, and social behavior. *Journal of Personality and Social Psychology, 84,* 18-24.

Adams, J. S. (1965). Inequity in social exchange. In L. Berkowitz (Ed.), *Advances in experimental social psychology* (Vol. 2, pp. 267-299). New York: Academic Press.

Ahrons, C. (2004). *We're still family: What grown children have to say about their parents' divorce.* New York: Harper Collins.

Ajzen, I. (1987). Attitudes, traits, and actions: Dispositional prediction of behavior in personality and social psychology. In L. Berkowitz (Ed.), *Advances in experimental social psychology* (Vol. 20). San Diego, CA: Academic Press.

Ajzen, I. (1991). The theory of planned behavior: Special issue: Theories of cognitive self-regulation. *Organizational Behavior and Human Decision Processes, 50,* 179-211.

Ajzen, I. (2001). Nature and operation of attitudes. *Annual Review of Psychology, 52,* 27-58.

Ajzen, I., & Fishbein, M. (1980). *Understanding attitudes and predicting social behavior.* Englewood Cliffs, NJ: Prentice-Hall.

Alagna, F. J., Whitcher, S. J., & Fisher, J. D. (1979). Evaluative reactions to interpersonal touch in a counseling interview. *Journal of Counseling Psychology,* 26, 465-472.

Alexander, M. J., & Higgins, E. T. (1993). Emotional trade-offs of becoming a parent: How social roles influence self-discrepancy effects. *Journal of Personality and Social Psychology, 65,* 1259-1269.

Alexander, R., Feeney, J., Hohaus, L., & Noller, P. (2001). Attachment style and coping resources as predictors of coping strategies in the transition to parenthood. *Personal Relationships, 8,* 137-152.

Alicke, M. D., Vredenburg, D. S., Hiatt, M., & Govorun, O. (2001). The better than myself effect. *Motivation and Emotion,* 25, 7-22.

Allgeier, E. R., & Wiederman, M. W. (1994). How useful is evolutionary psychology for understanding contemporary human sexual behavior? *Annual Review of Sex Research, 5,* 218-256.

Allport, F. H. (1920). The influence of the group upon association and thought. *Journal of Experimental Psychology, 3,* 159-182.

Allport, F. H. (1924). *Social psychology.* Boston: Houghton Mifflin.

Allyn, J., & Festinger, L. (1961). The effectiveness of unanticipated persuasive communications. *Journal of Abnormal and Social Psychology, 62,* 35-40.

Alvaro, E. M., & Crano, W. D. (1996). Cognitive responses to minority- or majority-based communications: Factors that underlie minority influence. *British Journal of Social Psychology, 34,* 105-121.

Amato, P. R. (1986). Emotional arousal and helping behavior in a real-life emergency. *Journal of Applied Social Psychology, 16,* 633-641.

Amato, P. R., & Booth, A. (2001). The legacy of parents' marital discord: Consequences for children's marital quality. *Journal of Personality and Social Psychology, 81,* 627-638.

American Psychiatric Association. (1994). *Diagnostic and statistical manual of mental disorders* (4th ed.). Washington, DC: American Psychiatric Association.

Ames, D. R., Flynn, F. J., & Weber, E. U. (2004). It's the thought that counts: On perceiving how helpers decide to lend a hand. *Personality and Social Psychology Bulletin, 30,* 461-474.

Andersen, S. M., & Baum, A. (1994). Transference in interpersonal relations: Inferences and affect based on significant-other representations: *Journal of Personality, 62,* 459-497.

Anderson, C. A. (1989). Temperature and aggression. Effects on quarterly, yearly, and city rates of violent and nonviolent crime. *Journal of Personality and Social Psychology, 52,* 1161-1173.

Anderson, C. A. (1997). Effects of violent movies and trait hostility on hostile feelings and aggressive thoughts. *Aggressive Behavior,* 23, 161-178.

Anderson, C. A., & Anderson, K. B. (1996). Violent crime rate studies in philosophical context: A destructive testing approach to heat and Southern culture of violence effects. *Journal of Personality and Social Psychology, 70,* 740-756.

Anderson, C. A., Anderson, K. B., & Deuser, W. E. (1996). Examining an affective aggression framework: Weapon and temperature effects on aggressive thoughts, affect, and attitudes. *Personality and Social Psychology Bulletin, 22,* 366-376.

Anderson, C. A., & Bushman, B. J. (2001). Effects of violent video games on aggressive behavior, aggressive cognition, aggressive affect, physiological arousal, and prosocial behavior: A meta-analytic review of the scientific literature. *Psychological Science, 12,* 353-359.

Anderson, C. A., & Bushman, B. J. (2002a). Media violence and the American public revisited. *American Psychologist, 57,* 448-450.

Anderson, C. A., Bushman, B. J., & Groom, R. W. (1997). Hot years and serious and deadly assault: Empirical tests of the heat hypothesis.

Journal of Personality and Social Psychology, 73, 1213-1223.

Anderson, C. A., Carnagey, N. L., & Eubanks, J. (2003). Exposure to violent media: The effects of songs with violent lyrics on aggressive thoughts and feelings. *Journal of Personality and Social Psychology, 84,* 960-971.

Anderson, C. A., Miller, R. S., Riger, A. L., Dill, J. C., & Sedikides, C. (1994). Behavioral and characterological attributional styles as predictors of depression and loneliness: Review, refinement, and test. *Journal of Personality and Social Psychology, 66,* 549-558.

Anderson, C. A., Berkowitz, L., Donnerstein, E., Huesmann, L. R., Johnson, J. D., Linz, D., Malamuth, N. M., & Wartella, E. (2004). The influence of media violence on youth. *Psychology in the Public Interest, 4,* 81-110.

Anderson, N. H. (1965). Averaging versus adding as a stimulus combination rule in impression formation. *Journal of Experimental Social Psychology, 70,* 394-400.

Anderson, N. H. (1968). Application of a linear-serial model to a personality impression task. Using serial presentation. *Journal of Personality and Social Psychology, 10,* 354-362.

Anderson, N. H. (1973). Cognitive algebra: Integration theory applied to social attribution. In L. Berkowitz (Ed.), *Advances in experimental social psychology.* New York:Academic Press.

Anderson, V. L. (1993). Gender differences in altruism among holocaust rescuers. *Journal of Social Behavior and Personality, 8,* 43-58.

Andersson, L. M., & Pearson, C. M. (1999). Tit-for-tat? The spiraling effect of incivility in the workplace. *Academy of Management Review, 24,* 452-471.

Andreoletti, C., Zebrowitz, L.A., & Lachman, M. E. (2001). *Personality and Social Psychology Bulletin, 27,* 969-981.

Andreou, E. (2000). Bully/victim problems and their association with psychological constructs in 8- to 12-year-old Greek schoolchildren. *Aggressive Behavior, 26,* 49-58.

Angier, N. (1998a, September 1). Nothing becomes a man more than a woman's face. *New York Times,* p. F3.

Angier, N. (2003, July 8). Opposites attract? Not in real life. *The New York Times,* F1, F6.

Apanovitch, A. M., Hobfoll, S. E., & Salovey, P. (2002). The effects of social influence on perceptual and affective reactions to scenes of sexual violence. *Journal of Applied Social Psychology, 32,* 443-464.

Archibald, F. S., Bartholomew, K., & Marx, R. (1995). Loneliness in early adolescence: A test of the cognitive discrepancy model of loneliness. *Personality and Social Psychology Bulletin, 21,* 296-301.

Aristotle. (1932). *The rhetoric* (L. Cooper, Trans.). New York: Appleton-Century-Crofts. (Original work published c. 330 B.C.)

Armitage, C. J., & Conner, M. (2000). Attitudinal ambivalence: A test of three key hypotheses. *Personality and Social Psychology Bulletin, 26,* 1421-1432.

Aron, A., & Henkemeyer, L. (1995). Marital satisfaction and passionate love. *Journal of Social and Personal Relationships, 12,* 139-146.

Aron, A., & McLaughlin-Volpe, T. (2001). Including others in the self: Extensions to own and partner's group membership. In C. Sedikides & M. B. Brewer (Eds.), *Individual self, relational self, collective self* (pp. 89-108). Philadelphia: Psychology Press.

Aron, A., & Westbay, L. (1996). Dimensions of the prototype of love. *Journal of Personality and Social Psychology, 70,* 535-551.

Aron, A., Aron, E. N., & Allen, J. (1998). Motivations for unreciprocated love. *Personality and Social Psychology Bulletin, 24,* 787-796.

Aron, A., Paris, M., & Aron, E. N. (1995). Falling in love: Prospective studies of self-concept change. *Journal of Personality and Social Psychology, 69,* 1102-1112.

Aron, A., Dutton,D.G., Aron,E. N., & Iverson, A. (1989). Experiences of falling in love. *Journal of Social and Personal Relationships, 6,* 243-257.

Aron, A., Melinat, E., Aron, E. N., Vallone, R. D., & Bator, R. J. (1997). The experimental generation of interpersonal closeness: A procedure and some preliminary findings. *Personality and Social Psychology Bulletin, 23,* 363-377.

Aronoff, J., Woike, B. A., & Hyman, L. M. (1992). Which are the stimuli in facial displays of anger and happiness? Configurational bases of emotion recognition. *Journal of Personality and Social Psychology, 62,* 1050-1066.

Aronson, E. (1968). Dissonance theory: Progress and problems. In R. Abelson, E. Aronson, W. McGuire, T. Newcomb, M. Rosenberg, & P. Tannenbaum (Eds.), *The cognitive consistency theories: A source book* (pp. 5-27). Chicago: Rand McNally.

Aronson, J., Blanton, H., & Cooper, J. (1995). From dissonance to disidentification: Selectivity in the self-affirmation process. *Journal of Personality and Social Psychology, 68,* 986-996.

Aronson, J., Lustina, M. J., Good, C., Keough, K., Steele, C. M., & Brown, J. (1999). When white men can't do math: Necessary and sufficient factors in stereotype threat. *Journal of Experimental Social Psychology, 35,* 29-46.

Arriaga, X. B., & Agnew, C. R. (2001). Being committed: Affective, cognitive, and conative components of relationship commitment. *Personality and Social Psychology Bulletin, 27,* 1190-1203.

Arriaga, X. B., & Rusbult, C. E. (1998). Standing in my partner's shoes: Partner perspective taking and reactions to accommodative dilemmas. *Personality and Social Psychology Bulletin, 24,* 927-948.

Asch,S. (1946). Forming impressions of personality. *Journal of Abnormal and Social Psychology, 41,* 258-290.

Asch,S.E. (1951). Effects of group pressure upon the modification and distortion of judgment. In H. Guetzkow (Ed.), *Groups, leadership, and men.* Pittsburgh: Carnegie.

Asch,S.E. (1955). Opinions and social pressure. *Scientific American, 193*(5), 31-35.

Asch,S.E. (1956). Studies of independence and conformity: A minority of one against unanimous majority. *Psychological Monographs, 70* (Whole No. 416).

Asendorpf, J. B. (1992). A Brunswickean approach to trait continuity: Application to shyness. *Journal of Personality, 60,* 55-77.

Asher, S. R., & Paquette, J. A. (2003). Loneliness and peer relations in childhood. *Current Directions in Psychological Science, 12,* 75-78.

Ashmore, R. D., Deaux, K., & McLaughlin-Volpe, T. (2004). An organizing framework for collective identity: Articulation and significance of multidimensionality. *Psychological Bulletin, 130,* 80-114.

Ashmore, R. D., Solomon, M. R., & Longo, L. C. (1996). Thinking about fashion models' looks: A multidimensional approach to the structure of perceived physical attractiveness. *Personality and Social Psychology Bulletin, 22,* 1083-1104.

Aune, K. S., & Wong, N. C. H. (2002). Antecedents and consequences of adult play in romantic relationships. *Personal Relationships, 9,* 279-286.

Averill, J. R., & Boothroyd, P. (1977). On falling in love: Conformance with romantic ideal. *Motivation and Emotion, 1,* 235-247.

Avolio, B. J., & Bass, B. M. (2002). Developing *potential across a full range of leadership.* Hillsdale, NJ: Erlbaum.

Azar, B. (1997, November). Defining the trait that makes us human. *APA Monitor, 1,* 15.

Baccman, C., Folkesson, P., & Norlander, T. (1999). Expectations of romantic relationships: A comparison between homosexual and heterosexual men with regard to Baxter's criteria. *Social Behavior and Personality, 27,* 363-374.

Bachorowski, J., & Owren, M. J. (2001). Not all laughs are alike: Voiced but not unvoiced laughter readily elicits positive affect. *Psychological Science, 12,* 252-257.

Baker, N. V., Gregware, P. R., & Cassidy, M. A. (1999). Family killing fields: Honor rationales in the murder of women. *Violence Against Women, 5,* 164-184.

Baldwin, D. A. (2000). Interpersonal understanding fuels knowledge acquisition. *Current Directions in Psychological Science, 9,* 40-45.

Baldwin, M. W., Carrell, S. E., & Lopez, D. F. (1990). Priming relationship schemas: My advisor and the Pope are watching me from the back of my mind. *Journal of Experimental Social Psychology, 26,* 435-454.

Banaji, M., & Hardin, C. (1996). Automatic stereotyping. *Psychological Science, 7,* 136-141.

Bandura, A. (1997). *Self-efficacy: The exercise of control.* New York: W. H. Freeman.

Bandura, A. (1999a). A sociocognitive analysis of substance abuse: An agentic perspective. *Psychological Science, 10,* 214-216.

Bandura, A. (1999b). Moral disengagement in the perpetration of inhumanities. *Personality and Social Psychology Review, 3,* 193-209.

Bandura, A. (2000). Exercise of human agency through collective efficacy. *Current Directions in Psychological Science, 9,* 75-78.

Bandura, A., Ross, D., & Ross, S. (1963). Imitation of film-mediated aggressive models. *Journal of Abnormal and Social Psychology, 66,* 3-11.

Banse, R. (2004). Adult attachment and marital satisfaction: Evidence for dyadic configuration effects. *Journal of Social and Personal Relationships, 21,* 273-282.

Barash, D. P., & Lipton, J. E. (2001). *The myth of monogamy.* New York: Freeman.

Bargh, J. A. (1997). The automaticity of everyday life. In R. S. Wyer (Ed.), *Advances in social cognition* (Vol. 10, pp. 1-61). Mahwah, NJ: Erlbaum.

Bargh, J. A., & Chartrand, T. L. (1999). The unbearable automaticity of being. *American Psychologist, 54,* 462-479.

Bargh, J. A., & Pietromonaco, P. (1982). Automatic information processing and social perception: The influence of trait information presented outside of conscious awareness on impression formation. *Journal of Personality and Social Psychology, 43,* 437-449.

Bargh, J. A., Chen, M., & Burrows, L. (1996). Automaticity of social behavior: Direct effects of trait construct and stereotype activation on action. *Journal of Personality and Social Psychology, 71,* 230-234.

Bargh, J. A., Chaiken, S., Govender, R., & Pratto, F. (1992). The generality of the automatic attitude activation effect. *Journal of Personality and Social Psychology, 62,* 893-912.

Bargh, J. A., Gollwitzer, P. M., Lee-Chai, A., Barndollar, K., & Trotschel, R. (2001). The automated will: Nonconscious activation and pursuit of behavioral goals. *Journal of Personality and Social Psychology, 18,* 1014-1027.

Baron, J. (1997). The illusion of morality as self-interest: A reason to cooperate in social dilemmas. *Psychological Science, 8,* 330-335.

Baron, R. A. (1972). Aggression as a function of ambient temperature and prior anger arousal. *Journal of Personality and Social Psychology, 21,* 183-189.

Baron, R. A. (1989a). Applicant strategies during job interviews. In G. R. Ferris & R. W. Eder (Eds.), *The employment interview: Theory, research, and practice* (pp. 204-216). Newbury Park, CA: Sage.

Baron, R. A. (1989b). Personality and organizational conflict: The Type A behavior pattern and self-monitoring. *Organizational Behavior and Human Decision Processes, 44,* 281-297.

Baron, R. A. (1990a). Attributions and organizational conflict. In S. Graha & V. Folkes (Eds.), *Attribution theory: Applications to achievement, mental health, and interpersonal conflict* (pp. 185-204). Hillsdale, NJ: Erlbaum.

Baron, R. A. (1993a). Effects of interviewers' moods and applicant qualifications on ratings of job applicants. *Journal of Applied Social Psychology, 23,* 254-271.

Baron, R. A. (1993c). Criticism (informal negative feedback) as a source of perceived unfairness in organizations: Effects, mechanisms, and countermeasures. In R. Cropanzano (Ed.), *Justice in the workplace: Approaching fairness in human resource management* (pp. 155-170). Hillsdale, NJ: Erlbaum.

Baron, R. A. (1997). The sweet smell of helping: Effects of pleasant ambient fragrance on prosocial behavior in shopping malls. *Personality and Social Psychology Bulletin, 23,* 498-503.

Baron, R. A., & Lawton, S. F. (1972). Environmental influences on aggression: The facilitation of modeling effects by high ambient temperatures. *Psychonomic Science, 26,* 80-82.

Baron, R. A., & Neuman, J. H. (1996). Workplace violence and workplace aggression: Evidence on their relative frequency and potential causes. *Aggressive Behavior, 22,* 161-173.

Baron, R. A., & Richardson, D. R. (1994). *Human Aggression* (2nd ed.). New York: Plenum.

Baron, R. A., Markman, G. D., & Hirsa, A. (2001). Perceptions of women and men as entrepreneurs. Evidence for differential effects of attributional augmenting. *Journal of Applied Psychology, 86,* 923-929.

Baron, R. A., Neuman, J. H., & Geddes, D. (1999). Social and personal determinants of workplace aggression: Evidence for the impact of perceived injustice and the Type A behavior pattern. *Aggressive Behavior, 25,* 4, 281-296.

Baron, R. A., Russell, G. W., & Arms, R. L. (1985). Negative ions and behavior: Impact on mood, memory, and aggression among Type A and Type B persons. *Journal of Personality and Social Psychology, 48,* 746-754.

Baron, R. S. (1986). Distraction/conflict theory: Progress and problems. In L. Berkwoitz (Ed.), *Advances in experimental social psychology* (Vol. 19, pp. 1-40). Orlando: Academic Press.

Baron, R. S., Moore, D., & Sanders, G. S. (1978). Distraction as a source of drive in social facilitation research. *Journal of Personality and Social Psychology, 36,* 816-824.

Baron, R. S., Vandello, U. A., & Brunsman, B. (1996). The forgotten variable in conformity research: Impact of task importance on social influence. *Journal of Personality and Social Psychology, 71,* 915-927.

Bar-Tal, D. (2003). Collective memory of physical violence: Its contribution to the culture of violence. In E. Cairns & M. D. Roe (Eds.), *The role of memory in ethnic conflict* (pp. 77-93). New York: Palgrave Macmillan.

Bartholomew, K., & Horowitz, L. M. (1991). Attachment styles among young adults: A test of a four category model. *Journal of Personality and Social Psychology, 61,* 226-244.

Bartholow, B. D., Pearson, M. A., Gratton, G., & Fabiani, M. (2003). Effects of alcohol on person perception: A social cognitive neuroscience approach. *Journal of Personality and Social Psychology, 85,* 627-638.

Bassili, J. N. (2003). The minority slowness effect: Subtle inhibitions in the expression of views not shared by others. *Journal of Personality and Social Psychology, 84,* 261-276.

Batson, C. D., & Oleson, K. C. (1991). Current status of the empathy-altruism hypothesis. In M. S. Clark (Ed.), *Prosocial behavior* (pp. 62-85). Newbury Park, CA: Sage.

Batson, C. D., & Thompson, E. R. (2001). Why don't moral people act morally? Motivational considerations. *Current Directions in Psychological Science, 10,* 54-57.

Batson, C. D., Early, S., & Salvarani, G. (1997). Perspective taking: Imagining how another feels versus imagining how you would feel. *Personality and Social Psychology Bulletin, 23,* 751-758.

Batson, C. D., Klein, T. R., Highberger, L., & Shaw, L. L. (1995). Immorality from empathy-induced altruism: When compassion and justice conflict. *Journal of Personality and Social Psychology, 68,* 1042-1054.

Batson, C. D., Duncan, B. D., Ackerman, P., Buckley, T., & Birch, K. (1981). Is empathic emotion a source of altruistic motivation? *Journal of Personality and Social Psychology, 40,* 290-302.

Batson, C. D., Kobrynowicz, D., Donnerstein, J. L., Kampf, H. C., & Wilson, A. D. (1997). In a very different voice: Unmasking moral hypocrisy. *Journal of Personality and Social Psychology, 72,* 1335-1348.

Batson, C. D., O'Quin, K., Fultz, J., Vanderplas, M., & Isen, A. M. (1983). Influence of self-reported distress and empathy on egoistic versus altruistic motivation to help. *Journal of Personality and Social Psychology, 45,* 706-718.

Batson, C. D., Batson, J. G., Todd, R. M., Brummett, B. H., Shaw, L. L., & Aldeguer, C. M. R. (1995). Empathy and the collective good: Caring for one of the others in a social dilemma. *Journal of Personality and Social Psychology, 68,* 619-631.

Batson, C. D., Sager, K., Garst, E., Kang, M., Rubchinsky, K., & Dawson, K. (1997). Is empathy-induced helping due to self-other merger? *Journal of Personality and Social Psychology, 73,* 495-509.

Batson, C. D., Ahmed, N.,Yin, J., Bedell, S. J., Johnson, J. W., Templin, C. M., & Whiteside, A. (1999). Two threats to the common good: Self-interested egoism and empathy-induced altruism. *Personality and Social Psychology Bulletin, 25,* 3-16.

Batson, C. D., Lishner, D. A., Carpenter, A., Dulin, L., Harjusola-Webb, S., Stocks, E. L., Gale, S., Hassan, O., & Sampat, B. (2003). ". . . As you would have them do unto you.": Does im-

agining yourself in the other's place stimulate moral action? *Personality and Social Psychology Bulletin, 29,* 1190-1201.

Baumeister, R., Smart, L., & Boden, J. (1996). Relation of threatened egotism to violence and aggression: The dark side of high self-esteem. *Psychological Review, 103,* 5-33.

Baumeister, R. F. (1998). The self. In D. T. Gilbert,S. T. Fiske, & G. Lindzey (Eds.), *Handbook of social psychology* (4th ed., Vol. 1, pp. 680-740). New York: McGraw-Hill.

Baumeister, R. F., & Leary, M. R. (1995). The need to belong: Desire for interpersonal attachments as a fundamental human motivation. *Psychological Bulletin, 117,* 497-529.

Baumeister, R. F., & Newman, L. S. (1994). Self-regulation of cognitive inference and decision processes. *Personality and Social Psychology Bulletin, 20,* 3-19.

Baumeister, R. F., Twenge, J. M., & Nuss, C. K. (2002). Effects of social exclusion on cognitive processes: Anticipated aloneness reduces intelligent thought. *Journal of Personality and Social Psychology, 83,* 817-827.

Baumeister, R. F., Wotman, S. R., & Stillwell, A. M. (1993). Unrequited love: On heartbreak, anger, guilt, scriptlessness, and humiliation. *Journal of Personality and Social Psychology, 64,* 377-394.

Baumeister, R. F., Chesner, S. P., Sanders, P. S., & Tice,D.M.(1988).Who's in charge here? Group leaders do lend help in emergencies. *Personality and Social Psychology Bulletin, 14,* 17-22.

Beall, A. E., & Sternberg, R. J. (1995). The social construction of love. *Journal of Social and Personal Relationships, 12,* 417-438.

Beaman, A. I., Cole, M., Preston, M., Klentz, B., & Steblay, N. M. (1983). Fifteen years of the foot-in-the-door-research: A meta-analysis. *Personality and Social Psychology Bulletin, 9,* 181-186.

Becker, S. W., & Eagly, A. H. (2004). The heroism of women and men. *American Psychologist, 59,* 163-178.

Beinart, P. (1998, October 19). Battle for the ' burbs. *The New Republic,* 25-29.

Bell, B. (1993). Emotional loneliness and the perceived similarity of one's ideas and interests. *Journal of Social Behavior and Personality, 8,* 273-280.

Bell, B. E. (1995). Judgments of the attributes of a student who is talkative versus a student who is quiet in class. *Journal of Social Behavior and Personality, 10,* 827-832.

Bell, D. C. (2001). Evolution of parental caregiving. *Personality and Social Psychology Review, 5,* 216-229.

Bell, P. A. (1992). In defense of the negative affect escape model of heat and aggression. *Psychological Bulletin, 111,* 342-346.

Bell, R. A. (1991). Gender, friendship network density, and loneliness. *Journal of Social Behavior and Personality, 6,* 45-56.

Benjamin, E. (1998, January 14). Storm brings out good, bad and greedy. Albany *Times Union,* pp. A1, A6.

494

Benoit, W. L. (1998). Forewarning and persuasion. In M. Allen & R. Priess (Eds.), *Persuasion: Advances through meta-analysis* (pp. 159-184). Cresskill, NJ: Hampton Press.

Ben-Porath, D. D. (2002). Stigmatization of individuals who receive psychotherapy: An interaction between help-seeking behavior and the presence of depression. *Journal of Social and Clinical Psychology, 21,* 400-413.

Benson, P. L., Karabenick, S. A., & Lerner, R. M. (1976). Pretty pleases: The effects of physical attractiveness, race, and sex on receiving help. *Journal of Experimental Social Psychology, 12,* 409-415.

Berant, E., Mikulincer, M., & Florian, V. (2001). The association of mothers' attachment style and their psychological reactions to the diagnosis of infant's congenital heart disease. *Journal of Social and Clinical Psychology, 20,* 208-232.

Berg, J. H., & McQuinn, R. D. (1989). Loneliness and aspects of social support networks. *Journal of Social and Personal Relationships, 6,* 359-372.

Berkowitz, L. (1989). Frustration-aggression hypothesis: Examination and reformulation. *Psychological Bulletin, 106,* 59-73.

Berkowitz, L. (1993). *Aggression: Its causes, consequences, and control.* New York: McGraw Hill.

Bernieri, F. J., Gillis, J. S., Davis, J. M., & Grahe, J. E. (1996). Dyad rapport and the accuracy of its judgment across situations: A lens model analysis. *Journal of Personality and Social Psychology, 71,* 110-129.

Berry, D. S., & Hansen, J. S. (1996). Positive affect, negative affect, and social interaction. *Journal of Personality and Social Psychology, 71,* 796-809.

Berry, J. W., Worthing, E. I., Parrott, L., O'Connor, L. E., & Wade, J. N. G. (2001). Dispositional forgiveness: Development and construct validity of the Transgression Narrative Test of Forgiveness (TNTFO). *Personality and Social Psychology Bulletin.*

Berscheid, E., & Hatfield, E. (1974). A little bit about love. In T. L. Huston (Ed.), *Foundations of interpersonal attraction* (pp. 355-381). New York: Academic Press.

Berscheid, E., & Reis, H. T. (1998). Attraction and close relationships. In D. T. Gilbert, S. T. Fiske, & G. Lindzey (Eds.), *The handbook of social psychology* (4th ed., Vol. 2, pp. 193-281). New York: McGraw-Hill.

Bersoff, D. M. (1999). Why good people sometimes do bad things: Motivated reasoning and unethical behavior. *Personality and Social Bulletin, 25,* 28-39.

Bettencourt, B. A., & Miller, N. (1996). Gender differences in aggression as a function of provocation: A meta-analysis. *Psychological Bulletin, 119,* 422-447.

Bierhoff, H. W., Klein, R., & Kramp, P. (1991). Evidence for the altruistic personality from data on accident research. *Journal of Personality, 59,* 263-280.

Biernat, M., & Thompson, E. R. (2002). Shifting standards and contextual variation in stereotyping. *European Review of Social Psychology, 12,* 103-137.

Biernat, M., & Vescio, T. K. (2002). She swings, she hits, she's great, she's benched: Implications of gender-based shifting standards for judgment and behavior. *Personality and Social Psychology Bulletin, 28,* 66-77.

Biernat, M., Eidelman, S., & Fuegan, K. (2002). Judgment standards and the social self: A shifting standards perspective. In J. P. Forgas & K. D. Williams (Eds.), *The social self: Cognitive, interpersonal, and intergroup perspectives* (pp. 51-72). Philadelphia: Psychology Press.

Bies, R. J., Shapiro, D. L., & Cummings, L. L. (1988). Causal accounts and managing organizational conflict: Is it enough to say it's not my fault? *Communication Research, 15,* 381-399.

Björklund, D. F., & Shackelford, T. K. (1999). Differences in parental investment contribute to important differences between men and women. *Current Directions in Psychological Science, 8,* 86-89.

Björkqvist, K., Lagerspetz, K. M., & Kaukiainen, A. (1992). Do girls manipulate and boys fight? Developmental trends in regard to direct and indirect aggression. *Aggressive Behavior, 18,* 117-127.

Björkqvist, K., Österman, K., & Hjelt-B? ck, M. (1994). Aggression among university employees. *Aggressive Behavior, 20,* 173-184.

Blaney, P. H. (1986). Affect and memory: A review. *Psychological Bulletin, 99,* 229-246.

Blascovich, J., Wyer, N. A., Swart, L. A., & Kibler, J. L. (1997). Racism and racial categorization. *Journal of Personality and Social Psychology, 72,* 1364-1372.

Blazer, D. G., Kessler, R. C., McGonagle, K. A., & Swartz, M. S. (1994). The prevalence and distribution of major depression in a national community sample: The National Comorbidity Survey. *American Journal of Psychiatry, 151,* 979-986.

Bleske-Rechek, A. L., & Buss, D. M. (2001). Opposite-sex friendship: Sex differences and similarities in initiation, selection, and dissolution. *Personality and Social Psychology Bulletin, 27,* 1310-1323.

Bless, H. (2001). The consequences of mood on the processing of social information. In A. Tesser & N. Schwarz (Eds.), *Blackwell handbook in social psychology* (pp. 391-412). Oxford, England: Blackwell Publishers.

Blickle, G. (2003). Some outcomes of pressure, ingratiation, and rational persuasion used with peers in the workplace. *Journal of Applied Social Psychology, 33,* 648-665.

Bobo, L. (1983). Whites' opposition to busing: Symbolic racism or realistic group conflict? *Journal of Personality and Social Psychology, 45,* 1196-1210.

Bodenhausen, G. F. (1993). Emotion, arousal, and stereotypic judgment: A heuristic model of affect and stereotyping. In D. Mackie & D. Hamilton (Eds.), *Affect, cognition, and stereo-*

typing: *Intergroup processes in intergroup perception* (pp. 13-37). San Diego, CA: Academic Press.

Bodenmann, G., Kaiser, A., Hahlweg, K., & Fehn-Wolfsdorf, G. (1998). Communication patterns during marital conflict: A cross-cultural replication. *Personal Relationships, 5,* 343-356.

Boer, F., Westenberg, M., McHale, S. M., Updegraff, K. A., & Stocker, C. M. (1997). The factorial structure of the Sibling Relationship Inventory (SRI) in American and Dutch samples. *Journal of Social and Personal Relationships, 14,* 851-859.

Bogard, M. (1990). Why we need gender to understand human violence. *Journal of Interpersonal Violence, 5,* 132-135.

Bolton, M. M. (2004, April 8). Gay couples sue state over marriage law. Albany *Times Union,* A1, A14.

Bombardieri, M. (2004, February 9). For dateless on campus, idea clicks. *Boston Globe,* B1.

Bond, M. H. (1996). Chinese values. In M. H. Bond (Ed.), *The handbook of Chinese psychology* (pp. 208-226). Oxford, England: Oxford University Press.

Bond, R., & Smith, P. B. (1996). Culture and conformity: A meta-analysis of studies using Asch's (1952b, 1956) line judgment task. *Psychological Bulletin, 119,* 111-137.

Boon, S. D., & Brussoni, M. J. (1998). Popular images of grandparents: Examining young adults' views of their closest grandparents. *Personal Relationships, 5,* 105-119.

Bornstein, R. F., & D'Agostino, P. R. (1992). Stimulus recognition and the mere exposure effect. *Journal of Personality and Social Psychology, 63,* 545-552.

Bossard, J. H. S. (1932). Residential propinquity as a factor in marriage selection. *American Journal of Sociology, 38,* 219-224.

Bosson, J. K., Haymovitz, E. L., & Pinel, E. C. (2004). When saying and doing diverge: The effects of stereotype threat on self-reported versus non-verbal anxiety. *Journal of Experimental Social Psychology, 40,* 247-255.

Botha, M. (1990). Television exposure and aggression among adolescents: A follow-up study over 5 years. *Aggressive Behavior, 16,* 361-380.

Bourhis, R. Y., Giles, H., Leyens, J. P., & Tajfel, H. (1978). Psycholinguistic distinctiveness: Language divergence in Belgium. In H. Giles & R. St. Clair (Eds.), *Language and social psychology* (pp. 158-185). Oxford: Blackwell.

Bower, G. H. (1991). Mood congruity of social judgments. In J. P. Forgas (Ed.), *Emotion and social judgments* (pp. 31-55). Oxford: Pergamon Press.

Bowers, L., Smith, P. K., & Binney, V. (1994). Perceived family relationships of bullies, victims and bully/victims in middle childhood. *Journal of Social and Personal Relationships, 11,* 215-232.

Bowlby, J. (1969). *Attachment and loss: Vol. 1. Attachment.* New York: Basic Books. Bowlby, J. (1973). *Attachment and loss: Vol. 2. Separ-*

ation. New York: Basic Books.

Bowlby, J. (1982). *Attachment and loss: Vol. 1. Attachment* (2nd ed.). New York: Basic Books.

Boyce, N. (2001, June 4). Cruel lessons from an epidemic. *U.S. News and World Report*, 48-49.

Branscombe, N. R., & Miron, A. M. (2004). Interpreting the ingroup's negative actions toward another group: Emotional reactions to appraised harm. In L. Z. Tiedens & C. W. Leach (Eds.), *The social life of emotions* (pp. 314-335). New York: Cambridge University Press.

Branscombe, N. R., & Wann, D. L. (1994). Collective self-esteem consequences of outgroup derogation when a valued social identity is on trial. *European Journal of Social Psychology*, 24, 641-657.

Branscombe, N. R., Schmitt, M. T., & Harvey, R. D. (1999). Perceiving pervasive discrimination among African-Americans: Implications for group identification and well-being. *Journal of Personality and Social Psychology*, 77, 135-149.

Branscombe, N. R., Wann, D. L., Noel, J. G., & Coleman, J. (1993). Ingroup or outgroup extremity: Importance of the threatened identity. *Personality and Social Psychology Bulletin*, 19, 381-388.

Braver, S., Ellman, I. M., & Fabricus, W. V. (2003). Relocation of children after divorce and children's best interests: New evidence and legal considerations. *Journal of Family Psychology*, 17, 206-219.

Braza, P., Braza, F., Carreras, M. R., & Munoz, J. M. (1993). Measuring the social ability of preschool children. *Social Behavior and Personality*, 21, 145-158.

Brehm, J. W. (1966). *A theory of psychological reactance*. New York: Academic Press.

Brennan,K.A., & Bosson, J. K.(1998).Attachmentstyle differences in attitudes toward and reactions to feedback from romantic partners: An exploration of the relational bases of self-esteem. *Personality and Social Psychology Bulletin*, 24, 699-714.

Brewer, M. B., & Brown, R. (1998). Intergroup relations. In D. T. Gilbert, S. T. Fiske, & G. Lindzey (Eds.), *The handbook of social psychology* (4th ed., Vol. 2, pp. 554-594). New York: McGraw-Hill.

Brewer, M. B., Ho, H., Lee, J., & Miller, M. (1987). Social identity and social distance among Hong Kong schoolchildren. *Personality and Social Psychology Bulletin*, 13, 156-165.

Brickner, M., Harkins, S., & Ostrom, T. (1986). Personal involvement: Thought provoking implications for social loafing. *Journal of Personality and Social Psychology*, 51, 763-769.

Bringle, R. G., & Winnick, T. A. (1992, October). *The nature of unrequited love*. Paper presented at the first Asian Conference in Psychology, Singapore.

Brockner, J., Konovsky, M., Cooper-Schneider, R., Folger, R., Martin, C., & Bies, R. J. (1994). Interactive effects of procedural justice and outcome negativity on victims and survivors of job loss. *Academy of Management Journal*, 37, 397-409.

Brockner, J. M., & Wiesenfeld, B. M. (1996). An integrative framework for explaining reactions to decisions: Interactive effects of outcomes and procedures. *Psychological Bulletin*, 120, 189-208.

Broemer, P. (2004). Ease of imagination moderates reactions to differently framed health messages. *European Journal of Social Psychology*, 34, 103-119.

Brooks-Gunn, J., & Lewis, M. (1981). Infant social perception: Responses to pictures of parents and strangers. *Developmental Psychology*, 17, 647-649.

Brothers, L. (1990). The neural basis of primate social communication. *Motivation and Emotion*, 14, 81-91.

Brown, J. D., & Rogers, R. J. (1991). Self-serving attributions: The role of physiological arousal. *Personality and Social Psychology Bulletin*, 17, 501-506.

Brown, L. M. (1998). Ethnic stigma as a contextual experience: Possible selves perspective. *Personality and Social Psychology Bulletin*, 24, 165-172.

Brown, R. (2000). Social identity theory: Past achievements, current problems and future challenges. *European Journal of Social Psychology*, 30, 745-778.

Bruder, G. E., Stewart, M. M., Mercier, M. A., Agosti, V., Leite, P., Donovan, S., & Quitkin, F. M. (1997). Outcome of cognitive-behavioral therapy for depression: Relation to hemispheric dominance for verbal processing. *Journal of Abnormal Psychology*, 106, 138-144.

Bryan, J. H., & Test, M. A. (1967). Models and helping: Naturalistic studies in aiding behavior. *Journal of Personality and Social Psychology*, 6, 400-407.

Buck, R. (1977). Nonverbal communication of affect in preschool children: Relationships with personality and skin conductance. *Journal of Personality and Social Psychology 35*, 225-236.

Buckley, K. E., Winkel, R. E., & Leary, M. R. (2004). Reactions to acceptance and rejection: Effects of level and sequence of relational evaluation. *Journal of Experimental Social Psychology*, 40, 14-28.

Budesheim, T. L., & Bonnelle, K. (1998). The use of abstract trait knowledge and behavioral exemplars in causal explanations of behavior. *Personality and Social Psychology Bulletin*, 24, 575-587.

Buehler, R., & Griffin, D. (1994). Change-ofmeaning effects in conformity and dissent: Observing construal processes over time. *Journal of Personality and Social Psychology*, 67, 984-996.

Buehler, R., Griffin, D., & MacDonald, H. (1997). The role of motivated reasoning in optimistic time predictions. *Personality and Social Psychology Bulletin*, 23, 238-247.

Buehler, R., Griffin, D., & Ross, M. (1994). Exploring the "planning fallacy": Why people underestimate their task completion times. *Journal of Personality and Social Psychology*, 67, 366-381.

Bumpass, L. (1984). Children and marital disruption: A replication and update. *Demography*, 21, 71-82.

Burger, J. M. (1986). Increasing compliance by improving the deal: The that's-not-all technique. *Journal of Personality and Social Psychology*, 51, 277-283.

Burger, J. M. (1995). Individual differences in preference for solitude. *Journal of Research in Personality*, 29, 85-108.

Burger, J. M., & Cornelius, T. (2003). Raising the price of agreement: Public commitment and the lowball compliance procedure. *Journal of Applied Social Psychology*, 33, 923-934.

Burger, J. M., Messian, N., Patel, S., del Pardo, A., & Anderson, C. (2004). What a coincidence! The effects of incidental similarity on compliance. *Personality and Social Psychology Bulletin*, 30, 35-43.

Burnstein, E. (1983). Persuasion as argument processing. In M. Brandstatter, J. H. Davis, & G. Stocker-Kriechgauer (Eds.), *Group decision processes*. London: Academic Press.

Burnstein, E., Crandall, C., & Kitayama, S. (1994). Some neo-Darwinian rules for altruism: Weighing cues for inclusive fitness as a function of the biological importance of the decision. *Journal of Personality and Social Psychology*, 67, 773-789.

Bushman, B. J. (1988). The effects of apparel on compliance: A field experiment with a female authority figure. *Personality and Social Psychology Bulletin*, 14, 459-467.

Bushman, B. J. (1998). Effects of television violence on memory for commercial messages. *Journal of Experimental Psychology: Applied*, 4, 1-17.

Bushman, B. J. (2001). Does venting anger feed or extinguish the flame? Catharsis, rumination, distraction, anger, and aggressive responding. Manuscript under review.

Bushman, B. J., & Anderson, C. A. (2002). Violent video games and hostile expectations: A test of the general aggression model. *Personality and Social Psychology Bulletin*, 28, 1679-1686.

Bushman, B. J., & Baumeister, R. F. (1998). Threatened egotism, narcissism, self-esteem, and direct and displaced aggression: Does self-love or self-hate lead to violence? *Journal of Personality and Social Psychology*, 75, 219-229.

Bushman, B. J., & Cooper, H. M. (1990). Effects of alcohol on human aggression: An integrative research review. *Psychological Bulletin*, 107, 341-354.

Bushman, B. J., & Huesmann, L. R. (2001). Effects of televised violence on aggression. In D. Singer & J. Singer (Eds.), *Handbook of children and the media* (pp. 223-254). Thousand Oaks, CA: Sage.

Bushman, B. J., Baumeister, R. F., & Stack, A. D. (1999). Catharsis messages and anger-reducing activities. *Journal of Personality and Social Psychology, 76,* 367-376.

Buss, D. M. (1994). The strategies of human mating. *American Scientist, 82,* 238-249.

Buss, D. M. (1998). *Evolutionary psychology.* Boston: Allyn & Bacon.

Buss, D. M. (1999). *Evolutionary psychology: The new science of the mind.* Boston: Allyn and Bacon.

Buss, D. M., & Schmitt, D. P. (1993). Sexual strategies theory: An evolutionary perspective on human mating. *Psychological Review, 100,* 204-232.

Buss, D. M., & Shackelford, T. K. (1997). From vigilance to violence: Mate retention tactics in married couples. *Journal of Personality and Social Psychology, 72,* 346-361.

Buston, P. M., & Emlen, S. T. (2003). Cognitive processes underlying human mate choice: The relationship between self-perception and mate preferences in Western society. *The Proceedings of the National Academy of Sciences, 100,* 8805-8810.

Butler, D., & Geis, F. L. (1990). Nonverbal affect responses to male and female leaders: Implications for leadership evaluations. *Journal of Personality and Social Psychology, 58,* 48-59.

Buunk, B. P., & Prins, K. S. (1998). Loneliness, exchange orientation, and reciprocity in friendships. *Personal Relationships, 5,* 1-14.

Buunk, B. P., & van der Eijnden, R. J. J. M. (1997). Perceived prevalence, perceived superiority, and relationship satisfaction: Most relationships are good, but ours is the best. *Personality and Social Psychology Bulletin, 23,* 219-228.

Buunk, B. P., Dukstra, P., Fetchenhauer, D., & Kenrick, D. T. (2002). Age and gender differences in mate selection criteria for various involvement levels. *Personal Relationships, 9,* 271-278.

Byrne, B. M., & Shavelson, R. J. (1996). On the structure of social self-concept for pre-, early, and late adolescents: A test of the Shavelson, Hubner, and Stanton (1976) model. *Journal of Personality and Social Psychology, 70,* 599-613.

Byrne, D. (1961a). The influence of propinquity and opportunities for interaction on classroom relationships. *Human Relations, 14,* 63-69.

Byrne, D. (1961b). Interpersonal attraction and attitude similarity. *Journal of Abnormal and Social Psychology, 62,* 713-715.

Byrne, D. (1971). *The attraction paradigm.* New York:Academic Press.

Byrne, D. (1991). Perspectives on research classics: This ugly duckling has yet to become a swan. *Contemporary Social Psychology, 15,* 84-85.

Byrne, D. (1992). The transition from controlled laboratory experimentation to less controlled settings: Surprise! Additional variables are operative. *Communication Monographs, 59,* 190-198.

Byrne, D. (1997a). An overview (and underview) of research and theory within the attraction paradigm. *Journal of Social and Personal Relationships, 14,* 417-431.

Byrne, D. (1997b). Why would anyone conduct research on sexual behavior? In G. G. Brannigan, E. R. Allgeier, & A. R. Allgeier (Eds.), *The sex scientists* (pp. 15-30). New York: Addison Wesley Longman.

Byrne, D., & Blaylock, B. (1963). Similarity and assumed similarity of attitudes among husbands and wives. *Journal of Abnormal and Social Psychology, 67,* 636-640.

Byrne, D., & Clore, G. L. (1970). A reinforcement-affect model of evaluative responses. *Personality: An International Journal, 1,* 103-128.

Byrne, D., & Fisher, W. A. (Eds.). (1983). *Adolescents, sex, and contraception.* Hillsdale, NJ: Erlbaum.

Byrne, D., & Nelson, D. (1965). Attraction as a linear function of proportion of positive reinforcements. *Journal of Personality and Social Psychology, 1,* 659-663.

Byrne, D., Baskett, G. D., & Hodges, L. A. (1971). Behavioral indicators of interpersonal attraction. *Journal of Applied Social Psychology, 1,* 137-149.

Byrne, D., Allgeier, A. R., Winslow, L., & Buckman, J. (1975). The situational facilitation of interpersonal attraction: A three-factor hypothesis. *Journal of Applied Social Psychology, 5,* 1-15.

Byrne, R. L. (2001, June 1). Good safety advice. Internet.

Cacioppo, J. T., & Berntson, G. G. (1999). The affect system: Architecture and operating characteristics. *Current Directions in Psychological Science, 8,* 133-136.

Cacioppo, J. T., Berntson, G. G., Long, T. S., Norris, C. J., Rickhett, E., & Nusbaum, H. (2003). Just because you're imaging the brain doesn't mean you can stop using your head: A primer and set of first principles. *Journal of Personality and Social Psychology, 85,* 650-661.

Campbell, D. T. (1958). Common fate, similarity, and other indices of the status of aggregates of persons as social entities. *Behavioral Science, 4,* 14-25.

Campbell, L., Simpson, J. A., Kashy, D. A., & Fletcher, G. J. O. (2001). Ideal standards, the self, and flexibility of ideals in close relationships. *Personality and Social Psychology Bulletin, 27,* 447-462.

Campbell, W. K. (1999). Narcissism and romantic attraction. *Journal of Personality and Social Psychology, 77,* 1254-1270.

Campbell, W. K., & Foster, C. A. (2002). Narcissism and commitment to romantic relationships: An investment model analysis. *Personality and Social Psychology Bulletin, 28,* 484-495.

Cann, A., Calhoun, L. G., & Banks, J. S. (1995). On the role of humor appreciation in interpersonal attraction: It's no joking matter. *Humor: International Journal of Humor Research.*

Caprara, G.V., Barbaranelli, C., Pastorelli, C., Ban-dura, A., & Zimbardo, P. G. (2000). Pro-social foundations of children's academic achievement. *Psychological Science, 11,* 302-306.

Carey, M. P., Morrison-Beedy, D., & Johnson, B. T. (1997). The HIV-Knowledge Questionnaire: Development and evaluation of a reliable, valid, and practical self-administered questionnaire. *AIDS and Behavior, 1,* 61-74.

Carlsmith, K. M., Darley, J. M., & Robinson, P. H. (2002). Why do we punish? Deterrence and just deserts as motives for punishment. *Journal of Personality and Social Psychology, 83,* 284-299.

Carpenter, S. (2001a, July/August). They're positively inspiring. *Monitor on Psychology,* 74-76.

Carroll, F. (2004, August 12). Legacy of divorce depends on the study. *Albany Times Union,* pp. D1, D3.

Carroll, J. M., & Russell J. A. (1996). Do facial expressions signal specific emotions? Judging emotion from the face in context. *Journal of Personality and Social Psychology, 70,* 205-218.

Carver, C. S., & Glass, D. C. (1978). Coronary-prone behavior pattern and interpersonal aggression. *Journal of Personality and Social Psychology, 376,* 361-366.

Carver, C. S., Kus, L. A., & Scheier, M. F. (1994). Effects of good versus bad mood and optimistic versus pessimistic outlook on social acceptance versus rejection. *Journal of Social and Clinical Psychology, 13,* 138-151.

Cash, T. F., & Duncan, N. C. (1984). Physical attractiveness stereotyping among black American college students. *Journal of Social Psychology, 122,* 71-77.

Cash, T. F., & Trimer, C. A. (1984). Sexism and beautyism in women's evaluation of peer performance. *Sex Roles, 10,* 87-98.

Caspi, A., & Herbener, E. S. (1990). Continuity and change: Assortative marriage and the consistency of personality in adulthood. *Journal of Personality and Social Psychology, 58,* 250-258.

Caspi, A., Herbener, E. S., & Ozer, D. J. (1992). Shared experiences and the similarity of personalities: A longitudinal study of married couples. *Journal of Personality and Social Psychology, 62,* 281-291.

Castano, E., Paladino M. P., Coull, A., Yzerbyt, V. Y. (2002). Protecting the ingroup stereotype: Ingroup identification and the management of deviant ingroup members. *British Journal of Social Psychology, 41,* 365-385.

Castelli, L., Zogmaister, C., & Smith, E. R. (2004). On the automatic evaluation of social exemplars. *Journal of Personality and Social Psychology, 86,* 373-387.

Catalano, R., Novaco, R. W., & McConnell, W. (2002). Layoffs and violence revisited. *Aggressive Behavior, 28,* 233-247.

Chaiken, S., & Maheswaran, D. (1994). Heuristic processing can bias systematic processing: Effects of source credibility, argument ambiguity, and task importance on attitude judgment. *Journal of Personality and Social Psy-*

chology, 66, 460-473.

Chaiken, S., & Trope, Y. (1999). Dual-process theories in social psychology. New York: Guilford Press.

Chaiken, S., Giner-Sorolla, R., & Chen, S. (1996). Beyond accuracy: Defense and impression motives in heuristic and systematic processing. In P. M. Gollwitzer & J. A. Bargh (Eds.), The psychology action: Linking motivation and cognition to behavior (pp. 553-578). New York: Guilford.

Chaiken, S., Liberman, A., & Eagly, A. H. (1989). Heuristic and systematic processing within and beyond persuasion context. In J. S. Uleman & J. A. Bargh (Eds.), Unintended thought (pp. 212-252). New York: Guilford.

Chajut, E., & Algom, D. (2003). Selective attention improves under stress: Implications for theories of social cognition. Journal of Personality and Social Psychology, 85, 231-248.

Chang, E. C., & Asakawa, K. (2003). Cultural variations on optimistic and pessimistic bias for self versus a sibling: Is there evidence for self-enhancement in the West and for self-criticism in the East when the referent group is specified? Journal of Personality and Social Psychology, 84, 569-581.

Chaplin, W. F., Phillips, J. B., Brown, J. D., Clanton, N. R., & Stein, J. L. (2000). Handshaking, gender, personality, and first impressions. Journal of Personality and Social Psychology, 79, 110-117.

Chartrand, T. L., & Bargh, J. A. (1999). The Chameleon effect: The perception-behavior link and social interaction. Journal of Personality and Social Psychology, 76, 893-910.

Chartrand, T. L., Maddux, W. W., & Lakin, J. L. (2004). Beyond the perception-behavior link: The ubiquitous utility and motivational moderators of non-conscious mimicry. In R. Hassin, J. Uleman, & J. A. Bargh (Eds.), Unintended thought 2: The new unconscious. New York: Oxford University Press.

Chast, R. (2004, January 19). The Acme Marital Adjustment Test. New Yorker, 96.

Chen, F. F., & Kenrick, D. T. (2002). Repulsion or attraction? Group membership and assumed attitude similarity. Journal of Personality and Social Psychology, 83, 11-125.

Chen, M., & Bargh, J. A. (1997). Nonconscious behavioral confirmation processes: The self-fulfilling consequences of automatic stereotype activation. Journal of Experimental Social Psychology, 33, 541-560.

Chen, M., & Bargh, J. A. (1999). Consequences of automatic evaluation: Immediate behavioral predispositions to approach or avoid the stimulus. Personality and Social Psychology Bulletin, 25, 215-224.

Cheverton, H. M., & Byrne, D. (1998, February). Development and validation of the Primary Choice Clothing Questionnaire. Presented at the meeting of the Eastern Psychological Association, Boston.

Choi, I., & Nisbett, R. E. (1998). Situational salience and cultural differences in the correspondence bias and actor-observer bias. Per-

sonality and Social Psychology Bulletin, 24, 949-960.

Christy, P. R., Gelfand, D. M., & Hartmann, D. P. (1971). Effects of competition-induced frustration on two classes of modeled behavior. Developmental Psychology, 5, 104-111.

Cialdini, R. B. (1994). Influence: Science and practice (3rd ed.). New York: Harper Collins.

Cialdini, R. B., & Petty, R. (1979). Anticipatory opinion effects. In B. Petty, T. Ostrom, & T. Brock(Eds.), Cognitive responses in persuasion. Hillsdale, NJ: Erlbaum.

Cialdini, R. B., & Trost, M. R. (1998). Social influence: Social norms, conformity, and compliance. In D. T. Gilbert, S. T. Fiske, & G. Lindzey (Eds.), The handbook of social psychology (Vol. 2, pp. 151-192). Boston: McGraw-Hill.

Cialdini, R. B., Baumann, D. J., & Kenrick, D. T. (1981). Insights from sadness: A three-step model of the development of altruism as hedonism. Developmental Review, 1, 207-223.

Cialdini, R. B., Kallgren, C. A., & Reno, R. R. (1991). A focus theory of normative conduct. Advances in Experimental Social Psychology, 24, 201-234.

Cialdini, R. B., Kenrick, D. T., & Baumann, D. J. (1982). Effects of mood on prosocial behavior in children and adults. In N. Eisenberg-Berg (Ed.), Development of prosocial behavior. New York: Academic Press.

Cialdini, R. B., Cacioppo, J. T., Bassett, R., & Miller J. A. (1978). A low-ball procedure for producing compliance: Commitment then cost. Journal of Personality and Social Psychology, 36, 463-476.

Cialdini, R. B., Schaller, M., Houlainham, D., Arps, K., Fultz, J., & Beaman, A. L. (1987). Empathy-based helping: Is it selflessly or selfishly motivated? Journal of Personality and Social Psychology, 52, 749-758.

Cialdini, R. B., Vincent, J. E., Lewis, S. K., Catalan, J.,Wheeler, D., & Darby, B. L. (1975). Reciprocal concessions procedure for inducing compliance: The door-in-the-face technique. Journal of Personality and Social Psychology, 31, 206-215.

Claire, T., & Fiske, S. T. (1998). A systemic view of behavioral confirmation: Counterpoint to the individualist view. In C. Sedikides, J. Schopler & C. A. Insko (Eds.), Intergroup cognition and intergroup behavior (pp. 205-231). Mahwah, NJ: Erlbaum.

Clark, M. S., & Grote, N. K. (1998). Why aren't indices of relationship costs always negatively related to indices of relationship quality? Personality and Social Psychology Review, 2, 2-17.

Clark, M. S., Ouellette, R., Powel, M. C., & Milberg, S. (1987). Recipient's mood, relationship type, and helping. Journal of Personality and Social Psychology, 53, 94-103.

Clary, E. G., & Orenstein, L. (1991). The amount and effectiveness of help: The relationship of motives and abilities in helping behavior. Personality and Social Psychology Bulletin, 17, 58-64.

Clary, E. G., & Snyder, M. (1999). The motivations to volunteer: Theoretical and practical considerations. Current Directions in Psychological Science, 8, 156-159.

Clore, G. L., Schwarz, N., & Conway, M. (1993). Affective causes and consequences of social information processing. In R. S. Wyer & T. K. Srull (Eds.), Handbook of social cognition (2nd ed.). Hillsdale, NJ: Erlbaum.

Cohen, D., & Nisbett, R. E. (1994). Self-protection and the culture of honor: Explaining southern violence. Personality and Social Psychology Bulletin, 20, 551-567.

Cohen, D., & Nisbett, R. E. (1997). Field experiments examining the culture of honor: The role of institutions in perpetuating norms about violence. Personality and Social Psychology Bulletin, 23, 1188-1199.

Cohn, E. G., & Rotton, J. (1997). Assault as a function of time and temperature: A moderator-variable time-series analysis. Journal of Personality and Social Psychology, 72, 1322-1334.

Coles, R. (1997). The moral intelligence of children. New York: Random House.

Collins, M. A., & Zebrowitz, L. A. (1995). The contributions of appearance to occupational outcomes in civilian and military settings. Journal of Applied Social Psychology, 25, 129-163.

Conger, R. D., Rueter, M. A., & Elder, G. H., Jr. (1999). Couple resilience to economic pressure. Journal of Personality and Social Psychology, 76, 54-71.

Coniff, R. (2004, January). Reading faces. Smithsonian, 44-50.

Conway,L. G., III. (2004). Social contagion of time perception. Journal of Experimental Social Psychology, 40, 113-120.

Conway, M., & Vartanian, L. R. (2000). A status account of gender stereotypes: Beyond communality and agency. Sex Roles, 43, 181-199.

Cook, S. W., & Pelfrey, M. (1985). Reactions to being helped in cooperating interracial groups: A context effect. Journal of Personality and Social Psychology, 49, 1231-1245.

Coontz, S. (1992). The way we never were: American families and the nostalgia trap. New York: Basic Books.

Cortina, L. M. (2004). Hispanic perspectives on sexual harassment and social support. Personality and Social Psychology Bulletin, 30, 570-584.

Cosmides, L., & Tooby, J. (1992). Cognitive adaptations for social exchange. In J. Barkow, L. Cosmides, & J. Tooby (Eds.), The adapted mind (pp. 163-228). New York: Oxford University Press.

Cota, A. A., Evans, C. R., Dion, K. L., Kilik, L., & Longman, R. S. (1995). The structure of group cohesion. Personality and Social Psychology Bulletin, 21, 572-580.

Cottrell, N. B., Wack, K. L., Sekerak, G. J., & Rittle, R. (1968). Social facilitation of dominant responses by the presence of an audience and the mere presence of others. Journal of Personality and Social Psychology, 9,

245-250.

Couple repays university for bringing them together. (1997, October 29). *University Update.*

Courneya, K. S., & McAuley, E. (1993). Efficacy, attributional, and affective responses of older adults following an acute bout of exercise. *Journal of Social Behavior and Personality, 8,* 729-742.

Cozzarelli, C., Karafa, J. A., Collins, N. L., & Tagler, M. J. (2003). Stability and change in adult attachment styles: Associations with personal vulnerabilities, life events, and global construals of self and others. *Journal of Social and Clinical Psychology, 22,* 315-346.

Craig, J.-A., Koestner, R., & Zuroff, D. C. (1994). Implicit and self-attributed intimacy motivation. *Journal of Social and Personal Relationships, 11,* 491-507.

Cramer, R.E.,McMaster,M. R., Bartell, P. A., & Dragma, M. (1988). Subject competence and minimization of the bystander effect. *Journal of Applied Social Psychology, 18,* 1133-1148.

Crandall, C. S. (1988). Social contagion of binge eating. *Journal of Personality and Social Psychology, 55,* 588-598.

Crandall, C. S., & Martinez, R. (1996). Culture, ideology, and anti-fat attitudes. *Personality and Social Psychology Bulletin, 22,* 1165-1176.

Crandall, C. S., Eshleman, A., & O'Brien, L. T. (2002). Social norms and the expression and suppression of prejudice: The struggle for internalization. *Journal of Personality and Social Psychology, 82,* 359-378.

Crandall, C. S., D'Anello, S., Sakalli, N., Lazarus, E., Wieczorkowska, G., & Feather, N. T. (2001). An attribution-value model of prejudice: Anti-fat attitudes in six nations. *Personality and Social Psychology Bulletin, 27,* 30-37.

Crano, W. D. (1995). Attitude strength and vested interest. In R. E. Petty & J. A. Krosnick (Eds.), *Attitude strength: Antecedents and consequences* (Vol. 4, pp. 131-157). Hillsdale, NJ: Erlbaum.

Crites, S. L., & Cacioppo, J. T. (1996). Electrocortical differentiation of evaluative and nonevaluative categorizations. *Psychological Science, 7,* 318-321.

Crocker, J., & Major, B. (1989). Social stigma and self-esteem: The self-protective properties of stigma. *Psychological Review, 96,* 608-630.

Crocker, J., & Wolfe, C. T. (2001). Contingencies of self-worth. *Psychological Review, 108,* 593-623.

Crocker, J., Cornwell, B., & Major, B. (1993). The stigma of overweight: Affective consequences of attributional ambiguity. *Journal of Personality and Social Psychology, 64,* 60-70.

Crocker, J., Thompson, L. J., McGraw, K. M., & Ingerman, C. (1987). Downward comparison, prejudice, and evaluation of others: Effects of self-esteem and threat. *Journal of Personality and Social Psychology, 52,* 907-916.

Cropanzano, R. (Ed.). (1993). *Justice in the workplace* (pp. 79-103). Hillsdale, NJ: Erlbaum.

Crosby, F. J. (2004). *Affirmative action is dead: Long live affirmative action.* New Haven, CT: Yale University Press.

Crosby, F. J., Clayton, S., Alksnis, O., & Hemker, K. (1986). Cognitive biases in the perception of discrimination: The importance of format. *Sex Roles, 14,* 637-646.

Crowley, A. E., & Hoyer, W. D. (1994). An integrative framework for understanding two-sided persuasion. *Journal of Consumer Research, 20,* 561-574.

Crutchfield, R. A. (1955). Conformity and character. *American Psychologist, 10,* 191-198.

Cunningham, J. D., & Antill, J. K. (1994). Cohabitation and marriage: Retrospective and predictive comparisons. *Journal of Social and Personal Relationships, 11,* 77-93.

Cunningham, M. R. (1986). Measuring the physical in physical attractiveness: Quasi-experiments on the sociobiology of female facial beauty. *Journal of Personality and Social Psychology, 50,* 925-935.

Cunningham, M. R., Roberts, A. R., Wu, C.-H., Barbee, A. P., & Druen, P. B. (1995). "Their ideas of beauty are, on the whole, the same as ours": Consistency and variability in the cross-cultural perception of female physical attractiveness. *Journal of Personality and Social Psychology, 68,* 261-279.

Cunningham, M. R., Shaffer, D. R., Barbee, A. P., Wolff, P. L., & Kelley, D. J. (1990). Separate processes in the relation of elation and depression to helping: Social versus personal concerns. *Journal of Experimental Social Psychology, 26,* 13-33.

Cunningham, W. A., Johnson, M. K., Gatenby, J. C., Gore, J. C., & Banaji, M. R. (2003). Neural components of social evaluation. *Journal of Personality and Social Psychology, 85,* 639-649.

Curtis, J. T., & Wang, Z. (2003). The neurochemistry of pair bonding. *Current Directions in Psychological Science, 1,* 49-53.

Darley, J. M. (1993). Research on morality: Possible approaches, actual approaches. *Psychological Science, 4,* 353-357.

Darley, J. M. (1995). Constructive and destructive obedience: A taxonomy of principal-agent relationships. *Journal of Social Issues, 125,* 125-154.

Darley, J. M., & Batson, C. D. (1973). From Jerusalem to Jericho: A study of situational dispositional variables in helping behavior. *Journal of Personality and Social Psychology, 27,* 100-108.

Darley, J. M., & Latan?, B. (1968). Bystander intervention in emergencies. Diffusion of responsibility. *Journal of Personality and Social Psychology, 8,* 377-383.

Darley, J. M., Carlsmith, K. M., & Robinson, P. H. (2000). Incapacitation and just desserts as motives for punishment. *Law and Human Behavior, 24,* 659-684

Dasgupta, N., Banji, M. R., & Abelson, R. P. (1999). Group entiativity and group perception: Association between physical features

and psychological judgment. *Journal of Personality and Social Psychology, 75,* 991-1005.

Daubman, K. A. (1993). *The self-threat of receiving help: A comparison of the threat-to-self-esteem model and the theat-to-interpersonal-power model.* Unpublished manuscript, Gettysburg College, Gettysburg, PA.

Daubman, K. A. (1995). Help which implies dependence: Effects on self-evaluations, motivation, and performance. *Journal of Social Behavior and Personality, 10,* 677-692.

Davila, J., & Cobb, R. J. (2003). Predicting change in self-reported and interviewer-assessed adult attachment: Tests of the individual difference and life stress models of attachment change. *Personality and Social Psychology Bulletin, 29,* 859-870.

Davila, J., Steinberg, S. J., Kachadourian, L., Cobb, R., & Fincham, F. (2004). Romantic involvement and depressive symptoms in early and late adolescence: The role of a preoccupied relational style. *Personal Relationships, 11,* 161-178.

Davis, M. H., Luce, C., & Kraus, S. J. (1994). The heritability of characteristics associated with dispositional empathy. *Journal of Personality, 62,* 369-391.

De Bruin, E., & van Lange, P. (2000). What people look for in others: Influences of the perceiver and the perceived on information selection. *Personality and Social Psychology Bulletin, 26*(2), 206-219.

De Judicibus, M. A., & McCabe, M. P. (2002). Psychological factors and the sexuality of pregnant and postpartum women. *Journal of Sex Research, 39,* 94-103.

Deaux, K., & Kite, M. E. (1993). Gender stereotypes. In M. A. Paludi & F. Denmark (Eds.), *Psychology of women: A handbook of issues and theories* (pp. 107-139). Westport, CT: Greenwood Press.

Deaux, K., & LaFrance, M. (1998). Gender. In D. T. Gilbert, S. T. Fiske, & G. Lindzey (Eds.), *The handbook of social psychology* (4th ed., Vol. 1, pp. 788-827). New York: McGraw-Hill.

DeDreu, C. K. W., & McCusker, C. (1997). Gain-loss frames and cooperation in two-person social dilemmas: A transformational analysis. *Journal of Personality and Social Psychology, 72,* 1093-1106.

DeDreu, C. K. W., & Van Lange, P. A. M. (1995). Impact of social value orientation on negotiator cognition and behavior. *Personality and Social Psychology Bulletin, 21,* 1178-1188.

den Ouden, M. D., & Russell, G. W. (1997). Sympathy and altruism in response to disasters: A Dutch and Canadian comparison. *Social Behavior and Personality, 25,* 241-248.

DeNoon, D. (2003, September 15). Only happy marriage is healthy for women. *WebMD Medical News.* Internet.

DePaulo, B. M. (1994). Spotting lies: Can humans learn to do better? *Current Directions in Psychological Science, 3,* 873-886.

DePaulo, B. M., & Kashy, D. A. (1998). Everyday lies in close and casual relationships.

Journal of Personality and Social Psychology, 74, 63-79.

DePaulo, B. M., Brown, P. L., Ishii, S., & Fisher, J. D. (1981). Help that works: The effects of aid on subsequent task performance. *Journal of Personality and Social Psychology, 41,* 478-487.

DePaulo, B. M., Lindsay, J. J., Malone, B. E., Muhlenbruck, L., Chandler, K., & Cooper, H. (2003). Cues to deception. *Psychological Bulletin, 129,* 74-118.

DeSteno, D., Bartlett, M. Y., Braverman, J., & Salovy, P. (2002). Sex differences in jealousy: Evolutionary mechanism or artifact of measurement? *Journal of Personality and Social Psychology, 83,* 1103-1116.

DeSteno, D., Dasgupta, N., Bartlett, M. Y., & Cajdric, A. (2004). Prejudice from thin air: The effect of emotion on automatic intergroup attitudes. *Psychological Science, 15,* 319-324.

Deutsch, M., & Gerard, H. B. (1955). A study of normative and informational social influences upon individual judgment. *Journal of Abnormal and Social Psychology, 51,* 629-636.

Deutsch, M., & Krauss, R. M. (1960). The effect of threat upon interpersonal bargaining. *Journal of Abnormal and Social Psychology, 61,* 181-189.

Devine, P. G., & Monteith, M. J. (1993). The role of discrepancy-associated affect in prejudice reduction. In D. M. Mackie & D. L. Hamilton (Eds.), *Affect, cognition, and stereotyping: Interactive processes in group perception* (pp. 317-344). San Diego, CA: Academic Press.

Devine, P. G., Plant, E. A., & Blair, I. V. (2001). Classic and contemporary analyses of racial prejudice. In R. Brown & S. Gaertner (Eds.), *Blackwell handbook of social psychology: Intergroup processes* (pp. 198-217). Oxford, UK: Blackwell.

de Waal, F. (2002). *The ape and the sushi master: Cultural reflections of a primatologist.* New York:Basic Books.

Diamond, L. M. (2004). Emerging perspectives on distinctions between romantic love and sexual desire. *Current Directions in Psychological Science, 13,* 116-119.

Diekman, A. B., & Eagly, A. H. (2000). Stereotypes as dynamic constructs: Women and men of the past, present, and future. *Personality and Social Psychology Bulletin, 26,* 1171-1188.

Diener, E., Wolsic, B., & Fujita, F. (1995). Physical attractiveness and subjective well-being. *Journal of Personality and Social Psychology, 69,* 120-129.

Dietrich, D. M., & Berkowitz, L. (1997). Alleviation of dissonance by engaging in prosocial behavior or receiving ego-enhancing feedback. *Journal of Social Behavior and Personality, 12,* 557-566.

Dietz, J., Robinson, S. A., Folger, R., Baron, R. A., & Jones, T. (2003). The impact of societal violence and organizational justice climate on workplace aggression. *Academy of Management Journal, 46,* 317-326.

Dijksterhuis, A. (2004). I like myself but I don't know why: Enhancing implicit self-esteem by subliminal evaluative conditioning. *Journal of Personality and Social Psychology, 86,* 345-355.

Dijksterhuis, A., & van Knippenberg, A. (1996). The knife that cuts both ways: Facilitated and inhibited access to traits as a result of stereotype-activation. *Journal of Experimental Social Psychology, 32,* 271-288.

Dijksterhuis, A., Bargh, J. A., & Miedema, J. (2000). Of men and mackerels: Attention and automatic behavior. In H. Bless & J. P. Forgas (Eds.), *Subjective experiences in social cognition and behavior* (pp. 36-51). Philadelphia: Psychology Press.

Dion, K. K., Berscheid, E., & Hatfield (Walster), E. (1972). What is beautiful is good. *Journal of Personality and Social Psychology, 24,* 285-290.

Dion, K. K., Pak, A. W.-P., & Dion, K. I. (1990). Stereotyping physical attractiveness: A sociocultural perspective. *Journal of Cross-Cultural Psychology, 21,* 158-179.

Dion, K. L., & Earn, B. M. (1975). The phenomenology of being a target of prejudice. *Journal of Personality and Social Psychology, 32,* 944-950.

Dion, K. L., Dion, K. K., & Keelan, J. P. (1990). Appearance anxiety as a dimension of social-evaluative anxiety: Exploring the ugly duckling syndrome. *Contemporary Social Psychology, 14,* 220-224.

Dittmann, M. (2003, November). Compassion is what most find attractive in mates. *Monitor on Psychology, 10,* 12.

Dodge, K. A., Pettit, G. S., McClaskey, C. L., & Brown, M. M. (1986). Social competence in children. *Monographs of the Society for Research in Child Development, 51*(2), 1-85.

Doherty, K., Weigold, M. F., & Schlenker, B. R. (1990). Self-serving interpretations of motives. *Personality and Social Psychology Bulletin, 16,* 485-495.

Dollard, J., Doob, L., Miller, N., Mowerer, O. H., & Sears, R. R. (1939). *Frustration and aggression.* New Haven, CT: Yale University Press.

Doosje, B., & Branscombe, N. R. (2003). Attributions for the negative historical actions of a group. *European Journal of Social Psychology, 33,* 235-248.

Doucet, J., & Aseltine, R. H., Jr. (2003). Childhood family adversity and the quality of marital relationships in young adulthood. *Journal of Social and Personal Relationships, 20,* 818-842.

Dovidio, J. F., & Fazio, R. (1991). New technologies for the direct and indirect assessment of attitudes. In N. J. Tanur (Ed.), *Questions about survey questions: Meaning, memory, attitudes, and social interaction* (pp. 204-237). New York: Russell Sage.

Dovidio, J. F., Evans, N., & Tyler, R. B. (1986). Racial stereotypes: The contents of their cognitive representations. *Journal of Experimental Social Psychology, 22,* 22-37.

Dovidio, J. F., Gaertner, S. L., & Validzic, A. (1998). Intergroup bias: Status differentiation and a common ingroup identity. *Journal of Personality and Social Psychology, 75,* 109-120.

Dovidio, J. F., Brigham, J., Johnson, B., & Gaertner, S. (1996). Stereotyping, prejudice, and discrimination: Another look. In N. Macrae, C. Stangor, & M. Hwestone (Eds.), *Stereotypes and stereotyping* (pp. 1276-1319). New York: Guilford.

Dovidio, J. F., Gaertner, S. L., Isen, A. M., & Lowrance, R. (1995). Group representations and intergroup bias: Positive affect, similarity, and group size. *Personality and Social Psychology Bulletin, 21,* 856-865.

Dovidio, J. F., Kawakami, K., Johnson, C., Johnson, B., & Howard, A. (1997). On the nature of prejudice: Automatic and controlled processes. *Journal of Experimental Social Psychology, 33,* 510-540.

Duan, C. (2000). Being empathic: The role of motivation to empathize and the nature of target emotions. *Motivation and Emotion, 24,* 29-49.

Duck, J. M., Hogg, M. A., & Terry, D. J. (1999). Social identity and perceptions of media persuasion: Are we always less influenced than others? *Journal of Applied Social Psychology, 29,* 1879-1899.

Duggan, E. S., & Brennan, K. A. (1994). Social avoidance and its relation to Bartholomew's adult attachment typology. *Journal of Social and Personal Relationships, 11,* 147-153.

Duncan, J., & Owen, A. W. (2000). Common regions of the human frontal lobe recruited by diverse cognitive demands. *Trends in Cognitive Science, 23,* 475-483.

Dunn, J. (1992). Siblings and development. *Current Directions in Psychological Science, 1,* 6-11.

Dunning, D., & Sherman, D. A. (1997). Stereotypes and tacit inference. *Journal of Personality and Social Psychology, 73,* 459-471.

Dutton, D. G., & Aron, A. P. (1974). Some evidence for heightened sexual attraction under conditions of high anxiety. *Journal of Personality and Social Psychology, 30,* 510-517.

Eagly, A. H. (1987). *Sex differences in social behavior: A social-role interpretation.* Hillsdale, NJ: Erlbaum.

Eagly, A. H., & Carli, L. (1981). Sex of researchers and sex-typed communications as determinants of sex differences in influence-ability: A meta-analysis of social influence studies. *Psychological Bulletin, 90,* 1-20.

Eagly, A. H., & Chaiken, S. (1998). Attitude structure and function. In G. Lindsey, S. T., Fiske, & D. T. Gilbert (Eds.), *Handbook of social psychology* (4th ed.). New York: Oxford University Press and McGraw-Hill.

Eagly, A. H., & Karau, S. J. (2002). Role congruity theory of prejudice toward female leaders. *Psychological Review, 109,* 573-598.

Eagly, A. H., & Mladinic, A. (1994). Are people prejudiced against women? Some answers from research on attitudes, gender stereotypes, and judgments of competence. In W. Sroebe & M. Hewstone (Eds.), *European review of social psychology* (Vol. 5, pp. 1-35). New York: Wiley.

Eagly, A. H., & Wood, W. (1999). The origins of sex differences in human behavior: Evolved dispositions versus social roles. *American Psychologist, 54,* 408-423.

Eagly, A. H., Makhijani, M. G., & Klonsky, B. G. (1992). Gender and the evaluation of leaders: A meta-analysis. *Psychological Bulletin, 111,* 3-22.

Eagly, A. H., Wood, W., & Chaiken, S. (1996). Principles of persuasion. In E. T. Higgins & A. W. Kruglanski (Eds.), *Social psychology: Handbook of basic principles* (pp. 702-742). New York: Guilford.

Eagly, A. H., Chen, S., Chaiken, S., & Shaw-Barnes, K. (1999). The impact of attitudes on memory: An affair to remember. *Psychological Bulletin, 124,* 64-89.

Eagly, A. H., Kulesa, P., Brannon, L. A., Shaw, K., & Hutson-Comeaux, S. (2000). Why counter-attitudinal messages are as memorable as proattitudinal messages: The importance of active defense against attack. *Personality and Social Psychology Bulletin, 26,* 1392-1408.

Earley, P. C. (1993). East meets West meets Mideast: Further explorations of collectivistic and individualistic work groups. *Academy of Management Journal, 36,* 319-348.

Edwards, T. M. (2000, August 28). Flying solo. *Time,* 46-52.

Egloff, B., Schmukle, S. C., Burns, L. R., Kohlmann, C.-W., & Hock, M. (2003). Facets of dynamic positive affect: Differentiating joy, interest, and activation in the Positive and Negative Affect Schedule (PANAS). *Journal of Personality and Social Psychology, 85,* 528-540.

Eisenberg, N., Guthrie, I. K., Cumberland, A., Murphy,B. C., Shepard, S. A., Zhou, Q., & Carlo, G. (2002). Prosocial development in early adulthood: A longitudinal study. *Journal of Personality and Social Psychology, 82,* 993-1006.

Eisenman, R. (1985). Marijuana use and attraction: Support for Byrne's similarity-attraction concept. *Perceptual and Motor Skills, 61,* 582.

Eisenstadt, D., & Leippe, M. R. (1994). The self-comparison process and self-discrepant feedback: Consequences of learning you are what you thought you were not. *Journal of Personality and Social Psychology, 67,* 611-626.

Eiser, J. R., Fazio, R. H., Stafford, T., & Prescott, T. J. (2003). Connectionist simulation of attitude learning: Asymmetries in the acquisition of positive and negative evaluations. *Personality and Social Psychology Bulletin, 29,* 1221-1235.

Ekman, P. (2001). *Telling lies: Clues to deceit in the marketplace, politics, and marriage* (3rd ed.). New York: Norton.

Ekman, P., & Friesen, W. V. (1975). *Unmasking the face.* Englewood Cliffs, NJ: Prentice-Hall.

Ekman, P., & Heider, K. (1988). The universality

of a contempt expression: A replication. *Motivation and Emotion, 12,* 303-308.

Ekman, P., O'Sullivan, M., & Frank, M. G. (1999). A few can catch a liar. *Psychological Science, 10,* 263-266.

Elkin, R., & Leippe, M. (1986). Physiological arousal, dissonance, and attitude change: Evidence for a dissonance-arousal link and "don't remind me" effect. *Journal of Personality and Social Psychology, 51,* 55-65.

Ellemers, N. (2001). Individual upward mobility and the perceived legitimacy of intergroup relations. In J. T. Jost & B. Major (Eds.), *The psychology of legitimacy* (pp. 205-222). New York: Cambridge University Press.

Ellemers, N., Van Rijswijk, W., Roefs, M., & Simons, C. (1997). Bias in intergroup perceptions: Balancing group identity with social reality. *Personality and Social Psychology Bulletin, 23,* 186-198.

Elliot, A. J., & Devine, P. G. (1994). On the motivational nature of cognitive dissonance: Dissonance as psychological discomfort. *Journal of Personality and Social Psychology, 67,* 382-394.

Elliot, A. J., & Reis, H. T. (2003). Attachment and exploration in adulthood. *Journal of Personality and Social Psychology, 5,* 317-331.

Ellsworth, P. C., & Carlsmith, J. M. (1973). Eye contact and gaze aversion in aggressive encounter. *Journal of Personality and Social Psychology, 33,* 117-122.

Ely, R.J.(1994).The effects of organizational demographics and social identity on relationships among professional women. *Administrative Science Quarterly, 39,* 203-238.

Endo, Y., Heine, S. J., & Lehman, D. R. (2000). Culture and positive illusions in close relationships: How my relationships are better than yours. *Personality and Social Psychology Bulletin, 26,* 1571-1586.

Epley, N., & Dunning, D. (2000). Feeling "holier than thou": Are self-serving assessments produced by errors in self- or social prediction? *Journal of Personality and Social Psychology, 79,* 861-875.

Epley, N., & Gilovich, T. (2004). Are adjustments insufficient? *Personality and Social Psychology Bulletin, 30,* 447-460.

Epley, N., & Huff, C. (1998). Suspicion, affective response, and educational benefit as a result of deception in psychology research. *Personality and Social Psychology Bulletin, 24,* 759-768.

Erwin, P. G., & Letchford, J. (2003). Types of preschool experience and sociometric status in the primary school. *Social Behavior and Personality, 31,* 129-132.

Esses, V. M., Jackson, L. M., Nolan, J. M., & Armstrong, T. L. (1999). Economic threat and attitudes toward immigrants. In S. Halli & L. Drieger (Eds.), *Immigrant Canada: Demographic, economic and social challenges* (pp. 212-229). Toronto: University of Toronto Press.

Estrada, C. A., Isen, A. M., & Young, M. J. (1995). Positive affect improves creative prob-

lem solving and influences reported source of practice satisfaction in physicians. *Motivation and Emotion, 18,* 285-300.

Etcoff, N. (1999). *Survival of the prettiest: The science of beauty.* New York: Doubleday.

Etcoff, N. L., Ekman, P., Magee, J. J., & Frank, M. G. (2000). Lie detection and language comprehension. *Nature, 40,* 139.

Ethier, K. A., & Deaux, K. (1994). Negotiating social identity when contexts change: Maintaining identification and responding to threat. *Journal of Personality and Social Psychology, 67,* 243-251.

Faison, E. W. J. (1961). Effectiveness of one-sided and two-sided mass communications in advertising. *Public Opinion Quarterly, 25,* 468-469.

Falomir-Pichastor, J. M., Munoz-Rojas, D.,Invernizzi, F., & Mugny, G. (2004). Perceived in-group threat as a factor moderating the influence of in-group norms on discrimination against foreigners. *European Journal of Social Psychology, 34,* 135-153.

Faludi, S. (1992). *Backlash: The undeclared war against American women.* New York: Doubleday.

Fang, B. (2001, September 3). On the trail of a killer. *U.S. News & World Report,* 22-26.

Faulkner, S. J., & Williams, K. D. (1999, April). *After the whistle is blown: The aversive impact of ostracism.* Paper presented at the meeting of the Midwestern Psychological Association, Chicago.

Fazio, R. H. (1989). On the power and functionality of attitudes: The role of attitude accessibility. In A. R. Pratkanis, S. J. Breckler, & A. G. Greenwald (Eds.), *Attitude structure and function* (pp. 153-179). Hillsdale, NJ: Erlbaum.

Fazio, R. H. (2000). Accessible attitudes as tools for object appraisal: The costs and benefits. In G. R. Maio & J. M. Olson (Eds.), *Why we evaluate: Functions of attitudes* (pp. 1-26). Mahwah, NJ: Erlbaum.

Fazio, R. H., & Hilden, L. E. (2001). Emotional reactions to a seemingly prejudiced response: The role of automatically activated racial attitudes and motivation to control prejudiced reactions. *Personality and Social Psychology Bulletin, 27,* 538-549.

Fazio, R. H., & Roskos-Ewoldsen, D. R. (1994). Acting as we feel: When and how attitudes guide behavior. In S. Shavitt & T. C. Brock (Eds.), *Persuasion* (pp. 71-93). Boston: Allyn and Bacon.

Fazio, R. H., Ledbetter, J. E., & Towles-Schwen, T. (2000). On the costs of accessible attitudes: Detecting that the attitude object has changed. *Journal of Personality and Social Psychology, 78,* 197-210.

Fazio, R. H., Sanbonmatsu, D. M., Powell, M. C., & Kardes, F. R. (1986). On the automatic activation of attitudes. *Journal of Personality and Social Psychology, 50,* 229-238.

Feagin, J. R., & McKinney, K. D. (2003). *The many costs of racism.* Lanham, MD: Rowman

& Littlefield.

Fehr, B. (1999). Laypeople's conceptions of commitment. *Journal of Personality and Social Psychology, 76,* 90-103.

Fehr, B. (2004). Intimacy expectations in same-sex friendships: A prototype interaction-pattern model. *Journal of Personality and Social Psychology, 86,* 265-284.

Fehr, B., & Broughton, R. (2001). Gender and personality differences in conceptions of love: An interpersonal theory analysis. *Personal Relationships, 8,* 115-136.

Fein, S., & Spencer, S. J. (1997). Prejudice as self-image maintenance: Affirming the self through derogating others. *Journal of Personality and Social Psychology, 73,* 31-44.

Feingold, A. (1992). Good-looking people are not what we think. *Psychological Bulletin, 111,* 304-341.

Feldman, S. S., & Nash, S. C. (1984). The transition from expectancy to parenthood: Impact of the firstborn child on men and women. *Sex Roles, 11,* 61-78.

Felmlee, D. H. (1995). Fatal attractions: Affection and disaffection in intimate relationships. *Journal of Social and Personal Relationships, 12,* 295-311.

Felmlee, D.H.(1998)."Be careful what you wish for ... ":A quantitative and qualitative investigation of "fatal attractions." *Personal Relationships, 5,* 235-253.

Feshbach, S. (1984). The catharsis hypothesis, aggressive drive, and the reduction of aggression. *Aggressive Behavior, 10,* 91-101.

Festinger, L. (1954). A theory of social comparison processes. *Human Relations, 7,* 117-140.

Festinger, L. (1957). *A theory of cognitive dissonance.* Evanston, IL: Row, Peterson.

Festinger, L., Schachter, S., & Back, K. (1950). *Social pressures in informal groups: A study of a housing community.* New York: Harper.

Fichten, C. S., & Amsel, R. (1986). Trait attributions about college students with a physical disability: Circumplex analyses and methodological issues. *Journal of Applied Social Psychology, 16,* 410-427.

Fiedler, K., Walther, E., Freytag, P., & Nickel, S. (2003). Inductive reasoning and judgment interference: Experiments on Simpson's paradox. *Personality and Social Psychology Bulletin, 29,* 14-27.

Fink, B., & Penton-Voak, I. (2002). Evolutionary psychology of facial attractiveness. *Current Directions in Psychological Science, 11,* 154-158.

Finkel, E. J., & Campbell, W. K. (2001). Self-control and accommodation in close relationships: An interdependence analysis. *Journal of Personality and Social Psychology, 81,* 263-277.

Fisher, J. D., & Byrne, D. (1975). Too close for comfort: Sex differences in response to invasions of personal space. *Journal of Personality and Social Psychology, 32,* 15-21.

Fisher, J. D., Nadler, A., & Whitcher-Alagna, S. (1982). Recipient reactions to aid. *Psychological Bulletin, 91,* 27-54.

Fisher, W. A., & Barak, A. (1991). Pornography, erotica, and behavior: Most questions than answers. *International Journal of Love and Psychiatry, 14,* 65-83.

Fiske, S., & Neuberg, S. (1990). A continuum of impression formation from category-based to individuating processes. In M. Zanna (Ed.), *Advances in experimental social psychology* (Vol. 23, pp. 1-73). San Diego: Academic Press.

Fiske, S. T. (1993). Social cognition and social perception. In L. W. Porter & M. R. Rosenzweig (Eds.), *Annual Review of Psychology, 44,* 155-194.

Fiske, S. T. (2000). Interdependence and the reduction of prejudice. In S. Oskamp (Ed.), *Reducing prejudice and discrimination* (pp. 115-135). Mahwah, NJ: Erlbaum.

Fiske, S. T., & Depret, E. (1996). Control, independence, and power: Understanding social cognition in its social context. In W. Stroebe & M. Hewstone (Eds.), *European Review of Social Psychology* (Vol. 7, pp. 31-61). Chichester: Wiley.

Fiske, S. T., & Stevens, L. E. (1993). What's so special about sex? Gender stereotyping and discrimination. In S. Oskamp & M. Costanzo (Eds.), *Gender issues in contemporary society* (pp. 173-196). Newbury Park, CA: Sage.

Fiske, S. T., Lin, M. H., & Neuberg, S. L. (1999). The continuum model: Ten years later. In S. Chaiken & Y. Trope (Eds.), *Dual process theories in social psychology* (pp. 231-254). New York: Guilford.

Fiske, S. T., Cuddy, A. J. C., Glick, P., & Xu, J. (2002). A model of (often mixed) stereotype content: Competence and warmth respectively follow from perceived status and competition. *Journal of Personality and Social Psychology, 82,* 878-902.

Fiske, S. T., Bersoff, D. N., Borgida, E., Deaux, K., & Heilman, M. E. (1991). Social science research on trial: Use of sex stereotyping research in *Price Waterhouse v. Hopkins. American Psychologist, 46,* 1049-1060.

Fitzsimmons, G. M., & Bargh, J. A. (2003). Thinking of you: Nonconscious pursuit of interpersonal goals associated with relationships partners. *Journal of Personality and Social Psychology, 84,* 148-164.

Fitzsimons, G. M., & Kay, A. C. (2004). Language and interpersonal cognition: Causal effects of variations in pronoun usage on perceptions of closeness. *Personality and Social Psychology Bulletin, 30,* 547-557.

Fleming, M. A., & Petty, R. E. (2000). Identity and persuasion: An elaboration likelihood approach. In D. J. Terry & M. A. Hogg (Eds.), *Attitudes, behavior, and social context* (pp. 171-199). Mahwah, NJ: Erlbaum.

Fletcher, G. J. O., Simpson, J. A., & Thomas, G. (2000). Ideals, perceptions, and evaluations in early relationship development. *Journal of Personality and Social Psychology, 79,* 933-940.

Fletcher, G. J. O., Simpson, J. A., Thomas, G., & Giles, L. (1999). Ideals in intimate relationships. *Journal of Personality and Social Psychology, 76,* 72-89.

Fletcher, G. J. O., Tither, J. M., O'Loughlin, C., Friesen, M., & Overall, N. (2004). Warm and homely or cold and beautiful? Sex differences in trading off traits in mate selection. *Personality and Social Psychology Bulletin, 30,* 659-672.

Floyd, K. (1996). Brotherly love I: The experience of closeness in the fraternal dyad. *Personal Relationships, 3,* 369-385.

Folger, R., & Baron, R. A. (1996). Violence and hostility at work: A model of reactions to perceived injustice. In G. R. VandenBos and E. Q. Bulato (Eds.), *Violence on the job: Identifying risks and developing solutions* (pp. 51-85). Washington, DC: American Psychological Association.

Foltz, C., Barber, J. P., Weinryb, R. M., Morse, J. Q., & Chittams, J. (1999). Consistency of themes across interpersonal relationships. *Journal of Social and Clinical Psychology, 18,* 204-222.

Folwell, A. L., Chung, L. C., Nussbaum, J. F., Bethes, L. S., & Grant, J. A. (1997). Differential accounts of closeness in older adult sibling relationships. *Journal of Social and Personal Relationships, 14,* 843-849.

Ford, T. E., Ferguson, M. A., Brooks, J. L., & Hagadone, K. M. (2004). Coping sense of humor reduces effects of stereotype threat on women's math performance. *Personality and Social Psychology Bulletin.*

Forgas, J. P. (1995b). Strange couples: Mood effects on judgments and memory about prototypical and atypical targets. *Personality and Social Psychology Bulletin.*

Forgas, J. P. (1998a). Asking nicely? The effects of mood on responding to more or less polite requests. *Personality and Social Psychology Bulletin, 24,* 173-185.

Forge, K. L., & Phemister, S. (1987). The effect of prosocial cartoons on preschool children. *Child Study Journal, 17,* 83-88.

Forrest, J. A., & Feldman, R. S. (2000). Detecting deception and judge's involvement; lower task involvement leads to better lit detection. *Personality and Social Psychology Bulletin, 26,* 118-125.

Fowers, B., Lyons, E., Montel, K., & Shaked, N. (2001). Positive illusions about marriage among married and single individuals. *Journal of Family Psychology,* 95-109.

Fox, R. L., & Oxley, Z. M. (2003). Gender stereotyping in state executive elections: Candidate selection and success. *Journal of Politics, 65,* 833-850.

Frable, D. E., Blackstone, T., & Scherbaum, C. (1990). Marginal and mindful: Deviants in social interactions. *Journal of Personality and Social Psychology, 59,* 140-149.

Fraley, B., & Aron, A. (2004). The effect of a shared humorous experience on closeness in initial encounters. *Personal Relationships, 11,* 61-78.

Fraley, R. C. (2002). Attachment stability from infancy to adulthood: Meta-analysis and dynamic modeling of developmental mechanisms. *Personality and Social Psychology Review, 6,* 123-151.

Franiuk, R., Cohen, D., & Pomeratz, E. M. (2002). Implicit theories of relationships: Implications for relationship satisfaction and longevity. *Personal Relationships, 9,* 345-367.

Frank, E., & Brandstatter, V. (2002). Approach versus avoidance: Different types of commitment to intimate relationships. *Journal of Personality and Social Psychology, 82,* 208-221.

Frazier, P. A., Byer, A. L., Fischer, A. R., Wright, D. M., & DeBord, K. A. (1996). Adult attachment style and partner choice: Correlational and experimental findings. *Personal Relationships, 3,* 117-136.

Fredrickson, B. L. (1995). Socioemotional behavior at the end of college life. *Journal of Social and Personal Relationships, 12,* 261-276.

Fredrickson, B. L., Roberts, T. A., Noll, S. M., Quinn, D. M., & Twenge, J. M. (1998). That swimsuit becomes you: Sex differences in self-objectification, restrained eating, and math performance. *Journal of Personality and Social Psychology, 75,* 269-284.

Freedman, J. L., & Fraser, S. C. (1966). Compliance without pressure: The foot-in-the-door technique. *Journal of Personality and Social Psychology, 4,* 195-202.

Frey,D., Schulz-Hardt, S., & Stahlberg, D. (1996). Information seeking among individuals and groups and possible consequences for decision making in business and politics. In E. Witte & J. H. Davis (Eds.), *Understanding group behavior: Small group processes and interpersonal relation* (Vol. 2, pp. 211-225). Mahwah, NJ: Erlbaum.

Fried, C. B., & Aronson, E. (1995). Hypocrisy, misattribution, and dissonance reduction. *Personality and Social Psychology Bulletin, 21,* 925-933.

Friedman, H. S., Riggio, R. E., & Casella, D. F. (1988). Nonverbal skill, personal charisma, and initial attraction. *Personality and Social Psychology Bulletin, 14,* 203-211.

Friedman, H. S., Tucker, J. S., Schwartz, J. E., Martin, L. R., Tomlinson-Keasey, C., Wingard, D. L., & Criqui, M. H. (1995). Childhood conscientiousness and longevity: Health behaviors and cause of death. *Journal of Personality and Social Psychology, 68,* 696-703.

Fries, J. H. (2001). Reports of anti-Arab hate crimes dip, but concerns linger. *The New York Times,* December 22.

Fritzsche, B. A., Finkelstein, M. A., & Penner, L. A. (2000). To help or not to help: Capturing individuals' decision policies. *Social Behavior and Personality, 28,* 561-578.

Fry, D. P. (1998). Anthropological perspectives on aggression: Sex differences and cultural variation. *Aggressive Behavior, 24,* 81-95.

Fuegen, K., & Biernat, M. (2002). Reexamining the effects of solo status for women and men. *Personality and Social Psychology Bulletin, 28,* 913-925.

Fuegen, K., & Brehm, J. W. (2004). The intensity of affect and resistance to social influence. In

E. S. Knowles & J. A. Linn (Eds.), *Resistance and persuasion* (pp. 39-63). Mahwah, NJ: Erlbaum.

Fultz, J., Shaller, M., & Cialdini, R. B. (1988). Empathy, sadness, and distress: Three related but distant vicarious affective responses to another's suffering. *Personality and Social Psychology Bulletin, 14,* 312-325.

Furman, W. (2002). The emerging field of adolescent romantic relationships. *Current Directions in Psychological Science, 11,* 177-180.

Gable, S. L., Reis, H. T., & Elliot, A. J. (2000). Behavioral activation and inhibition in everyday life. *Journal of Personality and Social Psychology, 78,* 1135-1149.

Gabriel, M. T., Critelli, J. W., & Ee, J. S. (1994). Narcissistic illusions in self-evaluations of intelligence and attractiveness. *Journal of Personality, 62,* 143-155.

Gaertner, S. L., Rust, M. C., Dovidio, J. F., Bachman, B. A., & Anastasio, P. A. (1994). The contact hypothesis: The role of common ingroup identity on reducing intergroup bias. *Small Group Research, 25,* 224-249.

Gaertner, S. L., Mann, J., Murrell, A., & Dovidio, J. F. (1989). Reducing intergroup bias: The benefits of recategorization. *Journal of Personality and Social Psychology, 57,* 239-249.

Gaertner, S. L., Mann, J. A., Dovidio, J. F., Murrell, A. J., & Pomare, M. (1990). How does cooperation reduce intergroup bias? *Journal of Personality and Social Psychology, 59,* 692-704.

Gagne, F. M., & Lydon, J. E. (2003). Identification and the commitment shift: Accounting for gender differences in relationship illusions. *Personality and Social Psychology Bulletin, 29,* 907-919.

Gallucci, G. (2003). I sell seashells by the seashore and my name is Jack: Comment on Pelham, Mirenberg, and Jones (2002). *Journal of Personality and Social Psychology, 85,* 789-799.

Gallup, G. G. (1994). Monkeys, mirrors, and minds. *Behavioral and Brain Sciences, 17,* 572-573.

Galton, F. (1952). *Hereditary genius: An inquiry into its laws and consequences.* New York: Horizon. (Original work published 1870.)

Gantner, A. B., & Taylor, S. P. (1992). Human physical aggression as a function of alcohol and threat of harm. *Aggressive Behavior, 18,* 29-36.

Garcia, D. M., Desmarais, S., Branscombe, N. R., & Gee, S. S. (In press). Opposition to redistributive employment policies for women: The role of policy experience and group interest. *British Journal of Social Psychology.*

Garcia, M., & Shaw, D. (2000). Destructive sibling conflict and the development of conduct problems in young boys. *Developmental Psychology, 36,* 44-53.

Garcia, S. M., Weaver, K., Moskowitz, G. B., & Darley, J. M. (2002). Crowded minds: The implicit bystander effect. *Journal of Personality*

and Social Psychology, 83, 843-853.

Garcia-Marques, T., Mackie, D. M., Claypool, H. M., & Garcia-Marques, L. (2004). Positivity can cue familiarity. *Personality and Social Psychology Bulletin, 30,* 585-593.

Gardner, R. M., & Tockerman, Y. R. (1994). A computer-TV methodology for investigating the influence of somatotype on perceived personality traits. *Journal of Social Behavior and Personality, 9,* 555-563.

Gardner, W. L., Pickett, C. L., & Brewer, M. B. (2000). Social exclusion and selective memory: How the need to belong influences memory for social events. *Personality and Social Psychology Bulletin, 26,* 486-496.

Gawronski, G. (2003). Implicational schemata and the correspondence bias: On the diagnostic value of situationally constrained behavior. *s* 1154-1171.

Geary, D. C., Vigil, J., & Byrd-Craven, J. (2004). Evolution of human mate choice. *Journal of Sex Research, 41,* 27-42.

Geen, R. G. (1989). Alternative conceptions of social facilitation. In P. B. Paulus (Ed.), *Psychology of group influence* (2nd ed., pp. 16-31). New York: Academic Press.

Geis, F. L. (1993). Self-fulfilling prophecies: A social psychological view of gender. In A. E. Beall & R. J. Sternberg (Eds.), *The psychology of gender* (pp. 9-54). New York: Guilford Press.

George, M. S., Ketter, T. A., Parekh-Priti, I., Horwitz, B., et al. (1995). Brain activity during transient sadness and happiness in healthy women. *American Journal of Psychiatry, 152,* 341-351.

Gerard, H. B., Wilhelmy, R. A., & Conolley, E. S. (1968). Conformity and group size. *Journal of Personality and Social Psychology, 8,* 79-82.

Gerstenfeld, P. B. (2002). A time to hate: Situational antecedents of intergroup bias. *Analyses of Social Issues and Public Policy, 2,* 61-67.

Gibbons, F. X., Eggleston, T. J., & Benthin, A. C. (1997). Cognitive reactions to smoking relapse: The reciprocal relation between dissonance and self-esteem. *Journal of Personality and Social Psychology, 72,* 184-195.

Gigone, D., & Hastie, R. (1993). The common knowledge effect: Information sharing and group judgment. *Journal of Personality and Social Psychology, 65,* 959-974.

Gigone, D., & Hastie, R. (1997). The impact of information on small group choice. *Journal of Personality and Social Psychology, 72,* 132-140.

Gilbert, D. T. (2002). Inferential correction. In T. Gilovich, D. W. Griffin, & D. Kahneman (Eds.), *Heuristics and biases: The psychology of intuitive judgment* (pp. 167-184) New York: Cambridge University Press.

Gilbert, D. T., & Malone, P. S. (1995). The correspondence bias. *Psychological Bulletin, 117,* 21-38.

Gilbert, D. T., & Wilson, T. D. (2000). Miswanting: Some problems in the forecasting of future affective states. In J. Forgas (Ed.), *Feeling* and thinking: The role of affect in social cognition. New York: Cambridge University Press.

Gilbert, L. A. (1993). Two careers/one family. Newbury Park, CA: Sage.

Gillis, J. S. (1982). Too small, too tall. Champaign, IL: Institute for Personality and Ability Testing. Gilovich, T., Medvec, V. H., & Savitsky, K. (2000). The spotlight effect in social judgment: An egocentric bias in estimates of the salience of one's own actions and appearance. Journal of Personality and Social Psychology, 78, 211-222.

Giner-Sorolla, R., & Chaiken, S. (1994). The causes of hostile media effects. Journal of Experimental Social Psychology, 30, 165-180.

Giner-Sorolla, R., & Chaiken, S. (1997). Selective use of heuristic and systematic processing under defense motivation. Personality and Social Psychology Bulletin, 23, 84-97.

Ginsburg, H. J., Ogletree, S. M., Silakowski, T. D., Bartels, R. D., Burk, S. L., & Turner, G. M. (2003). Young children's theories of mind about empathic and selfish motives. Social Behavior and Personality, 31, 237-244.

Gladue, B. A., & Delaney, H. J. (1990). Gender differences in perception of attractiveness of men and women in bars. Personality and Social Psychology Bulletin, 16, 378-391.

Glass Ceiling Commission. (1995). Good for business: Making full use of the nation's human capital. Washington, DC: Glass Ceiling Commission.

Glass, D. C. (1977). Behavior patterns, stress, and coronary disease. Hillsdale, NJ: Erlbaum.

Gleicher, F., Boninger, D., Strathman, A., Armor, D.,Hetts, J., & Ahn, M. (1995). With an eye toward the future: Impact of counterfactual thinking on affect, attitudes, and behavior. In N. J. Roses & J. M. Olson (Eds.), What might have been: the social psychology of counterfactual thinking (pp. 283-304). Mahwah, NJ: Erlbaum.

Glick, P. (2002). Sacrificial lambs dressed in wolves' clothing: Envious prejudice, ideology, and the scapegoating of Jews. In Understanding genocide: The social psychology of the Holocaust (pp. 113-142). New York: Oxford University Press.

Glick, P., Fiske, S. T., et al. (2000). Beyond prejudice as simple antipathy: Hostile and benevolent sexism across cultures. Journal of Personality and Social Psychology, 79, 763-775.

Goethals, G. R., & Darley, J. (1977). Social comparison theory: An attributional approach. In J. M. Suls & R. L. Miller (Eds.), Social comparison processes: Theoretical and empirical perspectives (pp. 259-278). Washington, DC: Hemisphere.

Goethals, G. R., & Zanna, M. P. (1979). The role of social comparison in choice shifts. Journal of Personality and Social Psychology, 37, 1469-1476.

Gold, J. A., Ryckman, R. M., & Mosley, N. R. (1984). Romantic mood induction and attraction to a dissimilar other: Is love blind? Personality and Social Psychology Bulletin, 10, 358-368.

Goldberg, J. L., Pyszczynski, T., Greenberg, J., McCoy, S. K., & Solomon, S. (1999). Death, sex, love, and neuroticism: Why is sex such a problem? Journal of Personality and Social Psychology, 77, 1173-1187.

Goldinger, S. D., Kleider, H. M., Tamiko, Azuma, & Beike, D. R. (2003). Blaming the victim under memory load. Psychological Science, 14, 81-85.

Gonnerman, M. E., Jr., Parker, C. P., Lavine, H., & Huff, J. (2000). The relationship between self-discrepancies and affective states: The moderating roles of self-monitoring and standpoints on the self. Personality and Social Psychology Bulletin, 26, 810-819.

Goodwin, R., Cook, O., & Yung, Y. (2001). Loneliness and life satisfaction among three cultural groups. Personal Relationships, 8, 225-230.

Goodwin, S. A., Gubin, A., Fiske, S. T., & Yzerbyt, V. (2000). Power can bias impression processes: Stereotyping subordinates by default and by design. Group Processes and Intergroup Relations, 3, 227-256.

Gootman, E. (2004, June 15). The killer gown is essential, but the prom date? Not so much. The New York Times, B1, B4.

Gordon, R. A. (1996). Impact of ingratiation in judgments and evaluations: A meta-analytic investigation. Journal of Personality and Social Psychology, 71, 54-70.

Gould, S. J. (1996, September). The Diet of Worms and the defenestration of Prague. Natural History, 18-24, 64, 66-67.

Graham,S.,& Folkes,V.(Eds.).(1990). Attribution theory: Applications to achievement, mental health, and interpersonal conflict. Hillsdale, NJ: Erlbaum.

Graham, S., Weiner, B., & Zucker, G. S. (1997). An attributional analysis of punishment goals and public reactions to O. J. Simpson. Personality and Social Psychology Bulletin, 23, 331-346.

Gray,H. M., Ambady, N., Lowenthal, W. T., & Deldin, P. (2004). P300 as an index of attention to self-relevant stimuli. Journal of Experimental Social Psychology, 40, 216-224.

Graziano, W. G., Jensen-Campbell, L. A., & Hair, E. C. (1996). Perceiving interpersonal conflict and reacting to it: The case for agreeableness. Journal of Personality and Social Psychology, 70, 820-835.

Green, J. D., & Campbell, W. K. (2000). Attachment and exploration in adults: Chronic and contextual accessibility. Personality and Social Psychology Bulletin, 26, 452-461.

Green, L. R., Richardson, D. R., & Lago, T. (1996). How do friendship, indirect, and direct aggression relate? Aggressive Behavior, 22, 81-86.

Greenbaum, P., & Rosenfield, H. W. (1978). Patterns of avoidance in responses to interpersonal staring and proximity: Effects of bystanders on drivers at a traffic intersection. Journal of Personality and Social Psychology, 36, 575-587.

Greenberg, J. (1993). The social side of fairness: Interpersonal and informational classes of organizational justice. In R. Cropanzano (Ed.), Justice in the workplace: Approaching fairness in human resources management. Hillsdale, NJ: Erlbaum.

Greenberg, J. (1997). A social influence model of employee theft: Beyond the raud triangle. In R. J. Lewicki, R. J. Bies, & B. H. Sheppard (Eds.), Research on negotiation in organizations (Vol. 6, pp. 29-52). Greenwich, CT: JAI Press.

Greenberg, J., & Baron, R. A. (2002). Behavior in organizations (8th ed.). Upper Saddle River, NJ: Prentice-Hall.

Greenberg, J., Pyszczynski, T., & Solomon, S. (1982). The self-serving attributional bias: Beyond self-presentation. Journal of Experimental Social Psychology, 18, 56-67.

Greenberg, J., Solomon, S., Pyszczynski, T., Rosenblatt, A., Burling, J., Lyon, D., Simon, L., & Pinel, E. (1992). Why do people need self-esteem? Converging evidence that self-esteem serves an anxiety-buffering function. Journal of Personality and Social Psychology, 63, 913-922.

Greenhaus, J. H., & Parasuraman, S. (1993). Job performance attributions and career advancement prospects: An examination of gender and race effects. Organizational Behavior and Human Decision Processes, 55, 273-297.

Greenwald, A. G. (2002). Constructs in student ratings of instructors. In H. I. Braun & D. N. Douglas (Eds.), The role of constructs in psychological and educational measurement (pp. 277-297). Mahwah, NJ: Erlbaum.

Greenwald, A. G., & Banaji, M. R. (1995). Implicit social cognition: Attitudes, self-esteem, and stereotypes. Psychological Review, 102, 4-27.

Greenwald, A. G., McGhee, D. E., & Schwartz, J. L. K. (1998). Measuring individual differences in implicit cognition: The implicit association test. Journal of Personality and Social Psychology, 74, 1464-1480.

Griffin, R. W., & O'Leary-Kelly, V. (Eds.). (2004). The dark side of organizational behavior. San Francisco: Jossey-Bass.

Groff, D. B., Baron, R. S., & Moore, D. L. (1983). Distraction, attentional conflict, and drive-like behavior. Journal of Experimental Social Psychology, 19, 359-380.

Grote, N. K., & Clark, M. S. (2001). Perceiving unfairness in the family: Cause of consequence of marital distress? Journal of Personality and Social Psychology, 80, 281-289.

Grote, N. K., Frieze, I. H., & Stone, C. A. (1996). Children, traditionalism in the division of family work, and marital satisfaction: "What's love got to do with it?" Personal Relationships, 3, 211-228.

Guagnano, G. A. (1995). Locus of control, altruism and agentic disposition. Population and Environment, 17, 63-77.

Guimond, S. (2000). Group socialization and prejudice: The social transmission of intergroup attitudes and beliefs. *European Journal of Social Psychology, 30,* 335-354.

Gump, B. B., & Kulik, J. A. (1997). Stress, affiliation, and emotional contagion. *Journal of Personality and Social Psychology, 72,* 305-319.

Gunther, A. (1995). Overrating the X-rating: The third-person perception and support for censorship of pornography. *Journal of Communication, 45,* 27-38.

Gustafson, R. (1990). Wine and male physical aggression. *Journal of Drug Issues, 20,* 75-86

Hackel, L. S., & Ruble, D. N. (1992). Changes in the marital relationship after the first baby is born: Predicting the impact of expectancy disconfirmation. *Journal of Personality and Social Psychology, 62,* 944-957.

Hahn, J., & Blass, T. (1997). Dating partner preferences: A function of similarity of love styles. *Journal of Social Behavior and Personality, 12,* 595-610.

Halberstadt, J., & Rhodes, G. (2000). The attractiveness of nonface averages: Implications for an evolutionary explanation of the attractiveness of average faces. *Psychological Science, 11,* 285-289.

Halford, W. K., & Sanders, M. R. (1990). The relationship of cognition and behavior during marital interaction. *Journal of Social and Clinical Psychology, 9,* 489-510.

Hall-Elston, C., & Mullins, L. C. (1999). Social relationships, emotional closeness, and loneliness among older meal program participants. *Social Behavior and Personality, 27,* 503-518.

Hamilton, D. L., & Sherman, S. J. (1989). Illusory correlations: Implications for stereotype theory and research. In D. Bar-Tal, C. F. Graumann, A. W. Kruglanski, & W. Stroebe (Eds.), *Stereotyping and prejudice: Changing conceptions* (pp. 59-82). New York: Springer-Verlag.

Hamilton, G. V. (1978). Obedience and responsibility: A jury simulation. *Journal of Personality and Social Psychology, 36,* 126-146.

Hamilton, W. D. (1964). The genetical theory of social behavior: I and II. *Journal of Theoretical Biology, 7,* 1-32.

Haney, C., Banks, W., & Zimbardo, P. (1973). Interpersonal dynamics in a simulated prison. *International Journal of Criminology, 1,* 69-97.

Hanko, K., Master, S., & Sabini, J. (2004). Some evidence about character and mate selection. *Personality and Social Psychology Bulletin, 30,* 732-742.

Hansen, T., & Bartsch, R. A. (2001). The positive correlation between personal need for structure and the mere exposure effect. *Social Behavior and Personality, 29,* 271-276.

Hareli, S., & Weiner, B. (2000). Accounts for success as determinants of perceived arrogance and modesty. *Motivation and Emotion, 24,* 215-236.

Hargreaves, D., & Tiggemann, M. (2002). The effect of television commercials on mood and body dissatisfaction: The role of appearance

schema activation. *Journal of Social and Clinical Psychology, 21,* 287-308.

Harmon-Jones, E. (2000). Cognitive dissonance and experienced negative affect: Evidence that dissonance increases experienced negative affect even in the absence of aversive consequences. *Personality and Social Psychology Bulletin, 26,* 1490-1501.

Harmon-Jones, E., & Allen, J. J. B. (2001). The role of affect in the mere exposure effect: Evidence from psychophysiological and individual differences approaches. *Personality and Social Psychology Bulletin, 27,* 889-898.

Harmon-Jones, E., & Devine, P. G. (2003). Introduction to the special section on social neuroscience: Promise and caveats. *Journal of Personality and Social Psychology, 85,* 589-593.

Harris, C. R. (2002). Sexual and romantic jealousy in heterosexual and homosexual adults. *Psychological Science, 13,* 7-12.

Harris, C. R. (2003). A review of sex differences in sexual jealousy, including self-report data, psychophysiological responses, interpersonal violence, and morbid jealousy. *Personality and Social Psychology Review, 7,* 102-128.

Harris, M. B. (1992). Sex, race, and experiences of aggression. *Aggressive Behavior, 18,* 201-217.

Harris, M. B. (1993). How provoking! What makes men and women angry? *Journal of Applied Social Psychology, 23,* 199-211.

Harris, M. B. (1994). Gender of subject and target as mediators of aggression. *Journal of Applied Social Psychology, 24,* 453-471.

Harris, M. B., Harris, R. J., & Bochner, S. (1982). Fat, four-eyed, and female: Stereotypes of obesity, glasses, and gender. *Journal of Applied Social Psychology, 12,* 503-516.

Harrison, M. (2003). "What is love?" Personal communication.

Hartup, W. W., & Stevens, N. (1999). Friendships and adaptation across the life span. *Current Directions in Psychological Science, 8,* 76-79.

Haslam, A. J., & Platow, M. J. (2001). The link between leadership and followership: How affirming social identity translates vision into action. *Personality and Social Psychology Bulletin, 27*(11), 1469-1479.

Haslam, S. A. (2001). *Psychology in organizations: The social identity approach.* London: Sage.

Haslam, S. A., & Wilson, A. (2000). In what sense are prejudicial beliefs personal? The importance of an in-group's shared stereotypes. *British Journal of Social Psychology, 39,* 45-63.

Haslett, A. (2004, May 31). Love supreme: Gay nuptials and the making of modern marriage. *The New Yorker,* 76-80.

Hassin, R., & Trope, Y. (2000). Facing faces: Studies on the cognitive aspects of physiognomy. *Journal of Personality and Social Psychology, 78,* 837-852.

Hatfield, E. (1988). Passionate and companionate love. In R. J. Sternberg & M. I. Barnes (Eds.), *The psychology of love* (pp. 191-217).

New Haven, CT: Yale University Press.

Hatfield, E., & Rapson, R. L. (1993). Historical and cross-cultural perspectives on passionate love and sexual desire. *Annual Review of Sex Research, 4,* 67-97.

Hatfield, E., & Sprecher, S. (1986a). *Mirror, mirror ...: The importance of looks in everyday life.* Albany, NY: S. U. N. Y. Press.

Hatfield, E., & Walster, G. W. (1981). *A new look at love.* Reading, MA: Addison-Wesley.

Haugtvedt, C. P., & Wegener, D. T. (1994). Message order effects in persuasion: An attitude strength perspective. *Journal of Consumer Research, 21,* 205-218.

Hayden, S. R., Jackson, T. T., & Guydish, J. N. (1984). Helping behavior of females: Effects of stress and commonality of fate. *Journal of Psychology, 117,* 233-237.

Hebl, M. R., & Mannix, L. M. (2003). The weight of obesity in evaluating others: A mere proximity effect. *Personality and Social Psychology, 29,* 28-38.

Heider, F. (1958). *The psychology of interpersonal relations.* New York: Wiley.

Heilman, M. E., Block, C. J., & Lucas, J. A. (1992). Presumed incompetent? Stigmatization and affirmative action efforts. *Journal of Applied Psychology, 77,* 536-544.

Heilman, M. E., Block, C. J., & Martell, R. F. (1995). Sex stereotypes: Do they influence perceptions of managers? *Journal of Social Behavior and Personality, 10,* 237-252.

Heine, S. J., & Lehman, D. R. (1997). Culture, dissonance, and self-affirmation. *Personality and Social Psychology Bulletin, 23,* 389-400.

Helweg-Larsen, M., & Shepperd, J. A. (2001). Do moderators of the optimistic bias affect personal or target risk estimates? A review of the literature. *Personality and Social Psychology Review, 5,* 74-95.

Hendrick, C., & Hendrick, S. S. (1986). A theory and method of love. *Journal of Personality and Social Psychology, 50,* 392-402.

Hendrick, C., Hendrick, S. S., Foote, F. H., & Slapion-Foote, M. J. (1984). Do men and women love differently? *Journal of Social and Personal Relationships, 1,* 177-195.

Hendrick, S. S., & Hendrick, C. (2002). Linking romantic love with sex: Development of the Perceptions of Love and Sex Scale. *Journal of Social and Personal Relationships, 19,* 361-378.

Hense, R., Penner, L., & Nelson, D. (1995). Implicit memory for age stereotypes. *Special Cognition, 13,* 399-415.

Herbst, K. C., Gaertner, L., & Insko, C. A. (2003). My head says yes but my heart says no: Cognitive and affective attraction as a function of similarity to the ideal self. *Journal of Personality and Social Psychology, 84,* 1206-1219.

Herek, G. M., Gillis, J. R., & Cogan, J. C. (1999). Psychological sequelae of hate-crime victimization among lesbian, gay, and bisexual adults. *Journal of Consulting and Clinical Psychology, 67,* 945-951.

Herrera, N. C., Zajonc, R. B., Wieczorkowska,

505

G., & Cichomski, B. (2003). Beliefs about birth rank and their reflection in reality. *Journal of Personality and Social Psychology, 85,* 142-150.

Herring, J. (2001, May 20). 10 tricks to a happy marriage. Knight Ridder.

Hess, J. A. (2002). Distance regulation in personal relationships: The development of a conceptual model and a test of representational validity. *Journal of Social and Personal Relationships, 19,* 663-683.

Hewstone, M., Bond, M. H., & Wan, K. C. (1983). Social factors and social attributions: The explanation of intergroup differences in Hong Kong. *Social Cognition, 2,* 142-157.

Higgins, E. T., & King, G. (1981). Accessibility of social constructs: Information processing consequences of individual and contextual variability. In N. Cantor & J. Kihlstrom (Eds.), *Personality, cognition, and social interaction* (pp. 69-121). Hillsdale, NJ: Erlbaum.

Higgins, E. T., Rohles, W. S., & Jones, C. R. (1977). Category accessibility and impression formation. *Journal of Experimental Social Psychology, 13,* 141-154.

Higgins, N. C., & Shaw, J. K. (1999). Attributional style moderates the impact of causal controllability information on helping behavior. *Social Behavior and Personality, 27,* 221-236.

Hilton, D. J. (1998). *Psychology and the city: Applications to trading, dealing, and investment analysis.* London: Center for the Study of Financial Innovation.

Hilton, N. Z., Harris, G. T., & Rice, M. E. (2000). The functions of aggression by male teenagers. *Journal of Personality and Social Psychology, 79,* 988-994.

Hinsz, V. B. (1995). Goal setting by groups performing an additive task: A comparison with individual goal setting. *Journal of Applied Social Psychology, 25,* 965-990.

Hinsz, V. B., Matz, D. C., & Patience, R. A. (2001). Does women's hair signal reproductive potential? *Journal of Experimental Social Psychology, 37,* 166-172.

Hirt, E. R., & Markman, K. D. (1995). Multiple explanation: A consider-an-alternative strategy for debiasing judgments. *Personality and Social Psychology Bulletin, 69,* 1069-1086.

Hoaken, P. N. S., Giancola, P. R., & Pihl, R. O. (1998). Executive cognitive functions as mediators of alcohol-related aggression. *Alcohol and Alcoholism, 33,* 45-53.

Hogg, M. A., & Abrams, D. (1988). *Social identifications: A social psychology of intergroup relations and group processes.* London: Routledge.

Hogg, M. A., & Turner, J. C. (1987). Intergroup behaviour, self-stereotyping and the salience of social categories. British *Journal of Social Psychology, 30,* 325-340.

Holmes, J. G. (2002). Interpersonal expectations as the building blocks of social cognition: An interdependence theory perspective. *Personal Relationships, 9,* 1-26.

Hope, D. A., Holt, C. S., & Heimberg, R. G. (1995). Social phobia. In T. R. Giles (Ed.), *Handbook of effective psychotherapy* (pp. 227-251). New York: Plenum.

Hopkins, A. B. (1996). *So ordered: Making partner the hard way.* Amherst, MA: University of Massachusetts Press.

Horney, K. (1950). *Neurosis and human growth: The struggle toward self-realization.* New York: Norton.

Hornsey, M. J., & Hogg, M. A. (2000). Intergroup similarity and subgroup relations: Some implications for assimilation. *Personality and Social Psychology Bulletin, 26,* 948-958.

Hornsey, M. J., & Imani, A. (2004). Criticizing groups from the inside and the outside: An identity perspective on the intergroup sensitivity effect. *Personality and Social Psychology Bulletin, 30,* 365-383.

Households. (2001, August 6). *U.S. News & World Report,* 15.

Hovland, C. I., & Weiss, W. (1951). The influence of source credibility on communication effectiveness. *Public Opinion Quarterly, 15,* 635-650.

Hovland, C. I., Janis, I. L., & Kelley, H. H. (1953). *Communication and persuasion: Psychological studies of opinion change.* New Haven, CT: Yale University Press.

Huang, I.-C. (1998). Self-esteem, reaction to uncertainty, and physician practice variation: A study of resident physicians. *Social Behavior and Personality, 26,* 181-194.

Huesmann, L. R., & Eron, L. D. (1984). Cognitive processes and the persistence of aggressive behavior. *Aggressive Behavior, 10,* 243-251.

Huesmann, L. R., & Eron, L. D. (1986). *Television and the aggressive child: A cross-national comparison.* Hillsdale, NJ: Erlbaum.

Hugenberg, K., & Bodenhausen, G. V. (2003). Facing prejudice: Implicit prejudice and the perception of facial threat. *Psychological Science, 14,* 640-643.

Hughes, J. (2000, December 12). What does love mean? From the Internet. jeh66@aol.com.

Hughes, J. (2002, March 4). How do you decide who to marry? Online at: Jeh66@aol.com.

Hughes, S. M., Harrison, M. A., & Gallup, G. G., Jr. (2002). The sound of symmetry: Voice as a marker of developmental instability. *Evolution and Human Behavior, 23,* 173-180.

Huguet, P., Galvaing, M. P., Monteil, J. M., & Dumas, F. (1999). Social presence effects in the Stroop task: Further evidence for an attentional view of social facilitation. *Journal of Personality and Social Psychology, 77,* 1011-1025.

Hummert, M. L., Crockett, W. H., & Kemper, S. (1990). Processing mechanisms underlying use of the balance scheme. *Journal of Personality and Social Psychology, 58,* 5-21.

Hunt, A. McC. (1935). A study of the relative value of certain ideals. *Journal of Abnormal and Social Psychology, 30,* 222-228.

Ickes, W., Reidhead, S., & Patterson, M. (1986). Machiavellianism and self-monitoring: As

different as "me" and "you." *Social Cognition, 4,* 58-74.

Insko, C. A. (1985). Balance theory, the Jordan paradigm, and the West tetrahedron. In L. Berkowitz (Ed.), *Advances in experimental social psychology.* New York: Academic Press.

Insko, C. A., Schopler, H. J., Gaertner, G., Wildschutt, T., Kozar, R., Pinter, B., Finkel, E. J., Brazil, D. M., Cecil, C. L., & Montoya, M. R. (2001). Interindividual-intergroup discontinuity reduction through the anticipation of future interaction. *Journal of Personality and Social Psychology, 80,* 95-111.

Inzlicht, M., & Ben-Zeev, T. (2000). A threatening intellectual environment: Why females are susceptible to experiencing problem-solving deficits in the presence of males. *Psychological Science, 11,* 365-371.

Ireland, C. A., & Ireland, J. L. (2000). Descriptive analysis of the nature and extent of bullying behavior in a maximum security prison. *Aggressive Behavior, 26,* 213-222.

Ireland, J. L., & Archer, J. (2002). The perceived consequences of responding to bullying with aggression: A study of male and female adult prisoners. *Aggressive Behavior, 28,* 257-272.

Irvine, M. (1999, November 24). American families in flux. Associated Press.

Isen, A. M. (1984). Toward understanding the role of affect in cognition. In S. R. Wyer & T. K. Srull (Eds.), *Handbook of social cognition* (Vol. 3, pp. 179-236). Hillsdale, NJ: Erlbaum.

Isen, A. M., & Baron, R. A. (1991). Affect and organizational behavior. In B. M. Staw & L. L. Cummings (Eds.), *Research in organizational behavior* (Vol. 15, pp. 1-53).

Isen, A. M., & Levin, P. A. (1972). Effect of feeling good on helping: Cookies and kindness. *Journal of Personality and Social Psychology, 21,* 384-388.

Istvan, J., Griffitt, W., & Weidner, G. (1983). Sexual arousal and the polarization of perceived sexual attractiveness. *Basic and Applied Social Psychology, 4,* 307-318.

Ito, T. A., & Urland, G. R. (2003). Race and gender on the brain: Electrocortical measures of attention to the race and gender of multiply categorizable individuals. *Journal of Personality and Social Psychology, 85,* 616-626.

Ito, T. A., Larsen, J. T., Smith, N. K., & Cacioppo, J. T. (1998). Negative information weighs more heavily on the brain: The negativity bias in evaluative categorizations. *Journal of Personality and Social Psychology, 75,* 887-900.

Izard, C. (1991). The *psychology of emotions.* New York: Plenum.

Jackman, M. R. (1994). *The velvet glove: Paternalism and conflict in gender, class, and race relations.* Berkeley, CA: University of California Press.

Jackson, L. M., Esses, V. M., & Burris, C. T. (2001). Contemporary sexism and discrimination: The importance of respect for men and women. *Personality and Social Psychology Bulletin, 27,* 48-61.

Jackson, T., Soderlind, A., & Weiss, K. E.

(2000). Personality traits and quality of relationships as predictors of future loneliness among American college students. *Social Behavior and Personality, 28,* 463-470.

Jackson, T., Fritch, A., Nagasaka, T., & Gunderson, J. (2002). Towards explaining the association between shyness and loneliness: A path analysis with American college students. *Social Behavior and Personality, 30,* 263-270.

Jacobi, L., & Cash, T. F. (1994). In pursuit of the perfect appearance: Discrepancies among self-ideal percepts of multiple physical attributes. *Journal of Applied Social Psychology, 24,* 379-396.

Jacobs, J. A., & Steinberg, R. (1990). Compensating differentials and the male-female wage gap: Evidence from the New York state comparable worth study. *Social Forces, 69,* 439-468.

Janis, I. L. (1972). *Victims of groupthink.* Boston: Houghton Mifflin.

Janis, I. L. (1982). *Victims of groupthink* (2nd ed.). Boston: Houghton Mifflin.

Jarrell, A. (1998, October 4). Date that calls for judicious attire. *New York Times,* 9-1-9-2.

Jellison, J. M., & Green, J. (1981). A self-presentation approach to the fundamental attribution error: The norm of internality. *Journal of Personality and Social Psychology, 40,* 643-649.

Jensen-Campbell, L. A., West, S. G., & Graziano, W. G. (1995). Dominance, prosocial orientation, and female preferences: Do nice guys really finish last? *Journal of Personality and Social Psychology, 68,* 427-440.

Jetten, J., & Spears, R. (2003). The divisive potential of differences and similarities: The role of intergroup distinctiveness in intergroup differentiation. *European Review of Social Psychology, 14,* 203-241.

Jetten, J., Spears, R., & Manstead, A. S. R. (1997). Strength of identification and intergroup differentiation: The influence of group norms. *European Journal of Social Psychology, 27,* 603-609.

Jetten, J., Branscombe, N. R., Schmitt, M. T., & Spears, R. (2001). Rebels with a cause: Group identification as a response to perceived discrimination from the mainstream. *Personality and Social Psychology Bulletin, 27,* 1204-1213.

Johnson, B. T. (1994). Effects of outcome-relevant involvement and prior information on persuasion. *Journal of Experimental Social Psychology, 30,* 556-579.

Johnson, C., & Mullen, B. (1994). Evidence for the accessibility of paired distinctiveness in the distinctiveness-based illusory correlation in stereotyping. *Personality and Social Psychology Bulletin, 20,* 65-70.

Johnson, J. C., Poteat, G. M., & Ironsmith, M. (1991). Structural vs. marginal effects: A note on the importance of structure in determining sociometric status. *Journal of Social Behavior and Personality, 6,* 489-508.

Johnson, M. K., & Sherman, S. J. (1990). Constructing and reconstructing the past and the future in the present. In E. T. Higgins & R. M. Sorrentino (Eds.), *Handbook of motivation and social cognition: Foundations of social behavior* (pp. 482-526). New York: Guilford.

Johnson, S. (2003, April). Laughter. *Discover,* 62-68.

Johnston, V. S., & Oliver-Rodriguez, J. C. (1997). Facial beauty and the late positive component of event-related potentials. *Journal of Sex Research, 34,* 188-198.

Johnstone, B., Frame, C. L., & Bouman, D. (1992). Physical attractiveness and athletic and academic ability in controversial-aggressive and rejected-aggressive children. *Journal of Social and Clinical Psychology, 11,* 71-79.

Joireman, J., Anderson, J., & Strathman, A. (2003). The aggression paradox: Understanding links among aggression, sensation seeking, and the consideration of future consequences. *Journal of Personality and Social Psychology, 84,* 1287-1302.

Jones, E. E. (1964). *Ingratiation: A social psychology analysis.* New York: Appleton-Century-Crofts.

Jones, E. E. (1979). The rocky road from acts to dispositions. *American Psychologist, 34,* 107-117.

Jones, E. E., & Davis, K. E. (1965). From acts to disposition: The attribution process in person perception. In L. Berkowitz (Ed.), *Advances in experimental social psychology* (Vol. 2, pp. 219-266). New York: Academic Press.

Jones, E. E., & Harris, V. A. (1967). The attribution of attitudes. *Journal of Experimental Social Psychology, 3,* 1-24.

Jones, E. E., & McGillis, D. (1976). Corresponding inferences and attribution cube: A comparative reappraisal. In J. H. Har, W. J. Ickes, & R. F. Kidd (Eds.), *New directions in attribution research* (Vol. 1). Morristown, NJ: Erlbaum.

Jones, E. E., & Nisbett, R. E. (1971). *The actor and the observer: Divergent perceptions of the causes of behavior.* Morristown, NJ: General Learning Press.

Jones, J. H. (1997, August 25 and September 1). Dr. Yes. *New Yorker,* 98-110, 112-113.

Judd, C. M., Ryan, C. S., & Parke, B. (1991). Accuracy in the judgment of in-group and out-group variability. *Journal of Personality and Social Psychology, 61,* 366-379.

Kahneman, D., & Miller, D. T. (1986). Norm theory: Comparing reality to its alternatives. *Psychological Review, 93,* 136-153.

Kallgren, C. A., Reno, R. R., & Cialdini, R. B. (2000). A focus theory of normative conduct: When norms do and do not affect behavior. *Personality and Social Psychology Bulletin, 26,* 1002-1012.

Kameda, T., & Sugimori, S. (1993). Psychological entrapment in group decision making: An assigned decision rule and a groupthink phenomenon. *Journal of Personality and Social Psychology, 65,* 282-292.

Kandel, D. B. (1978). Similarity in real-life adolescent friendship pairs. *Journal of Personality and Social Psychology, 36,* 306-312.

Kanagawa, C., Cross, S. E., & Markus, H. R. (2001). "Who am I?" The cultural psychology of the conceptual self. *Personality and Social Psychology Bulletin, 27,* 90-103.

Karau, S. J., & Williams, K. D. (1993). Social loafing: A meta-analytic review and theoretical integration. *Journal of Personality and Social Psychology, 65,* 681-706.

Karraker, K. H., & Stern, M. (1990). Infant physical attractiveness and facial expression: Effects on adult perceptions. *Basic and Applied Social Psychology, 11,* 371-385.

Karremans, J. C., Van Lange, P. A. M., Ouwerkerk, J. W., & Kluwer, E. S. (2003). When forgiving enhances psychological well-being: The role of interpersonal commitment. *Journal of Personality and Social Psychology, 84,* 1011-1026.

Katz, D. (1960). The functional approach to the study of attitudes. *Journal of Abnormal and Social Psychology, 70,* 1037-1051.

Katz, J., & Beach, S. R. H. (2000). Looking for love? Self-verification and self-enhancement effects on initial romantic attraction. *Personality and Social Psychology Bulletin, 26,* 1526-1539.

Kawakami K., & Dovidio, J. F. (2001). The reliability of implicit stereotyping. *Personality and Social Psychology Bulletin, 27,* 212-225.

Kawakami, K., Dion, K. L., & Dovidio, J. F. (1998). Racial prejudice and stereotype activation. *Personality and Social Psychology Bulletin, 24,* 407-416.

Kawakami, K., Dovidio, J. F., Moll, J., Hermsen, S., & Russn, A. (2000). Just say no (to stereotyping): Effects of training in the negation of stereotypic associations on stereotype activation. *Journal and Personality and Social Psychology, 78,* 871-888.

Kellerman, J., Lewis, J., & Laird, J. D. (1989). Looking and loving: The effects of mutual gaze on feelings of romantic love. *Journal of Research in Personality, 23,* 145-161.

Kelley, H. H. (1972). Attribution in social interaction. In E. E. Jones et al. (Eds.), Attribution: *Perceiving the causes of behavior.* Morristown, NJ: General Learning Press.

Kelley, H. H., & Michela, J. L. (1980). Attribution theory and research. *Annual Review of Psychology, 31,* 57-501.

Kelly, A. E., & Kahn, J. H. (1994). Effects of suppression of personal intrusive thoughts. *Journal of Personality and Social Psychology, 66,* 998-1026.

Kelman, H. C. (1967). Human use of human subjects: The problem of deception in social psychological experiments. *Psychological Bulletin, 67,* 1-11.

Keltner, D., & Robinson, R. J. (1997). Defending the status quo: Power and bias in social conflict. *Personality and Social Psychology Bulletin, 23,* 1066-1077.

Keltner, D., Young, R. C., Heerey, E. A., Oemig, C., & Monarch, N. D. (1998). Teasing in hierarchical and intimate relations. *Journal of Personality and Social Psychology, 75,* 1231-1247.

Kenealy, P., Gleeson, K., Frude, N., & Shaw, W. (1991). The importance of the individual in the 'causal' relationship between attractiveness and self-esteem. *Journal of Community and Applied Social Psychology*, 1, 45-56.

Kenrick, D. T., & Gutierres, S. E. (1980). Contrast effects and judgments of physical attractiveness: When beauty becomes a social problem. *Journal of Personality and Social Psychology*, 38, 131-140.

Kenrick, D. T., Montello, D. R., Gutierres, S. E., & Trost, M. R. (1993). Effects of physical attractiveness on affect and perceptual judgments: When social comparison overrides social reinforcement. *Personality and Social Psychology Bulletin*, 19, 195-199.

Kenrick, D. T., Neuberg,S. L., Zierk, K. L., & Krones, J. M. (1994). Evolution and social cognition: Contrast effects as a function of sex, dominance, and physical attractiveness. *Personality and Social Psychology Bulletin*, 20, 210-217.

Kenrick, D. T., Sundie, J. M., Nicastle, L. D., & Stone, G. O. (2001). Can one ever be too wealthy or too chaste? Searching for nonlinearities in mate judgment. *Journal of Personality and Social Psychology*, 80, 462-471.

Kenworthy, J. B., & Miller, N. (2001). Perceptual asymmetry in consensus estimates of majority and minority members. *Journal of Personality and Social Psychology*, 80, 597-612.

Kernis, M. H., Cornell, D. P., Sun, C. R., Berry, A. J., & Harlow, T. (1993). There's more to self-esteem than whether it is high or low: The importance of stability of self-esteem. *Journal of Personality and Social Psychology*, 65, 1190-1204.

Kerr,N. L., & Kaufman-Gilliland, C. M. (1994). Communication, commitment, and cooperation in social dilemmas. *Journal of Personality and Social Psychology*, 66, 513-529.

Kerr,N. L., Garst, J., Lewandowski, D. A., & Harris, S. E. (1997). That still, small voice: Commitment to cooperate as an internalized versus a social norm. *Personality and Social Psychology Bulletin*, 23, 1300-1311.

Kilduff, M., & Day, D. V. (1994). Do chameleons get ahead? The effects of self-monitoring on managerial careers. *Academy of Management Journal*, 37, 1047-1060.

Kilham, W., & Mann, L. (1974). Level of destructive obedience as a function of transmitter and executant roles in the Milgram obedience paradigm. *Journal of Personality and Social Psychology*, 29, 696-702.

Killeya, L. A., & Johnson, B. T. (1998). Experimental induction of biased systematic processing: The directed through technique. *Personality and Social Psychology Bulletin*, 24, 17-33.

Kilmartin, C. T. (1994). *The masculine self.* New York:Macmillan.

Kim, H., & Markus, H. R. (1999). Deviance or uniqueness, harmony or conformity? A cultural analysis. *Journal of Personality and Social Psychology*, 77, 785-800.

Kisner, R. D. (2004, April 12). A European mar-

riage. *The New Yorker*, 7.

Kitzmann, K. M., Cohen, R., & Lockwood, R. L. (2002). Are only children missing out? Comparison of the peer-related social competence of only children and siblings. *Journal of Social and Personal Relationships*, 19, 299-316.

Klagsbrun, F. (1992). *Mixed feelings: Love, hate, rivalry, and reconciliation among brothers and sisters.* New York: Bantam.

Klandermans, B. (1997). *The social psychology of protest.* Oxford, UK: Basil Blackwell.

Klar, Y. (2002). Way beyond compare: The non-selective superiority and inferiority biases in judging randomly assigned group members relative to their peers. *Journal of Experimental Social Psychology*, 38, 331-351.

Klein, S. B., & Loftus, J. (1993). Behavioral experience and trait judgments about the self. *Personality and Social Psychology Bulletin*, 16, 740-745.

Klein, S. B., Loftus, J., & Plog, A. E. (1992). Trait judgments about the self: Evidence from the encoding specificity paradigm. *Personality and Social Psychology Bulletin*, 18, 730-735.

Klein, S. B., Loftus, J., Trafton, J. G., & Fuhrman, R. W. (1992). Use of exemplars and abstractions in trait judgments: A model of trait knowledge about the self and others. *Journal of Personality and Social Psychology*, 63, 739-753.

Kleinke, C. L. (1986). Gaze and eye contact: A research review. *Psychological Bulletin*, 100, 78-100.

Kling, K. C., Ryff, C. D., & Essex, M. J. (1997). Adaptive changes in the self-concept during a life transition. *Personality and Social Psychology Bulletin*, 23, 981-990.

Klohnen, E. C., & Bera, S. (1998). Behavioral and experiential patterns of avoidantly and securely attached women across adulthood: A 31-year longitudinal perspective. *Journal of Personality and Social Psychology*, 74, 211-223.

Klohnen, E. C., & Luo, S. (2003). Interpersonal attraction and personality: What is attractive —self similarity, ideal similarity, complementarity, or attachment security? *Journal of Personality and Social Psychology*, 85, 709-722.

Knee, C. R. (1998). Implicit theories of relationships: Assessment and prediction of romantic relationship initiation, coping, and longevity. *Journal of Personality and Social Psychology*, 74, 360-370.

Knight, G. P., & Dubro, A. (1984). Cooperative, competitive, and individualistic social values: An individualized regression and clustering approach. *Journal of Personality and Social Psychology*, 46, 98-105.

Koch,W. (1996, March 10). Marriage, divorce rates indicate Americans are hopelessly in love. *Albany Times Union*, p. A11.

Kochanska, G., Friesenborg, A. F., Lange, L. A., & Martel, M. M. (2004). Parents' personality and infants' temperament as contributors to their emerging relationship. *Journal of Personality and Social Psychology*, 86, 744-759.

Koehler, J. J. (1993). The base rate fallacy myth.

Psychology, 4.

Koestner, R., Bernieri, F., & Zuckerman, M. (1992). Self-regulation and consistency between attitudes, traits, and behaviors. *Personality and Social Psychology Bulletin*, 18, 52-59.

Kogan, N., & Wallach, M. A. (1964). *Risk-taking: A study in cognition and personality.* New York:Henry Holt.

Komorita, M., & Parks, G. (1994). Interpersonal relations: Mixed-motive interaction. *Annual Review of Psychology*, 46, 183-207.

Kowalski, R. M. (1993). Interpreting behaviors in mixed-gender encounters: Effects of social anxiety and gender. *Journal of Social and Clinical Psychology*, 12, 239-247.

Kowalski, R. M., Walker, S., Wilkinson, R., Queen, A., & Sharpe, B. (2003). Lying, cheating, complaining, and other aversive interpersonal behaviors: A narrative examination of the darker side of relationships. *Journal of Social and Personal Relationships*, 20, 471-490.

Krosnick, J. A. (1988). The role of attitude importance in social evaluation: A study of political preferences, presidential candidate evaluations, and voting behavior. *Journal of Personality and Social Psychology*, 55, 196-210.

Krosnick, J. A. (1989). Attitude importance and attitude accessibility. *Personality and Social Psychology Bulletin*, 15, 297-308.

Krosnick, J. A., Betz, A. L., Jussim, L. J., & Lynn, A. R. (1992). Subliminal conditioning of attitudes. *Personality and Social Psychology Bulletin*, 18, 152-162.

Kulik, J. A., Mahler, H. I. M., & Moore, P. J. (1996). Social comparison and affiliation under threat: Effects on recovery from major surgery. *Journal of Personality and Social Psychology*, 71, 967-979.

Kunda, Z. (1999). *Social cognition: Making sense of people.* Cambridge, MA: MIT Press.

Kunda, Z., & Oleson, K. C. (1995). Maintaining stereotypes in the face of disconfirmation: Constructing grounds for subtyping deviants. *Journal of Personality and Social Psychology*, 68, 565-579.

Kurdek, L. A. (1993). The allocation of household labor in gay, lesbian, and heterosexual married couples. *Journal of Social Issues*, 49 (3), 127-139.

Kurdek, L. A. (1996). The deterioration of relationship quality for gay and lesbian cohabiting couples: A five-year prospective longitudinal study. *Personal Relationships*, 3, 417-442.

Kurdek, L. A. (1997). Adjustment to relationship dissolution in gay, lesbian, and heterosexual partners. *Personal Relationships*, 4, 145-161.

Kurdek, L. A. (1999). The nature and predictors of the trajectory of change in marital quality for husbands and wives over the first 10 years of marriage: Predicting the seven-year itch. *Journal of Developmental Psychology*, 35, 1283-1296.

Kurdek, L. A. (2003). Differences between gay and lesbian cohabiting couples. *Journal of Social and Personal Relationships*, 20, 411-436.

Kwon, Y.-H. (1994). Feeling toward one's clothing and self-perception of emotion, sociability, and work competency. *Journal of Social Behavior and Personality, 9,* 129-139.

Lalonde, R. N., & Silverman, R. A. (1994). Behavioral preferences in response to social injustice: The effects of group permeability and social identity salience. *Journal of Personality and Social Psychology, 66,* 78-85.

LaMastro, V. (2001). Childless by choice? Attributions and attitudes concerning family size. *Social Behavior and Personality, 29,* 231-244.

Lambert, A. J. (1995). Stereotypes and social judgment: The consequences of group variability. *Journal of Personality and Social Psychology, 68,* 388-403.

Lambert, T. A., Kahn, A. S., & Apple, K. J. (2003). Pluralistic ignorance and hooking up. *Journal of Sex Research, 40,* 129-133.

Lamm, H., & Myers, D. G. (1978). Group-induced polarization of attitudes and behavior. In L. Berkowitz (Ed.), *Advances in experimental social psychology.* New York: Academic Press.

Langer, E. (1984). *The psychology of control.* Beverly Hills, CA: Sage.

Langlois, J. H., & Roggman, L. A. (1990). Attractive faces are only average. *Psychological Science, 1,* 115-121.

Langlois, J. H., Kalakanis, L., Rubinstein, A. J., Larson, A. I., Hallam, M., & Smoot, M. (2000). Maxims or myths of beauty: A meta-analytic and theoretical review. *Psychological Bulletin, 126,* 390-423.

Lapham, L. H. (1996, September). Back to school. *Harper's Magazine,* 10-11.

LaPiere, R. T. (1934). Attitude and actions. *Social Forces, 13,* 230-237.

Larson, J. R., Jr., Christensen, C., Franz, T. M., & Abbott, A. S. (1998). Diagnosing groups: The pooling, management, and impact of shared and unshared case information in team-based medical decision making. *Journal of Personality and Social Psychology, 75,* 93-108. Larson, J. R., Jr., Foster-Fishman, P. G., & Franz, T. M. (1998). Leadership style and the discussion of shared and unshared information in decision-making groups. *Personality and Social Psychology Bulletin, 24,* 482-495.

Latan?, B., & Darley, J. M. (1968). Group inhibition of bystander intervention in emergencies. *Journal of Personality and Social Psychology, 10,* 215-221.

Latan?, B., & Darley, J. M. (1970). *The unresponsive bystander: Why doesn't he help?* New York:Applcton-Ccntury-Crofts.

Latan?, B., & L'Herrou, T. (1996). Spatial clustering in the conformity game: Dynamic social impact in electronic groups. *Journal of Personality and Social Psychology, 70,* 1218-1230.

Latan?, B., Williams, K., & Harkins, S. (1979). Many hands make light the work: The causes and consequences of social loafing. *Journal of Personality and Social Psychology, 37,* 822-832.

Lau, S., & Gruen, G. E. (1992). The social stigma of loneliness: Effect of target person's and perceiver's sex. *Personality and Social Psychology Bulletin, 18,* 182-189.

Laurenceau, J.-P., Barrett, L. F., & Pietromonaco, P. R. (1998). Intimacy as an interpersonal process: The importance of self-disclosure, partner disclosure, and perceived partner responsiveness in interpersonal exchanges. *Journal of Personality and Social Psychology, 74,* 1238-1251. Leary, M. R. (1999). Making sense of self-esteem. *Current Directions in Psychological Science, 8,* 32-35.

Leary, M. R., Tambor, E. S., Terdal, S. K., & Downs, D. L. (1995). Self-esteem as an interpersonal monitor: The sociometer hypothesis. *Journal of Personality and Social Psychology, 68,* 518-530.

LeBlanc, M. M., & Barling, J. (2004). Workplace aggression. *Current Directions in Psychological Science, 13,* 9-12.

Lee, A. Y. (2001). The mere exposure effect: An uncertainty reduction explanation revisited. *Personality and Social Psychology Bulletin, 27,* 1255-1266.

Lee, Y. T., & Seligman, M. E. P. (1997). Are Americans more optimistic than the Chinese? *Personality and Social Psychology Bulletin, 23,* 32-40.

Lehman, T. C., Daubman, K.A., Guarna, J., Jordan, J.,& Cirafesi, C. (1995, April). *Gender differences in the motivational consequences of receiving help.* Paper presented at the meeting of the Eastern Psychological Association, Boston.

Leippe, M. R., & Eisenstadt, D. (1994). Generalization of dissonance reduction: Decreasing prejudice through induced compliance. *Journal of Personality and Social Psychology, 67,* 395-413.

Lemley, B. (2000, February). Isn't she lovely? *Discover,* 42-49.

Lemonick, M. D., & Dorfman, A. (2001, July 23). One giant step for mankind. *Time,* 54-61. Levenson, R. W., Carstensen, L. L., & Gottman,

J. M. (1994). The influence of age and gender on affect, physiology, and their interrelations: A study of long-term marriages. *Journal of Personality and Social Psychology, 67,* 56-68.

Leventhal, G. S., Karuza, J., & Fry, W. R. (1980). Beyond fairness: A theory of allocation preferences. In G. Mikula (Ed.), *Justice and social interaction* (pp. 167-218). New York: Springer-Verlag.

Levine, R. V., Martinez, T. S., Brase, G., & Sorenson, K. (1994). Helping in 36 U.S. cities *Journal of Personality and Social Psychology, 67,* 69-82.

Levy, K. N., & Kelly, K. (2002; July/August). Sex differences in jealousy: Evolutionary style or attachment style? *American Psychological Society,* 25-49.

Lewis, M. (1992). Will the real self or selves please stand up? *Psychological Inquiry, 3,* 123-124.

Leyens, J.-P., Desert, M., Croizet, J.-C., & Darcis,

C. (2000). Stereotype threat: Are lower status and history of stigmatization preconditions of stereotype threat? *Personality and Social Psychology Bulletin, 26,* 1189-1199.

Li, N. P., Bailey, J. M., Kenrick, D. T., & Linsenmeier, J. A. W. (2002). The necessities and luxuries of male preferences: Testing the tradeoffs. *Journal of Personality and Social Psychology, 82,* 947-955.

Liberman, A., & Chaiken, S. (1992). Defensive processing of personally relevant health messages. *Personality and Social Psychology Bulletin, 18,* 669-679.

Lickel, B., Hamilton, D. L., & Sherman, S. J. (2001). Elements of a lay theory of groups: Types of groups, relational styles, and the perception of group entitativity. *Personality and Social Psychology Review, 5,* 129-140.

Lickel, B., Hamilton, D. L., Wieczorkowski, G., Lewis, A., Sherman, S. J., & Uhles, A. N. (2000). Varieties of groups and the perception of group entitativity. *Journal of Personality and Social Psychology, 78,* 223-246.

Liden, R. C., & Mitchell, T. R. (1988). Ingratiatory behaviors in organizational settings. *Academy of Management Review, 13,* 572-587.

Lieberman, J. D., & Greenberg, J. (1999). Cognitive-experiential self-theory and displaced aggression. *Journal of Personality and Social Psychology,* in press.

Linden, E. (1992). Chimpanzees with a difference: Bonobos. *National Geographic, 18*(3), 46-53.

Linville, P. W. (1987). Self-complexity as a cognitive buffer against stress-related illness and depression. *Journal of Personality and Social Psychology, 52,* 663-676.

Linville, P. W., Fischer, G. W., & Salovey, P. (1989). Perceived distributions of the characteristics of in-group and out-group members: Empirical evidence and a computer simulation. *Journal of Personality and Social Psychology, 57,* 165-188.

Linz, D., Donnerstein, E., & Penrod, S. (1988). Effects of long-term exposure to violent and sexually degrading depictions of women. *Journal of Personality and Social Psychology, 55,* 758-768.

Linz, D., Fuson, I. A., & Donnerstein, E. (1990). Mitigating the negative effects of sexually violent mass communications through pre-exposure briefings. *Communication Research, 17,* 641-674.

Lipkus, I. M., Green, J. D., Feaganes, J. R., & Sedikides, C. (2001). The relationships between attitudinal ambivalence and desire to quite smoking among college smokers. *Journal of Applied Social Psychology, 31,* 113-133.

Lippa, R., & Donaldson, S. I. (1990). Self-monitoring and idiographic measures of behavioral variability across interpersonal relationships. *Journal of Personality, 58,* 465-479.

Locke, V., & Johnston, L. (2001). Stereotyping and prejudice: A social cognitive approach. In M. Augoustinos & K. J. Reynolds (Eds.),

Understanding prejudice, racism, and social conflict (pp. 107-125). London: Sage.

Locke, V., & Walker, I. (1999). Stereotyping, processing goals, and social identity: Inveterate and fugacious characteristics of stereotypes. In D. Abrams & M. A. Hogg (Eds.), Social identity and social cognition (pp. 164-182). Oxford: Blackwell.

Lockwood, P., & Kunda, Z. (1999). Increasing the salience of one's best selves can undermine inspiration by outstanding role models. Journal of Personality and Social Psychology, 76, 214-228.

Long, C. R., Seburn, M., Averill, J. R., & More, T. A. (2003). Solitude experiences: Varieties, settings, and individual differences. Personality and Social Psychology Bulletin, 29, 578-583.

Lopez, F. G., Gover, M. R., Leskela, J., Sauer, E. M., Schirmer, L., & Wyssmann, J. (1997). Attachment styles, shame, guilt, and collaborative problem-solving orientations. Personal Relationships, 4, 187-199.

Lord, C. G., & Saenz, D. S. (1985). Memory deficits and memory surfeits: Differential cognitive consequences of tokenism for tokens and observers. Journal of Personality and Social Psychology, 49, 918-926.

Lorenz, K. (1966). On aggression. New York: Harcourt, Brace, & World.

Lorenz, K. (1974). Civilized man's eight deadly sins. New York: Harcourt, Brace, Jovanovich.

Losch, M., & Cacioppo, J. (1990). Cognitive dissonance may enhance sympathetic tonus, but attitudes are changed to reduce negative affect rather than arousal. Journal of Experimental Social Psychology, 26, 289-304.

Luczak, S. E. (2001). Binge drinking in Chinese, Korean, and White college students: Genetic and ethnic group differences. Psychology of Addictive Behaviors, 15, 306-309.

Lundberg, J. K., & Sheehan, E. P. (1994). The effects of glasses and weight on perceptions of attractiveness and intelligence. Journal of Social Behavior and Personality, 9, 753-760.

Lyness, K. S., & Thompson, D. E. (1997). Above the glass ceiling? A comparison of matched samples of female and male executives. Journal of Applied Psychology, 82, 359-375.

Lyness, K. S., & Thompson, D. E. (2000). Climbing the corporate ladder: Do female and male executives follow the same route? Journal of Applied Psychology, 85, 86-101.

Ma, H. K., Shek, D. T. L., Cheung, P. C., & Tam, K. K. (2002). A longitudinal study of peer and teacher influences on prosocial and antisocial behavior of Hong Kong Chinese adolescents. Social Behavior and Personality, 30, 157-168

Maass, A., & Clark, R. D. III (1984). Hidden impact of minorities: Fifteen years of minority influence research. Psychological Bulletin, 95, 233-243.

Macaulay, J. (1970). A shill for charity. In J. Macaulay & L. Berkowitz (Eds.), Altruism and helping behavior (pp. 43-59). New York: Academic Press.

Mack, D., & Rainey, D. (1990). Female applicants' grooming and personnel selection. Journal of Social Behavior and Personality, 5, 399-407.

Mackie, D. M., & Smith, E. R. (2002). Beyond prejudice: Moving from positive and negative evaluations to differentiated reactions to social groups. In D. M. Mackie & E. R. Smith (Eds.), From prejudice to intergroup emotions: Differentiated reactions to social groups (pp. 1-12). New York: Psychology Press.

Mackie, D. M., & Worth, L. T. (1989). Cognitive deficits and the mediation of positive affect in persuasion. Journal of Personality and Social Psychology, 57, 27-40.

Macrae, C. N., Milne, A. B., & Bodenhausen, G. V. (1994). Stereotypes as energy-saving devices: A peek inside the cognitive toolbox. Journal of Personality and Social Psychology, 66, 37-47.

Macrae, C. N., Mitchell, J. P., & Pendry, L. F. (2002). What's in a forename? Cue familiarity and stereotypical thinking. Journal of Experimental Social Psychology, 38, 186-193.

Macrae, C. N., Bodenhausen, G. V., Milne, A. B., & Ford, R. (1997). On the regulation of recollection: The intentional forgetting of sterotypical memories. Journal of Personality and Social Psychology, 72, 709-719.

Maeda, E., & Ritchie, L. D. (2003). The concept of shinyuu in Japan: A replication of and comparison to Cole and Bradac's study on U.S. friendship. Journal of Social and Personal Relationships, 20, 579-598.

Maestripieri, D. (2001). Biological bases of maternal attachment. Current Directions in Psychological Science, 10, 79-82.

Magner, N. R., Johnson, G. G., Sobery, J. S., & Welker, R. B. (2000). Enhancing procedural justice in local government budget and tax decision making. Journal of Applied Social Psychology, 30, 798-815.

Maheswaran, D., & Chaiken, S. (1991). Promoting systematic processing in low-motivation settings: Effect of incongruent information on processing and judgment. Journal of Personality and Social Psychology, 61, 13-25.

Mahoney, S. (2003, November & December). Seeking love. AARP Magazine, 66-67.

Maio, G. R., Esses, V. M., & Bell, D. W. (1994). The formation of attitudes toward new immigrant groups. Journal of Applied Social Psychology, 24, 1762-1776.

Maisonneuve, J., Palmade, G., & Fourment, C. (1952). Selective choices and propinquity. Sociometry, 15, 135-140.

Major, B. (1994). From social inequality to personal entitlement: The role of social comparisons, legitimacy appraisals, and group membership. In M. P. Zanna (Ed.), Advances in experimental social psychology (Vol. 26, pp. 293-348). San Diego, CA: Academic Press.

Major, B., Kaiser, D. R., & McCoy, S. K. (2003). It's not my fault; When and why attributions to prejudice protect self-esteem. Personality and Social Psychology Bulletin, 29, 772-781.

Major, B., Barr, L., Zubek, J., & Babey, S. H.

(1999). Gender and self-esteem: A meta-analysis. In W. B. Swann, J. H. Langlois, & L. A. Gilbert (Eds.), Sexism and stereotypes in modern society (pp. 223-253). Washington, DC: American Psychological Association.

Malamuth, N. M., & Brown, L. M. (1994). Sexually aggressive men's perceptions of women's communications: testing three explanations. Journal of Personality and Social Psychology, 67, 699-712.

Malamuth, N. M., & Check, J. V. P. (1985). The effects of aggressive pornography on beliefs in rape myths: Individual differences. Journal of Research in Personality, 19, 299-320.

Malone, B. E., & DePaulo, B. M. (2003). Measuring sensitivity to deception. In J. A. Hall & F. J. Bernieri (Eds.), Interpersonal sensitivity: Theory and measurement (pp. 103-124). Mahwah, NJ: Lawrence Erlbaum.

Maner, J. K., Luce, E. L., Neuberg, S. L., Ciaddini, R. B., Brown, S., & Sagarin, B. J. (2002). The effects of perspective taking on motivations for helping: Still no evidence for altruism. Personality and Social Psychology Bulletin, 28, 1601-1610.

Manning, J. T., Koukourakis, K., & Brodie, D. A. (1997). Fluctuating asymmetry, metabolic rate and sexual selection in human males. Evolution and Human Behavior, 18, 15-21.

Manstead, A. S. R. (2000). The role of moral norm in the attitude-behavior relation. In D. J. Terry & M. A. Hogg (Eds.), Attitudes, behavior, and social context (pp. 11-30). Mahwah, NJ: Erlbaum.

Marcus, D. K., & Miller, R. S. (2003). Sex differences in judgments of physical attractiveness: A social relations analysis. Personality and Social Psychology Bulletin, 29, 325-335.

Markey, P. M., Funder, D. C., & Ozer, D. J. (2003). Complementarity of interpersonal behaviors in dyadic interactions. Personality and Social Psychology Bulletin, 29, 1082-1090.

Markman, G. D., Balkin, D. B., & Baron R. A. (2002). Inventors and new venture formation: The effects of general self-efficacy and regretful thinking. Entrepreneurship Theory & Practice, 27, 149-165.

Markus, H., & Kitayama, S. (1991). Culture and the self: Implications for cognition, emotion, and motivation. Psychological Review, 98, 224-253.

Markus, H., & Nurius, P. (1986). Possible selves. American Psychologist, 41, 954-969.

Marques, J., & Paez, D. (1994). The "black sheep effect": Social categorization, rejection of ingroup deviates, and perception of group variability. European Review of Social Psychology, 5, 37-68.

Martin, C. L., & Parker, S. (1995). Folk theories about sex and race differences. Personality and Social Psychology Bulletin, 21, 45-57.

Martin, R. (1997). "Girls don't talk about garages!": Perceptions of conversation in same- and cross-sex friendships. Personal Relationships, 4, 115-130.

Martz, J. M., Verette, J., Arriaga, X. B., Slovik, L. F., Cox, C. L., & Rusbult, C. E. (1998). Positive illusion in close relationships. *Personal Relationships, 5,* 159-181.

Maslach, C., Santee, R. T., & Wade, C. (1987). Individuation, gender role, and dissent: Personality mediators of situational forces. *Journal of Personality and Social Psychology, 53,* 1088-1094.

Mastekaasa, A. (1995). Age variation in the suicide rates and self-reported subjective wellbeing of married and never married persons. *Journal of Community and Applied Social Psychology, 5,* 21-39.

Maticka-Tyndale, E., Herold, E. S., & Oppermann, M. (2003). Casual sex among Australian schoolies. *Journal of Sex Research, 40,* 158-169.

Matsushima, R., & Shiomi, K. (2001). Self-disclosure and friendship in junior high school students. *Social Behavior and Personality, 30,* 515-526.

May, J. L., & Hamilton, P. A. (1980). Effects of musically evoked affect on women's interpersonal attraction and perceptual judgments of physical attractiveness of men. *Motivation and Emotion, 4,* 217-228.

Mayer, J. D.,& Hanson, E. (1995). Mood-congruent judgment over time. *Personality and Social Psychology Bulletin, 21,* 237-244.

Mayo, C., & Henley, N. M. (Eds.). (1981). *Gender and nonverbal behavior.* Seacaucaus, NJ: Springer-Verlag.

McAndrew, F. T. (2002). New evolutionary perspectives on altruism: Multilevel-selection and costly-signaling theories. *Current Directions in Psychological Science, 11,* 79-82.

McArthur, L. Z., & Friedman, S. A. (1980). Illusory correlation in impression formation: Variations in the shared distinctiveness effect as a function of the distinctive person's age, race, and sex. *Journal of Personality and Social Psychology, 39,* 615-624.

McCall, M. (1997). Physical attractiveness and access to alcohol: What is beautiful does not get carded. *Journal of Applied Social Psychology, 23,* 453-562.

McClure, J. (1998). Discounting causes of behavior: Are two reasons better than one? *Journal of Personality and Social Psychology, 74,* 7-20.

McConahay, J. B. (1986). Modern racism, ambivalence, and the Modern Racism Scale. In J. F. Dovidio & S. L. Gaertner (Eds.), *Prejudice, discrimination, and racism* (pp. 91-125). New York: Academic Press.

McConnell, A. R., Sherman, S. J., & Hamilton, D. L. (1994). Illusory correlation in the perception of groups: An extension of the distinctiveness-based account. *Journal of Personality and Social Psychology, 67,* 414-429.

McCullough, M. E., Fincham, F. D., & Tsang, J. A. (2003). Forgiveness, forbearance, and time: The temporal unfolding of transgression-related interpersonal motivations. *Journal of Personality and Social Psychology, 84,* 540-557.

McCullough, M. E., Bellah, C. G., Kilpatrick, S. D., & Johnson, S. L. (2001). Vengefulness:

Relationships with forgiveness, rumination, well-being, and the Bit Five. *Personality and Social Psychology Bulletin, 27,* 601-610.

McCullough, M. E., Emmons, R. A., Kilpatrick S. D., & Mooney, C. N. (2003). Narcissists as "Victims": The role of narcissism in the perception of transgressions. *Personality and Social Psychology Bulletin, 29,* 885-893.

McDonald, F. (2001). *States' rights and the union: Imperium in imperio, 1776-1876.* Lawrence: University of Kansas Press.

McDonald, H. E., & Hirt, E. R. (1997). When expectancy meets desire: Motivational effects in reconstructive memory. *Journal of Personality and Social Psychology, 72,* 5-23.

McDonald, R. D. (1962). *The effect of reward-punishment and affiliation need on interpersonal attraction.* Unpublished doctoral dissertation, University of Texas.

McGuire, S., & Clifford, J. (2000). Genetic and environmental contributions to loneliness in children. *Psychological Science, 11,* 487-491.

McGuire, S., McHale, S. M., & Updegraff, K. A. (1996). Children's perceptions of the sibling relationship in middle childhood: Connections within and between family relationships. *Personal Relationships, 3,* 229-239.

McGuire, W. J. (1961). Resistance to persuasion confirmed by active and passive prior refutation of the same and alternate counter-arguments. *Journal of Abnormal and Social Psychology, 63,* 326-332.

McGuire, W. J., & McGuire, C. V. (1996). Enhancing self-esteem by directed-thinking tasks: Cognitive and affective positivity asymmetries. *Journal of Personality and Social Psychology, 70,* 1117-1125.

McGuire, W. J., & Papageorgis, D. (1961). The relative efficacy of various types of prior belief-defense in producing immunity against persuasion. *Journal of Abnormal and Social Psychology, 62,* 327-337.

McKelvie, S. J. (1993a). Perceived cuteness, activity level, and gender in schematic babyfaces. *Journal of Social Behavior and Personality, 8,* 297-310.

McKelvie, S. J. (1993b). Stereotyping in perception of attractiveness, age, and gender in schematic faces. *Social Behavior and Personality, 21,* 121-128.

McLaughlin, L. (2001a, April 30). Happy together. *Time, 82.*

McNulty, J. K., & Karney, B. R. (2004). Positive expectations in the early years of marriage: Should couples expect the best or brace for the worst? *Journal of Personality and Social Psychology, 86,* 729-743.

Mead, G. H. (1934). *Mind, self, and society.* Chicago: University of Chicago Press.

Medvec, V. H., Madey, S. F., & Gilovich, T. (1995). When less is more: Counterfactual thinking and satisfaction among Olympic athletes. *Journal of Personality and Social Psychology, 69,* 603-610.

Mehrabian, A., & Piercy, M. (1993). Affective and personality characteristics inferred from length of first names. *Personality and Social*

Psychology Bulletin, 19, 755-758.

Meier, B. P., Robinson, M. D., & Clore, G. L. (2004). Why good guys wear white. Automatic interferences about stimulus valence based on brightness. *Psychological Science, 15,* 82-87.

Mendoza-Denton, R., Ayduk, O., Mischel, W., Shoda, Y., & Testa, A. (2001). Person X situation interactionism in self-encoding (*I am ... When ...*): Implications for affect regulation and social information processing. *Journal of Personality and Social Psychology, 80,* 533-544.

Meyers, S. A., & Berscheid, E. (1997). The language of love: The difference a preposition makes. *Personality and Social Psychology Bulletin, 23,* 347-362.

Miall, D., & Dissanayake, E. (2004). The poetics of babytalk. *Human Nature, 14,* 337-364.

Michael, R. T., Gagnon, J. H., Laumann, E. O., & Kolata, G. (1994). *Sex in America: A definitive survey.* Boston: Little, Brown.

Mikulincer, M. (1998a). Adult attachment style and individual differences in functional versus dysfunctional experiences of anger. *Journal of Personality and Social Psychology, 74,* 513-524.

Mikulincer, M., Gillath, O., Halevy, V., Avihou, N., Avidan, S., & Eshkoli, N. (2001). Attachment theory and reactions to others' needs: Evidence that activation of the sense of attachment security promotes empathic responses. *Journal of Personality and Social Psychology, 81,* 1205-1224.

Milanese, M. (2002, May/June). Hooking up, hanging out, making up, moving on. *Stanford,* 62-65.

Miles, S. M., & Carey, G. (1997). Genetic and environmental architecture of human aggression. *Journal of Personality and Social Psychology, 72,* 207-217.

Milgram, S. (1963). Behavior study of obedience. *Journal of Abnormal and Social Psychology, 67,* 371-378.

Milgram, S. (1965a). Liberating effects of group pressure. *Journal of Personality and Social Psychology, 1,* 127-134.

Milgram, S. (1965b). Some conditions of obedience and disobedience to authority. *Human Relations, 18,* 57-76.

Milgram, S. (1974). *Obedience to authority.* New York: Harper.

Miller, D. A., Smith, E. R., & Mackie, D. M. (2004). Effects of intergroup contact and political predispositions on prejudice: Role of intergroup emotions. *Group Processes and Intergroup Relations, 7,* 221-237.

Miller, D. T., & Prentice, D. A. (1996). The construction of social norms and standards. In E. T. Higgins & A. W. Kruglanski (Eds.), *Social psychology: Handbook of basic principles* (pp. 799-829). New York: Guilford Press.

Miller, D. T., Monin, B., & Prentice, D. A. (2000). Pluralistic ignorance and inconsistency between private attitudes and public behaviors. In D. J. Terry & M. A. Hogg (Eds.), *Attitudes, behavior, and social context* (pp.

95-113). Mahwah, NJ: Erlbaum.

Miller, L. C., Putcha-Bhagavatula, A., & Pedersen, W. C. (2002, June). Men's and women's mating preferences: Distinct evolutionary mechanisms? *Current Directions in Psychological Science, 11,* 88-93.

Miller, N., Maruyama, G., Beaber, R. J., & Valone, K. (1976). Speed of speech and persuasion. *Journal of Personality and Social Psychology, 34,* 615-624.

Miller, P. J. E., & Rempel, J. K. (2004). Trust and partner-enhancing attributions in close relationships. *Personality and Social Psychology Bulletin, 30,* 695-705.

Mills, J., Clark, M. S., Ford, T. E., & Johnson, M. (2004). Measurement of communal strength. *Personal Relationships, 11,* 213-230.

MIT-report: A study on the status of women faculty in science at MIT. (1999). Cambridge, MA: Massachusetts Institute of Technology.

Monahan, J. L., Murphy, S. T., & Zajonc, R. B. (2000). Subliminal mere exposure: Specific, general, and diffuse effects. *Psychological Science, 11,* 462-466.

Mondloch, C. J., Lewis, T. L., Budreau, D. R., Maurer, D., Dannemiller, J. L., Stephens, B. R., & Kleiner-Gathercoal, K. A. (1999). Face perception during early infancy. *Psychological Science, 10,* 419-422.

Monin, B. (2003). The warm glow heuristic: When liking leads to familiarity. *Journal of Personality and Social Psychology, 85,* 1035-1048.

Montepare, J. M., & Zebrowitz-McArthur, L. (1988). Impressions of people created by age-related qualities of their gates. *Journal of Personality and Social Psychology, 55,* 547-556.

Montgomery, R. (2004, February 20). Trip down aisle a road less traveled. Knight Ridder. Albany *Times Union,* pp. A1, A6.

Montoya, R. M., & Horton, R. S. (2004). On the importance of cognitive evaluation as a determinant of interpersonal attraction. *Journal of Personality and Social Psychology, 86,* 696-712.

Moore, T. (1993, August 16). Millions of volunteers counter image of a selfish society. *Albany Times Union,* p. A-2.

Moreland, R. L., & Beach, S. R. (1992). Exposure effects in the classroom: The development of affinity among students. *Journal of Experimental Social Psychology, 28,* 255-276.

Morey, N., & Gerber, G. L. (1995). Two types of competitiveness: Their impact on the perceived interpersonal attractiveness of women and men. *Journal of Applied Social Psychology, 25,* 210-222.

Morris, M. W., & Larrick, R. P. (1995). When one cause casts doubt on another: A normative analysis of discounting in causal attribution. *Psychological Review, 102,* 331-335.

Morrison, E. W., & Bies, R. J. (1991). Impression management in the feedback-seeking process: A literature review and research agenda. *Academy of Management Review, 16,* 322-341.

Moscovici, S. (1985). Social influence and con-formity. In G. Lindzey & E. Aronson (Eds.), *Handbook of social psychology* (3rd ed.). New York:Random House.

Mugny, G. (1975). Negotiations, image of the other and the process of minority influence. European *Journal of Social Psychology, 5,* 209-229.

Mullen, B. (1986). Stuttering, audience size, and the other-total ratio: A self-attention perspective. *Journal of Applied Social Psychology, 16,* 141-151.

Mullen, B., Migdal, M. J., & Rozell, D. (2003). Self-awareness, deindividuation, and social identity: Unraveling theoretical paradoxes by filling empirical lacunae. *Personality and Social Psychology Bulletin, 29,* 1071-1081.

Mummendey,A.,& Schreiber,H.J.(1984)."Different" just means "better": Some obvious and some hidden pathways to ingroup favoritism. *British Journal of Social Psychology, 23,* 363-368.

Munro, G. D., & Ditto, P. H. (1997). Biased assimilation, attitude polarization, and affect in reactions to stereotype-relevant scientific information. *Personality and Social Psychology Bulletin, 23,* 636-653.

Murray, L., & Trevarthen, C. (1986). The infant's role in mother-infant communications. *Journal of Child Language, 13,* 15-29.

Murray,S. L., & Holmes, J. G. (1997). A leap of faith? Positive illusions in romantic relationships. *Personality and Social Psychology Bulletin, 23,* 586-604.

Murray,S. L., & Holmes, J. G. (1999). The (mental) ties that bind: Cognitive structures that predict relationship resilience. *Journal of Personality and Social Psychology, 77,* 1228-1244.

Murray,S. L., Holmes, J. G., Griffin, D. W., Bellavia, G., & Rose, P. (2001). The mismeasure of love: How self-doubt contaminates relationship beliefs. *Personality and Social Psychology Bulletin, 27,* 423-436.

Mussweiler, T., Gabriel, S., & Bodenhausen, G. V. (2000). Shifting social identities as a strategy for deflecting threatening social comparisons. *Journal of Personality and Social Psychology, 79,* 398-409.

Mynard, H., & Joseph, S. (1997). Bully victim problems and their association with Eysenck's personality dimensions in 8 to 13 year olds. *British Journal of Educational Psychology, 67,* 51-54.

Nadler, A. (1991). Help-seeking behavior: Psychological costs and instrumental benefits. In M. S. Clark (Ed.), *Prosocial behavior* (pp. 290-311). Newbury Park, CA: Sage.

Nadler, A., Fisher, J. D., & Itzhak, S. B. (1983). With a little help from my friend: Effect of a single or multiple acts of aid as a function of donor and task characteristics. *Journal of Personality and Social Psychology, 44,* 310-321.

National Institute for Occupational Safety and Health, Center for Disease Control and Prevention. "Homicide in the workplace." Document #705003, December 5, 1993.

Nemeth, C. J. (1995). Dissent as driving cognition, attitudes, and judgments. *Social Cognition, 13,* 273-291.

Nemeth, C. J., Connell, J. B., Rogers,J.D.,& Brown, K. S. (2001). Improving decision making by means of dissent. *Journal of Applied Social Psychology, 31,* 45-58.

Neto,F., & Barrios, J. (2001). Predictors of loneliness among adolescents from Portuguese immigrant families in Switzerland. *Social Behavior and Personality, 28,* 193-206.

Neuberg, S. L., & Cottrell, C. A. (2002). Intergroup emotions: A biocultural approach. In D. M. Mackie & E. R. Smith (Eds.), *From prejudice to intergroup emotions: Differentiated reactions to social groups* (pp. 265-283). Philadelphia: Psychology Press.

Neuberg, S. L., & Newsom, J. T. (1993). Personal need for structure: Individual differences in the desire for simple structure. *Journal of Personality and Social Psychology, 65,* 113-131.

Neuman, J. H., & Baron, R. A. (1998). Workplace violence and workplace aggression: Evidence concerning specific forms, potential causes, and preferred targets. *Journal of Management, 24,* 391-420.

Neuman, J. H., & Baron, R. A. (2004). Aggression in the workplace: A social-psychological perspective. In S. Fox, & P. E. Spector (Eds.), *Counterproductive workplace behavior: An integration of both actor and recipient perspectives on causes and consequences.* Washington, DC:American Psychological Association.

Neumann, R., & Strack, F. (2000). "Mood contagion": The automatic transfer of mood between persons. *Journal of Personality and Social Psychology, 79,* 211-223.

Newcomb, T. M. (1956). The prediction of interpersonal attraction. *Psychological Review, 60,* 393-404.

Newcomb, T. M. (1961). *The acquaintance process.* New York: Holt, Rinehart and Winston.

Newman, M. L., Pennebaker, H. W., Berry, D. S., & Richards, J. M. (2003). Lying words: Predicting deception from linguistic styles. *Personality and Social Psychology Bulletin, 29,* 665-675.

Newsom, J. T. (1999). Another side to caregiving: Negative reactions to being helped. *Current Directions in Psychological Science, 8,* 183-187.

Newsweek Poll (May 24, 2004). The "Will and Grace" effect.

Newton, T. L., Kiecolt-Glaser, J. K., Glaser, R., & Malarkey, W. B. (1995). Conflict and withdrawal during marital interaction: The roles of hostility and defensiveness. *Personality and Social Psychology Bulletin, 21,* 512-524.

Neyer, F. J. (2002). Twin relationships in old age: A developmental perspective. *Journal of Social and Personal Relationships, 19,* 155-177.

Nida, S. A., & Koon, J. (1983). They get better looking at closing time around here, too. *Psychological Reports, 52,* 657-658.

Nienhuis, A. E., Manstead, A. S. R., & Spears, R.

(2001). Multiple motives and persuasive communication: Creative elaboration as a result of impression motivation and accuracy motivation. *Personality and Social Psychology Bulletin, 27,* 118-132.

Nisbett, R. E. (1990). Evolutionary psychology, biology, and cultural evolution. *Motivation and Emotion, 14,* 255-264.

Nisbett, R. E., & Cohen, D. (1996). *Culture of honor: The psychology of violence in the South.* Boulder, CO: Westview Press.

Nisbett, R. E., & Wilson, T. D. (1977). Telling more than we can know: Verbal reports on mental processes. *Psychological Review, 84,* 231-259.

Noel, J. G., Wann, D. L., & Branscombe, N. R. (1995). Peripheral ingroup membership status and public negativity toward outgroups. *Journal of Personality and Social Psychology, 68,* 127-137.

Nolen-Hoeksema, S. (1987). Sex differences in unipolar depression: Evidence and theory. *Psychological Bulletin, 101,* 259-282.

Nunn, J. S., & Thomas, S. L. (1999). The angry male and the passive female: The role of gender and self-esteem in anger expression. *Social Behavior and Personality, 27,* 145-154.

Nussbaum, S., Trope, Y., & Liberman, N. (2003). Creeping dispositionism: The temporal dynamics of behavior prediction. *Journal of Personality and Social Psychology 84,* 485-497.

Nyman, L. (1995). The identification of birth order personality attributes. *The Journal of Psychology, 129,* 51-59.

O'Brien, M., & Bahadur, M. A. (1998). Marital aggression, mother's problem-solving behavior with children, and children's emotional and behavioral problems. *Journal of Social and Clinical Psychology, 17,* 249-272.

O'Connor, S. C., & Rosenblood, L. K. (1996). Affiliation motivation in everyday experience: A theoretical comparison. *Journal of Personality and Social Psychology, 70,* 513-522.

O'Donohue, W. (1997). *Sexual harassment: Theory, research, and treatment.* Boston: Allyn & Bacon.

O'Leary, S. G. (1995). Parental discipline mistakes. *Current Directions in Psychological Science, 4,* 11-13.

O'Moore, M. N. (2000). Critical issues for teacher training to counter bullying and victimization in Ireland. *Aggressive Behavior, 26,* 99-112.

O'Sullivan, C. S., & Durso, F. T. (1984). Effects of schema-incongruent information on memory for stereotypical attributes. *Journal of Personality and Social Psychology, 47,* 55-70.

O'Sullivan, M. (2003). The fundamental attribution error in detecting deception: The boywho-cried-wolf effect. *Personality and Social Psychology Bulletin, 29,* 1316-1327.

Oakes, P. J., & Reynolds, K. J. (1997). Asking the accuracy question: Is measurement the answer? In R. Spears, P. J. Oakes, N. Ellemers, & S. A. Haslam (Eds.), *The social psychology of stereotyping and group life* (pp. 51-71). Oxford: Blackwell.

Oakes, P. J., Haslam, S. A., & Turner, J. C. (1994). *Stereotyping and social reality.* Oxford: Blackwell.

Oberlander, E. (2003, August). Cross-disciplinary perspectives on attachment processes. *American Psychological Society, 16,* 23, 35.

Oettingen, G. (1995). Explanatory style in the context of culture. In G. M. Buchanan & M. E. P. Seligman (Eds.), *Explanatory style.* Hillsdale, NJ: Erlbaum.

Oettingen, G., & Seligman, M. E. P. (1990). Pessimism and behavioral signs of depression in East versus West Berlin. *European Journal of Social Psychology, 201,* 207-220.

Ohbuchi, K., & Kambara, T. (1985). Attacker's intent and awareness of outcome, impression management, and retaliation. *Journal of Experimental Social Psychology, 21,* 321-330.

Ohbuchi, K., Kameda, M., & Agarie, N. (1989). Apology as aggression control: Its role in mediating appraisal of and response to harm. *Journal of Personality and Social Psychology, 56,* 219-227.

Ohman, A., Lundqvist, D., & Esteves, F. (2001). The face in the crowd revisited: Threat advantage with schematic stimuli. *Journal of Personality and Social Psychology, 80,* 381-396.

Ohtsubo, Y., Miller, C. E., Hayashi, N., & Masuchi, A. (2004). Effects of group decision rules on decisions involving continuous alternatives: the unanimity rule and extreme decisions in mock civil juries. *Journal of Experimental Social Psychology, 40,* 320-331.

Olson, J. M., & Maio, G. R. (2003). Attitudes in social behavior. In T. Millon & M. J. Lerner (Eds.), *Handbook of psychology: Personality and social psychology* (Vol. 5., pp. 299-325). New York:Wiley.

Olson, M. A., & Fazio, R. H. (2001). Implicit attitude formation through classical conditioning. *Psychological Science, 12,* 413-417.

Olweus, D. (1993). *Bullying at school: What we know and what we can do.* Oxford: Blackwell.

Olweus, D. (1999). Sweden. In P. K. Smith, Y. Morita, J. Junger-Tas, D. Olweus, R. F. Catalano, & P. Slee (Eds.), *The nature of school bullying: A cross-national perspective* (pp. 7-27). New York: Routledge.

Onishi, M., Gjerde, P. F., & Block, J. (2001). Personality implications of romantic attachment patterns in young adults: A multi-method, multi-informant study. *Personality and Social Psychology Bulletin, 27,* 1097-1110.

Orbell, S., Blair, C., Sherlock, K., & Conner, M. (2001). The theory of planned behavior and ecstasy use. Roles for habit and perceived control over taking versus obtaining substances. *Journal of Applied Social Psychology, 31,* 31-47.

Orpen, C. (1996). The effects of ingratiation and self promotion tactics on employee career success. *Social Behavior and Personality, 24,* 213-214.

Osborne, J. W. (2001). Testing stereotype threat: Does anxiety explain race and sex differences in achievement? *Contemporary Educational Psychology, 26,* 291-310.

Österman, K., Björkqvist, K., Lagerspetz, K. M. J., Kaukiainen, A., Landua, S. F., Fraczek, A., & Caprara, G. V. (1998). Cross-cultural evidence of female indirect aggression. *Aggressive Behavior, 24,* 1-8.

Owens, L., Shute, R., & Slee, P. (2000). "Guess what I just heard!": Indirect aggression among teenage girls in Australia. *Aggressive Behavior, 26,* 57-66.

Packer, G. (2004). Caught in the crossfire. *The New Yorker,* May 17, 63-68, 70-73.

Paik, H., & Comstock, G. (1994). The effects of television violence on antisocial behavior: A meta-analysis. *Communication Research, 21,* 516-546.

Palmer, J., & Byrne, D. (1970). Attraction toward dominant and submissive strangers: Similarity versus complementarity. *Journal of Experimental Research in Personality, 4,* 108-115.

Paolini, S., Hewstone, M., Cairns, E., & Voci, A. (2004). Effects of direct and indirect crossgroup friendships on judgments of Catholics and Protestants in Northern Ireland: The mediating role of an anxiety-reduction mechanism. *Personality and Social Psychology Bulletin, 30,* 770-786.

Park,J., & Banaji, M. R. (2000). Mood and heuristics: The influence of happy and sad states on sensitivity and bias in stereotyping. *Journal of Personality and Social Psychology, 78,* 1005-1023.

Patrick, H., Neighbors, C., & Knee, C. R. (2004). Appearance-related social comparisons: The role of contingent self-esteem and self-perceptions of attractiveness. *Personality and Social Psychology Bulletin, 30,* 501-514.

Paul, E. L., & Hayes, K. A. (2002). The casualties of "casual" sex: A qualitative exploration of the phenomenology of college students' hookups. *Journal of Social and Personal Relationships, 19,* 639-661.

Paulhus, D. L., Bruce, M. N., & Trapnell, P. D. (1995). Effects of self-presentation strategies on personality profiles and their structure. *Personality and Social Psychology Bulletin, 21,* 100-108.

Pavalko, E. K., Mossakowski, K. N., & Hamilton, V. J. (2003). Does perceived discrimination affect health? Longitudinal relationships between work discrimination and women's physical and emotional health. *Journal of Health and Social Behavior, 43,* 18-33.

Pearson, K., & Lee, A. (1903). On the laws of inheritance in man: I. Inheritance of physical characters. *Biometrika, 2,* 357-462.

Pederson, W. C., Gonzales, C., & Miller, N. (2000). The moderating effect of trivial triggering provocation on displaced aggression. *Journal of Personality and Social Psychology, 78,* 913-947.

Pelham, B. W., Mirenberg, M. C., & Jones, J. T. (2002). Why Susie sells seashells by the seashore: Implicit egotism and major life decisions. *Journal of Personality and Social Psy-*

chology, 82, 469-487.

Pelham, B. W., Carvallo, M., DeHart, T., & Jones, T. J. (2003). Assessing the validity of implicit egotism: A reply to Gallucci (2003). Journal of Personality and Social Psychology, 85, 800-807.

Pennebaker, J. W., Dyer, M. A., Caulkins, R. S., Litowicz, D. L., Ackerman, P. L., & Anderson, D. B. (1979). Don't the girls all get prettier at closing time: A country and western application to psychology. Personality and Social Psychology Bulletin, 5, 122-125.

Penner, L. A., & Finkelstein, M. A. (1998). Dispositional and structural determinants of volunteerism. Journal of Personality and Social Psychology, 74, 525-537.

People. (2001, August 6). U.S. News & World Report, 14.

Perrett, D. I., May, K. A., & Yoshikawa, S. (1994). Facial shape and judgements of female attractiveness. Nature, 368, 239-242.

Perrewe, P. L., & Hochwarter, W. A. (2001). Can we really have it all? The attainment of work and family values. Current Directions in Psychological Science, 10, 29-32.

Pessin, J. (1933). The comparative effects of social and mechanical stimulation on memorizing. American Journal of Psychology, 45, 263-270.

Peterson, R. S., & Behfar, K. J. (2003). The dynamic relationship between performance feedback, trust, and conflict in groups: A longitudinal study. Organizational Behavior and Human Decision Processes, 92, 102-112.

Peterson, V. S., & Runyan, A. S. (1993). Global gender issues. Boulder, CO: Westview Press.

Pettigrew, T. F. (1969). Racially separate or together? Journal of Social Issues, 24, 43-69.

Pettigrew, T. F. (1979). The ultimate attribution error: Extending Allport's cognitive analysis of prejudice. Personality and Social Psychology Bulletin, 5, 461-476.

Pettigrew, T. F. (1981). Extending the stereotype concept. In D. L. Hamilton (Ed.), Cognitive processes in stereotyping and intergroup behavior (pp. 303-331). Hillsdale, NJ: Erlbaum.

Pettigrew, T. F. (1997). Generalized intergroup contact effects on prejudice. Personality and Social Psychology Bulletin, 23, 173-185.

Pettigrew, T. F. (2004). Justice deferred: A half-century after Brown v. Board of Education. American Psychologist, 59, 1-9.

Pettijohn, T. E. F., II, & Jungeberg, B. J. (2004). Playboy playmate curves: Changes in facial and body feature preferences across social and economic conditions. Personality and Social Psychology Bulletin, 30, 1186-1197.

Petty, R. E., & Cacioppo, J. T. (1986). The elaboration likelihood model of persuasion. In L. Berkowitz (Ed.), Advances in experimental social psychology (Vol. 19, pp. 123-205). New York:Academic Press.

Petty, R. E., & Cacioppo, J. T. (1990). Involvement and persuasion: Tradition versus integration. Psychological Bulletin, 107, 367-374.

Petty, R. E., Wheeler, C., & Tormala, Z. L. (2003). Persuasion and attitude change. In T.

Millon & M. J. Lerner (Eds.), Handbook of psychology: Personality and social psychology (Vol. 5, pp. 353-382). New York: Wiley.

Petty, R. J., & Krosnick, J. A. (Eds.). (1995). Attitude strength: Antecedents and consequences (Vol. 4). Hillsdale, NJ: Erlbaum.

Phelps, E. A., O'Connor, K. J., Gatenby, J. C., Gore, J. C., Grillon, C., & Davis, M. (2001). Activation of the left amygdala to a cognitive representation of fear. Nature Neuroscience, 4, 437-441.

Pickett, C. L., Gardner, W. L., & Knowles, M. (2004). Getting a cue: The need to belong and enhanced sensitivity to social cues. Personality and Social Psychology Bulletin, 30, 1095-1107.

Pihl, R. O., Lau, M. L., & Assad, J. M. (1997). Aggressive disposition, alcohol, and aggression. Aggressive Behavior, 23, 11-18.

Piliavin, J. A., & Unger, R. K. (1985). The helpful but helpless female: Myth or reality? In V. E. O'Leary, R. K. Unger, & B. S. Wallston (Eds.), Women, gender, and social psychology (pp. 149-189). Hillsdale, NJ: Erlbaum.

Pines, A. (1997). Fatal attractions or wise unconscious choices: The relationship between causes for entering and breaking intimate relationships. Personal Relationship Issues, 4, 1-6.

Pinker, S. (1998). How the mind works. New York: Norton.

Pittman, T. S. (1993). Control motivation and attitude change. In G. Weary, F. Gleicher, & K. L. Marsh (Eds.), Control motivation and social cognition (pp. 157-175). New York: Springer-Verlag.

Pizarro, D., Uhlmann, E., & Salovey, P. (2003). Asymmetry in judgments of moral blame and praise: The role of perceived metadesires. Psychological Science, 14, 267-272.

Plant, E. A., Hyde, J. S., Keltner, D., & Devine, P. G. (2000). The gender stereotyping of emotions. Psychology Women Quarterly, 24, 81-92.

Pleban, R., & Tesser, A. (1981). The effects of relevance and quality of another's performance on interpersonal closeness. Social Psychology Quarterly, 44, 278-285.

Polivy, J., & Herman, C. P. (2000). The false-hope syndrome: Unfulfilled expectations of self-change. Current Directions in Psychological Science, 9, 128-131.

Pollak, K. I., & Niemann, Y. F. (1998). Black and white tokens in academia: A difference in chronic versus acute distinctiveness. Journal of Applied Social Psychology, 28, 954-972.

Pollock, C. L., Smith, S. D., Knowles, E. S., & Bruce, H. J. (1998). Mindfulness limits compliance with the that's-not-all technique. Personality and Social Psychology Bulletin, 24, 1153-1157.

Pontari, B. A., & Schlenker, B. R. (2000). The influence of cognitive load on self-presentation: Can cognitive busyness help as well as harm social performance? Journal of Personality and Social Psychology, 78, 1092-1108.

Ponzetti, J. J., Jr., & James, C. M. (1997). Loneli-

ness and sibling relationships. Journal of Social Behavior and Personality, 12, 103-112.

Postmes, T., & Branscombe, N. R. (2002). Influence of long-term racial environmental composition on subjective well-being in African Americans. Journal of Personality and Social Psychology, 83, 735-751.

Postmes, T., & Spears, R. (1998). Deindividuation and antinormative behavior: A metaanalysis. Psychological Bulletin, 123, 238-259.

Pratto, F., & Bargh, J. A. (1991). Stereotyping based on apparently individuating information: Trait and global components of sex stereotypes under attentional overload. Journal of Experimental Social Psychology, 27, 26-47.

Previti, D., & Amato, P. R. (2004). Is infidelity a cause or a consequence of poor marital quality? Journal of Social and Personal Relationships, 21, 217-230.

Priester, J. R., & Petty, R. E. (2001). Extending the bases of subjective attitudinal ambivalence: Interpersonal and intrapersonal antecedents of evaluative tension. Journal of Personality and Social Psychology, 80, 19-34.

Pronin, E., Steele, C. M., & Ross, L. (2004). Identity bifurcation in response to stereotype threat: Women and mathematics. Journal of Experimental Social Psychology, 40, 152-168.

Pruitt, D. G., & Carnevale, P. J. (1993). Negotiation in social conflict. Pacific Grove, CA: Brooks/Cole.

Przybyla, D. P. J. (1985). The facilitating effect of exposure to erotica on male prosocial behavior. Unpublished doctoral dissertation, University at Albany, State University of New York.

Puente, S., & Cohen, D. (2003). Jealousy and the meaning (or nonmeaning) of violence. Personality and Social Psychology Bulletin, 29, 449-460.

Pyszczynski, T., & Greenberg, J. (1987). Toward an integration of cognitive and motivational perspectives on social inference: A biased hypothesis-testing model. Advances in experimental social psychology, 20, 297-341.

Pyszczynski, T., Greenberg, J., Solomon, S., Arndt, J., & Schimel, J. (2004). Why do people need self-esteem? A theoretical and empirical review. Psychological Bulletin, 130, 435-468.

Queller, S., & Smith, E. R. (2002). Subtyping versus bookkeeping in stereotype learning and change: Connectionist simulations and empirical findings. Journal of Personality and Social Psychology, 82, 300-313.

Quinn, J. M., & Wood, W. (2004). Forewarnings of influence appeals: Inducing resistance and acceptance. In E. S. Knowles & J. A. Linn (Eds.), Resistance and persuasion (pp. 193-213). Mahwah, NJ: Erlbaum.

Ray, G. E., Cohen, R., Secrist, M. E., & Duncan, M. K. (1997). Relating aggressive victimization behaviors to children's sociometric status and friendships. Journal of Social and Personal Relationships, 14, 95-108.

Read, S. J., & Miller, L. C. (1998). *Connectionist and PDP models of social reasoning and social behavior.* Mahwah, NJ: Erlbaum.

Redersdorff, S., Martinot, D., & Branscombe, N. R. (2004). The impact of thinking about group-based disadvantages or advantages on women's well-being: An experimental test of the rejection-identification model. *Current Psychology of Cognition, 22,* 203-222.

Regan, P. C. (1998). Of lust and love: Beliefs about the role of sexual desire in romantic relationships. *Personal Relationships, 5,* 139-157.

Regan, P. C. (2000). The role of sexual desire and sexual activity in dating relationships. *Social Behavior and Personality, 28,* 51-60.

Regan, P. C., Lyle, J. L., Otto, A. L., & Joshi, A. (2003). Pregnancy and changes in female sexual desire: A review. *Social Behavior and Personality, 31,* 603-612.

Reisman, J. M. (1984). Friendliness and its correlates. *Journal of Social and Clinical Psychology, 2,* 143-155.

Reiss, A. J., & Roth, J. A. (Eds.). (1993). *Understanding and preventing violence.* Washington, DC: National Academy Press.

Reno, R. R., Cialdini, R. B., & Kallgren, C. A. (1993). The transsituational influence of social norms. *Journal of Personality and Social Psychology, 64,* 104-112.

Rensberger, B. (1993, November 9). Certain chemistry between vole pairs. *Albany Times Union,* pp. C-1, C-3.

Rentsch, J. R., & Heffner, T. S. (1994). Assessing self-concept: Analysis of Gordon's coding scheme using "Who am I?" responses. *Journal of Social Behavior and Personality, 9,* 283-300.

Reskin, B., & Padavic, I. (1994). *Women and men at work.* Thousand Oaks, CA: Pine Forge Press.

Rhodes, G., & Tremewan, T. (1996). Averageness, exaggeration, and facial attractiveness. *Psychological Science, 7,* 105-110.

Rhodewalt, F., & Davison, J., Jr. (1983). Reactance and the coronary-prone behavior pattern: The role of self-attribution in response to reduced behavioral freedom. *Journal of Personality and Social Psychology, 44,* 220-228.

Richard, F. D., Bond, C. F., Jr., & Stokes-Zoota, J. J. (2001). "That's completely obvious . . . and important." Lay judgments of social psychological findings. *Personality and Social Psychology Bulletin, 27,* 497-505.

Richards, Z., & Hewstone, M. (2001). Subtyping and subgrouping: Processes for the prevention and promotion of stereotype change. *Personality and Social Psychology Review, 5,* 52-73.

Ridgeway, C. L. (2001). Social status and group structure. In M. A. Hogg & R. S. Tindale (Eds.), *Blackwell handbook of social psychology: Group processes* (pp. 352-375). Oxford: Blackwell.

Ridley, M., & Dawkins, R. (1981). The natural selection of altruism. In J. P. Rushton & R. M. Sorrentino (Eds.), *Altruism and helping behavior.* Hillsdale, NJ: Erlbaum.

Riess, M., & Schlenker, B. R. (1977). Attitude change and responsibility avoidance as modes of dilemma resolution in forced-compliance situations. *Journal of Personality and Social Psychology, 35,* 21-30.

Riggio, H. R. (2004). Parental marital conflict and divorce, parent-child relationships, social support, and relationship anxiety in young adulthood. *Personal Relationships, 11,* 99-114.

Ro,T., Russell, C., & Lavie, N. (2001). Changing faces: A detection advantage in the flicker paradigm. *Psychological Science, 12,* 94-99.

Robbins, T. L., & DeNisi, A. S. (1994). A closer look at interpersonal affect as a distinct influence on cognitive processing in performance evaluations. *Journal of Applied Psychology, 79,* 341-353.

Robins, R. W., Caspi, A., & Moffitt, T. E. (2000). Two personalities, one relationship: Both partners' personality traits shape the quality of their relationship. *Journal of Personality and Social Psychology, 79,* 251-259.

Robins, R. W., Hendin, H. M., & Trzesniewski, K. H. (2001). *Personality and Social Psychology Bulletin, 27,* 151-161.

Robins, R. W., Spranca, M. D., & Mendelsohn, G. A. (1996). The actor-observer effect revisited: Effects of individual differences and repeated social interactions on actor and observer attribution. *Journal of Personality and Social Psychology, 71,* 375-389.

Robinson, L. A., Berman, J. S., & Neimeyer, R. A. (1990). Psychotherapy for the treatment of depression: A comprehensive review of controlled outcome research. *Psychological Bulletin, 108,* 30-49.

Robinson, R., Keltner, D., Ward, A., & Ross, L. (1995). Actual versus assumed differences in construal: "Na? ve realism" in intergroup perception and conflict. *Journal of Personality and Social Psychology, 68,* 404-417.

Robinson, R. J., Lewicki, R. J., & Donahue, C. M. (1998). A five factor model of unethical tactics: The SINS scale. *Australian Industrial and Organizational Psychology Best Paper Proceeding,* 131-137.

Roccas, S. (2003). Identification and status revisited: the moderating role of self-enhancement and self-transcendence values. *Personality and Social Psychology Bulletin, 29,* 726-736.

Roccas, S., & Brewer, M. B. (2002). Social identity complexity. *Personality and Social Psychology Review, 6,* 88-106.

Rochat, F., & Modigliani, A. (1995). The ordinary quality of resistance: From Milgram's laboratory to the village of Le Chambon. *Journal of Social Issues, 5,* 195-210.

Rogers, R. W., & Ketcher, C. M. (1979). Effects of anonymity and arousal on aggression. *Journal of Psychology, 102,* 13-19.

Rokach, A., & Bacanli, H. (2001). Perceived causes of loneliness: A cross-cultural comparison. *Social Behavior and Personality, 29,* 169-182.

Rokach, A., & Neto, F. (2000). Coping with loneliness in adolescence: A cross-cultural study. *Social Behavior and Personality, 28,* 329-342.

Rokach, A., Moya, M. C., Orzeck, T., & Exposi-to, F. (2001). Loneliness in North America and Spain. *Social Behavior and Personality, 29,* 477-490.

Roland, E. (2002). Aggression, depression, and bullying others. *Aggressive Behavior, 28,* 198-206.

Rosenbaum, M. E. (1986). The repulsion hypothesis: On the nondevelopment of relationships. *Journal of Personality and Social Psychology, 51,* 1156-1166.

Rosenberg, E. L., & Ekman, P. (1995). Conceptual and methodological issues in the judgment of facial expressions of emotion. *Motivation and Emotion, 19,* 111-138.

Rosenberg, M. (1965). *Society and the adolescent self-image.* Princeton, NJ: Princeton University Press.

Rosenhan, D. L., Salovey, P., & Hargis, K. (1981). The joys of helping: Focus of attention mediates the impact of positive affect on altruism. *Journal of Personality and Social Psychology, 40,* 899-905.

Rosenthal, A. M. (1964). *Thirty-eight witnesses.* New York: McGraw-Hill.

Rosenthal, E. (1992, August 18). Troubled marriage? Sibling relations may be at fault. *New York Times,* pp. C1, C9.

Rosenthal, R. (1994). Interpersonal expectancy effects: A thirty year perspective. *Current Direction in Psychological Science, 3,* 176-179.

Rosenthal, R., & DePaulo, B. M. (1979). Sex differences in accommodation in nonverbal communication. In R. Rosenthal (Ed.), *Skill in nonverbal communication: Individual differences* (pp. 68-103). Cambridge, MA: Oelgeschlager, Gunn & Hain.

Rosenthal, R., & Jacobson, L. (1968). *Pygmalion in the classroom: Teacher expectation and student intellectual development.* New York: Holt, Rinehart, & Winston.

Ross, L. (1977). The intuitive scientist and his shortcoming. In L. Berkowitz (Ed.), *Advances in experimental social psychology* (Vol. 10, pp. 174-221). New York: Academic Press.

Rotenberg, K. J. (1997). Loneliness and the perception of the exchange of disclosures. *Journal of Social and Clinical Psychology, 16,* 259-276.

Rotenberg, K. J., & Kmill, J. (1992). Perception of lonely and non-lonely persons as a function of individual differences in loneliness. *Journal of Social and Personal Relationships, 9,* 325-330.

Rothgerber, H. (1997). External intergroup threat as an antecedent to perceptions of in-group and out-group homogeneity. *Journal of Personality and Social Psychology, 73,* 1206-1212.

Rothman, A. J., & Hardin, C. D. (1997). Differential use of the availability heuristic in social judgment. *Personality and Social Psychology Bulletin, 23,* 123-138.

Rotton, J., & Cohn, E. G. (2000). Violence is a curvilinear function of temperature in Dallas: A replication. *Journal of Personality and Social Psychology, 78,* 1074-1081.

Rowatt, W. C., Cunningham, M. R., & Druen, P.

B. (1998). Deception to get a date. *Personality and Social Psychology Bulletin*, 24, 1228-1242.

Rowe,P.M. (1996, September). On the neurobiological basis of affiliation. *APS Observer*, 17-18.

Roy,M. M., & Christenfeld, N. J. S. (2004). Do dogs resemble their owners? *Psychological Science*, 15, 361-363.

Rozin, P., & Nemeroff, C. (1990). The laws of sympathetic magic: A psychological analysis of similarity and contagion. In W. Stigler, R. A. Shweder,& G. Herdt (Eds.), *Cultural psychology: Essays in comparative human development* (pp. 205-232). Cambridge, England: Cambridge University Press.

Rozin, P., Lowery, L., & Ebert, R. (1994). Varieties of disgust faces and the structure of disgust. *Journal of Personality and Social Psychology*, 66, 870-881.

Rubin, J. Z. (1985). Deceiving ourselves about deception: Comment on Smith and Richardson's "Amelioration of deception and harm in psychological research." *Journal of Personality and Social Psychology*, 48, 252-253.

Rubin, Z. (1970). Measurement of romantic love. *Journal of Personality and Social Psychology*, 16, 265-273.

Ruder, M., & Bless, H. (2003). Mood and the reliance on the ease of retrieval heuristic. *Journal of Personality and Social Psychology*, 85, 20-32.

Rudman, L. A., & Fairchild, K. (2004). Reactions to counterstereotypic behavior: The role of backlash in cultural stereotype maintenance. *Journal of Personality and Social Psychology*, 87, 157-176.

Rusbult, C. E., & Zembrodt, I. M. (1983). Responses to dissatisfaction in romantic involvements: A multidimensional scaling analysis. *Journal of Experimental Social Psychology*, 19, 274-293.

Rusbult, C. E., Martz, J. M., & Agnew, C. R. (1998). The Investment Model Scale: Measuring commitment level, satisfaction level, quality of alternatives, and investment size. *Personal Relationships*, 5, 467-484.

Rusbult, C. E., Morrow, G. D., & Johnson, D. J. (1990). Self-esteem and problem-solving behavior in close relationships. *British Journal of Social Psychology*,

Ruscher, J. B., & Hammer, E. D. (1994). Revising disrupted impressions through conversation. *Journal of Personality and Social Psychology*, 66, 530-541.

Rushton, J. P. (1989b). Genetic similarity, human altruism, and group selection. *Behavioral and Brain Sciences*, 12, 503-559.

Rushton, J. P., Russell, R. J. H., & Wells, P. A. (1984). Genetic similarity theory: Beyond kin selection. *Behavior Genetics*, 14, 179-193.

Russell, J. A. (1994). Is there universal recognition of emotion from facial expressions? A review of cross-cultural studies. *Psychological Bulletin*, 115, 102-141.

Rutkowski, G. K., Gruder, C. L., & Romer, D. (1983). Group cohesiveness, social norms,

and bystander intervention. *Journal of Personality and Social Psychology*, 44, 542-552.

Ruvolo, A. P., Fabin, L. A., & Ruvolo, C. M. (2001). Relationship experiences and change in attachment characteristics of young adults: The role of relationship breakups and conflict avoidance. *Personal Relationships*, 8, 265-281.

Ryan, M. K., David, B., & Reynolds, K. J. (2004). Who cares? The effect of gender and context on the self and moral reasoning. *Psychology of Women Quarterly*, 28, 246-255.

Ryckman, R. M., Robbins, M. A., Kaczor, L. M., & Gold, J. A. (1989). Male and female raters' stereotyping of male and female physiques. *Personality and Social Psychology Bulletin*, 15, 244-251.

Ryff, C. D., & Singer, B. (2000). Interpersonal flourishing: A positive health agenda for the new millennium. *Personality and Social Psychology Review*, 4, 30-44.

Sadler, P., & Woody, E. (2003). Is who you are who you're talking to? Interpersonal style and complementarity in mixed-sex interactions. *Journal of Personality and Social Psychology*, 84, 80-96.

Sally, D. (1998). Conversation and cooperation in social dilemmas: A meta-analysis of experiments from 1958-1992. *Rationality and Society*.

Salmela-Aro, K., & Nurmi, J.-E. (1996). Uncertainty and confidence in interpersonal projects: Consequences for social relationships and well-being. *Journal of Social and Personal Relationships*, 13, 109-122.

Salovey, P., Mayer, J. D., & Rosenhan, D. L. (1991). Mood and helping: Mood as a motivator of helping and helping as a regulator of mood. In M. S. Clark (Ed.), *Prosocial behavior* (pp. 215-237). Newbury Park, CA: Sage.

Sangrador,J.L.,& Yela,C.(2000). 'What is beautiful is loved': Physical attractiveness in love relationships in a representative sample. *Social Behavior and Personality*, 28, 207-218.

Sani, F., & Reicher, S. (2000). Contested identities and schisms in groups: Opposing the ordination of women as priests in the Church of England. *British Journal of Social Psychology*, 39, 95-112.

Sani, F., & Todman, J. (2002). Should we stay or should we go? A social psychological model of schisms in groups. *Personality and Social Psychology Bulletin*, 28, 1647-1655.

Sanitioso, R. B., & Wlodarski, R. (2004). In search of information that confirms a desired self-perception: Motivated processing of social feedback and choice of social interactions. *Personality and Social Psychology Bulletin*, 30, 412-422.

Sanitioso, R. B., Kunda, Z., & Fong, G. T. (1990). Motivated recruitment of autobiographical memories. *Journal of Personality and Social Psychology*, 59, 229-241.

Sanna, L. J. (1997). Self-efficacy and counterfactual thinking: Up a creek with and without a paddle. *Personality and Social Psychology*

Bulletin, 23, 654-666.

Sanna, L. J., & Pusecker, P. A. (1994). Self-efficacy, valence of self-evaluation, and performance. *Personality and Social Psychology Bulletin*, 20, 82-92.

Sattler, D. N., Adams, M. G., & Watts, B. (1995). Effects of personal experience on judgments about natural disasters. *Journal of Social Behavior and Personality*, 10, 891-898.

Schachter, S. (1951). Deviation, rejection, and communication. *Journal of Abnormal and Social Psychology*, 46, 190-207.

Schachter, S. (1959). *The psychology of affiliation*. Stanford, CA: Stanford University Press.

Schachter, S. (1964). The interaction of cognitive and physiological determinants of emotional state. In L. Berkowitz (Ed.), *Advances in experimental social psychology* (Vol. 1, pp. 48-81). New York: Academic Press.

Schaller, M., & Maass, A. (1989). Illusory correlation and social categorization: Toward an integration of motivational and cognitive factors in stereotype formation. *Journal of Personality and Social Psychology*, 56, 709-721.

Schein, V. E. (2001). A global look at psychological barriers to women's progress in management. *Journal of Social Issues*, 57, 675-688.

Scher, S. J. (1997). Measuring the consequences of injustice. *Personality and Social Psychology Bulletin*, 23, 482-497.

Schimel, J., Pyszczynski,T., Greenberg,J., O'Mahen, H., & Arndt, J. (2000). Running from the shadow: Psychological distancing from others to deny characteristics people fear in themselves. *Journal of Personality and Social Psychology*, 78, 446-462.

Schlenker, B. R., & Britt, T. W. (2001). Strategically controlling information to help friends: Effects of empathy and friendship strength on beneficial impression management. *Journal of Experimental Social Psychology*, 37, 357-372.

Schlenker, B. R., & Pontari, B. A. (2000). The strategic control of information: Impression management and self-presentation in daily life. In A. Tesser, R. Felson, & J. Suls (Eds.), *Perspectives on self and identity*. Washington, DC:American Psychological Association.

Schlenker, B. R., Weigold, M. F., & Hallam, J. R. (1990). Self-serving attributions in social context: Effects of self-esteem and social pressure. *Journal of Personality and Social Psychology*, 58, 855-863.

Schmid, R. E. (2001, April 18). Teen pregnancy drops to record low. Associated Press.

Schmitt, D. P. (2003b). Universal sex differences in the desire for sexual variety: Tests from 52 nations, 6 continents, and 13 islands. *Journal of Personality and Social Psychology*, 85, 85-104.

Schmitt, D. P. (2004). Patterns and universals of mate poaching across 53 nations: The effects of sex, culture, and personality on romantically attracting another person's partner. *Journal of Personality and Social Psychology*, 86, 560-584.

Schmitt, D. P., & Buss, D. M. (2001). Human

mate poaching: Tactics and temptations for in-filtrating existing mateships. *Journal of Personality and Social Psychology, 80,* 894-917.

Schmitt, D. P., & Schackelford, T. K. (2003). Nifty ways to leave your lover: The tactics people use to entice and disguise the process of human mate poaching. *Personality and Social Psychology Bulletin, 29,* 1018-1035.

Schmitt, E. (2001, May 15). In census, families changing. *New York Times.*

Schmitt, M. T., & Branscombe, N. R. (2002a). The meaning and consequences of perceived discrimination in disadvantaged and privileged social groups. *European Review of Social Psychology, 12,* 167-199.

Schmitt, M. T., & Branscombe, N. R. (2002b). The causal loci of attributions to prejudice. *Personality and Social Psychology Bulletin, 28,* 484-492.

Schmitt, M. T., Branscombe, N. R., & Postmes, T. (2003). Women's emotional responses to the pervasiveness of gender discrimination. *European Journal of Social Psychology, 33,* 297-312.

Schmitt, M. T., Ellemers, N., & Branscombe, N. R. (2003). Perceiving and responding to gender discrimination at work. In S. A. Haslam, D. van Knippenberg, M. Platow, & N. Ellemers (Eds.), *Social identity at work: Developing theory for organizational practice* (pp. 277-292). Philadelphia, PA: Psychology Press.

Schmitt, M. T., Silvia, P. J., & Branscombe, N. R. (2000). The intersection of self-evaluation maintenance and social identity theories: Intragroup judgment in interpersonal and intergroup contexts. *Personality and Social Psychology Bulletin, 26,* 1598-1606.

Schneider, M. E., Major, B., Luhtanen, R., & Crocker, J. (1996). Social stigma and the potential costs of assumptive help. *Personality and Social Psychology Bulletin, 22,* 201-209.

Schubert, T. W. (2004). The power in your hand: Gender differences in bodily feedback from making a fist. *Personality and Social Psychology Bulletin, 30,* 757-769.

Schul, Y., & Vinokur, A. D. (2000). Projection in person perception among spouses as a function of the similarity in their shared experiences. *Personality and Social Psychology Bulletin, 26,* 987-1001.

Schulz-Hardt, S., Jochims, M., & Frey, D. (2002). Productive conflict in group decision making: Genuine and contrived dissent as strategies to counteract biased information seeking. *Organizational Behavior and Human Decision Processes, 88,* 563 586.

Schumacher, M., Corrigan, P. W., & Dejong, T. (2003). Examining cues that signal mental illness stigma. *Journal of Social and Clinical Psychology, 22,* 467-476.

Schusterman, R. J., Reichmuth, C. J., & Kastak, D. (2000). How animals classify friends and foes. *Current Directions in Psychological Science, 9,* 1-6.

Schwarz, N., & Bohner, G. (2001). The construction of attitudes. In A. Tesser & N. Schwarz

(Eds.), *Blackwell handbook of social psychology: Intrapersonal processes* (pp. 436-457). Oxford, UK: Blackwell.

Schwarz, N., Bless, H., Strack, F., Klumpp, G., Rittenauer-Schatka, G., & Simons, A. (1991). Ease of retrieval as information: Another look at the availability heuristic. *Journal of Personality and Social Psychology, 61,* 195-202.

Schwarz, S. H., & Bardi, A. (2001). Value hierarchies across cultures: Taking a similarities perspective. *Journal of Cross Cultural Psychology, 32,* 268-290.

Schwarzer, R. (1994). Optimism, vulnerability, and self-beliefs as health-related cognitions: A sytematic overview. *Psychology and Health, 9,* 161-180.

Scutt, D., Manning, J. T., Whitehouse, G. H., Leinster, S. J., & Massey, C. P. (1997). The relationship between breast symmetry, breast size and occurrence of breast cancer. *British Journal of Radiology, 70,* 1017-1021.

Searcy, E., & Eisenberg, N. (1992). Defensiveness in response to aid from a sibling. *Journal of Personality and Social Psychology, 62,* 422-433.

Sears, D. O. (1986). College sophomores in the laboratory: Influences of a narrow data base on social psychology's view of human nature. *Journal of Personality and Social Psychology, 51(3),* 515-530.

Sears, D. O. (1988). Symbolic racism. In P. A. Katz & D. A. Taylor (Eds.), *Eliminating racism: Profiles in controversy* (pp. 53-84). New York: Plenum.

Sedikides, C., & Anderson, C. A. (1994). Causal perception of intertrait relations: the glue that holds person types together. *Personality and Social Psychology Bulletin, 21,* 294-302.

Sedikides, C., & Gregg, A. P. (2003). Portraits of the self. In M. A. Hogg & J. Cooper (Eds.), *The Sage handbook of social psychology* (pp. 110-138). Thousand Oaks, CA: Sage.

Sedikides, C., & Skowronski, J. J. (1997). The symbolic self in evolutionary context. *Personality and Social Psychology Review, 1,* 80-102.

Seery, M. D., Blascovich, J., Weisbuch, M., & Vick, B. (2004). The relationship between self-esteem level, self-esteem stability, and cardiovascular reactions to performance feedback. *Journal of Personality and Social Psychology, 87,* 133-145.

Segal, M. M. (1974). Alphabet and attraction: An unobtrusive measure of the effect of propinquity in a field setting. *Journal of Personality and Social Psychology, 30,* 654-657.

Selim, J. (2003, April). Anatomy of a belly laugh. *Discover,* 65.

Selim, J. (2004, May). Who's a little bitty artist? Yes, you are! *Discover,* 16.

Senecal, C., Vallerand, R. J., & Guay, F. (2001). Antecedents and outcomes of work-family conflict: Toward a motivational model. *Personality and Social Psychology Bulletin, 27,* 176-186.

Seta, C. E., Hayes, N. S., & Seta, J. J. (1994). Mood, memory, and vigilance: The influence

of distraction on recall and impression formation. *Personality and Social Psychology Bulletin, 20,* 170-177.

Settles, I. H. (2004). When multiple identities interfere: The role of identity centrality. *Personality and Social Psychology Bulletin, 30,* 487-500.

Shah, J. (2003). Automatic for the people; How representations of significant others implicitly affect goal pursuit. *Journal of Personality and Social Psychology, 84,* 661-681.

Shams, M. (2001). Social support, loneliness and friendship preference among British Asian and non-Asian adolescents. *Social Behavior and Personality, 29,* 399-404.

Shanab, M. E., & Yahya, K. A. (1977). A behavioral study of obedience in children. *Journal of Personality and Social Psychology, 35,* 530-536.

Shannon, M. L., & Stark, C. P. (2003). The influence of physical appearance on personnel selection. *Social Behavior and Personality, 31,* 613-624.

Shapiro, A., & Gottman, J. (2000). The baby and the marriage: Identifying factors that buffer against decline in marital satisfaction after the first baby arrives. *Journal of Family Psychology, 14,* 59-70.

Shapiro, J. P., Baumeister, R. F., & Kessler, J. W. (1991). A three-component model of children's teasing: Aggression, humor, and ambiguity. *Journal of Social and Clinical Psychology, 10,* 459-472.

Sharp, M. J., & Getz, J. G. (1996). Substance use as impression management. *Personality and Social Psychology Bulletin, 22,* 60-67.

Shaver, P. R., & Brennan, K. A. (1992). Attachment styles and the "big five" personality traits: Their connections with each other and with romantic relationship outcomes. *Personality and Social Psychology Bulletin, 18,* 536-545.

Shaver, P. R., Morgan, H. J., & Wu, S. (1996). Is love a "basic" emotion? *Personal Relationships, 3,* 81-96.

Shavitt, S. (1990). The role of attitude objects in attitude functions. *Journal of Experimental Social Psychology, 26,* 124-148.

Shaw, J. I., Borough, H. W., & Fink, M. I. (1994). Perceived sexual orientation and helping behavior by males and females: The wrong number technique. *Journal of Psychology and Human Sexuality, 6,* 73-81.

Shaw, L. L., Batson, C. D., & Todd, R. M. (1994). Empathy avoidance: Forestalling feeling for another in order to escape the motivational consequences. *Journal of Personality and Social Psychology, 67,* 879-887.

Sheeran, P., & Abraham, C. (1994). Unemployment and self-conception: A symbolic interactionist analysis. *Journal of Community & Applied Social Psychology, 4,* 115-129.

Sheldon, W. H., Stevens, S. S., & Tucker, W. B. (1940). *The varieties of human physique.* New York: Harper.

Shepperd, J. A., & McNulty, J. K. (2002). The affective consequences of expected and unexpected outcomes. *Psychological Science, 13,*

84-87.

Shepperd, J. A., Findley-Klein, C., Kwavnick, K., Walker, D., & Perez, S. (2000). Bracing for loss. *Journal of Personality and Social Psychology, 78,* 620-634.

Sherif, M. (1966). *In common predicament: Social psychology of intergroup conflict and cooperation.* Boston, MA: Houghton-Mifflin.

Sherif, M., Harvey, D. J., White, B. J., Hood, W. R., & Sherif, C. W. (1961). *The Robbers' cave experiment.* Norman, OK: Institute of Group Relations.

Sherman, J. W., & Klein, S. B. (1994). Development and representation of personality impressions. *Journal of Personality and Social Psychology, 67,* 972-983.

Sherman, M. D., & Thelen, M. H. (1996). Fear of intimacy scale: Validation and extension with adolescents. *Journal of Social and Personal Relationships, 13,* 507-521.

Sherman, S. S. (1980). On the self-erasing nature of errors of prediction. *Journal of Personality and Social Psychology, 16,* 388-403.

Sidanius, J., & Pratto, F. (1999). *Social dominance.* New York: Cambridge University Press.

Sigall,H. (1997). Ethical considerations in social psychological research: Is the bogus pipeline a special case? *Journal of Applied Social Psychology, 27,* 574-581.

Sigelman, C. K., Thomas, D. B., Sigelman, L., & Robich, F. D. (1986). Gender, physical attractiveness, and electability: An experimental investigation of voter biases. *Journal of Applied Social Psychology, 16,* 229-248.

Sillars, A. L., Folwell, A. L., Hill, K. C., Maki, B. K., Hurst, A. P., & Casano, R. A. (1994). *Journal of Social and Personal Relationships, 11,* 611-617.

Silverstein, R. (1994). Chronic identity diffusion in traumatized combat veterans. *Social Behavior and Personality, 22,* 69-80.

Simon, B. (1992). The perception of ingroup and outgroup homogeneity: Reintroducing the social context. In W. Stroebe & M. Hewstone (Eds.), *European Review of Social Psychology* (Vol. 3, pp. 1-30). Chichester: Wiley.

Simon, B. (1998). The self in minority-majority contexts. In W. Stroebe & M. Hewstone (Eds.), *European Review of Social Psychology* (Vol. 9, pp. 1-31). Chichester: Wiley.

Simon, B. (2004). *Identity in modern society: A social psychological perspective.* Oxford: Blackwell.

Simon, B., & Klandermans, B. (2001). Politicized collective identity: A social psychological analysis. *American Psychologist, 56,* 319-331.

Simon, B., & Pettigrew, T. F. (1990). Social identity and perceived group homogeneity: Evidence for the ingroup homogeneity effect. *European Journal of Social Psychology, 20,* 269-286.

Simon, B., Glassner-Bayerl, B., & Stratenwerth, I. (1991). Stereotyping and self-stereotyping in a natural intergroup context: The case of heterosexual and homosexual men. *Social Psychology Quarterly, 54,* 252-266.

Simon, L., & Greenberg, J. (1996). Further progress in understanding the effects of derogatory ethnic labels: The role of preexisting attitudes toward the targeted group. *Personality and Social Psychology Bulletin, 22,* 1195-1204.

Simon, L., Greenberg, J., & Brehm, J. (1995). Trivialization: The forgotten mode of dissonance reduction. *Journal of Personality and Social Psychology, 68,* 247-260.

Simpson, J. A., & Gangestad, S. W. (1992). Sociosexuality and romantic partner choice. *Journal of Personality, 60,* 31-51.

Simpson, J. A., Ickes, W., & Blackstone, T. (1995). When the head protects the heart: Empathic accuracy in dating relationships. *Journal of Personality and Social Psychology, 69,* 629-641.

Sinclair, L., & Kunda, Z. (1999). Reactions to a black professional: Motivated inhibition and activation of conflicting stereotypes. *Journal of Personality and Social Psychology, 77,* 885-904.

Singh, R., & Ho, S. Y. (2000). Attitudes and attraction: A new test of the attraction, repulsion and similarity-dissimilarity asymmetry hypotheses. *British Journal of Social Psychology, 39,* 197-211.

Singh, R., Choo, W. M., & Poh, L. L. (1998). Ingroup bias and fair-mindedness as strategies of self-presentation in intergroup perception. *Personality and Social Psychology Bulletin, 24,* 147-162.

Sistrunk, F., & McDavid, J. W. (1971). Sex variable in conforming behavior. *Journal of Personality and Social Psychology, 17,* 200-207.

Sivacek, J., & Crano, W. D. (1982). Vested interest as a moderator of attitude-behavior consistency. *Journal of Personality and Social Psychology, 43,* 210-221.

Skarlicki, D. P., & Folger, R. (1997). Retaliation in the workplace: The roles of distributive, procedural, and interactional justice. *Journal of Applied Psychology, 821,* 434-443.

Smeaton, G., Byrne, D., & Murnen, S. K. (1989). The repulsion hypothesis revisited: Similarity irrelevance or dissimilarity bias? *Journal of Personality and Social Psychology, 56,* 54-59.

Smirles, K. E. (2004). Attributions of responsibility in cases of sexual harassment: the person and the situation. *Journal of Applied Social Psychology, 34,* 342-365.

Smith, C. M., Tindale, R. S., & Dugoni, B. L. (1996). Minority and majority influence in freely interacting groups: Qualitative versus quantitative differences. *British Journal of Social Psychology, 35,* 137-149.

Smith, D. E., Gier, J. A., & Willis, F. N. (1982). Interpersonal touch and compliance with a marketing request. *Basic and Applied Social Psychology, 3,* 35-38.

Smith, E. R., & Zarate, M. A. (1992). Exemplar-based model of social judgment. *Psychological Review, 99,* 3-21.

Smith, E. R., Byrne, D., Becker, M. A., & Przybyla, D. P. J. (1993). Sexual attitudes of males and females as predictors of interpersonal attraction and marital compatibility. *Journal of*

Journal of Applied Social Psychology, 23, 1011-1034.

Smith, K. D., Keating, J. P., & Stotland, E. (1989). Altruism reconsidered: The effect of denying feedback on a victim's status to empathic witnesses. *Journal of Personality and Social Psychology, 57,* 641-650.

Smith, P. B., & Bond, M. H. (1993). *Social psychology across cultures.* Boston: Allyn & Bacon.

Smith, P. K., & Brain, P. (2000). Bullying in schools; lessons from two decades of research. *Aggressive Behavior, 26,* 1-9.

Smith, S. S., & Richardson, D. (1985). On deceiving ourselves about deception: Reply to Rubin. *Journal of Personality and Social Psychology, 48,* 254-255.

Smorti, A., & Ciucci, E. (2000). Narrative strategies in bullies and victims in Italian schoolchildren. *Aggressive Behavior, 26,* 33-48.

Smuts, B. (2001/2002, December/January). Common ground. *Natural History,* 78-83.

Snyder, M., & Ickes, W. (1985). Personality and social behavior. In G. Lindzey & E. Aronson (Eds.), *Handbook of social psychology* (3rd ed., Vol. 2, pp. 883-947). New York: Random House.

Sommer, K. L., Horowitz, I. A., & Bourgeois, M. J. (2001). When juries fail to comply with the law: Biased evidence processing in individual and group decision making. *Personality and Social Psychology Bulletin, 27,* 309-320.

Spears, R., Doosje, B., & Ellemers, N. (1999). Commitment and the context of social perception. In N. Ellemers, R. Spears, & B. Doosje (Eds.), *Social identity: Context, commitment, content* (pp. 59-83). Oxford: Blackwell.

Spears, R., Jetten, J., & Doosje, B. (2001). The (il)legitimacy of ingroup bias: From social reality to social resistance. In J. T. Jost & B. Major (Eds.), *The psychology of legitimacy* (pp. 332-362). New York: Cambridge University Press.

Spencer, S. J., Steele, C. M., & Quinn, D. M. (1999). Stereotype threat and women's math performance. *Journal of Experimental Social Psychology, 35,* 4-28.

Sprafkin, J. N., Liebert, R. M., & Poulous, R. W. (1975). Effects of a prosocial televised example on children's helping. *Journal of Personality and Social Psychology, 48,* 35-46.

Sprecher, S. (2002). Sexual satisfaction in premarital relationships: Associations with satisfaction, love, commitment, and stability. *Journal of Sex Research, 39,* 190-196.

Sprecher, S., & Regan, P. C. (2002). Liking some things (in some people) more than others: Partner preferences in romantic relationships and friendships. *Journal of Social and Personal Relationships, 19,* 463-481.

Stacey, J., & Biblarz, T. (2001). Does the sexual orientation of parents matter? *American Sociological Review, 66,* 159-183.

Stafford, J., Kline, S. L., & Rankin, C. T. (2004). Married individuals, cohabiters, and cohabiters who marry: A longitudinal study of relational and individual well-being. *Journal of*

Social and Personal Relationships, 21, 231-248.

Stangor, C., & McMillan, D. (1992). Memory for expectancy-congruent and expectancy-incongruent information: A review of the social and social developmental literatures. Psychological Bulletin, 111, 42-61.

Stangor, C., Sechrist, G. B., & Jost, T. J. (2001). Changing racial beliefs by providing consensus information. Personality and Social Psychology Bulletin, 27, 486-496.

Stasser, G. (1992). Pooling of unshared information during group discussion. In S. Worchel, W. Wood, & J. H. Simpson (Eds.), Group process and productivity (pp. 48-67). Newbury Park, CA: Sage.

Stasser, G., Taylor, L. A., & Hanna, C. (1989). Information sampling in structured and unstructured discussions of three- and six-person groups. Journal of Personality and Social Psychology, 57, 67-78.

Staub, E. (1999). The roots of evil: Social conditions, culture, personality, and basic human needs. Personality and Social Psychology Review, 3, 179-192.

Stech, F., & McClintock, C. G. (1981). Effects of communication timing on duopoly bargaining outcomes. Journal of Personality and Social Psychology, 40, 664-674.

Steele, C. M. (1988). The psychology of self-affirmation: Sustaining the integrity of the self. In L. Berkowitz (Ed.), Advances in experimental social psychology (pp. 261-302). Hillsdale, NJ: Erlbaum.

Steele, C. M. (1997). A threat in the air: How stereotypes shape the intellectual identities and performance of women and African-Americans. American Psychologist, 52, 613-629.

Steele, C. M., & Aronson, J. (1995). Stereotype threat and the intellectual test performance of African Americans. Journal of Personality and Social Psychology, 69, 797-811.

Steele, C. M., & Lui, T. J. (1983). Dissonance processes as self-affirmation. Journal of Personality and Social Psychology, 45, 5-19.

Steele, C. M., Critchlow, B., & Liu, T. J. (1985). Alcohol and social behavior II: The helpful drunkard. Journal of Personality and Social Psychology, 48, 35-46.

Steele, C. M., Southwick, L., & Critchlow, B. (1981). Dissonance and alcohol: Drinking your troubles away. Journal of Personality and Social Psychology, 41, 831-846.

Steele, C. M., Spencer, S. J., & Aronson, J. (2002). Contending with group image: The psychology of stereotype and social identity threat. Advances in Experimental Social Psychology, 34, 379-439.

Steele, C. M., Spencer, S. J., & Lynch, M. (1993). Self-image resilience and dissonance: The role of affirmational resources. Journal of Personality and Social Psychology, 64, 885-896.

Stein, R. I., & Nemeroff, C. J. (1995). Moral overtones of food: Judgments of others based on what they eat. Personality and Social Psychology Bulletin, 21, 480-490.

Steinhauer, J. (1995, April 10). Big benefits in marriage, studies say. New York Times, p. A10.

Stephan, W. G. (1985). Intergroup relations. In G. Lindzey & E. Aronson (Eds.), Handbook of social psychology (Vol. 3, pp. 599-658). New York: Addison-Wesley.

Stephan, W. G., & Stephan, C. W. (2000). An integrated threat theory of prejudice. In S. Oskamp (Ed.), Reducing prejudice and discrimination (pp. 23-45). Mahwah, NJ: Erlbaum.

Sternberg, R. J. (1986). A triangular theory of love. Psychological Review, 93(2), 119-135.

Sternberg, R. J. (1996). Love stories. Personal Relationships, 3, 59-79.

Sternberg, R. J., & Hojjat, M. (Eds.). (1997). Satisfaction in close relationships. New York: Guilford.

Stevens, C. K., & Kristof, A. L. (1995). Making the right impression: A field study of applicant impression management during job interviews. Journal of Applied Psychology, 80, 587-606.

Stevens, L. E., & Fiske, S. T. (2000). Motivated impressions of a powerholder: Accuracy under task dependency and misperception under evaluation dependency. Personality and Social Psychology Bulletin, 26, 907-922.

Stewart, R. B., Verbrugge, K. M., & Beilfuss, M. C. (1998). Sibling relationships in early adulthood: A typology. Personal Relationships, 5, 59-74.

Stewart, T. L., Vassar, P. M., Sanchez, D. T., & David, S. E. (2000). Attitudes toward women's societal roles moderates the effect of gender cues on target individuation. Journal of Personality and Social Psychology, 79, 143-157.

Stone, A. A., Neale, J. M., Cox, D. S., Napoli, A., Valdimarsdottir, H., & Kennedy-Moore, E. (1994). Daily events are associated with a secretory immune response to an oral antigen in men. Health Psychology, 13, 440-446.

Stone, J., Lynch, C. I., Sjomeling, M., & Darley, J. M. (1999). Stereotype threat effects on Black and White athletic performance. Journal of Personality and Social Psychology, 77, 1213-1227.

Stone, J., Wiegand, A. W., Cooper, J., & Aronson, E. (1997). When exemplification fails: Hypocrisy and the motives for self-integrity. Journal of Personality and Social Psychology, 72, 54-65.

Stowers, L., Holy, T. E., Meister, M., Dulac, C., & Loentges, G. (2002). Loss of sex discrimination and male-male aggression in mice deficient for TRP2. Science, 295, 1493-1500.

Stroebe, M., Gergen, M. M., Gergen, K. J., & Stroebe, W. (1995). Broken hearts or broken bonds: Love and death in historical perspective. In L. A. DeSpelder & A. L. Strickland (Eds.), The path ahead: Readings in death and dying (pp. 231-241). Mountain View, CA: Mayfield.

Stroessner, S. J., Hamilton, D. L., & Mackie, D. M. (1992). Affect and stereotyping: the effect of induced mood on distinctiveness-based illusory correlations. Journal of Personality and Social Psychology, 62, 564-576.

Stroh, L. K., Langlands, C. L., & Simpson, P. A. (2004). Shattering the glass ceiling in the new millenium. In M. S. Stockdale and F. J. Crosby (Eds.), The psychology and management of workplace diversity (pp. 147-167). Malden, MA: Blackwell.

Strube, M. J. (1989). Evidence for the Type in Type A behavior: A taxonometric analysis. Journal of Personality and Social Psychology, 56, 972-987.

Strube, M., Turner, C. W., Cerro, D., Stevens, J., & Hinchey, F. (1984). Interpersonal aggression and the Type A coronary-prone behavior pattern: A theoretical distinction and practical implications. Journal of Personality and Social Psychology, 47, 839-847.

Stukas, A. A., Snyder, M., & Clary, E. G. (1999). The effects of "mandatory volunteerism" on intentions to volunteer. Psychological Science, 10, 59-64.

Sturmer, S., & Simon, B. (2004). The role of collective identification in social movement participation: A panel study in the context of the German gay movement. Personality and Social Psychology Bulletin, 30, 263-277.

Suls, J., & Rosnow, J. (1988). Concerns about artifacts in behavioral research. In M. Morawski (Ed.), The rise of experimentation in American psychology (pp. 163-187). New Haven, CT: Yale University Press.

Swann, W. B. (1990). To be adored or to be known? The interplay of self-enhancement and self-verification. In E. T. Higgins & R. M. Sorrentino (Eds.), Handbook of motivation and cognition: Foundations of social behavior (pp. 408-448). New York: Guilford Press.

Swann, W. B., Jr., & Gill, M. J. (1997). Confidence and accuracy in person perception: Do we know what we think we know about our relationship partners? Journal of Personality and Social Psychology, 73, 747-757.

Swann, W. B., Jr., De La Ronde, C., & Hixon, J. G. (1994). Authenticity and positivity strivings in marriage and courtship. Journal of Personality and Social Psychology, 66, 857-869.

Swann, W. B., Jr., Rentfrow, P. J., & Gosling, S. D. (2003). The precarious couple effect: verbally inhibited men + critical, disinhibited women = bad chemistry. Journal of Personality and Social Psychology, 85, 1095-1106.

Swap, W. C. (1977). Interpersonal attraction and repeated exposure to rewarders and punishers. Personality and Social Psychology Bulletin, 3, 248-251.

Swim, J. K. (1994). Perceived versus meta-analytic effect sizes: An assessment of the accuracy of gender stereotypes. Journal of Personality and Social Psychology, 66, 21-36.

Swim, J. K., & Campbell, B. (2001). Sexism: Attitudes, beliefs, and behaviors. In R. Brown & S. Gaertner (Eds.), Blackwell Handbook of Social Psychology: Intergroup Processes (pp. 218-237). Oxford, UK: Blackwell.

Swim, J. K., Aikin, K. J., Hall, W. S., & Hunter, B. A. (2001). Sexism and racism: Old-fashioned and modern prejudices. *Journal of Personality and Social Psychology, 68,* 199-214.

Tajfel, H. (1978). *The social psychology of the minority.* New York: Minority Rights Group.

Tajfel, H. (1981). Social stereotypes and social groups. In J. C. Turner & H. Giles (Eds.), *Intergroup behavior* (pp. 144-167). Chicago, IL: University of Chicago Press.

Tajfel, H. (1982). *Social identity and intergroup relations.* Cambridge, England: Cambridge University Press.

Tajfel, H., & Turner, J. C. (1986). The social identity theory of intergroup behavior. In S. Worchel & W. G. Austin (Eds.), *The social psychology of intergroup relations* (2nd ed., pp. 7-24). Monterey, CA: Brooks-Cole.

Takata, T., & Hashimoto, H. (1973). Effects of insufficient justification upon the arousal of cognitive dissonance: Timing of justification and evaluation of task. *Japanese Journal of Experimental Social Psychology, 13,* 77-85.

Tan, D. T. Y., & Singh, R. (1995). Attitudes and attraction: A developmental study of the similarity-attraction and dissimilarity- repulsion hypotheses. *Personality and Social Psychology Bulletin, 21* 975-986.

Taylor, K. M., & Shepperd, J. A. (1998). Bracing for the worst: Severity, testing, and feedback timing as moderators of the optimistic bias. *Personality and Social Psychology Bulletin, 24,* 915-926.

Taylor, S. E., & Brown, J. D. (1988). Illusion and well-being: A social psychological perspective on mental health. *Psychological Bulletin, 103,* 193-210.

Taylor, S. E., Buunk, B. P., & Aspinwall, L. G. (1990). Social comparison, stress, and coping. *Personality and Social Psychology Bulletin, 16,* 74-89.

Taylor, S. E., Helgeson, V. S., Reed, G. M., & Skokan, L. A. (1991). Self-generated feelings of control and adjustment to physical illness. *Journal of Social Issues, 47,* 91-109.

Taylor, S. E., Lerner, J. S., Sherman, D. K., Sage, R. M., & McDowell, N. K. (2003). Are self-enhancing cognitions associated with healthy or unhealthy biological profiles? *Journal of Personality and Social Psychology, 85,* 605-615.

Tepper, B. J. (2000). Consequences of abusive supervision. *Academy of Management Journal, 43,* 178-190.

Terman, L. M., & Buttenwieser, P. (1935a). Personality factors in marital compatibility: I. *Journal of Social Psychology, 6,* 143-171.

Terman, L. M., & Buttenwieser, P. (1935b). Personality factors in marital compatibility: II. *Journal of Social Psychology, 6,* 267-289.

Terry, D. J.,Hogg, M. A., & Duck, J. M. (1999). Group membership, social identity, and attitudes. In D. Abrams & M. A. Hogg (Eds.), *Social identity and social cognition* (pp. 280-314). Oxford: Blackwell.

Terry, R. L., & Krantz, J. H. (1993). Dimensions of trait attributions associated with eyeglasses, men's facial hair, and women's hair length.

Journal of Applied Social Psychology, 23, 1757-1769.

Tesser, A. (1988). Toward a self-evaluation maintenance model of social behavior. *Advances in Experimental Social Psychology, 21,* 181-227.

Tesser, A., & Martin, L. (1996). The psychology of evaluation. In E. T. Higgins & A. W. Kruglanski (Eds.), *Social psychology: Handbook of basic principles* (pp. 400-423). New York:Guilford Press.

Tesser, A., Martin, L. L., & Cornell, D. P. (1996). On the substitutability of the self-protecting mechanisms. In P. Gollwitzer & J. Bargh (Eds.), *The psychology of action* (pp. 48-68). New York: Guilford.

Tetlock, P. E., Peterson,R.S.,McGuire, C., Change, S., & Feld, P. (1992). Assessing political group dynamics: A test of the groupthink model. *Journal of Personality and Social Psychology, 63,* 403-425.

Thompson, J. M., Whiffen, V. E., & Blain, M. D. (1995). Depressive symptoms, sex and perceptions of intimate relationships. *Journal of Social and Personal Relationships, 12,* 49-66.

Thompson, L. (1998). *The mind and heart of the negotiator.* Upper Saddle River, NJ: Prentice-Hall.

Tice,D. M., Bratslavsky, E., & Baumeister, R. F. (2000). Emotional distress regulation takes precedence over impulse control: If you feel bad, do it! *Journal of Personality and Social Psychology, 80,* 53-67.

Tice, D. M., Butler, J. L., Muraven, M. B., & Stillwell, A. M. (1995). When modesty prevails: Differential favorability of self-presentation to friends and strangers. *Journal of Personality and Social Psychology, 69,* 1120-1138.

Tidwell, M.-C. O., Reis, H. T., & Shaver, P. R. (1996). Attachment, attractiveness, and social interaction: A diary study. *Journal of Personality and Social Psychology, 71,* 729-745.

Tiedens, L. Z. (2001). Anger and advancement versus sadness and subjugation: The effect of negative emotion expressions on social status control. *Journal of Personality and Social Psychology, 80,* 86-94.

Tiedens, L. Z., & Fragale, A. R. (2003). Power moves: Complementarity in dominant and submissive nonverbal behavior. *Journal of Personality and Social Psychology, 84,* 558-568.

Tjosvold, D. (1993). *Learning to manage conflict: Getting people to work together productively.* New York: Lexington.

Tjosvold, D., & DeDreu, C. (1997). Managing conflict in Dutch organizations: A test of the relevance of Deutsch's cooperation theory. *Journal of Applied Social Psychology, 27,* 2213-2227.

Toi, M., & Batson, C. D. (1982). More evidence that empathy is a source of altruistic motivation. *Journal of Personality and Social Psychology, 43,* 281-292.

Tormala, Z. L., Petty, R. E., & Brunol, P. (2002). Ease of retrieval effects in persuasion: A self validation analysis. *Personality and Social*

Psychology Bulletin.

Towles-Schwen, T., & Fazio, R. H. (2001). On the origins of racial attitudes: Correlates of childhood experiences. *Personality and Social Psychology Bulletin, 27,* 162-175.

Townsend, J. M. (1995). Sex without emotional involvement: An evolutionary interpretation of sex differences. *Archives of Sexual Behavior, 24,* 173-206.

Trafimow, D., Silverman, E., Fan, R., & Law, J. (1997). The effects of language and priming on the relative accessibility of the private self and collective self. *Journal of Cross-Cultural Psychology, 28,* 107-123.

Trevarthen, C. (1993). The function of emotions in early infant communication and development. In J. Nadel & L. Camaioni (Eds.), *New perspectives in early communication development* (pp. 48-81). London: Routledge.

Triandis, H. C. (1990). Cross-cultural studies of individualism and collectivism. In J. J. Berman (Ed.), *Nebraska symposium on motivation, 1989* (pp. 41-133). Lincoln: University of Nebraska Press.

Trobst, K. K., Collins, R. L., & Embree, J. M. (1994). The role of emotion in social support provision: Gender, empathy, and expressions of distress. *Journal of Social and Personal Relationships, 11,* 45-62.

Trope, Y., & Liberman, A. (1996). Social hypothesis testing: Cognitive and motivational mechanisms. In E. T. Higgins & A. W. Kruglanski (Eds.), *Social psychology: Handbook of basic principles* (pp. 239-270). New York: Guilford.

Tucker, J. S., Friedman, H. S., Schwartz, J. E., Criqui, M. H., Tomlinson-Keasey, C., Wingard, D. L., & Martin, L. R. (1997). Parental divorce: Effects on individual behavior and longevity. *Journal of Personality and Social Psychology, 73,* 381-391.

Tucker, P., & Aron, A. (1993). Passionate love and marital satisfaction at key transition points in the family life cycle. *Journal of Social and Clinical Psychology, 12,* 135-147.

Turner, J. C. (1985). Social categorization and the self-concept: A social cognitive theory of group behavior. In E. J. Lawler (Ed.), *Advances in group processes* (Vol. 2, pp. 77-122). Greenwich, CT: JAI Press.

Turner, J. C. (1991). *Social influence.* Pacific Grove, CA: Brooks/Cole.

Turner, J. C., & Onorato, R. S. (1999). Social identity, personality, and the self-concept: A self-categorization perspective. In T. R. Tyler, R. M. Kramer & O. P. John (Eds.), *The psychology of the social self* (pp. 11-46). Mahwah, NJ: Erlbaum.

Turner, J.C.,Hogg,M. A.,Oakes,P.J.,Reicher, S. D., & Wetherell, M. S. (1987). *Rediscovering the social group: A self-categorization theory.* Oxford, UK: Blackwell.

Turner, M. E., Pratkanis, A. R., & Samuels, S. (2003). In S. A. Haslam, D. Van Knippenberg, M. J. Platow, and N. Ellemers (Eds.), *Social Identity at work: Developing theory for organizational practice.* New York: Psychology

Press.

Tversky, A., & Kahneman, D. (1973). Availability: A heuristic for judging frequency and probability. *Cognitive Psychology, 5,* 207-232.

Tversky, A., & Kahneman, D. (1982). Judgment under uncertainty: Heuristics and biases. In D. Kahneman, P. Slovic, & A. Tversky (Eds.), *Judgment under uncertainty* (pp. 3-20). New York:Cambridge University Press.

Twenge, J. M. (1999). Mapping gender: The multifactorial approach and the organization of gender-related attributes. *Psychology of Women Quarterly, 23,* 485-502.

Twenge, J. M., & Crocker, J. (2002). Race and self-esteem: Meta-analyses comparing Whites, Blacks, Hispanics, Asians, and American Indians. *Psychological Bulletin, 128,* 371-408.

Twenge, J. M., & Manis, M. M. (1998). First-name desirability and adjustment: Self-satisfaction, others' ratings, and family background. *Journal of Applied Social Psychology, 24,* 41-51.

Twenge, J. M., Catanese, K. R., & Baumeister, R. F. (2003). Social exclusion and the deconstructed state: Time perception, meaninglessness, lethargy, lack of emotion, and self-awareness. *Journal of Personality and Social Psychology, 85,* 409-423.

Tykocinski, O. E. (2001). I never had a chance: Using hindsight tactics to mitigate disappointments. *Personality and Social Psychology Bulletin, 27,* 376-382.

Tyler, T. R., & Blader, S. (2000). *Cooperation in groups: Procedural justice, social identity and behavioral engagement.* Philadelphia, PA: Psychology Press.

U.S. Department of Justice. (1994). *Criminal victimization in the United States, 1992.* Washington, DC: Office of Justice Programs, Bureau of Justice Statistics.

U.S. Department of Labor. (1992). *Employment and earnings* (Vol. 39, No. 5: Table A-22). Washington, DC: U.S. Department of Labor.

Udry,J.R. (1980). Changes in the frequency of marital intercourse from panel data. *Archives of Sexual Behavior, 9,* 319-325.

Unger, L. S., & Thumuluri, L. K. (1997). Trait empathy and continuous helping: The case of volunteerism. *Journal of Social Behavior and Personality, 12,* 785-800.

Ungerer, J. A., Dolby, R., Waters, B., Barnett, B., Kelk, N., & Lewin, V. (1990). The early development of empathy: Self-regulation and individual differences in the first year. *Motivation and Emotion, 14,* 93-106.

United States Holocaust Memorial Museum. (2003). *Index to Righteous Gentile registry of Yad Vashem.* Washington, DC: Author.

Urbanski, L. (1992, May 21). Study uncovers traits people seek in friends. *The Evangelist, 4.*

Vallone, R., Ross, L., & Lepper, M. (1985). Social status, cognitive alternatives, and intergroup relations. In H. Tajfel (Ed.), *Differentiation between social groups* (pp. 201-226).

London: Academic Press.

van Baaren, R. B., Holland, R. W., Kawakami, K., & van Knippenberg, A. (2004). Mimicry and prosocial behavior. *Psychological Science, 15,* 71-74.

van Baaren, R. B., Holland, R. W., Steenaert, B., & van Knippenberg, A. (2003). A mimicry for money: Behavioral consequences of imitation. *Journal of Experimental Social Psychology, 39,* 393-398.

Van Boven, L., White, K., Kamada, A., & Gilovich, T. (2003). Intuitions about situational correction in self and others. *Journal of Personality and Social Psychology, 85,* 249-258.

Van den Bos, K., & Lind, E. W. (2002). Uncertainty management by means of fairness judgments. In M. P. Zanna (Ed.), *Advances in experimental social psychology* (Vol. 34, pp. 1-60). San Diego, CA: Academic Press.

Van Dick, R., Wagner, U., Pettigrew, T. F., Christ, O.,Wolf, C., Petzel, T., Castro, V. S., & Jackson, J. S. (2004). Role of perceived importance in intergroup contact. *Journal of Personality and Social Psychology, 87,* 211-227.

Van Lange, P. A. M., & Kuhlman, M. D. (1994). Social value orientation and impressions of partner's honesty and intelligence: A test of the might versus morality effect. *Journal of Personality and Social Psychology, 67,* 126-141.

Van Overwalle, F. (1997). Dispositional attributions require the joint application of the methods of difference and agreement. *Personality and Social Psychology Bulletin, 23,* 974-980.

Van Overwalle, F. (1998). Causal explanation as constraint satisfaction: A critique and a feedforward connectionist alternative. *Journal of Personality and Social Psychology, 74,* 312-328.

Van Vugt, M., & Hart, C. M. (2004). Social identity as social glue: The origins of group loyalty. *Journal of Personality and Social Psychology, 86,* 585-598.

Vandello, J. A., & Cohen, D. (1999). Patterns of individualism and collectivism in the United States. *Journal of Personality and Social Psychology, 77,* 279-292.

Vandello, J. A., & Cohen, D. (2003). Male honor and female fidelity: Implicit cultural scripts that perpetuate domestic violence. *Journal of Personality and Social Psychology, 84,* 997-1010.

Vanderbilt, A. (1957). *Amy Vanderbilt's complete book of etiquette.* Garden City, NY: Doubleday.

Vanman, E. J., Paul, B. Y., Ito, T. A., & Miller, N. (1997). The modern face of prejudice and structure features that moderate the effect of cooperation on affect. *Journal of Personality and Social Psychology, 73,* 941-959.

Vasquez, K., Durik, A. M., & Hyde, J. S. (2002). Family and work: Implications of adult attachment styles. *Personality and Social Psychology Bulletin, 28,* 874-886.

Vasquez, M. J. T. (2001). Leveling the playing field—Toward the emancipation of women.

Psychology of Women Quarterly, 25, 89-97.

Vertue, F. M. (2003). From adaptive emotion to dysfunction: An attachment perspective on social anxiety disorder. *Personality and Social Psychology Review, 7,* 170-191.

Vinokur, A., & Burnstein, E. (1974). Effects of partially shared persuasive arguments on group-induced shifts: A group problem-solving approach. *Journal of Personality and Social Psychology, 29,* 305-315.

Vinokur, A. D., & Schul, Y. (2000). Projection in person perception among spouses as a function of the similarity in their shared experiences. *Personality and Social Psychology Bulletin, 26,* 987-1001.

Vobejda, B. (1997, June 3). Pain of divorce follows children. *Washington Post.*

Volpe, K. (2002, July/August). Measuring emotion. *American Psychological Society, 15,* 7-8.

Vonk, R. (1998). The slime effect: Suspicion and dislike of likeable behavior toward superiors. *Journal of Personality and Social Psychology, 74,* 849-864.

Vonk, R. (1999). Differential evaluations of likeable and dislikeable behaviours enacted towards superiors and subordinates. *European Journal of Social Psychology, 29,* 139-146.

Vonk, R. (2002). Self-serving interpretations of flattery: Why ingratiation works. *Journal of Personality and Social Psychology, 82,* 515-526.

Vonk, R., & van Knippenberg, A. (1995). Processing attitude statements from in-group and out-group members: Effects of within-group and within-person inconsistencies on reading times. *Journal of Personality and Social Psychology, 68,* 215-227.

Vriz, A., Edward, K., & Bull, R. (2001). Police officers' ability to detect deceit: The benefit of indirect deception detection measures. *Legal and Criminological Psychology 81,* 365-376.

Wade, N. (2002, February 26). Fight or woo? Sex scents for a male mouse. *New York Times,* F3.

Wade, N. (2003, November 25). A course in evolution taught by chimps. *New York Times,* F1, F4.

Walker, L. J., & Hennig, K. H. (2004). Differing conceptions of moral exemplarity: Just, brace, and caring. *Journal of Personality and Social Psychology, 86,* 629-647.

Walker, S., Richardson, D. S., & Green, L. R. (2000). Aggression among older adults: The relationship of interaction networks and gender role to direct and indirect responses. *Aggressive Behavior, 26,* 145-154.

Walster, E., & Festinger, L. (1962). The effectiveness of "overheard" persuasive communication. *Journal of Abnormal and Social Psychology, 65,* 395-402.

Wann, D. L., & Branscombe, N. R. (1993). Sports fans: Measuring degree of identification with their team. *International Journal of Sport Psychology, 24,* 1-17.

Waters, H.F.,Block, D., Friday, C., & Gordon, J. (1993, July 12). Networks under the gun. *Newsweek,* 64-66.

Watson, C. B., Chemers, M. M., & Preiser, N. (2001). Collective efficacy: A multilevel analysis. *Personality and Social Psychology Bulletin, 27,* 1057-1068.

Watson, D., Hubbard, B., & Wiese, D. (2000). Self-other agreement in personality and affectivity: The role of acquaintanceship, trait visibility, and assumed similarity. *Journal of Personality and Social Psychology, 78,* 546-558.

Watts, B. L. (1982). Individual differences in circadian activity rhythms and their effects on roommate relationships. *Journal of Personality, 50,* 374-384.

Wayne, J. H., Riordan, C. M., & Thomas, K. M. (2001). Is all sexual harassment viewed the same? Mock juror decisions in same- and cross-gender cases. *Journal of Applied Social Psychology, 86,* 179-187.

Wayne, S. J., & Ferris, G. R. (1990). Influence tactics, and exchange quality in supervisor-subordinate interactions: A laboratory experiment and field study. *Journal of Applied Psychology, 75,* 487-499.

Wayne, S. J., & Kacmar, K. M. (1991). The effects of impression management on the performance appraisal process. *Organizational Behavior and Human Decision Processes, 48,* 70-88.

Wayne, S. J., & Liden, R. C. (1995). Effects of impression management on performance ratings: A longitudinal study. *Academy of Management Journal, 38,* 232-260.

Wayne, S. J., Liden, R. C., Graf, I. K., & Ferris, G. R. (1997). The role of upward influence tactics in human resource decisions. *Personnel Psychology, 50,* 979-1006.

Weaver, S. E., & Ganong, L. H. (2004). The factor structure of the Romantic Beliefs Scale for African Americans and European Americans. *Journal of Social and Personal Relationships, 21,* 171-185.

Wegener, D. T., Petty, R. E., Smoak, N. D., & Fabrigar, L. R. (2004). Multiple routes to resisting attitude change. In E. S. Knowles & J. A. Linn (Eds.), *Resistance and persuasion* (pp. 13-38). Mahwah, NJ: Erlbaum.

Wegner, D. M. (1992a). The premature demise of the solo experiment. *Personality and Social Psychology Bulletin, 18,* 504-508.

Wegner, D. M. (1992b). You can't always think what you want: Problems in the suppression of unwanted thoughts. In M. Zanna (Ed.), *Advances in experimental social psychology* (Vol. 25, pp. 193-225). San Diego, CA: Academic Press.

Wegner, D. M., & Bargh, J. A. (1998). Control and automaticity in social life. In D. T. Gilbert, S. T. Fiske, & G. Lindsey (Eds.), *Handbook of social psychology* (4th ed.). New York: McGraw-Hill.

Wegner, D. M., & Zanakos, S. (1994). Chronic thought suppression. *Journal of Personality, 62,* 615-640.

Wegner, D. T., & Petty, R. E. (1994). Mood management across affective states: The hedonic contingency hypothesis. *Journal of Personality and Social Psychology, 66,* 1034-1048.

Weigel, D. J., & Ballard-Reisch, D. S. (2002). Investigating the behavioral indicators of relational commitment. *Journal of Social and Personal Relationships 19,* 403-423.

Weinberg, M. S., Lottes, I. L., & Shaver, F. M. (1995). Swedish or American heterosexual college youth: Who is more permissive? *Archives of Sexual Behavior, 24,* 409-437.

Weiner, B. (1980). A cognitive (attribution) emotion-action model of motivated behavior: An analysis of judgments of help-giving. *Journal of Personality and Social Psychology, 39,* 186-200.

Weiner, B. (1985). An attributional theory of achievement motivation and emotion. *Psychological Review, 92,* 548-573.

Weiner, B. (1993). On sin versus sickness: A theory of perceived responsibility and social motivation. *American Psychologist, 48,* 957-965.

Weiner, B. (1995). *Judgments of responsibility: A foundation for a theory of social conduct.* New York:Guilford.

Weiner, B., Amirkhan, J., Folkes, V. S., & Verette, J. A. (1987). An attributional analysis of excuse giving: Studies of a naive theory of emotion. *Journal of Personality and Social Psychology, 52,* 316-324.

Weldon, E., & Mustari, L. (1988). Felt dispensability in groups of coactors: The effects of shared responsibility and explicit anonymity on cognitive effort. *Organizational Behavior and Human Decision Processes, 41,* 330-351.

Wentura, D., Rothermund, K., & Bak, P. (2000). Automatic vigilance: The attention-grabbing power of approach- and avoidance-related social information. *Journal of Personality and Social Psychology, 78,* 1024-1037.

What gives? (2004, January/February) *AARP, 78.*

Wheeler, L., & Kim, Y. (1997). What is beautiful is culturally good: The physical attractiveness stereotype has different content in collectivistic cultures. *Personality and Social Psychology Bulletin, 23,* 795-800.

Whiffen, V. E., Aube, J. A., Thompson, J. M., & Campbell, T. L. (2000). Attachment beliefs and interpersonal contexts associated with dependency and self-criticism. *Journal of Social and Clinical Psychology, 19,* 184-205.

White, R. K. (1977). Misperception in the Arab-Israeli conflict. *Journal of Social Issues, 33,* 190-221.

Whitelaw, K. (2003, July 21). In death's shadow. *U.S. News & World Report,* 17-21.

Wiederman, M. W., & Allgeier, E. R. (1996). Expectations and attributions regarding extramarital sex among young married individuals. *Journal of Psychology & Human Sexuality, 8,* 21-35.

Williams, C. L. (1992). The glass escalator: Hidden advantages for men in the "female" professions. *Social Problems, 39,* 253-267.

Williams, J. E., & Best, D. L. (1990). *Sex and psyche: Gender and self viewed cross-culturally.* Newbury Park, CA: Sage.

Williams, K. B., Radefeld, P. A., Binning, J. F., & Suadk, J. R. (1993). When job candidates are "hard-" versus "easy-to-get": Effects of candidate availability on employment decisions. *Journal of Applied Social Psychology, 23,* 169-198.

Williams, K. D. (2001). *Ostracism: The power of silence.* New York: Guilford Press.

Williams, K. D., & Karau, S. J. (1991). Social loafing and social compensation: The effects of expectations of co-worker performance. *Journal of Personality and Social Psychology, 61,* 570-581.

Williams, K. D., Cheung, C. K. T., & Choi, W. (2000). Cyberostracism: Effects of being ignored over the Internet. *Journal of Personality and Social Psychology, 79,* 748-762.

Williams, K. D., Harkins, S., & Latan?, B. (1981). Identifiability as a deterrent to social loafing: Two cheering experiments. *Journal of Personality and Social Psychology, 40,* 303-311.

Williamson, G. M., & Schulz, R. (1995). Caring for a family member with cancer: Past communal behavior and affective reactions. *Journal of Applied Social Psychology, 25,* 93-116.

Willingham, D. T., & Dunn, E. W. (2003). What neuroimaging and brain localization can do, cannot, and should not do for social psychology. *Journal of Personality and Social Psychology, 85,* 662-671.

Wilson, A. E., & Ross, M. (2000). The frequency of temporal-self and social comparisons in people's personal appraisals. *Journal of Personality and Social Psychology, 78,* 928-942.

Wilson, D. W. (1981). Is helping a laughing matter? *Psychology, 18,* 6-9.

Wilson, J. P., & Petruska, R. (1984). Motivation, model attributes, and prosocial behavior. *Journal of Personality and Social Psychology, 46,* 458-468.

Wilson, M. L., & Wrangham, R. W. (2003). Intergroup relations in chimpanzees. *The Annual Review of Anthropology, 32,* 363-392.

Wilson, T. D., & Kraft, D. (1993). Why do I love thee?: Effects of repeated introspections about a dating relationship on attitudes toward the relationship. *Personality and Social Psychology Bulletin, 19,* 409-418.

Winograd, E., Goldstein, F. C., Monarch, E. S., Peluso, J. P., & Goldman,W. P. (1999). The mere exposure effect in patients with Alzheimer's disease. *Neuropsychology, 13,* 41-46.

Winquist, J. R., & Larson, J. R., Jr. (1998). Information pooling: When it impacts group decision making. *Journal of Personality and Social Psychology, 74,* 371-377.

Wiseman, H. (1997). Far away from home: The loneliness experience of overseas students. *Journal of Social and Clinical Psychology, 16,* 277-298.

Wisman, A., & Koole, S. L. (2003). Hiding in the crowd: Can mortality salience promote affiliation with others who oppose one's world view? *Journal of Personality and Social Psychology, 84,* 511-526.

Witt, L. A., & Ferris, G. B. (2003). Social skill as moderator of the conscientiousness-performance relationship: Convergent results across four studies. *Journal of Applied Psychology,*

88, 808-820.

Wohl, M. J. A., & Branscombe, N. R. (2005). Forgiveness and collective guilt assignment to historical perpetrator groups depend on level of social category inclusiveness. *Journal of Personality and Social Psychology, 88*.

Wood, G. S. (2004, April 12 & 19). Pursuits of happiness. *The New Republic,* 38-42.

Wood, J. V. (1989). Theory and research concerning social comparisons of personal attributes. *Psychological Bulletin, 106,* 231-248.

Wood, J. V., & Wilson, A. E. (2003). How important is social comparison? In M. R. Leary & J. P. Tangney (Eds.), *Handbook of self and identity* (pp. 344-366). New York: Guilford Press.

Wood, W., & Quinn, J. M. (2003). Forewarned and forearmed? Two meta-analytic syntheses of forewarning of influence appeals. *Psychological Bulletin, 129,* 119-138.

Wood, W., Wong, F. Y., & Cachere, J. G. (1991). Effects of media violence on viewers' aggression in unconstrained social interaction. *Psychological Bulletin, 109,* 371-383.

Wood, W., Pool, G. J., Leck, K., & Purvis, D. (1996). Self-definition, defensive processing, and influence: The normative impact of majority and minority groups. *Journal of Personality and Social Psychology, 71,* 1181-1193.

Wooster, M. M. (2000, September). Ordinary people, extraordinary rescues. *American Enterprise, 11,* 18-21.

Wright, S. C. (2001). Strategic collective action: Social psychology and social change. In R. Brown & S. Gaertner (Eds.), *Blackwell handbook of social psychology: Intergroup processes* (pp. 409-430). Oxford: Blackwell.

Wright, S. C., Taylor, D. M., & Moghaddam, F. M. (1990). Responding to membership in a disadvantaged group: From acceptance to collective protest. *Journal of Personality and Social Psychology, 58,* 994-1003.

Wright, S. C., Aron, A., McLaughlin-Volpe, T., & Ropp, S. A. (1997). The extended contact effect: Knowledge of cross-group friendships and prejudice. *Journal of Personality and Social Psychology, 73,* 73-90.

Wyer, R. S., Jr., & Srull, T. K. (Eds.). (1994). *Handbook of social cognition* (2nd ed.,Vol.1). Hillsdale, NJ: Erlbaum.

Wyer, R. S., Jr., Budesheim, T. L., Lambert, A. J., & Swan, S. (1994). Person memory judgment: Pragmatic influences on impressions formed in a social context. *Journal of Personality and Social Psychology, 66,* 254-267.

Yoder, J. D., & Berendsen, L. L. (2001). "outsider within" the firehouse: African American and white women firefighters. *Psychology of Women Quarterly, 25,* 27-36.

Yoshida, T. (1977). Effects of cognitive dissonance on task evaluation and task performance. *Japanese Journal of Psychology, 48,* 216-223.

Yovetich, N. A., & Rusbult, C. E. (1994). Accommodative behavior in close relationships: Exploring transformation of motivation. *Journal of Experimental Social Psychology, 30,* 138-164.

Yu, W. (1996, May 12). Many husbands fail to share housework. *Albany Times Union,* pp. A1, A7.

Yukl, G., & Falbe, C. M. (1991). Importance of different power sources in downward and lateral relations. *Journal of Applied Psychology, 76,* 416-423.

Yukl, G., & Tracey, J. B. (1992). Consequences of influence tactics used with subordinates, peers, and the boss. *Journal of Applied Psychology 77,* 525-535.

Yukl, G., Falbe, C. M., & Young, J. Y. (1993). Patterns of influence behavior for managers. *Group & Organizational Management, 18,* 5-28.

Yukl, G., Kim, H., & Chavez, C. (1999). Task importance, feasibility, and agent influence behavior as determinants of target commitment. *Journal of Applied Psychology, 84,* 137-143.

Yuval, G. (2004, June 15). Volunteers in college. *The New York Times,* p. A22.

Yzerbyt, V., Rocher, S., & Schradron, G. (1997). Stereotypes as explanations: A subjective essentialist view of group perception. In R. Spears, P. J. Oakes, N. Ellemers, & S. A. Haslam (Eds.), *The social psychology of stereotyping and group life* (pp. 20-50). Oxford: Blackwell.

Zajonc, R. B. (1965). Social facilitation. *Science, 149,* 269-274.

Zajonc, R. B. (1968). Attitudinal effects of mere exposure [monograph]. *Journal of Personality and Social Psychology, 9,* 1-27.

Zajonc, R. B. (2001). Mere exposure: A gateway to the subliminal. *Current Directions in Psychological Science, 10,* 224-228.

Zajonc, R. B., & Sales, S. M. (1966). Social facilitation of dominant and subordinate responses. *Journal of Experimental Social Psychology, 2,* 160-168.

Zajonc, R. B., Heingartner, A., & Herman, E. M. (1969). Social enhancement and impairment of performance in the cockroach. *Journal of Personality and Social Psychology, 13,* 83 92.

Zajonc, R. B., Adelmann, P. K., Murphy, S. T., & Niedenthal, P. M. (1987). Convergence in the physical appearance of spouses. *Motivation and Emotion, 11,* 335-346.

Zarate, M. A., Garcia, B., Garza, A. A., & Hitlan, R. T. (2004). Cultural threat and perceived realistic conflict as dual predictors of prejudice. *Journal of Experimental Social Psychology, 40,* 99-105.

Zdaniuk, B., & Levine, J. M. (1996). Anticipated interaction and thought generation: The role of faction size. *British Journal of Social Psychology, 35,* 201-218.

Zebrowitz, L. A. (1997). *Reading faces.* Boulder, CO: Westview Press.

Zebrowitz, L. A., Collins, M. A., & Dutta, R. (1998). The relationship between appearance and personality across the life span. *Personality and Social Psychology Bulletin, 24,* 736-749.

Zillmann, D. (1979). *Hostility and aggression.* Hillsdale, NJ: Erlbaum.

Zillmann, D. (1983). Transfer of excitation in emotional behavior. In J. T. Cacioppo & R. E. Petty (Eds.), *Social psychophysiology: A source-book* (pp. 215-240). New York: Guilford Press.

Zillmann, D. (1988). Cognition-excitation interdependencies in aggressive behavior. *Aggressive Behavior, 14,* 51-64.

Zillmann, D. (1993). Mental control of angry aggression. In D. M. Wegner & J. W. Pennebaker (Eds.), *Handbook of mental control.* Englewood Cliffs, NJ: Prentice-Hall.

Zillmann, D. (1994). Cognition-excitation interdependencies in the escalation of anger and angry aggression. In M. Potegal & J. F. Knutson (Eds.), *The dynamics of aggression.* Hillsdale, NJ: Erlbaum.

Zillmann, D., Baron, R. A., & Tamborini, R. (1981). The social costs of smoking: Effects of tobacco smoke on hostile behavior. *Journal of Applied Social Psychology, 11,* 548-561.

Zimbardo, P. G. (1976). The human choice: Individuation, reason, and order versus deindividuation, impulse, and chaos. *Nebraska Symposium on Motivation, 17,* 237-307.

Zimbardo, P. G. (1977). *Shyness: What it is and what you can do about it.* Reading, MA: Addison-Wesley.

Zoglin, R. (1993). The shock of the blue. *Time, 142*(17), 71-72.

Zukerman, M. (1994). Behavioral expressions and biosocial bases of sensation seeking. New York: Cambridge University Press.

國家圖書館出版品預行編目資料

社會心理學／ Robert A. Baron, Donn Byrne,
　Nyla R. Branscombe 作；梁家瑜譯.
　--初版.--臺北市：心理, 2009.02
　　面；　公分.--（心理學系列；11034）
　參考書目：面
　譯自：Mastering social psychology

　ISBN 978-986-191-224-0（平裝）

1.社會心理學

541.7　　　　　　　　　　　　　　　　97024632

心理學系列 11034

社會心理學

作　　者：Robert A. Baron, Donn Byrne, Nyla R. Branscombe
譯　　者：梁家瑜
執行編輯：李　晶
總 編 輯：林敬堯
發 行 人：洪有義
出 版 者：心理出版社股份有限公司
地　　址：231 新北市新店區光明街 288 號 7 樓
電　　話：(02) 29150566
傳　　真：(02) 29152928
郵撥帳號：19293172　心理出版社股份有限公司
網　　址：http://www.psy.com.tw
電子信箱：psychoco@ms15.hinet.net
排 版 者：龍虎電腦排版股份有限公司
印 刷 者：竹陞印刷企業有限公司
初版一刷：2009 年 2 月
初版五刷：2021 年 1 月
I S B N：978-986-191-224-0
定　　價：新台幣 580 元